II. Abschnitt

Eintragungen in das Grundbuch

Vorbemerkungen

Übersicht:

V 1 I. Übersicht über Abschnitt II der GBO

Dazu *Güthe* GBO § 13 Vorbem 1, *Horber* GBO § 13 Vorbem I 1, *Thieme* GBO § 13 Vorbem

Der 2. Abschnitt der GBO (§§ 13 bis 55) behandelt in nicht sehr übersichtlicher Form die Eintragungen in das GB. Man kann etwa folgende Unterteilung machen:

1. formelle Voraussetzungen der Eintragungen §§ 13 bis 43,
2. Inhalt der Eintragungen §§ 44 bis 52,
3. Berichtigung unrichtiger oder unzulässiger Eintragungen § 53,
4. Zulässigkeit der Eintragung öffentlicher Lasten § 54,
5. Bekanntmachung erfolgter Eintragungen an die Beteiligten § 55.

Bei den formellen Voraussetzungen, die in §§ 13ff. geregelt sind, sind von Bedeutung
der Antrag §§ 13 bis 18,
die Bewilligung §§ 19 bis 26 und
die Zustimmung, §§ 22 II, 27.
Hierzu kommen die ergänzenden Vorschriften der §§ 28 bis 43.

V 2 II. Die Eintragungen im allgemeinen

1. Begriff der Eintragung

Dazu *Güthe* GBO § 13 Vorbem 2, *Hesse-Saage-Fischer* GBO § 13 Vorbem I, *Kürzel* Die Eintragung im GB Bl GBW 1964, 30, *Thieme* GBO § 13 Bem 2

Eintragung im allgemeinen Sprachgebrauch wird in einem zweifachen Sinne verwendet. Das Wort bedeutet

Einschreiben dh die Tätigkeit des Eintragens in das GBuch,

Eintrag dh den Zustand des Eingeschriebenseins, das Eingeschriebene.

In der **GBO** und im **BGB** wird das Wort Eintragung in der verschiedenen Bedeutung angewendet.

Im **2. Abschnitt der GBO** bedeutet Eintragung normalerweise die Tätigkeit des Eintragens, auch in § 53 Abs 1 S 1, da in den Vorschriften der §§ 13ff. geregelt ist, unter welchen Voraussetzungen und in welcher Weise sich die behördliche Tätigkeit des Einschreibens in das GB vollzieht. In § 53 Abs 1 S 2 bedeutet Eintragung den Eintrag im GB. Dazu *Hesse-Saage-Fischer* GBO § 13 Vorbem I.

V 3 2. Arten der Eintragung

Dazu *Güthe* GBO § 13 Vorbem 7ff., *Hesse-Saage-Fischer* GBO § 13 Vorbem II, VI, *Horber* GBO § 13 Vorbem I 2

Man unterscheidet verschiedene Arten von Eintragungen. Wesentlich sind folgende Eintragungen:

a) Eintragungen im Anlegungsverfahren und Eintragungen im angelegten Grundbuch — V 4

Vorausgesetzt wird bei den Vorschriften des 2. Abschnitts der GBO, daß das GB als angelegt anzusehen ist. Auf Eintragungen, die im Anlegungsverfahren erfolgen, finden §§ 13 ff. GBO keine Anwendung (Denkschr), § 116. Hierfür kommen die besonderen Vorschriften des Landesrechts in Betracht, uU auch die für nachträgliche Anlegung geltenden §§ 7 ff. GBOAVO (*GT 3*). § 28 S 2 sowie §§ 44 bis 52 GBO sind ev anzuwenden, soweit auf sie verwiesen wird. Dazu **LG Aachen** NJW 1965, 448 (*Cremer*), ferner *§§ 3 Bem 354 ff.*, sowie *Güthe* GBO § 13 Vorbem 7, § 116 Bem 4, *Horber* GBO § 13 Vorbem I 2.

Eintragungen in das Grundbuch

b) Eintragungen in weiterem und engerem Sinne — V 5

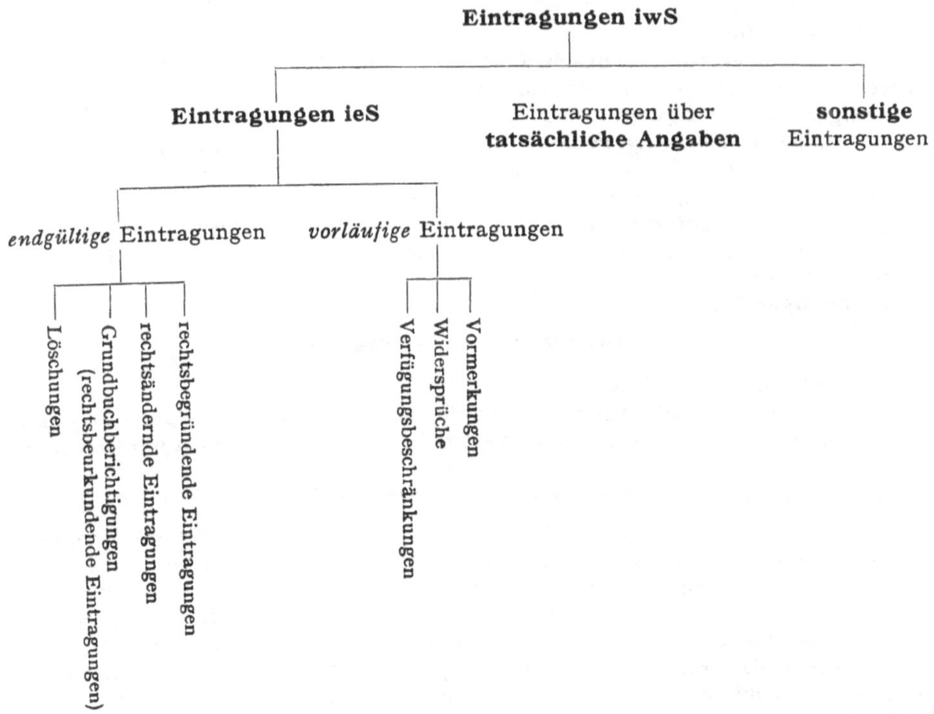

1. Eintragungen iwS — V 6

Eintragungen iwS sind alle Einschreibungen in das GB (dazu *Vorbem 2*) ohne Rücksicht auf ihre Veranlassung, ihren Inhalt oder ihren Zweck.

Man unterscheidet 3 Arten, nämlich

Eintragungen ieS dh in das GB aufgenommene Angaben über die Rechtsverhältnisse eines Grundstücks (dazu *Vorbem 7*),

Eintragungen über rein tatsächliche Angaben, wie die Angaben der Eigenschaft eines Grst als Haus, Acker, Wiese usw (dazu *Vorbem 23*), und

sonstige Eintragungen,

wie die Berichtigung einer falschen Bezeichnung des Berechtigten, etwa durch Eintragung seines richtigen Vornamens oder des Namens einer Ehefrau, während bisher ihr Mädchenname eingetragen war (**KG** OLG 7, 197/8, 309, JFG 8, 241; dazu *§ 3 Bem 291*), oder die Richtig- oder Klarstellung einer ungenauen Fassung des Eintragungsvermerks (**KG** OLG 6, 437/30, 413, KGJ 47, 201/49, 229, **OLG Colmar** OLG 16, 183) oder hinweisende Vermerke, die nicht zum eigentlichen Inhalt des GB gehören und nur aus Zweckmäßigkeitsgründen in ihm Aufnahme finden, wie der Hofvermerk.

V 7 **2. Eintragungen ieS**

Die Eintragungen ieS (dazu *Vorbem 6*) zerfallen in vorläufige und endgültige Eintragungen.

Vorläufige Eintragungen sind solche, die nur eine vorübergehende Bedeutung haben.

Dazu gehören also

Vormerkungen,

Widersprüche,

die meisten **Verfügungsbeschränkungen**, wie zB der Konkursvermerk, der ZwVerst- und ZwVerwVermerk, der Nacherbenvermerk.

Endgültige Eintragungen sind

rechtsbegründende und **rechtsändernde Eintragungen**, wenn sie eine Rechtsänderung herbeiführen, die nach materiellem Recht die Eintragung in das GB voraussetzt, wie zB §§ 873, 875, 877, 879 Abs 3, § 880 Abs 2, § 881 Abs 3 BGB,

Grundbuchberichtigungen (rechtsbezeugende oder rechtsbeurkundende Eintragungen), wenn sie den Inhalt des GB mit der wirklichen Rechtslage in Einklang bringen, und

Löschungen.

V 8 **3. Bedeutung der Eintragung**

Dazu *Güthe* GBO § 13 Vorbem 4 ff.

a) Die **formelle Bedeutung** des Einschreibens oder Eintragens im GB (dazu *Vorbem 2*) liegt darin, daß irgendwelche Feststellungen im GB getroffen werden (dazu *Vorbem 6*).

b) Wichtiger ist, welche **materielle Bedeutung** eine Eintragung hat.

V 9 1. Soweit die **Eintragung** nach materiellem Recht **eine der Voraussetzungen der Rechtsänderung** ist (dazu *Vorbem 7*), tritt sie gleichberechtigt neben das weitere Erfordernis der Einigung oder der einseitigen materiell-rechtlichen Erklärung; die Eintragung ist nicht eine bloße Vollzugsform der Einigung oder der einseitigen Erklärung.

Die Rechtsänderung vollendet sich also erst, sobald zu der dinglichen Erklärung der Beteiligten die obrigkeitliche Tätigkeit des Eintragens in das GB hinzukommt, vorausgesetzt, daß beide die gleiche Rechtsänderung zum Inhalt haben; dazu **RG** RGZ 106, 113/108, 148, **KG** KGJ 51, 187, *BGB-RGRK* BGB § 873 Bem 85*ff.*, *Staudinger-Seufert* BGB § 873 Bem 76, 85. Für die Rechtsänderung wesentlich ist aber nur die Tätigkeit des Eintragens, nicht der Eintrag als fortdauernder Zustand (dazu *Vorbem 2*). Ist eine Rechtsänderung einmal durch die Einschreibung in das GB vollendet, so bleibt sie bestehen, auch wenn die Eintragung später zu Unrecht aus dem GB entfernt wird; das GB ist dann unrichtig; dazu *Güthe* GBO § 13 Vorbem 4, 6. Ist anderseits ein im GB eingetragenes Recht erloschen, so kann die noch nicht gelöschte Eintragung nicht zur Begründung eines neuen dinglichen Rechts verwendet werden, sondern es bedarf dazu neben der Einigung auch einer neuen Eintragung. Über nichtige Eintragung *Vorbem 26, § 44 Bem 21.*

2. Ist ein tatsächlich nicht bestehendes Recht im GB eingetragen, handelt es sich also um ein **Buchrecht**, ein **Scheinrecht**, so hat die Eintragung dh der Eintrag als Zustand die materielle Bedeutung, daß sich durch seine Vermittlung beim **Hinzukommen gutgläubigen Erwerbs** das Buchrecht in ein wirkliches Recht umgestaltet, §§ 892, 893 BGB; dazu *Vorbem 35* sowie *Güthe* GBO § 13 Vorbem 5. **V 10**

3. Der **Eintragung** kommt **keine formale Rechtskraft** und keine konstitutive Wirkung zu. Die Eintragung für sich allein kann daher niemals ein dingliches Recht begründen, ändern oder aufheben; es müssen entweder die materiell-rechtlichen Rechtsänderungserklärungen (Einigung, Aufhebungserklärung) oder gutgläubiger Erwerb (dazu *Vorbem 35*) oder bei zu Unrecht gelöschten Rechten die Verjährung (§ 901 BGB) hinzukommen, um die Rechtsänderung zu vollenden.

Eine Ausnahme hiervon besteht bez der **Rangfolge** im GB. Diese hat insofern konstitutive Wirkung, als der Rang eines Rechts am Grst sich, wenn kein Rangvermerk im GB eingetragen ist, nach der räumlichen Reihenfolge der Eintragung richtet ohne Rücksicht darauf, ob diese mit den materiell-rechtlichen Erklärungen der Beteiligten übereinstimmt oder nicht; dazu **RG** RGZ 57, 280/73, 173/113, 407, **BayObLG** 16, 126, ferner *§ 17 Bem 23*. **V 11**

4. Auslegung der Eintragung **V 12**

Auch die Eintragung im GB ist der Feststellung ihrer wahren Bedeutung durch Auslegung **(§ 133 BGB)** zugänglich, **RG** RGZ 136, 232/121, 43, JW 1926, 2547, **BayObLG** BayObLGZ 1952, 24, HRR 1935 Nr 128, **OLG Königsberg** RdRN 1935, 304 = JDR nF 3 (1936), 249 bei § 13, *Staudinger-Seufert* BGB § 873 Bem 80, *Horber* GBO § 53 Bem 2, *Haegele* GBRecht Bem 62, *Palandt* BGB § 873 Bem 4 (d).

Strittig ist jedoch, ob nur der Inhalt des GBuchs maßgebend ist oder ob darüber hinaus andere Urkunden berücksichtigt werden können. Es sind hier wieder 2 Meinungen möglich, nämlich daß nur eine Berücksichtigung der Eintragungsbewilligung und sonstiger in der Eintragung selbst in Bezug genommenen Urkunden erfolgen dürfe, oder daß darüber hinaus auch solche Urkunden herangezogen werden können, die den interessierten Beteiligten zugänglich sind. Die Meinung verdient den Vorzug, wonach **zur Auslegung die GBEintragung**, die in Bezug genommene **Eintragungsbewilligung** und die im GB und in der Eintragungsbewilligung **erwähnten Urkunden herangezogen** werden können. Dies ist wohl die heute überwiegend vertretene Auffassung, so insbes *Horber* § 53 Bem 2, *Palandt* BGB § 873 Bem 4 unter d, *Staudinger-Seufert* bzw *Ring* BGB § 873 Bem 80a, § 1018 Bem 20, auch **KG** DNotZ 1956, 555. Die weite Auffassung wird bei *Planck* BGB § 873 Bem IV 2b unter Hinweis auf **RG** JW 1911, 587, Recht 1914 Nr 1840 vertreten. Die letztere Meinung, die alle den Beteiligten zugänglichen Urkunden zur Auslegung heranziehen will, muß als überholt bezeichnet werden, insbes durch **RG** RGZ 136, 234. Die enge Auffassung, die sich bei der Auslegung auf den GBEintrag beschränkt, ist mit § 874 BGB nicht vereinbar. Es ist darauf hinzuweisen, daß bei *Soergel* BGB § 873 Bem 2b die Auffassung heute noch aufrecht erhalten wird. Die GBEintragungen sind allerdings so abzufassen, daß sie keiner Auslegung bedürfen und daß keine Zweifel entstehen. Dies gilt auch von den Zwischenverfügungen nach § 18, die das GBA erläßt, **KG** OLGZ 1965, 244.

Die **Auslegung** hat **objektiv** zu erfolgen. Inhalt und Umfang eines eingetragenen Rechts sind ohne Rücksicht darauf, was die ursprünglichen Vertragsteile gemeint haben, nur aus dem GB selbst dh dem Wortlaut der Eintragung und dem sich daraus ergebenden Sinn und den in der Eintragung und Eintragungsbewilligung in Bezug genommenen Urkunden so auszulegen, wie sie jeder Dritte vornehmen kann, **RG** RGZ 136, 232,

DNotV 1932, 722, **OLG Königsberg** JW 1935, 144. Auch Umstände, wie sie sich aus den besonderen für jedermann offensichtlichen Verhältnissen des Einzelfalls ergeben, sind zu berücksichtigen, **RG** HRR 1933 Nr 1642. Im übrigen ist der Inhalt eines dinglichen Rechts so auszulegen, wie der Begründungsakt nach dem Wortlaut von jedem dinglich Berechtigten und Verpflichteten verstanden werden muß, **RG** JW 1933, 605 = HRR 1933 Nr 1645. Schuldrechtliche Vereinbarungen über die Begründung des dinglichen Rechts dürfen zur Auslegung der Eintragung dann herangezogen werden, wenn sie durch eine in dem Eintragungsvermerk angeführte Eintragungsbewilligung oder in letzterer erwähnte Urkunde gedeckt sind. Der in den herangezogenen Urkunden enthaltene Vertragswille der Beteiligten kann aber bei der Feststellung des Inhalts des dinglichen Rechts nur insoweit Beachtung finden, als er einen für jedermann erkennbaren Ausdruck in der in Bezug genommenen Urkunde gefunden hat. Dagegen ist bei der Auslegung dinglicher Verträge die Erforschung des Parteiwillens durch Umstände, die außerhalb der Urkunde liegen und nicht für jedermann erkennbar sind, insbes durch Heranziehung der sog Entstehungsgeschichte in Gestalt der vor und bei Vertragsabschluß gepflogenen Verhandlungen der Beteiligten, nicht zulässig, **RG** RPfliB 1933, 339. Über den besonderen Fall einer unzulässigen Eintragung *Vorbem 36*.

GBEintragungen und vertragliche Vereinbarungen, auf die in einer Eintragung Bezug genommen ist, unterliegen der Nachprüfung im Beschwerdeverfahren (§§ 71 ff. GBO), insbes bei Einlegung der Rechtsbeschwerde, ebenso auch in einem Zivilprozeßverfahren (etwa einem Haftungsprozeß; dazu *§ 11 Bem 20ff.*), **RG** RGZ 136, 234/142, 158, **OLG Düsseldorf** HEZ 2, 369 = DNotZ 1950, 41 = DRspr IV (473) 14e.

Ein Fall, in dem besondere Klarheit in der Eintragung bzw der Eintragungsbewilligung notwendig ist, liegt zB vor, wenn ein Grst mit einer Hypothek für eine fremde Schuld belastet werden soll. Hier muß ersichtlich sein, wer Schuldner ist, da andernfalls der Eigentümer als Schuldner anzusehen ist, *BGB-RGRK* BGB § 1113 Bem 34. Dazu auch **OLG Braunschweig** OLG 21, 4, ferner *Vorbem 87* und *§ 3 Bem 340*.

Dazu § 119 bay DA (Vorschrift belehrenden Inhalts, *§ 2 Bem 4*).

Die Frage der Auslegung der Eintragung in das GB ist in größerem Zusammenhang zu betrachten. Der Wortlaut der Eintragung ist dem GBA bzw dem zuständigen GBBeamten, der die Eintragungsverfügung abfaßt, überlassen; dazu *§ 3 Bem 251*. Das GBA hat darauf zu achten, daß die Eintragung eine solche Fassung erhält, die in seiner Auslegung nach § 133 BGB für alle Beteiligten und Interessierten klar ist. Deshalb muß das GBA völlige Freiheit in der Abfassung haben und ist eine Bindung an Anträge und die Vorschläge der Beteiligten bei Antragstellung abzulehnen. Es ist bemerkenswert, daß in einem Zivilprozeß bei Streit um den Inhalt der GBEintragungen das Gericht frei ist, ob es sich um den Streit um dingliche Rechte oder um einen Haftungsprozeß (dazu *§ 11 Bem 20ff.*) handelt. Das Revisionsgericht kann, wie **BGH** DNotZ 1963, 436 und BB 1963, 1277, 1280 = BWNotZ 1963, 289 ausgesprochen hat, die GBEintragung frei würdigen und auslegen, es muß hierbei allerdings außer dem Wortlaut auch die in Bezug genommene Eintragungsbewilligung berücksichtigen. Umstände außerhalb dieser Urkunden dürfen für die Ermittlung des Inhalts und des Umfangs eines dinglichen Rechts usw nicht herangezogen werden, bzw nur insoweit als sie nach den besonderen Verhältnissen des einzelnen Falles für jedermann ohne weiteres erkennbar sind. Es ist nämlich bei der Auslegung davon auszugehen, was sich bei Auffassung eines unbefangenen Betrachters als nächstliegende Bedeutung des Eingetragenen ergibt. Wenn daher **SchlHOLG** SchlHA 1964, 163 = DNotZ 1964, 498 (*Hamelbeck*) = Rpfleger 1964, 82 (*Haegele*) = DRspr IV (473) 79a den später (Rpfleger 1965, 165) wieder aufgegebenen Standpunkt vertritt, das GBA habe die von den Beteiligten vorgeschlagene Formulierung zu wählen, wenn sie nicht zu beanstanden sei, so ist das unrichtig. Wenn bei der späteren Entscheidung darauf hingewiesen wird, daß nicht der Wortlaut des Eintragungstextes maßgebend sei, sondern daß der sachliche Inhalt der Eintragung mit dem Willen der Parteien vereinbar sein muß, so ist dies selbstverständlich. Wenn die Eintragung eines Rechts, insbes einer Hypothek, an bereitester Stelle beantragt wird, so ist dies auslegungsfähig und im Regelfall dahin zu verstehen, daß der Zeitpunkt der Vereinbarung gemeint ist, von dem hier auszugehen ist, daß aber bei besonderen Umständen auch ein späterer Zeitpunkt angenommen werden kann, besonders, wenn es sich um die Finanzierung eines Bauvorhabens handelt und die Beteiligten davon ausgehen, daß andere Rechte noch vorgehen sollen; dazu **BGH** DNotZ 1962, 141. Auch hier zeigt sich, daß der Wortlaut der Urkunden Anlaß zu Zweifeln geben kann, die ev vorher aufzuklären sind. Es ist auch die Bewilligungserklärung auslegungsfähig; dazu *§ 19 Bem 22*. Eine unrichtige Bezeichnung, eine sog falsa demonstratio, ist bei Vereinbarungen unschädlich, wenn das Gewollte für die Beteiligten klar ist; dazu **BGH** DNotZ 1965, 38, **OLG Bremen** DNotZ 1965, 566 = DRspr I (154)) 71d,e, *Horn* Die Wirkung der falschen Bezeichnung eines Grundpfandrechts im GB NJW 1962, 726, *Müller*. Die Bezeichnung nicht vermessener Teile GrstTeilflächen im notariellen Veräußerungsvertrag DNotZ 1966, 77, im übrigen *§ 22 Bem 8, § 28 Bem 8.* In einem solchen Falle können allerdings unrichtige Eintragungen zu Schaden und zu Amtshaftungen führen; daher ist bei Unklarheiten Vorsicht geboten. Bezieht sich die Eintragung auf altes Recht, wie zB das allgemeine preußische Landrecht oder anderes vor Inkrafttreten des BGB geltendes Recht, so sind die Auslegungsgrundsätze des früheren Rechts zum sachlichen Inhalt und seinem Umfang maßgebend, **OLG Hamm** JMBl NRW 1964, 270 = DNotZ 1965, 426 Ls, **LG Lübeck** SchlHA 1964, 129, 163 (*Scheyhing*). Bei der Auslegung von notariell beurkundeten Willenserklärungen ist nicht in erster Linie auf die Auffassung des Notars, sondern auf den Willen der Beteiligten und ihrer Vertreter abzustellen; dazu **BGH** DNotZ 1961, 396 = WM 1961, 407 = BWNotZ 1961, 218 Ls. Im übrigen dazu auch die bei *§ 3 Bem 251*, auch DRspr IV (473) 79a bis d aufgeführten Entscheidungen, **OLG Frankfurt aM** Rpfleger 1961, 155 (*Haegele*), **LG Dortmund** Rpfleger 1965, 175, **LG Stuttgart** BWNotZ 1964, 162, *Bühler* Die Auslegung von GBErklärungen, zugleich ein Beitrag zum Inhalt der Löschungsvormerkung BWNotZ 1964, 139, *Haegele* Entwicklungstendenzen im GBRecht Rpfleger 1965, 163 (165). Über Klarstellungsvermerk *Vorbem 30, § 22 Bem 12, § 53 Bem 11.*

Im GBRecht sind **ausdrückliche Erklärungen** der Beteiligten nötig, da diese ja die Grundlage für die GBEintragungen bilden, wie auch in anderem Zusammenhang betont ist, insbes *§ 1 Bem 16c, § 13 Bem 13, § 19 Bem 22.* Dies ist auch der Standpunkt der Rspr; dazu insbes **BayObLG** BayObLGZ 1961, 103 = DRspr IV (473) 70c (zu § 28), *Herbst* DNotz 1966, 61 (62). Das **OLG Bremen** NJW 1965, 2403 weist darauf hin, daß zwar mit Rücksicht auf den öffentlichen Glauben des GB auf **Klarheit und Bestimmtheit** der Eintragungsanträge gedrungen werden muß, jedoch **ohne Überspannung**. Die Bezeichnungen von Gläubiger und Recht müssen daher möglichst genau und deutlich sein; dazu *§ 3 Bem 271ff.* Ist die Erklärung objektiv klar, so kann sie nicht erweiternd ausgelegt werden; so **OLG Frankfurt aM** DNotz 1965, 44 bez Rangvorbehalt für Hypothek und Zinsen, wobei die Ausdehnung auf Verwaltungskostenbeitrag abgelehnt wird. Ein Klarstellungsvermerk (dazu *Vorbem 30*) kommt nur bei besonderen Gründen in Betracht, wie bei Teillöschung einer Hypothek, wenn sich die Nebenleistungen nach dem gesamten ursprünglichen Darlehensbetrag berechnen, **LG Dortmund** NJW 1965, 1233 = Rpfleger 1965, 175. Die Pflicht des GBA, das GB möglichst mit der wahren Rechtslage in Einklang zu halten, macht nicht selten Schwierigkeiten, besonders wenn sich die Frage ergibt, inwieweit Tatsachen berücksichtigt werden können, die sich nicht aus den von den Beteiligten unterbreiteten Unterlagen ergeben; dazu **BGH** BGHZ 30, 255 = NJW 1959, 1635 = MDR 1959, 745 = DNotZ 1959, 540 = BB 1959, 79 = DRspr IV (473) 57b (zu § 53), **BayObLG** BayObLGZ

1959, 442 = MDR 1960, 226 = FamRZ 1960, 31 = Rpfleger 1960, 13 = DRspr IV (473) 58a (zu § 1365 BGB), *Herbst* aaO, über Wege zur Berichtigung *§ 3 Bem 291.* Im übrigen *Vorbem 83.*

V 13 III. Die allgemeinen Voraussetzungen einer Eintragung

Die Vornahme einer Eintragung setzt, abgesehen von den allgemeinen Erfordernissen der Rechtswirksamkeit der zur Eintragung erforderlichen Erklärungen, Verträge und Anträge insbes voraus:

1. daß der Gegenstand der beabsichtigten Eintragung sich zur Eintragung in das GB eignet, also **Eintragungsfähigkeit** besitzt (dazu *Vorbem 14ff.*); überflüssige Eintragungen sind zu vermeiden (dazu *Vorbem 29ff.*),

2. daß ein **Eintragungsantrag** vorliegt, sofern nicht ausnahmsweise die Vornahme einer Eintragung ohne Antrag zulässig ist (dazu § 13 *Bem 6ff.*),

3. daß derjenige, dessen Recht von der Eintragung betroffen wird, **als Berechtigter eingetragen** ist und die beantragte Eintragung **bewilligt**, sofern nicht ausnahmsweise die Eintragung ohne die Bewilligung des Berechtigten und ohne dessen vorgängige Eintragung zulässig ist (§§ 19, 39, 40), ferner daß etwa notwendige **Zustimmungserklärungen** Dritter und erforderliche **Genehmigungen** von Behörden (Vormundschaftsgericht, Staatsaufsichtsbehörde usw) vorliegen und daß bei Briefrechten der **Brief** und bei Inhaber- und Orderhypotheken die **Urkunden** vorgelegt werden (§§ 41, 42, 43),

4. daß die Erklärungen und sonstigen Nachweise in der vorgeschriebenen **Form** beigebracht werden (dazu § 29 *Bem 4ff.*),

5. daß die Entrichtung oder Stundung der **Gebühren** und **Steuern** nachgewiesen wird (dazu *Vorbem 181ff.*).

Dazu §§ 120 bis 123 bay DA (Vorschriften belehrenden Inhalts, *§ 2 Bem 4*).

V 14 IV. Eintragungsfähigkeit

Dazu *Brand-Schnitzler* GBSachen § 60, *Güthe* GBO § 13 Vorbem 18ff., *Haegele* GBRecht Bem 468ff., 808ff., *Henle-Schmitt* GBWesen GBO § 13 Bem 4, Vorbem II 6C, *Hesse-Sage-Fischer* GBO § 13 Vorbem IV, *Horber* GBO § 13, *Thieme* GBO § 13 Bem 2

1. Allgemeines

Nur solche **Angaben** dürfen in das GB eingetragen werden, die sich nach den Vorschriften des materiellen oder formellen GBRechts **zur Eintragung eignen**. Weder das BGB noch die GBO (abgesehen von § 54) enthalten ausdrückliche Vorschriften über diese Eignung dh die Eintragungsfähigkeit. Eine Eintragung muß, um zulässig zu sein, **durch eine Rechtsnorm** entweder vorgeschrieben oder zugelassen sein; letzteres kann ausdrücklich oder stillschweigend geschehen, stillschweigend insbesondere dadurch, daß das materielle Recht an die Eintragung gewisse Rechtsfolgen knüpft; dazu **RG** RGZ 54, 235/55, 273, **KG** KGJ 47, 179. Was über diesen Kreis der gesetzlich vorgeschriebenen oder zugelassenen Einschreibungen hinausgeht, gehört nicht in das GBuch. Der Zweck einer übersichtlichen Führung des GB verlangt, daß dieses von überflüssigen Eintragungen freigehalten wird; dazu *Vorbem 29ff.*

Es sind also nicht etwa alle Eintragungen statthaft, die gesetzlich nicht verboten sind. Insbesondere können die Beteiligten, da auf dem Gebiet des Sachenrechts keine Vertragsfreiheit besteht (dazu **RG** RGZ 48, 63) und es deshalb andere als die vom Gesetz zugelassenen dinglichen Rechte nicht gibt, nicht jedes Recht durch eine Eintragungsbewilligung dinglich machen. Dazu *Vorbem 22,* ferner **KG** OLG 5, 191, JFG 3, 316,

OLG Dresden OLG 2, 153, *Güthe* GBO § 13 Vorbem 19, *Henle-Schmitt* GBWesen GBO § 18 Bem 2 I.

2. Geeignetheit zur Eintragung V 15

Zur Eintragung in das GB sind — abgesehen von den zur Bezeichnung der Grst dienenden tatsächlichen Angaben (dazu *Vorbem 6, 23*) — insbesondere geeignet:

1. der Erwerb oder die Begründung, ferner die Übertragung, die Belastung oder die Aufhebung eines **dinglichen Rechts** an einem Grst oder eines Rechts an einem solchen Recht (§§ 873, 875 BGB), die Änderung des Inhalts oder des Rangs solcher Rechte (§§ 877, 881 BGB); dazu *Vorbem 16,*

2. die **Verfügungsbeschränkungen,** die den Eigentümer oder einen Berechtigten in der Verfügung über ein im GB eingetragenes Recht zugunsten einer bestimmten Person beschränken (§ 892 Abs 1 S 2 BGB); dazu *Vorbem 17,*

3. die zur Sicherung des Ranges eintragungsfähiger Rechte und zum Schutze gegen die Wirkungen des öffentlichen Glaubens des GB dienenden **Vormerkungen** und **Widersprüche,** §§ 883, 999, 1139, 1179 BGB, §§ 18, 23, 24, 53, 76 GBO, § 15 Abs 2 GBOAVO (*GT 3*), § 38 GBVfg (*GT 4*); dazu *Vorbem 18.*

3. Eintragungsfähige Rechte V 16

Als eintragungsfähige Rechte an Grundstücken — dazu *Vorbem 15* (*1*), *Vorbem 19ff., 38ff., § 3 Bem 312ff.* — kommen nur die gesetzlich zulässigen in Betracht; dazu **OLG Hamm** JMBl NRW 1950, 129, **OLG Koblenz** DRZ 1949, 234. Es sind dies

a) das **Eigentum** (dazu *Vorbem 39*),
das **Erbbaurecht** (dazu *Vorbem 40, § 8 Bem 6ff.*),
das **Wohnungseigentum** (dazu *§ 3 Bem 446ff.*),
die **Dienstbarkeiten,** nämlich Grunddienstbarkeiten, Nießbrauch und beschränkte persönliche Dienstbarkeiten (dazu *Vorbem 41ff.*),
das **Vorkaufsrecht** (dazu *Vorbem 70ff.*),
die **Reallasten** (dazu *Vorbem 66ff.*),
die **Hypotheken, Grund- und Rentenschulden** (dazu *Vorbem 80ff.*).

Sammel-Eintragungen mehrerer Rechte im GB ist, auch wenn eine Zusammenfassung in einen Eintragungsvermerk möglich wäre, sollte zweckmäßigerweise vermieden werden; dazu *Bratfisch-Haegele* Können Vorkaufsrechte und Nießbrauchsrechte im GB auf mehreren Grsten durch einen einzigen zusammenfassenden Vermerk eingetragen werden? Rpfleger 1961, 40.

b) Neben diesen Rechten sind als **Rechte an Grundstücksrechten** der Eintragung fähig
der **Nießbrauch** (dazu *Vorbem 73ff.*) und
das **Pfandrecht** (dazu *Vorbem 117*),
mit denen ein im GB eingetragenes Recht belastet ist.

Pfandrecht und Nießbrauch an einem GrstRecht können nur insoweit begründet werden, als das zu belastende Recht übertragbar ist, § 1069 Abs 2, § 1274 Abs 2 BGB. Soweit ausnahmsweise Übertragbarkeit besteht, wenn der Nießbrauch oder die beschränkte persönliche Dienstbarkeit einer juristischen Person zusteht, ist weder eine Pfändung noch eine Verpfändung noch eine Belastung mit einem Nießbrauch zulässig, §§ 1059a, b, 1092 Abs 2 BGB. Die Ausübung des Nießbrauchs oder der beschränkten persönlichen Dienstbarkeit ist übertragbar, §§ 1059, 1092 Abs 1 BGB. Lebhaft umstritten ist die Frage, ob Eintragungsfähigkeit im GB besteht. Mit der überwiegenden Meinung ist dies zu verneinen, da das Pfandrecht nur die Ausübung, nicht das Recht selbst erfaßt, § 857 Abs 3 ZPO; wie hier insbes **KG** KGJ 48, 212, JW 1938, 675 = JFG 16, 332, *BGB-RGRK* BGB § 1059 Bem 1, 2, *Brand-Schnitzler* GBSachen § 78, *Güthe* GBO § 13 Vorbem 20, § 19 Bem 128, *Horber* GBO § 26 Bem 2, Anh zu § 26 Bem 2, *Palandt* BGB § 1059 Bem 3, *Staudinger-Ring* BGB § 1059 Bem 7 und Fußn **) S 1148 ua, **aA** *Predari* GBO § 23 Bem 1, *Stein-Jonas* ZPO § 857 Bem II 4 unter b bei N 45, *Soergel* BGB § 1059 Bem 3.

Zu erwähnen ist, daß nach **RG** RGZ 74, 79 die Eintragung des mit der Pfändung verbundenen Veräußerungsverbots bei der Pfändung eines Hypothekennießbrauchs für zulässig gehalten wird. Diese Auffassung läßt sich jedoch mit § 857 ZPO nicht vereinbaren. Mit Recht wird daher bei *BGB-RGRK* BGB § 1059 Bem 1 dieser Standpunkt abgelehnt, da das Veräußerungsverbot nicht getrennt von der Pfändung beurteilt werden kann; dazu auch *Staudinger-Ring* BGB § 1059 Bem 7.

c) Eintragungsfähig sind ferner das Bergwerkseigentum, die Gerechtigkeiten, Berechtigungen und Nutzungsrechte, für die nach **Landesrecht** die sich auf Grst beziehenden Vorschriften gelten (dazu *§ 3 Bem 12ff.*), und die sonstigen vom Landesrecht auf den ihm noch vorbehaltenen Gebieten als eintragungsbedürftig oder eintragungsfähig bezeichneten Rechte, zB das Wiederkaufsrecht bei Rentengütern nach Art 29 § 1 prAGBGB (dazu *§ 117 Bem 10ff.*), schließlich alle nach Art 184 EG BGB mit dem aus den früheren Gesetzen sich ergebenden Inhalt und Rang aufrechterhaltenen Rechten an Grst und grstgleichen Rechten.

d) Durch das frühere Reichsrecht, jetzt **Bundesrecht** sind **außerhalb des BGB noch weitere dingliche Rechte** geschaffen worden, die jedoch nur zum Teil eintragungsfähig sind.

Es kommen insbes in Betracht:

das gesetzliche **Wiederkaufsrecht** nach §§ 20, 21, 34 SiedlG (*Anh*), das privatrechtlichen Charakter hat und daher an der Rangfolge der GBEintragungen teilnimmt (bestr), **KG** JFG 8, 324, **OLG Breslau** JW 1931, 1047, **LG Münster** JMBl NRW 1951, 130 = DRspr II (284) 41d; dazu *Vorbem 19, 22, 72.*

Die Wiederkaufsrechte nach dem SiedlG haben dinglichen Charakter; dazu auch *Vorbem 72.* Nach § 20 SiedlG (*Anh*) hat das gemeinnützige Siedlungsunternehmen ein Wiederkaufsrecht für die von ihm begründeten Ansiedlerstellen, wenn ein Ansiedler seine Ansiedlerstelle ganz oder teilweise veräußert oder aufgibt oder auch, wenn er sie nicht dauernd bewohnt oder bewirtschaftet. Das Wiederkaufsrecht ist aus denselben Gründen ausgeschlossen wie das Vorkaufsrecht; dazu § 6 Abs 2 SiedlG (*Anh*), der entsprechend gilt. Die näheren Bedingungen des Wiederkaufsrechts sind in dem Ansiedlervertrag zu vereinbaren, insbes Dauer des Wiederkaufsrechts und Preis. Die Eintragung der Belastung im GB hat zu erfolgen. Ein Wiederkaufsrecht hat nach § 21 SiedlG (*Anh*) auch der frühere Eigentümer des Grundstücks, und zwar gegen das Siedlungsunternehmen, wenn das für Siedlungszwecke nicht innerhalb einer Frist von 10 Jahren seinem Bestimmungszweck zugeführt wird. §§ 497ff. BGB sind entsprechend anzuwenden. Auch dieses Recht ist im GB einzutragen;

das gesetzliche **Vorkaufsrecht** nach §§ 4ff., 14 SiedlG (*Anh*), das der Eintragung nicht bedarf, aber eingetragen werden kann, ferner das gesetzliche Vorkaufsrecht der Entschuldungsstelle zugunsten der Siedlungsgesellschaft nach § 94 Abs 1 SchRG, für welches dasselbe galt — aufgehoben durch § 1 EAbwG (*Anh*). Zum SiedlG *§ 20 Bem 87*,

das Vorkaufsrecht des Heimstättenausgebers und der Heimfallanspruch nach §§ 1, 12 HeimstG (*Anh*), die nicht eingetragen werden können, anderseits die Heimstätteneigenschaft nach §§ 4ff., 18 HeimstG (*Anh*), die als Belastung einzutragen ist. Dazu *§ 4 Bem 75ff., § 13 Vorbem 20c, 152ff., § 20 Bem 87.*

4. Verfügungsbeschränkungen V 17

Verfügungsbeschränkungen — dazu *Vorbem 15* (2) — sind eintragungsfähig, wenn sie die Beschränkung des Eigentümers oder eines Berechtigten in der Verfügung über ein Recht an einem Grundstück zum Gegenstand haben und entweder auf gesetzlichen Bestimmungen beruhen, die nur den Schutz bestimmter Personen bezwecken (zB §§ 6, 113 KO, §§ 1984, 2211 BGB) oder von einem Gericht oder einer anderen Behörde innerhalb ihrer Zuständigkeit angeordnet sind (zB §§ 106, 113 KO).

Dazu *Vorbem 118ff.*, *§ 3 Bem 316, 317, 352.*

5. Vormerkungen und Widersprüche V 18

Über die Eintragungsfähigkeit von Vormerkungen und Widersprüchen *Vorbem 15* (3), *22, 25, 116, § 3 Bem 292ff., 318, 353, § 18 Bem 52ff., 25 Bem 8ff., § 53 Bem 2ff.*

6. Unzulässige Eintragungen V 19

Dazu *Brand-Schnitzler* GBSachen § 60, *Güthe* GBO § 13 Vorbem 19ff., *Hesse-Saage-Fischer* GBO § 13 Vorbem IV, *Horber* GBO § 13 Vorbem II 6C, *Thieme* GBO § 13 Bem 2

a) Allgemeines

Unzulässig ist eine Eintragung, wenn das einzutragende Recht **nicht zu den** vom BGB oder den Landesgesetzen **anerkannten dinglichen Rechten** gehört,

so die Eintragung eines dinglichen (weil gesetzlich nicht vorgesehen) Zurückbehaltungsrechts (**RG** RGZ 66, 24/68, 278) oder eines dinglichen, nicht gesetzlichen Wiederkaufsrechts (**BayObLG** 25, 390; das persönliche Wiederkaufsrecht nach §§ 497ff. BGB kann aber durch Auflassungsvormerkung gesichert werden, **RG** RGZ 104, 13/125, 247, **BayObLG** 25, 392. Dazu *Vorbem 19, 22, 72*). Unzulässig ist auch Eintragung der vom Eigentümer einem Dritten eingeräumten ausschließlichen und veräußerlichen Befugnis, das Grst zwecks Gewinnung von nicht verleihbaren Mineralien zu benutzen (**BayObLG** 2, 120/14, 88), die Eintragung von Reallasten, soweit die Landesgesetze deren Begründung untersagen oder einschränken (**BayObLG** 4, 315; dazu *Vorbem 69*), die Eintragung des dem Gläubiger des Bestellers eines Nießbrauchs an einem Vermögen oder den Nachlaßgläubigern zustehenden Befriedigungsrechts nach §§ 1086, 1089 BGB (dazu **RG** RGZ 70, 344) sowie des Befriedigungsrechts gemäß § 1003 (*BGB-RGRK* BGB § 1003 Bem 3), die Eintragung eines Vorbehalts des Veräußerers auf einen auf dem veräußerten Grst etwa gefundenen Schatz (**KG** OLG 6, 265), die Eintragung des Verbots, ein Grst zu teilen (**KG** SeuffBl 76, 401).

Es kann auch nicht eingetragen werden der Verzicht auf Ersatz des Schadens wegen Wildschadens, **BayObLG** Rpfleger 1960, 402, und die Verpflichtung zur Entfernung eines Baues, **OLG Neustadt** MDR 1960, 488.

Unzulässig sind auch Eintragungen, die sich auf **Rechtsverhältnisse an beweglichen Sachen** beziehen, zB ein Eigentumsvorbehalt an Zubehörstücken (**BayObLG** 6, 157).

b) Von der Eintragung kraft Gesetzes ausgeschlossene dingliche Rechte V 20

Gewisse dingliche Rechte sind **durch besondere gesetzliche Vorschriften** von der Eintragung **ausgeschlossen**.

Es sind vor allem folgende Rechte zu erwähnen:

V 20a 1. Hierher gehören das kraft Gesetzes entstehende Recht auf die Rente für einen **Überbau** oder einen **Notweg** und die durch Urteil festgesetzte Höhe der Rente. Dagegen werden der Verzicht auf die Rente und die vertragsmäßige Feststellung der Höhe der Rente eingetragen, §§ 914, 917 BGB.

Die Eintragung sowohl der vertraglichen Feststellung als auch des Verzichts erfolgt auf dem Blatt des mit der Rente belasteten, also überbauenden dh benützenden Grst. Dazu **RG** RGZ 55, 384, **KG** JFG 4, 387 = OLG 45, 208, **OLG Bremen** Rpfleger 1965, 55 (*Haegele*), auch *BGB-RGRK* § 914 Bem 4, 5, *Hesse-Saage-Fischer* GBO GBVfg § 10 Bem 3, 4, *Planck* BGB § 914 Bem 3b, *Staudinger-Seufert* BGB § 914 Bem 3, 4, **aA** *Güthe* GBO § 13 Vorbem 21, GBVfg § 10 Bem 5 und S 1956 (Notweg), 2035/6 (Überbau), *Thurnau-Förster* Liegenschaftsrecht BGB § 914 Bem 5 (wonach der Verzicht beim rentenberechtigten Grst einzutragen ist, und zwar in den Sp 1 bis 3 der 2. Abt). Über den Vermerk auf dem Blatt des belasteten Grst *§ 3 Bem 210*, des rentenberechtigten Grst *§ 9 Bem 10*. Zum Verzicht auf die Rente und zur Festsetzung einer niedrigeren als der gesetzlichen Rente ist die Zustimmung der am überbauten dh benützten Grst dinglichen Berechtigten erforderlich, § 876 S 2 BGB, §§ 19, 29 GBO.

Auch die gesetzliche Duldungspflicht nach §§ 912, 917 Abs 1 BGB darf nicht eingetragen werden. Wohl aber kann eine über die gesetzliche Verpflichtung hinausgehende, durch Vereinbarung übernommene Duldungspflicht als Grunddienstbarkeit eingetragen werden, **KG** JFG 3, 329. Auch ist die vertragliche Aufhebung oder Minderung der gesetzlichen Duldungspflicht als Grunddienstbarkeit am überbauenden dh benützenden Grst zugunsten des überbauten dh benützten Grst eintragungsfähig, **KG** OLG 45, 209, *BGB-RGRK* BGB § 912 Bem 8.

Über die Zulässigkeit der Vereinbarung einer Dienstbarkeit *Vorbem 20b*.

Ein Überbau liegt vor, wenn der Eigentümer eines Grst bei der Errichtung eines Gebäudes über die Grenze baut. Eine Duldungspflicht besteht nur unter den Voraussetzungen des § 912 BGB dh nicht bei sofortigem Widerspruch des Nachbarn und bei vorsätzlichem oder grob fahrlässigem Handeln; dazu Kommentierungen zum BGB, insbes *BGB-RGRK*, *Palandt*, *Staudinger-Seufert*, ferner *Hodes* Nachbarrecht § 24, *Meisner-Ring* Nachbarrecht § 21. Soweit eine Duldungspflicht besteht, ist eine Rente zu zahlen, §§ 912ff. BGB.

Ein Notweg kann nur unter den Voraussetzungen der §§ 917, 918 BGB beansprucht werden. Es muß eine notwendige Verbindung zu einem öffentlichen Weg fehlen. Die Verbindung muß zur ordnungsmäßigen Benutzung des Grst erforderlich sein. Die Verbindung darf nicht durch willkürliche Handlung des Eigentümers, der den Notweg beansprucht, aufgehoben sein. Dazu Kommentierungen zum BGB, ferner *Hodes* aaO § 27, *Meisner-Ring* aaO § 25. Die zur ordnungsmäßigen Benutzung notwendige Verbindung fehlt einem Grst auch, wenn die vorhandene Verbindung, für eine ordnungsmäßige Benutzung nicht mehr ausreicht, **BGH** NJW 1954, 1321 = LM § 917 BGB Nr 1 = DRspr 1 (150) 65c. Ob einem Grundstück die zur ordnungsmäßigen Benutzung notwendige Verbindung nach außen fehlt, bestimmt sich nach wirtschaftlichen Gesichtspunkten, wobei ein strenger Maßstab anzulegen ist, **BGH** NJW 1964, 1321 = MDR 1964, 583 = BB 1964, 577 = DB 1964, 767 = WM 1964, 772 = LM aaO Nr 7 = DRspr aaO 137a. Auch hier besteht die Verpflichtung zur Zahlung einer Geldrente, wenn eine Duldungspflicht für den Notweg vorliegt. Der Anspruch auf Notweg ist nur solange berechtigt, als ein Bedürfnis dazu gegeben ist; entfällt dieses, so kommt damit auch der Anspruch auf Notweg in Wegfall.

V 20b 2. Weiter sind nicht eintragungsfähig die aus den gesetzlichen Vorschriften über das sonstige **Nachbarrecht** sich ergebenden Befugnisse und Beschränkungen, nämlich nach §§ 906 bis 924 BGB und landesrechtlichem Ergänzungsrecht. Die Beseitigung einer auf Nachbarrecht beruhenden Beschränkung, auch bei Überbau und Notweg (dazu *Vorbem 20a*) kann jedoch Gegenstand einer einzutragenden Dienstbarkeit sein, **RG** RGZ 64, 366, **KG** OLG 4, 307. Dazu auch *Vorbem 48*.

Im Interesse der Nachbarschaft ist das Willkürrecht des Eigentümers (dazu *Vorbem 39*) über die Fälle der *Vorbem 20 a* hinaus eingeschränkt. Es sind dies gesetzliche Eigentumsbeschränkungen. In Betracht kommen insbes nach Bundesrecht

Notstand, § 904 BGB, mangelndes Interesse bei Einwirkungen in übermäßiger Höhe oder Tiefe, § 905 BGB, Zuführung und Einwirkung von Gas, Rauch usw im Rahmen des Zumutbaren nach näherer Regelung des § 906 BGB,

während umgekehrt ein Recht auf Beseitigung gefahrdrohender Anlagen, § 907 BGB, auch wenn es sich um Einsturzgefahr handelt, § 908 BGB, besteht. Er kann ferner verboten werden unzulässige Vertiefung, § 909 BGB, und bei Eindringen von Wurzeln und Überhang von Zweigen sowie bei Überfall von Früchten über die Grenze bestehen die Rechte aus §§ 910, 911 BGB.

Landesrechtliche Regelungen beziehen sich auf

Fenster- und Lichtrecht, Traufrecht, Hammerschlags- und Schaufelschlagsrecht, Anwenderecht usw. Über nähere Einzelheiten Kommentierungen zu BGB sowie *Hodes* und *Meisner-Ring* Nachbarrecht (vgl unter *Vorbem 20 a*).

3. Bei der **Heimstätte** sind das Vorkaufsrecht des Heimstättenausgebers **V 20 c**
und der Heimfallanspruch nach §§ 11, 12 HG (*Anh*) nicht eintragungsfähig, wohl aber die Heimstätteneigenschaft als Belastung; dazu *Vorbem 16, 152ff., § 4 Bem 75ff.*

Über die Unzulässigkeit der Eintragung des **elterlichen Nutznießungsrechts** *Vorbem 24, 78.*

Von der Eintragung ausgeschlossen war bei der **landwirtschaftlichen Entschuldung** die Sicherungshypothek zugunsten der Rentenbank-Kreditanstalt nach § 93 SchRG; dazu *Harmening-Pätzold* SchRG § 93 Bem 2.

Die **Umstellungs-** und **Aufbaugrundschulden**, die nach der Währungsreform kraft Gesetzes Belastungen zur Sicherung des Lastenausgleichs darstellten, waren zunächst eine Belastung der Grste ohne Eintragung im GB. Erst die spätere Regelung führte dann im Interesse der Klarstellung zur Möglichkeit bzw Notwendigkeit der Eintragung. Dazu *Vorbem 21, § 3 Bem 233ff., § 54 Bem 8.*

c) Öffentlich-rechtliche Lasten und Rechte **V 21**

Da das GB nur zur Verlautbarung privat-rechtlicher Rechtsverhältnisse bestimmt ist, sind nicht eintragungsfähig die **dem öffentlichen Recht angehörenden Rechte und Lasten**, dazu **BayObLG** 12, 194. Insbesondere die auf dem Grst ruhenden öffentlichen Lasten als solche sind nach der ausdrücklichen Vorschrift des § 54 von der Eintragung ausgeschlossen, es sei denn, daß ihre Eintragung gesetzlich besonders zugelassen oder angeordnet ist. Dazu *Vorbem 20 c* und *§ 54 Bem 2ff.*

Rechte können in das GB nur eingetragen werden, wenn außer Zweifel steht, daß sie privat-rechtlicher Natur sind und nicht dem öffentlichen Recht angehören. Dies gilt insbes von den Gemeindenutzungsrechten öffentlich-rechtlichen Charakters; über den Unterschied zwischen ihnen und den privat-rechtlichen Nutzungsrechten *§ 9 Bem 7ff.* Öffentlich-rechtliche **Gemeindenutzungsrechte** können auch nicht als Zubehör des berechtigten Grst eingetragen werden; dazu **BayObLG** 12, 146, 194, im übrigen *§ 54 Bem 1.*

d) Persönliche Rechte und schuldrechtliche Ansprüche **V 22**

Nicht eintragungsfähig sind persönliche Rechte und schuldrechtliche Ansprüche, **RG** RGZ 57, 333, BayObLG 30, 416, *Güthe* GBO § 13 Vorbem 20, *Horber* GBO § 13 Vorbem II 6 C aγ, *Staudinger-Seufert* BGB § 873 Bem 22, 23, es sei denn, daß die Voraussetzungen für die Eintragung einer **Vormerkung** vorliegen, **RG** RGZ 60, 317. Dazu *Vorbem 18.*

Von der Eintragung ausgeschlossen sind vor allem **Miete** und **Pacht**, **RG** RGZ 54, 233, **KG** OLG 4, 481. Von der Miete zu unterscheiden ist das eintragungsfähige dingliche Wohnungsrecht nach § 1093 BGB, RGZ **RG** 24, 233; dazu *Vorbem 65*. Auch eine Verfügungsbeschränkung zugunsten des Mieters oder Pächters kann nicht eingetragen werden, **OLG Colmar** OLG 17, 31. Zu den nicht eintragungsfähigen persönlichen Rechten gehört ferner das **Wiederkaufsrecht** nach §§ 497ff. BGB; dagegen können das Wiederkaufsrecht nach §§ 20, 21 SiedlG (*Anh*) und das Wiederkaufsrecht bei Rentengütern nach Art 29 § 1 prAGBGB eingetragen werden; dazu *Vorbem 16, 19, 72*. Das Wiederkaufsrecht nach BGB kann aber durch Auflassungsvormerkung gesichert werden, **RG** RGZ 104, 13/125, 247. Über das schuldrechtliche **Vorkaufsrecht** Vorbem 70ff. Rein persönlich und daher nicht eintragungsfähig ist das **Ankaufsrecht** dh das Recht, von dem Eigentümer eines Grst den Abschluß eines Kaufvertrags über dieses zu verlangen, **KG** OLG 10, 120, JFG 3, 315, 318, **BayObLG** 28, 651; dazu *Vorbem 72*. Nicht eintragungsfähig sind auch der **Berichtigungsanspruch** nach § 894 BGB, dessen Abtretung oder Pfändung, **KG** OLG 31, 138, **LG Hamburg** Rpfleger 1959, 52 (*Bruhn*), *BGB-RGRK* BGB § 894 Bem 26ff., *Güthe* GBO § 14 Bem 29, *Staudinger-Seufert* BGB § 894 Bem 31, dazu auch *Vorbem 124, § 14 Bem 26, § 20 Bem 27, § 22 Bem 42*, die Abtretung des **Auseinandersetzungsguthabens** eines Miterben, **BayObLG** 30, 129, oder Beschränkungen der Erbauseinandersetzung, **KG** DNotZ 1944, 15, das Recht auf **Verwaltung** einer Hypothek, **KG** OLG 8, 132, der **Verzicht** auf künftigen Schadenersatz, **KG** OLG 3, 96, 291/4, 68, KGJ 49, 195, **BayObLG** Recht 1903 Nr 2267, und der Verzicht auf ein gesetzliches Vorkaufsrecht, das Recht auf **Ersatz von Aufwendungen**, insbes nach §§ 994ff. BGB, **RG** RGZ 71, 430, sowie **Bierbezugsverpflichtungen**, **KG** RJA 3, 148, soweit nicht etwa landesrechtlich die Eintragung einer Sicherungshypothek zugelassen ist, wie zB in Bayern nach Art 14 bayAGBGB. Verpflichtet sich der Käufer des Grst nur in einer gewissen Entfernung von der Straße zu bebauen und den unbebauten Teil dem Verkäufer zur Verbreiterung der Straße gegen Rückerstattung des Kaufpreises zurückzuübertragen, so ist die Eintragung nur möglich, wenn damit nicht bloß die Begründung einer persönlichen Verpflichtung, sondern einer Grunddienstbarkeit oder eines dinglichen Vorkaufsrechts gewollt ist, **KG** OLG 2, 489/7, 32. Dagegen ist die Verpflichtung, auf einem gekauften Grst ein Wohnhaus zu erbauen, ein anderes Grst zu pachten usw, stets eine rein persönliche, **RG** RGZ-57, 333/60, 317, **KG** SeuffA 56, 177.

Für die brit Zone ist zum **Höferecht** auf § 59 brit LVO hinzuweisen, wonach Versorgungsansprüche nach dem früheren REHG, insbes nach §§ 30, 31 REHG, auf Verlangen der Beteiligten in das GB eingetragen werden müssen, *Lange-Wulff* HO Bem 307ff.

Ein persönliches Recht kann aber durch **Eintragung einer Vormerkung** insoweit in das GB Aufnahme finden, als es auf die Einräumung, Änderung oder Aufhebung eines dinglichen Rechts, auch zB auf Verschaffung einer bestimmten Rangstelle, gerichtet ist, § 883 BGB, **KG** OLG 26, 183; dazu *Vorbem 18, 19*, im übrigen *§ 25 Bem 8ff*.

V 23

e) Angaben tatsächlicher Art

Dazu *Güthe* GBO § 13 Vorbem 9, 10, 19, *Hesse-Saage-Fischer* GBO Vorbem VI, *Horber* GBO § 13 Vorbem II 6 Cd

Nicht eintragungsfähig sind Angaben tatsächlicher Art (dazu *Vorbem 6*), soweit deren Aufnahme in das GB nicht ausdrücklich angeordnet ist, wie zB bez der Wirtschaftsart, Lage und Größe des Grst, § 6 Abs 3 GBVfg (*GT 4*); dazu *§ 3 Bem 168, 169*. Dasselbe gilt bez der Lageorte von nicht beseitigten Blindgängern; dazu *§ 2 Bem 115, 117*. Von der Eintragung ausgeschlossen ist insbes der Besitz, **RG** RGZ 61, 378. Auch historische Vermerke, zB der Vermerk, daß ein Recht durch Zahlung einer einmaligen Summe abgelöst ist, sind unzulässig; über Bezeichnung der GBBände *§ 2 Bem 83*.

f) Geschäfts- und Handlungsfähigkeit V 24

Nicht eingetragen werden können auch alle Angaben, welche die **Geschäfts- und Handlungsfähigkeit** des eingetragenen Berechtigten betreffen, wie Minderjährigkeit, Entmündigung usw. Der Familienstand kann uU als unterscheidender Zusatz nach § 15 GBVfg (*GT 4*) eintragungsfähig sein. Dazu *Vorbem 179, § 3 Bem 286.*

Keine Eintragung ist möglich bez des **elterlichen Verwaltungs- und Nutznießungsrechts** am Kindesvermögen und dessen Ausschließung sowie der Verzicht auf dieses Recht, **KG** KGJ 49, 211. Dazu *Vorbem 20c* und *Vorbem 78.*

Der **eheliche Güterstand** darf in das GB nur eingetragen werden, wenn ein Grst oder Recht zum Gesamtgut einer Gütergemeinschaft gehört, also bei allgemeiner und bei fortgesetzter Gütergemeinschaft, §§ 1416, 1485 BGB. Dazu *Horber* GBO § 33 Bem 3, 4A.

Es können also nicht eingetragen werden der gesetzliche Güterstand der Zugewinngemeinschaft nach §§ 1363ff. BGB und der Güterstand der Gütertrennung nach § 1414 BGB. Bei den Gütergemeinschaften nach §§ 1415ff. BGB kann die Eigenschaft des Vorbehalts- und Sonderguts nicht eingetragen werden. Die Einbringung von Vermögen in einen Güterstand ist nicht eintragungsfähig, auch wenn der Güterstand eine gewisse Bedeutung für die Verfügung über Grundbesitz haben kann, wie bei der Zugewinngemeinschaft § 1365 BGB. Bei der allgemeinen Gütergemeinschaft bedeutet die Eintragung im GB eine GBBerichtigung, zu der die Zustimmung des anderen Ehegatten nicht erforderlich ist. Dazu auch *Vorbem 180,* über Einzelheiten bez der Güterstände *§ 33 Bem 4ff.*

g) Rechtlich unmögliche Eintragungen V 25

Dazu *Güthe* GBO § 13 Vorbem 23, *Horber* GBO § 13 Vorbem II 6C

Unzulässig ist eine Eintragung, die rechtlich unmöglich ist, zB die Eintragung einer beschränkten persönlichen Dienstbarkeit für den Eigentümer (dazu *Vorbem 55*), die Eintragung einer Bruchteilsdienstbarkeit oder die Eintragung einer Hypothek an dem Anteil, der einem Miterben bei der Auseinandersetzung zufallen wird (hier fehlt es an einem zu belastenden Objekt; dazu **KG** OLG 7, 454, **LG Hamburg** ZBlFG 3, 834, *Kober* SeuffBl 70, 263). Unzulässig ist die Eintragung von Rechten, die dem Berechtigten wahlweise zustehen sollen, zB ein Wohnungsrecht oder Nießbrauch „nach Wahl des Berechtigten"; dazu **KG** Recht 1931 Nr 590. Hierher gehören auch die Vormerkung des Anspruchs auf Eintragung, Änderung oder Aufhebung einer Vormerkung oder eines Widerspruchs und die Vormerkung einer Verfügungsbeschränkung. Zu beachten ist aber, daß im Falle des § 18 Abs 2 solche Vormerkungen eingetragen werden können; dazu *§ 18 Bem 52ff.*

h) Gegen ein Gesetz verstoßende Eintragungen V 26

Unzulässig ist eine Eintragung auch dann, wenn ein an sich eintragungsfähiges dingliches Recht mit einem **Inhalt** eingetragen werden soll, der **gegen das Gesetz** verstößt, also vom Gesetz weder geboten noch erlaubt ist, **KG** OLG 1, 424/2, 120, JFG 3, 399 (400). Dazu *Güthe* GBO § 13 Vorbem 23, *Horber* GBO § 13 Vorbem *II* 6C.

Hierher gehört zB der Fall, daß ein Recht ohne Angabe des Berechtigten eingetragen werden soll oder ein Berechtigter angegeben ist, dessen Eintragung unzulässig ist, zB eine Behörde; dazu *§ 3 Bem 271ff., 291.* Unzulässig ist auch die Eintragung eines Vertreters anstatt des Vertretenen, **RG** RGZ 79, 75.

Von der Eintragung in das GB sind weiter solche Eintragungen ausgeschlossen, denen ein gegen ein **Verbotsgesetz** oder die guten Sitten verstoßendes und daher nichtiges Rechtsgeschäft zugrunde liegt, §§ 134, 138 BGB, zB ein Wuchergeschäft; dazu *§ 11 Bem 141.*

Es kann auch die **Eintragung** als solche **unwirksam** sein, etwa wenn der GB-Beamte unter Bedrohung die Eintragung, die an sich nicht erfolgen würde, vornimmt; dazu *Vorbem 9, § 44 Bem 21.*

V 27 **i) Einzelne Rechte und Verfügungsbeschränkungen**

Über die Unzulässigkeit von Eintragungen bei einzelnen dinglichen Rechten *Vorbem 38ff.*

Über Verfügungsbeschränkungen *Vorbem 118ff.*

V 28 **k) Wirkungen unzulässiger Eintragungen**

Über Wirkungen unzulässiger Eintragungen *Vorbem 32ff.*

V 29

V. Überflüssige Eintragungen

1. Allgemeines

Dazu *Güthe* GBO § 13 Vorbem 60, 61, *Hesse-Saage-Fischer* GBO § 13 Vorbem III

Man **unterscheidet** zwischen unnötigen (dazu *Vorbem 30*) und unerheblichen Eintragungen (dazu *Vorbem 31*). Die **Grenze** ist **flüssig**. Wenn auch derartige Eintragungen im Interesse der Übersichtlichkeit des GB zu vermeiden sind, so darf doch andererseits, da es sich um keine unzulässigen Eintragungen handelt, der Grundsatz nicht mit zu großer Strenge gehandhabt werden; sonst kann er zum Gegenteil, zu Unklarheiten, führen. Die Praxis wird die Grenze durch Zweckmäßigkeitserwägungen ziehen. Über **Wirkungen** *Vorbem 37.*

V 30 **2. Unnötige Eintragungen**

Unnötig sind Eintragungen, die lediglich etwas zum Ausdruck bringen, was ohnehin kraft Gesetzes Rechtens ist, **RG** RGZ 119, 211/130, 350, **KG** JFG 3, 399/4, 43.

Hierher gehören Angaben über **Inhalt und Umfang von dinglichen Rechten,** die sich **ohne weiteres aus dem Gesetz ergeben**, zB bei Hypotheken die Eintragung von gesetzlichen Zinsen, von Verzugszinsen, der Kosten der Kündigung und der Rechtsverfolgung, da für diese das Grst kraft Gesetzes, nämlich nach § 1118 BGB, haftet, **KG** OLG 1, 201/2, 47; zu Verzugszinsen auch **OLG München** JW 1937, 1635 = DNotZ 1937, 442. Im Gegensatz hierzu bedürfen die übrigen Kosten als Nebenleistungen iSd § 1115 Abs 1 BGB der Eintragung, so die Kosten der Hypothekenbestellung und -eintragung, der Erteilung einer vollstreckbaren Ausfertigung, der Schuldurkunde, der Kosten der persönlichen Klage usw, **RG** RGZ 90, 171, **KG** RJA 1, 81, **OLG Breslau** OLG 18, 163. Dazu *Vorbem 12, § 3 Bem 322ff.* Über die Eintragung der Kosten bei der Zwangshypothek *§ 19 Bem 50.*

Unzulässig ist aus demselben Grunde bei einer Darlehenshypothek die Eintragung, daß das Darlehen tatsächlich gegeben worden ist, **KG** OLG 5, 388, ferner die Eintragung des Verzichts des Gläubigers auf Zinsrückstände usw nach § 1178 Abs 2 BGB oder die Eintragung der Abtretung von Zinsrückständen oder des Rangrücktritts von solchen, **RG** RGZ 88, 169, **KG** RJA 12, 240 (245), weiter die Eintragung des gesetzlichen Kündigungsrechts nach § 247 BGB oder die Eintragung des Rechts des Gläubigers, gemäß § 1133 BGB die sofortige Befriedigung aus dem Grst zu suchen. Dasselbe gilt für die Eintragung der Verpflichtung des Gläubigers zur Erteilung der Löschungsbewilligung nach Erlöschen der Hypothekenforderung, **KG** KGJ 29 244, für die Eintragung, daß die in den §§ 1120 bis 1130 BGB aufgeführten Gegenstände unter die hypothekarische Haftung fallen oder daß Erzeugnisse und Zubehörstücke von der Haftung frei werden, wenn sie vor der Beschlagnahme veräußert und vom Grst entfernt werden, § 1121 BGB (dazu *Steiner-Riedel* ZVG Einl IV). Nicht eintragungsfähig ist auch die Ausschließung des Rechts eines Erben, die Auseinandersetzung zu verlangen, § 2042 Abs 2, § 749 Abs 2, § 751 BGB, weil sie ohne Eintragung dinglich wirkt, **KG** JW 1935, 3121 = HRR 1935 Nr 1319. Unzulässig ist eine Eintragung, die lediglich eine gesetzlich bestehende Duldungspflicht wiederholt, **RG** RGZ 130, 354.

Bei einer **Briefhypothek** ist bei der GBEintragung die Beifügung der Worte „mit Brief" als unnötig zu unterlassen, **LG Ulm** GBPrErl BWNotZ 1956, 230.

Regelmäßig ist auch die Eintragung des **gesetzlichen Rangverhältnisses** unzulässig, **KG** OLG 9, 318. Über die Fälle der §§ 1151, 1176 BGB, in denen die Eintragung des Rangverhältnisses im Interesse der Übersichtlichkeit des GB notwendig werden kann, **RG** RGZ 132, 106, **KG** KGJ 25, 303 und *§ 45 Bem 50*.

Als überflüssige Eintragung ist auch die Wiederholung des klaren Inhalts einer bisherigen Eintragung anzusehen, **KG** OLG 9, 230. Dagegen sind sog **Klarstellungsvermerke** nicht unzulässig, zB außer den erwähnten Rangvermerken in den Fällen der §§ 1151, 1176 BGB bei der teilweisen Löschung einer Tilgungshypothek der Vermerk, ob Tilgungsraten und sonstige prozentual bestimmte Nebenleistungen künftig von dem ursprünglichen Kapitalbetrag oder nur von dem Restkapital zu berechnen sind, **RG** HRR 1935 Nr 790, oder der Vermerk bei einer Hauszinssteuerablösungshypothek, daß sie allen anderen Rechten im Rang vorgeht, **KG** JFG 11, 342. Weiter kann ein Vermerk über die Wirksamkeit eines eingetragenen Rechts gegenüber einer Verfügungsbeschränkung zulässig und zweckmäßig sein, **KG** HRR 1934 Nr 199. JFG 13, 111 (113). Über den Klarstellungsvermerk bei Tilgungshypotheken *Haegele-Recke* DR 1939, 1429. Bei der HGA dient die Eintragung des Befriedigungsvorrechts vor der HGA der Klarstellung, da der Bestand des Befriedigungsvorrechts nicht davon abhängt, ob es im GB vermerkt ist, **LG Bochum** DNotZ 1953, 314 = DRspr IV (473) 22a.

Es darf also der **Grundsatz**, daß das GB von überflüssigen Eintragungen frei zu halten ist, **nicht überspannt** werden. Kurze Vermerke, die der Beseitigung etwaiger Zweifel dienen und keine Unübersichtlichkeit oder Überfüllung des GB zur Folge haben, sind nicht unzulässig und in manchen Fällen sogar angebracht, mögen sie an sich auch überflüssig sein, weil ihr Inhalt auf Grund eingehender Prüfung der Rechtslage aus dem Gesetz selbst entnommen werden kann, **RG** RGZ 132, 112 = JFG 8, 42, **KG** KGJ 47, 201, JFG 6, 323 (324). Auf das besondere Verfahren in §§ 90ff. über die Klarstellung der Rangverhältnisse ist hinzuweisen.

Nicht unter die überflüssigen Eintragungen fallen selbstverständlich auch solche Vermerke, die lediglich der Klarstellung einer an sich richtigen, aber **unklar gefaßten Eintragung** dienen; dazu *§ 15 Bem 18, § 22 Bem 12, § 53 Bem 11.*

3. Unerhebliche Eintragungen **V 31**

Zu den überflüssigen Eintragungen gehören auch die unerheblichen Vermerke dh solche, die einen sachenrechtlich unerheblichen Inhalt haben und daher das dingliche Recht als solches nicht berühren, **KG** JFG 3, 399 (400).

Hierunter fallen Eintragungen, die eine Vertretungsbefugnis betreffen, zB die Eintragung der Organe einer juristischen Person und ihrer Vertretungsmacht, oder die Eintragung der Bestellung eines Zustellungsbevollmächtigten für den Hypothekengläubiger, **OLG Colmar** OLG 2, 196, oder die Aufnahme einer Beschränkung der Verfügungsmacht des Testamentsvollstreckers in den Testamentsvollstreckervermerk, **OLG Hamburg** OLG 1, 116. Auch ein Treuhandverhältnis ist im GB nicht zu vermerken, da es als rechtsgeschäftliche Verfügungsbeschränkung rein schuldrechtlicher Art und für die gbrechtlichen Verhältnisse bedeutungslos ist (dazu *§ 3 Bem 279*); dagegen ist die Bestellung eines Treuhänders, der eine sachenrechtliche Verfügungsmacht besitzt, eintragungsfähig und eintragungsbedürftig, wie der Treuhänder nach § 1189 I 2 BGB (dazu *§ 3 Bem 279, 341*) oder der Sachwalter zur Vergleichserfüllung nach § 93 VerglO (dazu *§ 3 Bem 279, 342*).

Hierher gehört auch die Eintragung des Verzichts auf eine Eigentümergrundschuld, da ein solcher Verzicht begrifflich nicht möglich und sachenrechtlich wirkungslos ist, § 1168 BGB, **KG** JFG 4, 433.

V 32 VI. Wirkungen der unzulässigen und überflüssigen Eintragungen

Dazu *Güthe* GBO § 13 Vorbem 85 ff.

1. Unzulässige Eintragungen

a) Löschung

Ist eine Eintragung ihrem Inhalt nach unzulässig (dazu *Vorbem 19ff.*), liegt also ihre Fehlerhaftigkeit nicht in den Eintragungsgrundlagen, sondern in der Eintragung selbst, so ist sie rechtlich bedeutungslos und erzeugt **keine Rechtswirkungen.** Sie ist daher **von Amts wegen zu löschen**, § 53 Abs 1 S 2; dazu *§ 53 Bem 51ff.* Hierher gehört insbes die Eintragung von Tatsachen, von nicht dinglichen Rechten und von dinglichen Rechten, die von der Eintragung ausgeschlossen sind; dazu *Güthe* GBO § 13 Vorbem 85.

V 33 b) Wirkungen

Bei den Eintragungen, die deshalb unzulässig sind, weil sie nicht mit einem gesetzlich gebotenen oder erlaubten Inhalt eingetragen sind, kommt es darauf an, ob ein wesentliches Erfordernis fehlt oder verletzt ist (dazu *Vorbem 34, 35*), ferner, ob die Fehlerhaftigkeit der Eintragung nur in der Hinzufügung eines unzulässigen Zusatzes besteht (dazu *Vorbem 36*).

V 34 1. Fehlen eines wesentlichen Erfordernisses

a) Fehlt ein wesentliches **Erfordernis** der Eintragung, **das der ganzen Gattung** des in Frage stehenden dinglichen Rechts **eigentümlich** ist, zB die Angabe des Berechtigten oder die Angabe des Geldbetrags bei einer Hypothek, oder widerspricht die Eintragung einer zwingenden gesetzlichen Bestimmung (wie zB die Eintragung eines bedingten Eigentums oder einer Zwangs- oder Arresthypothek für eine Forderung von nicht über 300 DM, so ist die **ganze Eintragung unwirksam**. Über Löschung *Vorbem 32.* Dazu *Güthe* GBO § 13 Bem 86.

V 35 b) Fehlt nur ein Erfordernis, das nicht für das einzutragende Recht im allgemeinen, sondern nur **für das gerade in Frage stehende Recht erforderlich** ist, zB der Vermerk über die Ausschließung der Brieferteilung oder die Bezeichnung als Sicherungshypothek oder die Angabe des Zinssatzes bei einer verzinslichen Hypothek, so bewirkt dies nur eine **teilweise Unwirksamkeit**. Es haftet also zB das Grst nicht für die

Zinsen, im übrigen ist die Hypothek wirksam, **RG** RGZ 113, 223, *Planck* BGB § 1115 Bem 1c. Dazu *Güthe* GBO § 13 Bem 87.

Bei den Hypotheken, Grund- und Rentenschulden ist zu unterscheiden zwischen Buch- und Briefhypotheken usw, bei den Hypotheken sind die Verkehrs- und die Sicherungshypothek als verschiedene Arten anzusehen; dazu *Vorbem 80ff.* Bei Unrichtigkeiten der Eintragungen im GB ist folgendes zu beachten:

Ist der Einigung entsprechend eine **Sicherungshypothek** zur Eintragung bewilligt worden, im GB diese Bezeichnung aber versehentlich weggeblieben, so wird die Hypothek in der Hand eines gutgläubigen Erwerbers vollgültige **Verkehrshypothek,** und zwar Briefhypothek. Dagegen bleibt sie im Verhältnis zum ersten Gläubiger und zu jedem schlechtgläubigen Erwerber Sicherungshypothek. Eigentümer und Gläubiger haben jedoch einen Berichtigungsanspruch, *Güthe* GBO § 13 Vorbem 87, *Palandt* BGB § 1184 Bem 4a, *Staudinger-Scherübl* BGB § 1184 Bem 9, **aA** *BGB-RGRK* BGB § 1184 Bem 7, 8, *Planck* BGB § 1184 Bem 3b, wonach Nichtigkeit angenommen wird, soweit nicht nach § 139 BGB nach dem Willen der Parteien Umdeutung in eine Verkehrshypothek erfolgen kann (dazu auch *Vorbem 36*). Ist die Eintragung einer Verkehrshypothek bewilligt, aber versehentlich eine Sicherungshypothek eingetragen worden. so besteht das Hypothekenrecht als Sicherungshypothek, **RG** RGZ 123, 169.

Ist der Einigung entsprechend eine **Buchhypothek** bestellt, aber im GB versehentlich nur „Hypothek" eingetragen, so ist zu unterscheiden, ob auch versehentlich ein Brief erteilt wurde. Ist dies der Fall, so erwirbt ein gutgläubiger Dritter die Hypothek als **Briefhypothek,** wenn ihm der Brief übergeben wird. Ist kein Brief erteilt, so bleibt die Hypothek Buchhypothek; sie kann jedoch nicht übertragen werden, solange nicht ein Brief erteilt oder das GB richtig gestellt ist. Dem ersten Gläubiger gegenüber ist auch hier der wahre Sachverhalt maßgebend; er und der Eigentümer haben einen Berichtigungsanspruch, *BGB-RGRK* BGB § 1116 Bem 5, *Güthe* GBO § 13 Vorbem 87, *Planck* BGB § 1116 Bem 1c, *Staudinger-Scherübl* BGB § 1116 Bem 9 (b). Ist eine Briefhypothek bestellt, aber eine Buchhypothek eingetragen, so gilt die Hypothek, insbes im Verhältnis zwischen Eigentümer und erstem Gläubiger, als Briefhypothek. In der Hand eines gutgläubigen Erwerbers wird sie jedoch Buchhypothek; dazu *Güthe* und *Planck* aaO.

2. Unzulässiger Zusatz V 36

Ist der an sich zulässigen Eintragung nur ein unzulässiger Zusatz beigefügt, zB die Eintragung der dinglichen Unterwerfungsklausel bei einer Höchstbetragshypothek oder die Eintragung von laufenden Zinsen bei einer Arresthypothek oder die Eintragung einer beschränkten persönlichen Dienstbarkeit für den Berechtigten und dessen Nachfolger, **RG** RGZ 119, 211, so hängt die Entscheidung darüber, ob **volle** oder **teilweise Unwirksamkeit** vorliegt, davon ab, ob **nach dem vermutlichen Willen der Beteiligten** die Eintragung auch bei Wegfall des Zusatzes wirksam bleiben soll oder nicht, **§ 139 BGB, RG** RGZ 119, 214, *Güthe* GBO § 13 Vorbem 88; dazu *Vorbem 35, § 18, 141, 144.* Ist letzteres der Fall, so ist die ganze Eintragung unwirksam und das GB unrichtig; dies gilt übrigens auch dann, wenn die Eintragungsbewilligung einen unzulässigen Zusatz enthielt, dieser aber nicht eingetragen wurde und die Eintragung in dieser Form dem Willen der Parteien nicht entspricht. Geht der Wille der Parteien dahin, daß das Recht auch ohne den unzulässigen Zusatz entstehen soll, so ist die Eintragung wirksam. Nur der unzulässige Zusatz als solcher ist in jedem Falle unwirksam und nach § 53 Abs 1 S 2 zu **löschen, KG** KGJ 31, 336; dazu *Vorbem 32.*

Über die Auslegung von Eintragungen *Vorbem 12.*

V 37 **2. Überflüssige Eintragungen**

Überflüssige Eintragungen (dazu *Vorbem 29ff.*) bewirken **in keinem Falle** die **inhaltliche Unzulässigkeit der ganzen Eintragung, KG** KGJ 35, 323, JFG 4, 398. JW 1929, 1666, *Güthe* GBO § 13 Vorbem 60, 89. Soweit die überflüssige Eintragung nur in einem **Zusatz** besteht, der etwas **sachenrechtlich Unerhebliches** wiedergibt, Bz die Eintragung der Vertreter einer juristischen Person oder ihrer Vertretungsbefugnis oder die Eintragung eines Zustellungsbevollmächtigten oder die Angabe eines Treuhandverhältnisses, ist dieser Zusatz, nicht aber die ganze Eintragung inhaltlich unzulässig und nach § 53 von Amts wegen zu **löschen**; dazu *Güthe* aaO, im übrigen *Vorbem 32.* Anders ist es, wenn zB die gesetzlichen Zinsen oder das gesetzliche Rangverhältnis eingetragen sind; derartige Eintragungen sind zwar unnötig, aber sachenrechtlich nicht unerheblich und daher nicht inhaltlich unzulässig, **KG** KGJ 35, 325/53, 152.

V 38 **VII. Unzulässige Eintragungen bei einzelnen dinglichen Rechten**

1. Allgemeines

Über unzulässige Eintragungen im allgemeinen *Vorbem 19ff.*, über die Wirkungen solcher Eintragungen *Vorbem 32ff.*

Dazu *Brand-Schnitzler* GBSachen §§ 76ff., *Güthe* GBO § 13 Vorbem 24ff. *Horber* GBO § 13 Vorbem II 6 C, § 44 Anh Bem 4ff., *Krämer-Illner* GBPraxis §§ 72ff.

Zum Eigentum und zu einzelnen dinglichen Rechten ist ergänzend hierzu auf folgendes hinzuweisen:

V 39 **2. Eigentum**

Der Inhalt des Eigentums bestimmt sich nach §§ 903ff. BGB.

Nach **§ 903 BGB** kann der **Eigentümer** mit der ihm gehörigen Sache nach Belieben verfahren und andere von jeder Einwirkung ausschließen, soweit nicht das Gesetz oder Rechte Dritter entgegenstehen. Nach der Verfassung, nämlich nach **Art 14 GG** wird das Eigentum gewährleistet, wobei Inhalt und Schranken durch die Gesetze bestimmt werden. Wenn in dem erwähnten Artikel des GG auch für das Erbrecht dasselbe gilt, so deshalb, weil unsere Rechtsordnung von jeher auf dem freien Eigentum aufbaut und das Eigentumsrecht auch nicht mit dem Tode verloren geht, sondern die Sache auf die Erben des Eigentümers übergeht. Das Ausschließungsrecht des Eigentümers findet seine Schranken in gesetzlichen Vorschriften des Bundes und der Länder und in den Rechten Dritter, vor allem den dinglichen Rechten anderer. Art 14 Abs 2 GG handelt von der sozialen Bindung. Eigentum verpflichtet; sein Gebrauch soll zugleich dem Wohle der Allgemeinheit dienen. Eine Enteignung ist aber nur unter den besonderen Voraussetzungen des Art 14 Abs 3 GG zulässig, insbes nur zum Wohle der Allgemeinheit, das nicht mit den Einzel-Interessen einer Mehrheit von Personen identisch ist; dazu *Vorbem 163.* Im Bereiche des reinen Zivilrechts kommt der sog Sozialklausel keine erhebliche Bedeutung zu, sie führt hier nur auf § 242 BGB zu. Dies ergibt sich aus der Rspr des **BGH**, insbes LM § 903 BGB Nr 1 (*Pritsch*), BGHZ 6, 270 = NJW 1952, 972, 1176 (*Hamann*), 1193 (*Pagenkopf*) = MDR 1952, 610 = JZ 1952, 622 = LM aaO Nr 2, Art 14 GrundG Nr 7. Deshalb wird bei *Staudinger-Seufert* BGB § 903 Bem 23 ausgeführt, daß der Verfassungsbestimmung bez der Sozialklausel im Privatrecht keine nennenswerte praktische Bedeutung zukommt, auch dann nicht, wenn man sie unmittelbar anwendet. Das Schwergewicht der Beschränkungen liegt vielmehr auf öffentlich-rechtlichen Gebiet.

Dazu *BGB-RGRK* BGB § 903 Vorbem 1ff., Bem 2ff., *Krämer-Illner* GBPraxis § 72 *Palandt* BGB § 903 Bem 1ff., *Sellmann* Sozialbindung und Enteignung NJW 1965, 1689, *Staudinger-Seufert* BGB § 903 Vorbem 1ff., Bem 10ff.

Gesetzliche Beschränkungen zivilrechtlicher Art kommen vor allem im Bereich des Nachbarrechts in Betracht, insbes bei Anwendung der §§ 904ff. BGB. Aus öffentlichem Recht ergeben sich dagegen umfassende Beschränkungen, und zwar durch Gesetze über Gesundheitswesen, Enteignung, Landwirtschaft, Naturschutz, Verkehr, Wohnungswesen, Wirtschaftsrecht usw; dazu insbes *BGB-RGRK* aaO Bem 11, *Haegele* Die Beschränkungen im GrstVerkehr, Unterrichtsbriefe (GrstRecht 121ff.), *Staudinger-Seufert* BGB § 903 Bem 19ff., 26ff.

Rechte Dritter, die beschränkende Wirkungen ausüben, sind in erster Linie die dinglichen Rechte, in begrenztem Umfange auch schuldrechtliche Verpflichtungen. Unzulässige Rechtsausübung hat im Bereich des Sachenrechts im Interesse der Rechtssicherheit nur geringe Bedeutung; dazu **BGH** JZ 1964, 369 = JR 1964, 301 = MDR 1964, 493 = BB 1964, 495 = DB 1964, 695 = WM 1964, 635 = ZMR 1964, 181 = MittBayNotV 1965, 3 = MittRhNotK 1964, 560 = DNotZ 1965, 165 = LM § 1090 BGB Nr 10 = DRspr I (154) 63a.

Der **Besitz** ist vom Eigentum zu unterscheiden und in § 854ff. BGB geregelt. Es handelt sich um ein rein tatsächliches Verhältnis zu einer Sache. Die Eigentumsvermutung des § 1006 BGB ist auf bewegliche Sachen beschränkt, gilt also nicht für Grste und grstgleiche Rechte. Die Ersitzung von Grundstücken, die sog Buchersitzung ist in § 900 BGB besonders geregelt; dazu *§ 20 Bem 19*.

Im Zivilrecht ist von dem **juristischen Eigentum** auszugehen; überwirtschaftliches Eigentum im Steuerrecht *Staudinger-Seufert* BGB § 903 Vorbem 24.

Man unterscheidet zwischen öffentlichem und privatem Eigentum; dazu *BGB-RGRK* BGB § 903 Vorbem 6, 7. **Öffentliche Sachen** sind solche, die dem Gemeingebrauch gewidmet sind. Es handelt sich um öffentliche Nutzungsverhältnisse. Öffentliche Sachen sind der privaten Nutzung entzogen; dazu, auch zu den verschiedenen Rechtsauffassungen, *BGB-RGRK* aaO Vorbem 7. Auch die öffentliche Hand kann Privateigentum besitzen, es ist dies fiskalisches Eigentum. Es kommt dies vor allem in Betracht für staatliche Gebäude, Krankenhäuser und Theater der Gemeinden. Universitäten und Institute usw; dazu *BGB-RGRK* aaO Vorbem 6 Für den Bereich der GBO ist auf § 3 Abs 2, 3 zu verweisen; dazu *§ 3 Bem 53ff.* Solche Grst können buchungsfrei sein. Soweit die Frage der Eintragung mit wirtschaftlichen Erwägungen zusammenhängt, wird das juristische Eigentum als solches nicht berührt, sondern nur die Zweckmäßigkeit der Eintragung in das GB damit in Zusammenhang gebracht.

Man unterscheidet verschiedene **Arten des Eigentums**; dazu *Staudinger-Seufert* BGB § 903 Vorbem 21ff. Es gibt

Miteigentum nach Bruchteilen, §§ 1008ff. BGB,

Miteigentum zur gesamten Hand, vor allem bei Gütergemeinschaft nach §§ 1415ff. BGB, Miterbengemeinschaft nach §§ 2032ff. BGB, Gesellschaft nach §§ 705ff. BGB ua,

fiduziarisches Eigentum, besonders bei Treuhänderschaft (dazu *§ 3 Bem 279*), ferner besonders ausgestaltete Arten, wie

Heimstätte; dazu *Vorbem 152ff., 4 Bem 47ff.*

Stockwerkseigentum; dazu *§ 3 Bem 11, 451, § 20 Bem 5, § 117 Bem 115ff., 129,*

Wohnungseigentum; dazu *§ 3 Bem 446ff.*

Zum Wohnungseigentum ist darauf hinzuweisen, daß die Vereinigung von 2 oder mehr Wohnungseigentums- oder Teileigentumsrechten an demselben Grst zulässig ist, **OLG Hamburg** Rpfleger 1966, 79 (*Riedel*). Dies gilt auch, wenn es sich um mehrere Grundstücke handelt, die in der Hand desselben Eigentümers sich befinden; dazu *Riedel* aaO, ferner *§ 3 Bem 487.* Da nur Rechte gleicher Gattung vereinigt werden können, kann nicht ein Grundstück mit einem Wohnungs- oder Teileigentum vereinigt werden; dazu *Riedel* aaO, ferner *§ 5 Bem 6.* Wohnungseigentum und Miteigentumsanteil können nur ausnahmsweise auseinanderfallen; dazu *Riedel* aaO, ferner *§ 3 Bem 497.* Über Besonderheiten bei Teilveräußerung eines Miteigentumsanteils mit Wohnungseigentum *Riedel* aaO, ferner *§ 3 Bem 498.* Neuerdings rückt die Frage, ob § 5 Abs 2 WEG (*Anh*) der Begründung von Wohnungs- oder Teileigentum an ganzen Häusern, die auf demselben Grst stehen, entgegensteht und daher eine solche Vereinbarung unwirksam ist. **OLG Frankfurt aM** und **OLG Köln** (dazu *§ 3 Bem 478*) halten eine solche Vereinbarung für zulässig. Das **BayObLG** Rpfleger 1966, 149 (*Riedel*) ist abweichender Ansicht und hält eine solche Vereinbarung bei einem Doppelhaus auf einem Grst für unwirksam, daher eine GBEintragung solchen Inhalts für unzulässig. Die Frage muß jedoch einheitlich betrachtet werden, und zwar muß die Lösung für mehrere Einzelhäuser, Doppelhäuser und Reihenhäuser einheitlich beantwortet werden. Aus praktischen Erwägungen heraus ist der Auffassung zuzustimmen, welche über § 5 Abs 2 WEG (*Anh*) hinweg sieht, weil der Zweck dieser Vorschrift hier nicht zutrifft und der Gesetzgeber diesen Fall offenbar nicht miterwogen, also nicht geregelt hat. Es liegt also eine Lücke im Gesetz vor, die durch Rspr auszufüllen ist; so auch *Riedel* aaO, wobei die teilweise abweichende Auffassung in *§ 3 Bem 478* im Interesse einer gesunden Rechtsentwicklung aufgegeben wird.

Unzulässig ist die Eintragung **bedingten** und **befristeten Eigentums**, § 925 Abs 2 BGB; dazu *Güthe* GBO § 13 Vorbem 24.

Dies gilt für aufschiebende und auflösende Bedingungen, bei Zeitbestimmung für die Bestimmung eines Anfangs- oder Endtermins. Es kommen aber nur **rechtsgeschäftliche Vereinbarungen** in Frage, nicht auch **Rechtsbedingungen**, die gesetzliche Voraussetzungen darstellen. Als solche Rechtsbedingungen sind anzusehen behördliche Genehmigungen; dazu **BGH** NJW 1952, 1330 = LM § 1447 Nr 1 bez sich auf den ehelichen Güterstand beziehender Vereinbarungen. Ob eine Bedingung oder Zeitbestimmung nur eine Bedingung des Grundgeschäfts ist oder auch die Auflassung erfaßt, ist durch Auslegung klarzustellen, **KG** DNotZ 1926, 51, OLG 39, 262, *Staudinger-Seufert* BGB § 925 Bem 81 (c). Zulässig ist es, die Vollziehung der Auflassung von der gleichzeitigen Eintragung vereinbarter Rechte (wie Hypothek, Nießbrauch) abhängig zu machen. Ferner ist es möglich das Recht auf Rückerwerb des Eigentums durch eine Auflassungsvormerkung zu sichern.

V 40 3. Erbbaurecht

Dazu *Brand-Schnitzler* GBSachen § 172, *Güthe* GBO § 13 Vorbem 25, *Haegele* GBRecht Bem 746ff., Unterrichtsbriefe (GrstRecht 16ff.), *Horber* GBO § 44 Anh Bem 4, *Ingenstau* ErbbauVO § 1 Bem 3ff., im übrigen *§ 8 Bem 1ff.*

Der **gesetzliche Inhalt** des Erbbaurechts wird durch § 1 ErbbauVO (*Anh*) bestimmt. Unzulässig ist die Eintragung der Unvererblichkeit oder Unveräußerlichkeit, da dies dem § 1 Abs 1 aaO widerspricht, **BayObLG** 14, 254. Ebenso ist unzulässig die Eintragung eines Erbbaurechts auf einem ideellen Bruchteil eines Grst und die Beschränkung des Erbbaurechts auf einen Teil eines Gebäudes, insbes eines Stockwerks, § 1 Abs 3 ErbbauVO (*Anh*). Dazu *§ 8 Bem 7.*

Veräußerlichkeit und Vererblichkeit können mit dinglicher Wirkung beschränkt, aber nicht ganz ausgeschlossen werden; dazu *BGB-RGRK* BGB ErbbauVO § 1 Bem 1, *Ingenstau* ErbbauVO § 1 Bem 21, 22, *Staudinger-Ring* BGB ErbbauVO § 1 Bem 20, 21. So ist es zulässig, die Veräußerung auf einen bestimmten Personenkreis oder Zweck zu beschränken. Schuldrechtlich kann eine Verpflichtung nicht zu veräußern, wirksam vereinbart werden, **KG** RJA 9, 128. Ein solcher Anspruch kann aber nicht durch eine Vormerkung dinglich gesichert werden (bestr), *Staudinger-Ring* aaO Bem 21, **aA** *Ingenstau* aaO Bem 21 (3b).

Über den **vertragsmäßigen Inhalt** des Erbbaurechts §§ 2, 5, 27, 32 ErbbauVO (*Anh*). Unzulässig ist die Eintragung, daß das Erbbaurecht dinglich für eine nach § 2 Z 5 aaO vereinbarte Vertragsstrafe haften soll; hierfür müßte eine Hypothek bestellt werden. Unzulässig ist auch der vertragliche Ausschluß der Entschädigung im Falle des § 27 Abs 2 ErbbauVO (*Anh*); dazu *Staudinger-Ring* BGB ErbbauVO § 27 Bem 13. Dasselbe gilt von der Eintragung einer Vormerkung zur Sicherung des Heimfallanspruchs nach § 32 ErbbauVO (*Anh*); dies ist bestr, dazu *Planck* BGB ErbbauVO § 2 Bem 3. Dagegen kann für den GrstEigentümer ein dingliches Vorkaufsrecht an dem Erbbaurecht eingetragen werden, *Staudinger-Ring* BGB ErbbauVO § 2 Bem 20. Die Bestellung eines Erbbaurechts auf Lebenszeit ist unzulässig, **OLG Celle** Rpfleger 1964, 213, *Klingenstein*. Können Erbbaurecht und Dauerwohnrecht auf Lebenszeit der Berechtigten bestellt werden? BWNotZ 1965, 222; dazu auch *§ 8 Bem 9k*, auch über weitere Fragen zur Bedingung und Befristung. Die Vereinbarung eines Heimfallanspruchs für den Fall des Todes des Erbbauberechtigten ist zulässig, **OLG Hamm** OLGZ 1965, 72 = DNotZ 1966, 41 = Rpfleger 1966, 47. Über Erbbauzins *§ 8 Bem 39*.

Die nach § 11 Abs 1 ErbbauVO (*Anh*) erforderliche **Einigung** (§ 873 BGB) muß sich auf den gesamten gesetzlichen und vertragsmäßigen Inhalt des Erbbaurechts erstrecken Ungenügend ist es, wenn die Beteiligten lediglich den Wortlaut des Gesetzes wiederholen, **BayObLG** 20, 139. Über die Prüfungspflicht des GBBeamten *§ 8 Bem 6*.

4. Grunddienstbarkeit **V 41**

Dazu *Bauer* GBEintragungen Z 147, *Brand-Schnitzler* BGSachen § 77, *Güthe* GBO § 13 Vorbem 26 und S 1847ff., *Haegele* GBRecht Bem 477ff., Merkbuch 42/1, *Horber* GBO § 44 Anh Bem 5, *Krämer-Illner* GBPraxis §§ 81, 82, *Riedel* Unklarheiten im Recht der Dienstbarkeiten Rpfleger 1966, 131

a) Dienendes Grundstück

Die Grunddienstbarkeit zählt zu den Belastungen des Grst, die Dienstbarkeiten sind. Es handelt sich um eine **dingliche Belastung**; dazu *Vorbem 16*. Belastet werden kann ein **Grst** oder ein **grstgleiches Recht** (dazu *§ 3 Bem 12ff.*), insbes ein Erbbaurecht, § 11 ErbbauVO (*Anh*). Die Begründung kann erfolgen durch rechtsgeschäftliche Vereinbarung nach § 873 BGB oder durch Buchersitzung nach § 900 Abs 2 BGB.

Zulässig ist eine **Gesamtbelastung**, mehrerer Grst usw, wenn sich die Ausübung der Grunddienstbarkeit auf die mehreren Grst erstreckt, **KG** JW 1937, 2606, **LG Braunschweig** NdsRpfl 1963, 229 = DRspr I (154) 62a, *BGB-RGRK* BGB § 1018 Bem 7, *Palandt* BGB § 1018 Bem 2.

An einem **ideellen Bruchteil** eines Grst kann eine Grunddienstbarkeit nicht begründet werden, *BGB-RGRK* BGB § 1018 Bem 11, *Palandt* aaO, *Staudinger-Ring* BGB § 1018 Bem 2. Deshalb sind Grunddienstbarkeiten, die bei einer Bruchteilsversteigerung auf den nicht mitversteigerten Bruchteilen bestehen bleiben, inhaltlich unzulässig iSd § 53 Abs 1 S 2 GBO und unterliegen der Amtslöschung, **KG** JW 1933, 626. Ein **realer Teil** eines Grst kann belastet werden, **OLG Bremen** NJW 1965, 2403, *BGB-RGRK* BGB § 1018 Bem 7, *Palandt* aaO, *Staudinger* BGB § 1018 Bem 2 (aa); dazu *§ 7 Bem 34,54*. Bei einer Realteilung des belasteten Grst bleiben die einzelnen Teile belastet, wenn nicht die Voraussetzungen des § 1026 BGB vorliegen; wenn die Ausübung der Grunddienstbarkeit auf einen bestimmten Teil des dienenden Grst beschränkt war und die anderen Teilflächen außerhalb dieses Teils liegen, werden sie frei (dazu *Staudinger-Ring* BGB § 1026 Bem 1, 2). Es ist jedoch möglich, daß eine Sonderbelastung nicht gewollt war; dazu *Staudinger-Ring* aaO Bem 2 (b), über die Folgen *§ 7 Bem 39*, im übrigen auch *Vorbem 44, 52*.

Zu erwähnen ist noch, daß an **öffentlichen Grundstücken** dh an solchen, die dem Gemeingebrauch dienen (dazu *Vorbem 39*), Grunddienstbarkeiten nur bestellt werden können, soweit dies mit dem Zweck der Verwendung des Grst vereinbar ist, und zwar nach Maßgabe der öffentlich-rechtlichen, insbes landesrechtlichen Bestimmungen; dazu *BGB-RGRK* BGB § 1018 Bem 8, 9, 10, *Güthe* GBO § 13 Vorbem 26, S 2041 ff. (Verkehrsfähigkeit), *Staudinger-Ring* BGB § 1018 Bem 7, 11.

V 42 **b) Herrschendes Grundstück**

Die Belastung erfolgt zugunsten des oder der jeweiligen Eigentümer eines anderen Grst bzw eines Erbbaurechts, grstgleichen Rechts zB eines Bergwerks, **RG** RGZ 130, 352.

Da die Grunddienstbarkeit Bestandteil des herrschenden Grst ist, ist sie untrennbar mit ihm rechtlich verbunden, wie aus § 1019 BGB hervorgeht, **KG** KGJ 43 Nr 34. Sie kann daher weder selbständig übertragen, noch selbständig belastet werden, **BayObLG** 9, 213; dazu *Staudinger-Ring* BGB § 1019 Bem 5, bez Unzulässigkeit der Bestellung eines Nießbrauchs *Vorbem 74*. Die Grunddienstbarkeit kann auch nicht selbständig gepfändet werden, § 851 Abs 1 ZPO; dazu *Stöber* Forderungspfändung 383, auch *§ 19 Bem 52 (1)*.

Unzulässig ist die Eintragung, wenn es an einem herrschenden Grst fehlt, **OLG Braunschweig** ZBlFG 4, 36. Eine **Eigentümer-Grunddienstbarkeit** ist jedoch möglich, **RG** RGZ 142, 231 = JFG 11, 5 = JW 1934, 282, *Palandt* BGB § 1018 Einf 2 (b), *Staudinger-Ring* BGB § 1018 Bem 7; dazu auch *Roth-Stielow* Kein Recht auf die Bestellung einer Eigentümer-Dienstbarkeit! Justiz 1961, 322. In diesem Falle gehören das herrschende und das dienende Grst demselben Eigentümer. Es kann also der jeweilige Eigentümer 2 Grundstücke an dem einen von ihnen zugunsten des anderen eine Grunddienstbarkeit bestellen; an die Stelle der Einigung tritt die einseitige, dem GBA gegenüber abzugebende Erklärung des Eigentümers. Es ist daher auch eine Vormerkung auf Bestellung einer Grunddienstbarkeit von dem Eigentümer 2 Grst auf einem zugunsten des jeweiligen Eigentümers des anderen für den Fall des Verkaufs zulässig und in das GB eintragbar, **KG** DNotZ 1937, 331, *Staudinger-Ring* aaO; überholt sind **KG** HRR 1932 Nr 1659, KGJ 40, 126, *Breme* DNotV 1913, 278.

Keine Bestellung einer Grunddienstbarkeit ist möglich zugunsten des **ideellen Bruchteils** eines Grst, **RG** JW 1933, 626, **KG** KGJ 53, 171, *Staudinger-Ring* BGB § 1018 Bem 2 (bb). Auch ein **realer Teil** eines Grst kann nicht herrschendes Grst sein, **KG** KGJ 53, 171, *BGB-RGRK* BGB § 1018 Bem 13, *Staudinger* aaO. Für **mehrere Grundstücke** desselben Eigentümers kann keine einheitliche Grunddienstbarkeit bestellt werden; es muß dies vielmehr zugunsten der einzelnen Grst geschehen, **KG** KGJ 52, 173, **LG Dortmund** Rpfleger 1963, 197 (*Haegele*), *Staudinger* aaO Bem 2 (dd). eine Ausnahme besteht nur im Rahmen landesrechtlicher Vorbehalte, *BGB-RGRK* BGB § 1018 Bem 13, § 1030 Vorbem 3. Dies ist hM, **aA** (zu Unrecht) **BayObLG** NJW 1966, 56 = MDR 1966, 146, wonach zugelassen wird, daß eine Grunddienstbarkeit zugunsten mehrerer GrstEigentümer auf dem dienenden Grst eingeräumt wird, wenn das Recht, eine ihnen allen zum Vorteil gereichende einheitliche Anlage zu errichten, betrifft und ein einheitliches Recht im GB eingetragen wird. Die abweichende Auffassung ist abzulehnen; sie widerspricht dem Wesen der Grunddienstbarkeit, die grstgebunden ist, weil sie zugunsten des jeweiligen Eigentümers begründet wird. Auf diesem Gesichtspunkt baut sich auch die hM auf (dazu auch *Vorbem 44*), was das BayObLG verkannt hat, das vielmehr irriger Weise davon ausgeht, die hM sei allenthalben unbegründet. Dem subjektiv-dinglichen Charakter der Grunddienstbarkeit legt das BayObLG keine entscheidende Bedeutung bei. Jedoch folgt gerade aus der Bindung an das Grst, daß eine Bindung an

Personen nicht möglich ist und daß es in einem solchen Falle nötig erscheint, selbständige Grunddienstbarkeiten nebeneinander, also nicht einheitlich zu bestellen. Die nicht-hM, der sich das BayObLG angeschlossen hat, verkennt bzw mißversteht den Grundcharakter der Grunddienstabarkeit; denn letztlich wird hier bei dieser Meinung eine Verlagerung von dem Dinglichen zum Persönlichen vorgenommen, also vom Grst zu den Berechtigten. Nach (§ 1018 BGB ist entscheidend abgestellt auf das Grst und der Berechtigte wird mit dem Grst identifiziert. Bei der abweichenden Auffassung wird in Gegensatz dazu auf den bzw die Berechtigten abgestellt, in deren Person die Voraussetzungen verlangt werden, die sonst sich auf das Grst beziehen. Daher ergeben sich Schwierigkeiten, sobald die Voraussetzungen, die bez des Grst verlangt werden, nicht mehr bei „allen" Berechtigten — auf die das BayObLG abstellt — vorliegen. Die Grunddienstbarkeit soll aber doch auch dann noch für die übrigen weiterbestehen. Hier weist die abweichende Auffassung keinen brauchbaren Weg zur Lösung, der mit dem Gesetz vereinbar ist. Ja — es scheint, daß man in dieser Richtung keine Erwägungen angestellt hat, auch nicht seitens des BayObLG. Man sollte daher die Frage in der Rechtspraxis erneut überprüfen und es wäre zu wünschen, daß die Auffassung, die hM ist, nicht nur überwiegende Meinung bleibt, sondern allgemein anerkannt wird. Über die Rechtslage bei Reallast *Vorbem 67* und bei Nießbrauch *Vorbem 76*.

c) Inhalt ua **V 43**

1. Eine **Bedingung** oder **Befristung** ist zulässig. Es kann zB vereinbart werden, daß die Grunddienstbarkeit erlischt, sobald das herrschende Grst in das Eigentum einer anderen Person als das eines Abkömmlings des derzeitigen Eigentümers übergeht, **BayObLG** 13, 143.

2. Der **gesetzlich zulässige Inhalt** ergibt sich aus §§ 1018, 1019 BGB; dazu **V 44**
auch *Vorbem 58ff*. Eine Belastung mit einer Grunddienstbarkeit ist daher nur in der Weise zulässig,

daß das Grst in einzelnen Beziehungen benutzt werden darf

oder

daß auf dem Grst gewisse Handlungen nicht vorgenommen werden dürfen oder

daß die Ausübung eines Rechts ausgeschlossen ist, das sich aus dem Eigentum an dem belastesten Grst dem anderen Grst gegenüber ergibt.

Es kann sich um eine oder um mehrere derartige Benützungen handeln. Anderer Inhalt ist gesetzlich nicht zulässig.

Dazu *BGB-RGRK* BGB § 1018 Bem 15ff., § 1019 Bem 2ff., *Güthe* GBO § 13 Vorbem 26 und S 1847ff., *Palandt* BGB § 1018 Bem 4ff., § 1019 Bem 2, *Staudinger-Ring* BGB § 1018 Bem 20ff., 1019 Bem 2ff., *Groß* Die Dienstbarkeiten JurBüro 1963, 515, *Haegele* GBRecht Bem 477ff., *Hahn* Die Grunddienstbarkeit aaO 1958, 485, *Kürzel* Grunddienstbarkeiten und beschränkte persönliche Dienstbarkeiten BlGBW 1958, 20, *Löscher* Mitbenutzungsrecht Dritter bei Grunddienstbarkeiten Rpfleger 1962, 432, *Müller* Probleme aus dem Recht der Dienstbarkeit MittRhNotK 1963, 592, *Pikart* Die Rspr des BGH zu den außerpfandrechtlichen GrstBelastungen WM 1962, 498, *Riedel* Unklarheiten im Recht der Dienstbarkeiten Rpfleger 1966, 131, *Ripfel* Bedeutung und Rechtswirkungen der Gestattung bei Verbotsdienstbarkeiten DNotZ 1961, 145, *Wehrens* Zum Recht der Dienstbarkeiten DNotZ 1963, 24, *Zopfs* Dienstbarkeiten und bauliche Ordnung BlGBW 1963, 193, 214,

DRpor I (154) ÜBl unter § 1018 BGB, *NJWZF* unter Nr 20 § 1018 BGB

Über Auslegung der GBEintragung *Vorbem 12*.

Der **Unterschied zwischen Grunddienstbarkeit** nach § 1018 BGB gegenüber der **beschränkten persönlichen Dienstbarkeit** nach § 1090 BGB besteht im wesentlichen darin, daß die Benutzung auf eine bestimmte Person beschränkt ist. Insoweit gibt es keine Umdeutung von einer Art der Dienstbarkeit in eine andere, **OLG München**

NJW 1957, 1765. Ist im GB ein Überfahrtsrecht für eine bestimmte Person und „deren Rechtsnachfolger" eingetragen und ergibt sich etwas anderes auch nicht aus der Eintragungsbewilligung, dann handelt es sich nicht um eine Grunddienstbarkeit; es kann jedoch eine beschränkte persönliche Dienstbarkeit sein, **BGH** NJW 1965, 393 = MDR 1965, 195 = DNotZ 1965, 473 (*Wehrens*) = BlGBW 1965, 133 = WM 1965, 152 = BWNotZ 1965, 87 Ls = LM § (1018 BGB Nr 11 = DRspr I (154) 67a. Dazu auch *Vorbem 42, 55, 57.*

Es ist zulässig, daß **neben den dinglichen Vereinbarungen**, die den Inhalt der Dienstbarkeit bilden, auch **rein schuldrechtliche** getroffen werden können, **BGH** NJW 1963, 1247 = MDR 1963, 577 = BB 1963, 575 = DB 1963, 1317 = DNotZ 1964, 341 = BWNotZ 1963, 219 Ls = LM § 1018 BGB Nr 10. Rein schuldrechtliche Vereinbarungen, also reine Benutzungsrechte können dagegen nicht Inhalt der Dienstbarkeit sein; ein solcher Inhalt wäre unzulässig und eine erfolgte Eintragung nach § 53 Abs 1 GBO von Amts wegen zu löschen, **AG Starnberg** MDR 1965, 659. Es ist freilich Vorsicht geboten, wenn eine solche Löschung vorgenommen wird, weil eine Amtshaftung entstehen kann. Notwendig ist, daß Klarheit darüber besteht, welche Verpflichtungen dingliche Wirkung und welche schuldrechtlichen Charakter haben, bawüJM *GBPrErl* von 20. Dezember 1962 BWNotZ 1963, 23.

Für den **Umfang** einer Dienstbarkeit entscheiden zunächst die Vereinbarungen, soweit sie klar sind. Darüber hinaus ist aber bei Unklarheiten der Inhalt so auszulegen, wie er gegenwärtig und künftig zu verstehen ist, **BGH** DNotZ 1959, 240. Es ist also in solchem Falle darauf abzustellen, was jeder gegenwärtige oder künftige Beteiligte auf Grund der Bestellungsurkunde als Geschäftsinhalt ansehen muß. Die Auslegung erfolgt nach Treu und Glauben, § 242 BGB. Inhalt und Umfang sind aus der Eintragung und den Urkunden, auf die Bezug genommen ist, auszulegen. Wirtschaftlichen und technischen Veränderungen ist bei Bestimmung des Inhalts und Umfangs jeweils Rechnung zu tragen, **BGH** NJW 1960, 673 = MDR 1960, 389, 660 (*Thieme*) = DNotZ 1960, 242 = BB 1960, 270 Ls = LM § 242 (D) BGB Nr 41, 1018 BGB Nr 3 Ls = DRspr I (154) 46 ab, BB 1962, 817, **OLG Hamburg** MDR 1963, 679, **KG** JR 1963, 18, **LG Hamburg** BlGBW 1963, 16 Ls. Die Bestellung der Grunddienstbarkeit ist möglich, auch wenn nur auf einem Teil des Grst die Dienstbarkeit ausgeübt wird, **OLG Hamm** JMBl NRW 1961, 275; dazu auch *Vorbem 41, 52.*

Eine Eintragung einer Grunddienstbarkeit liegt nicht vor, wenn im Eingangsvermerk lediglich der gesetzliche Name des Rechts angegeben wird und im übrigen auf die Bewilligung Bezug genommen wird; eine solche Eintragung ist inhaltlich unzulässig, wenn sie selbst ohne weiteres erkennen läßt, daß ihr ein notwendiges gesetzliches Erfordernis fehlt, **OLG Köln** NJW 1957, 992. Dazu auch *Vorbem 58.*

Wird der Umfang der Dienstbarkeit überschritten, so steht dem Eigentümer der Abwehranspruch aus § 1004 Abs 1 BGB zu, nicht aber ein Anspruch auf Aufhebung und Löschung des GBEintrags, **BHG** NJW 1965, 1229 = MDR 1965, 563 = JZ 1965, 361 = WM 1965, 589 = BB 1965, 566 = BWNotZ 1965, 253 Ls = DRspr I (154) 69a. Die Vorschriften über Grenzüberbau nach §§ 912 bis 916 BGB sind entsprechend anzuwenden, wenn durch die Errichtung eines Gebäudes ohne Überschreitung der GrstGrenze eine Grunddienstbarkeit beeinträchtigt wird, **BGH** BGHZ 39,5 = NJW 1963, 807 = JZ 1963, 444 (*Eichler*) = MDR 1963, 395 = BB 1965, 369 = LM § 912 BGB Nr 13 (*Rothe*).

Unzulässig ist eine Klage auf Feststellung des Umfangs einer Grunddienstbarkeit für den Fall einer ungewissen, bejahendenfalls aber voraussichtlich in ferner Zeit eintretenden Veränderung der Benutzung des herrschenden Grst, **BGH** MDR 1962, 469 = BlGBW 1962, 207 = LM § 256 ZPO Nr 73.

Die **Flurbereinigung** bei Dienstbarkeiten richtet sich nach § 74 FlBG; dazu *Haegele* Beschränkungen Z 197.

Zur Frage der **Enteignung** einer Dienstbarkeit und der Enteignungsentschädigung **BGH** BGHZ 39, 198 = NJW 1963, 1492, sowie NJW 1964, 652; dazu *Frohberg* Enteignungsentschädigung für Fernleitungsdienstbarkeiten NJW 1963, 2004, *Joachim* Dienstbarkeitsentschädigungen für Fernleitungsrechte von Versorgungsunternehmen NJW 1963, 473.

Zur Umschreibung **alter Grunddienstbarkeiten** in das neue GBMuster **BGH** LM Bad GBAusfVO Nr 1 = MDR 1963, 487 = BWNotZ 1963, 175; dazu *§ 3 Bem 136*. Für Bayern zum Nachweis altrechtlicher Grunddienstbarkeiten **BayVerfGH** DNotZ 1961, 39 = RdL 1961, 130 = BWNotZ 1961, 95 Ls, BBauBl 1962, 639 = ZMR 1962, 331, zum Gemeindeservitut alten Rechts **BayObLG** BayObLGZ 1962, 24, zur Entstehung bzw Wiederaufleben altrechtlicher Dienstbarkeiten **BayObLG** BayObLGZ 1962, 70 = MittBayNotV 1962, 129, **OLG Köln** OLGZ 1965, 163, zu einem altrechtlichen Fischereirecht **BayObLG** BayObLGZ 1958, 119, zum alten Recht von Preußen zu einem Servitut des gemeinen Rechts **BGH** BGHZ 42, 63 = NJW 1964, 2016 = MDR 1964, 996 = JZ 1964, 656 = BB 1964, 989 = BlGBW 1965, 36 = BWNotZ 1964, 275, zu einer Fuhrgerechtigkeit des allgemeinen Landrechts **OLG Hamm** JMBl NRW 1964, 270 = DRspr I (154) 66a, zum alten Recht in Schleswig-Holstein und zwar in Lübeck, **LG Lübeck** SchlHA 1964, 129, zum Recht im früheren Württemberg, auch zu § 39 GBVO (*GT 24*), bez eines im GB eingetragenen, aber vermessenen sog Vic-Wegs mit eigener Katasternummer, der mehrere private Grst durchschneidet und gegen eines dieser Anliegergrste nicht vermarkt, gegen die übrigen aber vermarkt ist, da die unvermarkte Wegstrecke ein rechtlich unselbständiger, mit einer öffentlich-rechtlichen Wegdienstbarkeit belasteter Teil des Anliegergrst ist, **LG Ulm** BWNotZ 1962, 29 Ls. Im übrigen *Vorbem 58, § 117 Bem 131, 132.*

Zum zulässigen bzw unzulässigen Inhalt der Grunddienstbarkeit ist im einzelnen noch auf folgendes hinzuweisen, wozu ergänzend auch auf die Ausführungen in *Vorbem 56ff.* zu verweisen ist:

a) Die Verpflichtung z einem **positiven Tun** kann nicht Gegenstand einer **V 45**
Grunddienstbarkeit sein, **RG** RGZ 58, 264, **KG** OLG 1, 426/18, 146 (147), **BayObLG** 3, 129, *Staudinger-Ring* BGB § 1018 Bem 33, zB das Grst zu bebauen (**KG** OLG 34, 192), oder aufzuforsten, **OLG Celle** OLG 26, 81. Das positive Tun kann aber als Nebenleistung einen Teil des Inhalts der Grunddienstbarkeit bilden, darf also nur nicht ihren wesentlichen Gegenstand darstellen; so ist zulässig die Verpflichtung zur Unterhaltung eines Begräbnisplatzes oder die Verpflichtung zur dauernden Erhaltung eines Waldstreifens als Windschutz und zur Aufforstung, **KG** RJA 11, 33, oder die Verpflichtung zur Duldung und Unterhaltung eines Zaunes, **Bay ObLG** 13, 727. Dazu auch **RG** RGZ 60, 87, **KG** JFG 6, 282.

Über Verbotsinhalt *Vorbem 46.*

Beschränkungen, die sich aus dem Gesetz ergeben, sind nicht eintragungsfähig. Eine Ausnahme gilt, wenn Zweifel bez des Umfangs im Nachbarrecht bestehen (dazu auch *Vorbem* 47, *48*), insbes bei Bau an die Grenze, **OLG Celle** NdsRpfl 1958, 142 = NJW 1958, 1096 = DNotZ 1958, 421, **LG Lübeck** DNotZ 1956, 558 = DRspr I (154) 37a; zur Frage der Wohnungsnutzung **OLG Hamburg** MDR 1963, 679 = DRspr I (154) 60 ab. Die Eintragung einer Grunddienstbarkeit Ableitung von Quellwasser kann nicht vom Nachweis der wasserrechtlichen Erlaubnis oder Bewilligung abhängig gemacht werden, **BayObLG** BayObLGZ 1960, 167 = DNotZ 1960, 308. Zur Dienstbarkeit bez Eisenbahngleise, **BGH** BB 1961, 660 = LM § 1018 BGB Nr 4, an einzelnen Bestandteilen einer Bahneinheit **KG** KGJ 33, 220, zur Unterhaltung einer

Geflügelfarm oder Pilzzucht mit Wohnbefugnis **LG Kleve** MDR 1963, 218 = DRspr I (154) 58a, zur Steinausbeute oder Gewinnung sonstiger Bodenbestandteile **RG** RGZ 59, 289, JW 1922, 26, **KG** KGJ 33, 233, **BayObLG** 13, 732, **OLG Stuttgart** Justiz 1964, 285, zu Wegerecht **BGH** NJW 1959, 2059, BB 1961, 701 = DB 1961, 913 = LM § 1018 BGB Nr 5, BB 1965, 1125 = WM 1965, 1009 = DRspr I (154) 71 ab, BGHZ 44, 171 = NJW 1965, 2340 = MDR 1966, 45 = JZ 1965, 767 = BB 1965, 1149, **LG Hamburg** BLGBW 1963, 16 Ls, **LG Hof** NJW 1963, 1111, **LG Verden** NdsRpfl 1964, 249, zu Baubeschränkungen **BGH** NJW 1965, 2398 = MDR 1966, 135 = JR 1966, 22 = BB 1965, 1329, **LG München II** MittBayNotV 1965, 87 = DNotZ 1965, 750 Ls (in letzterem Falle Baubeschränkungen zur Sicherung von Abstandsflächen als beschränkte persönliche Dienstbarkeit), auch *Vorbem 47, 60*. Eine Grunddienstbarkeit erlischt nicht dadurch, daß durch sie eine Bebauung des dienenden Grst nach der öffentlichen Bauplanung verhindert ist, **KG** JR 1963, 18.

V 46 b) Unzulässiger Inhalt ist es auch, wenn die Grunddienstbarkeit für die Benutzung des herrschenden Grst **keinen Vorteil** bietet, wie sich aus § 1019 BGB ergibt, dazu **BGH** DB 1955, 1116 = DRspr I (154) 29a, **KG** OLG 6, 119, **OLG Hamburg** OLG 10, 117, *Dittus* Grenzen der Anwendbarkeit von Servituten NJW 1954, 1825, auch *Vorbem 55, 59*. Auch ein **rein persönlicher Vorteil** genügt nicht, **BayObLG** 7, 535, **OLG München** RJA 12, 69. So kann nicht zum Gegenstand einer Grunddienstbarkeit gemacht werden die Verpflichtung, kein Konkurrenzgeschäft zu betreiben, **KG** OLG 6, 119, **OLG Hamburg** OLG 10, 117, oder die Verpflichtung, die Jagd nicht auszuüben **KG** OLG 15, 572, oder die Verpflichtung, auf dem Grst nur ein bestimmtes Bier auszuschenken, **RG**, RGZ 63, 333, **KG** RJA 3, 148, KGJ 52, 173, OLG 15, 371, **BayObLG** 6, 407/11, 1, BayObLGZ 1952, 287/1953, 296 = MittRhNotK 1953, 425, **OLG Saarbrücken** DNotZ 1953, 411 (*Pahnke*), sowie *Staudinger-Ring* BGB § 1019 Bem 4. Das gewerbliche Wettbewerbsverbot dient regelmäßig nur dem persönlichen Bedürfnis des Berechtigten; für ein Grst kann es nur dann von Vorteil sein und deshalb Inhalt einer Grunddienstbarkeit werden, wenn das Grst für das Gewerbe, zu dessen Gunsten der Wettbewerb verboten sein soll, eingerichtet ist und diese Einrichtung die Gewähr der Dauer des derzeit darauf betriebenen geschäftlichen Unternehmens in sich schließt. Es muß also die objektive Grundlage in der Beschaffenheit des herrschenden Grst gegeben sein. Wo dies nicht der Fall ist, kann das Wettbewerbsverbot nur Gegenstand einer beschränkten persönlichen Dienstbarkeit sein. Dazu **RG** RGZ 161, 90, **KG** RJA 16, 348, KGJ 52, 173, **BayObLG** 26, 236, **OLG München** DNotZ 1935 BayBeil 274/1936 BayBeil 12, NJW 1957, 1765 = DRspr I (154) 39b, *BGB- RGRK* BGB § 1018 Bem 20, § 1019 Bem 4, 5, *Bernhardt* Wettbewerbsverbote als Inhalt einer Grunddienstbarkeit NJW 1964, 804, *Haegele* GBRecht Bem 533 ff., *Knöchlein* Wettbewerbs- und Verkaufsbeschränkungen als Inhalt von Dienstbarkeiten BB 1961, 589, *Palandt* BGB § 1018 Bem 6, *Planck* BGB § 1019 Bem 2b, *Ripfel* Kann die Verpflichtung des Eigentümers, eine Haftpflichtversicherung einzugehen und zu halten, Nebeninhalt einer Grunddienstbarkeit sein? BWNotZ 1958, 181, *Staudinger-Ring* BGB § 1018 Bem 24, § 1019 Bem 2, 4, *Walberger* Die Belastung im Sinne von § 1018 BGB bei Wettbewerbsverboten NJW 1965, 2138, im übrigen *Vorbem 62, 63*.

Bei einer Tankstellendienstbarkeit, wonach dem Berechtigten das alleinige Recht zum Betrieb der Tankstelle zusteht, kann bez dieses Rechts auf die Eintragungsbewilligung Bezug genommen werden, **BGH** BGHZ 35, 378 = NJW 1961, 2157 = MDR 1961, 1007 = Rpfleger, 1961, 394 (*Haegele*) = BB 1961, 1143 Ls = DB 1961, 1418 = BWNotZ 1961, 328 = LM § 874 BGB Nr 3 (*Piepenbrock*), § 1081 BGB Nr 6 Ls, § 1090 BGBNr 4 Ls, **OLG Hamm** JMBl NRW 1961, 200 = Rpfleger 1961, 238 (*Haegele*) = DRspr I (150) 117a, **SchlHOLG** SchlHA 1961, 216, **AG Schleswig** DNotZ

1962, 192 Ls. Im GB genügt die kurze Bezeichnung als Tankstellendienstbarkeit; die Bezugnahme auf die Eintragungsbewilligung macht die Eintragung der Konkurenzklausel im GB entbehrlich, **OLG Hamm** NJW 1961, 1772 = DNotZ 1961, 594 = JR 1961, 463 = Rpfleger 1961, 238 (*Haegele*). Dazu auch **BayObLG** BayObLGZ 1958, 323 = NJW 1959. 578 = MDR 1959, 220 = DNotZ 1959, 196 = Rpfleger 1959, 22 (*Haegele*), **KG** Rpfleger 1959, 20 (*Haegele*), **OLG Hamm** Rpfleger 1959, 19, 25 (*Haegele*), **OLG Stuttgart** Rpfleger 1959, 22 (*Haegele*), **SchlHOLG** SchlHA 1960, 234, Wehrens Die Tankstellendienstbarkeit im GB DNotZ 1959, 386; dazu auch *Vorbem 56, 62.* Eine Tankstelle kann Zubehör eines Hausgrst sein, **BGH** MDR 1965, 561 = BB 1965, 473 = DNotZ 1966, 35 = LM § 97, BGB Nr 3.

c) Wenn der **Vorteil nicht privat-rechtlicher Natur** ist, **RG** RGZ 61, 338, **OLG Darmstadt** RJA 10, 72 kann ebenfalls keine Grunddienstbarkeit begründet werden, Deshalb kann das Recht des Anliegers eines öffentlichen Wegs auf dessen Benutzung durch eine Grunddienstbarkeit nur gesichert werden, wenn das Recht durch einen besonderen Vertrag einen privatrechtlichen Inhalt erhält **RG** RGZ 70, 77. Aus dem gleichen Grunde können auch baupolizeiliche Beschränkungen nicht den Inhalt einer Dienstbarkeit bilden, **RG** Recht 1907 Nr 2743/1908 Nr 759, **BayObLG** 30, 414, *Staudinger-Ring* BGB § 1018 Bem 25. Dazu auch *Vorbem 45*, über öffentliche Sachen *Vorbem 39*. **V 47**

Holznutzungsrechte dh Rechte auf wiederkehrende Entnahme oder Lieferung von Nutzholz oder Brennholz aus einem WaldGrst dürfen weder neu bestellt noch erweitert werden, §§ 8, 9 VO zur Förderung der Nutzholzgewinnung vom 30. Juli 1937 RGBl I 876; dazu auch *Palandt* BGB § 1018 Bem 5a. Über teilweise Verfassungswidrigkeit **BayVerfGH** bayGVBl 1951, 155.

d) Auch Verpflichtungen, die sich aus dem **Nachbarrecht** ergeben, können nicht Gegenstand einer Dienstbarkeit sein, es sei denn, daß ihr Inhalt über den Umfang der gesetzlich bestehenden Verpflichtungen hinausgeht, **KG** OLG 6, 263/18, 146, JFG 3, *329*, **LG Lübeck** NDotZ 1956, 558, Überhaupt dürfen schon **kraft Gesetzes bestehende Verpflichtungen** nicht zum Inhalt einer Grunddienstbarkeit gemacht werden, **RG** RGZ 119, 213/130, 354, **KG** KGJ 25, 147, *Staudinger-Ring* BGB § 1018 Bem 25. **V 48**

e) Inhalt einer Grunddienstbarkeit kann weiter nicht sein, und zwar außerhalb der letzten Alternative des § 1018 BGB (dazu Vor*bem 44, 45*), ein **Verzicht auf ein Recht**, das dem jeweiligen Eigentümer des Grst kraft Gesetzes zusteht, zB der Verzicht auf Vergütung des Bergschadens, auf Ersatz der durch den Bahnbetrieb verursachten Schäden auf sonstige Schadenersatzansprüche, auf Abmarkung, auf das gesetzliche Vorverkaufsrecht; dazu auch **KG** KGJ 25, 145, RJA 15, 222, OLG 4, 68/6, 263 **LG Gießen** NJW 1965, 1968. Es ist jedoch die Eintragbarkeit zuzulassen, wo sich der Verzicht auf vertragliche Ansprüche bezieht und ein Zusammenhang mit der GrstBenutzung besteht. So auch **RG** RGZ 130, 350, JW 1931, 530 (*Heinemann II, Heertz*), **BayObLG** 10, 439, (unter Darlegung der Rspr-Entwicklung) *Staudinger-Ring* BGB § 1018 Bem 32. Der Verzicht auf Bergschäden kann auch unabhängig von der Verpflichtung, den bergbaumäßigen Abbau zu dulden, Inhalt einer Dienstbarkeit sein, **OLG Hamm** JMBl NRW 1965, 114 = MDR 1965, 659 = DNotZ 1966, 100 = OLGZ 1965, 78 = MittBayNotV 1966, 19 = DRspr I (154) 70a und zwar im Anschluß an **RG** RGZ 130, 350. Die neue Rspr bejaht im Gegensatz zu früher weithin die Zulässigkeit derartige Vereinbarungen als Inhalt einer Dienstbarkeit, damit auch der Eintragungsfähigkeit, **aA** noch **BayObLG** BayObLGZ 1959, 301 = MDR 1960, 50 = DNotZ 1960, 147 = Rpfleger 1960, 402 bez Verzicht auf Schadenersatz wegen Wildschadens. Unzulässig ist auch die Eintragung, daß der Berechtigte das dienende Grst in bestimmter Weise ohne Verpflichtung zur Entschädigung benutzen darf, **KG** HRR 1934 Nr 262. Als Be- **V 49** schränkung der Grunddienstbarkeit ist die Bestimmung eintragungsfähig, daß die Befugnis des Berechtigten, Beeinträchtigungen seines Rechts nach § 1027, 1004 BGB entgegenzutreten, einzelnen Personen gegenüber ausgeschlossen sein soll, er z B verpflichtet ist, die Bestellung von Mitbenutzungsrechten zugunsten Dritter zu gestatten, **KG** HRR 1934 Nr 169, *Löscher* Mitbenutzungsrecht Dritter bei Grunddienstbarkeiten Rpfleger 1962, 432.

V 50 f) Da ein Benutzen vorausgesetzt wird, stellt die Verpflichtung zu **einmaligem Handeln** nicht den Gegenstand einer Grunddienstbarkeit dar, **KG** KGJ 25, 147, *Staudinger-Ring* BGB § 1018 Bem 33a; dazu auch *Vorbem 64.*

V 51 g) Die Unterhaltungspflicht nach **§§ 1020, 1021 BGB** gehört zum Inhalt des Rechts, *Staudinger-Ring* BGB § 1020 Bem 1, § 1021 Bem 4. Sie kann auch in der Verpflichtung zur Tragung oder Ersstattung der Unterhaltungskosten bestehen, **RG** RGZ 79, 375, **KG** JFG 6, 282 (286). Die Ausübung einer auf Unterlassung gerichteten Grunddienstbarkeit, die im Interesse eines auf dem herrschenden Grst unterhaltenen Gewerbebetriebes bestellt worden ist, ist auch dann uneingeschränkt zulässig, wenn der Gewerbebetrieb nur vorübergehend eingestellt worden ist, etwa infolge Zerstörung des Betriebsgebäudes, **BGH** DNotZ 1956, 40 = BB 1955, 1010 = DB 1955, 1116 = BlGBW 1956, 63 = LM § 1020 BGB Nr 1. Über Eintragung ins GB *Vorbem 53.*

V 52 h) Strittig ist, ob bei **§ 1023 BGB** bei Beschränkung der Ausübung aer Grunddienstbarkeit auf einen Teil des dienenden Grst (dazu *Vorbem 41, 44*) die Verlegung auf einen anderen Teil eintragungsfähig ist. Es liegt, wenn keine Sonderbelastung vorliegt, keine Inhaltsänderung vor, sondern nur eine Änderung der Art der Ausübung. Daher ist ein Eintrag in das GB nicht zulässig, *BGB-RGRK* BGB § 1023 Bem 3, *Güthe* GBO S 1847 (1852 unter Z 6). Kommt eine Sonderbelastung eines realen abgeschriebenen GrstTeils in Betracht, so liegt eine Inhaltsänderung und damit Eintragungsfähigkeit vor; so auch **KG** OLG 8, 301, **OLG Düsseldorf** JMBl NRW 1955, 30, *Palandt* BGB § 1023 Bem 3. Mit Recht wird bei *Staudinger-Ring* BGB § 1023 Bem 3, 7 unterschieden, ob nur die tatsächliche Ausübung sich ändert oder die Belastung selbst eingeengt wird. Von dieser Betrachtungsweise aus zeigt sich, daß die Streitfrage nur auf Mißverständnissen beruht, rechtlich klar ist. Bei Rechten mit gleichem **Rang** nach **§ 1024 BGB** kann die notwendig werdende Regelung durch Vereinbarung getroffen werden. Scheitert diese, so kann durch Urteil entschieden werden, soweit es erforderlich ist. Da diese Regelung sich nur auf die Ausübung der Grunddienstbarkeit bezieht, also keine Inhaltsänderung betrifft, die der Eintragung bedarf, besteht keine Eintragungsfähigkeit. Dazu *BGB-RGRK* BGB § 1024 Bem 4, *Güthe* aaO *Staudinger-Ring* BGB § 1024 Bem 4.

V 53

d) Zur Eintragung im Grundbuch

Es genügt, wenn die Bezeichnung des Inhalts der Grunddienstbarkeit so bestimmt ist, daß der Richter im Streitfalle nach verständigem Ermessen in der Lage ist, die Grenze zu ziehen. Dazu **RG** RGZ 117, 327, **KG** Recht 1929 Nr 2377, **OLG Hamburg** JFG 10, 310. Über Auslegung *Vorbem 12.* Die Grunddienstbarkeit darf die wirtschaftliche Freiheit des Verpflichteten nicht zu sehr einschränken. Ob dies der Fall ist, ist vom Standpunkt des dienenden Grst aus zu prüfen, **RG** RGZ 53, 154, **KG** KGJ 47, 186/52, 177.

Zu **§ 1021 BGB** (dazu *Vorbem 51*) ist noch folgendes zu bemerken: Die vertragsmäßige Regelung der Verpflichtung zur Unterhaltung einer zur Ausübung der Dienstbarkeit dienenden baulichen Anlage kann als Teil der Grunddienstbarkeit in das GB aufgenommen werden; es genügt aber auch die Bezugnahme auf die Eintragungsbewilligung, **BayObLG** 4, 313. Hat der Eigentümer des herrschenden Grst die Anlage ganz oder teilweise zu unterhalten, § 1021 Abs 1 S 2, § 1022 S 1 BGB, so ist diese Verpflichtung nur auf dem Blatt des belasteten Grst einzutragen, da sie zum Inhalt der Dienstbarkeit gehört. Eine Eintragung auf dem Blatt des herrschenden Grst findet nicht statt; so auch *BGB-RGRK* BGB § 1021 Bem 1, *Clarus* RPfliB 1908, 173, 476, *Kretschmar* Recht 1902, 574, *Wolff* Sachenrecht § 106 Anm 38 ua, **aA** *Güthe* GBO GBVfg § 10 Bem 2, *Palandt* BGB § 1021 Bem 1, *Staudinger-Ring* BGB § 1021 Bem 4 im Anschluß an **KG** KGJ 51, 247, wonach in Sp 3 der 2. Abt beim herrschenden Grst eine Eintragung erfolgt, wenn dessen jeweiliger Eigentümer eine Unterhaltsverpflichtung hat. Hierzu fehlt eine ausreichende Grundlage. Es ist nur der Eintrag nach § 9 GBO, § 7 GBVfg (*GT 4*) vorgesehen; dazu *§ 9 Bem 16ff.* Darüber hinaus ist eine Eintragung nicht zulässig. Eine Reallast oder eine Grunddienstbarkeit selbständiger Art wird nicht begründet; es handelt sich vielmehr nur um einen Ausfluß der auf dem belasteten Grst eingetragenen Grunddienstbarkeit. Daher besteht auch keine Veranlassung, eine derartige Eintragung zuzulassen. Es widerspricht dies auch dem formalen Charakter des GBuchs.

5. Beschränkte persönliche Dienstbarkeit — V 54

Dazu *Bauer* GBEintragungen Z 59, *Brand-Schnitzler* GBSachen § 79, *Güthe* GBO § 13 Vorbem 28 und S 1765ff., *Haegele* GBRecht Bem 531ff., Merkbuch 42/1, *Horber* GBO § 44 Anh Bem 5, *Krämer-Illner* GBPraxis § 84, *Riedel* Unklarheiten im Recht der Dienstbarkeiten Rpfleger 1966, 131

a) Dienendes Grundstück

Es wird auf *Vorbem 41* verwiesen. Zur Frage der Zerstörung und des Wiederaufbaues eines Wohngebäudes *Vorbem 65, 78.*

Gesamtbelastung mehrerer Grundstücke ist möglich, außer die Ausübung der beschränkten persönlichen Dienstbarkeit beschränkt sich ihrer Natur nach auf eines der Grst, **KG** KGJ 44, 358 = RJA 12, 167, *BGB-RGRK* BGB § 1090 Bem 3 mit § 1018 Bem 5, *Güthe* GBO 1765 (1768 unter Z 2).

b) Berechtigter — V 55

Berechtigter kann **nur eine bestimmte** natürliche oder juristische **Person** sein, § 1090 Abs 1 BGB; anders die Grunddienstbarkeit, die ein subjektiv-dingliches Recht ist (dazu *Vorbem 42, 44, 57*). Es muß genügende Bestimmtheit bestehen; dazu *BGB-RGRK* BGB § 1090 Bem 4, *Staudinger-Ring* BGB § 1090 Bem 2ff. Die Bestimmtheit des nicht ausdrücklich genannten Berechtigten kann sich auch sinngemäß aus den Vereinbarungen über die Bestellung der beschränkten persönlichen Dienstbarkeit ergeben; dazu **LG Lübeck** SchHA 1964, 129 = DRspr I (154) 65a. Die Bezeichnung des Berechtigten richtet sich nach den sonst im GBRecht geltenden Grundstützen; dazu *§ 3 Bem 271ff.*, bez Körperschaften usw des öffentlichen Rechts nach aaO *Bem 290.* Es kann daher eingetragen werden Landkreis X, vertreten durch das Straßenbauamt; dazu **LG Hildesheim** NdsRpfl 1962, 226, auch *Vorbem 59.* Für eine Stadtgemeinde kann eine Wohnungsbesetzungsrechte enthaltende beschränkte persönliche Dienstbarkeit mehrfach eingetragen werden, wenn verschiedene städtische Organe die Berechtigten sein sollen; mehrere Wohnungsbesetzungsrechte enthaltende Dienstbarkeiten können zugunsten desselben Berechtigten eingetragen werden, wenn ihre jeweilige Ausgestaltung und ihre näheren Bedingungen voneinander abweichen, **LG Köln** Rpfleger 1966, 12 (*Lorbach*); dazu *Vorbem 65.*

Eine beschränkte persönliche Dienstbarkeit kann **am eigenen Grst** begründet werden, und zwar allgemein und in jedem Falle, nicht etwa nur unter besonderen Voraussetzungen; dazu auch *Riedel* Unklarheiten im Recht der Dienstbarkeiten, Rpfleger 1966, 131, **BGH** BGHZ 41, 209 = NJW 1964, 1226 = JZ 1964, 655 = MDR 1964, 584 = DNotZ 1964, 493 = Rpfleger 1964, 310 (*Haegele*) = DB 1964, 985, hat ausgesprochen, daß die Bestellung einer beschränkten persönlichen Dienstbarkeit für den Eigentümer des belasteten Grst zulässig ist, wenn sie mit Rücksicht auf eine **beabsichtigte Veräußerung** des Grst geschieht und aus diesem Grunde ein Bedürfnis für die Bestellung besteht. Damit folgt der BGH den Entscheidungen des **LG Karlsruhe** Rpfleger 1956, 344 (*Haegele*) und des **LG Koblenz** NJW 1961, 1821 = Rpfleger 1962, 16 (*Haegele*), die ein in einem wirtschaftlichen Bedürfnis begründetes Interesse verlangen; dazu auch *Buschmann* Die Begründung beschränkter persönlicher Dienstbarkeiten am eigenen Grst, BlGBW 1961, 371. Diese beschränkte, also nicht vorbehaltslose Bejahung der Frage gemäß Leitsatz ist für die Praxis bedenklich, da dem GBA eine Prüfung bei der Eintragung auferlegt würde, die es oft nur mit Schwierigkeiten durchführen könnte; dazu *Weitnauer* Bestellung einer beschränkten persönlichen Dienstbarkeit für den Eigentümer DNotZ 1964, 716. Man dürfte also die Zulässigkeit der Eintragung nur in klaren Fällen bejahen, und zwar nicht nur bei beabsichtigter Veräußerung, wenn ein Interesse an der Eintragung in diesem Zeitpunkt vorliegt, da der BGH zum Ausdruck bringen wollte, daß in den Fällen einer beabsichtigten Veräußerung das Bedürfnis für eine Eigentümerdienstbarkeit zweifelsfrei vorliegt. Inwieweit darüber hinaus die Eintragung einer Eigentümerdienstbarkeit zulässig ist, ist offen gelassen. Die Entscheidung hat allgemein für beschränkte persönliche Dienstbarkeiten den Grundsatz aufgestellt, daß für die Wirksamkeit der Dienstbarkeit **ein eigenes schutzwürdiges wirtschaftliches oder ideelles Interesse des Berechtigten oder ein entsprechendes fremdes, das er fördern will, genügt**; dazu auch *Vorbem 59*. Es wird als Zweck der Dienstbarkeit angesehen, daß eigene oder fremde Interessen gefördert werden. Die Vermutung spricht für die Verfolgung eines erlaubten Zwecks. Selbstverständlich ist hiernach, daß die beschränkte persönliche Dienstbarkeit für irgend jemand einen erlaubten Vorteil bedeuten muß, wenn sie gültig entstehen soll, und daß sie erlischt, wenn sie keinen solchen Vorteil mehr zu bieten vermag. Es ist dies schon aus § 226 BGB zu folgern. So betrachtet wird die Bestellung der Eigentümerdienstbarkeit jeder anderen gleichgestellt. Und das geforderte Interesse für die Dienstbarkeit ist wiederum so allgemein gehalten, daß es ohne weiteres bejahend unterstellt werden kann, da niemand sinnlos und aus reiner Schikane für den Regelfall handeln wird. So wird also vom BGH das Interesse an der Bestellung der Dienstbarkeit regelmäßig bejaht. Richtig betrachtet folgt aus der Entscheidung des BGH, daß die Bestellung einer persönlichen Dienstbarkeit für den Eigentümer nicht anders zu behandeln ist als die Bestellung für einen Dritten. Es ist daher der Fall der Eigentümerdienstbarkeit bei beabsichtigter Veräußerung des Grst nur ein besonders markantes Beispiel, in dem ein schutzwürdiges Interesse in erhöhtem Maße vorliegt. Würde der BGH die Auffassung vertreten haben, daß grundsätzlich die Eigentümerdienstbarkeit zu verneinen sei, nur unter besonderen Voraussetzungen bejaht werden kann, so hätte dies in den Urteilsgründen zum Ausdruck kommen müssen. Es folgt hieraus, daß die **Eigentümerdienstbarkeit in jedem Falle**, da Ausnahmen kaum vorkommen, in das GB **einzutragen** ist, auch wenn kein Fall der beabsichtigten Veräußerung vorliegt. Das GBA hat also **keine über die allgemeine Prüfungspflicht** (dazu *§ 18 Bem 82ff.*) **hinausgehende Pflicht** zur Prüfung und etwaigen Ablehnung. Im übrigen ist für die beschränkte persönliche Dienstbarkeit umstritten, ob § 1019 BGB entsprechend anzuwenden ist; dazu *Staudinger-Ring* BGB § 1090 Bem 5. **RG** RGZ 111, 392, verlangte nur, daß ein rechtsschutzwürdiger Vorteil vorliege, also weniger, als § 1019 BGB voraussetzt. Man kann auch aus dieser Betrachtung heraus dem Interesse keine besondere Bedeutung für die Begründung der Eigentümerdienstbarkeit beimessen. Man wird vielmehr davon ausgehen müssen, daß die Beteiligten ein Interesse haben werden, daß aber ein besonderer Nachweis darüber nicht zu führen ist. § 1091 BGB enthält nur eine Auslegungsregel; dazu *BGB-RGRK* BGB § 1091 Bem 1. Diese Vorschrift ist also kein Ersatz für § 1019 BGB.

Da die Leitsätze irreführend sind, sollte der BGH bei nächster Gelegenheit die Frage erneut überprüfen und die Fassung der Leitsätze abändern. Damit wird die erwähnte Entscheidung zu einem typischen Beispiel für die Gefahr, die bei der Abfassung von Leitsätzen besteht, und man sollte allgemein bei den Leitsätzen und der sog Grundsatz-Rechtsprechung vorsichtiger sein, weil sie zu sehr zur Abstrahierung des Rechts beitragen und der Einzelfall des Lebens durch die Typisierung benachteiligt werden kann; dazu *Vorbem 62, 71*, auch *Riedel* JWG (4. Aufl) § 13 Bem 12, § 65 Bem 18, Jugendwohlfahrtsrecht (6. Aufl) Nr 1 GG Vorbem 2, 3. Mit Recht wies der BTAbgeordnete *Arndt* im Rahmen des Deutschen Richterbundes darauf hin, daß in der Justiz eine Leitsatz-Inflation herrsche, über die sich die Richter der Gesetzgebung bemächtigten, statt sich um den Rechtschutz der Parteien zu kümmern; dazu Süddeutsche Zeitung 1./2. Dezember 1962 Nr 288 S 5.

Bestellung zugunsten mehrerer als Gemeinschafter zur gesamten Hand oder als Gesamtberechtigte nach § 428 BGB ist zulässig. **KG** DNotZ 1936, 396, **BayObLG** BayObLGZ 1957, 322, NJW 1966, 56 = MDR 1966, 146. Eine Gemeinschaft mehrerer Berechtigter nach Bruchteilen kommt nur in Betracht, wenn das Recht aus der Dienstbarkeit teilbar ist, zB wenn es ein bestimmtes Maß von Nutzungen zum Gegenstand hat, **BayObLG** aaO, nicht aber, wenn die Dienstbarkeit den Eigentümer des belasteten Grst zu einem Unterlassen verpflichtet. Es kann auch eine Dienstbarkeit für 2 Personen, zB Ehegatten, in der Weise bestellt werden, daß sie zunächst beiden und nach dem Tode der einen Person dem Überlebenden zusteht, *BGB-RGRK* BGB § 1090 Bem 4, *Palandt* BGB § 1090 Bem 3, *Staudinger-Ring* BGB § 1090 Bem 7. Zulässig ist auch die Bestellung für mehrere Personen nacheinander dergestalt, daß das Recht von vornherein für den einen Berechtigten auflösend bedingt durch den Tod oder ein anderes Ereignis oder durch Setzung einer Endfrist, und für den anderen Berechtigten aufschiebend bedingt durch den Tod oder das sonstige Recht des ersten Berechtigten zum Erlöschen bringende Ereignis oder den Endigungszeitpunkt zur Entstehung kommt; dazu *Vorbem 44, 65* und **RG** RGZ 76, 90, JR 1925 Nr 880, **KG** KGJ 49, 210, JW 1932, 2445 = HRR 1933 Nr 15, *Palandt* und *Staudinger-Ring* aaO. Über Sicherungsmöglichkeiten für die schuldrechtliche Verpflichtung bei Rechtsnachfolge *Röll* Die Eintragung einer Vormerkung zur Sicherung des Anspruchs des Rechtsnachfolgers auf Eintragung einer beschränkten persönlichen Dienstbarkeit MittBayNotV 1963, 89; dazu DNotZ 1963, 751.

Unzulässig ist die Eintragung einer beschränkten persönlichem Dienstbarkeit für eine bestimmte Person und deren Rechtsnachfolger oder Erben, **RG** RGZ 119, 211, **BayObLG** 11, 573, da diese Dienstbarkeit **nicht übertragbar** ist, § 1092 Abs 1 S 1 BGB. Weil jedoch die Ausübung derselben einem anderen überlassen werden kann, § 1092 Abs 1 S 2 BGB, ist es möglich eine nichtige Übertragung in eine zulässige Gestattung der Ausübung umzudeuten, § 140 BGB; dazu **RG** RGZ 159, 193 (203), *BGB-RGRK* § 1092 Bem 4. Nur wenn die Dienstbarkeit einer juristischen Person zusteht, ist nach Maßgabe der §§ 1059a bis d BGB eine Übertragung möglich, § 1092 Abs 2 BGB. Daß die Überlassung der Ausübung einem anderen gestattet sein soll, ist eintragungsfähig; die Vereinbarung bedarf sogar der Eintragung, wenn sie dingliche Wirkung haben soll; dazu **RG** RGZ 159, 193 (204), *BGB-RGRK* BGB § 1092 Bem 2, *Güthe* GBO § 13 Vorbem 28, *Palandt* BGB § 1092 Bem 2, *Staudinger-Ring* BGB § 1092 Bem 1 (c). Es genügt Bezugnahme auf die Eintragungsbewilligung, **KG** JFG 15, 30. Die Überlassung selbst durch den Berechtigten an einen anderen kann nicht in das GB eingetragen werden, **RG** RGZ 159, 193 (207), *BGB-RGRK* aaO.

Besonderheiten haben sich bei den Leitungen von Versorgungsunternehmen ergeben, bei Straßen die nach dem nach Art 90 Abs 1 GG **Bundesstraßen** wurden. Durch den Übergang der bisherigen Reichsstraßen auf den Bund haben sich die Eigentumsverhältnisse an **Versorgungsleitungen**, die im Straßenkörper liegen, nicht geändert. Die Versorgungsunternehmen sind, soweit nicht vertragliche Regelungen bestehen, dinglich berechtigt, ihre Leitungen weiterhin dort zu belassen, auch wenn es sich nunmehr um Bundesstraßen, Bundesfernstraßen oder Bundesautobahnen handelt. Die Vorschriften über beschränkte persönliche Dienstbatkeiten sind entsprechend anwendbar, insbes § 1090 Abs 2 mit § 1923 Abs 1 S 1 BGB. Dazu **BGH** BGHZ 37, 353 = NJW 1962, 1817 = MDR 1962, 896 = BB 1962, 862 = LM Art 90 GrundG Nr 5 (*Rothe*), § 1090 BGB Nr 6 Ls = DRspr I (154) 56a, *Engert* Die dingliche Sicherung des Leitungsrechts von Fernleitungsunternehmen bei der Kreuzung von öffentlichen Straßen BlGBW 1960, 260, *Foag-Fleer* Die Eigentumsbeschränkungen durch Leitungsdienstbarkeiten RdL 1963, 281 (dazu auch DNotZ 1964, 369).

Die Frage der **Prozeßstandschaft** ist bei beschränkter persönlicher Dienstbarkeit zu verneinen; dazu *Riedel* Unklarheiten Recht der Dienstbarkeiten Rpfleger 1966, 131. Gewillkürte Prozeßstandschaft ist die Ermächtigung eines Dritten durch den Inhaber eines Rechts, dieses Recht gerichtlich im eigenen Namen geltend zu machen. Es handelt sich also um die Einwilligung zur Verfügung über ein fremdes, nämlich dem Einwilligenden gehörendes Recht iSd § 185 BGB dazu **BGH** BGHZ 4, 153 = NJW 1952, 337 = JZ 1952, 225 = LM § 400 BGB Nr 1 (*Krille*), NJW 1964, 2296 = MDR 1964, 997 = JZ 1964, 771 = BB 1964, 1234 = BWNotZ 1964, 327 Ls = LM § 1092 BGB Nr 4. Ob bei der beschränkten persönlichen Dienstbarkeit die Klageführungsbefugnis als ein Ausfluß des dinglichen Rechts sich abtrennen läßt, obwohl dieses Recht nach § 1092 Abs 1 S 2 BGB nicht übertragbar ist, wurde vom BGH NJW 1964, 2296 (wV aaO) nur insoweit geklärt, als dann, wenn die Überlassung des Rechts der Ausübung nach nicht gestattet worden ist, auch eine Prozeßstandschaft nicht zulässig ist. Die beschränkte persönliche Dienstbarkeit soll regelmäßig den Bedürfnissen einer bestimmten Person dienen; nach diesen Bedürfnissen bestimmt sich im Zweifel ihr Umfang, § 1091 BGB. Aus diesem Grunde ist sie nicht übertragbar. Von den persönlichen Bedürfnissen des Berechtigten hängt nicht nur ab, inwieweit dieser das belastete Grst in der vereinbarten Art benutzen oder die vorgesehenen Unterlassungen des Eigentümers verlangen will, sondern in der Regel entscheidet sich nach diesen Bedürfnissen auch die Frage, ob sich der Berechtigte gegen bestimmte Handlungen auf dem belasteten Grst mit gerichtlichem Zwang wenden will oder nicht. Das Abtretungsverbot umfaßt daher nach seinem Sinn und Zweck auch die Befugnisse zur gerichtlichen Geltendmachung der persönlichen Dienstbarkeit. Die Entscheidung über die gerichtliche Geltendmachung und die klageweise Durchsetzung kann deshalb nicht auf den Weg der Einwilligung zur Verfügung durch einen Nichtberechtigten einem anderen übertragen werden. Der Auffassung des BGH ist zuzustimmen. Ob darüber hinaus Prozeßstandschaft zulässig ist, beurteilt sich nach den Grundsätzen, nach denen sich bei Forderungsabtretung (§§ 398ff. BGB) die Zulässigkeit der Prozeßstandschaft richtet. Bei nicht abtretbaren Forderungen ist Prozeßstandschaft auszuschließen. Dies ist wohl die überwiegende Meinung; dazu *Palandt* BGB § 398 Bem 7, § 399 Bem 6. Man wird daher bei der beschränkten persönlichen Dienstbarkeit die Prozeßstandschaft ganz ausschließen, da es sich um ein nicht übertragbares Recht handelt, § 1092 Abs 1 S 1 BGB. Dann aber ist die Frage der Gestattung der Ausübung nach § 1092 Abs 1 S 2 BGB, auf die der BGH abstellt, nicht entscheidend. Im Fall des § 1092 Abs 2 BGB, der sich auf juristische Personen bezieht, handelt es sich um eine Übertragung, nicht um eine Gestattung, wie aus §§ 1059a bis d BGB (dazu *Vorbem 79*) zu schließen ist. Hier ist also Prozeßstandschaft zulässig und man wird die Frage trotz der Einschränkung, die sich aus § 1059b BGB ergibt, bejahen.

Wenn auch die beschränkte persönliche Dienstbarkeit als dingliches Recht im Rahmen des § 1092 Abs 1 BGB unübertragbar ist, so ist doch der **schuldrechtliche Anspruch** auf Bestellung der Dienstbarkeit **übertragbar** und **vererblich**, so daß also rechtswirksam vereinbart werden kann, daß die Dienstbarkeit nacheinander mehreren Personen zusteht; dazu **BGH** BGHZ 28, 99 = NJW 1958, 1677 = MDR 1958, 838/1959, 31 (*Thieme*) = BB 1958, 1038 = DB 1958, 933 = LM § 1090 BGB Nr 1 Ls = DRspr I (154) 41 ab. Es wird hier zwischen dinglichem Vertragsinhalt und dem schuldrechtlichen Bestellungsvertrag streng unterschieden; deshalb wird mit Recht die Auffassung abgelehnt, wonach sich die Unübertragbarkeit auch auf den schuldrechtlichen Vertragsinhalt auswirken soll. So kann dem praktischen Bedürfnis ausreichend Rechnung getragen werden. Über Klarheit der Rechtsverhältnisse für Baden-Württemberg *bawüJM* GBPrErl vom 7. Oktober 1955 BWNotZ 1956, 71 unter Hinweis auf WürttZ 1938, 178. Bez Bestellung eines Nießbrauchs *Vorbem 74*, zur Pfändung *§ 19 Bem 52 (1)*, im übrigen *Stöber* Forderungspfändung S 362.

Im **Konkursverfahren** nimmt die beschränkte persönliche Dienstbarkeit eine besondere Stellung ein; sie fällt, soweit § 1092 Abs 1 BGB einschlägig ist, nur dann in die Konkursmasse (dazu *Vorbem 133*), wenn die Überlassung der Ausübung an einen anderen gestattet ist, und zwar auch dann, wenn die Dienstbarkeit zum Zwecke des Betriebs eines Geschäfts oder Gewerbes bestellt ist, **BGH** NJW 1962, 1392 = MDR 1962, 728 = BB 1962, 733 = LM § 1 KO Nr 5, § 1092 BGB Nr 2 Ls, NJW 1963, 2319 = MDR 1964, 51 = JZ 1964, 100 = DNotZ 1964, 613 = LM § 1090 BGB Nr 7, § 1092 BGB Nr 3 Ls. Dies folgt aus § 1 Abs 4 KO, wonach nicht pfändbare Gegenstände nicht zur Konkursmasse gehören, nach § 857 Abs 3 ZPO aber ein Gegenstand insoweit pfändbar ist, als die Ausübung einem anderen überlassen werden kann, und diese Voraussetzungen nach § 1092 Abs 1 S 2 BGB zutrifft. Ist eine juristische Person Berechtigte, so ist § 1092 Abs 2 BGB einschlägig; da hier Übertragbarkeit besteht, fällt hier die Dienstbarkeit stets in die Konkursmasse. Dazu *Mohrbutter* Handbuch des gesamten Vollstreckungs- und Insolvenzrechts 486.

Eine unter Beachtung der §§ 1090ff. BGB bestellte beschränkte persönliche Dienstbarkeit ist nicht schon deshalb nicht eintragungsfähig, weil die Beteiligten über denselben Gegenstand einen **Miet- oder Pachtvertrag** abgeschlossen haben, **BGH** NJW 1963, 2319 (wV aaO), **OLG Hamm** DNotZ 1957, 314 = JR 1957, 381 = Rpfleger 1957, 251 = DRspr I (154) 39 cd, **LG Bückeburg** Rpfleger 1963, 156 (*Haegele*) = DRspr aaO 60c. Wenn die dingliche Vereinbarung auch der Verstärkung der Rechte dient, so ist dies ein zulässiger Weg, der keine Gesetzesumgehung darstellt. Dazu auch *Vorbem 61, 63, 65*.

Ob eine **behördliche Genehmigung** notwendig ist (dazu *§ 18 Bem 148ff.*), beurteilt sich selbständig und unabhängig von den Vorschriften der §§ 1090ff. BGB; dazu **OLG Hamm** JMBl NRW 1961, 30 = NJW 1961, 560 = DRspr I (154) 48a, **LG Hagen** Rpfleger 1957, 389 (*Haegele*) = BB 1958, 970 bez des nicht mehr in Geltung befindlichen WSG.

Werden **neue Anlagen** auf dem Grst errichtet, so bezieht sich die Dienstbarkeit nach Treu und Glauben (§ 242 BGB) hierauf, da sie Ersatz für die alten sind, die bisher benützt werden durften, **BayObLG** BayObLGZ 1962, 24.

c) Inhalt ua — V 56

1. Die beschränkte persönliche Dienstbarkeit kann **bedingt** oder **befristet** sein, **RG** RGZ 59, 289, **KG** OLG 10, 117/14, 88, DNotZ 1942, 75. Es kann auch eingetragen werden, daß sie **gekündigt** werden kann, **KG** OLG 43, 225, *Güthe* GBO 1765 (1767). Wenn Bedingung und Befristung nebeneinander vereinbart sind und uU in Wechselbeziehung zueinander stehen, so erscheint es notwendig, daß Klarheit der Vereinbarun-

gen vorliegt. Daß Bedingung und Befristung vereinbart ist, muß aus dem GB ersichtlich sein. Bez der Einzelheiten, auch der Art der Bedingung (Aufschiebung oder Auflösung), und bez der gegenseitigen Abhängigkeit kann auf die Eintragungsbewilligung Bezug genommen werden, § 874 BGB. Eine Eintragung, die in solchem Falle nur die Bedingung oder nur die Befristung erwähnt, ist unvollständig, **OLG Köln** DNotZ 1963, 48 = Rpfleger 1963, 381 (*Haegele*) = BWNotZ 1963, 122, 290 Ls = DRspr I (150) 126a bez einer Tankstellendienstbarkeit. Das Ende des schuldrechtlichen Vertragsverhältnisses, zu dessen Sicherung das dingliche Recht bestellt wird, kann zur auflösenden Bedingung gemacht werden. Die Erlöschungsbedingung muß aber genügend bestimmt sein; daran fehlt es, wenn der Eintritt erst durch schwierige Auslegungen, notfalls nur durch einen Rechtsstreit, festgestellt werden kann, **OLG Düsseldorf** DNotZ 1961, 408 = BWNotZ 1961, 224 Ls bez einer Tankstellendienstbarkeit (dazu auch *Vorbem 46, 62*). Zur Vereinbarung der Dauer der Dienstbarkeit für die Zeit des Bestehens eines Handelsgeschäfts **BGH** BB 1963, 1277/1280.

V 57 2. Unzulässig ist die **Umwandlung** einer beschränkten persönlichen Dienstbarkeit in eine Grunddienstbarkeit; es ist nur Aufhebung und Neubestellung möglich, **KG** OLG 43, 2 = JFG 1, 414, *Güthe* GBO 1765 (1768 unter Z 6).

V 58 3. Der **gesetzliche zulässige Inhalt** ergibt sich aus § 1090 BGB; dazu auch *Vorbem 44, 45*. Eine Belastung mit einer beschränkten persönlichen Dienstbarkeit ist daher nur in der Weise zulässig,

daß das Grst in einzelnen Beziehungen zu benutzen ist oder

daß dem Berechtigten (dazu *Vorbem 55*) eine sonstige Befugnis zusteht, die den Inhalt einer Grunddienstbarkeit bilden kann; dazu *Vorbem 44ff*.

Es ist also der gleiche Inhalt wie bei der Grunddienstbarkeit möglich, dazu *BGB-RGRK* BGB § 1090 Bem 5, 6, *Palandt* BGB § 1090 Bem 4, *Staudinger-Ring* BGB § 1090 Bem 2ff.

Über Abgrenzung gegenüber Nießbrauch *Vorbem 78*.

Wenn es sich um ein Grst mit **Erbbaurecht** handelt, so können beide durch eine beschränkte persönliche Dienstbarkeit gleichen Inhalts belastet werden; dazu *Rutenfranz* Inhaltsgleiche beschränkte persönliche Dienstbarkeiten auf dem Grst und dem Erbbaurecht DNotZ 1965, 464.

Bez **Flurbereinigung** *Vorbem 44*.

Der **Inhalt** des Rechts muß aus der **GBEintragung** ersichtlich sein, zB Wasser- oder Rohrleitungsrecht; insoweit kann nicht auf die Eintragungsbewilligung Bezug genommen werden. Ein dagegen verstoßender Eintragungsvermerk ist unzulässig, **OLG Düsseldorf** DNotZ 1958, 155; dazu auch *Vorbem 44*. Zur Eintragung genügt nicht, daß es sich um eine beschränkte persönliche Dienstbarkeit handelt. Es ist nötig, daß der nähere Inhalt des Rechts aus dem GB ersichtlich ist, **LG Lübeck** SchlHA 1965, 213 bez einer Tankstellendienstbarkeit: dazu auch *Vorbem* 44.

Über **altrechtliche** Dienstbarkeit **OLG Oldenburg** NdsRpfl 1955, 196 = RdL 1955, 397 = DRspr I (154) 29cd bez eines Gemeindeservituts mit Hinweis darauf, daß das einzelne Gemeindemitglied keine Klagebefugnis hat. Im übrigen *Vorbem 44, 59*.

Zum zulässigen bzw unzulässigen Inhalt der beschränkten persönlichen Dienstbarkeit ist im einzelnen noch auf folgendes hinzuweisen, wobei ergänzend auch auf die Ausführungen in *Vorbem 44ff*. zu verweisen ist:

V 59 a) Die Dienstbarkeit muß dem Berechtigten einen **Vorteil** bieten; dazu auch *Vorbem 46, 55*. Sie kann zugunsten einer Gemeinde bestellt werden, wenn der Vorteil der Allgemeinheit oder einzelnen Gemeindemitgliedern zugute kommt, **RG** RGZ 61, 342, **KG** HRR 1929 Nr 387, JFG 3, 333, **OLG Karlsruhe** JFG 4, 378; dazu *Vorbem 55, 58*, über öffentliche Sachen *Vorbem 39*. Sie kann auch zugunsten einer sonstigen juristischen Person bestellt werden, wenn nur das durch die Dienstbarkeit zu befriedigende Bedürfnis konkret begrenzt und von Dauer ist; dazu *BGB-RGRK* BGB § 1090 Bem 5, 6, *Staudinger-Ring* BGB § 1090 Bem 3. Der Vorteil braucht nicht wirtschaftlicher und privat-rechtlicher Natur zu sein, **RG** RGZ 111, 394/117, 323. Auch ideale und gemeinnützige Interessen volks- und staatswirtschaftlicher Art können die Grundlage der Dienstbarkeit bilden. Es genügt, wenn das Gesamtverhältnis, in dem die verfolgten Zwecke zB Annehmlichkeit für die Öffentlichkeit, Erhaltung eines bestimmten landschaftlichen Charakters, liegen, privat-rechtlich gestaltet ist; dazu *Vorbem 60*. Hiernach ist es zulässig, eine Dienstbarkeit des Inhalts zu bestellen, daß ein Gebäude nur von bestimmten Personengruppen bewohnt werden darf, daß ein Grst nur zum Betrieb eines Hotels oder eines Sanatoriums benützt werden darf, **KG** KGJ 45, 220, HRR 1929 Nr 1997, **aA** (überholt) **KG** OLG 10, 118, **OLG Karlsruhe** JFG 4, 378, oder daß belästigende oder lärmende Gewerbe nicht betrieben und Vergnügungs- und Schankwirtschaften nicht unterhalten werden dürfen, **BayObLG**RPfliB 1928, 79. Dazu auch *BGB-RGRK* BGB § 1090 Bem 5, 6, *Staudinger-Ring* BGB § 1090 Bem 5.

Eine beschränkte persönliche Dienstbarkeit kann inhaltlich zugleich einen Unterlassungsanspruch und ein Benutzungsrecht für den Berechtigten zum Gegenstand haben, **KG** DNotZ 1942, 75.

b) Rein **öffentlich-rechtliche Verpflichtungen** können nicht Gegenstand **V 60** einer beschränkten persönlichen Dienstbarkeit sein; dazu *Vorbem 59*, im übrigen *BGB-RGRK* BGB § 1090 Bem 5, 6, *Güthe* GBO § 13 Vorbem 28 und S 1765 (1766), *Staudinger-Ring* BGB § 1090 Bem 3, 5. So sind baupolizeiliche Beschränkungen grundsätzlichnicht eintragbar, **RG** RGZ 61, 338. Jedoch kann zur Sicherung von Baubeschränkungen, bei denen über den Rahmen der baupolizeilichen Vorschriften hinausgehende Gesichtspunkte Berücksichtigung finden, zugunsten einer Gemeinde eine Dienstbarkeit eingetragen werden, **RG** RGZ 111, 393, **OLG München** DNotZ 1936 BayBeil 206, **KG** OLG 41, 170.

Dazu *Vorbem 45, 47*, auch über Holznutzungsrechte.

c) Durch eine Dienstbarkeit können nicht rein **schuldrechtliche Rechtsverhältnisse** verdinglicht werden. **V 61** So kann zB die Verpflichtung des Verkäufers eines Holzbestandes, das Holz zu fällen, aufzubereiten und abzufahren, nicht als Dienstbarkeit eingetragen werden, **RG** RGZ 60, 317.

Durch die beschränkte persönliche Dienstbarkeit können aber der **Miete** und **Pacht** ähnliche Gebrauchs- und Nutzungsrechte begründet werden. Unzulässig ist nur die Eintragung, wenn ohne Vereinbarung einer Dienstbarkeit nur ein schuldrechtliches Miet- und Pachtverhältnis dinglich gesichert werden soll, **RG** RGZ 54, 233, **KG** KGJ 53, 160, *BGB-RGRK* BGB § 1090 Bem 5, 6, *Güthe* GBO S 1765 (1766). Es bestehen aber keine Bedenken, neben einem Miet- oder Pachtverhältnis eine persönliche Dienstbarkeit zu begründen, auch wenn sie dazu dient, die Sicherung zu verstärken, wobei auch eine Regelung über die Belegung der Wohnungen getroffen werden kann; dazu **KG** NJW 1954, 1245, **OLG Düsseldorf** NJW 1961, 176, **OLG Stuttgart** MDR 1956, 679, im übrigen *Vorbem 55, 63, 65*.

d) Der **Ausschluß der Ausübung von Rechten** die sich aus dem Eigentum **V 62** am dienenden Grst ergeben, ist zulässig; dazu **RG** RGZ 61, 339, **KG** KGJ 51, 248,RJA 10, 73, *BGB-RGRK* BGB § 1090 Bem 5, 6, *Güthe* GBO S 1765, *Palandt* BGB § 1090 Bem 4, *Planck* BGB § 1090 Bem 3c, *Staudinger-Ring* BGB § 1090 Bem 4. Die Verpflichtung, schädigende Einwirkungen des Bergbaues über die vom Gesetz gezogenen Grenzen hinaus zu dulden, kann nicht nur als Grunddienstbarkeit (dazu *Vorbem 44, 49, 55, 57*), sondern auch als beschränkte persönliche Dienstbarkeit eingetragen werden, **RG** RGZ 119, 211/130, 350, JW 1937, 2305, *Staudinger-Ring* aaO.

Die Rspr des BGH hat zunächst eine Unklarheit gebracht durch Aufstellung des Grundsatzes, eine Dienstbarkeit könne nicht zum Inhalt haben, daß auf dem belasteten Grst keine anderen Erzeugnisse als die des Dienstbarkeitsberechtigten verkauft oder vertrieben werden dürfen, **BGH** BGHZ 29, 244 = NJW 1959, 670 = MDR 1959, 382, 475 (*Thieme*) = BB 1959, 281 = Rpfleger 1959, 123 (*Haegele*) = DNotZ 1959, 191 = DB 1959, 567 = WM 1959, 412 = LM § 1090 BGB Nr 2 (*Piepenbrock*) = DRspr I (154) 42a bez einer Tankstelle. Diese Entscheidung wurde ergänzt durch BGH NJW 1962, 486 = MDR 1962, 292 = DNotZ 1963, 44 = DB 1962, 198 = BB 1962, 111 Ls = GRUR 1962, 198 (*Droste*) = WM 1962, 376 = ZMR 1962, 180 = LM § 1090 BGB Nr 5 = DRspr aaO 55a. Es wird hier ausgesprochen, daß Inhalt einer beschränkten persönlichen Dienstbarkeit das **Verbot** sein kann, auf dem Grst eine Verkaufsstelle für Biere in Flaschen zu errichten und zu betreiben; dieses Verbot umfaßt auch den Verkauf von Flaschenbier im Rahmen eines erlaubten Lebensmittelgeschäfts. Es wird betont, daß man bei der Auslegung des Inhalts streng vom Wortlaut und Sinn der Eintragung und Eintragungsbewilligung ausgehen müsse. Zu dem Einwand, daß nach der Entscheidung BGHZ 29, 244 (wV aaO) eine solche Dienstbarkeit unzulässig sei, bemerkt der BGH:

„Nach dem Beschluß vom 30. Januar 1959 ist dem Inhalt einer Dienstbarkeit wesentlich, daß sie das Recht des GrstEigentümers einschränkt. Die Handlungen, die der Eigentümer nicht vornehmen darf (§§ 1018, 1090 Abs 2 BGB), müssen im Gegensatz zu Rechtsgeschäften Maßnahmen tatsächlicher Art sein, die sich als Ausfluß des Eigentumsrechts am Grst darstellen. Die dem Eigentümer auferlegte Unterlassungspflicht muß auf Beschränkung im tatsächlichen Gebrauch des Grst gerichtet sein; sie darf nicht lediglich eine Beschränkung der rechtlichen Verfügungsgewalt enthalten. Ist der tatsächliche Gebrauch eingeschränkt, so spielt es keine Rolle, daß die zu unterlassende Handlung im übrigen nach den Grundsätzen der persönlichen Freiheit und der Gewerbefreiheit gestattet ist und die Beschränkung des Eigentums dem Eigentümer gleichzeitig in jeder Hinsicht Beschränkungen auferlegt. Ist die Einrichtung und Ausübung eines Gewerbebetriebs überhaupt oder eines bestimmten Gewerbes verboten, so handelt es sich um eine Beschränkung des Eigentums im tatsächlichen Gebrauch und das Verbot ist zulässiger Inhalt einer Dienstbarkeit. Ist aber ein bestimmtes Gewerbe, etwa ein Einzelhandelsgeschäft, erlaubt, so hat die Beschränkung gleichartiger Waren auf solche von bestimmten Lieferanten mit der tatsächlichen Ausübung des GrstEigentümers nichts zu tun. Im vorliegenden Fall steht in Frage, ob das Verbringen und Absetzen verschiedener Warengattungen auch verschiedene tatsächliche Benutzungsmöglichkeiten des Eigentümers darstellen können. Dies ist zu bejahen. Unterscheidende Kriterien der tatsächlichen Benutzung eines Grst können nicht allein die Art eines Gewerbes (Handels-, Handwerks-, Fabrikbetriebs) oder etwa der Umfang von Immissionen sein, sondern auch die Art der Waren, die auf dem Grst bearbeitet oder gelagert oder mit welchen auf dem Grst gehandelt werden soll, während dies für die Unterscheidung nach Hersteller oder Marke bestimmter Waren nicht der Fall ist."

Tatsächlich hat der BGH seine frühere Auffassung nicht nur eingeschränkt, sondern aufgegeben. Die ältere Entscheidung legt das Schwergewicht auf die rechtliche Seite der Beschränkungen, während die neuere Entscheidung mehr die tatsächliche Seite betont. Die Auslegung, die der BGH seinen früheren Ausführungen zu geben versucht, ist nicht überzeugend, besonders wenn man liest, was LM § 1090 BGB Nr 2 *Piepenbrock* dazu ausführt. *Droste* GRUR 1962, 198 (200) bemerkt daher mit Recht zu den beiden Entscheidungen des BGH ua:

„Das Urteil ergänzt BGHZ 29, 244. In dieser Entscheidung befaßte sich der BGH eingehend mit der Frage, welche Handlungseinschränkungen Gegenstand von Dienstbarkeiten sein können. Damals schien es, als seien die Dienstbarkeiten für

Wettbewerbsverbote nur insoweit geeignet, als dadurch die Ausübung eines Gewerbebetriebes überhaupt oder einer bestimmten Art eines Gewerbes ausgeschlossen werden sollte. Die Verpflichtung des GrstEigentümers, keine anderen Erzeugnisse als die des Dienstbarkeitsberechtigten auf dem belasteten Grst zu vertreiben, zB in einer Gaststätte kein anderes als das von einer bestimmten Brauerei gelieferte Bier auszuschenken, erkannte der BGH nicht als zulässigen Inhalt einer Dienstbarkeit an. Eine solche Verpflichtung wirkt sich nicht, wie es den Dienstbarkeiten wesenseigen ist, als Einschränkung der tatsächlichen Benutzung des Grst aus, sondern schränkt lediglich die geschäftliche Freiheit des Eigentümers in Bezug auf seine Wirtschaftsführung ein.

Nun hat der BGH klargestellt, daß wohl die Beschränkung eines Einzelhändlers von gleichartigen Waren nur solche eines bestimmten Lieferanten zu vertreiben, mit der tatsächlichen Benutzung des Grst nichts zu tun hat, daß aber demgegenüber das Lagern und Absetzen verschiedener Warengattungen verschiedene tatsächliche Benutzungsmöglichkeiten des Grundeigentums darstellen. ... Das Ergebnis überrascht ..."

Man wird in der Praxis von der neueren Entscheidung ausgehen und den früheren Standpunkt von BGHZ 29, 244 als überholt ansehen — eine Auffassung die auch *Droste* aaO vertritt. Auch diese Entscheidung zeigt die Gefahr einer übertriebenen Leitsatz — und Grundsatzrechtsprechung; dazu *Vorbem 55, 71.*

Als lebensnah kann nur die neue Auffassung angesehen werden, die der Interessenlage und der Praxis ausreichend Rechnung trägt. Man muß sich dieser Änderung der Rspr und Rechtspraxis bewußt sein, da ja die aufgegebene Ansicht hM war. Es können also nunmehr Wettbewerbsverbote Inhalt einer Dienstbarkeit sein. Da die frühere BGHEntscheidung in der amtlichen Sammlung veröffentlicht war, nicht aber die spätere, sollte dies bei Gelegenheit, wenn der BGH wieder über derartige Fragen zu entscheiden hat, nachgeholt werden. Dazu auch *Riedel* Unklarheiten im Recht der Dienstbarkeiten Rpfleger 1966, 131. Inhalt einer Dienstbarkeit kann also die Verpflichtung sein, ein Grst für keinen Zweck als zur Einstellung von Kraftfahrzeugen nebst Zufahrt zu verwenden und zu diesem Zweck dauernd offen zu halten, **BayObLG** NJW 1965, 1484 = JZ 1965, 645 = MDR 1965, 743 = DNotZ 1966, 99 = MittBayNotV 1965, 179 = BWNotZ 1965, 304 Ls = DRspr I (154) 70bc, das sich damit der neuen Auffassung angeschlossen hat, ohne seinen früher abweichenden Standpunkt ausdrücklich aufzugeben.

Zur Konkurrenzklausel auch **OLG Celle** BB 1962, 542, **LG Bückeburg** Rpfleger 1963, 156 (*Haegele*) = DRspr I (154) 60a, **LG Würzburg** MittBayNotV 1960, 201, bez einer Tankstelle **OLG Hamm** Rpfleger 1959, 25 (*Haegele*) — Vorlagebeschluß, der zur Entscheidung des BGHZ 29, 244 führte. Dazu, insbes bez Tankstellendienstbarkeit, *Vorbem 45, 46, 56, 58.*

Zur Bestellung einer Dienstbarkeit zum Betrieb einer Seilbahn **BGH** LM § 242 (D) Nr 31, 1090 BGB Nr 3 Ls, bez Kosten für Unterhaltung des Betriebs.

e) Benutzung des Grst nur **in einzelnen Beziehungen** liegt auch vor, wenn die **V 63**
Beschränkung des Eigentums durch die Dienstbarkeit in dem Umfange vorgenommen wird, daß alle sich als Benutzung darstellende Handlungen mit **Ausnahme** einer einzigen nicht vorgenommen werden dürfen, **OLG Karlsruhe** JFG 4, 378, **LG Münster** JMBl NRW 1949, 100 = DRspr I (154) 10b. Das Jagdrecht ist untrennbar mit dem Eigentum am Grund und Boden verbunden und kann als selbständiges dingliches Recht nicht begründet werden; es kann nicht den Inhalt einer Dienstbarkeit bilden, **KG** JFG 2, 332, § 3 BJagdGes idF vom 30. März 1961 BGBl I 304 = BGBl III 792—1 = SaBl 556, *BGB-RGRK* BGB § 1090 Bem 5, 6, *Staudinger-Ring* BGB § 1090 Bem 11, im übrigen *Vorbem 62.*

Eine beschränkte persönliche Dienstbarkeit kann den Inhalt haben, daß dem Eigentümer des belasteten Grst verboten wird, die auf dem Grst befindlichen **Wohn-**

räume zu anderen als zu Wohnzwecken zu verwenden; zulässig als Inhalt ist auch die Vereinbarung, daß alle oder einzelne Wohnungen im Grst nur Personen, die einer bestimmten Berufsgruppe angehören oder auf die gewisse Merkmale zutreffen, überlassen werden dürfen, **OLG Stuttgart** BWNotZ 1956, 228. Dazu auch *Vorbem 55, 61, 65.*

V 64 f) Die Dienstbarkeit darf nicht nur eine **einmalige Handlung** zum Gegenstand haben, **KG** OLG 9, 307/43, 8. Über den zulässigen Inhalt einer der Straßensicherung dienenden beschränkten persönlichen Dienstbarkeit **BayObLG** 20, 436. Dazu auch *Güthe* GBO § 13 Vorbem 28, *Staudinger-Ring* BGB § 1090 Bem 2, im übrigen *Vorbem 50.*

V 65 d) **Wohnungsrecht**

Dazu *Bauer* GBEintragungen Z 408, *Brand-Schnitzler* GBSachen § 59, *Buschmann* Das dingliche Wohnrecht BlGBW 1962, 136, *Güthe* GBO § 13 Vorbem 28 und S 1765ff., *Haegele* GBRecht Bem 544ff., Zum dinglichen Wohnungsrecht an einem kriegszerstörten Grst BlGBW 1956, 55, Zum dinglichen Wohnrecht aaO 1957, 17, Merkbuch 42/1, *Krämer-Illner* GBPraxis § 84, *Schopp* Das Belegungsrecht für Wohnungen und andere Räume und seine Ausgestaltung Rpfleger 1964, 331, *Streckewald* Durch Wohnungsrecht gesicherte Miete DB 1961, 1544

Das Wohnungsrecht nach § 1093 BGB ist eine **beschränkte persönliche Dienstbarkeit** mit nießbrauchähnlicher Regelung. Das Wohnungsrecht kann aber auch als Nießbrauch, §§ 1030ff. BGB, oder als Reallast, §§ 1105ff. BGB, bestellt werden; dazu **RG** GruchBeitr 46, 131, JW 1901, 293, **BayObLG** 9, 162, *Staudinger-Ring* BGB § 1093 Bem 2. Das Wohnungsrecht nach § 1093 BGB ist auch von der Miete oder Pacht zu unterscheiden; es hat dinglichen Charakter. Was gewollt ist, ist gegebenenfalls durch Auslegung zu ermitteln, *Staudinger-Ring* BGB § 1093 Bem 4.

Das Wohnrecht kann in Zusammenhang mit einem **Leibgeding** stehen; dazu **OLG Hamm** Rpfleger 1959, 381 = DRspr I (154) 44b bez des Rechts auf dingliche Sicherung, **SchlHOLG** DNotZ 1962, 203 Ls bez Anspruch auf Rente anstatte der Wohnung wegen Aufnahme in ein Altersheim mit Rücksicht auf Pflegebedürftigkeit, **OVG Lüneburg** SchlHA 1957, 336 bez Verhältnis von Wohnungsrecht zu amtlicher Einweisung auf Grund Wohnungszwangswirtschaft. Im übrigen über Leibgeding *§ 49 Bem 1ff.*

Eine besondere Ausgestaltung gilt für das **Dauerwohnrecht**, §§ 31ff. WEG (*Anh*); dazu *§ 3 Bem 454ff.* Zur Frage der Bestellung des Dauerwohnrechts auf Lebenszeit *§ 3 Bem 460*, auch *Klingenstein* können Erbbaurecht und Dauerwohnrecht auf Lebenszeit der Berechtigten bestellt werden? BWNotZ 1965, 222.

Ein dingliches Wohnungsrecht kann **an einem Baugrundstück auch schon vor Errichtung der davon betroffenen Räume eingetragen** werden. Der GBBeamte kann, um nicht einer dauernd gegenstandlosen Eintragung Vorschub zu leisten, die Vorlage einer Baubescheinigung der Gemeindebehörde verlangen oder den Dienstbarkeitsverpflichteten zur Abgabe einer eidesstattlichen Versicherung über sein Bauvorhaben zulassen. Als Eintragungsunterlage dient jedoch die in der Form des § 29 Abs 1 S 1 GBO abgegebene Erklärung des Dienstbarkeitsverpflichteten, daß er die Eintragung des Wohnungsrechts mit dem aus der Bestellungsurkunde ersichtlichen Inhalt bewillige und beantrage, wobei bei der Eintragung zur näheren Bezeichnung des Rechts auf diese Bestellungsurkunde Bezug genommen werden kann, § 874 BGB. Dazu **BayObLG** BayObLGZ 1956, 94 = NJW 1956, 871 = DNotZ 1956, 483 = Rpfleger 1956, 285 = DRspr I (154) 32b.

Unzulässig ist die Eintragung eines Wohnungsrechts nach § 1093 BGB auf einem Ackergrundstück, BayObLG RPfliB 1909, 436, oder mit dem Inhalt, daß die Räume zu anderen als **Wohnzwecken**, zB als Geschäfts- oder Arbeitsräume, benutzt werden dürfen. Dagegen ist es als zulässig anzusehen, wenn vereinbart ist, daß die in der Hauptsache zum Wohnen zu benützenden Räume auch anderen Zwecken dienstbar gemacht werden dürfen, **KG** KGJ 53, 158; dazu *BGB-RGRK* BGB § 1093 Bem 1, *Güthe* GBO S 1765.

Das Wohnrecht kann neben einem **Miet-** oder **Pachtvertrag** bestellt werden, **OLG Düsseldorf** NJW 1961, 176 = MittBayNotV 1960, 301 = MittRhNotK 1960, 430 = DNotZ 1961, 523 Ls, **OLG Hamm** JR 1957, 381 = DNotZ 1957, 314 (*Glaser*) = Rpfleger 1957, 251 (*Haegele*) = DRspr I (154) 39cd, **LG Düsseldorf** ZMR 1957, 55, **LG München** BBauBl 1954, 273 = DRspr II (279) 89b, **LG Münster** DWW 1962, 117 = ZMR 1962, 233 Ls, **aA** (zu Unrecht) **LG Wuppertal** NJW 1961, 320, wonach angenommen wird, daß das dingliche Wohnrecht den schuldrechtlichen Mietvertrag verdrängt; dazu *Roquette* Wohnrecht und Mietrecht NJW 1957, 525, im übrigen *Vorbem 55, 61, 63*. Zum Verhältnis zur Einweisung auf Grund der Wohnungszwangswirtschaft **VGH Stuttgart** MDR 1958, 872 = BBauBl 1959, 140, wonach es als Rechtsmißbrauch angesehen wird, daß ein Wohnrecht bestellt wurde für jemand, dessen Einweisung abgelehnt war.

Es muß **Bestimmtheit** bestehen bez der Räume. Es kann die Auswahl der Räume, auf die sich das Wohnrecht bezieht, nicht dem Berechtigten vorbehalten bleiben, **BayObLG** DNotZ 1965, 166 = MittBayNotV 1964, 185 = MDR 1964, 504 Ls = DRspr I (154) 69e. Es kann daher nicht dem Berechtigten „nach Wahl" alternativ überlassen bleiben, welche von verschiedenen Räumen Gegenstand des dinglichen Rechts sein sollen. Die Möglichkeit der Auslegung muß allerdings hierbei versucht werden, andernfalls dh wenn keine Klärung möglich ist, hat Löschung der Eintragung von Amts wegen zu erfolgen, **OLG Hamm** JMBl NRW 1962, 20 = DNotZ 1962, 402 = Rpfleger 1962, 59 = BWNotZ 1962, 59 Ls.

Dem **Umfang** nach kann sich das Wohnrecht auf das ganze Gebäude erstrecken, auch wenn für den Eigentümer kein Raum mehr übrig bleibt, **AG Bremen** JurBüro 1965, 87. Das Wohnrecht kann sich auch auf das Abstellen eines Personenkraftwagens im Hofraum beziehen, **LG Ellwangen** Rpfleger 1963, 12 (*Staudenmaier*) = BWNotZ 1965, 253 Ls. Das unentgeltliche Wohnrecht umfaßt auch die Heizung, so daß dafür keine besonderen Zahlungen zu leisten sind, **LG Hamburg** MDR 1963, 218 = BlGWB 1963, 192. Anlagen und Einrichtungen, die benutzt oder mitbenutzt werden, sind bei Erneuerung weiterhin zur Verfügung zu stellen, **LG Koblenz** ZMR 1963, 11; dazu zur Frage, ob und inwieweit der Eigentümer zur Instandsetzung und zur Erneuerung verpflichtet ist, **LG Lübeck** SchlHA 1963, 272, zur Frage der Mitbenützung von Gemeinschaftsanlagen **LG Verden** NdsRpfl 1965, 84 = DNotZ 1965, 426 Ls = BWNotZ 1965, 305 Ls. Das Entgelt für das Wohnungsrecht ist den etwa für Mietwohnungen bestehenden Preisbindungen nicht unterworfen, **AG Bremen** MDR 1963, 56 = DRspr I (154) 57b. Im übrigen ist bez des Umfangs des Wohnrechts auf § 1093 Abs 2 BGB zu verweisen. Für die Unterhaltung des Gebäudes gilt § 1041 BGB entsprechend; dazu *Staudinger-Ring* BGB § 1093 Bem 6 (2β).

Für mehrere kann ein einheitliches Wohnungsrecht nicht bestellt werden. Doch ist es zulässig, im gleichen Gebäude mehrere Wohnungsrechte nebeneinander, auch an den gleichen Räumen zu bestellen, **BayObLG** 9, 162, BayObLGZ 1957, 322 = Rpfleger 1958, 88 (*Haegele*) = DRspr IV (473) 48d, **OLG Köln** JMBl NRW 1965, 148 = DNotZ 1965, 686 = MittBayNotV 1965, 183 = MittRhNotK 1965, 188 = BWNotZ 1965, 304 Ls = DRspr I (154) 69bcd, **OLG Oldenburg** NdsRpfl 1957, 30 = DNotZ 1957, 317 (*Saage*) = DRspr IV (473) 39c, **LG Aachen** JMBl NRW 1959, 69 = BlGBW 1959, 190,*Güthe* GBO S 1765 (1767), *Staudinger-Ring* BGB § 1093 Bem 8, **aA** (zu Unrecht) **LG Köln** MittRhNotK 1964, 502 = DNotZ 1965, 426 Ls, wonach ein Gesamtberechtigung iSd § 420 BGB zugelassen wird. Zulässig ist es auch, beide Ehegatten als Berechtigte für dasselbe Wohnungsrecht mit der Maßgabe einzutragen, daß jeder der Ehegatten bei Lebzeiten des anderen durch dessen Mitbenützungsrecht beschränkt ist, sowie die Eintragung eines Wohnungsrechts für Ehegatten derart vorzunehmen, daß es zunächst dem Manne zusteht und nach dessen Tod der Frau, für diese also aufschiebend bedingt ist, **RG** JR 1925 Nr 880; dazu *Vorbem 55*. Eine moderne, unjuristische Formulierung der Vereinbarung der Beteiligten, etwa *Bestellung eines dinglichen Wohnungsrechts zugunsten von Eheleuten, und zwar für die Dauer des Längerlebenden*, steht einem grbamtlichen Vollzug nicht entgegen; allerdings hat die Eintragung dahingehend zu lauten, daß 2 Wohnungsrechte in das GB eingetragen werden, jedes beschränkt während der Zeit der Lebensdauer des anderen Ehegatten. Ob dann, wenn in der Vereinbarung von einem gemeinsamen Wohnungsrecht gesprochen wird. eine Umdeutung noch möglich ist, richtet sich nach dem Einzelfall. Im Zweifelsfall ist eine Zwischenverfügung nach § 18 zu erlassen. Über die Bestellung eines Wohnungsrechts für eine Aktiengesellschaft **KG** KGJ 53, 157, *Güthe* GBO S 1765, *Staudinger-Ring* BGB § 1093 Bem 9. Zu der Problematik der hier berührten Fragen *Bader* Zum dinglichen Wohnungsrecht gemäß § 1093 BGB an denselben Räumen für mehrere Personen DNotZ 1965, 673, *Faßbender* Das dingliche Wohnungsrecht für mehrere als Gesamtberechtigte nach § 428 BGB aaO 662.

Das Wohnungsrecht ist eine **beschränkte persönliche Dienstbarkeit** iSd § 1090ff. BGB, kann daher nicht für den jeweiligen Inhaber eines anderen Grst bestellt werden, **OLG Celle** DNotZ 1958, 151 (*Walberer*), auch nicht als Grunddienstbarkeit (dazu *Vorbem 54ff.*) oder Reallast (dazu *Vorbem 66ff.*). Die Praxis nimmt häufig die Bestellung eines Nießbrauchs (dazu *Vorbem 73ff.*) vor, wenn ein Wohnungsrecht nicht bestellt werden kann. Allerdings ist auch der Nießbrauch nur bestellbar zugunsten einer bestimmten Person, nicht für den jeweiligen Eigentümer eines anderen Grst; dazu *Vorbem 76*. Es kann daher auch nicht auf diesem Umweg der Zweck eines subjektivdinglichen Wohnrechts erreicht werden. Soweit das Wohnungsrecht nicht übertragbar ist (dazu *Vorbem 55*), kann auch kein Nießbrauch bestellt werden; dazu *Vorbem 74*.

Das **Erlöschen** des Wohnungsrechts tritt nicht durch Kündigung ein, **AG Köln** WM 1956, 183, außer es ist eine Kündigungsmöglichkeit vereinbart; dazu **KG** JW 1923, 760 (*Heymann*) sowie *Staudinger-Ring* BGB § 1093 Bem 7. Das Wohnrecht erlischt jedoch nach hM mit der vollständigen Zerstörung des Gebäudes, **BGH** BGHZ 7, 268 = NJW 1952, 1375 = JR 1953, 104 = LM § 1093 BGB Nr 1 (*Pritsch*) = DRspr I (154) 19a, BGHZ 8, 58 = NJW 1953, 140 = LM aaO Nr 2 (*Pritsch*) = DRspr aaO 19b, DNotZ 1954, 383 = DB 1954, 325 = ZMR 1954, 217 = LM aaO Nr 3 = DRspr aaO 23a, **OLG Braunschweig** NdsRpfl 1952, 47 = DRspr aaO 18b, **OLG München** bayJMBl 1953, 221 = DNotZ 1954, 102 (*Ring*) = DRspr aaO 22d, **aA** (überholt) **OLG Frankfurt aM** SJZ 1948, 385 (*Ballerstedt*). Dazu *BGB-RGRK* BGB § 1093 Bem 5, *Palandt* BGB § 1093 Bem 3 (d), *Staudinger-Ring* BGB § 1093 Bem 13. Bez Nießbrauch ist auf **BGH** JZ 1964, 369 *Vorbem 78* (wV aaO) zu verweisen, wonach bejaht wird, daß sich der Nießbrauch nach Wiederaufbau eines Hauses auf dieses erstreckt. Wenn man die Frage des Erlöschens des Wohnungsrechts von den hier vom BGH angestellten Erwägungen aus betrachtet, so bestehen Bedenken, ob die vom BGH zum Wohnungsrecht bertretene Auffassung auf die Dauer haltbar ist und nicht doch eine nochmaligen Prüfung bedarf. Wenn der BGH davon ausgeht, daß beim Nießbrauch das Grst mit seinen Bestandteilen nach §§ 93, 94 BGB erfaßt werde, also auch mit neuen Bestandteilen, während beim Wohnungsrecht diese Bindung nicht bestehe und daher bei Zerstörung des Gebäudes das Objekt fehle, an dem das Recht noch fortbestehen könne, so wird doch wohl nicht genügend beachtet, daß auch das Wohnungsrecht als beschränkte persönliche Dienstbarkeit ein dingliches Recht ist. Auf das Wohnungsrecht finden zudem auch weitgehend Nießbrauchvorschriften neben den Bestimmungen der beschränkten persönlichen Dienstbarkeit und der Grunddienstbarkeit Anwendung. Die Verwandschaft mit dem Nießbrauch läßt daher eine unterschiedliche Behandlung nicht zu. Das Wohnungsrecht kann auch in Form eines Nießbrauchs (dazu *Vorbem 78*) bestellt werden und dies trifft in Zweifelsfällen zu, wenn ein ganzes Gebäude überlassen wird; dazu **RG** RGZ 164, 196, *Palandt* BGB § 1093 Bem 1 (b, c), *Staudinger-Ring* BGB § 1093 Bem 2. Auch hat § 1093 BGB nicht in vollem Umfange zwingenden Charakter, kann also durch Vereinbarung abgeändert werden; dazu *BGB-RGRK* BGB § 1093 Bem 1. Auch dies gibt die Erwägung anheim, ob man nicht das Weiterbestehen des Wohnungsrechts für den Fall der Zerstörung des Gebäudes vereinbaren kann bzw ob dies nicht stillschweigend als vereinbart anzusehen ist. Man wird auch zulassen müssen, daß ein Wohnungsrecht bestellt wird, bevor ein Haus gebaut wird oder wenn es im Bau ist. Wie unbillig das Ergebnis der Entscheidung des BGH ist, zeigt sich auch daran, daß ein Wohnungsrecht erlöschen würde, wenn das Haus durch Brand zerstört wird, auch wenn es sofort wieder mit der Brandversicherungssumme aufgebaut wird. Wenn sich die Rspr des BGH nicht ändert, sollte man erwägen, ob man nicht § 1093 BGB durch einen kleinen Zusatz ergänzt, etwa des Wortlauts: *Soweit das Gebäude zerstört ist, ruht das Wohnungsrecht;* dazu *Riedel* Unklarheiten im Recht der Dienstbarkeiten Rpfleger 1966, 131. Eine andere Frage ist, ob ein Schadenseratzanspruch besteht, wenn nicht aufgebaut wird; diesen Fall behandelt **BGH** BGHZ 8, 58 wV aaO, wobei offen gelassen wurde, ob das Wohnungsrecht nicht aus besonderen Gründen bestehen bleiben kann. Der BGH war bei seiner Entscheidung an ein zwischen den Parteien erstrittenes rechtskräftiges Urteil gebunden, wonach das Wohnungsrecht nicht erloschen sei. Trotzdem wird der Schadenersatzanspruch verneint, weil letztlich doch der BGH von seiner Auffassung ausgeht, daß das Wohnungsrecht erloschen ist, indem er eine Pflicht zur Erfüllung des Anspruchs des Wohnungsberechtigten in Abrede stellt und so indirekt zum gleichen Ergebnis kommt, wie wenn man vom Erlöschen des Wohnungsrechts ausginge. Wenn jemand in einem kriegszerstörten Haus früher wohnte und der Hauseigentümer erhält vom Staat Mittel zum Wiederaufbau, so ist die Rechtslage nicht anders, wie wenn jemand, dessen Haus abgebrannt ist, die Versicherungssumme bekommt. Es kann dar Haus aufbauen und seine vertragliche Pflicht des Wohnungsrechts erfüllen. Will er dies nicht, so ist es gerechtfertigt, wenn der Wohnungsberechtigte aus dem Gesichtspunkt der Vertragsverletzung Schadenersatz verlangt. Auch insoweit kann den Gedankengängen des BGH nicht gefolgt werden; dazu *Riedel* aaO.

Es kann nicht in das GB eingetragen oder dinglich vereinbart werden, daß ein Höchstbetrag von näherer Bezeichnung (zB 20000 DM) zu zahlen ist, falls die Dienstbarkeit durch Zuschlag in der ZwVerst erlischt. Dies würde den § 92 Abs 2, § 121 ZVG und § 882 BGB widersprechen. Über nicht bestehendes Wohnungsrecht im ZVerstVerfahren **BGH** NJW 1966, 154 = MDR 1966, 46 = BB 1965, 1374.

Durch die **Bezeichnung** Wohnungsrecht **in der Eintragungsbewilligung** ist, sofern auch ganz bestimmte Räumlichkeiten genannt sind, hinreichend zum Ausdruck gebracht, daß ein Wohnrecht iSd § 1093 BGB unter Ausschluß des Eigentümers von der Benutzung gemeint ist, **AG Bremen** Ppfleger 1965, 272 = DNotZ 1965, 751 Ls = DRspr I (154) 71c.

6. Reallast **V 66**

Dazu *Bauer* GBEintragungen Z 233ff., *Brand-Schnitzler* GBSachen § 81, *Groß* Die Reallasten JurBüro 1963, 589, *Güthe* GBO § 13 Vorbem 30 und S 1969ff., *Haegele* GBRecht Bem 567ff., Merkbuch 45, *Horber* GBO § 44 Anh Bem 8, *Krämer-Illner* GBPraxis § 87

Die Vorschriften der §§ 1105ff. BGB werden durch Landesrecht ergänzt; dazu *Vorbem 69*.

a) Grundstück

Belastungsgegenstand kann ein Grst oder ein grstgleiches Recht (dazu *§ 3*

Bem 12ff.) sein; dazu *BGB-RGRK* BGB § 1105 Bem 3, *Palandt* BGB § 1105 Bem 2, *Staudinger-Dittmann* BGB § 1105 Bem 7.

Ein **ideeller Bruchteil** eines Grst kann mit einer Reallast nur belastet werden, wenn er im Anteil eines Miteigentümers (dazu *Vorbem 39*) steht, § 1106 BGB. Der Alleineigentümer kann einen Bruchteil eines Grst nicht mit einer Reallast belasten. Erwirbt ein Bruchteilseigentümer einen weiteren Bruchteil und wird er hierdurch Alleineigentümer, so kann er nicht gleichzeitig mit dem Erwerb auf dem erworbenen Bruchteil eine Reallast bestellen, **BayObLG** 30, 342. Bei Vereinigung und Zuschreibung nach § 890 BGB erstreckt sich die Reallast nicht auf den übrigen Teil des Grst; dazu *BGB-RGRK* BGB 1106 Bem 1, *Staudinger-Dittmann* BGB § 1106 Bem 5. Ein **realer Grundstücksteil** kann selbständig belastet werden; über Abschreibung des GrstTeils § 7 GBO. Dazu *BGB-RGRK* BGB § 1106 Bem 1, *Staudinger-Dittmann* BGB § 1106 Bem 4, im übrigen *§ 7 Bem 54*.

V 67 **b) Berechtigter**

Es ist zu unterscheiden zwischen **subjektiv-persönlichen** und **subjektiv-dinglichen Reallasten**, je nachdem, ob sie einem bestimmten Berechtigten oder dem jeweiligen Eigentümer eines anderen Grst zustehen, § 1105 Abs 1, 2 BGB. Über einen irrtümlich falschen Eintrag im GB *§ 9 Bem 20*.

Die subjektiv-dingliche Reallast ist rechtlich untrennbar mit dem herrschenden Grst verbunden, daher für sich allein weder abtretbar noch pfändbar, § 1110 BGB; dazu *Staudinger-Dittmann* BGB § 1110 Bem 2, *Stöber* Forderungspfändung 405 (406), im übrigen *§ 19 Bem 52 (1)*. Die subjektiv-persönliche Reallast ist grundsätzlich übertragbar und pfändbar, soweit nicht der Anspruch auf Einzelleistungen unübertragbar ist, § 1111 BGB; dazu *Palandt* BGB § 1111 Bem 2, 3, *Staudinger-Dittmann* BGB § 1111 Bem 1ff., *Stöber* aaO S 405 (406/407), im übrigen *§ 19 Bem 52 (1)*.

Eine subjektiv-dingliche Reallast kann für einen realen Teil eines Grst erst bestellt werden, wenn derselbe durch Abschreibung zu einem selbständigen Grst gemacht ist, da § 7 Abs 2 GBO für diesen Fall nicht gilt, **KG** KGJ 53, 170, *BGB-RGRK* BGB § 1105 Bem 6, *Palandt* BGB § 1105 Bem 3 (b), *Staudinger-Dittmann* BGB § 1105 Bem 8. Über Eintragung auf dem Blatt des berechtigtenGrst § 9 GBO.

Die Begründung einer sog **Eigentümer-Reallast** ist zulässig, soweit sie subjektiv-dinglich ist; dazu *BGB-RGRK* BGB § 1105 Bem 6, *Palandt* BGB § 1105 Bem 3 (c), *Staudinger-Dittmann* BGB § 1105 Bem 9. Es kann also der Eigentümer 2 Grst das eine davon von vornherein mit einer Reallast zugunsten des anderen belasten.

Eine Reallast kann für **mehrere** bestellt werden. Die mehreren Personen können gesamtberechtigt sein, § 428 BGB; dazu **KG** JFG 18, 132 = JW 1935, 3564, **BayObLG** NJW 1966, 56 = MDR 1966, 146, *BGB-RGRK* BGB § 1105 Bem 6, *Staudinger-Dittmann* BGB § 1105 Bem 10. Die Reallasten der verschiedenen Personen können auch selbständig nebeneinander stehen, auch wenn sie sich gegenseitig beeinträchtigen; dazu *Staudinger-Dittmann* aaO. Die Rechtslage weicht hier bei der Reallast insofern von der Grunddienstbarkeit ab, als die Reallast nicht nur subjektiv-dinglich, sondern auch subjektiv-persönlich bestellt werden kann; dies verkennt das BayObLG aaO, wenn es eine Parallele zur Grunddienstbarkeit (dazu *Vorbem 42*) zieht.

Da es keine dinglichen Rechte **zugunsten Dritter** gibt, kann eine Reallast **nicht** zugunsten eines Dritten bestellt werden, **RG** RGZ 148, 263, **BGH** BGHZ 41, 95 = DB 1964, 474, MDR 1965, 564 = DNotZ 1965, 672 = DB 1965, 660 = MittBayNotV 1965, 169 = LM § 1105 BGB Nr 1 = DRspr I (154) 68bc, *Staudinger-Seufert* BGB § 874 Bem 43.

V 68 **c) Inhalt ua**

Die Reallast ist ein dingliches Recht, wonach an den Berechtigten (dazu *Bem 67*) **wiederkehrende Leistungen aus dem Grst** zu entrichten sind, § 1105 Abs 1 BGB.

Regelmäßig wiederkehrende Leistungen brauchen es nicht zu sein, jedoch darf es sich nicht um eine einmalige Leistung handeln; dazu *BGB-RGRK* BGB § 1105 Bem 7, 8, *Haegele* GBRecht Bem 569, *Palandt* BGB § 1105 Bem 4, *Staudinger-Dittmann* BGB § 1105 Bem 11ff. Der Geldwert der Leistungen muß bestimmbar sein; dazu **BayObLG** BayObLGZ 1953, 200 = DNotZ 1954, 98 = Rpfleger 1955, 14 = DRspr I (154) 23e. Nicht genügt Festsetzung durch einen Schiedsmann, **OLG Düsseldorf** NJW 1957, 1766 = DRspr aaO 39e. Wenn auch die Leistungen aus dem Grst zu erbringen sind, so genügt es doch, daß irgendeine Kausalität vorliegt, wie Roggenlieferung aus städtischem Grst, **OLG Celle** DNotZ 1952, 479. Gegenstand können nur Leistungen sein, die in einem positiven Geben oder Tun bestehen; auch müssen sie der Umwandlung in Geldforderungen fähig sein, **BayObLG** BayObLGZ 1959, 301 = MDR 1960, 50 = DNotZ 1960, 147 = Rpfleger 1960, 402 = BWNotZ 1960, 7; kann daher der Verzicht auf Verpflichtungen zu Ersatz von Wildschaden nicht Gegenstand einer Reallast sein.

Unzulässig ist die Eintragung der dinglichen Unterwerfungsklausel nach § 800 ZPO, **BayObLG** 11, 577, DNotZ 1959, 402, *Hieber* Die Vollstreckungsklausel bei der Reallast aaO 390, die Eintragung einer Reallast, die nicht in Leistungen, sondern Unterlassungen besteht, *BGB-RGRK* BGB § 1105 Bem 7, oder die nur eine einmalige Leistung zum Gegenstand hat, wie die Verpflichtung zum Ausbau einer Straße, zur Herstellung der Kanalisation und Wasserleitung, zur Aufführung eines Gebäudes, **RG** RGZ 57, 331, **KG** KGJ 26, 118, OLG 2, 489/7, 32, JFG 1, 434 (439), oder die Leistungen öffentlich-rechtlicher Art zum Gegenstand hat, wie zB Kirchentrachten, die vom Pfarrverband abhängig sind, **BayObLG** 8, 87, oder die Verpflichtung zur Zuchtstierhaltung, **BayObLG** 6, 685. Unzulässig ist die Reallast auch dann, wenn die Leistung nicht an den Berechtigten zu erbringen ist, wie bei der Verpflichtung zur Gebäudeversicherung, zur Unterhaltung und Reinigung einer Straße, **KG** OLG 7, 32/8, 126. Die Reallast kann zeitlich beschränkt sein, **KG** OLG 2, 495. Die einzelnen Leistungen brauchen nicht regelmäßig wiederzukehren, soweit nicht das Landesrecht etwas Abweichendes bestimmt. Sie brauchen auch nicht gleich groß zu sein, **KG** KGJ 22, 305/51, 268. Die Leistungen können auch von einer Gegenleistung abhängig sein.

Unzulässig ist die teilweise Übertragung einer übertragbare und nicht übertragbare Leistungen umfassenden Reallast, wenn sie im ganzen als untrennbar anzusehen ist, § 1111 Abs 2 BGB; dazu **KG** OLG 34, 193, RJA 9, 69, JW 1935, 2439, *Güthe* GBO S 1969 (1973 unter 4a), *Palandt* BGB § 1111 Bem 2b, *Planck* BGB § 1111 Bem 1b. Über Reallasten, welche die wiederkehrende Lieferung von Nutzholz oder Brennholz zum Gegenstand haben (Holzbezugsrechte), §§ 8, 9 VO zur Förderung der Nutzholzgewinnung vom 30. Juli 1937 RGBl I 876; dazu *Vorbem* 47.

Zur Löschung einer Buchberechtigung bez einer Renten-Reallast ist nach § 1643 Abs 1, § 1821 BGB Genehmigung des VormGer erforderlich, **LG Wuppertal** MittRhNotK 1961,456 = MittBayNotV 1961, 241 = DNotZ 1962, 196 Ls.

d) Landesrecht **V 69**

Landesrechtliche ergänzende Vorschriften beruhen vor allem auf **Art 115 EG BGB**. Für **Leibgedinge**, die teilweise Reallast-Inhalt haben, ist Art 96 EGBGB einschlägig; dazu *§ 49 Bem 1ff.*, auch *Haegele* GBRecht Bem 574ff.

Für **Baden-Württemberg** gilt folgendes: Im Landesteil Baden können nach Art 25 Abs 1 AGBGB Reallasten begründet werden für eine Verpflichtung zu wiederkehrenden Leistungen, die zum Lebensunterhalt einer bestimmten Person dienen, ferner zur regel- oder unregelmäßig wiederkehrenden Lieferung elektrischer Arbeit. Im Landesteil Württemberg kommen Reallasten nach Art 243 AGBGB in Betracht, wobei Reallasten über die Lebenszeit hinaus begründet werden können, wenn sie sich auf die Unterhaltung einer Anlage, die Leitung elektrischer Kraft oder von Bodenbestandteilen des belasteten Grst oder Geld beziehen, und Reallasten auf Lebenszeit des Berechtigten keinen Beschränkungen unterliegen. Dazu eingehend *Ripfel* Die Reallast in den badischen und württembergischen Rechtsgebieten Justiz 1961, 131. Über einen nur schuldrechtlichen Vertrag bez Brunnen- und Wasserrechte in Baden **OLG Karlsruhe** Justiz 1962, 238, wobei auch die Voraussetzungen für dingliche Rechte erörtert werden.

In **Bayern** konnte außer dem Recht auf Leistungen, die zur Leibrente gehören, nur das Recht auf die regelmäßig wiederkehrende Leistung von fest bestimmten Geldbeträgen oder fest bestimmten Mengen von Bodenerzeugnissen oder von elektrischer Arbeit bestellt werden. Bei Reallasten, die das Recht auf Leistung elektrischer Arbeit zum Inhalt haben, ist die Festsetzung einer Ablösungssumme nicht vorgeschrieben. Dazu Art 85 AG BGB idF vom 23. Juli 1921 GVBl 379/11. April 1923 GVBl 147. Das Ablösungsrecht kann auch dem Reallastberechtigten in dinglicher Weise eingeräumt werden; zur Wirksamkeit ist die Eintragung im GB erforderlich; dazu *Schmitt* BayNotZ 1915, 200. Es besteht also zZ keine Abweichung gegenüber § 1105 BGB.

Im Gebiet des ehemaligen Landes **Preußen** dürfen beständige dh zeitlich nicht begrenzte Reallasten mit Ausnahme fester Geldrenten nicht mehr bestellt werden, § 91 preuß Ges vom 2. März 1850 GS 77; dazu **KG** JFG 4, 307 (315). Über den Begriff der beständigen Reallast **KG** KGJ 38, 269/47, 223/51, 269, JFG 1, 432. Eine ohne zeitliche Begrenzung bestellte Reallast ist auch dann eine beständige, wenn ihre Ablösbarkeit vereinbart ist; dazu **RG** RGZ 45, 191, **KG** KGJ 38, 266. Als feste Geldrente ist eine der Höhe nach gleichbleibende Geldleistung anzusehen, **RG** RGZ 45, 191, **KG** KGJ 51, 269. Dazu auch *Güthe* GBO S 1969 (1971).

V 70

7. Vorkaufsrecht

Dazu *Bauer* GBEintragungen Z 353ff., *Brand-Schnitzler* GBSachen § 80, *Güthe* GBO § 13 Vorbem 29 und S 2058ff., *Haegele* GBRecht Bem 607ff., 649ff., Merkbuch 44, *Horber* GBO § 44 Anh Bem 9, *Krämer Illner* GBPraxis § 86, *Ripfel* Rechtsfragen um Vorkaufsrechte BWNotZ 1959, 277

a) Grundstück

Man unterscheidet zwischen schuldrechtlichem und **dinglichem Vorkaufsrecht**. Ersteres ist in §§ 504ff. BGB, letzteres in §§ 1094ff. BGB geregelt. Für besondere Vorkaufsrechte, insbes gesetzliche Vorkaufsrechte, bestehen besondere gesetzliche Vorschriften, insbes für das gesetzliche Vorkaufsrecht bei der Heimstätte oder bei Siedlungen; dazu *§ 20 Bem 85, 87*.

Beim dinglichen Vorkaufsrecht kann **Belastungsgegenstand** sein ein Grst oder ein grstgleiches Recht (dazu *§ 3 Bem 12ff.*, ferner *BGB-RGRK* BGB § 1094 Bem 1, *Palandt* BGB § 1094 Bem 2, *Staudinger-Dittmann* BGB § 1094 Bem 9.

Ein Vorkaufsrecht kann an einem **realen GrstTeil** bestellt werden, es ist jedoch § 7 GBO zu beachten; dazu *Vorbem 71, § 7 Bem 54*. Auch ein **ideeller GrstTeil** kann mit einem Vorkaufsrecht belastet werden, jedoch nur, wenn es sich um einen Miteigentumsanteil (dazu *Vorbem 39*) handelt, § 1095 BGB. An einem Gesamthandsanteil, wie an einem Anteil eines Miterben, kann die Belastung nicht eingetragen werden, **KG** RJA 3, 43, 92, **BayObLG** BayObLGZ 1952, 246. Der Alleineigentümer des Grst kann also nicht einen ideellen Bruchteil des Grst mit einem Vorkaufsrecht belasten. Ein Miteigentümer kann nur seinen Miteigentumsanteil belasten, nicht aber das ganze Grst oder einen Bruchteil seines Miteigentumsanteils; dazu *Staudinger-Dittmann* BGB § 1095 Bem 2. Die Belastung an dem Miteigentumsanteil bleibt bestehen, auch wenn sich später die Eigentumsverhältnisse ändern, etwa bei Verkauf eines solchen Anteils. Miteigentümer können sich gegenseitig ein dingliches Vorkaufsrecht einräumen; dazu LG **Nürnberg-Fürth** NJW 1957, 1521, *Hahn* WürttZ 1954, 150. Das Vorkaufsrecht der Miterben nach §§ 2034ff. BGB ist kein dingliches Vorkaufsrecht, es bezieht sich auch nicht auf einzelne Nachlaßgegenstände, sondern auf den Anteil eines Miterben am Gesamtnachlaß; dazu *Staudinger-Dittmann* BGB § 1094 Vorbem 9, § 1095 Bem 4. Veräußert die Erbengemeinschaft ein mit dem dinglichen Vorkaufsrecht eines Dritten belastetes Nachlaßgrst an einen der Miterben, so kann das Vorkaufsrecht nicht ausgeübt werden; dasselbe gilt im Falle der Veräußerung an eine Person, an die zuvor ein Miterbe seinen Erbanteil nach § 2033 Abs 1 BGB übertragen hatte, es sei denn, daß die Übertragung zwecks Vereitelung des Vorkaufsrechts geschehen ist, **BGH** DNotZ 1957, 654 = BB 1957, 731 = DB 1957, 967 = WM 1957, 1162 = LM § 1098 BGB Nr 3. Betrifft das Vorkaufsrecht einen im Miteigentum mehrerer stehenden Gegenstand, so ist die Ausübung des schuldrechtlichen oder dinglichen Vorkaufsrechts nicht zulässig, wenn ein Miteigentümer den Gegenstand käuflich erwirbt; eine abweichende Vereinbarung ist beim schuldrechtlichen Vorkaufsrecht zulässig, dagegen kommt die Ausübung des Vorkaufsrechts nicht in Betracht bei ZwVerst zur Aufhebung der Gemeinschaft und Zuschlagerteilung an einen der bisherigen Miteigentümer, **BGH** BGHZ 13, 133 = NJW 1954, 1035 = BB 1954, 425 = LM § 504 BGB Nr 1 (*Pritsch*), § 1094 BGB Nr 2 Ls, § 1095 BGB Nr 1 Ls, § 1098 BGB Nr 1 Ls.

Durch ein Vorkaufsrecht, das dem jeweiligen Erbbauberechtigten für die Dauer des Erbbaurechts zusteht und mit dem Erbbaurecht am belasteten Grst zu gleichem **Rang** eingetragen ist, wird die gesetzlich für das Erbbaurecht vorgeschriebene 1. Rangstelle nicht in Frage gestellt, **BGH** NJW 1954, 1443 = LM § 10 ErbbauVO Nr 1, § 1094 BGB Nr 3 Ls. An einem Grst können mehrere dingliche Vorkaufsrechte mit verschiedenem Rang wirksam bestellt und ausgeübt werden; führt die Ausübung eines für mehrere Vorkaufsfälle bestellten rangschlechteren Rechts wegen des besseren Rangs eines anderen Vorkaufsrechts nicht zum endgültigen Eigentumsübergang, so kann das rangschlechtere Recht noch bei einem späteren Verkauf ausgeübt werden, **BGH** BGHZ 35, 146 = NJW 1961, 1669 = MDR 1961, 672 = JZ 1961, 665 = DNotZ 1961, 544 = BB 1961, 738 = WM 1961, 755, 840 = LM § 1094 BGB Nr 4 Ls, § 1097 BGB Nr 1 Ls = DRspr I (154) 50bc = DRspr I (154) 50bc.

Bei **Wohnungseigentum** kann ein Vorkaufsrecht der anderen Wohnungseigentümer nicht als Inhalt des Wohnungseigentums, als Veräußerungsbeschränkung, sondern nur in der Form einer Belastung vereinbart werden, **OLG Celle** DNotZ 1955, 320 (*Weitnauer*) = NJW 1955, 953, *Staudinger-Dittmann* BGB § 1094 Bem 9.

b) Berechtigter V 71

Das Vorkaufsrecht kann bestellt werden als **subjektiv-persönliches** oder als **subjektiv-dingliches**, § 1094 Abs 1, 2 BGB, also entweder für eine bestimmte Person oder für den jeweiligen Eigentümer eines anderen Grst. Über einen irrtümlich falschen Eintrag im GB *§ 9 Bem 20*.

Ein für den Berechtigten und seine Rechtsnachfolger bestelltes dingliches Vorkaufsrecht stellt kein subjektiv-dingliches Vorkaufsrecht dar, wenn — was im Leitsatz nicht ausgesprochen wird, aber aus den Gründen der Entscheidung hervorgeht (dazu *Vorbem 55, 62*) — zum Ausdruck gebracht werden will, daß das Vorkaufsrecht abweichend von § 1098 Abs 1 S 1, § 514 S 1 BGB übertragbar und erblich sein soll, **BGH** BGHZ 37, 147 = NJW 1962, 1344 = MDR 1962, 644 = DNotZ 1963, 235 = BB 1962, 731 = WM 1962, 747 = LM § 1094 BGB Nr 5 (*Rothe*). Andernfalls kann bei anderem Willen der Beteiligten sehr wohl ein subjektiv-dingliches Vorkaufsrecht (dazu *Vorbem 72*) gemeint sein; dies ist durch Auslegung zu ermitteln und muß vor Eintragung in das GB geklärt sein. Wenn der Vorkaufsberechtigte sich schuldrechtlich verpflichtet hat, von dem Vorkaufsrecht keinen Gebrauch zu machen, so ist die Ausübung des Vorkaufsrechts unzulässig, **BGH** aaO. Zur Vereinbarung der Übertragbarkeit und Vererblichkeit

OLG Hamm Rpfleger 1960, 154, zur Bestellung eines subjektiv-dinglichen Vorkaufsrechts zugunsten mehrerer Teilhaber einer Bruchteilsgemeinschaft **BayObLG** BayOBLGZ 1958, 196. Pfändbarkeit besteht, soweit das Vorkaufsrecht übertragbar ist; dazu *§ 19 Bem 52* (*1*), auch *Stöber* Forderungspfändung S 415.

Ein subjektiv-dingliches Vorkaufsrecht kann für einen **realen GrstTeil** bestellt werden, wenn derselbe durch Abschreibung selbständig gemacht wird, da § 7 Abs 2 GBO nicht anzuwenden ist, **KG** KGJ 53, 170, *Palandt* BGB § 1094 Bem 3b; dazu *Vorbem 67, 70*. Die Eintragung erfolgt auf dem Blatt des berechtigten Grst, § 9 GBO, *BGB-RGRK* BGB § 1094 Bem 6; zum Verfahren *§ 9 Bem 3ff*.

Über gesetzliche **Vorkaufsrechte der öffentlichen Hand** *Ebert* NJW 1956, 1621. Die Ausübung des Vorkaufsrechts durch eine Gemeinde ist eine einseitige, empfangsbedürftige privat-rechtliche Willenserklärung, **VGH Kassel** NJW 1956, 1653. Dazu auch *Vorbem 70*.

Für mehrere Personen kann ein Vorkaufsrecht nur in der Weise bestellt werden, daß es von sämtlichen Berechtigten gemeinschaftlich ausgeübt wird; es besteht also eine Art Gesamthandsgemeinschaft, nicht eine Bruchteilsgemeinschaft, **KG** JFG 6, 292, wie sich aus § 1098 Abs 1 S 1 mit § 513 BGB ergibt. Dazu *Ischinger* WürttNV 1949, 197.

Die **Umwandlung** eines subjektiv-persönlichen in ein subjektiv-dingliches Vorkaufsrecht und umgekehrt ist unzulässig, *Güthe* GBO S 2058 (2059 unter Z 1, 2062 unter Z 7); es ist nur Löschung und Neubestellung möglich. Unzulässig ist die Eintragung eines **2. Vorkaufsrechts** gleichen Inhalts **für denselben Berechtigten** im Range nach einem bereits eingetragenen Vorkaufsrecht, **KG** KGJ 51, 273. Davon zu unterscheiden ist die Frage der einmaligen und mehrmaligen Ausübung des Vorkaufsrechts; dazu *Vorbem 72*.

Der **Verzicht** auf das Vorkaufsrecht kann nicht eingetragen werden, **KG** OLG 5 423.

Der aus einem dinglichen Vorkaufsrecht Berechtigte kann schon vor Abschluß eines Kaufvertrags ohne vorherige gbmäßige Aufhebung seines Rechts nach § 875 BGB durch schuldrechtlichen Erlaßvertrag mit dem Vorkaufsverpflichteten diesen von der Vorkaufsverpflichtung befreien, **BGH** DNotZ 1957, 306 = JZ 1957, 307 = BB 1057, 351 = LM § 1098 BGB Nr 2 = DRspr I (154) 37d. Zur Frage der Umgehung von Vorkaufsrechten **BGH** NJW 1964, 540 = MDR 1964, 309 = JZ 1964, 228 = BB 1964, 100 = LM § 1094 BGB Nr 6/7 bez eines Tauschvertrags; über Umgehung durch Bestellung eines Nießbrauchs *Vorbem 78*.

Der auf Bestellung eines dinglichen Vorkaufsrechts gerichtete **schuldrechtliche Vertrag** bedarf der Form des § 313 BGB, **RG** RGZ 110, 328/125, 261. Der Mangel der Form wird durch die Eintragung geheilt; dazu *Güthe* GBO S 2058 (2061 unter Z 3). Die Eintragung des dinglichen Vorkaufsrechts setzt nicht notwendig die Wirksamkeit des schuldrechtlichen Verpflichtungsvertrags voraus, **LG Verden** NJW 1955, 1637 = Rpfleger 1956, 129 (*Haegele*) = DRspr I (154) 30a. Daher hat sich die Prüfung des GBA auch nicht auf den schuldrechtlichen Vertrag zu erstrecken, wenn kein besonderer Anlaß besteht (dazu auch *§ 18 Bem 141*), **aA** (zu Unrecht **OLG Celle** NdsRpfl 1949, 89 = NJW 1949, 548.

V 72 **c) Inhalt ua**

Das dingliche Vorkaufsrecht **schränkt die Verfügungsbefugnis des GrstEigentümers ein**, da er das Vorkaufsrecht beachten muß; dazu *Staudinger-Dittmann* BGB § 1094 Bem 3. Der Berechtigte hat, wenn der Eigentümer des Grst dasselbe verkaufen will und der Vorkaufsberechtigte macht von seinem Recht Gebrauch, einen Anspruch auf Übertragung des Eigentums, § 1098 Abs 1 BGB mit §§ 505, 510 BGB. Das Vorkaufsrecht wirkt sich nicht auf vor Entstehung des Vorkaufsrechts geschlossene Vertrag aus, **BGH** DNotZ 1957, 657 = BB 1957, 1152 = JZ 1957, 578 = NJW 1957, 1476 Ls = LM § 1098 BGB Nr 4 = DRspr I (154) 38b. Es entsteht erst mit der Eintragung im GB, **RG** LZ 1926, 1337 = JR 1926 Nr 1349, *Staudinger-Dittmann* BGB § 1094 Bem 5.

Vom Vorkaufsrecht zu unterscheiden ist das sog Ankaufsrecht, auch Optionsrecht genannt; dazu *Vorbem 22*, auch *BGB-RGRK* BGB § 1094 Bem 3, *Palandt* BGB § 1094 Vorbem 4, *Staudinger-Dittmann* BGB § 1094 Vorbem 16. Es ist schuldrechtlicher Art und wirkt daher persönlich, weshalb Sicherung durch Vormerkung zulässig ist. Es ist vererblich und übertragbar. Es handelt sich entweder um einen bedingten Kaufvertrag oder um ein Angebot zu einem Kaufvertrag. Eintragungsfähigkeit besteht nicht. Ein dingliches Vorkaufsrecht kann zur Sicherung nicht vereinbart werden, **aA** *Carellieri* BB 1948, 162.

Auch das Wiederkaufsrecht, auch Rückkaufsrecht genannt, ist vom Vorkaufsrecht zu unterscheiden; dazu *Vorbem 16, 19, 22*, auch *BGB-RGRK* BGB § 1094 Bem 3, *Palandt* BGB § 1094 Vorbem 4, *Staudinger-Dittmann* BGB § 1094 Vorbem 15. Das BGB kennt nur ein schuldrechtliches Wiederkaufsrecht, das in §§ 497ff. BGB geregelt ist. Ein dingliches Wiederkaufsrecht gibt es nur außerhalb des BGB, insbes das Wiederkaufsrecht nach §§ 20, 21 SiedlG (*Anh*), das an sich ohne Eintragung im GB entsteht, aber als Belastung im GB einzutragen ist, **OLG Braunschweig** NJW 1957, 835, *Staudinger-Dittmann* aaO. Den Charakter des Wiederkaufsrechts haben auch die Heimfallrechte nach Heimstättenrecht, §§ 12ff. HG (*Anh*), *Vorbem 157*, nach Erbbaurecht, *§ 8 Bem 9e*, sowie bei dem Dauerwohnrecht, *§ 3 Bem 454*. Das persönliche Wiederkaufsrecht kann durch Vormerkung gesichert werden, eintragbar im GB ist es nicht. Das dingliche Wiederkaufrecht kann in eine schuldrechtliche Rückkaufsverpflichtung umgedeutet werden, **BGH** MDR 1965, 283 = JZ 1965, 215 = DNotZ 1965, 610 = WM 1965, 205 = BB 1965, 106 = MittBayNotV 1965, 67 = LM § 497 BGB Nr 6 = DRspr I (111) 33a. Im übrigen auch *Pannwitz* Zum siedlungsrechtlichen Wiederkaufsrecht nach § 20 SiedlG RdL 1965, 140.

Der **Inhalt** des dinglichen Vorkaufsrechts ergibt sich aus **§§ 1094ff. BGB**. Bei der Bestellung können nähere Vereinbarungen getroffen werden, § 873 BGB. Die Form des § 313 BGB ist nicht erforderlich, **RG** RGZ 110, 335/125, 261, *Staudinger-Dittmann* BGB § 1094 Bem 10. Eine Ersitzung ist nach § 900 Abs 2 BGB nicht möglich, weil das Vorkaufsrecht zum Besitz nicht berechtigt; dazu *Staudinger-Dittmann* aaO. Da die tatsächliche Einwirkung auf das Grst fehlt, kann er auch keinen Einfluß hierauf nehmen, insbes nicht zur Sicherung seines Rechts, **OLG München** NJW 1963, 301 (*Hoche*) sowie *Palandt* BGB § 1098 Bem 3; anders ist es, wenn die Vereinbarungen der Parteien dem Vorkaufsberechtigten gewisse über die gesetzliche Regelung hinausgehende Rechte einräumen, insbes Garantien zur Sicherung der Erhaltung des GrstWertes. Die Vereinbarungen können sich ua beziehen auf die Rechtsnachfolge (dazu *Vorbem 71*), den Rang (dazu *Vorbem 70*), die Form der Mitteilung des Inhalts des Kaufvertrags nach § 510 BGB, **LG Karlsruhe** DNotZ 1963, 365 Ls.

Unzulässig ist die Eintragung eines von vornherein festbestimmten Kaufpreises, **RG** RGZ 104, 122, **BayObLG** 11, 573/25, 95, **KG** KGJ 43, 233, OLG 6, 263/10, 119, **OLG Dresden** OLG 4, 69. Doch wird durch eine solche Bestimmung regelmäßig nicht die ganze Eintragung inhaltlich unzulässig, **KG** JFG 1, 284. Dagegen kann ein schuldrechtliches Vorkaufsrecht (§ 504 BGB), bei dem die vorherige Festlegung des Kaufpreises zulässig ist, mit dieser Bestimmung durch eine Auflassungsvormerkung gesichert werden, **RG** RGZ 104, 122, **KG** OLG 42, 274, **aA** (überholt) **KG** OLG 10, 119. Ein unzulässiges dingliches Vorkaufsrecht mit festbestimmtem Preis kann uU in ein durch Vormerkung zu sicherndes schuldrechtliches Vorkaufsrecht umgedeutet werden, § 140 BGB. Dies ist aber nicht angängig, wenn ein bestimmter Gläubiger für das schuldrechtliche Verhältnis nicht in Frage kommt, zB bei Bestellung des Rechts zugunsten des jeweiligen Eigentümers eines anderen Grst; dazu **RG** RGZ 104, 122, **BayObLG** 25, 95.

Unzulässig ist eine **Erweiterung** des dinglichen Inhalts des Vorkaufsrechts über die Regelung in §§ 504 bis 514 BGB hinaus, da § 1098 BGB eine zwingende Vorschrift ist; dazu **RG** RGZ 72, 388, **KG** KGJ 51, 275, *Staudinger-Dittmann* BGB § 1098 Bem 1. **Einschränkungen** sind jedoch zulässig. Unzulässig ist die **Übertragbarkeit** oder Vererblichkeit bei einem subjektiv-dinglichen Vorkaufsrecht, zulässig aber bei einem subjektiv-persönlichen Vorkaufsrecht, **KG** OLG 10, 122, *Güthe* GBO § 13 *Vorbem 29*; dazu auch *Vorbem 71*, bez Bestellung eines Nießbrauchs *Vorbem 74*.

Behördliche Genehmigung kommt in Betracht nach dem BBauG (*Anh*); dazu *Haegele* Beschränkungen Z 386, 389.

V 73 8. Nießbrauch

Dazu *Bauer* GBEintragungen Z 216ff., *Brand-Schnitzler* GBSachen § 78, *Bürger* Nießbrauch am Nachlaß und an Erbteilen BWNotZ 1963, 100, *Güthe* GBO § 13 Vorbem 27 und S 1951ff., *Haegele* GBRecht Bem 585ff., Der Nießbrauch im GrstRecht BlGBW 1960, 129, Merkbuch 44, *Krämer-Illner* GBPraxis § 83, *von Lübtow* Der Eigentümernießbrauch an Grstücken NJW 1962, 275, *Oswald* Nießbrauch an Waldgrundstücken BWNotZ 1963, 167

a) Belastungsgegenstand

Der Nießbrauch ist ein **dingliches Recht**, und zwar eine Dienstbarkeit; dazu *Staudinger-Spreng* BGB § 1030 Vorbem 2. Das Wesen des Nießbrauchs besteht darin, daß eine Sache zugunsten des Berechtigten belastet wird, so daß ihm die Nutzungen zustehen. Eine Beschränkung kann in der Weise erfolgen, daß einzelne Nutzungen ausgeschlossen werden; dazu *Vorbem 78*. Der Begriff der Nutzungen ergibt sich aus § 100 BGB Der Nießbrauch unterscheidet sich von den anderen Dienstbarkeiten – der Grunddienstbarkeit und der beschränkten persönlichen Dienstbarkeit; dazu *Vorbem 41ff., 54ff.* — dadurch, daß er alle Nutzungen umfaßt, wenn auch Beschränkungen zulässig sind, während den anderen Dienstbarkeiten eigen ist, daß sie sich nur auf einzelne Nutzungen beziehen. Es handelt sich um ein gesetzliches Schuldverhältnis, wobei ergänzende Vereinbarungen zulässig sind.

Man unterscheidet beim Nießbrauch entsprechend der gesetzlichen Regelung Nießbrauch an Sachen, an Rechten und am Vermögen. Hierzu ist insbes folgendes hervorzuheben:

1. Der **Nießbrauch an Sachen** ist in §§ 1030ff. BGB geregelt. Belastet werden kann ein **Grst** oder ein **grstgleiches Recht** (dazu *§ 3 Bem 12ff.*). Auch ein **realer GrstTeil** kann Belastungsgegenstand sein; dazu **BayObLG** BayObLGZ 1955, 155 = DNotZ 1956, 578, *BGB-RGRK* § 1030 Bem 1, *Palandt* BGB § 1030 Bem 2, *Staudinger-Spreng* BGB § 1030 Bem 2 (a). Über die Anwendung des § 7 GBO *§ 7 Bem 54*. Zulässig ist auch, wenn es sich um mehrere Berechtigte handelt (§ 428 BGB), die Bestellung eines Nießbrauchs an dem **ideellen Bruchteil** eines Grst oder eines Bruchteils eines Anteils eines Miteigentümers, § 7 GBO findet hier keine Anwendung; dazu auch **BayObLG** aaO, *BGB-RGRK* BGB § 1030 Bem 1, 3, *Güthe* GBO § 7 Bem 6 und S 1951 (1952 unter Z I 2), *Staudinger-Spreng* BGB § 1030 Bem 2 (b), im übrigen *Vorbem 76*. Ein Anteilsnießbraucher hat nicht das Recht zur unmittelbaren Fruchtziehung; er ist Mitglied einer Rechtsgemeinschaft und übt in dieser die Rechte des Miteigentümers zu demjenigen Bruchteil aus, zu dem er an dessen Stelle tritt, § 1066 BGB; dazu **KG** NJW 1964, 1808. Auch der Alleineigentümer kann eine Belastung des **eigenen Grst** mit Nießbrauch vornehmen; dazu *Vorbem 76*. Es ist nicht zulässig, daß **mehrere Grst** oder grstgleiche Rechte usw, also mehrere Sachen, einheitlich mit einem Nießbrauch belastet werden, **KG** KGJ 43, 347; dazu *BGB-RGRK* BGB § 1030 Bem 1, *Palandt* BGB § 1030 Bem 2, *Staudinger-Spreng* BGB § 1030 Bem 2 (a). Es tritt also in solchem

Falle keine Gesamtbelastung ein, § 48 GBO ist nicht anwendbar. Wenn mehrere Grst auf einem GBBlatt eingetragen sind, kommen jeweils Einzelrechte zur Entstehung, **KG** aaO. Dagegen können mehrere Nießbrauchsrechte nebeneinander an derselben Sache (Grst usw) bestellt werden, § 1060 BGB; dazu *Staudinger-Spreng* aaO Bem 2 (a), im übrigen *Vorbem 76*. Der Antrag, ein Nießbrauchsrecht auf mehreren Grsten einzutragen, ist, da ein Gesamtnießbrauch nicht eingetragen werden kann, nach § 133 BGB dahin auszulegen, daß auf den einzelnen Grsten je ein Nießbrauchsrecht eingetragen werden soll, **LG Verden** NdsRpfl 1965, 252, auch zur Vormerkung eines künftigen Nießbrauchsrechts und zur Vollmacht zur Nießbrauchsbestellung.

Auch ein **Bruchteils-Nießbrauch** dh ein Nießbrauchsteil am ganzen Grst kann begründet werden, **KG** JFG 13, 447 = JW 1936, 2747, *Staudinger-Spreng* aaO Bem 2 (b). Es handelt sich hierbei um einen Nießbrauch zu einem Bruchteil am ganzen Grst oder an einem grstgleichen Recht.

Zu erwähnen ist auch der sog **Dispositions-Nießbrauch**, auch Verfügungsnießbrauch genannt, der im BGB nicht näher geregelt ist; dazu *BGB-RGRK* BGB § 1030 Vorbem 2, *Staudinger-Spreng* BGB § 1030 Vorbem 8. Diese Art von Nießbrauch wird häufig durch Verfügung von Todes wegen bestellt. Der Nießbraucher hat in solchem Falle auch das Recht der Verfügung, nämlich die Veräußerung und Belastung, **RG** WarnRspr 1098 Nr 168, **BayObLG** 29, 284. Wenn es sich um Rechtsbefugnisse handelt, die dem Berechtigten über den Nießbrauch hinaus gewährt werden, so kann das Nießbrauchsrecht begründet werden und ist dann rechtswirksam; daneben hat dann der Berechtigte weitere Befugnisse, so wenn dem Berechtigten, dem ein Nießbrauch vermacht wird, die Befugnis eingeräumt wird, ein Nachlaßgrst zu belasten oder ohne Einwilligung der Erben zu verkaufen. Es wird in solchem Falle eine Vollmacht eingeräumt; dazu *§ 18 Bem 105*. Es kann aber auch die Stellung eines Testamentsvollstreckers zusätzlich eingeräumt werden; dazu *§ 35 Bem 77ff*. Möglich ist es aber, daß kein Nießbrauch gemeint ist, sondern in Zusammenhang mit der anderen Befugnissen der als Nießbraucher bezeichnete Berechtigte als Vorerbe eingesetzt wird. Dann ist er nicht Nießbraucher, sondern Vorerbe; über Vorerbschaft *Vorbem 140ff*.

Nießbrauch an **Wohnungseigentum** ist möglich, da nach dem WEG keine Abweichung gilt; dazu *Staudinger-Spreng* BGB § 1030 Bem 2 (b).

Wenn mehrere Nießbrauchrechte mit gleichem **Rang** an einem Grst usw bestehen, so haben die Berechtigten aufeinander Rücksicht zu nehmen, § 1060 mit § 1024 BGB; dazu **KG** OLG 18, 156/43, 7 Fußn 1a, *BGB-RGRK* BGB § 1060 Bem, *Staudinger-Spreng* BGB § 1060 Bem 1, auch *Vorbem 52*.

2. **Nießbrauch an Rechten** ist auch bei dinglichen Rechten möglich, §§ 1068ff. BGB. **V 74**

Hier ist bedeutsam, daß an **nicht übertragbaren Rechten** ein Nießbrauch **nicht** bestellt werden kann, § 1069 Abs 2 BGB. Daher ist ein Nießbrauch nicht möglich bei Grunddienstbarkeiten und einer subjektiv-dinglichen Reallast, § 1105 Abs 2 BGB, da Abtretbarkeit nicht besteht; dazu *Vorbem 42, 67*. Es ist auch hinzuweisen bez beschränkter persönlicher Dienstbarkeiten auf §§ 1092, 1093 BGB, bez des Vorkaufsrechts auf §§ 1098, 514 BGB; dazu Vorbem *55, 65, 72*. Die Bestellung eines Nießbrauchs an einem Nießbrauch ist nicht zulässig, §§ 1059 S 1, 1059b BGB. Auch an einem Wohnungsrecht nach § 1093 BGB (dazu *Vorbem 65*) kann ein Nießbrauch nicht bestellt werden, wohl aber an einem Dauerwohnrecht nach §§ 31ff. WEG (*Anh*), da letzteres nach § 33 aaO veräußerbar ist; dazu *Vorbem 65, § 3 Bem 454*. Im übrigen dazu *BGB-RGRK* BGB § 1069 Bem 2, *Palandt* BGB § 1069 Bem 2, *Staudinger-Spreng* BGB § 1069 Bem 4.

An **Hypotheken** kann ein Nießbrauchsrecht begründet werden, es gelten die Vorschriften für Nießbrauch an Rechten; dazu *Brand-Schnitzler* GBSachen § 98, *Staudinger-Spreng* BGB § 1068 Bem 8, § 1080 Bem 3. Für **Grund- und Rentenschulden** besteht die Sondervorschrift des § 1080 BGB. Über Nießbrauchbestellung *§ 19 Bem 52*, über Nießbrauch des Hypothekengläubigers an der Hypothek *Vorbem 90*.

V 75 3. Bei dem **Nießbrauch an einem Vermögen**, §§ 1085ff. BGB, erfolgt die Bestellung an den einzelnen Gegenständen, wie § 1085 BGB als Grundsatz aufstellt; dazu *Vorbem 113, 114*. Soll also an einem Vermögen oder Vermögensteil ein Nießbrauch bestellt werden, so kann dies nur in der Weise geschehen, daß an den einzelnen Sachen und Rechten durch Einzelakte Nießbrauchbestellung erfolgt. Es gibt also keine einheitliche Gesamt-Nießbrauchbestellung; dazu *BGB-RGRK* BGB § 1085 Bem 1, *Palandt* BGB § 1085 Bem 2, *Staudinger-Spreng* BGB § 1085 Bem 1. Soweit es sich um die Bestellung von Nießbrauch an Grst und GrstRechten handelt, gilt das in *Vorbem 73, 74* Ausgeführte. Soweit Vermögensgegenstände nicht übertragbar sind, also ein Nießbrauch nicht bestellt werden kann, § 1069 Abs 2 BGB, gilt dies auch hier; dazu *Staudinger-Spreng* aaO Bem 1 (e).

Für einen Nießbrauch an einer Erbschaft gelten dieselben Grundsätze, § 1089 BGB.

V 76 b) **Berechtigter**

Berechtigter muß immer eine **bestimmte Person** sein; es kann also ein Nießbrauch nicht zugunsten des jeweiligen Eigentümers eines anderen Grst bestellt werden. Als Berechtigter kommt eine natürliche oder juristische Person in Betracht. Dazu *BGB-RGRK* BGB § 1030 Bem 3, *Palandt* BGB § 1030 Bem 3 (a), *Staudinger-Spreng* BGB § 1030 Bem 3 (a).

Auch ein **Eigentümer-Nießbrauch** dh eine Nießbrauch-Bestellung durch den GrstEigentümer ist zulässig; dazu *Vorbem 73*. Die Frage ist lebhaft umstritten. Die frühere Rspr hat es verneint, daß der Eigentümer eines Grst einen Nießbrauch am eigenen Grst bestellt, weil sich der Nießbrauch begreiflich als Recht an fremder Sache darstelle; dazu **RG** Recht 1920 Nr 665, **KG** RJA 16, 296, KGJ 51, 291, **BayObLG** NayNotZ 1903, 197, **OGH** 1, 258 = NJW 1949, 260; dazu *Palandt* BGB § 1030 Bem 3 (a), *Staudinger-Seufert* bzw *Spreng* BGB § 873 Bem 38a, § 1030 Bem 3 (a). Nach **OLG Düsseldorf** NJW 1961, 561 = Mitt BayNotV 1961, 81 = MittRhNotK 1961, 349 = DRspr I (154) 50a wird zwar grundsätzlich die Frage des Eigentümer-Nießbrauchs verneint, jedoch offen gelassen, ob sich im Einzelfall ein Bedürfnis zu einer Ausnahme ergeben könne. Bejahend, soweit ein rechtliches Interesse besteht, hat sich *von Lübtow* Der Eigentümernießbrauch an Grstücken NJW 1962, 275 ausgesprochen. Bei *Palandt* aaO führt *Hoche* aus, nachdem jetzt die Rspr dazu neige, bei beschränkten persönlichen Dienstbarkeiten die Bestellung am eigenen Grst zuzulassen, verliere die bisher hM angesichts der Argumente, die *von Lüzow* geltend mache, an Boden; dogmatische Bedenken würden auch durch § 889 BGB erschüttert. Da der Nießbrauch den Charakter einer Dienstbarkeit hat (dazu *Vorbem 73*), bei Grunddienstbarkeit und beschränkter persönlicher Dienstbarkeit dem Eigentümer aber die Befugnis zusteht, sein eigenes Grst zu belasten (dazu *Vorbem 42, 55*), ist kein Grund mehr ersichtlich, den Nießbrauch anders zu behandeln. Die Auffassung, die Nichtabtretbarkeit stehe entgegen, kann nicht mehr als maßgebend angesehen werden, wie *Hoche* mit Recht hervorhebt. Daß ein gewisses Interesse bestehen müsse, wie bei den anderen Dienstbarkeiten, und zwar im Anschluß an §§ 1019 BGB, dessen Anwendung für beschränkte persönliche Dienstbarkeiten strittig ist, meint man beim Eigentümer-Nießbrauch vertreten zu müssen. Wie sich jedoch schon bei der beschränkten persönlichen Dienstbarkeit zeigt, muß man bei der Beurteilung im Regelfall von einem solchen Interesse ausgehen; dazu *Vorbem 55*. Man wird es daher nicht besonders fordern und prüfen müssen, zumal das Gesetz eine solche Bedingung nicht als Voraussetzung aufstellt. Es kann ein Fremd-Nießbrauch ohne jedes besondere Interesse bestellt werden. Der Eigentümer-Nießbrauch kann nicht anders behandelt werden. Daher sollte eine moderne lebensnahe Rechtsentwicklung dahin streben, es zuzulassen, daß der Eigentümer-Nießbrauch nur die Voraussetzungen des § 1030 BGB erfüllen muß, darüber hinaus aber keine weiteren Bedingungen oder Voraussetzungen mehr. So steht dann der Eigentümer-Nießbrauch dem normalen Nießbrauch gleich, ebenso wie auch bei den anderen Dienstbarkeiten keine erhöhten Voraussetzungen vorliegen. Im übrigen kann ein Interesse sich sehr wohl ergeben, etwa bei beabsichtigtem späteren Verkauf eines Grst, auch vor einer sonstigen Übergabe des Besitztums, aber auch, wenn kein Eigentumswechsel vorgenommen wird, etwa bei Zurechnung des Grst zum Firmenvermögen eines Einzelkaufmanns, der den Nießbrauch persönlich für sich und seine Familie auswertet und damit auch steuerlich gewisse Vorteile erstrebt (Wertung als Einnahmen aus dem gewerblichen Betrieb nach Wirtschaftlicher Betrachtungsweise).

Ein Nießbrauch kann **für mehrere Berechtigte** gemeinschaftlich nach **Bruchteilen** bestellt werden, §§ 741ff. BGB; dazu **KG** KGJ 49, 191, *BGB-RGRK* BGB §1030 Bem 3, *Palandt* BGB § 1030 Bem 3 (a). *Staudinger-Spreng* BGB § 1030 Bem 3 (b), § 1066 Bem 7 (b). Dasselbe gilt für mehrere als **Gesamtberechtigte** iSd § 428 BGB; dazu **KG** JFG 10, 312 = JW 1933, 702, **BayObLG** 1955, 159, *BGB-RGRK* und *Palandt* aaO, *Staudinger-Spreng* BGB § 1030 Bem 3 (b), § 1066 Bem 7 (b). Ein Nießbrauch für Ehegatten je zur Hälfte mit der Maßgabe, daß nach dem Tode des Erstversterbenden der ganze Nießbrauch auf den Überlebenden übergehen soll, ist zulässig, **KG** DRiZ 1929 Nr 730 = Recht 1929 Nr 1831, *Staudinger-Spreng* BGB § 1061 Bem 2. Ist ein Nießbrauch für eine Bruchteilsgemeinschaft begründet worden und stirbt einer der Mitberechtigten, so kann von neuem ein Nießbrauchsbruchteil in Höhe des weggefallenen bestellt werden, **KG** KGJ 49, 191. Auch für mehrere Personen zur **gesamten Hand**, insbes für in Gütergemeinschaft lebende Ehegatten, kann ein Nießbrauch bestellt werden; dazu *BGB-RGRK* aaO, *Palandt* BGB § 1030 Bem 3 (a), *Staudinger-Spreng* BGB § 1030 Bem 3 (b), § 1066 Bem 7 (c). Der GrstEigentümer kann sich gegenüber dem Nießbrauche rechtswirksam verpflichten, nach dem Tode des Nießbrauches dessen Erben einen neuen Nießbrauch mit neuem Rang im GB zu bestellen; der aus einer derartigen Verpflichtung resultierende Anspruch kann Gegenstand einer Vormerkung sein, **LG Traunstein** NJW 1963, 2207 = DNotZ 1963, 344 = BWNotZ 1963, 219 Ls = DRspr I (145) 57a, 58c. Dieser Weg kann gewählt werden, wenn man es nicht vorzieht, von vorneherein gleich für alle in Frage kommenden Personen jeweils einen Nießbrauch zu bestellen, wobei Begründung und Ende bedingt sind; zur Zulässigkeit der Vereinbarung von Bedingungen und des Nachweises des Todes *Vorbem 55, 77, 78.* Dies ist hM; dazu auch **BayObLG** NJW 1966, 56 = MDR 1966, 146. Die Rechtslage weicht von der der Grunddienstbarkeit insofern ab, als der Nießbrauch kein subjektiv-dingliches Recht ist und auch nicht als solches bestellt werden kann; dies verkennt das BayObLG aaO, wenn es zwischen beiden Rechten eine Parallele zieht (dazu *Vorbem 42*).

Soll im GB ein Nießbrauchsrecht für Eheleute eingetragen werden, so muß aus dem Antrag oder der Eintragungsbewilligung oder den sonstigen in der Form des § 29 GBO abgegebenen Erklärungen hervorgehen, welcher Art das Gemeinschaftsverhältnis der Nießbrauchsberechtigten ist, da dieses nach § 47 GBO ins GB einzutragen ist, **OLG Oldenburg** NdsRpfl 1958, 271 = DNotZ 1959, 46 = RdL 1958, 321 (*Pritsch*) = DRspr VI (473) 52b. Über die Eintragung von Gemeinschaftsverhältnissen im GB *§ 47 Bem 2ff.*

c) Inhalt ua **V 77**

1. Der Nießbrauch kann **bedingt** oder **befristet** sein, **OLG Hamburg** OLG 31, 296, *Staudinger-Spreng* BGB § 1030 Bem 14 (g); dazu auch unter *Vorbem 78.* Ein zeitlich begrenzter Nießbrauch kann über seine ursprüngliche Geltungsdauer hinaus

verlängert werden, **KG** JFG 13, 75, 78 unter Angabe von KGJ 50, 188. Der für eine Aktiengesellschaft bestellte Nießbrauch erlischt bei deren Verschmelzung mit einer anderen Aktiengesellschaft, **KG** KGJ 51, 262. Auf die oHG und Kommanditgesellschaft ist § 1061 S 2 BGB entsprechend anzuwenden; dazu *BGB-RGRK* BGB § 1061 Bem 2, *Güthe* GBO S 1951 (1953 unter I 6), *Staudinger-Spreng* BGB § 1061 Bem 3. Der Nießbrauch besteht im Falle der Durchführung einer Liquidation bis zu deren Beendigung (*Güthe* und *Staudinger-Spreng* aaO, **aA** *Planck* BGB § 1061 Bem 3) und bei einem Konkursverfahren während dessen Dauer (*Staudinger-Spreng* aaO).

V 78 2. Bei den sich auf den Nießbrauch beziehenden **Angaben** muß zwischen **eintragungsfähigen** und anderen unterschieden werden; dazu *Güthe* GBO § 13 Vorbem 27.

Ein Nießbrauchsrecht, das mit den charakteristischen Merkmalen der Antichrese iSd früheren Rechts ausgestattet ist, kann nicht eingetragen werden, **RG** RGZ 48, 61, **KG** OLG 6, 266, KGJ 34, 262, *Güthe* GBO § 13 Vorbem 27. Dagegen kann ein Nießbrauch zwecks allmählicher Tilgung einer Hypothek oder einer persönlichen Schuld des Eigentümers mit dem Vermerk eingetragen werden, daß er mit der vollständigen Befriedigung des Gläubigers erlischt, wenn die Beendigung des Nießbrauchs als auflösende Bedingung vereinbart ist, **RG** RGZ 67, 378/106, 109, **KG** OLG 15, 367, **OLG Kassel** OLG 26, 89. Es handelt sich hier um einen normalen Nießbrauch, der dem Gläubiger nur die Stellung des Berechtigten einräumt, um ihm Verfügungsbefugnisse zu geben, die es ihm ermöglichen, die Rückzahlung gewährten Kredits usw aus den Mieteingängen usw vorzunehmen. Es bestehen daher keine Bedenken, die Rechtswirksamkeit solcher Vereinbarungen zu bejahen. Mit der früheren Antichrese, die ja heutzutage selbst dem Juristen kein Begriff mehr ist, haben solche Vertragsabreden nichts mehr zu tun. Im übrigen kommt dem sog **Sicherungsnießbrauch** keine große praktische Bedeutung mehr zu. Dazu auch *BGB-RGRK* BGB § 1030 Bem 9, *Palandt* BGB § 1030 Bem 3 (b), *Staudinger-Spreng* BGB § 1030 Bem 15.

Über den **Dispositions-Nießbrauch** oder Verfügungsnießbrauch, der ebenfalls zulässig ist, jedoch dann kein Nießbrauch mehr ist, wenn Vorerbschaft gewollt ist, *Vorbem 73.* Unzulässig, weil gesetzwidrig, ist ein Nießbrauch aber, wenn er der **Umgehung** gesetzlicher Vorschriften dient und daher keinen erlaubten Zweck verfolgt. Bei Prüfung solcher Fälle ist Vorsicht geboten, vor allem, wenn eine Eintragung abgelehnt wird, weil die Gefahr der Haftung besteht und es sich bei derartigen Vereinbarungen oft um Grenzfälle handelt, wie die Beispiele der Praxis zeigen. So ist die Vereinbarung eines Nießbrauchs nichtig, wenn dadurch verhindert werden soll, daß ein gesetzliches Vorkaufsrecht (dazu *Vorbem 70ff.*), das durch einen Kaufvertrag, der gleichzeitig geschlossen wird, ausgelöst würde, vereitelt werden soll, § 134 BGB, **BGH** DNotZ 1961, 263 = BWNotZ 1961, 171; dazu *Vorbem 71.* Entspricht eine Schenkung nicht in vollem Umfange einer sittlichen Pflicht und ist der geschenkte Gegenstand, ein Nießbrauch an Grstücken, unteilbar, so kann bei Widerruf wegen groben Undanks der **Rückgewähranspruch** auf Herausgabe des ganzen Geschenks Zug um Zug gegen eine der sittlichen Pflicht entsprechende Leistung, hier also Abtretung der Mietzinsansprüche auf Lebenszeit des Beschenkten, begründet sein, **BGH** MDR 1963, 575 = FamRZ 1963, 292 = BB 1963, 573 = BWNotZ 1963, 174 Ls = LM § 534 BGB Nr 1. Über Rückgewährsanspruch auf Grund ungerechtfertigter Bereicherung wegen nicht eingetretener Erwartung nach § 812 Abs 1 S 2 BGB mit Rücksicht auf Ehescheidung **OLG Celle** NdsRpfl 1961, 132 bez eines Nießbrauchs.

Das elterliche **Nutznießungsrecht** am Kindesvermögen nach § 1649 BGB kann in das GB nicht eingetragen werden, auch nicht der Verzicht darauf und dessen Ausschließung, **KG** OLG 5, 190, KGJ 49, 207/51, 294, *Güthe* GBO § 13 Vorbem 27, *Henle-Schmitt* GBO § 18 Bem 2 unter I 1k; dazu auch *Vorbem 20c, 24* Unzulässig ist daher in solchem Falle zB der Vermerk bei einer Hypothek des Kindes, daß das Zinsrecht dem

Vater zusteht, **KG** KGJ 40, 147 Ein Nießbrauchsrecht mit dem Vermerk, daß zur **Löschung** des Rechts der Nachweis des Todes eines Dritten und nicht des Berechtigten genügen solle, ist eintragungsfähig, **LG Nürnberg-Fürth** DNotZ 1954, 252; dazu *Vorbem 76.* Unzulässig ist dagegen die Eintragung eines Nießbrauchs an **einzelnen Nutzungen**; dazu **OLG Celle** OLG 6, 121 Der Nießbrauch erstreckt sich auf die Gesamtheit der Nutzungen; es ist nach § 1030 Abs 2 BGB zulässig, einzelne Nutzungen auszuschließen. Es darf dadurch aber der Nießbrauch seinen Charakter nicht einbüßen. Sonst handelt es sich um eine beschränkte persönliche Dienstbarkeit; dazu *Vorbem 58.* Wenn also die Nutzung nur auf Mietzinsen beschränkt wird, liegt kein Nießbrauch vor; dazu und über weitere Fälle *Staudinger-Spreng* BGB § 1030 Bem 13.

Da sich der Nießbrauch auf das Grst mit seinen wesentlichen Bestandteilen iSd § 93, 94 BGB erstreckt, bezieht sich der Nießbrauch auch ein **nach Zerstörung wiederaufgebautes Wohnhaus**; dazu **BGH** JZ 1964, 369 = JR 1964, 301 = MDR 1964, 493 = BB 1964, 495 = DB 1964, 695 = WM 1964, 635 = ZMR 1964, 181 = MittBayNotV 1965, 3 = MittRhNotK 1964, 560 = DNotZ 1965, 165 = LM § 1090 BGB Nr 10 = DRspr I (154) 63a; dazu *Riedel* Unklarheiten im Recht der Dienstbarkeiten Rpfleger 1966, 131. Zur Rechtslage bei einem Wohnungsrecht *Vorbem 65.*

Behördliche Genehmigung der Nießbrauchbestellung kommt nach dem GrstVG (*Anh*) in Betracht; dazu *Haegele* Beschränkungen Z 136, im übrigen *§ 20 Bem 82.* Da eine auch Hofstelle iSd HO landwirtschaftliches Grst iSd GrstVG ist, bedarf die Bestellung eines Nießbrauchs an einem zu einem Hof gehörigen HofGrst nach § 2 Abs 2 Z 3 GrstVO der Genehmigung; die Ausnahme des § 8 Z 2 aaO ist nach § 31 Abs 1 aaO nicht mehr anwendbar. Die Genehmigungspflicht bezieht sich aber nur auf die Bestellung des Nießbrauchs, nicht auch auf daneben bestehende schuldrechtliche Vereinbarungen. Auch auf rein schuldrechtliche Vereinbarungen kommt das GrstVG nicht zur Anwendung, selbst dann nicht, wenn vereinbart wird, daß dem Berechtigten die Nutzungen aus dem Grst wie einem Nießbraucher zustehen sollen, **OLG Celle** NdsRpfl 1964, 10 = DNotZ 1964, 370. Die Nießbrauchbestellung für die Mutter des Hofeigentümers ist genehmigungspflichtig, **OLG Celle** RdL 1962, 262 = MittRhNotK 1963, 34 = DNotZ 1963, 376 Ls (und zwar abweichend von der früheren Regelung).

3. Die **Übertragung des Nießbrauchs** ist nach § 1059 S 1 BGB unzulässig, **V 79**
dasselbe gilt für eine auf Bestellung eines Nießbrauchs gerichtete Forderung; dazu *BGB-RGRK* BGB § 1059 Bem 1, *Palandt* BGB § 1059 Bem 1, *Staudinger-Spreng* BGB § 1059 Bem 1. Die Überlassung der Ausübung nach § 1059 S 2 BGB hat schuldrechtlichen Charakter und ändert an der dinglichen Rechtslage nichts. Abtretung ist regelmäßig in Überlassung der Ausübung umzudeuten, **RG** JW 1910, 801; dazu *BGB-RGRK* BGB § 1059 Bem 2, *Palandt* BGB § 1059 Bem 2, *Staudinger-Spreng* BGB § 1059 Bem 2ff. Die Überlassung ist daher nicht eintragungsfähig, **RG** RGZ 159, 193 = DR 1939, 460, **KG** KGJ 48, 212, JFG 1, 411 = OLG 43, 7, *BGB-RGRK* BGB § 1059 Bem 2, *Güthe* GBO § 13 Vorbem 20, *Palandt* aaO, *Planck* BGB § 1059 Bem 3, *Staudinger-Spreng* BGB § 1059 Bem 5. Eine trotzdem erfolgte Eintragung steht nicht unter dem Schutz des öffentlichen Glaubens, **KG** OLG 18, 152, *Staudinger-Spreng* aaO

Die **Nießbrauchsausübung** ist pfändbar und verpfändbar; eine Eintragung in das GB ist aber nicht möglich (letzteres bestr), **KG** JW 1938, 675 = JFG 16, 332, *BGB-RGRK* BGB § 1059 Bem 1, *Güthe* GBO § 13 Vorbem 20, § 19 Bem 128, *Palandt* BGB § 1059 Bem 3, *Staudinger-Spreng* BGB § 1059 Bem 7, *Stöber* Forderungspfändung S 401, **aA** *Eccius* GruchBeitr 50, 503, *Soergel* BGB § 1059 Bem 3, *Stein-Jonas* ZPO § 857 Bem II 4. Nicht eingetragen werden kann auch die Entziehung der Ausübung des Nießbrauchs und die Einsetzung eines Verwalters nach §§ 1052, 1054 BGB; dazu *BGB-RGRK* BGB § 1052 Bem 2, *Staudinger-Spreng* BGB § 1052 Bem 2. Der einem Hypothekengläubiger im Range nachstehende Nießbraucher des belasteten Grst kann sich in entsprechender Anwendung des § 794 Abs 1 Z 5 ZPO der sofortigen ZwV wegen des Duldungsanspruchs des Hypothekengläubigers gegen ihn unterwerfen, **LG Bonn** MDR 1962, 141 = DNotZ 1963, 367 Ls. Die Löschung eines Nießbrauchs kann nach Pfändung der Ausübungsbefugnis ohne Bewilligung des Pfändungsgläubigers erfolgen. Dies ist hM; so insbes **KG** JW 1938, 675, **OLG Frankfurt aM** — *Darmstadt* NJW 1961, 1928 = DRspr I (150) 118a, *BGB-RGRK* BGB § 1059 Bem 3, *Palandt* BGB § 1059 Bem 3, *Staudinger-Spreng* BGB § 1059 Bem 7, **aA** (zu Unrecht) **OLG Köln** NJW 1962, 162 unter Berufung auf **RG** RGZ 74, 78 (85), *Planck* BGB § 1059 Bem 3 (d), *Stein-Jonas* ZPO § 857 Bem II 4. Die abweichende Auffassung läßt sich aus § 1059 S 2 BGB nicht ableiten. Es ist richtig, daß die Pfändung die Ausübung des Nießbrauchs umfaßt und daß dies aus § 857 Abs 3 ZPO gefolgert werden kann. Bei dinglichen Rechten folgt daraus aber nicht, daß der Pfandgläubiger auch in die dingliche Rechtsstellung einrückt. Da § 1059 S 2 BGB sich nur auf eine schuldrechtliche Wirkung des Nießbrauchs bezieht, bleibt die dingliche Stellung des Berechtigten unberührt. Daher ist zur Löschung des Nießbrauchs die Zustimmung des Pfandgläubigers nicht erforderlich; die Löschung ohne seine Einwilligung ist wirksam. Das Pfandrecht wird gegenstandslos. Im übrigen zur Pfändung des Nießbrauchs *§ 19 Bem 52, § 22 Bem 13*, auch *Stöber* Forderungspfändung 400.

Für den Nießbrauch einer **juristischen Person** bestehen die Sondervorschriften der §§ 1059a bis e BGB, wonach eine Übertragung des Nießbrauchsrechts in gewissen Grenzen zulässig ist. Eine Pfändung oder Verpfändung ist in keinem Falle zulässig, § 1059b BGB.

Nach **§ 1059a Z 2 BGB** (mit § 1092 Abs 2, § 1098 Abs 3 BGB) kann dann, wenn es sich um nicht eine Gesamtrechtsnachfolge, sondern um eine sonstige Übertragung des von einer juristischen Person betriebenen Unternehmens oder eines Teils desselben handelt, auf den Erwerber auch der Nießbrauch übertragen werden, falls er den Zwecken des Unternehmens oder des betreffenden Teiles zu dienen geeignet ist. Ob diese Voraussetzungen vorliegen, wird bindend durch die oberste Landesbehörde oder eine von ihr ermächtigte Behörde festgestellt.

Dazu ist hinzuweisen auf die **AVRMJ** vom 8. Dezember 1938 DJ 1974 Nr 423 Ermächtigung der LGPräsidenten zur Erteilung der Feststellungserklärung nach § 1 Nr 2 Ges über die Veräußerung von Nießbrauchsrechten und beschränkten persönlichen Dienstbarkeiten vom 13. Dezember 1935 RGBl I 1468, die noch Geltung hat, allerdings mit der Maßgabe, daß die Befugnisse auf die LJM übergegangen sind. Es sind auch schon neue landesrechtliche Vorschriften erlassen worden; so sind zu erwähnen für Bayern Bek JM vom 16. August 1956 JMBl 140, für Berlin AV des Senators der Justiz vom 27. August 1954 ABl 1008 und für Niedersachsen AV JM vom 15. März 1954 NdsRpfl 58 Nr 23

Die Zuständigkeit ist auf die LGPräsidenten übertragen, nur in Hamburg auf den AGPräsidenten. Für Berlin war früher der AGPräsident zuständig; die erwähnte AV des Senators der Justiz erklärte auch in Berlin den LGPräsidenten für zuständig (bei *Staudinger-Spreng* BGB § 1059a Bem 10 scheint dies übersehen zu sein). Dem jeweiligen Landes-, nicht dem BMJ steht die Entscheidung nur insoweit zu, als ein Vorbehalt besteht. Derartige Vorbehalte kommen vor allem in Betracht bei schwieriger Sach- oder Rechtslage, bei Fällen besonderer (wirtschaftlicher) Bedeutung und bei Unternehmungen der Energiewirtschaft.

Die Feststellungserklärung dient dem grbmäßigen Nachweis, daß die in den § 1059a Z 2, § 1092 Abs 2, § 1098 Abs 3 BGB bezeichneten Voraussetzungen für die Übertragung des Rechts gegeben sind. Es empfiehlt sich, die Form des § 29 Abs 3 GBO zu wählen. In den Regelfällen wird folgendes Muster geeignet sein:

Feststellungserklärung

Die ..... (veräußernde juristische Person) hat durch Vertrag vom ..... ihr (näher zu bezeichnendes) Unternehmen auf ..... (Erwerber) übertragen. Sie beabsichtigt nunmehr, auch die folgenden (oder: die aus dem angehefteten Verzeichnis ersichtlichen) Rechte auf ..... (Erwerber) zu übertragen: ..... Die Rechte sind geeignet, den Zwecken des übertragenen Unternehmens zu dienen

Dies wird hiermit auf Grund des § 1059a Nr 2 BGB / der §§ 1092 Abs 2, 1059 Nr 2 BGB / 1098 Abs 3, § 1059a Nr 2 BGB festgestellt.

.... (Ort), den .... *Der Landgerichtspräsident*
(Stempel)
(eigenhändige Unterschrift)

Alle den Bergbau betreffenden Anträge sind vor der Entscheidung über die Erteilung der Feststellungserklärung dem Oberbergamt zur gutachtlichen Stellungnahme vorzulegen.

9. Hypotheken, Grund- und Rentenschulden **V 80**

Dazu *Bauer* GBEintragungen Z 149ff., 169ff., 242, 243, *Brand Schnitzler* GBSachen §§ 85ff., *Groß* Die Grundpfandrechte (Hypothek) JurBüro 1963, 669, Das Liegenschaftsrecht aaO 1963, 735/1964, 103, *Güthe* GBO § 13 Vorbem 31ff. und S 1888ff., 1982/1983, *Haegele* GBRecht Bem 808ff., Merkbuch 57ff., GrstRecht 25ff., Unterrichtsbriefe (GrstRecht 136ff.), *Horber* GBO § 44 Anh Bem 6, 7, *Krämer-Illner* GBPraxis §§ 88ff., *Kürzel* Hypothek, Grundschuld und Rentenschuld in ihrer unterschiedlichen Bedeutung BlGBW 1964, 6, Bestellung von Grundpfandrechten, insbes Hypotheken, bei Aufnahme von Krediten ZMR 1964, 130, *Planck-Kettnaker* Führung des GBuchs 217ff., *Ripfel* GBRecht 167ff., Nebenleistungen aus dem Ursprungskapital eines Grundpfandrechts BWNotZ 1965, 313, *Steiner-Riedel* ZVG Einl III, *Stöber* Forderungspfändung 419ff., *Wörbelauer* Die „Valutierung" der Grundpfandrechte und der Auftrag des Geldgebers an den Notar DNotZ 1965, 518, § 878 BGB und der Konkurs des Grundpfandrechts-Schuldners aaO 580.

Kommentierungen zu §§ 1113ff. BGB, insbes *BGB-RGRK, Palandt, Staudinger*, sowie Lehrbücher über Sachenrecht, ferner für Hinweise auf Literatur und Rspr *DRspr* I (154) und *NJWZF* Nr 20 BGB §§ 1113ff.

a) Hypothek **V 81**

1. Hypothek im allgemeinen

Im folgenden werden nur die für das GBRecht bedeutsamen Fragen berührt. Es ist in Ergänzung zu *§ 3 Bem 321ff.* insbes auf folgendes hinzuweisen:

a) Grundstück **V 82**

Belastungsgegenstand ist ein **Grundstück** oder ein **grstgleiches Recht** (dazu *§ 3 Bem 12ff.*), auch ein Wohnungseigentum iSd WEG (dazu *§ 3 Bem 446ff.*), *BGB-RGRK* BGB § 1113 Bem 4ff., *Brand-Schnitzler* GBSachen § 86, *Palandt* BGB § 1113 Vorbem 3A Bem 2, *Staudinger-Scherübl* BGB § 1113 Bem 28.

Ein **realer GrstTeil** kann mit einer Hypothek belastet werden, grbrechtlich ist § 7 GBO zu beachten, *§ 7 Bem 54*; dazu auch *BGB-RGRK* BGB § 1113 Bem 4, § 1114 Bem 5, *Brand-Schnitzler* aaO, *Palandt* BGB § 1113 Bem 2, *Staudinger-Scherübl* BGB § 1114 Bem 13ff.

Ein **Bruchteil** eines Grst kann nach § 1114 BGB mit einer Hypothek nur belastet werden, wenn er in dem Anteil eines Miteigentümers besteht, und zwar **eines Miteigentümers einer Bruchteilsgemeinschaft** nach §§ 1008ff. BGB (dazu *Vorbem 39*), *BGB-RGRK* BGB § 1114 Bem 1ff., *Brand-Schnitzler* aaO, *Löscher* Die Hypothek für Gläubiger nach Bruchteilen JurBüro 1963, 1, *Palandt* BGB § 1114 Bem 3, *Staudinger-Scherübl* BGB § 1114 Bem 1ff. Dies gilt auch für die Zwangshypothek nach § 864 Abs 2 ZPO; dazu *BGB-RGRK* BGB § 1114 Bem 7, *Stein-Jonas* ZPO § 864 Bem II. Unzulässig ist daher die Eintragung einer Hypothek an einem **ideellen Anteil** eines Alleineigentümers des Grst oder eines Teilhabers einer Gesamthandsgemeinschaft; dazu *BGB-RGRK* BGB § 1114 Bem 4, *Brand-Schnitzler* aaO, *Palandt* BGB § 1114 Bem 3, *Staudinger-Scherübl* BGB § 1114 Bem 1. Soweit die Eintragung einer Hypothek unzulässig ist, ist auch die Eintragung einer Hypotheken-Vormerkung sowie einer Vormerkung nach § 1179 BGB (dazu *Vorbem 116*) ausgeschlossen, **BayObLG** 18, 161. Über die Unzulässigkeit der Eintragung einer Hypothek auf dem Anteil eines Gesamthänders, zB eines Miterben, eines Gesellschafters usw, **RG** RGZ 88, 21, **KG** RJA 3, 43/4, 59 (61), OLG 30, 18, **BayObLG** 3, 604/15, 371. Die unzulässige Eintragung einer Hypothek an dem Anteil eines in allgemeiner Gütergemeinschaft lebenden Ehegatten wird durch spätere Eintragung derselben Hypothek auf dem Anteil des anderen Ehegatten nicht wirksam, **OLG Posen** OLG 16, 341. Dazu für Bayern auch § 433 bayDA.

Über die Eintragung des Miteigentumsanteils im GB *§ 47 Bem 16 ff.*

Für den Bruchteil ergeben sich jedoch mehrere **Besonderheiten**; dazu auch *Palandt* BGB § 1114 Bem 3 unter Ausnahmen. Zulässig ist die Eintragung einer Zwangshypothek an einem Bruchteil des Alleineigentümers, wenn der Erwerb dieses Bruchteils wirksam angefochten ist, zB nach § 7 AnfG, **KG** HRR 1930 Nr 67, **BayObLG** 24, 214, *Stein-Jonas* ZPO § 864 Bem II 2; dasselbe gilt im Falle der Vermögensübernahme nach § 419 Abs 2 BGB, **OLG Jena** JW 1935, 3647, *Stein-Jonas* aaO. Erwirbt der Miteigentümer zu seinem bisherigen Bruchteil einen weiteren, so kann er nur seinen ganzen nunmehrigen Anteil und, wenn er das Alleineigentum erwirbt, nur das ganze Grst belasten, nicht auch einen der bisherigen Bruchteile, **KG** OLG 10, 416, **BayObLG** 3, 272, **OLG Colmar** OLG 20, 407. Unzulässig ist auch eine Kaufpreisresthypothek an dem hinzuerworbenen Bruchteil, **KG** KGJ 30, 219, *BGB-RGRK* BGB § 1114 Bem 1; dies gilt auch dann, wenn der nunmehrige Alleineigentümer über einen der Bruchteile nicht frei verfügen kann, zB weil er in Bezug auf diesen nur Vorerbe ist oder weil der Bruchteil der Testamentsvollstreckung unterliegt, **OLG Jena** HRR 1936 Nr 724, **BayObLG** 18, 161. Bei Versteigerung eines Bruchteils eines Grst ist die Eintragung der Sicherungshypohtek nach § 128 ZVG auch dann vorzunehmen, wenn der andere Miteigentümer Ersteher oder Alleineigentümer wird, **RG** RGZ 94, 154, **OLG Breslau** OLG 25, 254 (257), *BGB-RGRK* BGB § 1114 Bem 9, *Staudinger-Scherübl* BGB § 1114 Bem 16, *Steiner-Riedel* ZVG § 128 Bem 2; dazu auch *§ 7 Bem 36.* Zulässig ist die Ausdehnung einer an einem Bruchteil bestehenden Hypothek auf das ganze jetzt im Alleineigentum stehende Grst durch Neubelastung der übrigen Bruchteile, **KG** OLG 18, 160, *BGB-RGRK* BGB § 1114 Bem 10, *Güthe* GBO § 7 Bem 6, *Henle* Recht 1909, 419, *Henle-Schmitt* GBWesen GBO § 56 Bem 7, **aA** (einengend) **RG** RGZ 68, 79 und *Staudinger-Scherübl* BGB § 1114 Bem 12 (δ), wonach dies nur zulässig ist, wenn gleich- und nachstehende Berechtigte noch vorhanden sind oder wenn diese der Erstreckung nötigenfalls unter Rangänderung zustimmen; dazu auch *§ 7 Bem 36.*

V 83 b) **Forderung**

Eine Hypothek setzt eine Forderung voraus, § 1113 BGB. Über die Eintragung ins GB § 1115 BGB.

1. Unzulässig ist die Eintragung einer Hypothek ohne **Vorhandensein einer Forderung**; dazu **KG** KGJ 40, 258, auch *BGB-RGRK* BGB § 1114 Bem 18ff., *Güthe* GBO § 13 Vorbem 31, *Palandt* BGB § 1113 Bem 4, *Staudinger-Scherübl* BGB § 1113 Bem 6ff., *Wörbelauer* Die „Valutierung" der Grundpfandrechte und der Auftrag des Geldgebers an den Notar DNotZ 1965, 518. Daher kann nicht eingetragen werden eine Hypothek für eine Forderung aus einem nichtigen Vertrag, **KG** HRR 1930 Nr 236, oder für eine nicht realisierbare Forderung, etwa wenn zB vereinbart ist, daß die Kündigung beiderseits ausgeschlossen ist und die Hypothek nach dem Tode des Gläubigers dem Eigentümer zufällt, **KG** OLG 2, 9. Wird eine Forderung **geteilt** und werden für die Teile selbständige Hypotheken bestellt, so müssen die Teile nach Betrag, Schuldgrund, Gläubiger und Schuldner bestimmt sein, **RG** RGZ 113, 223, **KG** OLG 44, 154, **OLG Dresden** JFG 3, 429 (434). Zulässig ist eine Hypothek für eine

künftige oder eine **bedingte Forderung**, § 1113 Abs 2 BGB, **RG** RGZ 51, 43, außer es steht fest, daß die künftige Forderung überhaupt nicht entstehen kann, **KG** OLG 43, 12; dazu auch **RG** RGZ 60, 243, LZ 1927, 1540, *BGB-RGRK* BGB § 1113 Bem 29ff., *Brand-Schnitzler* GBSachen § 85, *Güthe* GBO § 13 Vorbem 31, *Palandt* BGB § 1113 Bem 4 (d), *Staudinger-Scherübl* BGB § 1113 Bem 1ff. Auch die **Hypothek** selbst kann **betagt** oder (aufschiebend oder auflösend) **bedingt** sein; letzterenfalls entsteht mit dem Eintritt der Bedingung keine Eigentümerhypothek, **RG** RGZ 68, 143/70, 245, **OLG Braunschweig** JFG 9, 255. Kraft Gesetzes aufschiebend bedingt ist die Hypothek für Strafzinsen und andere im Falle vorzeitiger Fälligkeit oder Rückzahlung zu entrichtende Nebenleistungen, **RG** RGZ 136, 74, **KG** JFG 9, 270; dazu *§ 3 Bem 326*. Eine bedingte Hypothek kann mit Zustimmung der gleich- und nachstehenden Berechtigten in eine unbestimmte Hypothek umgewandelt werden; unter den gleichen Voraussetzungen kann die Geltungsdauer einer befristeten Hypothek verlängert werden, **KG** JFG 13, 75. Der öffentliche Glaube des GB bezieht sich bei der Hypothek mit bedingter Forderung nur auf die Tatsache der Bedingtheit, nicht auch auf den Eintritt oder den Ausfall der Bedingung, **RG** RGZ 144, 26. Eine Bedingung der einzutragenden Hypothek muß, um wirksam zu sein, in den Eintragungsvermerk selbst aufgenommen werden; zur näheren Bezeichnung des Inhalts der Bedingung kann dagegen auf die Eintragungsbewilligung Bezug genommen werden, **KG** DNotZ 1956, 555. Dazu auch *Vorbem 177, § 16 Bem 6.*

Nachträgliche Valutierung der Hypothek ist zulässig. Hat der GrstEigentümer mit dem eingetragenen Hypothekar vereinbart, es solle die Hypothek erst nachträglich valutiert werden oder es solle der Hypothekar die Hypothek an einen Dritten abtreten und die Valutierung erst in dessen Person erfolgen, dann geht, wenn die Valutierung erfolgt, die zunächst entstandene Eigentümergrundschuld ohne rechtsgeschäftliche Umwandlung schon kraft Gesetzes in eine Hypothek, im Falle der Abtretung in eine solche der Zession über; dasselbe gilt, wenn die Vereinbarung erst nach der Eintragung der Hypothek erfolgt oder nach diesem Zeitpunkt eine frühere Vereinbarung abgeändert wird, **BGH** BGHZ 36, 84 = NJW 1962, 295 = MDR 1962, 204 = JZ 1962, 313 (*Westermann*) = BB 1962, 81 = WM 1962, 88 = DNotZ 1962, 396 = BlGBW 1962, 76 = LM § 1163 BGB Nr 4 Ls = DRspr I (154) 55bc, *BGB-RGRK* BGB § 1113 Bem 8, *Westermann* Die nachträgliche Entstehung der durch die Hypothek gesicherten Forderung JZ 1962, 295. Es wird hierbei Ernstlichkeit der Vereinbarungen vorausgesetzt, es darf sich um kein Scheingeschäft handeln. Diese Art der Begründung der Belastung hat vor allem Bedeutung im Wohnungsbau, wenn etwa die beabsichtigte Rangsicherung für die erwartete Hypothek einer Bausparkasse nur beim Vorliegen einer rechtswirksamen Einigung über die Bestellung der Hypothek erreicht werden kann. Wenn in Zusammenhang mit der Valutierung der Hypothek eine Löschungsvormerkung nach § 1179 BGB (dazu *§ 25 Bem 13*) vereinbart wird, so steht von vornherein fest, daß diese nach dem Willen der Beteiligten (§§ 133, 157 BGB) erst dann zur Auswirkung kommen soll, wenn die Fremdhypothek, in die die gegenwärtige Eigentümergrundschuld umgewandelt wird, zur Entstehung gelangt ist. Wenn an 1. Rangstelle eine Eigentümergrundschuld eingetragen ist und es wird an 2. Rangstelle ein Hypothek zugunsten eines Dritten mit Löschungsvormerkung nach § 1179 BGB eingetragen, so muß auch hier der Parteiwille erforscht werden; denn man könnte ja gleichzeitig die an 1. Rangstelle eingetragene Eigentümergrundschuld löschen und dies vereinbaren. Es kommt also darauf an, ob zB bei Vertragsabschluß bekannt war, daß die Eigentümergrundschuld demnächst abgetreten werden soll, etwa um Geldmittel für einen Hausbau hereinzubekommen. Um solche Schwierigkeiten zu vermeiden, liegt daran, daß die Vereinbarungen möglichst klar sind; dazu auch *Vorbem 12.*

Die Hypothek bleibt bestehen, wenn **Enteignung** der Forderung durch einen ausländischen Staat oder in der SBZ erfolgt und die ordre public (dazu *§ 1, Bem 71b, 72a*) zur Anwendung kommt, **OLG Celle NJW** 1960, 1350.

Das GBA darf die **Eintragung** der Hypothek **nicht von dem Nachweis** des Bestehens der Forderung **abhängig** machen; dazu *BGB-RGRK* BGB § 1113 Bem 23, im übrigen bez Umfang der Prüfung und Prüfungspflicht *§ 18 Bem 141*. Fehlt eine Einigung über die Entstehung eines Grundpfandrechts, so entsteht mit der Eintragung im GB eine Eigentümergrundschuld, **OLG Bremen** DNotZ 1965, 566 = DRspr I (154) 71 d ef.; dazu auch *§ 22 Bem 26*.

V 84 2. Ein **Anspruch**, der **keine Forderung** ist, kann nicht durch Hypothek gesichert werden, zB der Erbanspruch bei Lebzeiten des Erblassers, **OLG Kassel** OLG 14, 97, KGJ 40, 258, ebensowenig **ein dem öffentlichen Recht angehörender Anspruch**, soweit nicht durch besondere Vorschriften die Eintragung einer Hypothek ausdrücklich zugelassen ist, zB nach der AO; dazu *BGB-RGRK* BGB § 1113 Bem 23, *Güthe* GBO § 13 Vorbem 31.

Hat eine Gemeinde mit einem GrstEigentümer vor Inkrafttreten des BBauG einen Vertrag über die Herstellung einer Anliegerstraße durch die Gemeinde geschlossen, so können Kostenforderungen der Gemeinde hieraus, also **Anliegerbeiträge**, auch jetzt nach Inkrafttreten des BBauG noch durch Hypothek gesichert werden, **BayObLG** bayJMBl 1963, 21 Ls = NJWZF IX Nr 2243 Ls; dazu *Löscher* Können nach dem Inkrafttreten des BBauG noch Grundpfandrechte zur Sicherung von Straßenherstellungskosten bestellt und in das GB eingetragen werden? JurBüro 1961, 475. Für das Finanzamt kann wegen **Steuerforderungen** nach § 372 AO eine Zwangshypothek eingetragen werden; dazu *§ 19 Bem 50 (2b)*. Für die Eintragung von Hypotheken auf Grund rechtsgeschäftlicher Bestellung besteht daher an sich kein Bedürfnis. Man wird jedoch es nicht ausschließen können, eine solche Eintragung auf Grund Vereinbarung zuzulassen, da es ja uU dem Steuerschuldner lieber sein kann, eine freiwillig eingetragene Hypothek als Belastung zu haben, als eine Zwangshypothek. Auch soll der freiwillig bereite, etwa unverschuldet in Not geratene Schuldner durchaus die Möglichkeit haben auf diesem Wege seinen Willen zur Tilgung von Steuerschulden zu bekunden. Daher ist eine Hypothekenbestellung zugunsten des Finanzamts wegen Steuerforderungen zulässig; die gleiche Auffassung wird vertreten von **LG Köln** NJW 1959, 2122 = DNotZ 1960, 420 Ls, **LG Nürnberg-Fürth** NJW 1958, 796 Ls, **LG Oldenburg** JurBüro 1962, 53, *BGB-RGRK* BGB § 1113 Bem 23. Wegen verschiedener Steuerforderungen kann eine einheitliche Hypothek eingetragen werden; dazu *§ 19 Bem 50 (2b)*; bez Grundschuld *Vorbem 114*.

V 85 3. Die Forderung muß eine **Kapitalforderung** sein, § 1113 Abs 1 BGB; dazu **SchlHOLG** SchlHA 1960, 57, **LG Göttingen** NdsRpfl 1961, 154, *BGB-RGRK* BGB § 1113 Bem 23, *Brand-Schnitzler* GBSachen § 90, *Palandt* BGB § 1133 Bem 4 (c), *Staudinger-Scherübl* NGB § 1113 Bem 12ff. Die Forderung kann daher nicht zB nur aus laufenden Zinsen bestehen, **KG** OLG 8, 200, KGJ 50, 155; anders ist es bei rückständigen Zinsen, wenn eine Novation vorliegt (dazu *Palandt* BGB § 305 Bem 4), etwa ein Darlehen vereinbart wird, oder wenn man über Zinsrückstände einen Vergleich iSd § 779 BGB schließt oder wenn ein abstraktes Schuldversprechen oder -anerkenntnis nach §§ 780, 781 BGB abgegeben wird. Eine nicht auf Geld gerichtete Forderung kann nicht durch eine Hypothek gesichert werden, *Güthe* GBO § 13 Vorbem 31. Die Höhe der Forderung muß bei der gewöhnlichen Hypothek **fest bestimmt** sein; es genügt hier nicht die Angabe eines Höchstbetrages oder der Merkmale, nach denen der Betrag zu berechnen ist, **RG** RGZ 104, 355; anders ist es bei Nebenleistungen, *§ 3 Bem 326ff*. Doch kann eine Verkehrshypothek oder eine gewöhnliche Sicherungshypothek nach

Art einer Höchsthypothek oder eine gewöhnliche Sicherungshypothek nach Art einer Höchstbetragshypothek zur Sicherung einer ihrer Art nach unbestimmten und wechselnden Forderung aus einem Kontokorrentverhältnis bestellt werden, **RG** RGZ 60, 244/152, 213 (219), WarnRspr 1917 Nr 19, HRR 1934 Nr 808, man spricht hier von der sog verdeckten Höchstbetragshypothek; dazu *§ 3 Bem 343* (*2*).

Eine **Erweiterung** des Kapitalumfangs der Hypothek, eine Hypothekenerhöhung, ist im Gegensatz zur Erweiterung bez der Zinsen und Nebenleistungen, für die nach § 1119 BGB eine Sonderregelung besteht, ausgeschlossen, auch wenn nach- oder gleichstehende Berechtigte nicht vorhanden sind oder der Erhöhung zustimmen, **RG** RGZ 135, 142/143, 424, **KG** KGJ 40, 282, JFG 3, 349/6, 318/7, 345 (346)/16, 248, DNotV 1931, 171, *Güthe* GBO § 13 Vorbem 31. Es ist nur die Begründung einer unter einer neuen Nummer einzutragenden selbständigen zusätzlichen Hypothek zulässig; dazu **LG Bremen** MDR 1956, 609. Ist unzulässigerweise eine solche Erweiterung eingetragen worden, so wird das GB nur beim Vorhandensein von nachstehenden Rechten und nur bez der Rangstellen derselben unrichtig, **KG** JFG 6, 318. Diese aus dem Bestimmtheitsgrundsatz abgeleitete Regel erleidet Ausnahmen, wenn durch Gesetz etwas anderes angeordnet ist; solche Vorschriften waren die VO über die Zinserleichterung für den landwirtschaftlichen Realkredit vom 27. September 1932 RGBl I 480 und das Ges über die Durchführung einer Zinsermäßigung bei Kreditanstalten vom 24. Januar 1935 RGBl I 45.

Die Hypothek hat auf eine **bestimmte Geldsumme** zu lauten, § 1113 Abs 1 BGB; dazu *§ 3 Bem 324, § 28 Bem 12ff.*

4. Eine Hypothek kann sich immer nur auf eine **bestimmte Forderung** beziehen. Unzulässig ist die Eintragung **mehrerer selbständiger Hypotheken** für dieselbe Forderung auf demselben Grst, **RG** RGZ 70, 246/131, 17, **BayObLG** 28, 328, **KG** RJA 15, 164; dazu *BGB-RGRK* BGB § 1113 Bem 24ff., *Güthe* GBO § 13 Vorbem 31, *Palandt* BGB § 1113 Bem 4 (e), *Staudinger-Scherübl* § 1113 Bem 21, im übrigen *§ 47 Bem 10*. Dagegen können zur Sicherung derselben Forderung eine Hypothek und eine Grundschuld oder mehrere Grundschulden eingetragen werden, **RG** RGZ 132, 136, **KG** DNotV 1930, 363 = HRR 1930 Nr 707. Zulässig ist auch die Bestellung von Einzelhypotheken für bestimmte Forderungsteile, so daß jede Hypothek nur für einen Teil der Forderung haftet, **RG** RGZ 113, 233/118, 162, **KG** KGJ 51, 288, **BayObLG** 28, 328. Unzulässig ist die Belastung mehrerer Grst mit Einzelhypotheken, jedoch nicht mit mehreren Grundschulden oder mit einer Hypothek und einer Grundschuld für dieselbe Forderung, **RG** RGZ 70, 245, **OLG Dresden** OLG 26, 163, bez Höchstbetragshypothek *Vorbem 104*. Zulässig ist es aber, eine Mehrheit von Einzelhypotheken zur Sicherung einer gegen **mehrere Schuldner** in gesamtschuldnerischer Haftung gerichteten Forderung derart zu bestellen, daß jede Hypothek jeweils nur der Sicherung der gegen den einzelnen Gesamtschuldner gerichteten Forderung dient, **RG** RPfliB 1931, 262, *Staudinger-Scherübl* BGB § 1113 Bem 21. Es kann sich auch um Haftung mehrerer Schuldner, die nicht in einem Verpflichtungsverhältnis stehen, handeln, **BayObLG** BayObLGZ 1964, 32 = MDR 1964, 505 = DRspr I (154) 65b. Möglich ist weiter die Eintragung einer aufschiebend bedingten Sicherungshypothek für den Fall, daß eine auf einem anderen Grst für dieselbe Forderung eingetragene Verkehrshypothek einen Ausfall erleidet, dh nicht volle Befriedigung erlangt, **RG** RGZ 70, 245/122, 327. Man spricht dann von einer **Ausfallhypothek** oder einer Ausfallsicherungshypothek; dazu *§ 48 Bem 5*. Die Bedingtheit der Ausfallhypothek muß aber aus dem GB ersichtlich sein. Eine Gesamthypothek liegt in solchem Falle nicht vor, da die Ausfallhypothek erst dann entsteht, wenn die Verkehrshypothek endgültig erloschen ist. Über die Frage der Zulässigkeit der Eintragung einer Zwangshypothek, wenn für die vollstreckbare Forderung bereits eine Hypothek besteht; dazu *§ 19 Bem 50*.

Unzulässig ist die Eintragung einer ungeteilten **Hypothek für verschiedene Forderungen verschiedener Gläubiger**, ohne daß diese Gesamtgläubiger sind oder in einer Bruchteils- oder Gesamthandsgemeinschaft stehen, **KG** OLG 45, 328; dazu *Vorbem 89*. Zulässig ist dagegen eine ungeteilte **Hypothek für verschiedene Forderungen gegen denselben Schuldner** wie auch **gegen verschiedene Schuldner**; dazu *Vorbem 87*. Letzteres gilt auch dann, wenn diese nicht in einem Verpflichtungsgemeinschaft stehen. Das **RG** war in seiner Auffassung uneinheitlich, wie insbes die Entscheidungen RGZ 118, 354 und 126, 272, zeigen; dazu *BGB-RGRK* BGB § 1113 Bem 23ff., *Staudinger-Scherübl* BGB § 1113 Bem 21ff. Über mehrere **Höchstbetragshypotheken** für dieselbe Forderung *Vorbem 103*. Über die Zusammenfassung mehrerer Hypotheken oder Grundschulden zu einer **Einheitshypothek** *§ 3 Bem 346*.

V 87 c) **Schuldner**

Schuldner der Hypothek ist normalerweise der **GrstEigentümer**. Notwendig ist dies nicht; es kann auch ein Dritter als Schuldner in Frage kommen; dazu *BGB-RGRK* BGB § 1113 Bem 23, *Palandt* BGB § 1113 Bem 5 (a), *Staudinger-Scherübl* BGB § 1113 Bem 9. Es kann daher eine **Hypothek für eine fremde Schuld** bestellt werden, **RG** RGZ 60, 263. Die Rechtsbeziehungen des Eigentümers, der für eine fremde Schuld an seinem Grst eine Hypothek bestellt, können im Verhältnis zum persönlichen Schuldner als Auftrag beurteilt werden; es kommt auf die Einzelumstände an. Es kann eine Schenkung vorliegen, wenn der GrstEigentümer unentgeltlich unter Verzicht auf den gesetzlichen Rückgriff die Verpflichtung übernimmt, die persönliche Schuld zu erfüllen. Dazu **BGH** MDR 1955, 283 = LM § 516 BGB Nr 2. Wenn Schuldner der Hypothek nicht der GrstEigentümer, sondern ein Dritter ist, so muß dies im GB oder in der Eintragungsbewilligung zum Ausdruck kommen, da andernfalls bei Unklarheit davon auszugehen ist, daß der Eigentümer der Schuldner ist; dazu **OLG Braunschweig** OLG 21, 4, ferner *Vorbem 12*, *§ 3 Bem 340*. Über einen besonderen Fall bei **Hypothek gegen mehrere Schuldner** *Vorbem 86*.

V 88 d) **Gläubiger**

1. Während Schuldner der Forderung und Eigentümer des Grundstücks bei Hypothekenbestellung verschiedene Personen sein können (*BGB-RGRK* BGB § 1113 Bem 7ff., *Palandt Vorbem 87*), muß der **Gläubiger der Forderung** und der **dinglich Berechtigte** bei der Hypothek **dieselbe Person** sein. Als Gläubiger der Hypothek kann also nicht eine andere Person als der Inhaber der gesicherten Forderung in das GB eingetragen werden; dazu **KG** OLG 18, 186, KGJ 35, 282, JFG 9, 301, HRR 1930 Nr 219, **BayObLG** BayObLGZ 1958, 164 = NJW 1958, 1917 = MDR 1958, 771 = DNotZ 1958, 639 = BB 1958, 970 = DRspr I (154) 41c, *BGB-RGRK* BGB § 1113 Bem 7ff., *Hieber* DNotZ 1958, 631, *Palandt* BGB § 1113 Bem 4 (a), **aA** (zu Unrecht) **OLG Karlsruhe** JFG 7, 373 (376), *von Rozycki-von Haewel* GBRecht 404. Bei einem echten Vertrag zugunsten eines Dritten kommt nur dieser als einzutragender Berechtigter in Betracht, bei einem sog unechten Vertrag zugunsten eines Dritten kann nur für den Versprechungsempfänger, nicht auch für den Dritten eine Hypothek bestellt werden, *Staudinger-Scherübl* BGB § 1113 Bem 26, auch *Benecke* DRiZ 1929, 147. Die zur Entstehung eines Grundpfandrechts erforderliche Eintragung des Gläubigers ist erfolgt, wenn der Gläubiger in der Eintragung derart bestimmt bezeichnet ist, daß über seine Identität keine begründeten Zweifel aufkommen können, wobei der Bezeichnung der Rechtsform einer Firma keine entscheidende Bedeutung zukommt, **OLG Bremen** DNotZ 1965, 566 =DRspr I (154) 71 def; dazu bez einer nicht existierenden Person als Hypothekengläubiger **OLG Hamburg** DNotZ 1955, 148 (*Hoche*). Über die Besonderheit der nachträglichen Valutierung der Hypothek *Vorbem 83*.

Mehrere Gläubiger einer Hypothek können in einem Gemeinschaftsverhältnis der Bruchteilsgemeinschaft, der Gesamtgläubigerschaft iSd § 428 BGB oder der Gesamthand stehen; dazu **KG** OLG 8, 119, *BGB-RGRK* BGB § 1113 Bem 14, *Staudinger-Scherübl* BGB § 1113 Bem 26ff., im übrigen *§ 47 Bem 2ff.* Bez des Gemeinschaftsverhältnisses kann auf die Eintragungsbewilligung Bezug genommen werden, im GB selbst braucht es nicht vermerkt zu werden; dazu **BGH** BGHZ 29, 363 = NJW 1959, 984 = MDR 1959, 475 = DNotZ 1959, 310 = DB 1959, 459 = Rpfleger 1959, 154 (*Haegele*) = WM 1959, 503 = BB 1959, 394 Ls = LM § 1115 BGBNr 3 Ls = DRspr I (154) 43b.

2. Eine weitere wesentliche Voraussetzung bei der Hypotheken-Bestellung ist, daß der **Gläubiger der Hypothek eine vom Eigentümer des Grst verschiedene Person** sein muß, *BGB-RGRK* BGB § 1113 Bem 10, *Staudinger-Scherübl* BGB § 1113 Bem 25, 25a. Für den Eigentümer eines Grst kann also eine Hypothek nicht bestellt werden, auch nicht eine solche, die zur Sicherung für eine ihm gegen einen Dritten zustehende Forderung dienen soll, **OLG Karlsruhe** JFG 7, 373 (376). Unzulässig ist auch die Eintragung einer Hypothek für den Inhaber des Hypothekenbriefes. Der jeweilige Eigentümer eines anderen Grst kann nicht Hypothekengläubiger sein, da die Hypothek kein subjektiv-dingliches Recht ist, **OLG Hamburg** RJA 4, 257, DNotV 1932, 110 = HRR 1931 Nr 1862, *Palandt* BGB § 1113 Bem 4 (a), *Staudinger-Scherübl* BGB § 1113 Bem 25a (e), § 1115 Bem 3c; deshalb ist auch eine Vormerkung mit subjektiv-dinglichem Inhalt (dazu *§ 25 Bem 11*) nicht zulässig und kann im GB nicht eingetragen werden. Wenn die Gläubiger für die Kapitalforderung und für die Zinsforderung nicht identisch sind, so liegt entweder eine Verselbständigung des Zinsrechts oder ein Nießbrauch vor, **KG** HansRGZ 1941 B 67 = Recht 1941 Nr 2023, *Palandt* aaO. Unzulässig ist die Eintragung einer Hypothek mit dem Zusatz, daß sie beim Tode des Gläubigers auf einen anderen übergehen soll, **KG** OLG 36, 117, HRR 1930 Nr 782. Unzulässig ist auch die Eintragung eines Gläubigers, der weder eine natürliche noch eine juristische Person ist, zB die Eintragung einer Hypothek für einen nicht rechtsfähigen Verein, **RG** RGZ 127, 309, *BGB-RGRK* § 1113 BGB Bem 11, *Staudinger-Scherübl* BGB § 1115 Bem 2ff. Ferner muß als Gläubiger stets der Inhaber der gesicherten Forderung eingetragen werden; unzulässig ist die Eintragung desjenigen, der nur den Gläubiger vertritt oder seine Rechte wahrnimmt, *§ 3 Bem 271ff.* Unzulässig ist auch die Eintragung einer sog Alternativ-Hypothek dh einer Hypothek, die entweder dem einen oder dem anderen Gläubiger zustehen soll, **RG** Recht 1911 Nr 3092, *BGB-RGRK* BGB § 1113 Bem 16, **aA KG** HRR 1930 Nr 782. Über Konjunktiv- oder Sukzessiv-Berechtigung aus einer Hypothek, *§ 47, Bem 7, 9.* **V 89**

3. Über die Eintragung einer Hypothek auf den Namen eines **Treuhänders** *§ 3 Bem 279*, über **Inhaber- und Orderhypothek** *§ 3 Bem 341*, über die **Vergleichserfüllungshypothek** *§ 3 Bem 342.* **V 90**

Für ein **Kind** kann an dem Grst seines Vaters eine verzinsliche Hypothek bestellt werden, **KG** KGJ 52, 180 unter Aufgabe der früheren Auffassung (KGJ 45, 257), *Güthe* GBO § 13 Vorbem 31. Im **gesetzlichen Güterstand** der Zugewinngemeinschaft nach §§ 1363ff. BGB kann an Grstücken des Mannes für die Frau eine Hypothek bestellt werden, ebenso umgekehrt für den Mann an Grstücken der Frau, da die Vermögensmassen getrennt sind. Die frühere Streitfrage zum aufgehobenen Güterstand der Verwaltung und Nutznießung, mit der sich **KG** KGJ 52, 180 und OLG 5, 292/20, 424/24, 2 befaßten, ist damit gegenstandslos geworden.

Ein **Nießbrauch** an der Hypothek (dazu *Vorbem 74*) wird regelmäßig für einen Dritten bestellt. Für den Hypothekengläubiger wird die Zulässigkeit der Nießbrauchbestellung verneint, **KG** KGJ 51, 231; dazu *Brand-Schnitzler* § 98. Mit der Bejahung des Eigentümer-Nießbrauchs am eigenen Grst (dazu *Vorbem 76*) ist die Frage bei der Hypothek neu aufzurollen und, wenn man dieselben Grundsätze wie bei dem Eigentum anwendet, zu bejahen, da keine Gründe für verschiedene Behandlung vorliegen.

V 91 4. **Unzulässig** sind auch sonstige Gläubiger-Eintragungen, durch die **unklare Rechtsverhältnisse** geschaffen werden, **RG** RGZ 76, 90/79, 15. Die Person muß sich aus der Eintragung mit Sicherheit, wenn auch nur im Wege der Auslegung, erkennen lassen. Über die **Bezeichnung des Gläubigers im GBuch** *§ 3 Bem 275ff.* auch *§ 15 Bem 13.*

V 92 e) **Zinssatz und andere Nebenleistungen, sonstige Vereinbarungen**

1. Über unzulässige Eintragungen bez des Zinssatzes und anderer Nebenleistungen *§ 3 Bem 325ff.*

Da sachlich nichts anderes eingetragen werden darf, als beantragt ist, § 13 Abs 1 S 1, **BayObLG** HRR 1935 Nr 128, hat das **GBA** den Eintragungsantrag **abzulehnen** oder **einzutragen**; letzterer Fall kommt in Betracht, wenn alle Zahlungsbedingungen, auf die in der Bewilligung der Eintragung einer Hypothek verwiesen ist, eingetragen werden, wobei eine zulässige Bezugnahme der Eintragung gleichsteht, **LG Köln** DNotZ 1956, 601. Über Prüfung des Eintragungsantrags *§ 18 Bem 83ff.*

V 93 2. Unzulässig ist die Eintragung einer unzulässigen Beschränkung des **Kündigungsrechts** des Eigentümers, **KG** OLG 4, 315. Soweit die Voraussetzungen des § 247 BGB vorliegen, kann das Kündigungsrecht des Schuldners nicht ausgeschlossen werden, wohl aber das Kündigungsrecht des Gläubigers, und zwar für beliebig lange Zeit, *Güthe* GBO § 13 Vorbem 33; dazu *§ 3 Bem 337*. Das gesetzliche Kündigungsrecht nach der genannten Vorschrift ist weder eintragungsbedürftig noch eintragungsunfähig, **KG** HRR 1933 Nr 1486 = DNotV 1932, 772 sowie HRR 1932 Nr 1827. Auf Grund des Vorbehalts des Art 117 Abs 2 EG BGB kann das Kündigungsrecht des Eigentümers, wenn landesrechtliche Vorschriften erlassen sind, dahingehend geregelt werden, daß es zeitlich beschränkt wird; dazu **SchlHOLG** SchlHA 1960, 57, im übrigen *§ 3 Bem 337*.

Sind bei der Bestellung einer Darlehenshypothek in der Schuldurkunde Verpflichtungen des GrstEigentümers enthalten, die an sich persönlicher Natur sind, deren Nichterfüllung dem Gläubiger aber das Recht zur Kündigung gibt, so dürfen diese Verpflichtungen bei der Eintragung der Hypothek nicht unmittelbar und unbeschränkt in Bezug genommen werden, vielmehr ist nur die Bezugnahme auf den die Kündigungsbedingungen enthaltenden Teil der Eintragungsbewilligung zulässig, **BGH** BGHZ 21, 34 = Rpfleger 1956, 231 (*Bruhn*) = NJW 1956, 1196 = DNotZ 1956, 544 = MDR 1956, 600 (*Thieme*) = LM § 874 BGB Nr 1 (*Hückinghaus*).

Die Eintragung der erfolgten Kündigung ist ausgeschlossen, *BGB-RGRK* BGB § 1141 Bem 11, *Palandt* BGB § 1141 Bem 1, *Staudinger-Scherübl* BGB § 1141 Bem 3g, ebenso die Eintragung einer Bevollmächtigung zur Kündigung oder zur Empfangnahme derselben, **OLG Königsberg** OLG 18, 172. Die Kündigung der Hypothek wirkt also für und gegen den späteren Erwerber des Grst, aber auch für und gegen einen Rechtsnachfolger des Gläubigers. Zu beachten ist, daß zugunsten des Gläubigers der im GB als Eigentümer Eingetragene als solcher gilt, auch wenn er nicht Eigentümer ist, § 1141 Abs 1 S 2 BGB.

Der in einer Hypotheken-Bestellungsurkunde enthaltene Verzicht des Eigentümers auf die Vorlegung des Hypothekenbriefs und der in §§ 1155 und 1160 BGB genannten Urkunden bei der Kündigung des Darlehens oder einer sonstigen Geltendmachung von Gläubigerrechten ist eintragungsfähig, auch wenn der Eigentümer den Verzicht nicht ausdrücklich auf seine Rechtsnachfolger im Eigentum erstreckt hat, **OLG Köln** JMBl NRW 1956, 234 = Rpfleger 1956, 340 (*Bruhn*).

3. Nicht eintragungsfähig ist der Verzicht auf die Rechte aus einer **künftigen Gesetzgebung**, durch welche die Höhe der Zinsen herabgesetzt wird, **KG** DNotV 1933, 187, falls es nicht Vorschriften sind, die die bisherigen Parteivereinbarungen unberührt lassen, so daß keine Änderungen der Abreden eintritt, oder um Vorschriften dispositiver Natur. Es muß sich um Vorschriften zwingenden Rechts handeln, die unverzichtbar sind, weil nur dann eine vorherige Vereinbarung gegen das Gesetz verstößt, § 134 BGB. **V 94**

4. Zur sog **Barzahlungsklausel** ist ergänzend zu *§ 3 Bem 337* noch auf folgendes hinzuweisen: **V 95**

§ 14 Abs 1 HypBankG bestimmt, daß die hypothekarischen Darlehen von Hypothekenbanken in Geld zu gewähren sind. Nach § 14 Abs 2 S 1 aaO ist die Gewährung von Darlehen in Hypothekenpfandbriefen der Bank zum Nennwert nur zulässig, wenn die Satzung der Bank sie gestattet und der Schuldner ausdrücklich zustimmt. In diesem Falle ist nach § 14 Abs 2 S 2 aaO dem Schuldner urkundlich das Recht einzuräumen, die Rückzahlung der Hypothek nach seiner Wahl in Geld oder in Hypothekenpfandbriefen der Bank, die derselben Gattung angehören wie die empfangenen, nach dem Nennwert zu bewirken. Der Sicherung der Geldforderung durch Hypothek steht nicht entgegen, daß der Schuldner befugt ist, die Forderung statt durch Geld durch Hingabe von Pfandbriefen zu tilgen, **BGH** MDR 1963, 487 = DNotZ 1964, 299 = WM 1963, 430 = BB 1963, 454 = LM § 1113 BGB Nr 3 = DRspr I (154) 58a. Eintragungsfähig ist die **Pfandbriefklausel** dh die Vereinbarung des Schuldners, die Forderung nur durch Hingabe von Pfandbriefen (oder von sonstigen Schuldverschreibungen) zum Nenn- oder Kurswert zu tilgen, **KG** JFG 1, 456/9, 235 = HRR 1931 Nr 1744, *BGB-RGRK* BGB § 1115 Bem 13, *Brand-Schnitzler* GBSachen § 88 S 257 Fußn 3, *Güthe* GBO § 13 Vorbem 33. Eintragungsfähig ist auch eine **Barzahlungsklausel** dh der Ausschluß der gesetzlichen Befugnis des Schuldners zur Zahlung in Pfandbriefen, **KG** JFG 11, 199 = HRR 1933 Nr 911 = JW 1933, 2597, 2708 (*Noack*). Die Vereinbarung, daß alle Leistungen in bar zu erfolgen haben, ist regelmäßig nur als Ausschluß dieser Befugnis, nicht auch als unzulässiges Hinterlegungs- und Aufrechnungsverbot zu betrachten, **KG** aaO *Güthe* und *Brand-Schnitzler* aaO, **aA** (zu Unrecht) **LG Kassel** JW 1953, 1024 (*Güldenpfennig*), Zur nachträglichen Eintragung der Barzahlungsklausel bei einer Pfandbriefhypothek ist die Zustimmung der im Range gleich- und nachstehenden Berechtigten erforderlich; die Barzahlungsklausel kann auch keinen anderen Rang als die Hypothek selbst erhalten, **KG** aaO, *Staudinger-Seufert* BGB § 877 Bem 3b. Besteht für die Zahlung das Wahlrecht, ob sie in Geld oder in Pfandbriefen erfolgt, so kann (gleichgültig, ob das **Wahlrecht** dem Schuldner oder dem Gläubiger zusteht) stets eine gewöhnliche Hypothek eingetragen werden; dazu **KG** JFG 1, 456, 469/9, 235, *BGB-RGRK* BGB § 1115 Bem 14, 15, *Güthe* GBO § 13 Vorbem 33. Dagegen kann die Verpflichtung zur Rückzahlung in Pfandbriefen ohne Wahlrecht nur durch Höchstbetragshypothek gesichert werden, **RG** RGZ 38, 231/132, 9, **KG** JFG 2, 366, *Güthe* GBO § 13 Vorbem 33.

Unzulässig ist die Eintragung der Klausel, daß das Recht des Eigentümers zur Hinterlegung oder Aufrechnung ausgeschlossen sein soll, und zwar auch dann, wenn der GrstEigentümer zugleich persönlicher Schuldner ist, da ein Verstoß gegen § 1142 Abs 2 BGB vorliegt, **KG** JR 1927 Nr 1807, Recht 1929 Nr 772, JFG 11, 199 (201), **OLG München** JFG 13, 275, **LG Köln** DNotZ 1956, 601, *BGB-RGRK* BGB § 1042 Bem 6, 7, *Güthe* GBO § 13 Vorbem 33, *Palandt* BGB § 1142 Bem 1, *Planck* BGB § 1142 Bem 1, *Staudinger-Scherübl* BGB § 1142 Bem 2, **aA** *Fritz Riedel* DNotZ 1954, 454 (459), *Wiesinger* DNotZ 1935 BayBeil 263. Ob eine **Barzahlungsklausel** gegen **§ 1142 Abs 2 BGB** verstößt oder nicht, hängt von deren Zweck ab; wie bei § 14 HypBankG, so ist auch sonst zu prüfen, welchem Zweck die Vereinbarung dient. Die Klausel „Alle Zahlungen sind in DM und zu Händen des Empfangsberechtigten zu leisten" ist ohne besondere gegenteilige Anhaltspunkte nicht als Aufrechnungs- oder Hinterlegungsverbot aufzufassen und daher eintragungsfähig, **OLG Düsseldorf** NJW 1958, 1142. **LG Köln** DNotZ 1956, 601, hält die Klausel *Aufrechnung ist ausgeschlossen, soweit nicht zwingende Gesetzesvorschriften entgegenstehen* für eintragungsfähig, da sie nicht mit § 1142 BGB in Widerspruch steht. Dies ist zu billigen; dazu *§ 16 Bem 6.*

V 96 5. Unzulässig ist bei einer **Buchhypothek** die Eintragung der Klausel, es solle dem Gläubiger jederzeit freistehen, die **Aufhebung des Ausschlusses** der Brieferteilung nach § 1116 Abs 2 BGB allein zu beantragen; dazu **KG** OLG 2, 33, *BGB-RGRK* BGB § 1116 Bem 13, *Güthe* GBO § 13 Vorbem 34.

Auf das **Widerspruchsrecht** nach § 1160 Abs 1, 2 BGB kann bei der **Briefhypothek** im voraus verzichtet werden, dieser Verzicht kann in das GB eingetragen werden; dazu **RG** RGZ 57, 342, **KG** RJA 12, 150, *BGBRGRK* BGB § 1160 Bem 9, *Güthe* GBO § 13 Vorbem 47, *Lehnart* Die Eintragung des Verzichts auf das Widerspruchsrecht nach § 1160 BGB im GB Rpfleger 1958, 302, *Staudinger-Scherübl* BGB § 1160 Bem 9 ff.

Auf das Recht auf **Benachrichtigung** nach § 1166 BGB kann verzichtet werden, da es sich um einen persönlichen schuldrechtlichen Anspruch handelt; dieser Verzicht ist nicht eintragbar. Dies ist hM; so insbes *BGB-RGRK* BGB § 1166 Bem 8, *Planck* BGB § 1166 Bem 5, *Staudinger-Scherübl* BGB § 1166 Bem 2h, **aA** *Güthe* GBO § 13 Vorbem 48.

Die Eintragung der Klausel, daß der jeweilige Eigentümer verpflichtet ist, die **Versicherung** der Gebäude fortgesetzt durch Einsendung des Versicherungsscheins nachzuweisen und dem Gläubiger den Zutritt zur Besichtigung des Grst zu gewähren, ist nicht zulässig, **KG** DJZ 1905, 964; dazu *Güthe* GBO § 13 Vorbem 33.

V 97 6. Die **Vereinbarung** zwischen Gläubiger und Eigentümer, das Grst **nicht zu veräußern oder nicht zu belasten,** ist nichtig und auch nicht eintragungsfähig, § 1136 BGB. Es muß sich um eine Beziehung des Eigentümers zu einem dinglich Berechtigten handeln; andere Vereinbarungen liegen außerhalb des § 1136 BGB und werden von dieser Vorschrift nicht erfaßt, sind also zulässig, wie zB eine solche zwischen dem Eigentümer und dem Veräußerer, mag ihm auch eine Kaufpreishypothek bestellt werden, oder einem Dritten, der nicht Hypothekengläubiger ist. Auch bei gesetzlich nicht verbotenen Vereinbarungen besteht keine Eintragungsfähigkeit, da auch sie schuldrechtlichen Charakter haben. Dazu **RG** RGZ 55, 79/73, 16, *BGB-RGRK* BGB § 1136 Bem 1 ff., *Güthe* GBO § 13 Vorbem 39. *Staudinger-Scherübl* BGB § 1136 Bem 1 ff. Zu erwähnen ist aber, daß derartige Verfügungsbeschränkungen aus der Zeit vor dem Inkrafttreten des BGB nach Art 168 EG BGB wirksam geblieben sind, **BayObLG** 13, 146.

Eintragungsfähig ist die Vereinbarung, daß im Falle der Veräußerung oder Weiterbelastung des Grst die Hypothek sofort fällig wird oder gekündigt werden kann. Unzulässig ist die Eintragung der Klausel, bei Fälligkeit habe der Gläubiger gegen Empfang des Forderungsbetrags die Forderung an einen vom Eigentümer zu benennenden Dritten abzutreten, **KG** OLG 1, 424. Dagegen ist die Ausschließung der Übertragbarkeit eintragungsfähig, §§ 399, 413 BGB, **KG** KGJ 40, 232, *Güthe* GBO § 13 Vorbem 40; dazu auch *Vorbem 99.*

V 98 7. Nach § 1147 BGB erfolgt die **Befriedigung des Gläubigers aus dem Grst im Wege der ZwV.** Dieses Recht des Hypothekengläubigers darf durch **Vereinbarung** zwar eingeschränkt, aber nicht ganz ausgeschlossen werden; dazu *BGB-RGRK* BGB § 1147 Bem 12.

Unzulässig ist die Eintragung der Abrede, daß der Gläubiger die ZwV nicht oder nicht vor Ablauf einer bestimmten Frist betreiben dürfe, **RG** GruchBeifr 58, 974, **KG** JFG 7, 386 (388), *BGB-RGRK* aaO, oder daß er die ZwV nicht selbst betreiben, sondern seine Befriedigung nur bei einer von einem Dritten betriebenen ZwV suchen dürfe (mit schuldrechtlicher Wirkung kann diese Vereinbarung aber getroffen werden), schuldrechtlich haben solche Vereinbarungen Gültigkeit, *BGB-RGRK* aaO, *Güthe* GBO § 13

Vorbem 43. Unzulässig ist auch eine Vereinbarung, wonach der Gläubiger sich verpflichtet, daß er die ZwVerst nur betreiben dürfe, wenn er selbst bis zu einer bestimmten Höhe mitbiete, **KG** JW 1931, 3282 = DNotV 1931, 285; über Vereinbarungen über Bieten im ZwVerstVerfahren, insbes über Nichtbieten, *Steiner-Riedel* ZVG § 71 Bem 5b, c. Nicht in das GB eingetragen werden kann die Abrede, daß der Gläubiger zum Zwecke der Befriedigung die Übertragung des Eigentums an dem Grst verlangen kann; eine solche Vereinbarung kann aber durch Vormerkung gesichert werden, *BGB-RGRK* BGB § 1149 Bem 3, *Güthe* GBO § 13 Vorbem 44. Dasselbe gilt für die Vereinbarung, daß der Verkäufer bei nicht pünktlicher Bezahlung des Kaufpreises das Grst zurückverlangen könne. Ein gegen § 1149 BGB verstoßender **Verfall-Vertrag** liegt auch dann nicht vor, wenn dem Hypothekengläubiger das Recht eingeräumt ist, das Grst ohne Rücksicht auf Erfüllung oder Nichterfüllung der Hypothekenschuld am Fälligkeitstage käuflich zu erwerben, **RG** RGZ 92, 101/130, 227, **KG** KGJ 25, 335, **OLG München** RJA 3, 194, *Güthe* GBO § 13 Vorbem 44, *Staudinger-Scherübl* BGB § 1149 Bem 2ff. § 1149 BGB steht auch der Eintragung einer Vormerkung für einen Auflassungsanspruch des Hypothekengläubigers nicht entgegen, der durch das Sinken des Kurses der DM unter eine bestimmte Grenze aufschiebend bedingt ist, **KG** DNotV 1933, 245 = HRR 1933 Nr 198, *BGB-RGRK* BGB § 1149 Bem 3, *Güthe* aaO; eine andere Frage ist die, ob eine derartige Vereinbarung nach den Währungsvorschriften zulässig ist, insbes nach den Grundsätzen über die Wertsicherungsklauseln, *§ 28 Bem 18*.

Nicht eintragungsfähig ist die Klausel, daß der Gläubiger im Falle der Nichtzahlung seiner Forderung seine Befriedigung zunächst aus dem Grst suchen müsse, die schuldrechtliche Wirkung als zulässige Tilgungsregelung hat; dazu *BGB-RGRK* BGB § 1113 Bem 31, *Güthe* GBO § 13 Vorbem 33, *Staudinger-Scherübl* BGB § 1113 Bem 1d, **aA** (zu Unrecht) **KG** OLG 14, 94 = RJA 8, 63. Nicht eintragungsfähig, aber zulässig ist die Vereinbarung, daß der Gläubiger nur aus dem belasteten Grst Befriedigung suchen dürfe und daß er sich an dieses Grst halten müsse. Die Frage wurde von **RG** RGZ 128, 145 offen gelassen. Es steht nichts im Wege eine Vereinbarung über die Beschränkung des Haftungsgegenstandes zu treffen; dazu *BGB-RGRK* BGB § 1113 Bem 31. Unzulässig ist die Eintragung einer an sich schuldrechtlich zulässigen Zahlungsverpflichtung des Eigentümers, **KG** KGJ 41, 232.

8. Eintragungsfähig sind die nach §§ 1137, 1157 BGB bestehenden **Einreden**, **KG** KGJ 53, 219; dazu *Güthe* GBO § 13 Vorbem 40. Über das Verhältnis der §§ 1137, 1138 zu § 1156 BGB am Beispiel der Aufrechnung gegen die hypothekengesicherte Forderung (zum Akzessorietätsproblem bei der Verkehrshypothek) *Rahn* BWNotZ 1956, 89. **V 99**

Es kommen 3 Arten von Einreden hier in Frage:

die dem persönlichen Schuldner zustehenden Einreden, wie Stundung, Verjährung, Zurückbehaltungsrecht, Aufrechnung,

die dem Bürgen nach § 770 BGB zustehenden Einreden und

die dem Eigentümer selbst zustehenden Einreden, die sich aus dem dinglichen Rechtsverhältnis ergeben, wie Nichtigkeit der Hypothek, Einreden aus einem auf die Hypothek bezüglichen Änderungs-, Stundungs- oder Aufhebungsvertrag, **RG** RGZ 74, dazu auch *Vorbem 97*.

Verzichtet der persönliche Schuldner auf Einreden, so wirkt dies nicht zum Nachteil des von ihm verschiedenen Eigentümers, § 1137 Abs 2 BGB. Dies bezieht sich nicht auf die Bürgen-Einreden; dazu *BGB-RGRK* BGB § 1137 Bem 13.

Die Eintragung hann entweder in Verbindung mit der Eintragung der Hypothek oder als Widerspruch erfolgen, *Güthe* GBO § 13 Vorbem. 40.

V 100 9. Nicht eintragungsfähig sind alle **Vereinbarungen**, die das **Entstehen der Eigentümer-Hypothek** (§§ 1163ff. BGB) verhindern oder eine Eigentümer-Hypothek (dazu *§ 3 Bem 347*) in den Fällen, in denen die Hypothek kraft Gesetzes erlischt, herbeiführen sollen; dazu **RG** RGZ 104, 72/142, 159/143, 70. **KG** KGJ 20, 207, **BayObLG** 9, 506, *BGB-RGRK* BGB § **1177** Bem 3, *Güthe* GBO § 13 Vorbem 48,

zB die Verpflichtung des Eigentümers zur Löschung einer Hypothek ohne die Bedingung der Entstehung der Eigentümer-Hypothek, **KG** OLG 10, 425, oder der Verzicht auf die Einrede aus § 1169 BGB, während die Einrede selbst eintragungsfähig ist, *BGB-RGRK* BGB § 1169 Bem 2, 3, *Güthe* GBO § 13 Vorbem 48, der Verzicht auf die Rechte aus § 1166 BGB, da es sich um das persönliche Schuldverhältnis handelt, *BGB-RGRK* BGB § 1166 Bem 2, **aA** *Güthe* GBO § 13 Vorbem 48, Vereinbarung der Rechtsfolgen, die nach § 1176 BGB kraft Gesetzes eintreten, **KG** KGJ 21, 165/28, 139 (dazu *Vorbem 29ff.*), während andere Rangvereinbarungen eintragbar sind, *BGB-RGRK* BGB § 1176 Bem 1, 2, *Güthe* GBO § 13 Vorbem 48, *Staudinger-Scherübl* BGB § 1176 Bem 2, 4b. Unzulässig sind alle Eintragungen von Verfügungen über künftig vielleicht entstehende Eigentümer-Hypotheken, **RG** RGZ 61, 374/84, 80/120, 110/145, 343, oder über eine durch die Entstehung der Forderung auflösend bedingte vorläufige Eigentümer-Grundschuld, **RG** RGZ 75, 245, ebenso auch die Eintragung der Pfändung einer „angeblichen" Eigentümer-Hypothek, **KG** JFG 1, 496 (498).

Unzulässig ist die Eintragung einer Erklärung des Hypothekengläubigers zugunsten einer künftigen, beliebig hohen Schuld des Eigentümers jetzt schon im Range auszuweichen, **BayObLG** 8, 337, die Eintragung einer auf Zinsrückstände bezüglichen Rangänderung, **RG** RGZ 88, 160, und die Eintragung einer Rangänderung der künftigen Eigentümer-Hypothek, **RG** RGZ 84, 80, **KG** RJA 8, 70. Dazu bez Rangänderung *§ 45 Bem 73ff.*

Schuldrechtlich kann vereinbart werden, daß bei Tilgungshypotheken (dazu *§ 3 Bem 338*) die Verrechnung von Teilzahlungen auf Zinsen und Tilgung so erfolgt, daß Zahlungs- und Verrechnungstermine voneinander abweichen; Eintragungsfähigkeit besteht nicht; dazu **OLG Hamm** JMBl NRW 1962, 122 = DRspr IV (473) 73a. **LG Lübeck** SchlHA 1963, 119, hält im Anschluß an **RG** RGZ 143, 70, es nur für zulässig, daß die Verrechnung der Teilzahlungen auf Zinsen und Tilgung bis zum letzten jährlichen Teilzahlungstermin verschoben wird, während die Vereinbarung, wonach die letzte Teilzahlung am 1. Dezember, die Verrechnung aber erst am 31. Dezember erfolgen soll, unzuläsisg sein soll. Eine dingliche Wirkung hat eine solche abweichende Vereinbarung sicherlich nicht, aber es bestehen keine Bedenken, sie schuldrechtlich für wirksam zu halten. Es wirkt sich dies auf die Höhe der Zinsen oder Tilgung aus, die ebensogut von vorneherein anders hätte vereinbart werden können. Es wäre also rechnerisch derselbe Erfolg auch durch eine andere Fassung der Vereinbarung erzielbar gewesen. Dasselbe gilt von der Vereinbarung, daß ein Darlehen durch den jeweils vierteljährlich fälligen Tilgungsbeitrag unter jährlicher Gutschrift getilgt wird, **LG Koblenz** Rpfleger 1963, 198 (*Haegele*) = DNotZ 1963, 754 Ls = BWNotZ 1963, 177 Ls, **LG Essen** aaO 1961, 296 (*Haegele*), dazu auch **LG Verden** Rpfleger 1964, 118 (*Scholz*) = DRspr I (154) 63b.

V 101 2. **Besondere Hypotheken-Arten**

Über Arten von Hypotheken *§ 3 Bem 321d, 341ff.*; dazu auch *Güthe* GBO S 1888 (1891/2 unter I 3).

Im folgenden soll ergänzend noch eingegangen werden auf
die Höchstbetragshypothek; dazu *Vorbem 102ff.*,
die Gesamthypothek; dazu *Vorbem 108*,
die Zwangs- und Arresthypothek; dazu *Vorbem 109*,
die Bau- und Baugeldhypothek; dazu *Vorbem 110ff.*

a) Höchstbetragshypothek

V 102

1. Die Höchstbetragshypothek ist eine Abart der Sicherungshypothek; dazu *§ 3 Bem 332, 343.*

Nach § 1190 Abs 1 BGB ist wesentlich, daß der **Höchstbetrag**, bis zu dem das Grst haftet, feststeht und im GB eingetragen wird. Die **Bezeichnung als Sicherungshypothek** ist zwar erforderlich, § 1184 Abs 2 BGB, jedoch ist die Höchstbetragshypothek auch dann wirksam entstanden, wenn diese besondere Bezeichnung im GB nicht eingetragen ist, § 1190 Abs 3 BGB; dazu *BGB-RGRK* BGB § 1190 Bem 12, *Güthe* GBO § 13 Vorbem 54, *Staudinger-Scherübl* BGB § 1190 Bem 2.

Unzulässig ist die Eintragung einer Höchstbetragshypothek, für eine **fest bestimmte Forderung**, **RG** GruchBeitr 52, 1096, **KG** OLG 29, 373. Ist die Forderung in der Eintragungsbewilligung nach Grund und Betrag als feststehend angegeben, so ist die Eintragung einer Höchstbetragshypothek auch dann abzulehnen, wenn die Beteiligten die Absicht haben, die Forderung für den GBVerkehr als nicht feststehend hinzustellen, **KG** JFG 7, 365 = HRR 1929 Nr 1998. Es kommt auf die Eintragungsbewilligung an (dazu *Vorbem 12*); ist in dieser die Forderung ihrer Höhe nach als unbestimmt bezeichnet, so steht der Umstand, daß bereits eine bestimmte Forderung begründet ist, der Eintragung einer Höchstbetragshypothek nicht entgegen, **KG** KGJ 34, 320, JFG aaO. Dem Erfordernis der Unbestimmtheit der durch die Höchstbetragshypothek zu sichernden Forderung ist genügt, wenn lediglich die mitzusichernden Nebenforderungen (Zinsen, Kosten ua) unbestimmt sind; ist dies der Fall, so steht die Bestimmtheit der Hauptforderung der Eintragung einer Höchstbetragshypothek nicht entgegen, **KG** HRR 1933 Nr 202, 1759. Unzulässig ist auch die Eintragung einer Höchstbetragshypothek zur Sicherung einer selbstschuldnerischen Bürgschaft für eine nach Grund und Betrag bestimmt feststehende Forderung, **KG** JFG 11, 258, *BGB-RGRK* BGB § 1190 Bem 3, *Staudinger-Scherübl* BGB § 1190 Bem 2a, **aA** *Kaeferlein* JW 1934, 1794. Unzulässig ist die Eintragung der Verzinslichkeit oder eines Zinssatzes bei der Höchstbetragshypothek, **RG** RGZ 90, 152, **KG** OLG 13, 231, auch die Eintragung von Verzugszinsen oder gesetzlichen Zinsen, **KG** OLG 15, 386 = RJA 9, 65, oder von Kosten und sonstigen Nebenleistungen, *Güthe* GBO § 13 Vorbem 54. Durch die Miteintragung von Zinsen wird aber nicht die ganze Eintragung nichtig; es ist vielmehr nur der unzulässige Zusatz gemäß § 53 GBO zu löschen, **KG** OLG 13, 231, dazu *Vorbem 36*. Über die verdeckte Höchstbetragshypothek und den Klarstellungsvermerk im GB *Vorbem 30, § 3 Bem 343 (1)*. Zur Frage der Abtretung und Forderungsauswechslung bei der nichtvalutierten Höchstbetragshypothek *Hieber* BayNotV 1931, 187, *Bourier* aaO 285, *Kriener* RPflìB 1934, 204.

2. Zulässig ist die Eintragung einer Höchstbetragshypothek für **mehrere Forderungen gegen verschiedene Schuldner**, auch wenn diese nicht in einer Verpflichtungsgemeinschaft stehen, zB der derzeitige Inhaber eines Handelsgeschäfts und dessen spätere Inhaber oder sonstige Rechtsnachfolger, gleichgültig, ob nur die Forderungen aus einem bestimmten Rechtsverhältnis, etwa Kreditverhältnis, oder alle Forderungen und Ansprüche des Gläubigers, gleichviel auf welchem Rechtsgrunde sie beruhen, gesichert werden sollen, **RG** RGZ 126, 272 = JFG 7, 28 (unter Aufgabe der früheren Rspr, insbesondere RGZ 75, 245/118, 354, wonach ein Verpflichtungsverhältnis verlangt wurde; dazu *Cammerer* BayNotV 1924, 222/1930, 74), **BayObLG** 13, 565, *BGB-RGRK* BGB § 1190 Bem 2ff., *Güthe* GBO S 1881 (1882 unter Z 1), *Palandt* BGB § 1190 Bem 2 (c), *Staudinger-Scherübl* BGB § 1190 Bem5ff. Auch die nachträgliche Ausdehnung auf das Kreditverhältnis eines weiteren Schuldners ist zulässig, *Staudinger-Scherübl* aaO Bem 10. **V 103**

Unzulässig ist aber die Eintragung einer Höchstbetragshypothek für **verschiedene Forderungen**, die **je einem anderen Gläubiger** zustehen, **RG** JW 1916, 740, auch wenn die Hypothek für die Forderung des zweiten Gläubigers erst haften soll, wenn und soweit der Höchstbetrag die Forderung des ersten Gläubigers übersteigt, **RG** RGZ 75, 245, **KG** OLG 45, 238; dazu *BGB-RGRK* BGB § 1190 Bem 2ff., *Güthe* GBO 13 Vorbem 23, *Palandt* BGB § 1190 Bem 2 (c), *Staudinger-Scherübl* BGB § 1190 Bem 8.

V 104 3. Unzulässig ist die Eintragung **mehrerer selbständiger Höchstbetragshypotheken für dieselben Forderungen**, auch wenn die Eintragung auf verschiedenen Grst erfolgen soll, **KG** OLG 35, 334 = RJA 15, 164. Zulässig sind aber mehrere Höchstbetragshypotheken für denselben Forderungskreis, wenn erkennbar gemacht ist, welchen bestimmten Teil der Forderungen jede einzelne Hypothek sichern soll, insbes wenn die zweite oder weitere Hypothek nur zur Sicherung derjenigen Forderungsbeträge desselben Forderungskreises bestimmt sein soll, die den bereits eingetragenen Höchstbetrag übersteigen, durch die erste Hypothek also nicht gedeckt sind; die Teile müssen aber stets ausreichend bestimmt gegeneinander abgegrenzt sein. Dazu **RG** RGZ 118, 162, **BayObLG** 28, 328/30, 262, BayNotV 1930, 188, **KG** OLG 43, 14 = JFG 1, 490, **OLG Dresden** JFG 4, 422, *BGB-RGRK* BGB § 1190 Bem 2ff., *Güthe* GBO § 13 Vorbem 54, *Kretzschmar* RPfliB 1918, 33, *Palandt* BGB § 1190 Bem 3 (c), *Ricks* JW 1922, 215, *Staudinger-Scherübl* BGB § 1190 Bem 9ff.

Wird ein ganzer Forderungskreis durch eine Höchstbetragshypothek gesichert, so fallen im Zweifel alle dem Kreis angehörenden Forderungen, also auch die bei Bestellung der Hypothek schon entstandenen, unter die Hypothek; eine Einschränkung bedarf der Hervorhebung, **RG** RGZ 136, 81; dazu auch *§ 3 Bem 343 (4)*. Es kann dabei dem Gläubiger ein gewisses Verfügungsrecht darüber eingeräumt werden, für welche der einzelnen Forderungen er die Haftung des einzelnen Grst in Anspruch nehmen will. Es können also mehrere selbständige Höchstbetragshypotheken — nicht aber gewöhnliche Sicherungs- oder Verkehrshypotheken — für denselben Forderungskreis auf mehreren Grst bestellt werden, ohne daß von vornherein festgelegt wird, daß der Gläubiger sich aus der einen Hypothek nur wegen desjenigen Betrags seiner Forderung befriedigen könne, der den Höchstbetrag der anderen Hypothek übersteigt; der Gläubiger kann hiernach seinerseits frei bestimmen, für welchen Teil die eine oder für welchen die andere Hypothek haften soll, **RG** RGZ 131, 16. Die Bestellung einer zweiten oder weiteren Höchstbetragshypothek für die Ansprüche, die nicht schon durch eine Höchstbetragshypothek mit geringerem Betrag gedeckt sind, sichert den Gläubiger nur wegen des Mehrbetrags seiner Gesamtforderung, nicht auch zugleich bedingt wegen des Ausfalls, den er bei der älteren Höchstbetragshypothek erleidet, **RG** RGZ 134, 221; dazu *Höfler* BayNotV 1932, 263. Es wäre unzulässig, die zweite oder weitere Höchstbetragshypothek — auch oder allein — zur Sicherung des bei der ersten etwa eintretenden Ausfalls zu bestellen, da dann zwei oder mehrere verschiedene Hypotheken für dieselben Forderungen haften würden, **RG** RGZ aaO, *Staudinger-Scherübl* BGB § 1190 Bem 9ff.; über die Ausfallsicherungshypothek auch *Vorbem 86*. Nicht unzulässig ist die Bestellung einer Höchstbetragshypothek zur Sicherung eines Forderungskreises, der durch eine für den Gläubiger bestellte Grundschuld bereits gesichert ist, **RG** RGZ 132, 136.

Höchstbetragshypotheken, die den angeführten Grundsätzen widersprechen, sind deshalb nicht unbedingt inhaltlich unzulässig, **RG** RGZ 118, 162, **KG** JFG 1, 490 = OLG 43, 16. Es kann uU im Wege der Auslegung dazu *Vorbem 12*) eine bestehende Unstimmigkeit beseitigt und die Eintragung als eine solche mit zulässigem Inhalt aufrechterhalten werden, **RG** RGZ 139, 130.

V 105 4. Unzulässig ist die Eintragung der **dinglichen Unterwerfungsklausel** nach § 794 Abs 1 Z 5, § 800 ZPO bei der Höchstbetragshypothek, **BayObLG** 2, 576, BayObLGZ 1954, 196 = NJW 1954, 1808 = DNotZ 1955, 313 = DRspr I (420) 94 ab, **KG** RJA 2, 202, OLG 9, 320, **OLG Oldenburg** NdsRpfl 1957, 288 = DNotZ 1957,

699 = DRspr IV (421) 28ef, **LG Dortmund** NJW 1954, 1246, *BGB-RGRK* BGB § 1190 Bem 11, *Güthe* GBO § 13 Vorbem 54, *Horber* GBO § 44 Anh Bem 6 (c), *Palandt* BGB § 1190 Bem 3 (b), *Staudinger-Scherübl* BGB § 1190 Bem 3, **aA** (zu Unrecht) **LG Osnabrück** JurBüro 1956, 150; dazu auch *§ 3 Bem 343 (4)*.

Es kann jedoch insoweit eine Eintragung erfolgen, als sich der Eigentümer nur bez einzelner fest bestimmter, unter die Hypothek fallender Beträge der ZwV unterworfen hat, **KG** DNotZ 1926, 260 = Recht 1926 Nr 664, **OLG Colmar** OLG 17, 336, im übrigen wird auf die bereits angeführte Literatur und Rspr verwiesen.

Eine Vormerkung (dazu *§ 25 Bem 9ff.*) zur Sicherung des Anspruchs auf Unterwerfung unter die sofortige ZwV kann nur eingetragen werden, wenn gleichzeitig eine Vormerkung auf Umwandlung der Höchstbetragshypothek in eine fest bestimmte Hypothek eingetragen wird, *Güthe* GBO § 13 Vorbem 54. Wechselt der Hauptschuldner in die Stellung eines selbstschuldnerischen Bürgen, so ist eine erneute Unterwerfung unter die sofortige ZwV nicht erforderlich; bei einem bezifferten monatlichen Rentenbetrag, kann auch die ZwV wegen vereinbarter Verfallbeträge von der Klausel erfaßt werden, **BGH** DNotZ 1965, 544.

5. Die Eintragung der **Umwandlung** einer Höchstbetragshypothek in eine **V 106**
gewöhnliche Sicherungshypothek setzt nicht die vorherige Feststellung der Forderung voraus, **RG** RGZ 60, 245, *BGB-RGRK* BGB § 1190 Bem 28, *Palandt* BGB § 1190 Bem 5, *Planck* BGB § 1190 Bem 8, *Staudinger-Strecker* BGB § 1190 Bem 18ff. Bei der Umwandlung kann auch eine andere als die bisher gesicherte Forderung der Hypothek zugrunde gelegt werden, **KG** KGJ 31, 337.

Über die Umwandlung einer Hypothek oder Grundschuld ist im übrigen auf *§ 3 Bem 349* zu verweisen.

6. Eine **Forderungsauswechslung** iSd § 1180 BGB liegt bei der Höchst- **V 107**
betragshypothek nicht nur vor, wenn ein neuer Forderungskreis an die Stelle des bisher gesicherten tritt, sondern auch, wenn ein neuer Kreis von Forderungen zu dem in ihm aufgehenden, bereits bisher gesicherten Forderungskreis hinzutreten soll, **KG** KGJ 49, 224, HRR 1929 Nr 909, *BGB-RGRK* BGB § 1190 Bem 29, *Staudinger-Scherübl* § 1180 Bem 3, 3a, § 1190 Bem 13n, 19ff.

Im übrigen zur Forderungsauswechslung *§ 3 Bem 348*.

b) Gesamthypothek **V 108**

Dazu *Brand-Schnitzler* GBSachen § 118, *Güthe* GBO § 13 Vorbem 38

Eine Gesamthypothek liegt vor, wenn **für eine Forderung eine Hypothek an mehreren Grundstücken** besteht, § 1132 Abs 1 S 1 BGB.

Unzulässig ist die Eintragung einer Gesamthypothek mit der Maßgabe, daß der Gläubiger seine Befriedigung aus dem Grst nur insoweit suchen dürfe, als sie aus dem anderen bzw den anderen Grst nicht zu erlangen ist, **KG** RJA 9, 137, die Eintragung verschiedener Zahlungs- und Kündigungsbestimmungen für die einzelnen Grst, auch wenn sie im Wege nachträglicher Änderung erfolgt, **KG** RJA 11, 127, *BGB-RGRK* BGB § 1132 Bem 2ff., *Güthe* GBO § 13 Vorbem 38, *Predari* GBO § 49 Bem 1, *Staudinger-Scherübl* BGB § 1132 Bem 17, die Eintragung der Abtretung der Gesamthypothek nur bez eines einzelnen Grst oder eines Teils der Grst, **KG** OLG 12, 289, die Eintragung einer verschiedenen Belastung der Hypotheken an den einzelnen Grst, zB Pfändung oder Verpfändung nur bez eines der Grst, **RG** RGZ 63, 74, **KG** RJA 8, 136, JFG 3, 360, die Eintragung einer eine Gesamthypothek betreffenden Verfügungsbeschränkung nur bei einem Grst oder bei einigen Grst, **KG** JFG 6, 325, die Eintragung der Umwandlung einer Gesamthöchstbetragshypothek an nur einem bzw einigen Grst in eine Darlehenshypothek, **KG** JFG 4, 409 (412). Dagegen kann der Zinsfuß nur für eines oder einige der

Grst erhöht oder ermäßigt werden; der Zustimmung des Eigentümers des oder der anderen Grst bedarf es nicht, **KG** RJA 12, 267, OLG 2, 86, *Güthe* GBO § 48 Bem 28. Auch der Kapitalbetrag kann bei den einzelnen Grst — auch von Anfang an — in verschiedener Höhe eingetragen werden; die Gesamtbelastung besteht dann nur in Höhe des geringeren Betrags, **KG** KGJ 46, 229, **OLG Colmar** OLG 25, 212, **OLG Dresden** OLG 26, 163. Die mehrfache Belastung einer Gesamthypothek (mit mehreren Pfandrechten) erfordert Gleichheit des Rangverhältnisses der Pfandrechte bez aller Grst, **KG** KGJ 39, 248.

Unzulässig ist die **Zusammenfassung verschiedener Arten von Grundpfandrechten** zu einer Gesamtbelastung,

etwa einer Hypothek mit einer Grund- oder Rentenschuld oder einer Grundschuld mit einer Rentenschuld. Dies ist auch ausgeschlossen zwischen einer Brief- und einer Buchhypothek, **RG** RGZ 77, 175, und zwischen einer Verkehrs- und Sicherungshypothek **RG** RGZ 70, 245, **KG** OLG 10, 100, *BGB-RGRK* BGB § 1132 Bem 12ff. Soweit wertbeständige Grundpfandrechte zulässig sind (dazu *§ 28 Bem 12ff.*), kann eine wertbeständige Hypothek nicht mit einer DM-Hypothek zu einer Gesamthypothek verbunden werden; ebensowenig ist dies möglich zwischen mehreren wertbeständigen Hypotheken mit verschiedenem Wertmesser. Bez Hypotheken mit ausländischer Währung (*§ 3 Bem 324*) gelten die gleichen Grundsätze, und zwar bei mehreren derartigen Hypotheken bzw bei einer solchen Hypothek neben einer DM-Hypothek. Auch eine gewöhnliche Sicherungshypothek kann nicht mit einer Höchstbetragshypothek zu einer Gesamthypothek zusammengefaßt werden, *Güthe* GBO § 13 Vorbem 38. Über die Zulässigkeit der Eintragung einer Zwangshypothek, wenn bereits für dieselbe Forderung eine rechtsgeschäftliche Hypothek besteht, *§ 19 Bem 50.*

Zulässig ist die **Umwandlung** 2 auf je einem besonderen Grst lastenden Arresthypotheken von je *x* DM in eine dieselben beiden Grst erfassende Gesamtdarlehenshypothek von *x* DM, **KG** HRR 1933, Nr 201.

Im übrigen *§ 48 Bem 2ff.*

V 109 c) **Zwangs- und Arresthypothek**

Dazu *§ 3 Bem 344, 345, § 19 Bem 50, 51*

Über **Umwandlung** in eine Gesamthypothek *Vorbem 108.*

Unzulässig ist die **Vormerkung** einer Zwangs- oder Arresthypothek, **KG** RJA 2, 93.

Bei **Versicherungsunternehmungen** (dazu *Vorbem 150, 151*) ist die ZwV und Arrestvollziehung nur nach Maßgabe des § 77 Abs 2 VersAufsG zulässig. Darnach darf auf diese Weise über die Bestände des Deckungsstockes nur insoweit verfügt werden, wie für den Anspruch, zu dessen Gunsten verfügt wird, die Zuführung zum Deckungsstock vorgeschrieben und tatsächlich erfolgt ist; dazu *Prölß* VersAufsG § 77 Bem 3.

Zum **Bierlieferungsvertrag** in Bayern ist auf die Möglichkeit einer Eintragung einer Sicherungshypothek nach Art 14 bayAGBGB hinzuweisen.

V 110 d) **Bauhypothek und Baugeldhypothek**

Dazu *Güthe* GBO S 1744ff., *Staudinger-Riedel* BGB § 607 Bem 22, § 648 Bem 2, 3

Die Bauhypothek bzw Baugeldhypothek ist eine besondere Art der Sicherungshypothek; dazu *§ 3 Bem 322.*

Auch die **Bauhandwerkerhypothek** nach § 648 BGB ist eine besondere Art der Sicherungshypothek; sie steht selbständig und unabhängig neben der Bauhypothek und Baugeldhypothek; dazu *Staudinger-Riedel* BGB § 648 Bem 3, auch *Vorbem 111.* Dem Unternehmer eines Bauwerks oder eines einzelnen Teils desselben steht für seine Forderungen aus dem Werkvertrag iSd §§ 631ff. BGB ein Anspruch auf Einräumung einer

Sicherungshypothek an dem Baugrst des Bestellers zu. Ist der Bau noch nicht vollendet, so kann die Einräumung einer Sicherungshypothek für eine der geleisteten Arbeit entsprechenden Teil der Vergütung einschl Auslagen zu. Bei einem Werklieferungsvertrag kommt § 648 BGB nicht zur Anwendung, § 651 BGB; dazu *Staudinger-Riedel* BGB § 651 Bem 7, 9.

Der Anspruch auf die Bauhandwerkerhypothek steht nur dem Unternehmer zu, also demjenigen, der mit dem Besteller, dem Bauherrn, in unmittelbarer Beziehung wegen des Baues steht und den Bau durchführt, und zwar als Werkvertrag; dazu **BGH** MDR 1951, 728 = DB 1951, 816 = BB 1951, 602 Ls = HW 1951, 258 =LM § 648 BGB Nr 1 = DRspr I (138) 30a, *Staudinger-Riedel* BGB § 648 Bem 5, 6. Es steht daher nicht den Handwerkern usw zu, die nur Subunternehmer oder Unterakkordanten des Bauunternehmers sind, der das gesamte Bauvorhaben durchführt. Beim Architekten kommt es daher darauf an, wenn ihm diese Regelung zugute kommen soll, ob er als Unternehmer auftritt oder nicht, da er andernfalls sich nicht auf § 648 BGB berufen kann. Wohl kann die Tätigkeit des Architekten Werkvertrag sein — und sie ist es nach der neueren Auffassung auch überwiegend —, **BGH** BGHZ 31, 224 = NJW 1960, 431 = MDR 1960, 217 = JZ 1960, 126 = BB 1960, 113 = DB 1960, 118 = BBauBl 1960, 124 = LM § 631 BGB Nr 13 (*Rietschel*) = DRspr I (138) 92a, *Staudinger-Riedel* BGB § 631 Vorbem 20 (d); aber dies bedeutet noch nicht daß der Architekt Unternehmer iSd § 648 BGB ist. Reine Architekten-Leistungen sind also nicht identisch mit der Unternehmer-Tätigkeit; dazu insbes auch **OLG Karlsruhe** NJW 1961, 464 = BB 1960, 1263 *Barnikel* Sicherungshypothek für das Architektenhonorar DRiZ 1965, 191, *BGB-RGRK* BGB § 648 Bem 1, *Erman* BGB § 648 Bem 3, *Soergel* BGB § 648 Bem 1, *Staudinger-Riedel* BGB § 648 Bem 5, *Roth-Gabler* Architektengebührenordnung S 122, *Soergel* BGB § 648 Bem § 648 Bem 1. Daß der Architekt Unternehmer ist, kommt vor, und zwar dann, wenn er über die Architektenleistungen hinaus sich verpflichtet, das Bauvorhaben selbst durchzuführen. Wieweit darüber hinaus die Tätigkeit des Architekten als Unternehmertätigkeit anzusehen ist und daher für den Honoraranspruch § 648 BGB anzuwenden ist, ist strittig; allgemein verneinend **OLG Karlsruhe** aaO, bejahend, wenn neben den reinen Planungsarbeiten auch die Übertragung der Bauausführung erfolgt ist, **LG Hamburg** MDR 1963, 411 Ls, bejahend auch für reine Planungsarbeiten, wenn das Bauobjekt zur Ausführung kommt, **OLG Hamm** NJW 1962, 1399 = MDR 1962, 735 = JurBüro 1963, 53, **KG** NJW 1963, 813, bejahend, aber die Verneinung für den Einzelfall nach Treu und Glauben offen lassend, **OLG Düsseldorf** NJW 1963, 1459 = MDR 1963, 676; dazu auch **OLG München** OLGZ 1965, 143. Man wird eine Mittelauffassung vertreten müssen, um dem § 648 BGB gerecht zu werden; es muß also irgendeine unmittelbare Beziehung zum Bau und Bauen vorhanden sein, also bei Übertragung der Bauausführung und -überwachung, in diesem Falle dann auch wegen der Planungsarbeiten. Beim Statiker fehlt die unmittelbare Beziehung zum Bau, er hat daher keinen Anspruch auf eine Bauwerks-Sicherungshypothek, **OLG München** aaO.

Der Unternehmer hat Anspruch auf Eintragung einer Sicherungshypothek. Der GrstEigentümer kann sich dazu freiwillig bereit erklären, andernfalls ist der Anspruch im Prozeßweg erzwingbar; dazu *Staudinger-Riedel* BGB § 648 Bem 9. Über Eintragung einer Vormerkung *§ 25 Bem 43.*

Zum Bauvermerk und zur Bauhypothek sowie Baugeldhypothek ist auf folgendes hinzuweisen:

1. Der **Bauvermerk** ist der Vermerk im GB, daß ein Grst bebaut werden soll, § 11 Abs 1 BaufSG (*Anh*); dazu *§ 3 Bem 296.* **V 111**

Der Bauvermerk ist auf dem GBBlatt der Baustelle **einzutragen**. Bildet die Baustelle nur einen Teil eines Grst, so ist sie vom Grst abzuschreiben und als selbständiges Grst einzutragen, § 11 Abs 1 BaufSG (*Anh*); dazu *§ 7 Bem 30.* Es handelt sich hierbei um reale GrstTeile, nicht um ideelle Miteigentums- oder Gesamthandsteile. Die Abschreibung hat von Amts wegen zu erfolgen. Dazu *Hagelberg* BaufSG § 11 Bem 4, 5. Erstreckt sich die Baustelle auf mehrere Grst, so wird der Bauvermerk auf jedem der Grst eingetragen. Wenn es sich um buchungsfreie Grst handelt, also um solche, die nicht eingetragen sind und es nicht zu sein brauchen (dazu *§ 3 Bem 53ff.*), so unterbleibt auch die Eintragung, § 12 Abs 2 BaufSG (*Anh*);dazu *Hagelberg* BaufSG § 11 Bem 4, § 12 Bem 3. Soll in einem solchen Falle eine Eintragung erfolgen, so muß zuvor ein GBBlatt eröffnet werden. Die Eintragung des Bauvermerks unterbleibt auch bei entsprechender Sicherheitsleistung, bei Grst des Fiskus sowie von Körperschaften des öffentlichen Rechts ua, § 12 BaufSG (*Anh*); zur Sicherheit §§ 41ff. BaufSG (*Anh*). Soll ein Gebäude von einem **Erbbauberechtigten** errichtet werden, so ist im Bereiche der Anwendung des BaufSG der Bauvermerk auf dem GBBlatt des Erbbaurechts einzutragen, wobei der Wert des Erbbaurechts an die Stelle des Baustellenwertes tritt, § 61 BaufSG (*Anh*).

Mit der Eintragung des Bauvermerks erwerben die Baugläubiger den Anspruch auf Eintragung einer Bauhypothek, nämlich einer Hypothek für ihre Bauforderungen; der Bauvermerk hat die **Wirkung einer Vormerkung** zur Sicherung dieses Anspruchs, § 11 Abs 2 BaufSG (*Anh*). Damit geht die Wirkung über die Sicherung des § 648 BGB hinaus, da die Eintragung schon vor Baubeginn erfolgen kann und nicht wie bei letzterer Vorschrift die Ausführung der Arbeiten abgewartet werden muß, **RG** RGZ 58, 301, *Hagelberg* BaufSG § 11 Bem 8. Über die spätere Eintragung der Bauhypothek § 27 BaufSG (*Anh*); darnach wird die Bauhypothek bei gleichzeitiger Löschung des Bauvermerks eingetragen, sobald die Bauforderung fristgemäß angemeldet worden sind.

Da es sich bei dem Bauvermerk um eine Eintragung handelt, die eine **Vormerkung auf eine Hypothek** enthält, richtet sich hiernach die Stelle der Eintragung. Es hat daher nach § 12 Abs 1b GBVfg (*GT 4*) die Eintragung in der 3. Abteilung zu erfolgen; so auch *Hagelberg* BaufSG § 11 Bem 4, *Predari* GBO S 129, **aA** *Güthe* GBO S 1746 (1747), wonach Eintragung in der 2. Abteilung angenommen wird; dazu *§ 3 Bem 293*.

Die Baupolizeibehörde darf die **Bauerlaubnis** nur erteilen, wenn die Eintragung des Bauvermerks nach § 12 BaufSG (*Anh*) unterblieben ist oder wenn der Bauvermerk eingetragen ist und entweder die dem Bauvermerk vorgehenden oder ihm gleichstehenden Belastungen $^3/_4$ des Baustellenwerts nicht übersteigen oder in Höhe des Überschusses Sicherheit durch Hinterlegung von Geld oder Wertpapieren geleistet ist. § 13 Abs 1 S 1 aaO. Der Baustellenwert wird durch das Bauschöffenamt festgestellt; es handelt sich um den Wert der unbebauten Baustelle; dazu § 15 BaufSG. Die Eintragung des Bauvermerks erfolgt auf **Ersuchen der Baupolizeibehörde**, § 16 Abs 1 BaufSG (*Anh*); dazu *§ 38 Bem 82ff.* Die Baupolizeibehörde hat zuvor die gesetzlichen Voraussetzungen zu prüfen; dazu *Hagelberg* BaufSG § 16 Bem 2. Sind diese erfüllt, so ist das Ersuchen an das GBA zu richten; dazu *Hagelberg* aaO Bem 3.

Von der Eintragung hat das GBA der Baupolizeibehörde **Mitteilung** zu machen. In der Mitteilung ist der Gesamtbetrag der dem Bauvermerk vorgehenden oder ihm gleichstehenden Belastungen anzugeben, § 16 Abs 2 BaufSG (*Anh*). Mitzuteilen sind an Belastungen die Hypotheken und Grundschulden mit ihrem Kapitalbetrag und 2jährigen Zinsen, die Rentenschulden und solche Reallasten, welche die Leistung von Geldrenten zum Gegenstand haben, mit ihrer Ablösungssumme. ferner die nicht ablösbaren Geldrenten mit ihrem nach § 9 ZPO zu berechnenden Werte, § 14 Abs 1 Z 1 bis 3 BaufSG (*Anh*).

Für die **Prüfungspflicht des GBA** gelten keine Besonderheiten; dazu *§ 18 Bem 83ff.* Es hat zu prüfen, ob die ersuchende Baupolizeibehörde und das GBA zuständig sind, ob das Ersuchen der Form entspricht; dazu *Hagelberg* BaufSG § 16 Bem 9.

Der Abschnitt II des BaufSG (*Anh*) gilt nur im Rahmen der §§ 9, 10 BaufSG (*Anh*), nämlich in den durch landesrechtliche VO bestimmten Gemeinden. In diesen Gemeinden sind Bauschöffenämter zu errichten.

2. Bez der **Bauhypothek** iSd BaufSG (*Anh*), über dessen Geltungsbereich auf *Vorbem 111* verwiesen wird, ist folgendes zu bemerken: **V 112**

Wenn feststeht, daß baupolizeiliche Bedenken, das Gebäude in Gebrauch zu nehmen, nicht bestehen, hat die Baupolizeibehörde dies binnen 2 Wochen in dem für ihre Bekanntmachung bestimmten Blatt zu veröffentlichen. Innerhalb einer Frist von 1 Monat seit der Einrückung der **Bekanntmachung** können die Baugläubiger nach § 22 BaufSG (*Anh*) auf Grund des Bauvermerks ihre Bauforderungen bei dem Bauschöffenamt anmelden; darauf soll in der Bekanntmachung hingewiesen werden. Der Begriff der **Baugläubiger** bestimmt sich nach §§ 18, 19 aaO, der Begriff der **Bauforderung** nach § 20 aaO. Baugläubiger sind vor allem die an der Herstellung des Gebäudes auf Grund eines Werk- oder Dienstvertrags Beteiligten sowie diejenigen, die zur Herstellung des Gebäudes Sachen geliefert haben, wenn die Verträge von dem Eigentümer der Baustelle oder für seine Rechnung geschlossen worden sind. Bauforderung ist nur ein Anspruch eines Baugläubigers auf die in Geld vereinbarte Vergütung; der Anspruch kommt nur insoweit in Betracht, als die Leistung in den Bau verwendet worden ist.

Die **Anmeldung** einer Bauforderung ist nach § 23 BaufSG (*Anh*) nur wirksam, wenn bis zum Ablauf der Anmeldefrist die schriftliche Zustimmung des Eigentümers zur Anmeldung oder eine gegen diesen ergangene, die Anmeldung zulassende einstweilige Verfügung eingereicht wird. Bei dem Eigentümer muß es sich um den wirklichen Eigentümer im Zeitpunkt der Anmeldung handeln; unerheblich ist, ob er im GB eingetragen ist oder nicht; dazu *Hagelberg* BaufSG § 23 Bem 3. Die Wirksamkeit der Anmeldung ist vom Bauschöffenamt, vom GBA und von dem Vollstreckungsgericht zu prüfen, wenn sie tätig werden; dazu *Hagelberg* aaO § 23 Bem 10. Die Zurücknahme der Anmeldung bedarf der in § 29 GBO bestimmten Form; der Zurücknahme steht es gleich, wenn für die angemeldete Forderung entsprechende Sicherheit geleistet wurde, § 24 BaufSG (*Anh*). Die Wirkung der Zurücknahme besteht darin, daß die Anmeldung als nicht erfolgt gilt; dazu *Hagelberg* aaO § 24 Bem 9. Die Anmeldungen müssen dem Bauschöffenamt zugehen; daher haben die Baupolizeibehörde und das GBA die Anmeldungen nebst Beilagen ihm zuzuleiten, § 25 BaufSG (*Anh*).

Liegen nach Ablauf der Anmeldefrist keine wirksamen Anmeldungen vor, so wird der **Bauvermerk** auf Ersuchen des Bauschöffenamts **gelöscht**; mit dieser Löschung erlischt der Anspruch des Baugläubigers auf Eintragung der Bauhypothek, § 27 Abs 1 BaufSG (*Anh*).

Sind dagegen wirksame Anmeldungen von Bauforderungen innerhalb der Frist erfolgt, so wird für sie von Amts wegen unter Löschung des Bauvermerks eine als **Bauhypothek** zu bezeichnende Hypothek **eingetragen**. Die Hypothek entsteht mit der Eintragung, sie gilt als Sicherungshypothek, auch wenn sie im Grundbuch nicht als solche bezeichnet ist, § 27 Abs 2 BaufSG (*Anh*); dazu *§ 3 Bem 332*.

Die Bauhypothek wird in der 3. Abteilung des GB eingetragen. Der Rang bestimmt sich gemäß § 32 BaufSG (*Anh*) nach dem Rang des Bauvermerks. Die Bauhypothek entsteht mit der Eintragung, jedoch nur, wenn die **Voraussetzungen** dazu vorliegen. Die Mängel können formeller oder materieller Art sein; dazu *Hagelberg* BaufSG § 27 Bem 13. Hiernach liegt eine formelle Unrechtmäßigkeit z B vor, wenn die Hypothek nicht als Bauhypothek bezeichnet ist, wenn Eintragung vor Ablauf der Anmeldefrist erfolgt. Materielle Mängel sind zB das Fehlen der Voraussetzungen einer Bauforderung iSd BaufSG (*Anh*) oder Nichtigkeit der Forderung. Die Bauhypothek kommt nur in der Form der Sicherungshypothek vor; sie ist es daher auch, wenn sie im GB nicht als solche bezeichnet wurde, *§ 3 Bem 332*. Es gelten deshalb die Vorschriften der §§ 1184ff. BGB; dazu *Hagelberg* aaO Bem 11. Bei der Eintragung der Bauhypothek sind außer ihrem Gesamtbetrag die den einzelnen Baugläubigern zustehenden Teilbeträge anzugeben, § 27 Abs 3 BaufSG (Anh), da die Teilbeträge der Bauhypothek selbständig sind; dazu *Hagelberg* aaO Bem 12, bez Rang § 29 BaufSG (*Anh*). Zinsen dürfen bei Bauforderungen nicht eingetragen werden, doch bleibt die Haftung für gesetzliche Zinsen nach § 1118 BGB unberührt, § 27 Abs 4 aaO. Soweit nach § 13 aaO Sicherheit geleistet ist, mindert sich der Betrag der Bauhypothek, § 27 Abs 5 aaO. Über Besonderheiten bei Nachmännern des Bauunternehmers § 28 aaO.

Der **Rang** der Bauhypothek richtet sich gemäß § 32 BaufSG (*Anh*) nach der Eintragung des Bauvermerks, da der Bauvermerk als Vormerkung wirkt, § 11 Abs 2 aaO. Die Baugeldhypothek (dazu *Vorbem 113*) hat jedoch den Vorrang, § 34 BaufSG (*Anh*), wenn die gesetzlichen Voraussetzungen erfüllt sind. Nießbrauchs- und Wohnungsrechte nach §§ 1030ff., 1093 BGB (dazu *Vorbem 73ff.* und *65*) stehen der Bauhypothek im Range nach, § 32 Abs 1 aaO; dazu *Hagelberg* BaufSG § 32 Bem 3. Bei Eintragung der Bauhypothek ist der Rang einzutragen, § 32 Abs 2 aaO. Es handelt sich hier um eine gbrechtliche Ordnungsvorschrift; dazu *Hagelberg* aaO § 32 Bem 5. Für die Anteile regelt sich der Rang nach § 29 BaufSG (*Anh*). Mehrere bei der Eintragung der Bauhypothek berücksichtigte Bauforderungen haben unter sich gleichen Rang; wenn es sich aber um Haftung für Lohnrückstände von Bauarbeiten handelt, gebührt diesen bis zur Höhe des auf 2 Wochen entfallenden Lohnes der Vorrang vor den übrigen Bauforderungen. Dieser Vorrang ist bei der Eintragung der Bauhypothek im GB ersichtlich zu machen; wenn ungewiß ist, ob und in welcher Höhe der Vorrang für eine Bauforderung besteht, ist ein Widerspruch einzutragen. Der Vorrang wird von Amts wegen in das GB eingetragen. Es hat daher das GBA zu prüfen, ob die Voraussetzungen für den Vorrang vorliegen oder unklar sind; dazu *Hagelberg* BaufSG § 29 Bem 8, 9. Abgesehen von dem Rang der Lohnrückstände gilt keine Besonderheit, die übrigen Anteile der Bauhypothek haben unter sich Gleichrang; dazu *Hagelberg* aaO Bem 10. Wenn sich ein Anteil der Bauhypothek in eine Eigentümergrundschuld umwandelt, so kann diese nicht zum Nachteil der anderen Baugläubiger geltend gemacht werden, § 29 Abs 2 aaO. Dasselbe gilt nach § 29 Abs 3 BaufSG (*Anh*) bei Umwandlung eines Teils der Bauhypothek in eine gewöhnliche Hypothek, Grund- oder Rentenschuld oder bei Forderungsauswechslung; dazu *Hagelberg* BaufSG Bem 11ff. In diesen Fällen tritt daher dieses Grundpfandrecht im Range zurück.

Zwecks Eintragung der Bauhypothek hat das Bauschöffenamt gemäß § 30 BaufSG (*Anh*) nach Ablauf der Anmeldefrist dem GBA die Anmeldungen und die die Wirksamkeit oder die Zurücknahme einer Anmeldung betreffenden Urkunden zuzuleiten. Das **Bauschöffenamt** hat alle einschlägigen **Urkunden** zu **übersenden**, nicht nur solche, die sich auf wirksame Anmeldungen beziehen; dazu *Hagelberg* BaufSG § 30 Bem 2. Wenn nach § 26 BaufSG (*Anh*) oder in sonstiger Weise eine Einigung der Beteiligten über den Gesamtbetrag der Hypothek, die Anteile der einzelnen Baugläubiger und den Vorrang der Bauforderungen von Bauarbeitern erfolgt ist, so hat das GBA die **Eintragung der Bauhypothek** entsprechend dieser Mitteilung vorzunehmen. Wenn Einigungsverhandlungen schweben, kann das Bauschöffenamt die Übersendung der Urkunden bis zum Abschluß der Verhandlungen, jedoch spätestens bis zum Ablauf 1 Monats nach Ablauf der Anmeldefrist aussetzen.

Für die **ZwVerst** und **ZwVerw** gelten die besonderen Vorschriften der §§ 37 bis 40 BaufSG (*Anh*). Wird ein solches Verfahren angeordnet, ehe die Bauhypothek eingetragen ist, so kann jeder Baugläubiger, der seine Bauforderung wirksam angemeldet hat, Befriedigung aus dem Grst verlangen, wie wenn die Bauhypothek eingetragen wäre.

3. Für die **Baugeldhypothek** iSd BaufSG (*Anh*), über dessen Geltungsbereich auf *Vorbem 111* verwiesen wird, gilt folgendes: **V 113**

Wird eine dem Bauvermerk (dazu *Vorbem 111*) im Range nachstehende Hypothek zugunsten eines Gläubigers eingetragen, der die Gewährung von Baugeld übernommen hat, so gelten nach § 33 BaufSG (*Anh*) für diese Hypothek, wenn sie **bei der Eintragung als Baugeldhypothek bezeichnet** ist, die Besonderheiten der §§ 34 bis 36 BaufSG (*Anh*).

Sie dient im Regelfall der Sicherung eines Darlehens. Unter **Baugeld** sind nach § 1 Abs 3 BaufSG (*Anh*) zu verstehen Geldbeträge, die zum Zwecke der Bestreitung der Kosten eines Baues in der Weise gewährt werden, daß zur Sicherung der Ansprüche des Geldgebers eine Hypothek oder Grundschuld an dem zu bebauenden Grst dient oder die Übertragung des Eigentums an dem Grst erst nach gänzlicher oder teilweiser Herstellung des Baues erfolgen soll. Als **Geldbeträge**, die zwecks Bestreitung der Kosten eines Baues gewährt werden, gelten insbes solche, die gegen eine als Baugeldhypothek bezeichnete Hypothek iSd § 33 BaufSG (*Anh*) gewährt werden. Es kann sich nur um eine **Hypothek** handeln, wobei die verschiedensten Formen der Hypothek möglich sind (dazu *§ 3 Bem 321d*), wie Verkehrs-, Sicherungs-, Höchstbetrags-, Brief- oder Buchhypothek; dazu *Hagelberg* BaufSG § 33 Bem 2. Mit Rücksicht auf den klaren Wortlaut des § 33 BaufSG (*Anh*) kann die Form einer Grundschuld nicht gewählt werden, wenn sich auch aus § 1 Abs 3 BaufSG (*Anh*) ergibt, daß Baugelder durch Grundschuld gesichert werden können; dazu *Hagelberg* BaufSG § 33 Bem 4, *Jakobi* BaufSG § 33 Bem 2. Die Baugeldhypothek muß **Rang** nach dem Bauvermerk haben. Dies ist der Fall, wenn sie später eingetragen ist, aber auch, wenn eine Rangänderung erfolgt ist, § 33 Abs 1 BaufSG (*Anh*); dazu *Hagelberg* BaufSG § 33 Bem 5. Man wird auch bei Gleichrang von Bauhypotheken und Bauvermerk die besonderen Vorschriften des BaufSG § 14 Abs 3, § 33 Abs 1 anwenden; dazu *Hagelberg* aaO Bem 7. **Umwandlung** einer Baugeldhypothek in eine Grundschuld, in eine gewöhnliche Hypothek usw und umgekehrt ist zulässig; dazu *Hagelberg* aaO Bem 9, 10.

Für das GB ist wichtig, daß die Baugeldhypothek **im GB** als solche **bezeichnet** werden muß, § 33 Abs 1 BaufSG (*Anh*). Dies ist wesentliche Voraussetzung; daher ist es ratsam keine andere Bezeichnung zu verwenden. Eine versehentliche, jedoch unrichtige Bezeichnung als Baugeldhypothek schafft nicht die Voraussetzungen für die Anwendung der besonderen Vorschriften, wenn die gesetzlichen Voraussetzungen in Wirklichkeit fehlen. Bei dem **Eintragungsantrag** ist der entsprechende Antrag auf Eintragung als Baugeldhypothek zu stellen; dazu *Hagelberg* BaufSG § 33 Bem 8. Eine Baugeldhypothek soll nur eingetragen werden, wenn der Baugeldvertrag bei dem GBA eingereicht ist, § 33 Abs 2 S 1 BaufSG (*Anh*). Der Vertrag ist im Original vorzulegen und bleibt beim GBA, § 10 GBO. Solange der Vertrag nicht eingereicht wird, soll die **Eintragung** der Hypothek als Baugeldhypothek nicht vollzogen werden. Eine Eintragung entgegen dieser Ordnungsvorschrift ist aber wirksam. Die nachträgliche Einreichung des Vertrags kann vom GBA erzwungen werden, und zwar nach § 33 FGG (*Anh*); dazu *§ 1 Bem 25*, auch *Hagelberg* BaufSG § 33 Bem 11. Für die Einsicht gilt § 12 GBO; dazu *Hagelberg* aaO Bem 12.

Das GBA soll eine Abschrift des Baugeldvertrags dem Bauschöffenamt mitteilen, § 33 Abs 2 S 2 BaufSG (*Anh*).

Die Baugeldhypothek hat nach § 34 BaufSG (*Anh*) den **Vorrang** vor der Bauhypothek und den dem Bauvermerk gleichstehenden Belastungen, § 13 Abs 1 aaO, soweit durch eine in Anrechnung auf das Baugeld geleistete Zahlung eine Bauforderung getilgt worden ist; dasselbe gilt bezüglich einer Zahlung, die in Anrechnung auf das Baugeld an den Eigentümer in Höhe einer von diesem getilgten Bauforderung bewirkt worden ist. Der Vorrang hat dinglichen Charakter; dazu *Hagelberg* BaufSG § 34 Bem 2. Die

Regelung der §§ 34ff. aaO gilt auch bei bestehenden Zwischenbelastungen; dazu *Hagelberg* aaO Bem 3. Hat die Bauforderung nicht bestanden, so hat die Baugeldhypothek trotzdem den Vorrang, außer wenn dem Baugeldgeber zur Zeit seiner Zahlung bekannt oder infolge grober Fahrlässigkeit unbekannt war, daß die Forderung nicht bestanden hat. Dasselbe gilt, wenn ein Nachmann für dieselbe Leistung eine Bauforderung hat und der Vormann nicht über ausreichende Mittel zur Befriedigung der Forderungen seiner Nachmänner verfügt oder nicht die Absicht hat, diese Forderungen in vollem Umfange zu befriedigen. Die Beweislast ist bei dem Gegner des Baugeldgebers; dazu *Hagelberg* aaO Bem 16. Der Vorrang bezieht sich auf Zinsen bis zu 5 % und auf die in § 1118 BGB bezeichneten Kosten, nicht aber auf $^1/_5$ Baugeld, wenn innerhalb 2 Wochen seit Beginn der Anmeldefrist ein Baugläubiger Widerspruch gegen die Auszahlung erhoben hat.

Auf Antrag des Baugeldgebers bestellt das Amtsgericht nach § 35 BaufSG (*Anh*) einen **Treuhänder**; dazu *§ 3 Bem 279*. Die durch Vermittlung oder auf Anweisung des Treuhänders geleisteten Zahlungen begründen den Vorrang vor der Bauhypothek.

Der Vorrang besteht kraft Gesetzes, die GBEintragung hat daher nicht konstitutive Bedeutung; dazu *Hagelberg* BaufSG § 34 Bem 5. Nur für den Fall des Treuhänders besteht in § 36 aaO eine Sonderregelung. In diesem Falle hat das GBA auf Antrag des Baugeldgebers den Vorrang der Baugeldhypothek vor der Bauhypothek in das GB einzutragen, wenn von dem Treuhänder in öffentlich beglaubigter Form bescheinigt wird, daß Zahlungen durch seine Vermittlung oder auf seine Anweisung geleistet worden sind oder daß Hinterlegung nach § 34 Abs 3 aaO erfolgt ist.

V 114 **b) Grundschuld**

Dazu *§ 3 Bem 350*, *Brand-Schnitzler* GBSachen § 110, *Güthe* GBO § 13 Vorbem 55ff. und S 1853ff., im übrigen *Vorbem 80*

Da die Grundschuld nach § 1191 BGB eine **Belastung** des Grst ist, die **unabhängig von einer Forderung** besteht, dies auch zum Wesen der Grundschuld gehört (dazu *§ 3 Bem 350a*), ist eine Eintragung der persönlichen Forderung, deren Sicherung die wirtschaftliche Veranlassung und den Rechtsgrund der Grundschuldbestellung bildet, unzulässig, **RG** RGZ 80, 350; dazu auch *Bourier* BayNotV 1930, 236. Auch die sog Sicherungsgrundschuld ist daher sachenrechtlich von der Forderung unabhängig; dazu **BGH** WM 1962, 183, DNotZ 1963, 426 (*Ripfel*) = WM 1963, 29, *BGB-RGRK* BGB § 1191 Bem 1, *Palandt* BGB § 1191 Bem 2 (c), *Staudinger-Scherübl* BGB § 1191 Bem 4a, 6ff. Der Besteller einer Sicherungsgrundschuld hat gegen den Sicherungsnehmer einen durch die Tilgung der gesicherten Forderung aufschiebend bedingten schuldrechtlichen Anspruch auf Übertragung der Grundschuld; dieser Anspruch kann schon vor Eintritt der Bedingung abgetreten werden mit der Folge, daß eine spätere Pfändung des Anspruchs ins Leere geht, **BGH** DNotZ 1958, 383 (*Hoche*) = Rpfleger 1958, 53 (*Bruhn*) = WM 1957, 1458 = LM § 313 BGB Nr 14, § 1191 BGB Nr 3 Ls. Wenn im ZwVerstVerfahren ein Gläubiger einer Sicherungsgrundschuld im Teilungsverfahren nur einen Teilbetrag beansprucht, so bedeutet dies nicht ohne weiteres den Verzicht auf den Mehrbetrag, **BGH** DB 1960, 1125 = WM 1960, 1092. Wenn auf einem Grst, auf dem eine Gastwirtschaft betrieben wird, eine Grundschuld für ein Brauereidarlehen bestellt wird, so übernimmt der Käufer des Grst mit der Grundschuld einschl Nebenleistungen sowie den Lasten des Grst nicht auch eine persönliche Bierbezugsverpflichtung des Verkäufers gegenüber der Brauerei, **OLG Celle** DNotZ 1965, 571.

Dazu auch **RG** RGZ 95, 245/142, 139/143, 113/148, 202/150, 371, WarnRspr 1934 Nr 93, **OLG München** JFG 16, 291,

Capeller MDR 1953, 153, *Hieber* BayNotV 1928, 144, *Herold* Die Grundschuld als Kreditmittel BlGBW 1958, 295, *Janberg* ZfgesKrW 1949, 496, *Kowalski* Die Grundschuld im modernen GBVerkehr Berlin-Leipzig 1932, JW 1934, 1837, *Lindemann* JW 1931, 2613, *Räbel* NJW 1953,

1247, *Seckelmann* Die Grundschuld als Sicherungsmittel Berlin-Bielefeld-München 1963, *Thieme* Sicherungsgrundschuld und Eigentümergrundschuld JR 1953, 153 = DRspr I (154) 20e, *Waldmann* BayNotV 1939, 249, *Weisbecker* Die Grundschuld in ihren Beziehungen zur persönlichen Forderung München 1922, *Wörbelauer* Die „Valutierung" der Grundpfandrechte und der Auftrag des Geldgebers an den Notar DNotZ 1965, 518

Ein dinglicher Zusammenhang zwischen Grundschuld und der etwa gesicherten persönlichen Forderung besteht nicht, darf daher auch nicht zum Inhalt der GBEintragung gemacht werden. Die Grundschuld hat also abstrakten Charakter, **OLG Köln** MDR 1959, 212 = BlGBW 1959, 47. Es kann eine Grundschuld auch der Sicherung verschiedener Steuerforderungen dienen, **OLG Köln** NJW 1960, 1110; bez Hypothek *Vorbem 84*, im übrigen *§ 19 Bem 50* (*2b*). Über Grundschuld zur Sicherung einer fremden Schuld **KG** NJW 1960, 414.

Über Vereinbarung zur Verrechnung von **Zahlungen** bei Grundschuld **OLG Bamberg** Rpfleger 1963, 199 (*Haegele*); es ist eine Vereinbarung zwischen Gläubiger und Schuldner/GrstEigentümer zulässig, wonach alle Zahlungen des Schuldners zur Tilgung der durch die Grundschuld gesicherten persönlichen Forderungen erfolgen. Rückzahlungen auf die Forderung führen nicht ohne weiteres zur Entstehung einer Eigentümergrundschuld, da dazu Ablösung der Grundschuld nötig ist, **BGH** DB 1960, 1125 = WM 1960, 1092. Die Klausel, daß alle Zahlungen in DM und zu Händen der Empfangsberechtigten zu leisten seien, ist nicht als Aufrechnungs- oder Hinterlegungsverbot aufzufassen und daher eintragungsfähig. **OLG Düsseldorf** NJW 1958, 1142, Es kann eine Zahlungsgarantie vereinbart werden, **BayObLG** Rpfleger 1952, 552 (*Rohs*), jedoch besteht keine Eintragungsfähigkeit. Weiter ist nicht eintragungsfähig eine Vereinbarung, die dem Grundschuldgläubiger nur die Beweisführung für die Verrechnung von Zahlungen des Eigentümers auf die Grundschuld erleichtert, **OLG Saarbrücken** DRZ 1949, 421. Nicht eintragungsfähig ist ferner die Bestimmung, daß aus dem Grst diejenigen Beträge nicht zu zahlen sind, die aus dem zugrundeliegenden persönlichen Schuldverhältnis nicht geschuldet werden, daß also dem Eigentümer eine Einrede gegen die Grundschuld insoweit zustehen solle, als sie nicht valutiert sei, **KG** JW 1932, 1759 = DNotV 1932, 190; dazu *Staudinger-Scherübl* BGB § 1191 Bem 8a. Dasselbe gilt von der Bestimmung, daß Zahlungen, die der Schuldner dem Gläubiger leistet, auf die Grundschuld nicht anzurechnen sind und keinen Übergang der Grundschuld auf den Eigentümer bewirken sollen, **KG** JW 1933, 64 = DNotV 1932, 191, *Staudinger-Scherübl* BGB § 1191 Bem 6ff. Es darf weiter nicht die Fälligkeit des Kapitals der Grundschuld oder die Verpflichtung zur Entrichtung von Nebenleistungen von Veränderungen der zu sichernden Forderung abhängig gemacht und ins GB eingetragen werden, **OLG Celle** NdsRpfl 1954, 126 = DNotZ 1954, 473 = DRspr I (154) 25b. Es kann auch keine Bezugnahme auf die zu sichernde Darlehensforderung unter völliger Verknüpfung mit den Darlehensbestimmungen über Strafzinsen und Fälligkeit erfolgen, **LG Verden** Rpfleger 1955, 74 (*Bruhn*).

Für **Grundschuldzinsen** gelten § 1191 Abs 2, § 1192 Abs 2 BGB; dazu *BGB-RGRK* BGB § 1192 Bem 6, *Palandt* BGB § 1192 Bem 3, *Staudinger-Scherübl* BGB § 1192 Bem 14. Es findet auch § 1178 BGB entsprechende Anwendung; es erlischt also die Grundschuld für Rückstände von Zinsen, wenn der GrstEigentümer die Zinsen aus der Grundschuld zahlt, wobei dieser Teil der Grundschuld erlischt, so daß der nachfolgende Grundpfandgläubiger mit seinem Recht nachrückt. Die Grundschuld für Zinsen erlischt aber nicht schon mit der Tilgung der Zinsen für die der Grundschuld zugrunde liegenden persönlichen Forderungen, da Grundschuld und Forderung unabhängig voneinander sind. Dazu **BGH** DNotZ 1966, 98 = BB 1965, 931 = DB 1965, 1477 = BWNotZ 1965, 343 Ls = DRspr I (154) 70d bez Grundschuldzinsen bei Grundschuld zur Sicherung einer Forderung aus einer Geschäftsverbindung und der Bedeutung für das ZwVerstVerfahren, § 10 Abs 1 Z 4 ZVG.

Die mit der Grundschuldbestellung verknüpfte Darlehensbestimmung des Inhalts, daß die Grundschuld sofort fällig sein soll, wenn die vereinbarte Sicherstellung des Darlehens unwirksam ist, ist nicht eintragungsfähig, **OLH Hamm** RPfleger 1956, 343 (*Bruhn*). Als Inhalt einer Grundschuld kann nicht eingetragen werden, daß die sofortige Auszahlung der Grundschuld verlangt werden kann, wenn die dingliche Sicherung des Darlehens aus irgendeinem Grunde unwirksam ist; der Antrag auf Eintragung einer Grundschuld ist in vollem Umfang zurückzuweisen, wenn eine Bewilligung zugrunde liegt, die eine solche Bestimmung enthält, **OLG Hamm** DNotZ 1956, 43 (*Fritz Riedel*).

Unzulässig ist die Eintragung der Verzichts (§ 1168 BGB) auf eine Eigentümer-Grundschuld, da ein Verzicht begrifflich nur möglich ist, wenn Eigentümer und Gläubiger verschiedene Personen sind, **KG** JFG 4, 433. Zum Zahlungsort *Löscher* Grundschuld-Zahlungsort JurBüro 1962, 254.

Gesamtschuld ist möglich und zulässig, da § 1132 BGB anwendbar ist; dazu *Staudinger-Scherübl* BGB § 1192 Bem 11. Es ist auch zulässig zugunsten von Grst-Eigentümern mit Bruchteils- und Alleineigentum eine Grundschuld zu bestellen, die zugleich Eigentümer- und Fremdgrundschuld ist, **BayObLG** BayObLGZ 1962, 184 = NJW 1962, 1725 = DNotZ 1963, 186 = Rpfleger 1963, 410 (*Haegele*) = ZMR 1963, 12 = DRspr I (154) 56b, **aA** (überholt) **LG Nürnberg-Fürth** Rpfleger 1960, 156. Zur Sicherung derselben Forderung können **mehrere Grundschulden** eingetragen werden; dazu *Vorbem 86*.

Einen besonderen Fall erörtert **BGH** NJW 1955, 586 = MDR 1955, 344, wonach derjenige, der bei der Hingabe eines Darlehens mit dem Schuldner vereinbart, daß zu seiner Sicherung eine Grundschuld auf einem Grst des Schuldners eingetragen werden soll, im allgemeinen nicht **sittenwidrig** iSd § 826 BGB handelt, wenn er sich die vereinbarte Sicherung gewähren läßt, obwohl er zwischenzeitlich erfahren hat, daß der Schuldner das Grst mit Mitteln erworben hatte, die durch eine vom Schuldner begangene strafbare Handlung erlangt waren. Wenn jemand auf die Einräumung der Grundschuld auf Grund Vertrags ua einen Rechtsanspruch hat, so besteht keine allgemeine sittliche Verpflichtung, die Ausübung des Rechts zu unterlassen, wenn sie einem anderen zum Schaden gereicht, und damit das eigene berechtigte Interesse dem Interesse des anderen nachzusetzen, **RG** RGZ 138, 373 (376).

Ist eine **Grundschuld nicht entstanden**, so ist das GB unrichtig. Es kann dann **Berichtigung des GB** erfolgen, wenn die Voraussetzungen vorliegen, nach § 22. Ein Urteil des Prozeßgerichts, durch das die Klage des eingetragenen Grundschuldgläubigers gegen den GrstEigentümer auf Herausgabe des Grundschuldbriefes abgewiesen worden ist, weil eine Grundschuld nicht entstanden ist, genügt als Nachweis der Unrichtigkeit des GB dem GBA gegenüber, **LG Freiburg** MDR 1966, 339.

Zulässig ist die Eintragung der **dinglichen Unterwerfungsklausel**, § 794 Abs 1 Z 5, § 800 ZPO, auch bei der Eigentümer Grundschuld-nach § 1196 BGB, **KG** DNotV 1929, 34. Wird eine Hypothek in eine Grundschuld umgewandelt, so gilt regelmäßig (wenn nicht anderes vereinbart ist) die Unterwerfungsklausel weiter, ohne daß es einer neuen Vereinbarung bedarf, **LG Düsseldorf** DNotZ 1962, 97. Zulässig ist auch die Eintragung von **Zinsen**, **KG** KGJ 37, 293 (dazu auch *§ 3 Bem 325*), und der **Löschungsvormerkung** nach § 1179 BGB, auch bei einer Eigentümer-Grundschuld nach § 1196 BGB, hM, so insbes **KG** HRR 1934 Nr 1284, **LG Wuppertal** DNotZ 1960, 479 (*Hieber*), *Bruhn* Rpfleger 1958, 56, *Dempewolf* MDR 1957, 611, *Erman* BGB § 1179 Bem 1, *Hieber* DNotZ 1958, 381, *Knöchlein* BlGBW 1958, 196, *Lehmann* RPfliB 1931, 285, *Schäfer* BWNotZ 1957, 133, *Staudinger-Scherübl* BGB § 1179 Bem 1c, **aA** (zu Unrecht) **BayObLG** 16, 28/34, 343, HRR 1935 Nr 128, **LG Bochum** MDR 1957, 610 = Rpfleger 1958, 55, *BGB-RGR:* BGB § 1179 Bem 11, § 1192 Bem 3, (teilweise) *Palandt* BGB § 1179 Bem 2 (c). Die Bedenken der abweichenden Auffassung zur Eigentümer-Grundschuld bestehen in denkgesetzlichen Erwägungen. Die hM geht mit Recht von der Praxis aus und dem normalen Willen der Parteien (§§ 133, 157 BGB), der dahingeht, daß der Gläubiger den Löschungsanspruch erst haben soll, wenn sich die Grundschuld nach Begebung an einen Dritten mit dem Eigentum in einer Person vereinigt; im übrigen wird auf *Vorbem 116, § 25 Bem 13* verwiesen. Unzulässig ist die **Umwandlung** einer Eigentümer-Grundschuld in eine Eigentümer-Hypothek, **KG** RJA 3, 212, KGJ 39, 243/40, 258, auch dann, wenn die Hypothek zur Sicherung einer dem Eigentümer gegen einen anderen zustehenden Forderung dienen soll, **KG** JFG 7, 356, *Güthe* GBO § 13 Vorbem 57, **aA** *Staudinger-Scherübl* BGB § 1198 Bem 1b. Die Eigentümer-Hypothek kann aber in eine Eigentümer-Grundschuld umgewandelt werden, *BGB-RGRK* BGB § 1198 Bem 1, *Güthe* GBO § 13 Vorbem 57, *Staudinger-Scherübl* BGB § 1198 Bem 1c. Zulässig ist auch die Umwandlung einer Eigentümer-Grundschuld in eine Fremd-Grundschuld unter gleichzeitiger Abtretung, **KG** OLG 10, 125. Dazu auch *§ 3 Bem 349.*

Ein **Nießbrauch** an einer Grundschuld kann bestellt werden, § 1080 BGB. Es gelten keine Besonderheiten, es erfolgt rechtliche Behandlung wie bei einem Nießbrauch an einer Forderung; dazu *Staudinger-Spreng* BGB § 1080 Bem 1, 4. Die Eigentümerhypothek iSd § 1177 BGB gilt als Grundschuld. Im übrigen *Vorbem 74.*

Über **Pfändung** einer Grundschuld *§ 19 Bem 52.*

c) Rentenschuld **V 115**

Dazu *§ 3 Bem 351, Brand-Schnitzler* GBSachen § 111, *Güthe* GBO § 13 Vorbem 58 und S 1982/3

Die Rentenschuld ist eine **Abart der Grundschuld**, § 1199 Abs 1 BGB; dazu *§ 3 Bem 351a.*

Notwendig ist die Eintragung einer **bestimmten Geldsumme** bez der regelmäßigen Zahlungsleistungen und der Ablösungssumme im GB, § 1199 Abs 1, 2 S 2 BGB. Unzulässig ist die Eintragung eines amortisierbaren Darlehens als Rentenschuld, **KG** OLG 2, 495, **BayObLG** OLG 1, 101, die Eintragung einer Rentenschuld für den jeweiligen Eigentümer eines anderen Grst, **OLG Hamburg** OLG 8, 148/9, 312, *Güthe* GBO § 13 Vorbem 58, die Eintragung einer nachträglichen Erhöhung der Ablösungssumme, **KG** RJA 11, 51, *Staudinger-Scherübl* BGB § 1199 Bem 5e. Das Verhältnis von Rente und Ablösungssumme unterliegt der freien Vereinbarung, *BGB-RGRK* § 1199 Bem 3, *Staudinger-Scherübl* BGB § 1199 Bem 5, 5a, **aA** *Güthe* GBO S 1982 (1983), *Planck* BGB § 1199 Bem 3c. Zulässig ist auch die Eintragung der Beschränkung der Rente auf Zeit, **KG** OLG 43, 17 = JFG 1, 500, **OLG Braunschweig** OLG 45, 239 = JW 1925, 2270 (*de Boor*), ferner *Staudinger-Scherübl* BGB § 1199 Bem 5b, **aA** *Güthe* GBO S 1982 (1983).

Es widerspricht dem Wesen der Rentenschuld, wenn die einzelnen Rentenzahlungen als Tilgung auf die **Ablösungssumme** verrechnet werden; dazu **KG** DNotZ 1958, 203 (205), *BGB-RGRK* BGB § 1199 Bem 1, *Palandt* BGB § 1199 Bem 2a, *Planck* BGB § 1199 Bem 2, *Soergel* BGB § 1199 Bem 2, *Staudinger-Scherübl* BGB § 1199 Bem 5c, auch **OLG Bremen** OLGZ 1965, 74. Ob bei einem Kauf Rentenzahlungen ausschließlich auf den Kaufpreis oder die Ablösungssumme zu verrechnen sind, ist Auslegungsfrage; die Sicherung eines in Renten zahlbaren GrstKaufpreises durch Eintragung einer befristeten Rentenschuld ist zulässig, soweit nicht die einzelnen Kaufpreisraten auf die Ablösungssumme verrechnet werden, **OLG Bremen** aaO.

d) Vormerkung und Widerspruch **V 116**

Dazu *§ 3 Bem 292ff., 318, 353, § 25 Bem 8ff.*

Zur **Löschungsvormerkung** nach § 1179 BGB, die in *§ 25 Bem 13* besprochen wird, ist in diesem Zusammenhang folgendes zu erwähnen:

Die Löschungsvormerkung nach § 1179 BGB kann sowohl zugunsten eines nach- und gleichstehenden Berechtigten als auch zugunsten eines Dritten oder des Gläubigers des von ihr betroffenen Rechts selbst eingetragen werden, **RG** RGZ 52, 5/63, 152, **BayObLG** 3, 329, *Reinhard* ZBlFG 15, 733 (735). Sie kann auch zugunsten des jeweiligen Gläubigers eines Rechts eingetragen werden, **RG** RGZ 63, 152/128, 246, **KG** HRR 1933 Nr 200, *BGB-RGRK* BGB § 1179 Bem 3, 4, *Planck* BGB § 1179 Bem 2e, *Staudinger-Scherübl* BGB § 1179 Bem 4e. Die Verpflichtung zur Löschung kann auf einen bestimmten Fall beschränkt werden, zB auf den Fall, daß der nachstehende Gläubiger bei der ZwVerst ausfällt, **RG** Recht 1907 Nr 893, oder sich nur auf eine neben der Hauptsache geschuldete, aber unter die Hypothek fallende Nebenleistung beziehen, **KG** KGJ 49, 220. Sie kann andererseits auch den Fall der Nichtvalutierung der Hypothek nach § 1163 Abs 1 S 1 BGB umfassen, **RG** RGZ 52, 9/93, 114. Auch wenn eine Hypothek bereits ganz oder teilweise endgültig auf den Eigentümer übergegangen, aber im GB noch nicht umgeschrieben ist, kann eine Löschungsvormerkung noch eingetragen werden, **KG** JFG 11, 250, **BayObLG** Rpfleger 1956, 311, *Güthe* GBO § 13 Vorbem 49. Auch in diesem Fall genügt zur Eintragung die Bewilligung des Eigentümers; er braucht den Übergang der Hypothek auf sich nicht nachzuweisen, **KG** JFG aaO. Die Verpflichtung, die Hypothek in einem anderen Fall als dem der Vereinigung mit dem Eigentum, zB wenn sie einem Dritten zufällt, löschen zu lassen, kann nicht zum Inhalt einer Löschungsvormerkung nach § 1179 BGB gemacht werden, **KG** OLG 10, 425. Bei der Eintragung einer Löschungsvormerkung nach § 1179 BGB kann zur näheren Bezeichnung des zu sichernden Löschungsanspruchs, insbes ob dieser auf den Fall künftiger Vereinigung von Grundpfandrechten und GrstEigentum in einer Person beschränkt sein oder auch den Fall der bereits erfolgten Vereinigung mitumfassen soll, auf die Eintragungsbewilligung Bezug genommen werden, **BayObLG** DNotZ 1956, 547 = bay JMBl 1956, 133 = BWNotZ 1956, 230. Wenn der GrstEigentümer bei der Bestellung eines Grundpfandrechts sich dem Gläubiger gegenüber verpflichtet, vorgehende Grundpfandrechte löschen zu lassen, soweit sie sich mit dem Eigentum in einer Person vereinigen, und dabei erklärt, daß diese Verpflichtung auch den Fall des § 1163 Abs 1 S 1 BGB umfasse, so genügt es, wenn er die Bewilligung dahin abgibt, daß er die Eintragung von Vormerkungen nach § 1179 BGB gemäß der eingetragenen Löschungsverpflichtung bewilligt; in diesem Falle reicht es auch aus, daß im GB nur eine Löschungsvormerkung nach § 1179 BGB eingetragen wird, falls auf die Bewilligung Bezug genommen wird, **LG Ulm** GBPrErl BWNotZ 1956, 230.

Auch bei der Eigentümergrundschuld nach § 1196 BGB ist die Vormerkung nach § 1179 BGB zulässig; dazu *Vorbem 114*. Die Löschungsvormerkung kann nur eingetragen werden, wenn die Hypothek, deren Löschung sichergestellt werden soll, bereits eingetragen ist, **KG** OLG 3, 387. Unzulässig ist die Eintragung einer Vormerkung zur Sicherung des Anspruchs auf Löschung einer Hypothekenvormerkung oder eines anderen Rechts als einer Hypothek, Grund- oder Rentenschuld, **KG** OLG 6, 123. Die Löschungsvormerkung bleibt wirksam, wenn die Hypothek, auf die sie sich bezieht, in eine Grundschuld gleicher Höhe umgewandelt wird; eines Vermerks hierüber im GB bedarf es nicht, **BayObLG** 31, 95.

Eine Hypothek oder Grundschuld, bei der eine Löschungsvormerkung eingetragen ist, erlischt im Falle ihrer Vereinigung mit dem Eigentum in einer Person nicht von selbst; es erfolgt daher keine Löschung von Amts wegen, **OLG München** HRR 1937 Nr 244.

V 117 **e) Pfandrecht**

Dazu *Güthe* GBO § 13 Vorbem 59

Über die Pfändung **dinglicher Rechte** *§ 19 Bem 52* über die Frage der Zulässigkeit der Eintragung der Pfändung des **Berichtigungsanspruchs** *Vorbem 22, § 14 Bem 26, § 20 Bem 27, § 22 Bem 42.*

VIII. Verfügungsbeschränkungen V 118

1. Allgemeines

a) Begriff der Verfügungsbeschränkung

Dazu *Güthe* GBO § 13 Vorbem 63, *Haegele* Beschränkungen im GrstVerkehr, *Horber* GBO § 13 Vorbem II 6Cc, *Planck-Kettnaker* Führung des GBuchs 336ff.

Unter Verfügungsbeschränkungen versteht man **für und gegen jeden Dritten wirkende Beschränkungen des Berechtigten in der Verfügungsfreiheit über sein Recht**. Die Verfügungsbeschränkung umfaßt regelmäßig ein Veräußerungs- und ein Belastungsverbot, kann aber auch nur in einer dieser beiden Beschränkungen bestehen; dazu *Vorbem 119.* Im Gegensatz zu der dinglich wirkenden Verfügungsbeschränkung steht die schuldrechtliche Verpflichtung, über ein Recht nicht zu verfügen, § 137 S 2 BGB, **KG** OLG 11, 327; dazu *Vorbem 173ff.* Keine Verfügungsbeschränkung, sondern eine die Entziehung des Eigentums bewirkende hoheitliche Maßnahme ist zB die Vermögenseinziehung bei Auflösung einer Partei nach Art 21 Abs 2 GG mit § 46 BVerfGGes vom 12. März 1951 BGBl I 243 = SaBl 447; der Eintrag, daß das Eigentum an einem Grst der BRD verfallen ist, hat daher in der 1. Abt des GB zu erfolgen (dazu *§ 3 Bem 201*), **KG** JFG 15, 331, JW 1937, 2531.

Es ist zu unterscheiden:

1. **Absolute** Verfügungsbeschränkungen dh solche, die im öffentlichem Interesse oder aus Gründen des Gemeindewohls und nicht zum Schutze bestimmter Personen verhängt sich und daher gegen jedermann wirken, ohne Rücksicht darauf, ob er von der Verfügungsbeschränkung Kenntnis hat oder nicht. Dazu *Vorbem 126ff.*

2. **Relative** Verfügungsbeschränkungen dh solche, die nur den Schutz bestimmter Personen bezwecken; dazu *Vorbem 131.* Sie beruhen entweder auf dem **Gesetz** (dazu *Vorbem 132ff.*) oder werden von einem **Gericht** oder einer anderen **Behörde** jeweils angeordnet (dazu *Vorbem 165ff.*). Eine gegen eine solche Verfügungsbeschränkung verstoßende Verfügung ist nur den Personen gegenüber unwirksam, zu deren Schutz die Verfügungsbeschränkung erlassen ist, § 135 Abs 1 BGB. Einem Dritten gegenüber wirkt eine relative Verfügungsbeschränkung nur dann, wenn sie entweder aus dem GB ersichtlich oder ihm bekannt ist, § 892 Abs 1 S 2 BGB.

Es ist zu dieser Unterscheidung zu bemerken, daß nicht immer der Rechtscharakter einer Verfügungsbeschränkung klar ist. So ist zB bei der Testamentsvollstreckung strittig, ob absolute oder relative Unwirksamkeit vorliegt; dazu *Vorbem 139.* Die Grenze zwischen gesetzlichen und behördlichen Verfügungsbeschränkungen ist flüssig, ihr kommt keine erhebliche praktische Bedeutung zu; dazu *Güthe* GBO § 13 Vorbem 69.

b) Verfügung V 119

Durch die Verfügungsbeschränkung (dazu *Vorbem 118*) wird dem Berechtigten die Befugnis zur Verfügung über ein Grst, ein Recht an einem Grst oder ein Recht an einem solchen GrstRecht ganz oder teilweise entzogen.

Unter einer **Verfügung** ist ein Rechtsgeschäft zu verstehen, dessen Rechtswirkung auf einen Gegenstand, insbes eine Sache oder Recht, unmittelbar gerichtet ist und die Rechtslage dieses Gegenstandes unmittelbar ändert. Den Gegensatz zur Verfügung bildet die Verpflichtung zur Vornahme einer Rechtsänderung. Die Verfügung führt also die gewollte Rechtsänderung unmittelbar herbei, und zwar dadurch, daß sie den Gegenstand selbst ergreift, an dem die Rechtsänderung eintreten soll, **BayObLG** 3, 143; dazu *Staudinger-Coing* BGB § 104 Einl Bem 63.

Die hier in Betracht kommenden Verfügungen sind insbes Veräußerungen und Belastungen.

1. Unter **Veräußerung** ist das Aufgeben eines Rechts, auch des Eigentums, zum Zwecke der Übertragung auf einen anderen zu verstehen; dazu *Staudinger-Coing* BGB § 104 Einl Bem 74. Der Verzicht auf das Eigentum an einem Grst nach § 928 BGB ist zwar eine Verfügung, aber keine Veräußerung.

2. **Belastung** ist nicht nur die Neubegründung eines dinglichen Rechts, sondern auch die Erweiterung des Umfangs einer bestehenden Belastung, zB eine Zinserhöhung. Auch die Ausübung eines Rangvorbehalts nach § 881 BGB hat als Belastung zu gelten. Die Erklärung des Eigentümers, daß ein Grst einem anderen als Bestandteil zugeschrieben werden soll, § 890 Abs 2 BGB ist im Gegensatz zu der Vereinigungserklärung nach § 890 Abs 1 BGB eine der Belastung gleichkommende Verfügung, da sich gemäß § 1131 S 1 BGB die Hypotheken usw am Hauptgrst auf das zugeschriebene Grst erstrecken; dazu *§ 5 Bem 52ff.*, *§ 6 Bem 11, 26ff.*

Keine Belastung des Grst stellen die Übertragung, Pfändung und Verpfändung von Eigentümergrundschulden und -hypotheken dar. Ebensowenig fallen unter den Begriff der Verfügung über ein Grst die Zustimmung des Eigentümers zu einer Rangänderung, **KG** RJA 2, 99, die nachträgliche Unterwerfung unter die sofortige ZwV nach §§ 794 Abs 1 Z 5, 800 ZPO, **KG** DNotV 1932, 39, 43, **BayObLG** 14, 499, die Änderung der Zahlungs- und Kündigungsbestimmungen eines eingetragenen Rechts, die Umwandlung einer Hypothek in eine Grund- oder Rentenschuld und umgekehrt sowie die Umwandlung einer Hypothekenart in eine andere, die Forderungsauswechslung nach § 1180 BGB, die nachträgliche Briefbildung, **OLG Hamburg** OLG 18, 264.

Keine Verfügung über ein Grst sind schließlich die Erbauseinandersetzung bez eines Nachlasses, zu dem ein Grst gehört, **RG** RGZ 75, 298, und die Übertragung eines Anteils an einem solchen Nachlaß.

Unter eine Belastung eines GrstRechts fällt die Belastung eines Nießbrauchs oder eines Pfandrechts sowie die Pfändung.

Keine Verfügung ist die Vereinbarung schuldrechtlicher Verträge über einen Gegenstand, insbes ein Grst, insbes der Abschluß eines Miet- oder Pachtvertrags nach §§ 335ff. BGB; dazu *Weimar* Stellte sich die Vermietung eines Grst als GrstVerfügung dar? BlGBW 1960, 122.

V 120 c) **Eintragungen im Grundbuch**

Verfügungsbeschränkungen (dazu *Vorbem 118*) bedürfen regelmäßig zu ihrer **Entstehung** nicht der Eintragung ins GB, **RG** RGZ 89, 158/135, 384, **KG** JFG 5, 298. Ausnahmen ergeben sich aus gesetzlichen Bestimmungen, zB § 75 BVersG; dazu *Vorbem 126, 128, 129*. Ihre Eintragung als GBBerichtigung ist aber regelmäßig deshalb erforderlich, weil durch die Eintragung der gute Glaube eines dritten Erwerbers an ihr Nichtbestehen ausgeschlossen wird, § 892 Abs 1 S 2 BGB. Soweit allerdings eine Verfügungsbeschränkung ohne Rücksicht auf die Kenntnis gegen jeden Dritten wirkt, also eine **absulute Verfügungsbeschränkung** darstellt, entfällt dieser Grund für ihre Eintragung. Diese ist, weil überflüssig, auch unzulässig, **BayObLG** 21, 299; dazu *Güthe* GBO § 13 Vorbem 63, *Staudinger-Coing* BGB § 135 Bem 10, auch *Vorbem 19ff.* über Ausnahmen *Vorbem 128, 129*.

Eintragungsfähig sind daher nur solche Verfügungsbeschränkungen, die entweder auf einer gesetzlichen Bestimmung beruhen, die nur den Schutz bestimmter Personen bezweckt, oder die von einem Gericht oder einer anderen Behörde innerhalb ihrer Zuständigkeit angeordnet sind, also **relative Verfügungsbeschränkungen** sind.

Über den **Rang** von Verfügungsbeschränkungen *Hesse* DFG 1938, 85 = Recht 1938 Nr 4709.

V 121 **d) Wirkung der Verfügungsbeschränkungen**

1. Eine gegen eine **absolute Verfügungsbeschränkung** verstoßende Verfügung ist nichtig, § 134 BGB. Eintragungen auf Grund solcher Verfügungen sind daher stets unzulässig und vom GBA abzulehnen. Die absolute Verfügungsbeschränkung bewirkt eine **Sperre des GBuchs**; dazu **RG** RGZ 105, 77, **KG** JFG 4, 368 (370)/9, 178 (179), **BayObLG** 21, 300, *Güthe* GBO § 13 Vorbem 70, *Horber* GBO § 13 Vorbem 6 Cc, § 22 Bem 7 C b, c. Die Sperre gilt auch für die Eintragung von Vormerkungen.

Absolute Verfügungsbeschränkungen werden daher, soweit nicht gesetzliche Ausnahmen vorliegen, nicht in das GB eingetragen; dazu *Vorbem 126ff*. Soweit in solchem Falle Mitteilungen von Behörden ua dem GBA zugehen, bezwecken sie nicht die Herbeiführung einer Eintragung im GB; sie wollen vielmehr dem GBA die bestehende Verfügungsbeschränkung zur Kenntnis bringen und es dadurch instand setzen, beantragte GBEintragungen, die der Verfügungsbeschränkung widersprechen, abzulehnen. Solche **Mitteilungen** sind daher **zu den Grundakten** zu nehmen, damit sie nicht übersehen werden. Es empfiehlt sich, an geeigneter Stelle des Handblattes oder auf dem Grundaktendeckel darauf hinzuweisen. Soweit Grundakten nicht geführt werden, wird ein Hinweis **im GB selbst**, etwa durch einen **Bleistiftvermerk** am Rande der betreffenden Eintragung vorzunehmen sein; die Mitteilung ist dann zu den GBAnlagen zu nehmen. Von dem erwähnten Hinweis der Behörde ua ist vom GBA bei ZwVerst des Grst zusammen mit den nach § 19 Abs 2 ZVG vorgeschriebenen Mitteilungen dem VollstrGer Kenntnis zu geben. Diese im AVRJM vom 21. April 1936 DJ 634 Nr 142/14. April 1939 DJ 658 Nr 185 bez des Devisenrechts aufgestellten Grundsätze lassen sich allgemein anwenden.

V 122 2. Die Wirkung der **relativen Verfügungsbeschränkungen** auf den GBVerkehr ist bestritten. Nach der früher überwiegenden, aber auch jetzt noch von namhafter Seite vertretenen Meinung, die insbes von **RG** RGZ 105, 76, **KG** KGJ 52, 130, **BayObLG** 25, 444, *Hesse-Saage-Fischer* GBO § 19 Bem III 1 a ε vertreten wurde bzw wird, führen sie keine Sperre des GB herbei, gleichviel ob sie im GB eingetragen sind oder nicht; Verfügungen des in der Verfügung Beschränkten (mit Ausnahme von Löschungen) wären sonach in allen Fällen im GB zu vollziehen. Man wird aber, um die durch die relativen Verfügungsbeschränkungen geschützten Personen gegen die Wirkungen des öffentlichen Glaubens, § 135 Abs 2 BGB, die den Zweck der Verfügungsbeschränkung vereiteln würden, zu sichern, der sich nunmehr immer mehr durchsetzenden Ansicht den Vorzug geben, wonach weitere Verfügungen des in der Verfügung Beschränkten nur eingetragen werden dürfen, wenn die Verfügungsbeschränkung eingetragen ist; solange dies nicht geschehen ist, bewirkt die relative Verfügungsbeschränkung eine **Sperre des GB**, vorausgesetzt, daß der GBBeamte von der Verfügungsbeschränkung amtliche Kenntnis hat, ebenso insbes **KG** KGJ 44, 174, OLG 5, 294, JFG 18, 205 = JW 1938, 3122, **BayObLG** BayObLGZ 1954, 97 = NJW 1954, 1120 = DNotZ 1954, 394. **OLG Braunschweig** OLG 19, 156, HRR 1934 Nr 1095, *Güthe* GBO § 13 Vorbem 70, *Horber* GBO § 13 Vorbem 6 Cc, § 22 Bem 7 Ca, c, *Kretschmar* ZBlFG 2, 815, *Staudinger-Seufert* BGB § 892 Bem 84, *Schöller* DJZ 1902, 165.

Löschungen jedoch dürfen auch dann nicht eingetragen werden, wenn die Verfügungsbeschränkung eingetragen ist, da durch die Löschung auch die Wirkung der Eintragung der Verfügungsbeschränkung beseitigt würde. Dies ist hM; dazu insbes **RG** RGZ 65, 219/102, 332, **KG** RJA 4, 69, JFG 4, 420, *Güthe* GBO § 13 Vorbem 71, *Staudinger-Seufert* BGB § 892 Bem 84.

Ohne Rücksicht darauf, ob die **Verfügungsbeschränkung eingetragen** ist oder nicht, sind **Verfügungen** — auch Löschungen — des in der Verfügung Beschränkten stets dann zu **vollziehen**, wenn die **Zustimmung** desjenigen, zu dessen Schutz die

Verfügungsbeschränkung besteht, nachgewiesen wird, *Güthe* GBO § 13 Vorbem 73; über die weitere Ausnahme des **§ 878 BGB** *Vorbem 125.*

Bei Vornahme einer Eintragung, die gegen eine eingetragene relative Verfügungsbeschränkung verstößt, hat das **GBA** weder das Recht noch die Pflicht zu **prüfen**, ob die der Eintragung zugrunde liegende Verfügung gegen Treu und Glauben verstößt oder arglistig erfolgt, **KG** HRR 1934 Nr 1095. Zulässig ixt es, im GB einen **Wirksamkeitsvermerk** einzutragen dh zu vermerken, daß ein vom Eigentümer bestelltes Recht am Grst gegenüber einer eingetragenen Verfügungsbeschränkung voll wirksam ist. Ein solcher Vermerk hat regelmäßig die Bedeutung einer teilweisen Löschung der Verfügungsbeschränkung. Ein Antrag auf Eintragung des Vorrangs eines dinglichen Rechts vor einer eingetragenen Verfügungsbeschränkung ist als Antrag auf Eintragung eines solchen Wirksamkeitsvermerks aufzufassen, **KG** HRR 1934 Nr 199 = JW 1933, 2708, RJA 14, 67, JFG 13, 111. Dazu *Vorbem 147.*

V 123 3. Eine eigene Stellung nehmen diejenigen Verfügungsbeschränkungen ein, bei denen gleichzeitig die **Verwaltung des** von der Verfügung betroffenen **Gegenstandes einem eigenen Organ übertragen** ist. Dazu gehören Konkurs, Nachlaßverwaltung, Testamentsvollstreckung, auch die gerichtliche Verwaltung der Vorerbschaft nach § 2128 Abs 2, § 1052 BGB. In diesen Fällen sind Eintragungsanträge, die sich auf Verfügungen des in der Verfügung Beschränkten beziehen, auch dann zurückzuweisen, wenn die Verfügungsbeschränkung eingetragen ist. Eintragungen sind hier nur möglich auf Grund einer Eintragungsbewilligung derjenigen Personen, denen das Verfügungsrecht zusteht (Konkursverwalter, Nachlaßverwalter, Testamentsvollstrecker ua). Dies gilt auch dann, wenn die Zustimmung des durch die Verfügungsbeschränkung Geschützten nachgewiesen wird; eine solche Zustimmung ist hier unerheblich. Im übrigen *Vorbem 132ff.*

V 124 4. Derjenige, dessen Schutz die Verfügungsbeschränkung bezweckt, kann nicht die Löschung einer ihm gegenüber nach § 135 BGB unwirksamen Eintragung vom GBA verlangen, **OLG Colmar** OLG 5, 143. Er hat lediglich einen **persönlichen Anspruch**. Ein dinglicher Berichtigungsanspruch nach § 894 BGB (dazu *Vorbem 22*) besteht nur gegenüber einem schlechtgläubigen Erwerber, *Staudinger-Coing* bzw *Seufert* BGB § 135 Bem 9, 11, § 892 Bem 90.

V 125 **e) Einfluß von Verfügungsbeschränkungen nach Erklärungsabgabe**

§ 878 BGB

1. Die gesetzliche Regelung ist in **§ 878 BGB** enthalten. Darnach wird eine von dem Berechtigten nach §§ 873, 875, 877 BGB abgegebene Erklärung nicht dadurch unwirksam, daß der Berechtigte in der Verfügung beschränkt wird, nachdem die Erklärung für ihn bindend geworden ist und Stellung eines Antrags auf Eintragung bei dem GBA erfolgt ist.

Diese Vorschrift gilt **entsprechend** nach § 880 Abs 2 S 1, § 1109 Abs 2 S 2, § 1116 Abs 2 S 2, § 1132 Abs 2 S 2, § 1154 Abs 3, § 1168 Abs 2 S 2, § 1180 Abs 1 S 2, § 1196 Abs 2 BGB, § 15 KO; sie wird auch bei § 928 BGB **angewendet**. Dasselbe gilt für die Bewilligung einer Vormerkung und eines Widerspruchs, **BGH** BGHZ 28, 182 = NJW 1958, 2013/1959, 97 (*Rahn*), 527 (*Seufert*) = DNotZ 1959, 36 = JZ 1959, 170 = BB 1958, 1152 = MDR 1959, 30, 200 (*Thieme*) = WM 1958, 1386 = LM § 878 BGB Nr 3 Ls = DRspr I (150) 56e, **KG** JFG 4, 336 = OLG 45, 198, JW 1932, 2441, HRR 1934 Nr 167, **BayObLG** BayObLGZ 1954, 97 = NJW 1954, 1120 = DNotZ 1954, 394, *Staudinger-Seufert* BGB § 878 Bem 2 (e). Auch auf die Berichtigungsbewilligung wendet man sie an, *Palandt* BGB § 878 Bem 2 (a), *Soergel* BGB § 878 Bem 1, *Staudinger-Seufert* BGB § 878 Bem 2 878 Bem 2 (b). Es kommen also nicht nur rechtsändernde, sondern auch berichtigende Eintragungen in Frage, **aA** (überholt) **KG** KGJ 40, 278.

§ 878 BGB gilt nur für **rechtsgeschäftliche Erklärungen** des Berechtigten, *BGB-RGRK* BGB § 878 Bem 1ff., *Güthe* GBO § 13 Vorbem 74, *Horber* GBO § 13 Bem 3Ca, *Palandt* BGB § 878 Bem 2 (a), *Staudinger-Seufert* BGB § 878 Bem 2. Die Vorschrift kommt daher nicht in Betracht bei Zwangseintragungen, wie Eintragung einer Zwangshypothek oder einer Vormerkung auf Grund einer einstweiligen Verfügung oder eines Widerspruchs; dazu **RG** RGZ 84, 265/120, 118, **BGH** BGHZ 9, 250 = NJW 1953, 898 = LM § 878 BGB Nr 2 (*Pritsch*) = DRspr I (150) 56e, **KG** RJA 10, 231, HRR 1934 Nr 167, DNotZ 1962, 400 = Rpfleger 1962, 177, *Staudinger-Seufert* BGB § 878 Bem 2 (e) Ein Urteil nach § 894 ZPO, das eine rechtsgeschäftliche Willenserklärung ersetzt, schließt die Anwendung des § 878 BGB nicht aus, **RG** RGZ 84, 265, **KG** OLG 19, 204, *Staudinger-Seufert* aaO. Über das Zusammentreffen eines Antrags auf Eintragung einer Vormerkung zur Sicherung des Eigentumsübergangs mit einer Verfügungsbeschränkung, die auf einer einstweiligen Verfügung beruht, **BayObLG** 1954, 97 = DNotZ 1954, 394. Bei der Anwendbarkeit des § 878 BGB auf **Vormerkungen** und **Widersprüche** muß man daher unterscheiden, ob es sich um bewilligte Vormerkungen und Widersprüche oder solche auf Grund einer einstweiligen Verfügung (dazu *§ 18 Bem 21, § 25 Bem 18ff.*) handelt; in ersterem Falle kommt § 878 BGB in Betracht, in letzterem Falle nicht. Dies ist hM, **aA** (überholt) *Güthe* GBO § 13 Vorbem 74. Für Vormerkungen nach § 18 Abs 2, § 76 GBO gilt § 878 BGB insofern, als seine Wirkungen schon auf Grund des Eintragungsantrags, zu dessen Schutz diese Vormerkungen eingetragen werden, Platz greifen.

2. Nur Erklärungen des **Berechtigten** iSd §§ 873, 875, 877 BGB fallen unter § 878 BGB, nicht aber Zustimmungserklärungen Dritter nach §§ 876, 880 Abs 2, 3, § 1183 BGB, § 27 GBO; die Zustimmungserklärung bleibt von einer später eintretenden Verfügungsbeschränkung des Dritten unberührt, **RG** RGZ 52, 416, *BGB-RGRK* BGB § 876 Bem 6ff., *Staudinger-Seufert* BGB § 876 Bem 6. Berechtigter iSd § 878 BGB ist nur, wer zu der in Betracht kommenden Verfügung berechtigt ist. Deshalb findet § 878 BGB keine Anwendung, wenn ein Veräußerungsverbot gegen den Käufer eines Grst erlassen ist, dem zwar bereits die Auflassung erteilt, der aber noch nicht als Eigentümer eingetragen ist, **RG** RGZ 135, 378. Die Vorschrift ist auch nicht anzuwenden, wenn die Verfügung eines Nichtberechtigten in Frage steht, die erst noch der Genehmigung des Berechtigten nach § 185 Abs 2 BGB bedarf, **RG** RGZ 89, 156, wohl aber, wenn es sich um die Verfügung handelt, die ein Nichtberechtigter mit Einwilligung des Berechtigten trifft, § 185 Abs 1 BGB, **KG** DNotZ 1934, 284. § 878 BGB gilt auch für die Verfügungserklärung eines Miterben über einen Nachlaßgegenstand, mag auch die Mitwirkung der übrigen Erben noch ausstehen, **KG** JFG 13, 92. Dazu *BGB-RGRK* BGB § 878 Bem 1, *Güthe* GBO § 13 Vorbem 74, *Palandt* BGB § 878 Bem 2 (b), *Staudinger-Seufert* BGB § 878 Bem 3.

Es kann sich um **absolute** oder **relative Verfügungsbeschränkungen** (dazu *Vorbem 118*) handeln, **RG** RGZ 113, 409, **BayObLG** 21, 300, **KG** JFG 9, 178 (182), *BGB-RGRK* BGB § 878 Bem 7ff., *Palandt* BGB § 878 Bem 3, *Staudinger-Seufert* BGB § 878 Bem 4ff. Es müssen Verfügungsbeschränkungen sein, die **außerhalb des GB entstehen**. Bei Verfügungsbeschränkungen, die erst mit der Eintragung Wirksamkeit erlangen, zB bei § 75 BVersG (dazu *Vorbem 120, 128*), kommt es nur darauf an, ob die Verfügungsbeschränkung bereits eingetragen war, als die rechtsändernde Eintragung vorgenommen wurde; entscheidend ist also allein die zeitliche Reihenfolge der Eintragungen, **KG** JFG 9, 178. Zum Konkurs *Wörbelauer* § 878 BGB und der Konkurs des Grundpfandrechts-Schuldners DNotZ 1965, 580.

Keine Verfügungsbeschränkungen iSd § 878 BGB sind der **Tod**, die Beschränkung und der Verlust der **Geschäftsfähigkeit**; sie sind auf die Wirksamkeit oder Willenerklärung ohne Einfluß, auch wenn sie sich ereignen, ehe eine Bindung nach § 873 Abs 2,

§ 875 Abs 2 BGB eingetreten ist, § 130 Abs 2 BGB, **KG** JW 1936, 608. Die noch nicht bindende Erklärung kann aber bis zur Eintragung vom Erben oder gesetzlichen Vertreter widerrufen werden.

Die nach §§ 873, 875, 877 BGB abgegebene **Erklärung** des Berechtigten muß **bindend** geworden sein, § 873 Abs 2, § 875 Abs 2 BGB; dazu *Palandt* BGB § 878 Bem 4 (a), *Staudinger-Seufert* BGB § 878 Bem 11. Es muß sich hierbei um eine vollwirksame Erklärung handeln. Weiter ist erforderlich, daß der **Antrag auf Eintragung bei dem GBA gestellt** dh eingegangen ist, **OLG München** OLG 26, 8, **BayObLG** 21, 300, *BGB-RGRK* BGB § 878 Bem 3ff., *Palandt* BGB § 878 Bem 4 (b), *Staudinger-Seufert* BGB § 878 Bem 11. Dem Antragsteller steht ein nach § 15 ermächtigter Notar gleich, **LG Wuppertal** DNotZ 1962, 192 = BWNotZ 1962, 197 Ls. Die genannten beiden Voraussetzungen, nämlich bindende Erklärung des Berechtigten und Eingang des Antrags beim GBA, müssen nebeneinander vorliegen, und zwar, bevor die Verfügungsbeschränkung wirksam geworden ist.

§ 878 BGB ist auch **vom GBA zu beachten**. Eine auf Grund dieser Bestimmung wirksam gewordene Verfügung ist im GB zu vollziehen, gleichviel ob die Verfügungsbeschränkung eingetragen ist oder nicht. Voraussetzung ist, daß der E i n t r a g u n g s a n t r a g b e g r ü n d e t ist. Wird er zurückgewiesen oder zurückgenommen und nach Wirksamwerden der Verfügungsbeschränkung wieder vorgelegt, so wirkt die Verfügungsbeschränkung auch der ihm zugrunde liegenden Verfügung gegenüber, **BayObLG** 11 397. § 878 BGB ist auch dann anwendbar, wenn der Antrag zunächst durch Zwischenverfügung beanstandet und erst nach Wirksamwerden der Verfügungsbeschränkung ergänzt wird, **OLG Celle** OLG 17, 352, ferner auch dann, wenn das GBA einem Antrag, der wegen Fehlens der formell-rechtlichen Voraussetzungen hätte zurückgewiesen werden müssen, stattgegeben hat, *BGB-RGRK* BGB § 878 Bem 3ff., *Staudinger-Seufert* BGB § 878 Bem 3. Dazu auch *Horber* § 13 Bem 3 Ca.

V 126 **2. Absolute Verfügungsbeschränkungen**

Dazu *BGB-RGRK* BGB § 878 Bem 1, 2, *Güthe* GBO § 13 Vorbem 64, 65, *Horber* GBO § 13 Vorbem 6 Cc, § 22 Bem 7Cb, c, *Krämer-Illner* GBPraxis §§ 155ff., *Ripfel* GBRecht 21ff., *Staudinger-Coing* bzw *Seufert* BGB § 135 Bem 15, § 878 Bem 6

a) Allgemeines

Über das Wesen der absoluten Verfügungsbeschränkung *Vorbem 118*.

Die absoluten gesetzlichen Veräußerungs- und Belastungsverbote werden grundsätzlich nicht in das GB eingetragen, da sie im öffentlichen Interesse erlassen sind und nicht nur dem Schutze bestimmter Personen dienen, **BayObLG** 21, 296 (299), *Güthe* GBO § 13 Vorbem 64, *Staudinger-Coing* BGB § 135 Bem 15. Eine dennoch erfolgte Eintragung ist inhaltlich unzulässig iSd § 53; dazu **BayObLG** 21, 296 (300). Nach dem Wirksamwerden solcher Verfügungsbeschränkungen vorgenommene Verfügungen sind nichtig, § 134 BGB; ihre Eintragung in das GB ist unzulässig.

Es wird als Mangel empfunden, daß das **GB über öffentlich-rechtliche Verhältnisse keine oder ungenügend Auskunft** gebe. Es ist jedoch nicht möglich oder zweckmäßig hier eine Erweiterung eintreten zu lassen. Die Nichteintragung derartiger Tatsachen (dazu *§ 3 Bem 270*) liegt in gleicher Ebene mit der Nichteintragung der sog buchungsfreien Grst (dazu *§ 3 Bem 53ff.*) und der Nichteintragung öffentlicher Grst-Lasten (dazu *§ 54 Bem 2ff.* Dazu *Dittus* BlGBW 1956, 273, *Feyock* DNotZ 1956, 523, Sonderdruck Deutscher Notartag 1956 S 11, *Geißler* GlGBW 1956, 213/1957, 33, *Schnitzerling* BlGBW 1956, 90, 227.

Eintragungsfähigkeit besteht nur in den Fällen, in denen es gesetzlich ausdrücklich vorgeschrieben ist, *Güthe* GBO § 13 Vorbem 64; dazu *Vorbem 120, 128, 129*.

b) Beispiele

V 127

An Beispielen sind insbes zu erwähnen:

die **Vermögensbeschlagnahme** nach §§ 86, 98 Abs 2 StGB, §§ 284, 290ff., 433 StPO; dazu **BayObLG** 12, 31/21, 296, **KG** RJA 5, 260, **OLG Königsberg** OLG 40, 277, *Güthe* GBO § 13 Vorbem 64, *Henle-Schmitt* GBWesen GBO § 18 Bem 1d, *Planck* BHB § 873 Bem VII 2, *Meikel* SeuffBl 72, 105, *Staudinger-Coing* bzw *Seufert* BGB § 135 Bem 15, § 892 Bem 86, zu §§ 283, 284 StPO auch *Vorbem 170*,

die **Einziehung** nach dem StGB und strafrechtlichen Nebengesetzen, vor allem nach §§ 40, 86, 98 Abs 2, §§ 152, 295, 296 StGB, § 13 LebensmittelG ua; dazu *Staudinger-Coing* BGB § 135 Bem 15,

die Verfügungsbeschränkungen nach dem **Devisenrecht**, vor allem in den Fällen der devisenrechtlichen Genehmigung, nach dem Außenwirtschaftsgesetz; dazu *§ 20 Bem 88*,

die Beschränkungen bei der **Bodenreform** und den **Fideikommissen** sowie bei **Rückerstattung**; dazu *§ 20 Bem 88*,

die Beschränkungen nach **§ 75 BVersG** und bei der **Unfallversicherung**; dazu *Vorbem 128*,

die auf dem **Nachbarrecht** beruhenden Beschränkungen nach §§ 906ff. BGB; dazu **KG** OLG 1, 380, sowie *Vorbem 20a, b*,

beim **ehelichen Güterrecht** der Fall des § 1365 BGB; dazu *Vorbem 180, § 33 Bem 17*,

die Veräußerungs- und Belastungsbeschränkungen bei **land-** und **forstwirtschaftlichen Grst** nach dem **Grundstückverkehrsgesetz**; dazu *§ 20 Bem 82*,

die Veräußerungsbeschränkungen bei **Entschuldungsbetrieben**; dazu *Vorbem 130, § 20 Bem 84*,

die Beschränkungen nach dem **Bundesbaugesetz**; dazu *§ 7 Bem 10, 41, § 20 Bem 83*,

die Beschränkungen nach der VO zur beschleunigten Förderung des Baues von **Heuerlings- und Werkwohnungen** sowie von Eigenheimen für ländliche Arbeiter und Handwerker; dazu *§ 7 Bem 12, 43, § 20 Bem 86*,

landesrechtliche Beschränkungen im Rahmen der gesetzlichen Vorbehalte,

zur **Ausführung des GrstVG**, Verfügungsbeschränkungen infolge Zugehörigkeit eines Grst zu einer **Bahneinheit**, wie nach §§ 5, 7, 15 Abs 1 preuß BahneinheitenG vom 8. Juli 1902 pr GS 237, Beschränkungen bei Abveräußerung von Teilen einer **Ansiedlungs- oder Zukaufsstelle** im Gebiet des ehemaligen Landes Preußen; dazu *Vorbem 129*.

Ein Beispiel für einen Fall, in dem **strittig** ist, ob eine absolute oder relative Verfügungsbeschränkung vorliegt, ist die **Testamentsvollstreckung**; dazu *Vorbem 139*. Mit der überwiegenden Meinung ist der Charakter einer absoluten Beschränkung zu bejahen.

c) Fälle von Eintragungspflicht

V 128

Bei den absoluten Verfügungsbeschränkungen besteht eine Eintragungspflicht nur, wenn es gesetzlich vorgeschrieben ist; dazu *Vorbem 126*.

Es sind folgende Fälle zu erwähnen:

1. Veräußerungs- und Belastungsverbot nach § 75 BVersG und bei der Unfallversicherung

a) **§ 75 BVersG** (Gesetz über die Versorgung der Opfer des Krieges) vom 21. Februar 1964 BGBl I 102 = SaBl 339, der im wesentlichen dem § 77 RVersG vom 22. Dezember 1927 RGBl I 515 entspricht, bestimmt folgendes: V 128a

Die bestimmungsgemäße Verwendung des Kapitals ist durch die Form der Auszahlung und in der Regel durch Maßnahmen zur Verhinderung alsbaldiger Veräußerung des Grst, Erbbaurechts, Wohnungseigentums, Wohnungserbbaurechts oder Dauerwohnrechts zu sichern. Zu diesem Zweck kann insbes angeordnet werden, daß die Veräußerung und Belastung des mit der Kapitalabfindung erworbenen oder wirtschaftlich gestärkten Grst, Erbbaurechts, Wohnungseigentums oder Wohnungserbbaurechts innerhalb einer Frist bis zu 5 Jahren nur mit Genehmigung der zuständigen Verwaltungsbehörde zulässig sind. Diese Anordnung wird mit der Eintragung in das GB wirksam. Die Eintragung erfolgt auf Ersuchen der zuständigen Verwaltungsbehörde. Ferner kann die Abfindung davon abhängig gemacht werden, daß die Eintragung einer Sicherungshypothek (dazu *§ 3 Bem 321d, 332*) zur Sicherung der Forderung auf Rückzahlung der Kapitalabfindung nach §§ 76, 77 BVersG bewilligt wird.

Die Verfügungsbeschränkung dient dem öffentlichen Interesse und **wirkt gegen jedermann**, **RG** RGZ 105, 72/130, 209, **KG** KGJ 52, 125, **BayObLG** BayObLGZ 1956, 278. Die Wirkung tritt, wie der Gesetzeswortlaut ergibt, ab Eintragung im GB ein. Es hat also die Verfügungsbeschränkung keine rückwirkende Kraft, insbes wird eine ZwV aus einer von dem Veräußerungsverbot eingetragenen Hypothek nicht unzulässig; diese Frage war früher bestritten, wurde aber überwiegend verneint; dazu **RG** RGZ 130, 209, **KG** DNotV 1928, 43, Recht 1930 Nr 688, **OLG Darmstadt** JW 1929, 79, **OLG Königsberg** JW 1930, 1079, **aA KG** JW 1931, 2948, **OLG Bamberg** BayNotV 1930, 21/1931, 249, **OLG Dresden** JW 1928, 530, LZ 1930, 1321. Die spätere Ausnutzung eines vor Eintragung der Verfügungsbeschränkung eingetragenen Rangvorbehalts ist genehmigungspflichtig, **OLG Rostock** JFG 9, 186.

Die gesetzlichen **Fristen** beginnen zu laufen, sobald die Abfindungssumme bezahlt und der Abgefundene als Eigentümer im GB eingetragen ist; maßgebend ist der Eintritt des zeitlich letzten der beiden Ereignisse, **KG** KGJ 53, 147, JFG 4, 371. Die Fristen müssen in das GB eingetragen werden; dazu *Schieckel-Gurgel* BVersG § 75 Bem 4.

Die Verfügungsbeschränkung ist **eintragungsfähig**; dazu *Vorbem 120, 126*, auch *Güthe* GBO § 13 Vorbem 64, 84. Die Eintragung erfolgt nicht von Amts wegen, sondern auf **Ersuchen der zuständigen Verwaltungsbehörde** (dazu *§ 38 Bem 74*) ohne Zustimmung des GrstEigentümers; dazu **BayObLG** BayObLGZ 1956, 278, *Schieckel-Gurgel* BVersG § 75 Bem 6. In der Eintragung ist ein besonderer Berechtigter nicht anzugeben, sondern nur der gesetzliche Inhalt der Verfügungsbeschränkung zu vermerken, **KG** HRR 1932 Nr 64, *Güthe* GBO § 13 Vorbem 69. Zur Eintragung einer Sicherungshypothek zwecks Sicherstellung der Rückzahlung der Abfindungssumme nach § 78a BVersG bedarf es der Bewilligung des Eigentümers; über die Tilgung dieser Hypothek *Köster* DNotZ 1934, 340. Die Verfügungsbeschränkung kann nicht nur auf einem mit dem Abfindungskapital erworbenen Grst, sondern auch auf einem bereits dem Abgefundenen gehörigen Grundbesitz eingetragen werden, wenn die Abfindung zur wirtschaftlichen Stärkung dieses Grundbesitzes gewährt wurde, **KG** JFG 8, 313. Die Verfügungsbeschränkungen werden auch eingetragen, wenn der Versorgungsberechtigte und seine Ehefrau das Grst als Bruchteilseigentümer erwerben, **KG** JFG 4, 368.

Die Verfügungbeschränkungen werden erst mit der Eintragung wirksam, bewirken dann aber die **Sperre des GB**; dazu *Bezzel* RPfliB 1930, 317, *Schieckel-Gurgel* BVersG § 75 Bem 3, 4. Eintragungen, die durch diese Verfügungsbeschränkungen verboten sind, dürfen vom GBA erst vollzogen werden, wenn die Genehmigung der Verwaltungsbehörde nachgewiesen ist; dazu *Köster* DNotZ 1936, 864/1937, 318, *Lösch* BayNotV 1933, 26. Die Genehmigung kann auch dem Abgefundenen (GrstEigentümer) gegenüber erklärt werden. Die nachträgliche Genehmigung der zuständigen Verwaltungsbehörde hat heilende Kraft; dazu *von Rozycki-von Hoewel* DRiZ 1932, 142. **Genehmigungsbedürftig** sind auch Eintragungen im Wege der ZwV oder Arrestvollziehung, **RG** RGZ 105,

71, **KG** OLG 41, 151 (153), JFG 9, 178, DNotV 1928, 43, *Güthe* GBO § 13 Vorbem 72, 84, ferner Vormerkungen, auch diejenigen einer Bauhandwerkerforderung nach § 648 BGB, **RG** RGZ 134, 181 = JFG 9, 14, **KG** JFG 7, 389; deren Eintragung ist jedoch dann ohne Genehmigung zulässig, wenn der vorgemerkte Anspruch, insbes ein Auflassungsanspruch, erst nach Ablauf der bestimmten Frist fällig wird. Bewilligt die zuständige Verwaltungsbehörde zwar die Eintragung einer Belastung macht, aber die ZwV aus derselben von einer weiteren künftigen Genehmigung abhängig, so ist der Eintragungsantrag abzulehnen; die Genehmigung kann nur unbedingt und uneingeschränkt erteilt werden, **KG** JFG 7, 386. Erwirbt ein Beschädigter mit einer Kapitalabfindung das Eigentum nur an dem ideellen Bruchteil eines Grst, so kann die Verfügungsbeschränkung nur bez seines Anteils im GB eingetragen werden, und zwar auch, wenn die Ehefrau des Beschädigten Miteigentümerin des Grst ist, **BGH** BGHZ 19, 355 = NJW 1956, 463 = DNotZ 1956, 250 = LM § 79 GBO Nr 4 Ls.

Eine ohne die erforderliche Genehmigung bewirkte Eintragung macht das **GB unrichtig**. Das GBA hat einen **Amtswiderspruch** nach § 53 zugunsten des Eigentümers, nicht zugunsten der zuständigen Verwaltungsbehörde, einzutragen.

b) Die gleichen Grundsätze gelten für die Veräußerungs- und Belastungsbeschränkungen zugunsten des Trägers der **Unfallversicherung** auf Grund des § 5 Abs 2 VO über die Abfindung von Unfallrenten vom 10. Februar 1928 RGBl I 22, da diese Bestimmung den Abfindungsvorschriften des RVersG nachgebildet ist, **KG** JFG 8, 313. **V 128 b**

2. Veräußerungsbeschränkungen bei Ansiedlungs- und Zukaufsstellen **V 129**

Zu ihrer Wirksamkeit bedurfte ferner der Eintragung in das GB die Verfügungsbeschränkung nach § 35 preuß AGSiedlG vom 15. Dezember 1919 pr GS 1920, 31. wonach zur Abveräußerung von Teilen einer Ansiedlungs- oder Zukaufsstelle sowie zur Teilung eines zu einer solchen Stelle gehörigen Grst die Genehmigung des Präsidenten des Landeskulturamtes vorgeschrieben war. Die Eintragung erfolgte auf Ersuchen des Vorstehers des Kulturamts; dazu *§ 38 Bem 97*. Über weitere Einzelheiten zum bisherigen Recht S 1197 der 5. Auflage dieses Kommentars.

Die Verfügungsbeschränkungen sind seit Inkrafttreten des GrstVG ersatzlos weggefallen; dazu *§ 7 Bem 24*. Löschung kann durch die GBÄmter von Amts wegen nach §§ 84 ff. GBO erfolgen, **OLG Hamm** OLGZ 1965, 87.

d) Entschuldungsbetrieb **V 130**

1. Allgemeines

Dazu *Brand-Schnitzler* GBSachen § 168 Z III, *Haegele* Beschränkungen Bem 140 ff., *Jacobi* EAbwG Stollhamm 1956, *Jonas-Pohle* ZwVNotrecht 16. Aufl Berlin-Frankfurt aM 1954) 411 ff.

Die landwirtschaftliche Entschuldung ist in der Abwicklung begriffen und durch das Ges zur Abwicklung der landwirtschaftlichen Entschuldung vom 25. März 1952 BGBl I 203 = SaBl 412/20. August 1953 BGBl I 952 = SaBl 1347/26. Juli 1956 BGBl I 669 = SaBl 859 (*Anh*) geregelt.

2. Entschuldungsbetrieb

Da die landwirtschaftlichen Entschuldungsverfahren durchgeführt sind, handelt es sich bei den betroffenen Betrieben um sog Entschuldungsbetriebe iSd §§ 91 ff. SchRG.

Die für das laufende Verfahren gesetzlich vorgesehenen Verfügungsbeschränkungen haben daher keine Bedeutung mehr; dazu Bem 126 ff. S 319 ff. der 4. Aufl dieses Kommentars.

Unter einem **Entschuldungsbetrieb** ist ein landwirtschaftlicher Betrieb zu verstehen, dessen Inhaber nach den Vorschriften des SchRG entschuldet worden ist, sei es, daß das Entschuldungs- oder Zwangsvergleichsverfahren bis zur Bestätigung des Entschuldungsplanes oder Zwangsvergleichsverfahrens durchgeführt ist, § 80 SchRG, oder daß der Betrieb nach Durchführung der Selbstentschuldung durch das Entschuldungsamt zum Entschuldungsbetrieb erklärt worden ist, § 81 SchRG.

Grst, die nach Beendigung des Entschuldungsverfahrens vom Betriebsinhaber erworben wurden oder werden, gehören nicht zum Entschuldungsbetrieb und unterliegen daher nicht den für diesen geltenden Beschränkungen. Bei den zu einem Entschuldungsbetrieb gehörenden Grst wurde im GB auf Ersuchen des Entschuldungsamts bzw des Kommissars für die Osthilfe, Landesstelle, der Entschuldungsvermerk eingetragen, § 80 S 2, § 81 Abs 2 S 4 SchRG, § 19 Abs 3 OsthilfeabwicklungsVO vom 21. Dezember 1934 RGBl I 1280. Die Grst, bei denen der Eintrag erfolgte, hatte das Entschuldungsamt zu bezeichnen; dem GBA oblag keine Prüfung in dieser Richtung, *von Rozycki-von Hoewel* SchRG § 80 Bem 4. Der **Entschuldungsvermerk** lautet: „Das Grundstück unterliegt der Entschuldung". Entschuldungsbetriebe können nur landwirtschaftliche Betriebe einschl ihrer Nebenbetriebe sein; nicht gehören dazu selbständige gewerbliche Betriebe und städtische Grst des Betriebsinhabers, *Harmening-Paetzold* SchRG § 80 Bem 2.

Die Wirkungen der Entschuldungsbetriebs-Eigenschaft traten, wenn diese auf der Durchführung des Schuldenregelungsverfahrens beruhten, mit der rechtskräftigen Bestätigung des Entschuldungsplans oder Vergleichsvorschlags ein; gleichgültig ist, wann der Entschuldungsvermerk im GB eingetragen wird und ob er versehentlich vergessen wurde; dazu *von Schenck* DJ 1936, 606. Wenn dagegen Selbstentschuldung durchgeführt wurde, wurde ein Betrieb erst mit dem Zeitpunkt der Eintragung des Entschuldungsvermerks im GB Entschuldungsbetrieb, § 81 Abs 2 S 5 SchRG; hier hat also der GBEintrag rechtsbegründende Bedeutung.

Für ein etwa noch **anhängiges Entschuldungsverfahren** enthält § 6 EAbwG (*Anh*) eine Regelung.

Zur Löschung des Entschuldungsvermerks auf Ersuchen des Entschuldungsamts nach §§ 4ff. EAbwG (*Anh*) ist auf *§ 38 Bem 46ff.* zu verweisen. Über Gebührenfreiheit *Vorbem 228* (*2*).

3. Belastungsbeschränkungen

Nach § 91 SchRG bestand für die Entschuldungsbetriebe folgende Belastungsbeschränkung:

Ein Grst oder Teile desselben, wenn das Grst zu einem Entschuldungsbetrieb gehörte, durften nur innerhalb der Mündelsicherheitsgrenze und nur mit unkündbaren Tilgungsforderungen mit mindestens ½ vom Hundert jährlicher Tilgung neu belastet werden, und zwar auch bei Eintragungen im Wege der ZwV. Über den Inhalt dieser Regelung Bem 133ff. S 322 der 4. Aufl dieses Kommentars, *Haegele* Beschränkungen Bem 140ff.

Bei diesen Belastungsbeschränkungen handelt es sich um ein **absolutes**, gesetzliches **Verfügungsverbot** iSd § 134 BGB (dazu *Vorbem 127*), auf das § 878 BGB (dazu *Vorbem 125*) nicht angewendet wird.

Durch § 1 EAbwG (*Anh*) wurde diese Belastungsbeschränkung aufgehoben; dazu *Haegele* aaO Bem 181.

4. Veräußerungsbeschränkungen

Die Veräußerung von Grst, die zu einem Entschuldungsbetrieb gehören, unterliegt den Beschränkungen der VeräußerungsVO vom 6. Januar 1937 RGBl I 5, die noch in Geltung ist. Die erforderliche Genehmigung hat das zuständige Entschuldungsamt zu erteilen, § 3 EAbwG (*Anh*).

Auch hier handelt es sich um **absolut wirkende Verfügungsbeschränkungen**. Über Einzelheiten *§ 20B em 84*.

3. Relative Verfügungsbeschränkungen **V 131**

a) Allgemeines

Dazu *BGB-RGRK* BGB § 135 Bem 2, § 136 Bem 2, *Güthe* GBO § 13 Vorbem 69ff., *Horber* GBO § 13 Vorbem 6 Cc, § 22 Bem 7 Ca, c, *Staudinger-Coing* bzw *Seufert* BGB § 135 Bem 16, § 878 Bem 6, 9

Über das Wesen der relativen Verfügungsbeschränkung *Vorbem 118.*

Man unterscheidet zwischen den auf dem Gesetz beruhenden (dazu *Vorbem 132ff.*) und den auf gerichtlicher und behördlicher Anordnung beruhenden Verfügungsbeschränkungen (dazu *Vorbem 165ff.*).

Verfügungsbeschränkungen dieser Art sind sämtlich eintragungsfähig, jedoch nicht immer eintragungsbedürftig, *Güthe* GBO § 13 Vorbem 63.

b) Auf dem Gesetz beruhende relative Verfügungsbeschränkungen **V 132**

Die wichtigsten Fälle dieser Art sind
das Konkursverfahren; dazu *Vorbem 133ff., 167,*
das Vergleichsverfahren; dazu *Vorbem 136, 168,*
das Zwangsversteigerungs- und Zwangsverwaltungsverfahren; dazu *Vorbem 137,*
die Nachlaßverwaltung; dazu *Vorbem 138,*
die Ernennung eines Testamentssvolltreckers; dazu *Vorbem 139* (bestritten),
die Nacherbfolge; dazu *Vorbem 140ff.,*
die Verfügungsbeschränkungen nach dem Versicherungsaufsichtsgesetz; dazu *Vorbem 150, 151,*
die mit der Heimstätten-Eigenschaft verbundenen Verfügungsbeschränkungen; dazu *Vorbem 152ff.,*
die Fideikommiß-Eigenschaft; dazu *Vorbem 162,*
die Enteignung; dazu *Vorbem 163,*
die Rechtshängigkeit; dazu *Vorbem 164.*

1. Konkursverfahren **V 133**

Dazu *Bauer* GBEintragungen Z 180, *Brand-Schnitzler* GBSachen § 168 Z I, *Haegele* GBRecht Bem 730ff., 1805 (a), *Krämer-Illner* BGPraxis § 232, *Planck-Kettnaker* Führung des GBuchs 337, *Mohrbutter* Handbuch des gesamten Vollstreckungs- und Insolvenzrechts (Köln-Berlin 1965) 3. Teil Konkursverfahren 465 ff.

a) Der Konkurs wirkt als **Verfügungsbeschränkung** des Gemeinschuldners, § 6 Abs 1 KO. Diese bezieht sich jedoch nur auf die zur Konkursmasse (§§ 1, 2 KO) gehörigen Vermögensgegenstände; deren Beschlagnahme wird wirksam mit der Erlassung des Eröffnungsbeschlusses, § 6 Abs 1, § 108 KO. Anstelle des Gemeinschuldners steht von diesem Zeitpunkt ab das Verfügungsrecht dem Konkursverwalter zu, § 6 Abs 2 KO. Dieser ist weder Vertreter des Gemeinschuldners noch der Konkursmasse, sondern ein im öffentlichen Interesse bestelltes Organ, dessen Verfügungsmacht unmittelbar auf dem Gesetze beruht, **RG** RGZ 55, 266/63, 71/97, 109; dazu auch *Jaeger* KO § 6 Vorbem, *Mentzel* KO § 6 Bem 9, *Mohrbutter* aaO 517ff. Erwirbt der Konkursverwalter einen Gegenstand, der der Eintragung ins GB bedarf, zB ein Grst, eine Hypothek oder ein anderes dingliches Recht, so wird nicht der Konkursverwalter oder die Konkursmasse in das GB eingetragen, sondern der Gemeinschuldner, **BayObLG** OLG 27, 242, **OLG Celle** OLG 9, 378, *Güthe* GBO 1942 (Konkursverwalter), *Mentzel* KO § 1 Bem 2, § 6 Bem 6; dazu auch *§ 3 Bem 273.*

Zum Konkursverfahren von Versicherungsunternehmen (dazu *Vorbem 150, 151*) ist auf §§ 77, 78 VersAufsG hinzuweisen.

Zur **Konkursmasse** gehört das gesamte einer ZwV unterliegende Vermögen des Gemeinschuldners zZ der Verfahrenseröffnung, § 1 KO. Hierzu ist darauf hinzuweisen, daß der Ausdruck „Konkursmasse" in der KO nicht einheitlich gebraucht wird; dazu *Jaeger* KO § 1 Bem 3, *Mohrbutter* aaO 483. In der Regel handelt es sich um einen sog Gesamtkonkurs, der das gesamte Vermögen des Schuldners umfaßt; daneben gibt es den Sonderkonkurs, der sich auf besondere Vermögensmassen bezieht, wie Vermögen einer oHG, eines Nachlasses ua, §§ 209ff. KO; dazu *Mentzel* KO § 1 Bem 5, *Mohrbutter* aaO 671ff. Auch das unbewegliche Vermögen gehört zur Konkursmasse (dazu *Mohrbutter* aaO 487), nämlich Grst und grstgleiche Rechte (dazu *§ 3 Bem 12ff.*), Wohnungs- und Teileigentum (dazu *§ 3 Bem 446ff.*), auch die Heimstätte (dazu *Jaeger* KO § 1 Bem 46, *Mentzel* KG § 1 Bem 10, auch *Vorbem 160, § 4 Bem 60*). Eine beschränkte persönliche Dienstbarkeit (dazu *Vorbem 54ff.*) gehört nur dann zur Konkursmasse, wenn die Überlassung einem anderen nach § 1092 Abs 1 BGB gestattet ist; dazu *Vorbem 55*, auch *Mohrbutter* aaO 486. Ein dingliches Vorkaufsrecht (dazu *Vorbem 70ff.*) fällt im Zweifel nicht in die Konkursmasse, §§ 514, 1094 Abs 1, § 1098 Abs 1 BGB; ein subjektiv-dingliches Vorkaufsrecht nach § 1094 Abs 2 BGB, das dem Schuldner zusteht, gehört stets zur Konkursmasse; dazu *Jaeger* KO § 1 Bem 33, *Mentzel* KO § 1 Bem 25. Ein dem Schuldner zustehender Nießbrauch (dazu *Vorbem 73ff.*), § 1159 BGB, kann nur vom Konkursverwalter ausgeübt werden, da nur die Ausübung übertragbar ist; dazu *Jaeger* KO § 1 Bem 39ff., *Mentzel* KO § 1 Bem 28, *Mohrbutter* aaO 485. Hypotheken- und Grundschuldbriefe, die noch im Besitz des Schuldners sind, aus denen er aber keine Rechte mehr herleiten kann, darf der Konkursverwalter nicht verwerten; dazu *Mentzel* KO § 1 Bem 52. In § 2 KO wird eine Regelung darüber getroffen, inwieweit Gesamtgut der allgemeinen Gütergemeinschaft oder der fortgesetzten Gütergemeinschaft zur Konkursmasse gehört.

Der Konkursverwalter kann einzelne Vermögensgegenstände nicht zur Konkursmasse ziehen, aber aus ihr während des Verfahrens nur unter gewissen Voraussetzungen freigeben, **RG** RGZ 79, 28/94, 56, so daß der Gemeinschuldner insoweit die Verfügung wieder erlangt. Die **Freigabe** ist eine dem Gemeinschuldner gegenüber abzugebende empfangsbedürftige Willenserklärung, **RG** RGZ 94, 56. Dem GBA muß sie in der Form des § 29 GBO nachgewiesen werden. Die Freigabe des Grst aus der Konkursmasse umfaßt nicht ein dem Schuldner zustehendes dingliches Recht an diesem Grst, etwa eine Eigentümergrundschuld; dazu *Jaeger* KO § 113 Bem 6a, *Mentzel* KO § 1 Bem 4. Werden Grst freigegeben oder veräußert, so kann das Konkursgericht auf Antrag des GBA um Löschung der Eintragung ersuchen, § 114 KO, jedoch beschränkt auf die Fälle des § 113 Abs 1, 2 KO, nicht auch bei § 113 Abs 3 KO; dazu *Mentzel* KO § 114 Bem 1.

Veräußert der Konkursverwalter ein zur Masse gehöriges Grst freihändig, so kann das GBA nicht den Nachweis verlangen, daß der Gläubigerausschuß oder die Gläubigerversammlung die Veräußerung genehmigt hat, **KG** KGJ 45, 236; dazu *Predari* GBO § 39 Bem 5Ab.

Der **Konkursverwalter** hat sich gegenüber dem GBA über sein Verfügungsrecht durch die ihm vom Konkursgericht erteilte urkundliche Bescheinigung seiner Ernennung (dazu § 81 Abs 2 KO) **auszuweisen.** Die Bescheinigung ist in Urschrift oder in beglaubigter Abschrift vorzulegen. Wird das GB von dem Amtsgericht geführt, das Konkursgericht ist (dazu § 71 KO), so genügt auch Bezugnahme auf die Akten des Konkursgerichts.

Über die Eintragung des **Konkursvermerks** *§ 38 Bem 40ff.*

V 134 b) Nach der Konkurseröffnung dürfen Eintragungen in das GB auf Grund rechtsgeschäftlicher Verfügungen des Gemeinschuldners nicht mehr erfolgen, soweit sie zur Konkursmasse (dazu *Vorbem 133*) gehörige Vermögensgegenstände betreffen, ohne Rücksicht darauf, ob die Eintragungsbewilligung vor oder nach der Konkurseröffnung erklärt worden ist. Gleichgültig ist auch, ob der Konkursvermerk bereits eingetragen ist oder ob der GBBeamte auf andere Weise von der Konkurseröffnung amtliche Kenntnis erlangt hat. Dazu **RG** RGZ 71, 38, **BayObLG** 11, 397, **KG** KGJ 40, 278, JW 1933, 619, auch *BGB-RGRK* BGB § 878 Bem 12, *Eccius* GruchBeitr 50, 481, *Predari* LZ 1907, 454, *Staudinger-Seufert* BGB § 878 Bem 12. Nur wenn die Willenserklärung des Gemeinschuldners nach § 873 Abs 2, § 875 Abs 2 BGB bindend geworden und der Eintragungsantrag gestellt dh beim GBA eingegangen ist (dazu *Vorbem 125*), ehe das Konkursverfahren eröffnet wurde, bleibt die Verfügung wirksam und ist die Eintragung vom GBA vorzunehmen, § 878 BGB, da diese Vorschrift unberührt gelassen ist, § 15 KO; dazu **RG** RGZ 51, 286, **KG** KGJ 23, 242 = RJA 3, 46, *Mentzel* KO § 15 Bem 8, *Staudinger-Seufert* BGB § 878 Bem 12. In allen übrigen Fällen aber bewirkt die Konkurseröffnung und erst recht die Eintragung des Konkursvermerks gegen Gemeinschuldner und Konkursgläubiger die **Sperre des GBuchs**, § 113 KO, soweit es sich um die unter die Konkursmasse fallenden Gegenstände handelt, da der Schuldner über konkursfreies Vermögen, etwa Neuerwerb von Grundbesitz, nach wie vor frei verfügen kann. Verfügungen über die Konkursmasse kann der Schuldner nicht mehr treffen, insoweit ist der Konkursverwalter zuständig; dazu *Vorbem 133*, auch *Mohrbutter* aaO (*Vorbem 133*) 517ff., 623.

Der Sicherung dienen auch die Vorschriften der §§ 7, 8 KO. **Rechtshandlungen**, die der Gemeinschuldner nach der Eröffnung des Konkursverfahrens vorgenommen hat, sind nach § 7 KO den Konkursgläubigern gegenüber **unwirksam**, wobei die Vorschriften über gutgläubigen Erwerb nach §§ 892, 893 BGB unberührt bleiben. Umgekehrt befreit nach § 8 KO eine Leistung, die auf eine zur Konkursmasse zu erfüllende Verbindlichkeit nach Verfahrenseröffnung erfolgt ist, den Erfüllenden den Konkursgläubigern gegenüber nur insoweit, als das Geleistete in die Konkursmasse gekommen ist.

Eintragungsanträge des Gemeinschuldners, die sich auf die Konkursmasse beziehen (dazu *Vorbem 133*), sind vom GBA abzulehnen, **RG** RGZ 71, 39 = RJA 10, 140, **KG** KGJ 40, 278, **BayObLG** 11, 397; dazu *Güthe* GBO § 13 Vorbem 75, *Horber* GBO § 19 Bem 5Ca, b, *Jaeger* KO § 113 Bem 7, *Mentzel* KO § 113 Bem 4, *Mohrbutter* aaO (*Vorbem 133*) 523, *Staudinger-Seufert* BGB § 878 Bem 13. Strittig ist, ob dies auch gilt, wenn vor Konkurseröffnung ein Veräußerungsverbot eingetragen wurde. Die Frage ist zu bejahen; so auch *Jaeger* KO § 113 Bem 10, *Mentzel* KO § 113 Bem 4, *Mohrbutter* aaO (*Vorbem 133*) 523, **aA** (überholt) *Predari* LZ 1907, 459. Die GBSperre bezieht sich nur auf Eintragungen, die eine Rechtsänderung zum Gegenstand haben, nicht auf solche **berichtigender** Art (dazu *§ 22 Bem 3ff.*), **KG** KGJ 40, 278, OLG 23, 311; dazu *Güthe* GBO § 13 Vorbem 75, *Jaeger* KO § 7 Bem 9, § 113 Bem 7, *Mentzel* KO § 7 Bem 4, § 113 Bem 7, *Staudinger-Seufert* BGB § 878 Bem 13, zB bei der GBBerichtigung im Falle der Umschreibung einer vor Konkurseröffnung wirksam abgetretenen Briefhypothek, **KG** OLG 25, 385 (386). Auch die Löschung einer für den Gemeinschuldner eingetragenen Hypothek auf Grund einer von ihm vor der Konkurseröffnung erteilten Abtretungserklärung sowie der Quittung und Löschungsbewilligung des neuen Gläubigers ist ohne Einwilligung des Konkursverwalters unzulässig, sofern nicht nachgewiesen wird, daß der Gläubiger die Hypothek vor der Konkurseröffnung oder ohne Kenntnis von ihr erworben hat, **KG** RJA 6, 66. Auch Eintragungen, zu denen die Zustimmung des Konkursverwalters nachgewiesen wird, können während des Konkursverfahrens bei bestehender GBSperre vorgenommen werden, **KG** OLG 23, 311. Wenn vor Konkurseröffnung beim GBA ein Eintragungsantrag mit bindender Eintragungsbewilligung für ein dem späteren Gemeinschuldner gehörendes Grst eingeht, das er verkauft hat, wobei er den Kaufpreis bereits erhalten hat, so wird dieses von der Konkursmasse nicht erfaßt, auch wenn die im Kaufvertrag vorgesehene Auflassungsvormerkung im GB nicht eingetragen ist. In einem solchen Fall schafft die spätere Eintragung des Konkursvermerks keine andere Rechtslage, da die Verfügungsbeschränkung gegenüber dem Käufer nicht wirkt; es kann die Löschung des Konkursvermerks auf dem Wege des § 22 durchgeführt werden (dazu *§ 22 Bem 9*).

Ist zur Sicherung eines Anspruchs auf Einräumung oder Aufhebung eines Rechts an einem Grst des Gemeinschuldners oder an einem für den Gemeinschuldner eingetragenen Recht oder zur Sicherung eines Anspruchs auf Änderung des Inhalts oder Rangs eines solchen Rechts eine **Vormerkung** im GB eingetragen, so kann der Gläubiger von dem Konkursverwalter die Befriedigung seines Anspruchs verlangen, § 24 KO; dazu *Mohrbutter* aaO (*Vorbem 133*) 523. Diese Vorschrift bezieht sich nur auf Vormerkungen iSd § 883 Abs 1 BGB nicht auf verfahrensrechtliche nach § 18 Abs 2, § 76 Abs 1 GBO, **RG** RGZ 110, 207, **KG** KGJ 53, 111; dazu *Güthe* GBO § 18 Bem 47, *Jaeger* KO § 24 Bem 7, *Mentzel* KO § 24 Bem 1. Gerät ein im GB nicht als Eigentümer eingetragener Auflassungsempfänger, der einem Dritten in einer notariellen Urkunde ein Grundpfandrecht bestellt hat, in Konkurs, nachdem er die **Urkunde** mit Eintragungsantrag **dem GBA vorgelegt** hatte, so wird die Bestellung des Grundpfandrechts unwirksam; sie ist nicht in entsprechender Anwendung des § 878 BGB als im GB eingetragen anzusehen, **BayObLG** NJW 1961, 783 = DNotZ 1961, 198 = BWNotZ 1961, 176 Ls. Dazu auch *Wörbelauer* § 878 BGB und der Konkurs des Grundpfandrechts-Schuldners DNotZ 1965, 580.

In §§ 29ff. KO ist die Frage der **Anfechtbarkeit** von vor der Konkurseröffnung vorgenommenen Rechtshandlungen geregelt, die zu einer Gläubigerbenachteiligung geführt haben; dazu *Mohrbutter* aaO (*Vorbem 133*) 582ff. Es kommt hierbei auf objektive Benachteiligung an, so daß zB die Eintragung von Zwangshypotheken auf Grundstücken des Gemeinschuldners an einer Rangstelle, wo sie offensichtlich nicht mehr zum Zuge kommen, keine Gläubigerbenachteiligung darstellt; dazu *Jaeger* KG § 29 Bem 18ff., *Mentzel* KO § 29 Bem 13ff., *Mohrbutter* aaO (*Vorbem 133*) 584. Zu § 30 KO ist darauf hinzuweisen, daß bei Z 1 Fall 2 und bei Z 2 auch ZwVMaßnahmen in Frage kommen können, während sich Z 1 Fall 1 nur auf Rechtsgeschäfte bezieht; dazu *Jaeger* KO § 30 Bem 30, *Mentzel* KO § 30 Bem 25. Über die Bedeutung der GBEintragung *Mentzel* KO § 29 Bem 7. Bei Anträgen auf Eintragungen, die anfechtbare Rechtshandlungen betreffen, kann das GBA keine Ablehnung vornehmen, da die Frage der Anfechtbarkeit erst später festzustellen ist und diese Entscheidung dem GBA nicht obliegt.

Über das allgemeine **Veräußerungsverbot** und sonstige Verfügungsbeschränkungen *Vorbem 167*.

Mit der **Beendigung des Konkursverfahrens** fällt die Verfügungsbefugnis wieder an den Gemeinschuldner zurück. Eine von ihm während des Konkurses ausgestellte Eintragungsbewilligung wird wirksam, soweit nicht Verfügungen des Konkursverwalters entgegenstehen, *Güthe* GBO § 13 Vorbem 75, *Mohrbutter* aaO (*Vorbem 133*) 659.

Wurde ein zur Konkursmasse gehöriges Grst während des Konkursverfahrens vom Konkursverwalter verkauft, so kann die Auflassung nach Aufhebung des Verfahrens vom Konkursverwalter nicht mehr vorgenommen werden; eine von ihm abgegebene Auflassungserklärung kann aber durch den Gemeinschuldner oder dessen Erben genehmigt werden, **KG** OLG 10, 66, DNotV 1930, 634. Ebenso ist zur Eintragung der vom Konkursverwalter vorgenommenen Übertragung eines Rechts eine neue Eintragungsbewilligung des Gemeinschuldners erforderlich, **KG** RJA 13, 158.

Bei Aufhebung oder Einstellung des Konkursverfahrens sind die nach § 113 KO eingetragenen Sperrvermerke zu löschen, §§ 116, 163, 190, 205 KO.

V 135 c) **Zwangseintragungen**, nämlich Zwangshypothek, Arresthypothek, Eintragungen auf Grund einer einstweiligen Verfügung, nicht aber eine Eintragung auf Grund eines **Urteils nach** §§ 894, 895 ZPO (dazu *Vorbem 125*), die von einem Konkursgläubiger (§ 3 KO) ausgehen, sind nach Konkurseröffnung unzulässig, **§ 14 KO**, gleichviel ob sie sich auf einen zur Konkursmasse gehörigen oder einen sonstigen, dh konkursfreien Vermögensgegenstand des Gemeinschuldners beziehen, ob sie vor oder nach Eintragung des Konkursvermerks erfolgen sollen, ob der Konkursgläubiger von der Konkurseröffnung Kenntnis hatte oder nicht und ob der Eintragungsantrag vor oder nach der Konkurseröffnung beim GBA eingegangen ist. § 878 BGB gilt hier nicht, **KG** FJG 15, 318 (324); dazu *Güthe* GBO § 13 Vorbem 75, *Mohrbutter* aaO (*Vorbem 133*) 505, *Staudinger-Seufert* BGB § 878 Bem 13, auch *Vorbem 125*. Die Eintragung ist auch dann unzulässig, wenn vor der Konkurseröffnung eine Zwischenverfügung erlassen und nach § 18 Abs 2 GBO eine Vormerkung eingetragen worden ist, **RG** RGZ 62, 375, **KG** KGJ 39, 167.

Sondervollstreckungen der Konkursgläubiger während des Konkursverfahrens sind also unzulässig; dazu *Jaeger* KO § 14 Bem 1. Ein allgemeines Veräußerungsverbot vor Konkurseröffnung (§ 106 KO) hat bereits die entsprechende Wirkung; dazu *Mentzel* KO § 14 Bem 2. Das Verbot bezieht sich nur auf Konkursgläubiger, so daß Nicht-Konkursgläubiger nicht betroffen werden; dazu *Jaeger* KO § 14 Bem 4ff., *Mentzel* KO § 14 Bem 6. § 14 KO ist nicht anzuwenden auf Aussonderungs- und Absonderungsberechtigte, auf Massegläubiger und Aufrechnungsberechtigte; ein Hypothekengläubiger kann daher die ZwVerst oder ZwVerw des Grst betreiben; dazu *Mentzel* aaO.

Zwangsvollstreckungen, die gegen § 14 KO verstoßen, sind zivilrechtlich unwirksam; dazu *Jaeger* KO § 14 Bem 21, 22, *Mentzel* KO § 14 Bem 8. Nicht nur die Vollstreckungsbehörden, auch das GBA hat das Verbot zu beachten, andernfalls Grund zu einer Amtshaftung (dazu *§ 11 Bem 20ff.*) bestehen kann. Die Eintragung von unzulässigen Zwangs- und Arresthypotheken ist vom GBA abzulehnen. Da keine Eigentümergrundschuld oder -hypothek entsteht, **OLG Dresden** OLG 26, 158, wird das GB unrichtig. Es kann nur ein Amtswiderspruch nach § 53 GBO eingetragen, aber keine Löschung von Amts wegen vorgenommen werden, da eine solche Eintragung nicht inhaltlich unzulässig ist, **RG** RGZ 48, 242, **KG** KGJ 27, 138; dazu *Güthe* GBO § 13 Vorbem 75, *Jaeger* und *Mentzel* aaO.

Soweit eine Zwangseintragung von einem Gläubiger beantragt wird, der nicht Konkursgläubiger ist, ist sie bez der zur Konkursmasse gehörigen Gegenstände gleichfalls unzulässig, bez der sonstigen Vermögensgegenstände des Gemeinschuldners aber zulässig und wirksam, **§ 15 KO**. Es handelt sich auch hier um eine relative Unwirksamkeit, die nur gegenüber den Konkursgläubigern wirkt. Auch bezieht sich die Unwirksamkeit nur auf Rechte, die nach Konkurseröffnung oder Erlaß des allgemeinen Veräußerungsverbots erworben wurden. Das GBA hat dies zu beachten; dazu *Güthe* GBO § 13 Vorbem 75.

2. Vergleichsverfahren **V 136**

Dazu *Brand-Schnitzler* GBSachen § 168 Z 2, *Haegele* GBRecht Bem 1805 (b), *Krämer-Illner* GBPraxis § 232, *Planck-Kettnaker* Führung des GBuchs 338, *Mohrbutter* Handbuch des gesamten Vollstreckungs- und Insolvenzrechts (Köln-Berlin 1965) 4. Teil Vergleichsverfahren 693ff.

a) Die **Verfügungsbefugnis** des Schuldners wird durch dieses Verfahren grundsätzlich nicht berührt. Er bleibt verfügungsberechtigt, soweit nicht besondere Beschränkungen nach §§ 58ff. VerglO angeordnet sind; dazu *Vorbem 168*. Die **Eröffnung des Vergleichsverfahrens** wird in das GB **nicht eingetragen**. Dazu *Güthe* GBO § 13 Vorbem 75.

b) Dagegen sind **Zwangseintragungen** während der Dauer des Vergleichsverfahrens zugunsten der an dem Verfahren beteiligten Gläubiger (§§ 25ff. VerglO) sowie der in § 29 VerglO bezeichneten Gläubiger nicht zulässig; das ZwVVerbot bezieht sich auf das gesamte Vermögen des Schuldners, §§ 47ff. VerglO (dazu *Waldmann* BayNotV 1930, 179). Eine dennoch vorgenommene Eintragung macht das GB unrichtig und gibt dem Schuldner einen Berichtigungsanspruch (§ 894 BGB); § 53 Abs 1 S 1 GBO ist anwendbar. Dazu auch *Mohrbutter* aaO 737ff.

Hat ein Vergleichsgläubiger oder einer der in § 29 Z 3, 4 VerglO bezeichneten Gläubiger später als am 30. Tag vor der Stellung des Antrags auf Eröffnung des Vergleichsverfahrens durch eine ZwVMaßnahme, insbes Zwangshypothek, Vormerkung ua, eine Sicherung erlangt und wird der Vergleich bestätigt oder der Anschlußkonkurs eröffnet, so wird dadurch die Sicherung unwirksam §§ 87, 104 VerglO. Das GB wird dadurch unrichtig und ist auf Antrag des Schuldners oder des Konkursverwalters auf Grund des Unrichtigkeitsnachweises zu berichtigen, § 53 Abs 1 S 1 GBO ist nicht anwendbar, weil die Unrichtigkeit erst nachträglich eintritt; dazu *Waldmann* aaO. Ist eine Arresthypothek später als am 30. Tag vor der Stellung des Antrags auf Eröffnung des Vergleichsverfahrens in das GB eingetragen worden, so unterliegt der Gläubiger dieser Hypothek der Rückschlagsperre nach §§ 28, 87 VerglO, auch wenn der Antrag auf Eintragung der Hypothek schon vor dem Beginn der Sperrfrist beim GBA eingegangen war; § 932 Abs 3 mit § 929 Abs 2, 3 ZPO ist nicht anwendbar, die Arresthypothek entsteht mit der Eintragung in das GB. Dazu **BayObLG** 1954, 192 = MDR 1954, 746.

Als ZwV gilt nach § 124 VerglO auch die Vollziehung eines Arrestes oder einer einstweiligen Verfügung. Ist während eines gegen eine oHG gerichteten Vergleichsverfahrens für eine angemeldete Forderung auf dem Grst eines Gesellschafters, gegen den persönlich das Verfahren nicht eröffnet worden war, im Wege der ZwV eine Sicherungshypothek eingetragen worden, so ermäßigt sich diese beim Zustandekommen des Vergleichs auf die Vergleichsquote. Die Löschung des Mehrbetrags kann im Wege der GBBerichtigung herbeigeführt werden, ebenso die Eintragung der im Vergleich festgesetzten Zahlungsbestimmungen. Dazu **BayObLG** 29, 461/30, 68, **OLG Nürnberg** JW 1931, 2169.

In dem weiteren in §§ 87, 104 VerglO erwähnten Fall, daß ein Gläubiger durch ZwV, zB auf Grund eines Urteils nach § 894 ZPO, eine Befriedigung erlangt hat, ist das zur Befriedigung Erlangte nach den Vorschriften über die ungerechtfertigte Bereicherung (§§ 812ff. BGB) herauszugeben; es besteht nur ein schuldrechtlicher Anspruch.

Über **Verfügungsbeschränkungen** auch *Vorbem 168*, über das **Ersuchen** des Vergleichsgerichts an das GBA *§ 38 Bem 43, 44*.

V 137 3. **Zwangsversteigerung und Zwangsverwaltung**

Die Beschlagnahme zum Zwecke der ZwVerst oder ZwVwer **beschränkt die Verfügungsmacht des Eigentümers** und hat die Wirkung eines Veräußerungsverbots, § 23 Abs 1 S 1, § 146 Abs 1 ZVG; dazu *Haegele* GBRecht Bem 720ff., 1805 (c), *Mohrbutter* Handbuch des gesamten Vollstreckungs- und Insolvenzrechts (Köln-Berlin 1965) 297ff., *Steiner-Reidel* ZVG § 23 Bem 1, 2, *Wilhelmi-Vogel-Zeller* ZVG § 23 Bem 1. Über den Zeitpunkt des Wirksamwerdens § 20 Abs 1, § 22 Abs 1, § 146 Abs 1 ZVG; dazu *Steiner-Riedel* ZVG §§ 20, 21 Bem 2, § 22 Bem 1, 2, *Wilhelmi-Vogel-Zeller* ZVG § 22 Bem 1ff. Obwohl das Veräußerungsverbot nur zugunsten des betreibenden bzw der betreibenden Gläubiger wirkt, § 20 Abs 1 ZVG, sind Eintragungen auf Grund von Eintragungsbewilligungen des Eigentümers oder auf Grund eines gegen ihn gerichteten Schuldtitels nach der Beschlagnahme nicht mehr vorzunehmen, wenn dem GBBeamten die Beschlagnahme amtlich bekannt ist und der Beschlagnahmevermerk noch nicht eingetragen ist, **KG** KGJ 34, 282; dazu *Güthe* GBO § 13 Vorbem 79, *Jaeckel-Güthe* ZVG § 23 Bem 3. Auch wenn der betreibende Gläubiger die Verfügung des Eigentümers genehmigt hat, ist die Eintragung in das GB vor Eintragung der Beschlagnahme zulässig; § 878 BGB gilt hier auch, **OLG Celle** OLG 17, 352; dazu *Vorbem 125*.

Nach Eintragung des Beschlagnahmevermerks (dazu *§ 38 Bem 23ff.*) können Verfügungen des Eigentümers über das Grst, wie insbes Auflassung, Belastungen, eingetragen werden, auch wenn sie erst nach Wirksamkeit der Beschlagnahme vorgenommen worden sind. Dasselbe gilt für Eintragungen im Zwangswege **OLG Colmar** OLG 4, 161; dazu *Predari* GBO § 39 Bem 5Ac. Der Beschlagnahmevermerk bewirkt also **keine Sperre des GB**; dazu *Güthe* GBO § 13 Vorbem 79, *Mohrbutter* aaO 314, *Steiner-Riedel* ZVG § 23 Bem 2 (d).

Rechte an dem beschlagnahmten Grst werden von der Beschlagnahme nicht betroffen. Der Eigentümer ist daher in der Verfügung über Eigentümergrundschulden und -hypotheken nicht beschränkt; dazu *Steiner-Riedel* ZVG § 23 Bem 2 (a).

4. Nachlaßverwaltung **V 138**

Der **Erbe verliert** mit der Anordnung der Nachlaßverwaltung die **Verfügungsbefugnis über den Nachlaß**; sie geht auf den Nachlaßverwalter über, § 1984 Abs 1 BGB; dazu *Staudinger-Lehmann* BGB § 1984 Bem 5ff. Dem bzw den Erben verbleibt aber die Befugnis nach § 2033 BGB über seinen Nachlaßanteil im ganzen zu verfügen; dazu *Palandt* BGB § 1984 Bem 1. Die Verfügungsbeschränkung tritt nicht mit der Erlassung des die Nachlaßverwaltung anordnenden Beschlusses in Wirksamkeit, sondern mit der Bekanntmachung an den Erben nach § 16 FGG (*Anh*); dazu *Staudinger-Lehmann* BGB § 1984 Bem 2ff., zur Bekanntmachung *§ 1 Bem 20*.

Rechtsgeschäftliche Willenserklärungen des Erben dürfen vom GBA nach Anordnung der Nachlaßverwaltung nicht mehr vollzogen werden, gleichgültig, ob die Nachlaßverwaltung im GB eingetragen ist oder nicht; dazu *Güthe* GBO § 13 Vorbem 76. Es gelten hier die für den Konkurs maßgebenden Grundsätze der §§ 7, 8 KO entsprechend; dazu *BGB-RGRK* BGB § 878 Bem 20, *Predari* LZ 1907, 343, *Staudinger-Seufert* BGB § 878 Bem 14, auch *Vorbem 134*. **Zwangseintragungen**, die von Nachlaßgläubigern ausgehen, sind während der Nachlaßverwaltung unbeschränkt zulässig. Soll dagegen eine Zwangseintragung bei einem Nachlaßgegenstand zugunsten eines anderen Gläubigers erfolgen, so ist sie abzulehnen, § 1984 Abs 2 BGB; dazu *Palandt* BGB § 1984 Bem 4, *Staudinger-Seufert* BGB § 1984 Bem 17, 18. Die Nachlaßverwaltung bewirkt also eine **teilweise Sperre des GB**.

Über die Eintragung der Nachlaßverwaltung *Bem zu § 38 Bem 39*.

5. Testamentsvollstreckung **V 139**

Die Ernennung eines Testamentsvollstreckers **beschränkt die Verfügungsbefugnis des bzw der Erben**, § 2211 Abs 1 BGB.

Der Rechtscharakter dieser Verfügungsbeschränkung ist bestritten. *Güthe* GBO § 13 Vorbem 77 nimmt eine relative Verfügungsbeschränkung an, da sie nur zugunsten des Testamentsvollstreckers bestehe, um diesem die Erfüllung seiner Aufgaben zu ermöglichen, und zugunsten aller sonst am Nachlaß Beteiligten. Nach der hM die den Vorzug verdient, handelt es sich jedoch um eine **absolute Unwirksamkeit**, da eine Wirkung jedermann gegenüber besteht, wie auch der Wortlaut des § 2211 Abs 1 BGB ergibt; dazu **RG** RGZ 87, 433 = JW 1916, 485 (*Herzfelder*) = LZ 1916, 938, **KG** DNotZ 1941 127, *BGB-RGRK* BGB § 2211 Bem 1, *Haegele* GBRecht Bem 716ff., 1746ff., *Palandt* BGB § 2211 Bem 1, *Planck* BGB § 2211 Bem 4 *Staudinger-Dittmann* BGB § 2211 Bem 2. Es liegt also kein Veräußerungsverbot iSd § 135 BGB vor; dazu *Staudinger-Coing* BGB § 135 Bem 9, 16.

Die Verfügungsbeschränkung tritt **ab Erbfall** ein, nicht erst ab Beginn der Amtstätigkeit des Testamentsvollstreckers, **KG** KGJ 40, 196; dazu *BGB-RGRK* BGB § 2211 Bem 1, *Staudinger-Dittmann* BGB § 2211 Bem 6. Es handelt sich um eine **schwebende Unwirksamkeit**, so daß bei Genehmigung des Testamentsvollstreckers Verfügungen wirksam werden, §§ 184, 185 Abs 2 BGB. Ebenso ist eine Verfügung des Erben für den Zeitpunkt nach Aufhebung der Testamentsvollstreckung möglich. Dazu *BGB-RGRK* BGB § 2211 Bem 1, *Staudinger-Dittmann* BGB § 2211 Bem 2, 3.

Über die Eintragung der Ernennung eines Testamentsvollstreckers, nämlich des **Testamentsvollstreckervermerks**, in das GB *§ 52 Bem 7ff.*

Die **Wirkungen** der Anordnung der Testamentsvollstreckung sind folgende: Dem Testamentsvollstrecker steht anstelle des oder der Erben während der Dauer seines Amtes das Verfügungsrecht über die seiner Verwaltung unterliegenden Nachlaßgegenstände zu, § 2205 BGB; dazu *§ 35 Bem 77ff.* Sowohl Eintragungen, die auf Grund einer Bewilligung des oder der Erben beruhen, als auch solche, die auf Grund eines gegen den oder einen Erben allein (dazu § 748 Abs 1, 2 ZPO) ergangenen vollstreckbaren Schuldtitels bei einem der Testamentsvollstreckung unterliegenden Nachlaßgegenstand erfolgen sollen, hat das GBA abzulehnen, wenn die Testamentsvollstreckung im GB eingetragen oder dem GBA bekannt ist, **KG** RJA 8, 47. Der GBBeamte muß sich daher bei jeder von einem Erben ausgehenden Eintragungsbewilligung Gewißheit darüber verschaffen, ob nicht etwa eine Eintragung über die Testamentsvollstreckung vorhanden ist. Es liegt also eine **Sperre des GB** vor, **aA** (zu Unrecht) **LG Nürnberg-Fürth** MittBayNotV 1962, 75 = DNotZ 1962, 656 Ls; dazu *Horber* GBO § 22 Bem 7C, *Staudinger-Dittmann* BGB § 2211 Bem 27. Der Erwerber eines Erbteils kann seine Eintragung im GB als Rechtsnachfolger des bisherigen Teilhabers der Erbengemeinschaft ohne Mitwirkung des Testamentsvollstreckers beantragen, **LG Essen** Rpfleger 1960, 57 (*Haegele*) = DNotZ 1960, 429 Ls.

V 140

6. Nacherbfolge

Dazu *Bauer* GBEintragungen Z 209, *Brand-Schnitzler* GBSachen § 162, *Haegele* GBRecht Bem 718ff., 1772ff., RPfleger-Handbuch 2. Teil (Erb- und Testamentsrecht 10ff.), Merkbuch 97 ff., Unterrichtsbriefe (Erb- und Testamentsrecht 14ff.), *Hill* Die Übertragung eines Rechts durch Vorerben und seine gbmäßige Behandlung MDR 1959, 309, *Horber* GBO § 40 Bem 2, *Krämer-Illner* GBPraxis § 114, *Planck-Kettnaker* Führung des GBuchs 340ff., *Ripfel* GBRecht 165, Verfügungen und Verbindlichkeiten des Vorerben BWNotZ 1959, 177

a) **Nacherbe** ist, wer als Erbe vom Erblasser in der Weise eingesetzt ist, daß er erst Erbe wird, wenn zunächst ein anderer Erbe geworden ist, § 2100 BGB. Vom Nacherben verschieden ist der **Ersatzerbe**, § 2096 BGB. Die Einsetzung als Nacherbe enthält im Zweifel auch die Einsetzung als Ersatzerbe; ist zweifelhaft, ob eine Erbeinsetzung als solche eines Nacherben oder Ersatzerben gedeutet werden kann, so ist sie in letzterem Sinne auszulegen, § 2102 BGB. Dazu **BGH** MDR 1951, 474 = LM § 2100 BGB Nr 1.

Der Vorerbe ist durch die Anordnung einer Nacherbfolge nicht allgemein **in der Verfügung** über Nachlaßgegenstände **beschränkt**, § 2112 BGB; vielmehr gilt die Beschränkung nur für Verfügungen über ein Grst oder ein Recht an einem Grst, § 2113 Abs 1 BGB, für unentgeltliche Verfügungen, § 2113 Abs 2 BGB, und für Verfügungen im Wege der ZwV oder der Arrestvollziehung oder durch den Konkursverwalter, § 2115 BGB; dazu *Güthe* GBO § 13 Vorbem 78. Von den Beschränkungen in der Verfügung über ein Grst oder ein GrstRecht kann der Erblasser den Vorerben befreien, von den übrigen Beschränkungen jedoch nicht, §§ 2136, 2137 BGB. Die Verfügungsbeschränkung hat stets nur **relative Wirkung** dh die Verfügungen des Vorerben sind im Falle des Eintritts der Nacherbfolge insoweit unwirksam, als sie das Recht des Nacherben vereiteln oder beeinträchtigen würden, § 2113 BGB; dazu *Palandt* BGB § 2113 Bem 1 (b), *Staudinger-Seybold* BGB § 2112 Bem 10, § 2113 Bem 2, 8. Beeinträchtigung und Vereitelung sind im rechtlichen und nicht im wirtschaftlichen Sinne zu verstehen; dazu *Vorbem 145.* Der Nacherbenvermerk im GB hindert die Erbbaurechtsbestellung, die erstrangig sein muß (dazu *§ 8 Bem 10*), so daß also die Zustimmung der Nacherben zur Bestellung des Erbbaurechts nötig ist, **OLG Hamm** NJW 1965, 1489 = Rpfleger 1966, 48 = DNotZ 1966, 102 = OLGZ 1965, 82 = DRspr I (154) 70e.

Der Nacherbe wird durch jede Verfügung beeinträchtigt, durch die ein Grst oder GrstRecht aus dem Nachlaß ausscheidet, auch wenn diesem ein entsprechender Gegenwert zugeführt wird, zB bei Vertauschung 2 gleichwertiger Grst. Eine Verfügung ist dinglicher Art; dazu *Staudinger-Seybold* BGB § 2113 Bem 7. auch *Vorbem 119.* So stellt eine Erbauseinandersetzung bez eines Grst eine Verfügung über dieses dar, **KG** SeuffA 66, 302, SeuffBl 75, 784, **OLG Düsseldorf** JMBl NRW 1960, 101. Unter eine Verfügung über ein GrstRecht fallen insbes auch die Löschung und Abtretung einer Hypothek, einer Grund- oder Rentenschuld, § 2114 S 3 BGB.

Eine dem Nacherben gegenüber unwirksame Verfügung des Vorerben kann nach § 185 Abs 2 BGB nachträglich Wirksamkeit erlangen, **RG** RGZ 110, 94. Eine solche Verfügung wird auch voll wirksam, wenn der Nacherbe unbeschränkt haftender Erbe des Vorerben wird, **OLG Breslau** OLG 24, 84.

Bei Anordnung der Ersatznacherbfolge ist ein **Ersatznacherbenvermerk** im GB einzutragen; zur Eintragung kann das GBA, wenn ein öffentliches Testament vorhanden ist, in dem die Ersatznacherben nicht namentlich genannt sind, Vorlage eines Erbscheins verlangen, falls die Erben genauer bezeichnet werden können, **OLG Hamm** Rpfleger 1966, 19 = DNotZ 1966, 108 = MittBayNotV 1966, 29 = BWNotZ 1966, 116 Ls.

Über die Eintragung des Rechts des Nacherben in das GB *§ 51 Bem 2ff.*

b) Das **GBA** hat die aus der Nacherbfolge sich ergebenden **Verfügungsbeschränkungen** (dazu *Vorbem 140*) zu **beachten**, auch wenn das Recht des Nacherben nicht in das GB eingetragen ist; dazu *Güthe* GBO § 13 Vorbem 78. **V 141**

Der GBBeamte darf **Eintragungen**, die auf Verfügungen des Vorerben beruhen, **nur vollziehen**, wenn

der Vorerbe innerhalb der Grenzen seiner Verfügungsbefugnis verfügt; dazu *Vorbem 142,* oder

wenn das Recht des Nacherben nach § 51 GBO eingetragen ist; dazu *Vorbem 143,* oder

wenn der Nacherbe der Verfügung des Vorerben zustimmt; dazu *Vorbem 144,* oder

wenn nachgewiesen wird, daß die Rechte des Nacherben nicht beeinträchtigt werden; dazu *Vorbem 145.*

Dazu ist auf folgendes hinzuweisen:

1. Ein Vorerbe **verfügt innerhalb der Grenzen seiner Verfügungsbefugnis** (dazu *Vorbem 140*), wenn er zB ein Grst unter der auflösenden Bedingung aufläßt, daß die Auflassung im Falle des Eintritts der Nacherbfolge unwirksam ist, soweit sie das Recht des Nacherben vereiteln oder beeinträchtigen würde; über die Zulässigkeit solcher Rechtsbedingung auch bei der Auflassung *§ 20 Bem 65.* Hier bedarf es weder der Zustimmung des Nacherben noch der Eintragung seines Rechts; denn auf dieses ist bereits hingewiesen, wenn die Eintragung entsprechend der Auflassungserklärung erfolgt; dazu *Meikel* Recht 1905, 186, *Schwarz* Recht 1903, 227. In einer derartig beschränkten Eintragungsbewilligung kann uU auch der Antrag auf Eintragung des Erwerbers nach Eintragung des Vorerben und der Rechte des Nacherben (§ 51 GBO) erblickt werden, **BayObLG** 6, 486. Ohne Zustimmung des Nacherben kann der Vorerbe eines Gesellschafters einer nach § 139 HGB fortgesetzten oHG oder Kommanditgesellschaft über ein zum Gesellschaftsvermögen gehöriges Grst verfügen, **KG** JFG 4, 276. **V 142**

2. Wenn das **Recht des Nacherben** nach § 51 GBO **eingetragen** ist oder wenn vor der Eintragung der Verfügung die Eintragung des Vorerben **beantragt ist,** wobei in diesem Falle entsprechend dem Antrag von Amts wegen die Eintragung des Nacherben- **V 143**

rechts vorzunehmen ist, so ist der **Nacherbe** gegen nachteilige Verfügungen des Vorerben durch die Eintragung seiner Rechte genügend **geschützt, SchlHOLG** SchlHA 1962, 174; dazu *Güthe* GBO § 13 Vorbem 78. Ein gutgläubiger Erwerb eines Dritten ist ausgeschlossen, § 892 Abs 1 S 2 BGB; gegenüber jedem Erwerber kann die Unwirksamkeit nach dem Eintritt der Nacherbfolge geltend gemacht werden. Der GBBeamte kann die Zustimmung des Nacherben nicht verlangen und hat auch nicht zu prüfen, ob dessen Rechte durch die Verfügung nicht etwa doch geschädigt werden, **RG** RGZ 61, 228/65, 214, **KG** KGJ 52, 142, **BayObLG** 12, 741/17, 178/33, 372. Auch Eintragungen, die auf unentgeltlichen Verfügungen des Vorerben beruhen, sind ohne weiteres vorzunehmen, wenn das Nacherbenrecht im GB vermerkt ist, **OLG München** JFG 14, 340. Verfügt ein befreiter Vorerbe unentgeltlich über ein Nachlaßgrst, so ist im Falle des Todes des Nacherben die Zustimmung des Erben desselben zur Eintragung dieser Verfügung dann nicht erforderlich, wenn ein auf den Verstorbenen lautender Nacherbenvermerk eingetragen ist und eingetragen bleibt, **KG** JW 1936, 2749 = HRR 1936 Nr 1171. Der Eintragung des Nacherbenrechts steht es gleich, wenn der Nacherbe auf die Eintragung seiner Rechte verzichtet oder deren Löschung trotz des Fortbestehens der Nacherbfolge bewilligt hat, **KG** KGJ 52, 166.

Eine **Ausnahme** gilt für **Löschungen**. Da hier das Recht und damit auch die Verfügungsbeschränkung vollständig aus dem GB verschwinden, bedarf es der **Zustimmung des** bzw **der Nacherben** auch dann, wenn der Nacherbenvermerk eingetragen ist; dazu **RG** RGZ 65, 214, **OLG Oldenburg** NdsRpfl 1961, 271 = MDR 1962, 57 = JR 1963, 23 = DNotZ 1962, 405 = Rpfleger 1962, 181, DNotZ 1966, 110, **LG Nürnberg-Fürth** MittBayNotV 1962, 75 = DNotZ 1962, 656 Ls, *Güthe* GBO § 13 Vorbem 71, 78, *Staudinger-Seybold* BGB § 2113 Bem 9. Der Löschung steht es gleich, wenn der Vorerbe nach § 27 GBO seine Zustimmung zur Löschung einer auf einem Nachlaßgrst eingetragenen Hypothek usw erteilt, da die entstehende Eigentümerhypothek einen Nachlaßgegenstand bildet, **KG** KGJ 43, 263. Erwirbt ein durch Nacherbeneinsetzung beschränkter Miterbe durch Tilgung seiner Darlehensschuld gegenüber der Erbengemeinschaft die dafür der Erbengemeinschaft an seinem Grst bestellte Hypothek, so gehört seine dadurch entstehende Eigentümergrundschuld zur Vorerbschaft, **BGH** BGHZ 40, 115 = NJW 1963, 2320 = MDR 1963, 994 = DNotZ 1964, 623 = DB 1963, 1518 = WM 1963, 1211 = FamRZ 1963, 646 Ls = LM § 1163 BGB Nr 5, § 2111 BGB Nr 2 Ls. Bezahlt jedoch der Vorerbe die Hypothekenforderung aus eigenen Mitteln, so fällt die entstehende Eigentümergrundschuld nicht in den Nachlaß; die Zustimmung des Nacherben zur Löschung ist daher entbehrlich, **KG** JFG 8, 355, KGJ 50, 210; zur Löschung einer Eigentümergrundschuld auch **LG Hildesheim** MDR 1961, 692. Der Zustimmung des Nacherben bedarf es auch dann nicht, wenn der zu löschenden Hypothek im Range nachgehende Rechte nicht vorhanden sind, **KG** JFG 15, 187 = JW 1937, 2120 = DNotZ 1938, 115 = HRR 1937 Nr 1016, **OLG München** JFG 21, 81 = DNotZ 1940, 328 = HRR 1940 Nr 540, **OLG Hamburg** JFG 2, 431, *Staudinger-Seybold* aaO. Über Zustimmung *Vorbem 144.*

V 144 3. Das GBA kann die Eintragung vollziehen, wenn der **Nacherbe** der Verfügung des Vorerben **zustimmt, KG** KGJ 52, 142; dazu *Güthe* GBO § 13 Vorbem 78. Über Zustimmung des Ersatz-Nacherben *Vorbem 143.*

Die Zustimmung ist fast stets erforderlich bei Löschungen; dazu *Vorbem 143,* auch *Staudinger-Seybold* BGB § 2113 Bem 9. So kann zB der Vorerbe ohne Nacherbenzustimmung Löschung einer zur Eigentümergrundschuld umgewandelten Hypothek bewilligen, wenn eine Löschungsvormerkung eingetragen war, **OLG Saarbrücken** DNotZ 1950, 66 = SaarRZ 1949, 132 = DRspr I (174) 22a. Auch bei nicht befreiter Vorerbschaft (dazu *Vorbem 140*) wird die Zustimmung in der Regel verlangt werden müssen, **KG** OLG 3, 223; über einige Ausnahmen *Vorbem 145*. Die Zustimmung bedarf der Form des § 29 GBO. Für Minderjährige ua hat der gesetzliche Vertreter die Zustimmung zu erteilen, **OLG Hamm** NJW 1965, 1489 (wV *Vorbem 140*). Bei Unbekanntheit der Nacherben bedarf es der Aufstellung eines Pflegers nach § 1913 BGB, **OLG Oldenburg** DNotZ 1966, 109 = Rpfleger 1966, 47, NdsRpfl 1966, 59 bez eines Hoferben.

Liegt eine **mehrfache Nacherbfolge** vor, so bedarf es der Zustimmung sämtlicher Nacherben; dazu *Güthe* GBO § 51 Bem 3, *Staudinger-Seybold* BGB § 2113 Bem 9. Die Zustimmung eines für den Nacherben eingesetzten Ersatzerben (dazu *Vorbem 140*) ist vor Eintritt des Ersatzfalles nicht notwendig, **RG** RGZ 145, 317, **KG** OLG 18, 332, **OLG Braunschweig** JFG 5, 314 (dazu *Güthe* aaO, *Staudinger-Seybold* BGB § 2096 Bem 10, § 2113 Bem 9), **aA** (überholt) **BayObLG** 6, 706 (dazu auch *Recke* JW 1936, 1037). Ist anstelle eines nur bedingt eingesetzten Nacherben für den Fall des Ausfalls der Bedingung als Ersatznacherbe ein anderer Nacherbe eingesetzt, so bedarf es der Zustimmung sowohl des erstberufenen als auch des an 2. Stelle berufenen Nacherben, **KG** JW 1936, 3562 = DNotZ 1937, 66. Trifft ein Vorerbe zugunsten **eines von mehreren Nacherben** eine unentgeltliche Verfügung und wird er auch seinerseits von den Nacherben beerbt, so kann sich der Nacherbe, zugunsten dessen die unentgeltliche Verfügung getroffen worden ist, nicht mit Erfolg auf § 185 Abs 2 BGB berufen; es steht § 2063 Abs 2 BGB entgegen, **BGH** LM § 2113 BGB Nr 1.

Ist der **Nacherbe zugleich Vertragserbe** des Vorerben, so greift zu seinem Schutz gegenüber unentgeltlichen Rechtsgeschäften des Vorerben in erster Linie § 2287 BGB ein, **OLG Celle** MDR 1948, 142 (*Kleinrahm*) = NdsRpfl 1947, 121.

Der Zustimmung steht es gleich, wenn der Nacherbe einen Nachlaßgegenstand dem Vorerben zur freien Verfügung dergestalt überlassen hat, daß die erbrechtlichen Beschränkungen erlöschen und der Gegenstand endgültig **aus dem Nachlaß ausscheidet**. Zu einer solchen Überlassung ist auch der für den Vorerben oder den Nacherben bestellte Testamentsvollstrecker befugt, **KG** JFG 11, 121. Nicht zulässig ist es, daß der Erblasser den Vorerben nach § 181 BGB ermächtigt, sich selbst namens des Nacherben die Genehmigung zu einer Verfügung zu erteilen, **RG** RGZ 77, 178, **KG** OLG 18, 338.

Der Nacherbe kann auch auf die Eintragung seiner Rechte **verzichten**; dazu *Staudinger-Seybold* BGB § 2113 Bem 11.

Ein **Erbauseinandersetzungsverbot** des Erblassers steht der Wirksamkeit einer im Wege der Erbauseinandersetzung getroffenen Verfügung über Nachlaßgegenstände nicht entgegen, wenn sie von allen Erben, auch von Nacherben, oder im Falle der Testamentsvollstreckung von dem Testamentsvollstrecker und allen Erben gemeinsam getroffen wird; im Falle der Nacherbeneinsetzung bedarf es der Mitwirkung bloßer Ersatznacherben nicht. Die Verfügungsbeschränkungen des § 2113 BGB für den Vorerben gelten für den Testamentsvollstrecker jedenfalls dann nicht, wenn er zugleich für Vor- und Nacherben eingesetzt ist. Dazu **BGH** BGHZ 40, 115 (wV *Vorbem 143*).

4. Es kann der Nachweis geführt werden, daß die **Rechte des Nacherben nicht beeinträchtigt** werden, daß also die Verfügung dem Nacherben gegenüber wirksam ist; dazu *Güthe* GBO § 13 Vorbem 78, *Staudinger-Seybold* BGB § 2113 Bem 12. **V 145**

Nicht beeinträchtigt werden die Rechte des Nacherben durch eine Verfügung, die der Erfüllung einer vom Erblasser begründeten wirksamen Verpflichtung dient; dazu §§ 1967, 2139 BGB. Ohne den Nachweis der Zustimmung des Nacherben kann daher die vom Vorerben erklärte Auflassung eines vom Erblasser verkauften Grst eingetragen werden, **KG** HRR 1934 Nr 172. Nicht beeinträchtigt wird der Nacherbe auch dadurch, daß der Vorerbe eine von einem Gläubiger des Erblassers gepfändete und diesem zur Einziehung überwiesene Hypothekenforderung an den Pfandgläubiger abtritt, **KG** aaO.

Im übrigen kommt der Nachweis, daß die Rechte des Nacherben nicht beeinträchtigt werden, nur bei der befreiten Vorerbschaft (dazu *Vorbem 140*) in Betracht und auch hier nur, wenn die Verfügung in der Übertragung oder Belastung, nicht aber, wenn sie in der Aufhebung eines Rechts besteht. Die Befreiung des Vorerben von den gesetzlichen Beschränkungen kann sich nur auf rechtsgeschäftliche entgeltliche Verfügungen über ein Grst oder ein GrstRecht erstrecken, §§ 2136, 2113 Abs 1 BGB; der Nachweis muß sich also insbes auf die Entgeltlichkeit der Verfügung beziehen.

Ist demnach ein Recht des Nacherben nicht eingetragen, so ist eine Eintragung auf Grund einer Verfügung des Vorerben nur zulässig — falls der Nacherbe nicht auf die Eintragung verzichtet hat; dazu *Vorbem 144* —, wenn entweder die Zustimmung des Nacherben beigebracht (dazu *Vorbem 144*) oder die Entgeltlichkeit (dazu *Vorbem 146*) nachgewiesen wird, **RG** RGZ 61, 228/65, 214, *Werneberg* BayNotZ 1917, 183.

V 146 c) Die Frage der **Entgeltlichkeit** hat im Rahmen des § 2112 BGB für die Praxis besondere Bedeutung. Nach § 2113 Abs 2 BGB sind Verfügungen über einen Erbschaftsgegenstand, die unentgeltlich erfolgen, unwirksam, außer wenn es sich um Schenkungen handelt, durch die einer sittlichen Pflicht oder einer auf den Anstand zu nehmenden Rücksicht entsprochen wird.

Dazu *Güthe* GBO § 13 Vorbem 78, *Palandt* BGB § 2113 Bem 2, *Staudinger-Seybold* BGB § 2113 Bem 17ff.

Für den **Begriff der Entgeltlichkeit** sind sowohl die objektiven als auch die subjektiven Merkmale des Geschäfts von Bedeutung; insbes ist auch der Begriff der ordnungsmäßigen Verwaltung heranzuziehen, auch ist der erstrebte wirtschaftliche Zweck zu berücksichtigen, **RG** RGZ 81, 364/105, 247/117, 95, **OLG Hamburg** OLG 44, 60, JFG 2, 431, 436, **KG** JFG 2, 388/3, 278; dazu *Staudinger-Seybold* BGB § 2113 Bem 19, 19a, b. Als Entgelt sind nur diejenigen Gegenleistungen anzusehen, die dem Nachlaß zufließen; unentgeltlich ist eine Verfügung des Vorerben, durch die aus dem Nachlaß etwas aufgegeben und weggegeben wird, ohne daß die dadurch eintretende Verringerung des Nachlasses durch Zuführung eines entsprechenden Vermögensvorteils aufgewogen wird, **BGH** BGHZ 7, 274 = NJW 1953, 219 = DNotZ 1953, 97 = LM § 2113 BGB Nr 3 (*Ascher*); dazu auch *Goetzel* HW 1948, 326. Unentgeltlichkeit der Verfügung kommt also in Frage, wenn bei objektiver Betrachtung in den Nachlaß kein oder kein volles Entgelt gelangt und wenn hinzukommt entweder, daß der Vorerbe auch nach seiner eigenen Einschränkung kein oder kein volles Entgelt erhält, oder wenigstens, daß er unter dem Gesichtspunkt einer ordnungsmäßigen Verwaltung das von der anderen Seite zu Leistende nicht als entsprechenden Gegenwert ansehen darf, **RG** RGZ 125, 245, JW 1932, 1358/1936, 2919. Bei teils entgeltlicher, teils unentgeltlicher Verfügung des Vorerben ist die ganze Verfügung unwirksam, **BGH** BGH LM § 2113 BGB Nr 1. Als in ordnungsmäßiger Verwaltung erfolgend kann eine Maßnahme dann angesehen werden, wenn die Beweggründe für sie substantiiert vorgetragen und verständlich und der Wirklichkeit gerecht werdend erscheinen, **KG** JFG 7, 284/12, 202.

Zu dem **Nachweis der Entgeltlichkeit** genügt regelmäßig die Erklärung des Vorerben allein nicht, **RG** RGZ 65, 214/70, 332, **KG** KGJ 26, 264/41, 176/43, 161, OLG 14, 132/26, 326; dazu *Güthe* GBO § 13 Vorbem 78, *Palandt* BGB § 2113 Bem 2 (b), *Staudinger-Seybold* BGB § 2113 Bem 12, 19ff., 31. Nach **BayObLG** 22, 291 ist einer Erklärung des befreiten Vorerben, daß er die Löschung einer Nachlaßhypothek deshalb bewilligt habe, weil die Forderung an ihn bezahlt worden sei, Vertrauen zu schenken, wenn nicht besondere Anhaltspunkte für die Annahme der Unrichtigkeit der Erklärung im Einzelfalle vorliegen. Es ist nicht Aufgabe des GBBeamten Zweifel an der Entgeltlichkeit endgültig zu klären; er kann vielmehr verlangen, daß ihm in solchem Falle die Berechtigung des Vorerben zu solcher Verfügung in der Form des § 29 GBO, und zwar durch eine Zustimmungserklärung des durch die Verfügung betroffenen Nacherben, nachgewiesen wird, **LG Bremen** NJW 1954, 477; dazu auch **KG** OLG 36, 171, **OLG Düsseldorf** Rpfleger 1957, 413 (*Haegele*), **OLG Hamburg** JFG 2, 431, **LG Kassel** DNotZ 1957, 159. Es wird daher als das regelmäßige Mittel für den Nachweis der Entgeltlichkeit eine in der Form des § 29 GBO zu erbringende **Erklärung des Nacherben** anzusehen sein, worin er die Entgeltlichkeit anerkennt oder seine Einwilligung zu der Verfügung erteilt, **RG** RGZ 65, 214, **KG** RJA 7, 268/8, 219. **Mehrere Nacherben** müssen sämtlich eine solche Erklärung abgeben. Ob eine solche Geständnis-Erklärung der **Genehmigung des Vormundschaftsgerichts** bedarf, wenn der Nacherbe minderjährig ist oder aus einem sonstigen Grunde eine solche Genehmigung erforderlich sein kann, richtet sich nach den Umständen des Einzelfalles. Entbehrlich erscheint sie für den Fall, daß die Rechtslage klar ist und der Erklärung daher keine rechtsändernde Bedeutung zukommt. Andernfalls aber, wenn also die Zustimmungserklärung uU eine besondere Funktion hat (dazu *Vorbem 144*), muß die vormundschaftsgerichtliche Genehmigung eingeholt werden, weil nämlich dann in der Erklärung eine Verfügung liegt.

Die Erklärung des oder der Nacherben ist entbehrlich, wenn entweder die **Entgeltlichkeit** der Verfügung beim GBA **offenkundig** ist oder wenn die Entgeltlichkeit **durch die Natur der Sache oder die Sachlage ausgeschlossen** ist, **RG** RGZ 69, 257, SeuffA 78 Nr 192, **KG** OLG 21, 327, KGJ 38, 213/40, 174, **BayObLG** 12, 553/13, 176/17, 178; dazu *Palandt* BGB § 2113 Bem 2 (b), *Staudinger-Seybold* BGB § 2113 Bem 31. Eine der Sachlage nach nicht unentgeltliche Verfügung ist anzunehmen bei Führung eines Prozesses mit dem Schuldner über die Zahlungspflicht, **RG** RGZ 69, 257, bei Aufhebung einer an letzter Rangstelle stehenden Eigentümerhypothek, **KG** OLG 26, 323, KGJ 35, 305, HRR 1933 Nr 1660, **OLG Hamburg** JFG 2, 431, bei Aufgabe einer Eigentümerhypothek unter gleichzeitiger Bestellung einer Darlehenshypothek, deren Gläubiger die Löschung der Eigentümerhypothek verlangt, **KG** KGJ 41, 180, uU bei Aufgabe einer Eigentümergrundschuld trotz Vorhandenseins aufrückender Nachrechte ohne Sondervergütung für deren Rangverbesserung, sei es infolge der Befreiung des Grst von der Grundschuld überhaupt, sei es infolge der besonderen rechtlichen und wirtschaftlichen Lage im Einzelfalle, möglicherweise bei Aufgabe einer Eigentümergrundschuld. Das Vorhandensein einer vom Vorerben eingegangenen Verpflichtung, eine Hypothek nach Rückzahlung löschen zu lassen, begründet nämlich nicht schlechthin eine Entgeltlichkeit; es kommt vielmehr darauf an, ob die Verpflichtung selbst eine entgeltliche ist, **KG** HRR 1933, Nr 1660. Ähnlich liegen die Fälle bei einem zweiseitigen entgeltlichen Geschäft mit einem unbeteiligten Dritten, **KG** RJA 11, 123, KGJ 52, 142, JFG 3, 278 (280), uU auch bei einem einseitigen Rechtsgeschäft je nach Sachlage, **KG** KGJ 40, 174, bei Vorlage einer notariellen Bescheinigung über die Bezahlung des Entgelts, **KG** OLG 23, 340, bei unentgeltlicher Veräußerung oder Pfandfreigabe einer Parzelle zwecks Anlegung einer Straße, wenn durch diese das RestGrst im Werte steigt, **KG** OLG 23, 342, ferner wenn die Verfügung des Vorerben nur der Ausführung einer letztwilligen Anordnung des Erblassers dient, **OLG Stuttgart** RJA 7, 221, **OLG Dresden** OLG 35, 373, wenn der Vorerbe zu einer Erbengemeinschaft gehört und seine Erklärung mit der der übrigen Miterben, die unbeschränkte Erben sind, übereinstimmt, **KG** KGJ 41, 176, bei Bestellung einer Eigentümergrundschuld, **KG** KGJ 43, 256, bei Bestellung einer Hypothek zugunsten einer öffentlichen Kreditanstalt, *Güthe* GBO § 13 Vorbem 78. Die Entgeltlichkeit einer Verfügung des Vorerben ist nicht schon deshalb zu verneinen, weil der Gegenwert dem Vorerben allein zugute kommt, **KG** DNotV 1930, 476. § 2113 BGB ist überhaupt nicht anwendbar bei Verfügungen der Erbengesamtheit, wenn der Vorerbe nur Miterbe ist und er das Grst übernimmt, **KG** KGJ 10, 212. Über den Fall einer oHG, die zur Vorerbschaft gehört, **OLG Hamm** DNotZ 3963, 599 (*Schopp*).

Über die Form des Nachweises der Entgeltlichkeit *§ 29 Bem 85, § 35 Bem 78, § 40 Bem 7.*

V 147 d) Wenn ein Grst vom Vorerben ohne Eintragung oder Zustimmung des Nacherben veräußert wurde, kann Anlaß zur Eintragung eines **Amtswiderspruchs** nach § 53 bestehen; dazu **KG** OLG 18, 222. Ist durch die Auflassung eines NachlaßGrst an einen Dritten das Recht des Nacherben gemäß § 2113 BGB beeinträchtigt oder vereitelt, so kann er nach Eintritt des Nacherbfalles als nunmehriger Vollerbe die **Berichtigung des GB** durch seine Eintragung als Eigentümer verlangen, **RG** RGZ 102, 335 (bez Löschung einer Nachlaßhypothek), **KG** KGJ 49, 178.

Ist ein im GB eingetragenes dingliches Recht dem Nacherben gegenüber wirksam, so kann dies im GB vermerkt werden. Ein solcher **Wirksamkeitsvermerk** (dazu *Vorbem 122*) hat, wenn er ein nach Eintragung des Nacherbenrechts bestelltes Recht betrifft, die Bedeutung eines Teillöschungsvermerks und weiter die Bedeutung einer gegenständlichen Beschränkung des Nacherbenrechts, wenn er sich auf ein gleichzeitig mit diesem eingetragenes Recht bezieht. Der Antrag auf Eintragung des Vorranges eines dinglichen Rechts vor dem Nacherbenvermerk ist regelmäßig als Antrag auf Eintragung eines derartigen Wirksamkeitsvermerks zu betrachten, **KG** JFG 13, 111.

V 148 e) Soweit nach § 2115 BGB Verfügungen über einen Nachlaßgegenstand im Wege der **Zwangsvollstreckung** oder Arrestvollziehung oder durch den Konkursverwalter unzulässig sind, sind derartige Eintragungen vom GBBeamten abzulehnen, gleichgültig, ob die Rechte des Nacherben eingetragen sind oder ob der GBBeamte auf andere Weise von dem Bestehen der Nacherbschaft Kenntnis erlangt hat; dazu *Güthe* GBO § 13 Vorbem 78, *Staudinger-Seybold* BGB § 2113 Bem 7, **aA** (überholt) **KG** OLG 7, 353.

V 149 f) Ist die Verwaltung der Vorerbschaft nach § 2128 Abs 2 mit § 1052 BGB einem **gerichtlichen Verwalter** übertragen, so ist dem Vorerben die Verfügungsbefugnis über die Erbschaftsgegenstände völlig entzogen, § 2129 BGB; dazu *Güthe* GBO § 13 Vorbem 78 S 239, *Staudinger-Seybold* BGB §§ 2127 ff. Bem 14. Auch diese Verfügungsbeschränkung kann auf Antrag des Vorerben oder des Nacherben in das GB eingetragen werden; dazu *Güthe* aaO, *Staudinger-Seybold* aaO Bem 15. Der Gerichtsbeschluß über die Anordnung der Verwaltung ist vorzulegen.

Eintragungen in das GB können während der Dauer der Verwaltung nur auf Bewilligung des gerichtlichen Verwalters vorgenommen werden. Eintragungsanträgen, die auf Verfügungen des Vorerben oder auf einem nach Anordnung der Verwaltung gegen den Vorerben erlassenen Vollstreckungstitel beruhen, darf wie im Falle der Konkursverwaltung und der Testamentsvollstreckung (dazu *Vorbem 123*) nicht stattgegeben werden, auch wenn die Verfügungsbeschränkung eingetragen ist oder der Nacherbe der Verfügung zugestimmt hat; dazu *Güthe* aaO.

V 150

7. Versicherungsaufsicht

Dazu *Haegele* Beschränkungen Bem 354, Eintragung des Treuhänders bei Grundpfandrechten von Versicherungsunternehmen Rpfleger 1963, 104, *Pöschl* Die Eintragung des Treuhändervermerks bei Rechten von Versicherungsunternehmen BWNotZ 1964, 301

a) Nach § 72 Abs 1 VersAufsG ist der **Deckungsstock inländischer Versicherungsunternehmungen** so sicherzustellen, daß nur mit Zustimmung des gemäß §§ 70, 71 aaO zur Überwachung des Deckungsstockes bestellten Treuhänders darüber verfügt werden kann, wobei das Nähere die Aufsichtsbehörde bestimmt. Auf Grund dieser Bestimmung hat das RAufsichtsamt für Privatversicherung mit Rundschreiben vom 30. Mai 1933 (Veröffentlichungen des Aufsichtsamtes 1933, 182) angeordnet, daß die Versicherungsunternehmungen bei inländischen Grundstücken, Buchhypotheken, -grund- und -rentenschulden einen GBEintrag dahin zu erwirken haben, daß über den

Gegenstand nur mit Zustimmung des Treuhänders oder seines Stellvertreters verfügt werden darf. Dieses Rundschreiben ist, da es auf einer gesetzlichen Ermächtigung beruht, eine in der Wirkung einem Gesetz gleichgestellte Rechtsnorm und ebenso wie ein Gesetz zu beachten, **LG Hamburg** JW 1934, 3153. Es handelt sich also um eine gesetzliche, nicht um eine behördlich angeordnete **Verfügungsbeschränkung** iSd § 135 BGB; das Verfügungsverbot hat nur **relative Wirkung, KG** JFG 11, 321; dazu *Güthe* GBO 2048 (2049) Versicherungsunternehmungen, *Prölß* VersAufsG § 72 Bem 2, 4 (a), *von der Thüsen* DNotZ 1936, 534.

Die **Verfügungsbeschränkung kann in das GB eingetragen** werden, **KG** JW 1934, 1126, 1367, *Prölß* VersAufsG § 72 Bem 4 (a); dazu *§ 3 Bem 279*. Ihre Eintragung ist **GB-Berichtigung**. Sie erfordert einen formlosen Antrag und den in der Form des § 29 GBO zu erbringenden Nachweis, daß das Grst oder Recht, bei dem der Sperrvermerk eingetragen werden soll, zum Deckungsstock der Versicherungsgesellschaft gehört, **KG** JFG 11, 321, *Güthe* aaO, *Prölß* VersAufsG § 72 Bem 4 (a), **aA** (zu Unrecht) **LG Hamburg** JW 1934, 3153 = JR 1934, 332 (dazu *Prölß* aaO unter c), wonach das GBA die Zugehörigkeit zum Deckungsstock nicht zu prüfen hat. Über die Zugehörigkeit zum Deckungsstock Art 2 Abs 2 VersAufsG DurchfVO vom 21. April 1936 RGBl I 376. Regelmäßig ist hierüber eine Bescheinigung der Aufsichtsbehörde vorzulegen. Antragsberechtigt sind das Versicherungsunternehmen und der Treuhänder, nicht aber auch die Aufsichtsbehörde, *Prölß* aaO, *von der Thüsen* DNotZ 1936, 534 (549). Einer Bewilligung oder Zustimmung des GrstEigentümers oder Hypothekengläubigers, nämlich des Versicherungsunternehmens, bedarf es nicht. Der **Sperrvermerk** hat dahin zu lauten, daß ohne Zustimmung des jeweiligen Treuhänders über das Grst oder das Recht nicht verfügt werden darf. Die namentliche Bezeichnung des Treuhänders oder seines Stellvertreters ist nicht erforderlich, **LG Berlin** JW 1934, 626, *Prölß* VersAufsG § 72 Bem 2, *von der Thüsen* aaO. Über die Kosten der Eintragung des Sperrvermerks **KG** JW 1934, 1367, JFG ErgBd 13, 55, *Prölß* VersAufsG § 72 Bem 4 (a), *von der Thüsen* aaO (541); dazu *Vorbem 190*. Über Eintragungsantrag bei Hypothek *§ 13 Bem 44*.

Verfügungen über Grundstücke, Hypotheken, Grund- und Rentenschulden, die der Sperre unterliegen, dürfen im GB nur vollzogen werden, wenn die Zustimmungserklärung des Treuhänders in der Form des § 29 GBO vorliegt, § 72 Abs 3 VersAufsG; dazu *Güthe* GBO 2048 (2049), *Prölß* VersAufsG § 72 Bem 3, 4 (b). Dies gilt insbes auch für Löschungen; dazu *Prölß* aaO Bem 6. Die Verfügungsbeschränkung nach § 72 VersAufsG sperrt also das GB gegen einseitige Verfügungen des Berechtigten auch dann, wenn sie nicht eingetragen ist. Die Zustimmung des Treuhänders darf der GBBeamte nur verlangen, wenn der Sperrvermerk im GB eingetragen oder wenn ihm die Zugehörigkeit eines Vermögensgegenstandes zum Deckungsstock trotz fehlenden Sperrvermerks positiv bekannt ist. Er kann nicht etwa bei jeder Verfügung eines Versicherungsunternehmens über ein Grst oder eine Hypothek usw den Nachweis verlangen, daß der Gegenstand nicht zum Deckungsstock gehört, *von der Thüsen* aaO (541). Ist eine Eintragung ohne die erforderliche Zustimmung des Treuhänders erfolgt, so ist ein **Amtswiderspruch** nach § 53 GBO einzutragen. Über die Herausgabe verwahrter Werte an das Unternehmen durch den Treuhänder *Prölß* VersAufsG § 72 Bem 5.

Über Entnahme aus dem Deckungsstock, ZwV und Arrestvollziehung (dazu *Vorbem 109*) sowie Konkurseröffnung §§ 77, 78 VersAufsG.

Die **Eintragung der Verfügungsbeschränkung** erfolgt entweder auf Ersuchen des BAufsichtsamts (dazu *§ 38 Bem 67*) oder auf Antrag des Gläubigers der Hypothek usw bzw des die Hypothek usw bestellenden, nicht aber eines späteren, Eigentümers; sie ist GBBerichtigung; dazu *Güthe* und *Prölß* aaO. Der GrstEigentümer ist daher berechtigt, zusammen mit dem Antrag auf Eintragung der Hypothek auch die Eintragung der Verfügungsbeschränkung nach § 72 Abs 1 VersAufsG zu bewilligen, **BayObLG**

BayObLGZ 1964, 394 = NJW 1965, 538 = BWNotZ 1965, 133 Ls = OLGZ 1965, 69 Ls = DRspr IV (473) 88a, **aA** (überholt) **LG München I** Rpfleger 1964, 212 (*Haegele*) = DRspr IV (473) 86c.

V 151 b) Nach § 110 Abs 2 VersAufsG ist der **Deckungsstock** für die im Inland abgeschlossenen Versicherungen **ausländischer Versicherungsunternehmungen** in der Weise sicherzustellen, daß nur mit Genehmigung des BAufsichtsamts für Privatversicherung über ihn verfügt werden darf; dazu **KG** OLG 8, 401, *Güthe* GBO 2028 (2029) Versicherungsunternehmungen, *Reichel* GruchBeitr 53, 387, *Voß* ZBlFG 10, 713. Diese Verfügungsbeschränkung wird bei inländischen Grst und Inlandshypotheken, -grund- und -rentenschulden eingetragen. Ein Treuhänder wird hier nicht bestellt. Das GBA darf Verfügungen, auch Löschungen, nur eintragen, wenn die Genehmigung des BAufsichtsamtes in der Form des § 29 GBO nachgewiesen ist; dazu *Güthe* GBO 2048 (2049), *Voß* aaO (722). Im VersAufsG § 110 Bem 2 übrigen ist auf *Vorbem 150* zu verweisen.

V 152

8. Heimstätte

a) Allgemeines

Dazu LitHinweise *§ 4 Bem 50*

Über die grundbuchrechtliche Behandlung der Heimstätte *§ 3 Bem 156, 211, § 4 Bem 47ff.*

Die Eigenschaft als Heimstätte wird durch die Eintragung des Heimstätten-Vermerks in das GBuch begründet, §§ 4, 25 HG (*Anh*), ob es sich um Ausgabe einer Heimstätte (dazu *§ 4 Bem 55ff.*) oder um Umwandlung in eine Heimstätte handelt (dazu *§ 4 Bem 59*). Die **Eintragung der Heimstätten-Eigenschaft** erfolgt in der 2. Abteilung des GBuchs (dazu *§ 4 Bem 76ff.*), § 62 Abs 1 GBVfg (*GT 4*). Sie hat **konstitutive Bedeutung**, § 7 HG (*Anh*); dazu *§ 4 Bem 76*. Über das Verhältnis des Heimstättenvermerks zu den anderen damit in Zusammenhang stehenden Eintragungen *§ 4 Bem 75*. Die einzelnen Verfügungsbeschränkungen werden nicht in das GB eingetragen.

Die gesetzlichen Vorschriften der **§§ 7ff HG** (*Anh*) beschränken die Verfügungsmacht des Heimstätters. Es handelt sich um **zwingende Bestimmungen**, die eine vertragliche Abänderung nur zulassen, wo es im Gesetz ausdrücklich steht, wie bei § 12 Abs 2 HG (*Anh*) bez der Fälle, in denen der Heimfall erfolgen kann. Dazu *Wormit-Ehrenforth* HG § 7 Bem 1.

V 153

b) Gegenstand der Beschränkungen

Dazu *Wormit-Ehrenforth* HG § 8 Bem 2, 3, 4, *Güthe* GBO § 13 Vorbem 82a und S 1870 bei Heimstätte unter B II, *Haegele* Beschränkungen Bem 335

Gegenstand der Beschränkung ist die **Heimstätte**, § 1 HG (*Anh*); dazu *§ 4 Bem 52ff.* Bez des Zubehörs gibt § 8 HG (*Anh*) in Anlehnung an §§ 1120ff. BGB eine Abgrenzung. Das Zubehör des Grundstücks oder Anwesens gehört grundsätzlich zur Heimstätte, wenn es im Eigentum des Heimstätters steht. Es wird frei, wenn es von der Heimstätte dauernd entfernt oder wenn seine Eigenschaft als Zubehör innerhalb der Grenzen einer ordnungsmäßigen Wirtschaft aufgehoben wird. Das Vorkaufsrecht und das Heimfallrecht umfassen auch das Zubehör, §§ 11, 13 HG (*Anh*). Über Erbbau-Heimstätte *Vorbem 161.*

Eine Heimstätte kann nicht gleichzeitig ein Hof iSd HöfeO (Anh) sein, da die gesetzliche Regelung von Heimstätte und Hof zu wesensverschieden ist, **BGH** BGHZ 33, 208 = NJW 1961, 122 = MDR 1961, 40 = Rpfleger 1961, 150 (*Haegele*) = LM § 1 HöfeO Nr 12 (*Hückinghaus*), RHeimstättenG Nr 2 Ls.

c) **Verfügungsbeschränkungen** V 154

Es kommen verschiedene Beschränkungen in Betracht:
Veräußerungsbeschränkungen, § 9 HG (*Anh*); dazu *Vorbem 155*,
sonstige Verfügungsbeschränkungen,
Vereinigung und Zuschreibung von Grst, § 10 HG (*Anh*); dazu *Vorbem 156*,
Heimfallanspruch, §§ 12ff. HG (*Anh*); dazu *Vorbem 157*,
Vorkaufsrecht, §§ 11, 14ff. HG (*Anh*); dazu *§ 20 Bem 85*,
Erbteilung, § 19 HG (*Anh*); dazu *§ 35 Bem 13*,
Belastungsbeschränkungen, § 17 HG (*Anh*); dazu *Vorbem 158*,
Beschränkungen bei Zwangsvollstreckung, § 20 HG (*Anh*); dazu *Vorbem 159*,
Beschränkungen im Konkursverfahren, § 24 AVOHG (*Anh*); dazu *Vorbem 160*, *§ 4 Bem 87*.

Über Besonderheiten der Erbbau-Heimstätte § 26 HG (*Anh*); dazu *Vorbem 161*.

§ 18 HG (*Anh*) sieht bei Belastungen die Eintragung einer **Verschuldungsgrenze** vor; hierzu fehlen entsprechende Vorschriften. Daher ist diese Bestimmung nicht anwendbar; dazu *Wormit-Ehrenforth* HG § 18 Bem 1, auch *Vorbem 158, 159, § 4 Bem 75, § 18 Bem 184*.

Nach § 22 HG (*Anh*) kann die Vergrößerung, Teilung, Veräußerung und Belastung der Heimstätte sowie die Abveräußerung einzelner Grundstücke oder Grundstücksteile von der **Genehmigung einer Behörde** abhängig gemacht werden. Weiter besteht die Möglichkeit, die Übertragung der Rechte des Ausgebers auf einen anderen zu beschränken oder das Vorkaufsrecht näher zu regeln. Zum Vorkaufs- und Heimfallrecht sind ergänzende Vorschriften erlassen worden. Dagegen wurde die Vergrößerung usw nicht von einer behördlichen Genehmigung abhängig gemacht wie es früher auf Grund Landesrechts der Fall war; es wird jedoch bemerkt, daß jeweils zu prüfen ist, ob Beschränkungen auf Grund anderer Vorschriften erforderlich sind. Es ist auch die Übertragung der Rechte des Ausgebers auf einen anderen nicht weiter beschränkt werden; dazu *§ 4 Bem 56*. Im übrigen wird auf *Wormit-Ehrenforth* HG § 22 Bem 1ff. verwiesen.

d) **Teilung und Abveräußerung** — § 9 HG V 155

Die **Zustimmung des Ausgebers** ist **erforderlich** für die Teilung einer Heimstätte und weiter für die Abveräußerung einzelner Grundstücke oder Grundstücksteile, § 9 HG (*Anh*) auch bei Erbteilung, § 19 HG (*Anh*), nicht aber bei Veräußerung eines Miteigentumsanteils, **KG** DR 1944, 254; dazu **LG Ulm** GBPrErl BWNotZ 1956, 235.

Die Abgrenzung zwischen Teilung und Abveräußerung ist, wenn nicht Teilung ohne Wechsel des Eigentümers oder Teilung im eigenen Besitz (dazu *§ 2 Bem 128, § 7 Bem 29, 31* und *S 1015*) vorliegt, schwierig und kaum möglich; dazu *Wormit-Ehrenforth* HG § 9 Bem 2, 3. Es ist auch nicht erforderlich die Abgrenzung vorzunehmen, da die Zustimmung grundsätzlich notwendig ist, wenn nicht einer der Ausnahmefälle des § 9 Abs 2 HG (*Anh*) vorliegt.

Die Zustimmung kann **verlangt** werden bei Teilung, wenn die Teile selbständige Heimstätten werden, bei Abveräußerung, wenn sie mit der Regel einer ordnungsmäßigen Wirtschaft vereinbar ist und den wirtschaftlichen Bestand der Heimstätte nicht wesentlich beeinträchtigt oder gefährdet. Die Zustimmung kann im Prozeßweg erzwungen werden; dazu *Wormit-Ehrenforth* HG § 9 Bem 5.

Die Zustimmung des Ausgebers ist formfrei; sie ist aber dem GBA in der Form des § 29 GBO nachzuweisen; dazu *Güthe* GBO 1870 (1873) Heimstätte unter B III, *Wormit-Ehrenforth* HG § 9 Bem 4. Die Zustimmung des Ausgebers kann vorher oder nachträglich erteilt werden. Vorher darf eine der Zustimmung bedürftige Eintragung nicht vorgenommen werden; geschieht dies dennoch, so wird das GB unrichtig und es ist ein Amtswiderspruch nach § 53 GBO einzutragen; dazu **LG Ulm** GBPrErl BWNotZ 1956, 235, *Güthe* aaO. Über Ausgeber *§ 4 Bem 56*.

Wohnungseigentum und Heimstätte sind wesensverschieden; deshalb ist mangels gesetzlicher Regelung die Frage, ob beides miteinander verquickt werden kann, ob also Wohnungseigentum gleichzeitig Heimstätte sein kann, sehr umstritten. Da das Wohnungseigentum eine Art Sondereigentum ist (dazu *§ 3 Bem 452, 476*), hat sich lediglich *Bärmann* WEG § 1 Bem VI bejahend ausgesprochen. Von der Praxis her gesehen besteht ein Bedürfnis zu einer positiven Einstellung. Wie Heimstättenrecht und Erbbaurecht verbunden werden können (dazu *Vorbem 161*), so kann es auch bei Wohnungseigentum sein; freilich wäre es wünschenswert, ergänzende gesetzliche Regelungen zur Klarstellung zu erlassen. **OLG Neustadt** Rpfleger 1963, 85 (*Dieter*) = DRspr II (285) 42d hat deshalb mit Recht die Begründung von Wohnungseigentum in begrenztem Umfange zugelassen. Soll eine Heimstätte in der Form geteilt werden, daß 2 oder mehr Wohnungseigentumsrechte mit Heimstätten-Charakter entstehen, so muß der Ausgeber der Heimstätte seine Zustimmung zur Teilung unzweideutig zum Ausdruck bringen. Im Rahmen einer Heimstätte kann Wohnungseigentum für einen Dritten nicht begründet werden. Dazu auch *Diester* Die Aufgaben der GBÄmter nach dem WEG Rpfleger 1965, 194 (214) in der als Sonderdruck erschienenen Broschüre S 29.

Über **Erbteilung** *§ 35 Bem 13*, über **Teilungsbeschränkungen** *§ 7 Bem 6ff.* Die Notwendigkeit **behördlicher Genehmigungen** beurteilt sich selbständig und unabhängig vom HG (*Anh*), das insbes keine Regelung enthält, wonach andere Genehmigungen ersetzt werden. In Betracht kommt vor allem das BBauG; dazu *§ 20 Bem 83*. Bei der Begründung einer Heimstätte wird normalerweise keine Genehmigung nach dem BBauG nötig; dazu *§ 4 Bem 75*. Im übrigen *Wormit-Ehrenforth* HG § 9 Bem 6.

V 156 e) **Vereinigung und Zuschreibung von Grundstücken** — § 10 HG

Bei **Vereinigung** eines anderen Grundstücks mit der Heimstätte nach § 890 Abs 1 BGB, § 5 GBO (dazu *§ 5 Bem 3ff.*) oder bei **Zuschreibung** eines anderen Grundstücks als Bestandteil nach § 890 Abs 2 BGB, § 6 GBO (dazu *§ 6 Bem 3ff.*), erstreckt sich die Heimstätten-Eigenschaft auf das ganze vergrößerte Grst, § 10 Abs 1 HalbS 1 HG; dazu *Güthe* GBO 1870 (1874) Heimstätte unter B IV, *Wormit-Ehrenforth* HG § 10 Bem 2ff. Das Grst gehört damit zur Heimstätte, §§ 7ff. HG (*Anh*) gelten daher auch für dasselbe. Bestehende Belastungen bleiben nach Maßgabe der gesetzlichen Vorschriften unberührt; dazu *Wormit-Ehrenforth* HG § 9 Bem 4. Erwirbt der Heimstätter zu der Heimstätte ein neues Grst hinzu, so kann dies an der Heimstätten-Eigenschaft der bereits bestehenden Heimstätte nur teilnehmen, wenn es mit ihr vereinigt oder ihr als Bestandteil zugeschrieben wird, **LG Bochum** DNotZ 1964, 617.

Notwendig ist die **Zustimmung des Ausgebers** (dazu *§ 4 Bem 56*), und zwar ausnahmslos, § 10 Abs 2 HG (*Anh*); bez Form *Vorbem 155*.

Zum **Verfahren** ist bez der Zuständigkeit des GBA im Falle der Vereinigung von Grst auf *§ 5 Bem 32* hinzuweisen, §§ 5, 6 HG (*Anh*) sind nach § 10 Abs 1 HalbS 2 HG (*Anh*) anzuwenden. Zum Vorrang nach § 5 HG (*Anh*) ist auf §§ 12, 42 AVOHG (*Anh*) hinzuweisen (dazu *§ 4 Bem 77*, 84), zum Bodenwert nach § 6 HG (*Anh*) sind auch §§ 10, 12 AVOHG (*Anh*) einschlägig (dazu *§ 4 Bem 75, 80*). Im übrigen *Wormit-Ehrenforth* HG § 10 Bem 5.

V 157 f) **Heimfallanspruch des Ausgebers** — §§ 12ff. HG

Nach § 12 HG (*Anh*) kann der **Ausgeber** (dazu *§ 4 Bem 56*) in bestimmten Fällen die **Übertragung der Heimstätte verlangen**. Damit wird die Zweckgebundenheit der Heimstätte besonders betont, da der Ausgeber gegen den Willen des Heimstätters die Heimstätte wieder an sich ziehen kann, vor allem um zu verhindern, daß die Heimstätte nicht zweckentsprechend verwendet wird; dazu *Wormit-Ehrenforth* HG § 12 Bem 1.

Die nähere gesetzliche Regelung findet sich in §§ 12 bis 16 HG (*Anh*), §§ 17ff. AVOHG (*Anh*).

Der **Heimfallanspruch** besteht nach § 12 Abs 1 unter b HG (*Anh*), § 17 AVOHG (*Anh*) **kraft Gesetzes**, wenn der Heimstätter die Heimstätte nicht dauernd selbst bewohnt oder bewirtschaftet oder wenn er grobe Mißwirtschaft treibt, wenn ohne Zustimmung des Ausgebers bauliche Veränderungen vorgenommen werden, die der Zweckbestimmung der Heimstätte zuwiderlaufen, wenn ein für nicht gewerbsmäßige gärtnerische Benutzung als Heimstätte zugelassenes Grundstück, § 29 HG (*Anh*), zu anderen Zwecken verwendet wird, wenn über das Vermögen des Heimstätters das Konkursverfahren eröffnet (dazu *Vorbem 160*) oder die Eröffnung mangels Masse abgelehnt wird, wenn die Heimstätte zum Zwecke der ZwVerst beschlagnahmt ist, wobei jedoch der Heimfallanspruch nach Beginn des Versteigerungstermins in keinem Falle mehr ausgeübt werden kann. Der weitere Fall des gesetzlichen Heimfallanspruchs nach § 12 Abs 1 unter a HG (*Anh*), nämlich Aberkennung oder Nichtverleihung der Reichsbürgerschaft ist gegenstandslos geworden; die Vorschrift hatte nur Bedeutung in Zusammenhang mit dem aufgehobenen § 2 HG; dazu *§ 4 Bem 57* sowie *Wormit-Ehrenforth* HG § 2 Bem 1, § 12 Bem 3 (a). Für weitere Fälle kann jedoch der Heimfallanspruch nach § 12 Abs 2 HG (*Anh*) **vereinbart** werden. Eine solche Vereinbarung wird aber nicht in das GB eingetragen, § 17 Abs 3 AVOHG (*Anh*); dazu *§ 4 Bem 76*. Nicht begründet ist der Heimfallanspruch aber nach § 18 Abs 1 Z 2 AVOHG (*Anh*), wenn der Heimstätter aus wichtigem Grunde von dem eigenen Bewohnen oder Bewirtschaften Abstand nehmen muß und dies nur vorübergehender Art ist, wie zB Minderjährigkeit, Berufsausbildung, Krankheit. Die vertraglichen Vereinbarungen dürfen nur solcher Art sein, daß sie dem Wesen der Heimstätten nicht widersprechen; dazu *Wormit-Ehrenforth* HeimstG § 12 Bem 4. Die Vereinbarung eines Heimfallanspruchs für den Fall, daß der Heimstätter aus einem bestimmten Betrieb freiwillig ausscheidet, ist unzulässig und deshalb im Zweifel der ganze Heimstättenvertrag und nicht nur der die Betriebsverbindung enthaltende Teil des Vertrags nichtig, **LG Essen** JurBüro 1963, 55. Über Form *§ 4 Bem 58*.

Der **Umfang** des Heimfallanspruchs erstreckt sich auch auf das Zubehör (dazu *Vorbem 153*) § 13 HeimstG.

Der Heimfallanspruch hat **dingliche Wirkung**, § 14 S 1 HG (*Anh*), da er Dritten gegenüber die Wirkung einer Vormerkung zur Sicherung des durch die Ausübung des Rechtes entstehenden Anspruchs auf Übertragung des Eigentums nach § 883 BGB (dazu *§ 25 Bem 9ff.*) hat.

Bei **Ausübung des Heimfallanspruchs** bestimmt sich der Erwerbspreis nach § 15 HG (*Anh*). Der Ausgeber kann einen Dritten bestimmen, an den der Heimstätter die Heimstätte aufzulassen hat, § 16 HG (*Anh*). Die Ausübung ist in den in § 19 AVOHG (*Anh*) bezeichneten Fällen erst zulässig, wenn dem Heimstätter eine Frist zur Abhilfe gesetzt wurde. Die Ausübung erfolgt durch Erklärung in schriftlicher Form gegenüber dem Heimstätter innerhalb 6 Monaten ab dem Zeitpunkt, in dem der Ausgeber von dem Eintritt der Tatsachen Kenntnis erhält, auf die der Anspruch gestützt wird, § 20 AVOHG (*Anh*). Die schriftliche Erklärung, durch den der Heimfallanspruch ausgeübt wird, muß den Grund angeben, auf den sich der Anspruch stützt; ist die Erklärung wegen Versäumung der Ausschlußfrist des § 20 AVOHG (*Anh*) unwirksam, so kann der Heimfallanspruch auf weitere zZ der Erklärung bereits vorhandene Gründe nur gestützt werden, wenn sie rechtzeitig geltend gemacht worden waren, **BGH** BGHZ 31, 77 = NJW 1960, 194 = MDR 1960, 126 = BWNotZ 1960, 54 Ls = LM § 242 (Cd) BGB Nr 70, RHeimstenG Nr 1 Ls= DRspr II (284) 149bcd.

Der Fall der Übernahme bei Nachlaßauseinandersetzung nach § 35 Abs 2 AVOHG (*Anh*) ist in *§ 4 Bem 60, 87, § 35 Bem 13* besprochen.

Über § 21 HG (*Anh*) für den Fall der Nichtausgabe innerhalb 1 Jahres *§ 4 Bem 87*.

V 158 g) **Belastungsbeschränkungen** — §§ 17, 18 HG

Dazu *Löscher* Zustimmung zur Hypothekenlöschung bei Heimstättengrst JurBüro 1962, 331, *Schäfer* Tragweite des § 17 HG BWNotZ 1954, 249, *Siegelmann* Die Belastung einer Reichsheimstätte BlGBW 1956, 369

1. Die **Belastung** der Heimstätte mit dinglichen Rechten bedarf grundsätzlich der **Zustimmung des Ausgebers** (dazu *§ 4 Bem 56*), § 17 Abs 1 HG (*Anh*). Dies gilt für Rechte aller Art, also für solche, die in die 2. Abteilung des GBuchs eingetragen werden, und für solche der 3. Abteilung; dazu *§ 4 Bem 75, 84.* Die Eintragung einer Vormerkung bedarf nicht der Zustimmung, § 21 AVOHG (*Anh*), **aA** (überholt) **KG** JFG 7, 378 = HRR 1930 Nr 741. Zwangshypotheken wegen öffentlicher Abgaben (dazu auch *Vorbem 159, 160*) dürfen im GB einer Heimstätte ohne Genehmigung des Ausgebers bzw LArbeitsministers eingetragen werden, **LG Lübeck** SchlHA 1964, 261 = DRspr II (285) 61c. Die Vorschrift bezieht sich nur auf rechtsgeschäftliche Belastungen; dazu *Wormit-Ehrenforth* HG § 20 Bem 6. Über Zustimmung *Vorbem 155.*

2. Die Belastungsbeschränkungen beziehen sich auf eine **bestehende Heimstätte**, ebenso auf eine erst **zu errichtende.** Wird ein belastetes Grundstück als Heimstätte ausgegeben oder umgewandelt (dazu *§ 4 Bem 53*), so gilt die Zustimmung mit der Ausgabe als erteilt; dazu *Wormit-Ehrenforth* HG § 17 Bem 2, § 25 Bem 3, auch *§ 4 Bem 77.*

3. Zur Eintragung eines **Nießbrauchs** (§§ 1030ff. BGB), einer **Grunddienstbarkeit** (§§ 1018ff. BGB), einer **beschränkten persönlichen Dienstbarkeit** (§ 1090ff. BGB) oder einer **Reallast** (§§ 1105ff. BGB) kann die Zustimmung des Ausgebers **verlangt** werden, wenn die Belastung mit den Regeln einer ordnungsmäßigen Wirtschaft vereinbar ist und der wirtschaftliche Bestand der Heimstätte nicht wesentlich beeinträchtigt oder gefährdet ist, § 17 Abs 3 HG (*Anh*). Über Erzwingung im Klageweg *Vorbem 155.*

Eine **Besonderheit** besteht nach § 38 Abs 2 AVOHG (*Anh*); zur Wirksamkeit der Anordnung eines Nießbrauchs für den überlebenden Ehegatten oder des Wohnrechts für ihn oder einen Abkömmling ist die Zustimmung des Ausgebers oder die Genehmigung einer Behörde nicht erforderlich.

4. **Hypotheken** und **Grundschulden** können nur in der Form von **unkündbaren Tilgungsschulden** eingetragen werden, § 17 Abs 2 S 1 HG (*Anh*), § 22 AVOHG (*Anh*); dazu *Wormit-Ehrenforth* HG § 17 Bem 4ff. In Ergänzung des § 1163 BGB ist durch § 17 Abs 2 S 2 HG (*Anh*) angeordnet, daß mit dem Erlöschen der Forderung auch die Hypothek oder Grundschuld erlischt. In anderen Fällen, §§ 889, 1168, 1170 GBB, ist die Entstehung einer Eigentümergrundschuld nicht ausgeschlossen; dazu *Hübner* DWoArch 1938, 380, *Planck-Kettnaker* Führung des GBuchs 106/107, *Wormit-Ehrenforth* HG § 17 Bem 7. Eintragung ciner Löschungsvormerkung nach § 1179 BGB ist zulässig, **LG Bielefeld** Rpfleger 1957, 82 (*Bruhn*).

Zur Eintragung einer **Hypothek, Grund-** oder **Rentenschuld** kann die **Zustimmung verlangt** werden; über Erzwingung *Vorbem 155.* Nach § 17 Abs 4 HG (*Anh*) werden folgende Voraussetzungen gefordert:

Die Aufnahme der Belastung muß mit den Regeln einer ordnungsmäßigen Wirtschaft vereinbar sein und

sie erfolgt für einen oder mehrere gesetzlich bestimmte Zwecke, nämlich zur Tilgung der Erwerbs-, Herstellungs- oder Einrichtungskosten, für Verwendung zur Verbesserung der Heimstätte oder zur Abfindung von Miterben.

Unter Tilgungsschulden sind nach § 22 AVOHG (*Anh*) solche Schulden zu verstehen, bei denen die allmähliche Rückzahlung der Schuld in laufend von vornherein vertraglich festgelegten Raten erfolgt. Als unkündbar gilt eine Schuld auch dann, wenn der Gläubiger das Recht hat, unter besonderen Voraussetzungen, die mit der

Beleihung, namentlich der Sicherheit des Darlehens und der Person des Schuldners zusammenhängen, die Zahlung des noch nicht getilgten Schuldbetrages auf einmal zu verlangen.

Abweichungen von der Form der unkündbaren Tilgungsschuld kann bei Hypotheken und Grundschulden die zuständige Behörde nach § 17 Abs 2 HG (*Anh*) mit Erl RAM vom 30. Juli 1940 DJ 932 Nr 387 (dazu *§ 4 Bem 49*) **bewilligen**; dazu *Beier* Aktuelle Fragen aus dem HeimstRecht BlGBW 1954, 341, *Wormith-Ehrenforth* HG § 17 Bem 6. Dies gilt auch bei Ausgabe einer Heimstätte oder Umwandlung, § 12 Abs 1 AVOHG (*Anh*); dazu *§ 4 Bem 58, 59, 77*. In diesem Falle ist nach hM zur Eintragung der Heimstätten-Eigenschaft die **Zustimmung der dinglich Berechtigten** nach §§ 877, 876 BGB erforderlich; dazu *Wormit-Ehrenforth* HG § 5 Bem 2, § 25 Bem 3, **aA** (zu Unrecht) **OLG Hamm** NJW 1956, 633 = DRspr II (284) 109a. Der **Rang** der Heimstätte ist nämlich unabdingbar (dazu *§ 4 Bem 77, § 45 Bem 102*), er muß bei Begründung oder Umwandlung der Heimstätte beachtet werden, andernfalls kann keine Heimstätte begründet werden. Nicht wird umgekehrt automatisch zum Schaden der Gläubiger durch die Eintragung der Heimstätten-Eigenschaft ein Vorrang geschaffen, der andere benachteiligt. Sonst hätte es ein Schuldner in der Hand, über Rechte anderer zu verfügen.

Keine Zustimmung des Ausgebers ist erforderlich

bei Vollstreckungsmaßnahmen unter bestimmten Voraussetzungen; dazu *Vorbem 159*,

bei Eintragung einer Verschuldungsgrenze nach § 18 HG (*Anh*) unter bestimmten Voraussetzungen.

Die Vorschrift des § 18 HG (*Anh*) über die **Verschuldungsgrenze** ist zZ ohne praktische Bedeutung; dazu *Vorbem 154*.

h) Beschränkungen bei Zwangsvollstreckung — § 20 HG **V 159**

1. Die ZwV in eine Heimstätte erfolgt durch **ZwVerst** oder **ZwVerw** wegen dinglich gesicherter Forderungen, § 20 Abs 1 HG (*Anh*); Besonderheiten gelten nicht. **Unzulässig** ist dagegen ein derartiges Verfahren wegen einer **dinglich nicht gesicherten Schuld** des Heimstätters. Dazu *Haegele* Beschränkungen Bem 341ff., *Steiner-Riedel* ZVG Einl II 4d, *Wormit-Ehrenforth* HG § 20 Bem 2,auch *§ 14 Bem 11*.

Eintragung einer **Sicherungshypothek** (dazu *§ 3 Bem 332*) kann wegen einer vor Erwerb der Heimstätte bestehenden persönlichen Schuld bis zum Ablauf 1 Jahres beantragt werden; wird dann innerhalb 5 Jahren nach Eintragung der Sicherungshypothek nicht bezahlt, so kann ZwVerst beantragt werden, § 20 Abs 2 S 1 HG (*Anh*). Abgesehen von diesem Fall kann ein persönlicher Schuldner nicht Vollstreckung durch Eintragung einer Sicherungshypothek betreiben; dazu *Wormit-Ehrenforth* HG § 20 Bem 2. Hierbei genügt es, daß die Forderung, auch wenn sie rechtlich erst später begründet ist, wirtschaftlich betrachtet sich als die Fortsetzung einer vorher begründeten, auf dieselbe Leistung gerichteten anderen Forderung darstellt, zB Wechselprolongation, **KG** JFG 9, 313; dazu *Güthe* GBO 1870 (1876) Heimstätte unter B IX. § 20 Abs 2 S 2 HG (*Anh*) bez der Verschuldungsgrenze hat gegenwärtig keine praktische Bedeutung; dazu *Vorbem 154*.

Auch bei **Arrestvollziehung** findet § 20 HG Anwendung, **KG** JFG 3, 447, *Güthe* aaO.

2. **Ausnahmen**

§ 20 HG (*Anh*) gilt nicht für die

Vollziehung einer einstweiligen Verfügung, **KG** JFG 7, 378; dazu *Güthe* aaO,

Betreibung öffentlicher Abgaben, § 20 Abs 3 HG (*Anh*); dazu *Wormit-Ehrenforth* HG § 20 Bem 6, auch *Vorbem 158, 160*. Der Begriff der öffentlichen Abgaben ist weiter als der Begriff der öffentlichen GrstLasten (dazu *§ 54 Bem 2ff.*). Es besteht kein Anlaß zu einer einengenden Auslegung; daher gehören auch solche öffentliche Abgaben, die keine GrstLasten sind, hierher, wie zB Arbeitgeberbeiträge zu einer Berufsgenossenschaft, **LG Lübeck** SchlHA 1964, 194 = DRspr II (285) 59d, **aA** anschließend *Wormit-Ehrenforth* aaO.

3. Nur im Rahmen dieser Grenzen sind Vollstreckungen zulässig. Die **Zustimmung des Ausgebers** ist **nicht** erforderlich; sie würde auch eine unzulässige Vollstreckung nicht zulässig machen, da es unabdingbares Recht ist.

4. Das Vollstreckungsgericht hat nach § 15 AVOHG (*Anh*) dem Ausgeber von einer Anordnung der **ZwVerst** einer Heimstätte und von dem Meistgebot Mitteilung zu machen; dazu *Steiner-Riedel* ZVG § 15 *Bem* 6 (b/cc). Die Mitteilung ist dem Ausgeber zuzustellen. Die Frist zur Ausübung des Vorkaufsrechts beträgt 2 Wochen seit Zustellung der Mitteilung des Meistgebots. Der Zuschlag darf nicht vor Ablauf dieser Frist erteilt werden, wenn nicht der Ausgeber vorher sein Recht ausgeübt oder dem Vollstreckungsgericht gegenüber erklärt hat, es nicht ausüben zu wollen. Macht er von seinem Vorkaufsrecht Gebrauch, so ist ihm der Zuschlag zu dem Meistgebot zu erteilen.

V 160 i) **Beschränkungen im Konkursverfahren** — § 24 AVOHG (*Anh*)

1. Die Frage der Stellung der Heimstätte im Konkurs des Heimstätters war früher strittig; nunmehr kann sie durch § 24 AVOHG (*Anh*) als geklärt gelten. Dazu **RG** RGZ 131, 113, *Mentzel* KO § 1 Bem 10, *Wormit-Ehrenforth* HG § 20 Bem 2, auch *§ 4 Vorbem 60*, zum Konkursverfahren *Vorbem 133ff., 167*.

2. Wird das über Vermögen des Heimstätters der Konkurs eröffnet, so gehört die **Heimstätte vorläufig zur Konkursmasse**, § 24 Abs 1 AVOHG (*Anh*); dazu **LG Nürnberg-Fürth** bayJMBl 1955, 62.

Es ergeben sich dann im weiteren Verlauf des Verfahrens folgende Möglichkeiten (dazu *Wormit-Ehrenforth* HG § 20 Bem 2):

a) **Übt der Ausgeber** seinen ihm nach § 17 Abs 1 Z 3 AVOHG (*Anh*) zustehenden **Heimfallanspruch** (dazu *Vorbem 157*) aus, so hat der Konkursverwalter die Heimstätte dem Ausgeber zu übertragen; die aus dieser Übertragung für den Heimstätter entstehenden Ansprüche gehören zur Konkursmasse, § 24 Abs 2 AVOHG (*Anh*). Die Heimstätte scheidet damit aus der Konkursmasse aus.

b) Wird der **Heimfallanspruch nicht ausgeübt**, so kann nach § 24 Abs 3 AVOHG (*Anh*) die zuständige Behörde (dazu *§ 4 Bem 49*) auf **Antrag des Konkursverwalters** anordnen, daß die **Heimstätten-Eigenschaft gelöscht** wird, wenn dies nach den Umständen des Falles der Billigkeit entspricht. Vor der Entscheidung sollen der Heimstätter, der Ausgeber, das Konkursgericht und der Konkursverwalter gehört werden. Durch die Löschung (dazu *§ 4 Bem 78, 83*) wird bewirkt, daß der Konkursverwalter zugunsten der Masse über die Heimstätte, die bei Konkursmasse bleibt, verfügen kann.

c) Steht fest, daß der **Heimfallanspruch nicht ausgeübt** wird und daß auch **Löschung der Heimstätteneigenschaft nicht erfolgt**, so hat der Konkursverwalter die **Heimstätte** aus der Konkursmasse **freizugeben**, § 24 Abs 5 AVOHG (*Anh*).

d) Unberührt bleiben die Rechte der **Gläubiger öffentlicher Abgaben**, sich aus der Heimstätte zu befriedigen, § 20 Abs 3 HG (*Anh*). Die Ansprüche, die für den Heimstätter entstehen, wenn die Heimstätte im Laufe des Konkursverfahrens versteigert wird, gehören zur Konkursmasse, § 24 Abs 4 AVOHG (*Anh*).

V 161 k) **Erbbau-Heimstätte** — § 26 HG

Wenn die Eigenschaft der Heimstätte bei einem Erbbaurecht eingetragen wird, so spricht man von einer Erbbau-Heimstätte.

Die ErbbauVO findet nur teilweise Anwendung, auch das HG wird nicht in vollem Umfange angewendet, § 26 HG (*Anh*); dazu *§ 4 Bem 54, § 8 Bem 12, 41*. Erwirbt der Erbbauheimstätter das belastete Grst, so entsteht unter Bestehenbleiben des Erbbaurechts eine **Eigentümer-Erbbauheimstätte**, da die Rangvorschriften der § 5 HG (*Anh*) und § 10 ErbbauVO (*Anh*) nicht entgegenstehen; dazu **LG Wuppertal** NJW 1965, 1767 = DNotZ 1965, 751 Ls = BWNotZ 1965, 355 Ls.

9. Fideikommiß-Eigenschaft V 162

Soweit Familienfideikommisse noch bestehen, ergeben sich gesetzliche Verfügungsbeschränkungen; dazu *Güthe* GBO § 13 Vorbem 82, *Haegele* Beschränkungen Bem 192ff. Bez Einzelheiten wird verwiesen auf *§ 3 Bem 213, § 4 Bem 28, § 117 Bem 3ff.*

10. Enteignung V 163

Die **Enteignung** bedeutet einen staatlichen Eingriff in das verfassungsmäßig garantierte Grundrecht des Eigentums; dazu *Vorbem 39*. Daher bestehen starke Einschränkungen für die Zulassung eines solchen Eingriffs. Nach Art 14 Abs 3 GG ist eine Enteignung zur zum Wohle der Allgemeinheit zulässig, und zwar auf gesetzlicher Grundlage. Es muß Art und Ausmaß der Entschädigung gesetzlich geregelt sein. Die Entschädigung ist unter gerechter Abwägung der Interessen der Allgemeinheit und der Beteiligten zu bestimmen. Wegen der Höhe der Entschädigung steht im Streitfalle der Rechtsweg vor den ordentlichen Gerichten offen. Es handelt sich hier nicht um bloße Programmsätze, sondern um unmittelbar geltendes Recht, Art 1 Abs 3 GG; dazu **BGH** BGHZ 9, 242 = NJW 1953, 983 = MDR 1953, 479 = LM Art 14 GG Nr 12 (*Pritsch*). Über grundsätzliche Fragen der Enteignung ist insbes auf *Palandt* BGB § 903 Bem 5, *Staudinger-Seufert* BGB § 903 Vorbem 32ff. sowie Kommentierungen zum GG, ferner LM Art 14 GrundG zu verweisen. Für den **Bereich des GBA** sind die einschlägigen Gesetze nur insoweit von Interesse, als sie sich auf gbamtliche Eintragungen auswirken, also zu Änderungen im Eigentum oder bei dinglichen Rechten führen oder während eines laufenden Enteignungsverfahrens behördliche Genehmigungen nötig werden; dazu *§ 3 Bem 213, § 18 Bem 156, § 20 Bem 18, § 38 Bem 76*. Auch kann für die Beurkundung die Zuständigkeit besonderer Behörden begründet werden, wenn sich die Beteiligten im Rahmen eines Enteignungsverfahrens freiwillig einigen; dazu *§ 29 Bem 58ff.*

Enteignungsgesetze können Bund und Länder erlassen. An Bundesgesetzen sind vor allem zu erwähnen das Bundesbaugesetz, das Bundeswasserstraßengesetz, das Bundesfernstraßengesetz, das Bundesbahngesetz, das Landbeschaffungsgesetz. Die Länder haben ebenfalls Enteignungsgesetze. Dazu *§ 117 Bem 74ff.*, auch *Schlegelberger* Recht der Gegenwart (Enteignung), *Sommer* Gesetzweiser (Enteignung, Zwangsenteignung).

11. Rechtshängigkeit V 164

Auch die Rechtshängigkeit in einem **zivilprozessualen Verfahren** nach § 265, 325 ZPO bez eines Grst oder eines GrstRechts enthält eine **Verfügungsbeschränkung**, die eintragbar ist, und zwar auf Grund **Bewilligung des Beklagten** oder einer vom Prozeßgericht nach § 935 ZPO erlassenen **einstweiligen Verfügung**. Dies ist hM; dazu **OLG Stuttgart** BWNotZ 1960, 97, **LG Braunschweig** NdsRpfl 1955, 174, ferner insbes *BGB-RGRK* BGB § 878 Bem 12, *du Chesne* BayNotZ 1919, 226, *Güthe* GBO § 13 Vorbem 81, *Kretschmar* ZBlFG 3, 647, *Planck-Kettnaker* Führung des GBuchs 338, *Rahn* Der Rechtshängigkeitsvermerk BWNotZ 1960, 61, *Staudinger-Seufert* BGB § 892 Bem 80, *Stein-Jonas* ZPO § 325 Bem IV 1, *Thurnau-Förster* Liegenschaftsrecht BGB 892 Bem III 2a. Der Antrag des Klägers bzw Widerklägers zur Eintragung würde also nicht genügen. Dieser Standpunkt ist einzunehmen, da in die Rechte des Beklagten bzw Widerbeklagten erheblich eingegriffen wird. Der bloße Nachweis der Rechtshängigkeit nach § 22 GBO wäre daher unzureichend.

Bez Eintragung im GB *Vorbem 122.*

V 165 **c) Auf gerichtlicher oder behördlicher Anordnung beruhende Verfügungsbeschränkungen**

Dazu *Haegele* GBRecht Bem 737ff.

Die wichtigsten Fälle dieser Art sind
die einstweilige Verfügung; dazu *Vorbem 166,*
das Konkursverfahren; dazu *Vorbem 167,* auch *Vorbem 133ff,*
das Vergleichsverfahren; dazu *Vorbem 168,* auch *Vorbem 136,*
die Pfändung; dazu *Vorbem 169,*
die Beschlagnahme nach §§ 283, 284 StPO; dazu *Vorbem 170,* auch *Vorbem 127,*
die Vermögensbeschlagnahme nach § 380 AO; dazu *Vorbem 171.*

Die treuhänderische Verwaltung eines landwirtschaftlichen Besitztums kann nicht mehr angeordnet werden; dazu *Vorbem 172.*

V 166 **1. Einstweilige Verfügung**

Die einstweilige Verfügung nach §§ 935ff. ZPO hat eine relative Verfügungsbeschränkung zur Folge; dazu *§ 19 Bem 53.*

Anders der Arrestbefehl nach §§ 916ff. ZPO; er ist keine Verfügungsbeschränkung, er kann jedoch mit einer einstweiligen Verfügung verbunden werden. Die Vollziehung des Arrestes durch Eintragung einer Sicherungshypothek nach § 932 ZPO schafft ein dingliches Recht; dazu *§ 3 Bem 332, 345.* Soweit im Vollzug des Arrestes Pfändungen erfolgen, kann allerdings eine Verfügungsbeschränkung eintreten; dazu *Vorbem 169, § 19 Bem 51,* auch *Güthe* GBO § 13 Vorbem 84, *Staudinger-Seufert* BGB § 892 Bem 81.

Durch eine einstweilige Verfügung kann dem Berechtigten die Veräußerung, Belastung oder Verpfändung eines Grst untersagt werden, § 938 Abs 2 ZPO; dasselbe gilt auch bez eines Rechts an einem Grst oder an einem GrstRecht. Die einstweilige Verfügung kann sich auch auf ein Erwerbsverbot oder das Verbot, beim GBA einen Antrag zu stellen, beziehen; dazu *Planck-Kettnaker* Führung des GB 340, auch *§ 18 Bem 21 (b).* Die einstweilige Verfügung kann auch die Regelung eines einstweiligen Zustandes, insbes während der Dauer eines Prozesses, bezwecken, § 940 ZPO.

Die Eintragung der Verfügungsbeschränkung erfolgt entweder auf Antrag desjenigen, der die einstweilige Verfügung beantragt hat, oder auf Ersuchen des Gerichts, § 941 ZPO, **KG** JFG 5, 298; über dieses Ersuchen *§ 38 Bem 22.* Die einstweilige Verfügung wird wirksam mit ihrer Zustellung an den in der Verfügung beschränkten Berechtigten, nicht schon mit dem Eingang des Eintragungsantrages, bzw -ersuchens beim GBA; denn § 932 Abs 3 ZPO, der entsprechend anzuwenden ist, § 936 ZPO, gilt nur für die Wahrung der Vollziehungsfristen, **RG** RGZ 51, 129/67, 164, **KG** JFG 5, 298, **OLG Naumburg** JW 1930, 3335, 3867 (*Jessen*). Nach diesem Zeitpunkt dürfen **der einstweiligen Verfügung widersprechende Eintragungen** in das GB auf Grund von Bewilligungen des Berechtigten oder auf Grund eines gegen ihn gerichteten Schuldtitels nicht vorgenommen werden. Anders ist es nur, wenn der durch die Verfügungsbeschränkung begünstigte der Antragsteller der Eintragung zustimmt; dazu *Güthe* GBO § 13 Vorbem 83. § 878 BGB ist anwendbar, **RG** RPfliB 1931, 190; dazu *Vorbem 125.* Verbietet die einstweilige Verfügung dem Eigentümer, zum Nachteil seines Gläubigers über sein Grst zu verfügen, so ist er an der Erteilung der Zustimmung zur Löschung einer Hypothek nach § 27 Abs 1 GBO nicht gehindert, **KG** JFG 4, 418; dazu *Güthe* GBO § 13 Vorbem 83. Eine durch einstweilige Verfügung angeordnete Sequestration eines Grst nach § 938 Abs 2 ZPO (dazu auch *Vorbem 172*) kann nur in das GB eingetragen werden, wenn und soweit sie eine Verfügungsbeschränkung für einen eingetragenen Berechtigten, insbes die Anordnung einer ZwVerw, enthält, **KG** JW 1937, 2115. Die Wirkung einer durch einstweilige Verfügung angeordneten Verfügungsbeschränkung als Eintragungshindernis entfällt schon mit der Erlassung eines vorläufig vollstreckbaren Urteils, durch das die einstweilige Verfügung aufgehoben wird; die Rechtskraft des Urteils braucht das GBA nicht abzuwarten, **KG** JFG 1, 386.

2. Konkursverfahren **V 167**

Vor Eröffnung des Konkursverfahrens kann das Konkursgericht nach § 106 KO ein **allgemeines Veräußerungsverbot** an den Gemeinschuldner erlassen; dazu *§ 38 Bem 40*, auch *Haegele* GBRecht Bem 730ff., *Mohrbutter* Handbuch des gesamten Vollstreckungs- und Insolvenzrechts (Köln-Berlin 1965) 622ff. Es ist dem Schuldner zuzustellen, öffentliche Bekanntmachung ist zu empfehlen; dazu *Jaeger* KO § 106 Bem 3, *Mentzel* KO § 106 Bem 3, *Mohrbutter* aaO 622. Es ist in das GB einzutragen, § 113 KO, und zwar in jedem Falle, wenn es ein Grst betrifft und nach Ermessen des Konkursgerichts, nicht des GBBeamten, wenn es sich um ein Recht an einem Grst handelt. In letzterem Falle ist die Eintragung vorzunehmen, wenn nach der Art des Rechts und den obwaltenden Umständen bei Unterlassung der Eintragung eine Beeinträchtigung der Konkursgläubiger zu befürchten wäre (zB wird eine solche Befürchtung bei einer Briefhypothek zu verneinen sein, wenn der Brief in Händen des Konkursverwalters sich befindet); dazu *Güthe* GBO § 38 Bem 17, *Mentzel* KO § 113 Bem 3. Die Eintragung hat von Amts wegen zu erfolgen, und zwar auf Ersuchen des Konkursgerichts; dazu *Mentzel* aaO Bem 5. Wirksam wird das Veräußerungsverbot mit seiner Erlassung nicht erst mit der Veröffentlichung. Das GBA hat das allgemeine Veräußerungsverbot zu beachten, sobald es ihm bekannt ist. § 878 BGB ist anwendbar. Über die Eintragung und Löschung des allgemeinen Veräußerungsverbots *§ 38 Bem 40ff.*

Es sind auch **besondere Veräußerungsverbote** bez einzelner Gegenstände zulässig; dazu *Güthe* GBO § 13 Vorbem 84, § 38 Bem 17.

Bei **Anfechtung** kann auf Grund einer einstweiligen Verfügung eine Verfügungsbeschränkung eingetragen werden, **RG** RGZ 71, 178; dazu *Mentzel* KO § 37 Bem 8.

Über die auf Gesetz beruhenden relativen Verfügungsbeschränkungen *Vorbem 133ff.*

3. Vergleichsverfahren **V 168**

Im Vergleichsverfahren kann das Vergleichsgericht ein allgemeines Veräußerungsverbot und sonstige Verfügungsbeschränkungen erlassen, §§ 12, 24, 58 bis 65 VerglO; dazu *Waldmann* BayNotV 1930, 173. Verfügungsbeschränkungen können zu Beginn oder im Laufe des Verfahrens angeordnet werden, § 58 VerglO.

Das **allgemeine Veräußerungsverbot** umfaßt das auch Vermögen, das der Schuldner nach Erlaß des Verbots erwirbt, § 59 VerglO; dazu *Mohrbutter* Handbuch des gesamten Vollstreckungs- und Insolvenzrechts (Köln-Berlin 1965) 737ff. Es wird durch Beschluß angeordnet, § 60 VerglO. Wirksamkeit tritt mit Erlaß ein, § 62 VerglO, wenn es auch zuzustellen und öffentlich bekanntzumachen ist, § 60 VerglO. Das allgemeine Veräußerungsverbot wird in das GB eingetragen, § 61 VerglO, und zwar bei den Grst, als deren Eigentümer der Schuldner eingetragen ist, bei den für den Schuldner eingetragenen Rechten, wenn nach der Art des Rechts und den Umständen des einzelnen Falles aus der Unterlassung der Eintragung eine Beeinträchtigung der Vergleichsgläubiger zu besorgen ist; dazu *Vorbem 136*. Das Vergleichsgericht hat, soweit ihm solche Grst bekannt sind, von Amts wegen oder auf Antrag des Vergleichsverwalters das GBA um die Eintragung zu ersuchen. Für Grundbesitz, den der Schuldner erwirbt, gilt dasselbe.

Sonstige Verfügungsbeschränkungen werden mit Zustellung an den Schuldner wirksam, § 63 VerglO, Bekanntmachung erfolgt nicht; dazu *Kiesow* VerglO § 55 Bem 4, *Mohrbutter* aaO 737ff., *Vogels* VerglO § 63 Bem II. Solche Verfügungsbeschränkungen beziehen sich auf einzelne bestimmte Gegenstände. Das Verbot hat die Wirkung, daß rechtsgeschäftliche Verfügungen des Schuldners über den Gegenstand den Vergleichsgläubigern gegenüber unwirksam sind.

Das allgemeine Veräußerungsverbot und die sonstigen Verfügungsbeschränkungen bewirken, wenn sie eingetragen sind, **keine GBSperre**. Dies ist hM; dazu *Güthe* GBO § 13 Vorbem 84, *Vogels* VerglO § 62 Bem IV, **aA** *Bley* VerglO § 62 Bem 5.

Eintragungen auf Grund einer Bewilligung des Schuldners, die dem allgemeinen Veräußerungsverbot oder einer sonst erlassenen Verfügungsbeschränkung widersprechen, sind vom GBA abzulehnen, es sei denn, daß die Zustimmung des Vergleichsverwalters (bzw vorläufigen Verwalters) nachgewiesen wird, §§ 12, 64 VerglO; bez Löschung *Vorbem 122*.

Sind besondere Anordnungen durch das Vergleichsgericht nicht erlassen, so verliert der **Schuldner** durch das Vergleichsverfahren nicht das **Verfügungsrecht**. Über ZwV während des Vergleichsverfahrens *Vorbem 136*.

Über die auf Gesetz beruhenden relativen Verfügungsbeschränkungen *Vorbem 136*.

V 169 **4. Pfändung**

Die **Pfändungen** können sich beziehen auf ein **Grst** oder **grstgleiche Gegenstände** sowie **Rechte an ihnen**. Daher gehören hierher auch die mit der Pfändung einer Hypothekenforderung, einer Grund- oder Rentenschuld sowie einer Reallast verbundenen Verfügungsbeschränkungen, §§ 829, 830, 857 Abs 6 ZPO. Über die Eintragung der Pfändung *§ 19 Bem 52*. Die Eintragung der Pfändung hindert weitere Eintragungen auf Grund von Verfügungen des Pfändungsschuldners nicht; es handelt sich um eine **relative Wirkung**. Bez der Überweisung an Zahlungs Statt *§ 19 Bem 52 (5)*.

Auch die **Pfändung eines Erbteils** wirkt als Verfügungsbeschränkung; es handelt sich dabei nicht nur um eine Verfügungsbeschränkung bez des Erbteils als solchen, sondern auch um eine Beschränkung in der Verfügung über die einzelnen Nachlaßgegenstände; dazu *Güthe* GBO § 35 Bem 19. *Staudinger-Lehmann* BGB § 2033 Bem 23, *Stöber* Forderungspfändung 389ff. Gehören zum Nachlaß Grst oder GrstRechte, so kann die Pfändung im Wege der GBBerichtigung eingetragen werden; dazu *§ 22 Bem 43*. Auch diese Pfändung **wirkt relativ**, nämlich nur zugunsten des Pfändungsgläubigers, **BayObLG** 25, 444, **OLG Hamm** Rpfleger 1961, 201 (*Haegele*) = BWNotZ 1961, 228 Ls. Ist sie eingetragen oder wird die Zustimmung des Pfändungsgläubigers nachgewiesen, so können weitere Verfügungen des Pfändungsschuldners über die zum Nachlaß gehörigen Grst und Rechte im GB vollzogen werden, **KG** RJA 3, 154, **OLG Hamm** aaO, *Waldmann* BayNotZ 1929, 220, **aA** *Josef* aaO 373, wonach stets die Zustimmung nachgewiesen werden muß; dazu *Vorbem 121ff.*, *§ 22 Bem 43*. Die Veräußerung des gepfändeten Erbanteils kann, da sie sich außerhalb des GB vollzieht, ohne Zustimmung des Pfandgläubigers auch dann eingetragen werden, wenn die Pfändung im GB nicht vermerkt ist, **KG** HRR 1934, Nr 265.

Über die Pfändung des Nacherbenrechts *§ 51 Bem 23*.

V 170 5. **Beschlagnahme nach §§ 283, 284 StPO**

In einem Verfahren gegen einen **abwesenden Beschuldigten** oder Angeklagten sind folgende Beschlagnahmen möglich:

Nach **§ 283 StPO** können, soweit es nach dem Ermessen des Gerichts zur Deckung der den Beschuldigten oder Angeklagten möglicherweise treffenden höchsten Geldstrafe und der Kosten des Verfahrens erforderlich ist, **einzelne** zum Vermögen des Beschuldigten oder Angeklagten gehörende **Gegenstände** mit Beschlag belegt werden; für die Beschlagnahme gelten die Vorschriften der §§ 928ff. mit §§ 803ff. ZPO über die Vollziehung und die Wirkung des dinglichen Arrestes entsprechend. Aufhebung erfolgt, wenn der Grund zur Anordnung weggefallen ist.

Soweit eine Deckung durch eine Beschlagnahme der erwähnten Art nicht ausführbar erscheint, kann durch Beschluß des Gerichts das im Geltungsbereich der StPO, also im Gebiet der BRD (dazu *E 2ff.*) befindliche **gesamten Vermögen** des Beschuldigten oder Angeklagten mit Beschlag belegt werden, **§ 284 StPO**. Der Beschluß ist durch den BAnz und nach Ermessen des Gerichts auch durch andere Blätter zu veröffentlichen. Verfügungen, die der Beschuldigte oder Angeklagte über sein mit Beschlag belegtes Vermögen nach der 1. durch den BAnz bewirkten Veröffentlichung des Beschlusses vornimmt, sind der Staatskasse gegenüber nichtig. Die Beschlagnahme des Vermögens ist aufzuheben, sobald ihr Grund weggefallen oder die Deckung der Staatskasse durch eine Beschlagnahme nach § 283 StPO bewirkt ist. Die Aufhebung der Beschlagnahme ist durch dieselben Blätter bekanntzumachen, durch welche die Beschlagnahme veröffentlicht worden ist. Es handelt sich also um eine subsidiäre Maßnahme.

Die Beschlagnahme gegen einen abwesenden Beschuldigten oder Angeklagten nach §§ 283, 284 StPO **wirkt nur der Staatskasse gegenüber** und ist daher **relativer Natur**; deshalb besteht Eintragungsfähigkeit, **KG** JFG 12, 136/15, 321, **BayObLG** 21, 299; dazu *Güthe* GBO § 13 Vorbem 65, *Henle-Schmitt* § 18 Bem 1d.

Über andere strafprozessuale Vermögensbeschlagnahmen *Vorbem 127*.

6. Vermögensbeschlagnahme nach § 380 AO — V 171

Wenn das FA in den gesetzlich zulässigen Fällen das im Inland (dazu *E 2ff.*) befindliche Vermögen eines Pflichtigen mit Beschlag belegt, hat es dies durch den BAnz bekanntzumachen, kann es aber auch in anderen Blättern veröffentlichen. Mit der Veröffentlichung im BAnz verliert der Pflichtige das Recht, über das in Beschlag genommene Vermögen unter Lebenden zu verfügen. Die Anordnung kann in das GB eingetragen werden; sie gilt anderen Personen auch als bekannt, wenn sie ihnen zugestellt ist. Der Beschluß ist der Behörde mitzuteilen, die nach dem BGB zur Bestellung eines Pflegers berufen ist. Die Anordnung ist aufzuheben, wenn der Grund weggefallen ist. Die Bekanntmachung der Aufhebung erfolgt durch dieselben Blätter, in denen die Beschlagnahme bekannt gemacht worden ist.

Diese Vermögensbeschlagnahme ist **eintragungsfähig**, da sie zur **zugunsten der Staatskasse wirkt**, § 380 Abs 3 AO; dazu *Güthe* GBO § 13 Vorbem 65. Eine Verpflichtung zur Eintragung besteht nicht. Die Eintragung erfolgt auf Ersuchen des FA, ebenso die Löschung. Die Vollziehung wird nach den Vorschriften für Arrest durchgeführt; auf §§ 928ff. mit 803ff. ZPO wird verwiesen.

7. Treuhänderische Verwaltung eines landwirtschaftlichen Besitztums — V 172

Früher bestand eine Regelung nach §§ 12ff. DVO zur VO zur Sicherung der Landbewirtschaftung vom 22. April 1937 RGBl I 535.

Dann war Art VII KRG 45 maßgebend. Darnach konnte, wenn die Bewirtschaftung eines landwirtschaftlichen Betriebs oder Grst anhaltend und in erheblichem Maße den zur Sicherung der Ernährung des deutschen Volkes zu stellenden Anforderungen nicht entsprach, ua angeordnet werden, daß die Wirtschaftsführung durch einen Treuhänder ausgeübt wird. Es handelte sich hier um eine relative Verfügungsbeschränkung, auf die § 878 BGB anwendbar war; dazu 5. Aufl dieses Kommentars Vorbem 172 S 1219ff., *Pikalo-Bendel* GrstVG § 34 Bem B III.

Diese Vorschriften erscheinen nunmehr in der Zeit des Wirtschaftswunders und der freien Konkurrenz entbehrlich; sie wurden daher durch § 34 GrstVG (*Anh*) aufgehoben.

Damit ist auch das umfangreiche Landesrecht, das auf Grund des Art VII KRG 45 erlassen wurde, gegenstandslos geworden. Die Übergangsregelung bezog sich nur auf einen Zeitraum von 3 Monaten ab Inkrafttreten des GrstVG, also bis 1. April 1962, ist also auch überholt.

Treuhänderische Verwaltung auf Grund gerichtlicher Anordnung ist daher nur in der Form der **Sequestration** möglich; dazu *Vorbem 166*.

V 173 **4. Rechtsgeschäftliche Verfügungsbeschränkungen**

a) Allgemeines

Dazu *Furtner* Die rechtsgeschäftliche Verfügungsbeschränkung und ihre Sicherung NJW 1966, 182

Rechtsgeschäftliche Verfügungsbeschränkungen sind solche, die auf Vertrag oder auf letztwilliger Verfügung beruhen; dazu *Güthe* GBO § 13 Vorbem 66. Hierher gehört auch das Treuhandverhältnis; dazu *§ 3 Bem 279*.

V 174 **b) Eintragungsfähigkeit**

1. Derartige Verfügungsbeschränkungen sind **grundsätzlich nicht eintragungsfähig**, da sie überhaupt keine dingliche, sondern nur schuldrechtliche Wirkungen äußern, § 137 BGB, **KG** OLG 6, 122/10, 69/12, 20, **BayObLG** 10, 4/23, 67; dazu *Güthe* GBO § 13 Vorbem 66, *Staudinger-Coing* BGB § 135 Bem 10, § 137 Bem 6. Es ist insbes auf folgende Fälle hinzuweisen (dazu auch DRspr IV (473) ÜBl 3R): die vertraglich übertragene Verwaltung an einem Grst, **OLG Hamm** JMBl NRW 1950, 129, die vertraglich, etwa in einem gerichtlichen Vergleich übernommene Verpflichtung, ein Grst nicht zu veräußern oder zu belasten, **OLG Koblenz** DRZ 1949, 234, die bei Bestellung einer Hypothek übernommene schuldrechtliche Verpflichtung über Beschaffung eines bestimmten Ranges, **OLG Düsseldorf** JR 1950, 685 = DNotZ 1950, 41; bez Gesamtgut einer Gütergemeinschaft *Vorbem 180*. Dazu auch *Furtner* aaO (*Vorbem 173*) 182 (183) mit Fußn 16ff.

V 175 2. Nur **ausnahmsweise** kann eine rechtsgeschäftliche Verfügungsbeschränkung **in das GB eingetragen** werden.

Dies kann geschehen im Wege der **Vormerkung** (dazu *§ 3 Bem 292ff., § 25 Bem 9ff.*), wenn und soweit dem Berechtigten zugleich ein Anspruch der in § 883 Abs 1 BGB bezeichneten Art zusteht, **BayObLG** 23, 67; dazu *Staudinger-Coing* BGB § 137 Bem 6, 8. Eine solche Vormerkung ist nicht deshalb unzulässig, weil sie in ihren Wirkungen einer Verfügungsbeschränkung nach § 137 BGB gleichkommt, **KG** OLG 6, 263/11, 1, KGJ 40, 123; dazu auch **RG** RGZ 73, 16, wonach einer rechtsgeschäftlichen Verfügungsbeschränkung mittelbar dingliche Wirkung durch Eintragung einer Sicherungshypothek verliehen werden kann, indem für den Fall der Zuwiderhandlung gegen die Verfügungsbeschränkung eine Vertragsstrafe vereinbart und der Anspruch auf diese durch eine Hypothek gesichert wird.

Eine rechtsgeschäftliche Verfügungsbeschränkung ist auch eine solche auf Grund einer **einstweiligen Verfügung** (dazu *§ 19 Bem 53*), wie die Vereinbarung zwischen Gläubiger und Eigentümer, daß der Gläubiger über die Hypothek nicht zum Nachteil des Eigentümers verfügen darf, **KG** KGJ 30, 240; es besteht Eintragungsfähigkeit.

Eine Ausnahme enthält auch **§ 5 ErbbauVO** (*Anh*), wonach als Inhalt des Erbbaurechts mit dinglicher Wirkung vereinbart werden kann, daß zur Veräußerung des Erbbaurechts und zu seiner Belastung mit Hypotheken, Grund- und Rentenschulden oder mit Reallasten die Zustimmung des GrstEigentümers erforderlich ist; dazu *§ 8 Bem 9, 27, 40*. Eine ohne Zustimmung des GrstEigentümers eingetragene Veräußerung oder Belastung des Erbbaurechts ist nicht nur dem Eigentümer, sondern jedermann gegenüber wirksam, **KG** JW 1933, 704, JFG 9, 213 (215); dazu *Güthe* GBO § 13 Vorbem 66, *BGB-RGRK* BGB ErbbauVO § 8 Bem 2, *Staudinger-Seufert* BGB § 892 Bem 82a, ErbbauVO § 8 Bem 1 (c).

Eine dem § 5 ErbbauVO ähnliche Bestimmung ist **§ 12 WEG** (*Anh*), wonach als Inhalt des Sondereigentums vereinbart werden kann, daß ein Wohnungseigentümer zur Veräußerung deines Wohnungseigentums der Zustimmung anderer Wohnungseigentümer oder eines Dritten bedarf. Derartiger Veräußerungsbeschränkungen haben absolute Wirkung; dazu *Palandt* BGB WEG § 12 Bem 1, *Staudinger-Seufert* BGB § 892 Bem 82a, *Weitnauer-Wirths* WEG § 12 Bem 1, 6, auch *§ 3 Bem 482*. Dasselbe gilt von der Veräußerungsbeschränkung des **§ 35 WEG** (*Anh*) für das Dauerwohnrecht; dazu *§ 3 Bem 454*.

Auch die als rechtsgeschäftliche Verfügungsbeschränkung zu betrachtende **Erbanteilsverpfändung** kann eingetragen werden, **RG** RGZ 90, 232; dazu *Vorbem 169*, *§ 22 Bem 43*.

Dasselbe gilt für die **Verpfändung des Nacherbenrechts**; dazu *§ 51 Bem 23*.

Rechtsgeschäftliche **Verfügungsbeschränkungen**, die **nach früherem Recht** wirksam waren, behalten ihre Wirksamkeit auch dann, wenn sie nach dem jetzigen Recht unzulässig wären, Art 168 EGBGB, **KG** KGJ 21, 138, zB die unter der Herrschaft des bayer HypothekenGes eingetragenen Verfügungsbeschränkungen, die die Sicherung eines Forderungsrechts bezwecken, **BayObLG** 11, 274/12, 356/13, 146; dazu *Güthe* aaO.

Über weitere Besonderheiten *Vorbem 176, 177*.

c) Ausschließung der Übertragbarkeit einer Hypothekenforderung ua — V 176

Keine Verfügungsbeschränkung, sondern eine Änderung der Inhalts des Rechts ist die dinglich wirkende Ausschließung der Übertragbarkeit einer Hypothekenforderung, Grund- oder Rentenschuld durch Rechtsgeschäft nach **§§ 399, 413 BGB**; dazu **KG** KGJ 29, 243, *Güthe* GBO § 13 Vorbem 66, *Lang* LZ 1931, 300. Sie bedarf zu ihrer Entstehung nicht der Eintragung, ist aber als Inhaltsänderung eintragungsfähig, **KG** KGJ 40, 232, *Güthe* und *Lang* aaO, und zwar auf Grund des Nachweises der Vereinbarung in der Form des § 29 GBO; dazu auch *§ 3 Bem 349*. Die Ausschließung der Übertragbarkeit hindert nicht die Pfändung des Rechts und seine Überweisung zur Einziehung, § 851 Abs 2 ZPO; dazu **RG** RGZ 75, 142. Die Bestimmung, daß die Abtretung einer Grundschuld nur mit Zustimmung eines Dritten vorgenommen werden darf, kann in das GB eingetragen werden, **OLG München** JFG 16, 291.

Eintragungsfähig ist als auflösende Bedingung auch die Vereinbarung, daß die Forderung im Falle ihrer Abtretung oder Pfändung erlöschen soll, **KG** KGJ 40, 232; dazu *Güthe* aaO, auch *Vorbem 177*.

d) Bedingung und Befristung — V 177

Ebenso stellt die Bedingung oder Befristung eines Rechts keine Verfügungsbeschränkung, sondern eine Beschränkung des Rechts selbst, also einen Bestandteil seines Inhalts dar; sie wirkt infolgedessen gegenüber jedermann, **RG** RGZ 76, 91/106, 113, **KG** KGJ 49, 189 *de Chesne* BayNotZ 1919, 226, *Güthe* GBO § 13 Vorbem 80, *Soergel* BGB § 892 Bem 5b, *Staudinger-Coing* bzw *Seufert* BGB § 161 Bem 3, § 892 Bem 82b und Fußn *) S 300, **aA** *BGB-RGRK* BGB § 892 Bem 100, wonach eine relative Verfügungsbeschränkung angenommen wird. Die Bedingung oder Befristung ist eintragungsfähig, **KG** KGJ 49 187; es erscheint dies auch wegen des möglichen **gutgläubigen Erwerbs**, der nach § 161 Abs 3 BGB in Frage kommen kann, notwendig. Ist die Bedingung oder Befristung eingetragen oder dem GBBeamten anderweitig bekannt, so hat er die aus ihnen sich ergebenden Beschränkungen der Verfügungsmacht des Berechtigten zu beachten; dazu *Güthe* aaO. So sperrt eine eingetragene bedingte Übertragung eines Rechts das GB gegen weitere ohne Zustimmung des bedingt Berechtigten erfolgende Verfügungen des bisherigen Berechtigten; dazu *Voß* JheringsJ 60, 307.

Über die bedingte **Hypothek** und über die Hypothek, für eine bedingte oder befristete Forderung *Vorbem 83*. Über die Wirkung gutgläubigen Erwerbs, wenn ein bedingtes Recht unrichtig als unbedingtes im GB eingetragen ist, **RG** DNotZ 1934, 616. Eine bedingte Hypothek kann mit Zustimmung der nachstehenden Berechtigten in eine unbedingte Hypothek umgewandelt werden. Dasselbe gilt für die Änderung einer Bedingung und für die Aufhebung oder Verlängerung einer Befristung, **KG** JFG 13, 75.

Über Bedingung und Befristung bei Auflassung *§ 20 Bem 65*, bei Erbbaurecht *§ 8 Bem 46*. Im übrigen auch *Vorbem 176*.

V 178

5. Verfügungsbeschränkungen persönlicher Art

a) Allgemeines

Das Gesetz beschränkt die Verfügungsbefugnis in bestimmten Fällen mit Rücksicht auf die Person des Betroffenen, insbes bei Geschäftsunfähigkeit und beschränkter Geschäftsfähigkeit (dazu *Vorbem 179*) und bei Verheiratung mit Rücksicht auf den Güterstand (dazu *Vorbem 180*); dazu *Güthe* GBO § 13 Vorbem 67.

V 179

b) Geschäftsunfähigkeit und beschränkte Geschäftsfähigkeit

Die **Geschäftsunfähigkeit** und die **beschränkte Geschäftsfähigkeit** sind keine Verfügungsbeschränkungen im technischen Sinne, sondern **Mängel der persönlichen Verfügungsfähigkeit**; dazu *Güthe* GBO § 13 Vorbem 67. Der Begriff der Geschäftsfähigkeit ist enger als der der Handlungsfähigkeit. Die Geschäftsfähigkeit ist auch nicht identisch mit Verfügungsmacht, sondern besteht oder fehlt mit Rücksicht auf eine bestimmte Person, sie hat also absoluten Charakter; dazu *Staudinger-Coing* BGB § 104 Vorbem 1, 12.

Geschäftsunfähigkeit besteht nach § 104 BGB,

1. wenn eine Person das 7. Lebensjahr noch nicht vollendet hat,

2. wenn sie sich in einem die freie Willensbestimmung ausschließenden Zustande krankhafter Störung der Geistestätigkeit befindet, sofern nicht der Zustand seiner Natur nach ein vorübergehender ist,

3. wenn sie wegen Geisteskrankheiten in einem Verfahren nach §§ 645 ff. ZPO entmündigt ist. Ein Zustand des Ausschlusses der freien Willensbestimmung liegt vor, wenn durch krankhaftes Empfinden, krankhafte Vorstellungen und Gedanken oder Einflüsse dritter Personen Willensentschlüsse und Erwägungen eines Menschen so beeinflußt sind, daß er in seinen Entscheidungen nicht mehr frei ist; dazu **RG** RGZ 163, 223 = DR 1940, 371, *Palandt* BGB § 104 Bem 3, *Staudinger-Coing* BGB § 104 Bem 4ff., insbes Bem 6. Bei einer auf besonders schwierige Geschäfte beschränkten Geschäftsunfähigkeit findet § 104 Z 2 BGB keine Anwendung, **BGH** NJW 1953, 1342 = DRspr I (113) 70a. Der Standpunkt des **RG** JW 1938, 1590 wird daher vom BGH mit Recht abgelehnt. Auch die Auffassung des **OLG Köln** MDR 1950, 541 = DRspr I (113) 41a, wonach § 104 Z 2 BGB bei parzieller Geschäftsunfähigkeit entsprechend angewendet wird, ist deshalb mit Rücksicht auf die erwähnte Entscheidung des BGH als überholt anzusehen. Bei Entmündigtung besteht Geschäftsunfähigkeit für die Dauer der Entmündigung, auch in lichten Momenten, **KG** HRR 1938 Nr 198; dazu *Palandt* BGB § 104 Bem 4, *Staudinger-Coing* BGB § 104 Bem 11ff., insbes Bem 11. Die Willenserklärung eines Geschäftsunfähigen ist **nichtig**, § 105 Abs 1 BGB. Es gibt **keinen Schutz des guten Glaubens** für den Geschäfts- und Vertragsgegner, auch nicht im

GBRecht; dazu *Staudinger-Coing* BGB § 105 Bem 7. Bei Aufhebung der Entmündigung ist für die Rechtsfolgen auch § 115 BGB zu beachten.

Nach § 105 Abs 2 BGB ist eine Willenserklärung auch dann **nichtig**, wenn sie im Zustande der Bewußtlosigkeit oder vorübergehenden Störung der Geistestätigkeit abgegeben wird, also wenn jemand sich in einer pathologischen **Bewußtseinstrübung** befindet, wie bei zirkulärem Irresein, in Hysterie, bei einem epileptischen Anfall, aber auch sonst, bei Trunkenheit, Hypnose oder Schlaf; dazu *Palandt* BGB § 105 Bem 3, *Staudinger-Coing* BGB § 105 Bem 14ff., insbes Bem 14. Geschäftsunfähigkeit liegt hier nicht vor, aber die Wirkung der Nichtigkeit besteht auch hier; dazu *Staudinger-Coing* BGB § 105 Bem 16. Ein Interesse an einer ausdehnenden Auslegung des § 104 Z 2 BGB besteht daher nicht und ist mit Recht vom **BGH** NJW 1953, **1342** = DRspr I (113) 70a abgelehnt worden.

Beschränkte Geschäftsfähigkeit besteht

bei Minderjährigen, die das 7. Lebensjahr vollendet haben, § 106 BGB; Volljährigkeit tritt ein mit Vollendung des 21. Lebensjahres, § 2 BGB, oder mit Volljährigkeitserklärung, § 3 BGB, die ab Vollendung des 18. Lebensjahres möglich ist. Beschränkt geschäftsfähig ist nach § 114 BGB auch, wer wegen Geistesschwäche, wegen Verschwendung oder wegen Trundksucht entmündigt oder wer nach § 1906 BGB unter vorläufige Vormundschaft gestellt ist. Über Volljährigkeit in der SBZ *§ 1 Bem 72b*.

Die Wirkungen sind in §§ 108 bis 113 BGB geregelt. Es tritt bei fehlender Zustimmung des gesetzlichen Vertreters nicht Nichtigkeit, sondern **schwebende Unwirksamkeit** ein, wenn es sich um einen Vertrag handelt, wie sich aus §§ 108 bis 110 BGB ergibt. Bei einseitigen Rechtsgeschäften, die nicht lediglich einen Vorteil bringen (§ 107 BGB), dagegen liegt absolute **Nichtigkeit** vor, wenn die Einwilligung des gesetzlichen Vertreters fehlt oder zwar vorliegt, nicht in schriftlicher Form vorgelegt wird und der andere das Rechtsgeschäft aus diesem Grunde unverzüglich zurückweist, falls der gesetzliche Vertreter den anderen von der Einwilligung nicht in Kenntnis gesetzt hatte, § 111 BGB. Besonderheiten gelten bei Ermächtigung zum selbständigen Betrieb eines Erwerbsgeschäfts, § 112 BGB, oder bei Ermächtigung, in Dienst oder Arbeit zu treten, § 113 BGB.

Eintragungen über Geschäftsunfähigkeit oder Beschränkung der Geschäftsfähigkeit in das GB erfolgen nicht; sie sind inhaltlich sogar **unzulässig** iSd § 53 GBO, **RG** RGZ 69, 263, **KG** OLG 18, 110; dazu *Güthe* GBO § 13 Vorbem 67, auch *Vorbem 24, § 3 Bem 286*.

Ist eine derartige Eintragung dennoch erfolgt, so darf sich der GBBeamte auf ihren Inhalt nicht verlassen und sie ist auch für den öffentlichen Glauben des GB ohne Bedeutung, da das GB nicht dazu bestimmt ist, über Mängel der persönlichen Verfügungsfähigkeit Auskunft zu geben, **RG** RGZ 69, 263; dazu *Güthe* aaO. Der GBBeamte hat aber die Geschäftsunfähigkeit zu beachten, wenn sie ihm bekannt ist, es sei auch aus einer sonstigen beruflichen Tätigkeit, **OLG München** HRR 1938 Nr 822; dazu *Staudinger-Coing* BGB § 105 Bem 7b.

Im übrigen wird auf *§ 18 Bem 98, 124ff., 141, 142* verwiesen.

c) Ehelicher Güterstand **V 180**

Bei den ehelichen **Güterständen** bestehen gewisse **Verfügungsbeschränkungen** im Interesse der **Erhaltung des Familienbesitzes**.

Bei dem früheren gesetzlichen Güterstand der Verwaltung und Nutznießung stellte die Beschränkung des Verfügungsrechts der Ehefrau nach §§ 1395ff. BGB eine echte Verfügungsbeschränkung iSd § 892 BGB dar; da sie nur zugunsten des Ehemannes bestand, war sie relativer Natur. Sie wirkte jedoch auch gegenüber einem Dritten, der sie nicht kannte, § 1404 BGB aF, daher war die Eintragung im GB bedeutungslos, so daß sie überflüssig war und zu unterbleiben hatte; dazu *Güthe* GBO § 13 Vorbem 68, *Staudinger-Seufert* BGB § 892 Bem 80a.

Nach dem **GleichberG**, das ab 1. Juli 1958 in Kraft trat, gibt es nach §§ 1363ff. BGB als gesetzliche Güterstände

die Zugewinngemeinschaft, evtl die Gütertrennung,

auf Grund Vereinbarung

die Gütergemeinschaft und die Gütertrennung.

Vorher seit Einführung durch das BGB gab es als gesetzliche Güterstände

der Güterstand der Verwaltung und Nutznießung, evtl die Gütertrennung,

auf Grund Vereinbarung

die allgemeine Gütergemeinschaft, die Errungenschaftsgemeinschaft und die Fahrnisgemeinschaft.

Über die Güterstände *§ 33 Bem 4ff.*, über Antragsrecht *§ 13 Bem 50.*

In diesem Zusammenhang sollen nur die Fragen der Verfügungsbeschränkung und der Eintragungsfähigkeit berührt werden. Die Güterstände als solche sind nicht eintragungsfähig. Lediglich bei der **Gütergemeinschaft** nach §§ 1415ff. BGB und fortgesetzter Gütergemeinschaft nach §§ 1483ff. BGB, bei der das Gesamtgut den Ehegatten bzw den an der fortgesetzten Gütergemeinschaft Beteiligten gehört, kann das Gemeinschaftsverhältnis, wie es kraft Gesetzes eintritt, im GB eingetragen werden. Da das **Gesamtgut** gemeinsames Vermögen ist, besteht hier ein Interesse an einem **GB-Eintrag**; dazu *Vorbem 24, § 3 Bem 286, 287*, auch *Bauer* GBEintragungen Z 153, 154, *Brand-Schnitzler* GBSachen § 160, *Haegele* GBRecht Bem 275, Merkbuch 79ff., *Krämer-Illner* GBPraxis §§ 101ff. Da das Gesamtgut beiden Ehegatten zusteht, können sie darüber nur gemeinsam verfügen; hieraus ergeben sich Verfügungsbeschränkungen insofern, als der eine Ehegatte das Einverständnis des andern braucht, wie sich aus §§ 1421, 1422ff., 1450ff. BGB ergibt. Für die fortgesetzte Gütergemeinschaft gilt dies entsprechend, § 1487 BGB.

Bei der **Zugewinngemeinschaft** sind die Vermögensmassen der Eheleute an sich getrennt; es hat aber der Zugewinn, der sich während der Ehe ergibt, später Bedeutung, §§ 1363ff. BGB. Um daher eine Schädigung des anderen Ehegatten zu verhindern, sieht **§ 1365 BGB** vor, daß ein Ehegatte über das Vermögen im ganzen nur mit Einwilligung des anderen Ehegatten verfügen darf. Die Vorschrift hat große Bedeutung in der Praxis; dazu *§ 33 Bem 17.* Es liegt hier eine Verfügungsbeschränkung vor, die jedoch **nicht eintragbar** ist. Die Verfügungsbeschränkung hat absoluten Charakter (dazu *Vorbem 118ff.*), **BGH** BGHZ 40, 218 = NJW 1964, 347 = MDR 1964, 132 = JZ 1964, 130 = BB 1963, 1446/1447 = LM § 1365 BGB Nr 2/3 Ls.

Es ist auch darauf hinzuweisen, daß eine vertragliche Vereinbarung von Ehegatten, die in Gütergemeinschaft leben, wonach ein Ehegatte von der Zustimmung des andern bei einer Verfügung über ein Gesamtgutgrst befreit wird (dazu *Bem 50*), nicht eintragungsfähig ist, **LG Göttingen** FamRZ 1956, 228.

V 181

IX. Kosten

1. Allgemeines

Die **KostO** (*Anh*) vom 26. Juli 1957 BGBl I 960 = SaBl 1378 = BGBl III 361-1/30 Juni 1961 BGBl I 815, 1875 = SaBl 1091, 1985/11. August 1961 BGBl I 1221 = SaBl 1416/21. September 1963 BGBl I 745 = SaBl 1209/20. Dezember 1963 BGBl I 986 = SaBl 1964, 135/30. Juni 1965 BGBl I 577 = SaBl 883, gilt nach § 1 aaO für den Bereich der freiwilligen Gerichtsbarkeit, also auch für GBSachen. Die bezieht sich auf die bei Gericht und Notariaten anfallenden Gebühren und Auslagen; dazu *§ 1 Bem 28*. Nicht betroffen werden die Gebühren und Auslagen der Rechtsanwälte, für diese ist die **BRGebO** maßgebend; dazu *Vorbem 236*. Allerdings wirkt sich eine Festsetzung des Geschäftswerts auch auf die RAGebühren aus; dazu *Vorbem 191*. Der Geltungsbereich der KostO umfaßt auch die **landesrechtlichen Angelegenheiten** der freiwilligen Gerichtsbarkeit, soweit nicht der Vorbehalt des § 158 KostO (*Anh*) einschlägig ist, **BayObLG** BayObLGZ 1961, 250 = DNotZ 1962, 328 = Rpfleger 1962, 197 Ls; dazu auch *Vorbem 195*.

Zeugen und Sachverständige, die gehört werden und Anspruch auf Gebühren und Auslagen haben (dazu *§ 1 Bem 19*), werden nach dem **GGebZS** idF vom 26. September 1963 BGBl I 758 = SaBl 1232 entschädigt; dazu auch *Vorbem 182*.

Im folgenden werden einige wichtige Gesichtspunkte hervorgehoben, im übrigen wird bez Einzelheiten auf *LitVerz* II 18 verwiesen.

2. Gebühren in Grundbuchsachen V 182

Dazu *Brand-Schnitzler* GBSachen 602ff., *Haegele* GBRecht Bem 2274ff., Merkbuch 325ff., RPfleger-Handbuch (Kostenrecht), Unterrichtsbriefe (Kostenrecht)

In der **KostO** (*Anh*) ist im 1. Teil, der die **Gerichtskosten** betrifft, im 2. Abschn unter Z 2 ein Unterabschnitt mit **Grundbuchsachen** überschrieben; er umfaßt die §§ 60 bis 78 aaO und bezieht sich auf

Eintragungen, §§ 60ff. KostO (*Anh*), nämlich Eigentum, § 60 aaO, Eigentumswechsel bei Gemeinschaften zur gesamten Hand, § 61 aaO, Belastungen, § 62 aaO, mehrere Rechte oder Grst, § 63 aaO, Veränderungen und Löschungsvormerkungen, § 64 aaO, Verfügungsbeschränkungen, § 65 aaO, Vormerkungen und Widersprüche, § 66 aaO, sonstige Eintragungen, § 67 aaO,
Löschungen und Entlassungen aus der Mithaft, § 68 KostO (*Anh*),
gebührenfreie Eintragungen und Löschungen, Zwischenverfügungen, § 69 KostO (*Anh*),
Löschung gegenstandsloser Rechte und Klarstellung der Rangverhältnisse, § 70 KostO (*Anh*),
Erteilung von Hypotheken-, Grundschuld- oder Rentenbriefen und Vermerke auf Briefen, §§ 71, 72 KostO (*Anh*),
beglaubigte Abschriften, § 73 KostO (*Anh*),
Grundbucheinsicht, § 74 KostO (*Anh*),
Eintragungsanträge, § 75 KostO (*Anh*),
Wohnungs- und Teileigentum, § 76 KostO (*Anh*),
grundstücksgleiche Rechte, § 77 KostO (*Anh*),
Bahneinheiten, § 78 KostO (*Anh*).

Bei **Beurkundungen und ähnlichen Geschäften** sind die §§ 36ff. KostO (*Anh*) anzuwenden. Diese Vorschriften sind zum Teil einschlägig, soweit sie sich auf Auflassung, Einräumung und Aufhebung von Sondereigentum, Bestellung und Übertragung von Erbbaurechten und andere Vorgänge beziehen, die mit dem GBRecht in Zusammenhang stehen.

Für GrstSachen haben auch Bedeutung die Abschnitte über **familienrechtliche Angelegenheiten**, §§ 91ff. KostO, insbes bez vormundschaftsgerichtlicher Genehmigungen, und über **Nachlaß- und Teilungssachen**, §§ 101ff. KostO.

Auf diese Kostenvorschriften wird, soweit Anlaß besteht, bei den einzelnen Paragraphen der GBO eingegangen.

Es befassen sich daher die folgenden Ausführungen mit

den **allgemeinen Vorschriften** der KostO (*Anh*), den §§ 1 ff. aaO; dazu *Vorbem 184 ff.*,

den **Auslagen**, §§ 136 ff. KostO (*Anh*); dazu *Vorbem 183*,

den **Kosten der Notare**, §§ 140 ff. KostO (*Anh*); dazu *Vorbem 235*,

den **Kosten der Rechtsanwälte**; dazu *Vorbem 236*.

V 183

3. Auslagen

Auslagen sind die Aufwendungen, die bei der Erledigung von Aufgaben im Rahmen des gerichtlichen Verfahrens entstehen; dazu *Rohs-Wedewer* KostO § 136 Bem I (a). Die Auslagen sind in §§ 136 bis 139 KostO (*Anh*) abschließend geregelt. Für Notare, denen die Gebühren selbst zufließen, kommt ergänzend § 152 KostO (*Anh*) in Betracht. Der Ersatz von Auslagen steht selbständig **neben** der Erhebung von **Gebühren** und deren Regelung; dazu *Vorbem 182*. Daher ist auch die Auslagenfreiheit von der Gebührenfreiheit selbständig zu beurteilen; dazu *Vorbem 222, 234*.

An Auslagen dürfen erhoben werden

Schreibgebühren, § 136 KostO (*Anh*); dazu *Tschischgale* Die Schreibgebühren in der freiwilligen Gerichtsbarkeit JurBüro 1963, 319,

sonstige bare Auslagen, §§ 137, 138 KostO (*Anh*), zu denen auch der Ersatz von Auslagen für Zeugen und Sachverständige (dazu *Vorbem 181*) gehört, und

Rechnungsgebühren, § 139 KostO (*Anh*).

Haben mehrere in einem Verfahren Beteiligte dasselbe Begehren gestellt, zB Genehmigung des von ihnen geschlossenen GrstKaufvertrags, so kann nicht jeder Beteiligte für sich eine schreibgebührenfreie Ausfertigung oder Abschrift der im Verfahren getroffenen gerichtlichen Entscheidung verlangen; die Schreibgebührenfreiheit beschränkt sich auf die zuerst beantragte Ausfertigung oder Abschrift, **BGH** MDR 1964, 406 = Rpfleger 1964, 110 = JVBl 1964, 102 = JurBüro 1964, 497 = BB 1964, 411 Ls = LM § 136 KostO Nr 1 = DRspr IV (476) 67d. Werden Vordrucke ausgefüllt, auch wenn diese von den Beteiligten zur Verfügung gestellt werden, so berechnen sich die Auslagen nach der Seitenzahl, nicht nach dem Zeitaufwand zur Ausfüllung etwaiger Textlücken; dazu **BayObLG** BayObLGZ 1961, 268 = DNotZ 1962, 102 = JVBl 1961, 286 = Rpfleger 1963, 26 = DRspr IV (476) 48d, **OLG Hamm** Rpfleger 1964, 284 = JVBl 1964, 214. Kleinliche Berechnungen sind zu vermeiden. Gestrichene Textteile scheiden für die Berechnung aus. Die Zeitgebühr nach § 136 Abs 5 KostO (*Anh*) kommt in solchen Fällen nur ausnahmsweise in Betracht, wenn besondere Schwierigkeiten bei der Ausfüllung sich ergeben.

Kosten für Dienstreisen werden nach § 137 Z 4 KostO (*Anh*) in Ansatz gebracht; dazu *Rohs-Wedewer* KostO § 137 Bem I 4. Es dürfen nur notwendige Kosten verrechnet werden, uU anteilsmäßig, wenn gleichzeitig mehrere Sachen erledigt wurden etwa bei Fahrt mit Kraftwagen; dazu **SchlHOLG** SchlHA 1960, 238 = DRspr IV (476) 37b.

V 184

4. Gebührenberechnung

a) Wertgebühren

Die Gebühren der KostO sind — von einigen Ausnahmen abgesehen — **Wertgebühren**, die sich nach dem Geschäftswert (dazu *Vorbem 186 ff.*) auf Grund einer Gebührentabelle mit Staffelung berechnet, § 32 KostO (*Anh*). Ein Zuschlag wie früher wird nicht mehr erhoben; dazu *Rohs-Wedewer* KostO § 32 Bem I. Im Regelfall dh, wenn nichts anderes aus dem Gesetz hervorgeht, wird die volle Gebühr erhoben, § 32 KostO (*Anh*).

Es bedarf also ausdrücklicher Anordnung, wenn weniger, etwa $^1/_2$ oder $^1/_4$ Gebühr oder umgekehrt ein Mehrfaches der Gebühr oder überhaupt keine Gebühr erhoben wird. Wenn die KostO verschiedentlich erwähnt, daß die volle Gebühr anfällt, wie zB in § 62 Abs 1 KostO (*Anh*), so geschieht dies nur zur Klarstellung.

Daneben gibt es sog **Rahmengebühren** nach § 34 KostO (*Anh*). Zwischen einem Mindest- und einem Höchstbetrag wird die Gebühr nach billigem Ermessen bestimmt, und zwar nach den Umständen des Einzelfalls, uU auch der wirtschaftlichen Verhältnisse der Beteiligten; dazu *Lauterbach* Kostengesetze KostO § 34 Bem 1, *Rohs-Wedewer* KostO § 34 Bem. Billiges Ermessen steht in Gegensatz zu Willkür; es müssen also nachprüfbare Erwägungen der Bemessung der Gebühr zugrundeliegen. Solche Rahmengebühren sind zB in § 30 Abs 2, §§ 72, 73 KostO (*Anh*) enthalten.

Es gibt weiter noch **feste Gebühren**, wie zB die Wegegebühr nach § 51 Abs 2 KostO, und **Zeitgebühren**, die sich nach dem Zeitaufwand berechnen, wie zB § 52 KostO; dazu *Rohs-Wedewer* KostO § 32 Bem I.

Trifft ein **gebührenbegünstigtes Geschäft mit einem nicht begünstigten** zusammen, so ist zunächst die Gesamtgebühr zu berechnen, so dann die Gebühr für das nicht begünstigte Geschäft bei getrennter Vornahme. Nur der Unterschiedsbetrag, der sich hiernach ergibt, wird entsprechend ermäßigt, also etwa auf $^1/_2$ oder $^1/_4$. Dann wird der ermäßigte Gebührenbetrag der Gebühr für das nicht begünstigte Geschäft hinzugerechnet und dieser errechnete Gesamtbetrag ist zu erheben; dazu *Rohs-Wedewer* aaO Bem III mit Fußn 3, die Nachweise von Literatur und Rspr zu dieser Frage enthält.

Der **Mindestbetrag** für eine Gebühr ist 3 DM; weniger darf also nicht erhoben werden, § 33 KostO (*Anh*). **Aufrundung** von Pfennig-Beträgen auf volle 10 DPfg ist vorzunehmen, § 33 aaO. Für Auslagen gilt diese Vorschrift nicht; dazu *Vorbem 183*.

b) Nebengeschäft **V 185**

Die für ein Geschäft bestimmte Gebühr umfaßt die gesamte auf das Geschäft verwendete Tätigkeit des Gerichts bzw des GBA oder Notars einschl der Nebengeschäfte, § 35 KostO (*Anh*). Letztere werden also gebührenfrei vorgenommen; dazu *Vorbem 223*, auch *Behre* Die kostenrechtliche Behandlung von Nebengeschäften DNotZ 1939, 158, *Göttlich* Die gebührenfreien Nebengeschäfte des Notars JurBüro 1956, 315, *Lauterbach* Kostengesetze KostO § 35 Bem 1, *Rohs-Wedewer* KostO § 35 Bem I, II. Auslagen werden durch die Vorschrift nicht betroffen, diese sind selbständig zu verrechnen; dazu *Vorbem 183*. Ein Geschäft ist dann ein **Nebengeschäft**, wenn es im Verhältnis zu einem anderen Geschäft, dem Hauptgeschäft, als das minderwertige, weniger bedeutende erscheint und wenn es mit dem Hauptgeschäft derart in Zusammenhang steht, daß es nicht als ein selbständiges in Erscheinung tritt, sondern vorgenommen wird, um das Hauptgeschäft vorzubereiten oder um das vorgenommene Hauptgeschäft zu fördern und so den beabsichtigten Erfolg herbeizuführen, **BayObLG** BayObLGZ 1952, 137 = DRspr IV (475) 49de.

Beispiele:

Solche Nebengeschäfte sind zB die Benachrichtigung der Beteiligten von einer Eintragung, die Übertragung eines Grst auf ein anderes Blatt bei Eintragung eines Eigentumswechsels, die Eintragung des Höchstbetrages nach § 882 BGB und die Eintragung eines Rangvermerks gleichzeitig mit der Eintragung des Rechts selbst, ferner, wie aus § 72 KostO (*Anh*) hervorgeht, uU Vermerke auf dem Hypothekenbrief usw bei Vornahme einer Eintragung bei der Hypothek. Als gebührenfreie Nebengeschäfte sind nach § 62 Abs 3 KostO (*Anh*) insbes die mit der Eintragung eines Rechts an einem Grst gleichzeitig beantragte Eintragung der Unterwerfung unter die sofortige ZwV, eines Rangvorbehalts oder des Ausschlusses der Brieferteilung und der Löschungsvormerkung nach § 1179 BGB zu behandeln; dazu *Hasl* Gerichtskosten KostO § 62 Bem IV, *Lauterbach* aaO KostO § 62 Bem 4, *Rohs-Wedewer* KostO § 62 Bem III, zur

Unterwerfung unter die ZwV auch **BayObLG** BayObLGZ 1960, 124 = DNotZ 1960, 398 (*Hoseus*) = JVBl 1960, 229 = Rpfleger 1961, 324 = NJW 1960, 1350 Ls = BWNotZ 1960, 237 Ls, **OLG Neustadt** DNotZ 1960, 403 (*Hoseus*) = JurBüro 1960, 257, zur Ausnützung eines Gleichrangvorbehalts für Grundpfandrechte **BayObLG** BayObLGZ 1956, 456 = MittRhNotK 1957, 820, zur Auflassungsvormerkung **OLG Braunschweig** NdsRpfl 1952, 202. Gebührenfrei sind ferner die Eintragung der Umstellung von RM auf DM bei gleichzeitiger Eintragung eines neuen, den Rangvorbehalt ausfüllenden Rechts, **BayObLG** BayObLGZ 1952, 137 = DRspr IV (475) 49cde, der Antrag auf Wahrung des Veränderungsnachweises in Zusammenarbeit mit der Auflassung und Umschreibung eines Teilgrst, **OLG Frankfurt aM** DNotZ 1962, 256 = JurBüro 1961 557, die Fertigung von Vollmachts-Entwürfen durch den Notar bei Vornahme einer Beurkundung, wenn vollmachtslose Vertreter erschienen sind, **OLG Frankfurt aM** JurBüro 1962, 475, uU schuldrechtliche Verpflichtung zum späteren Rangrücktritt eines dinglichen Rechts, **OLG Oldenburg** NJW 1961, 1681 = Rpfleger 1961, 321 (*Rohs*).

V 186 c) **Geschäftswert**

1. Soweit es sich um Wertgebühren handelt (dazu *Vorbem 184*), werden diese nach dem Wert berechnet, den der Gegenstand zZ der Fälligkeit der Gebühr hat, § 18 Abs 1 KostO (*Anh*). Dieser Wert wird **Geschäftswert** genannt. Maßgebend ist hierbei, wie aus § 18 Abs 2 aaO hervorgeht, der **Hauptgegenstand** des Geschäfts, während Früchte, Nutzungen, Zinsen, auch rückständige, Vertragsstrafen und Kosten nur berücksichtigt werden, wenn sie Gegenstand eines besonderen Geschäfts sind. Verbindlichkeiten, die auf dem Gegenstand lasten, werden nicht abgezogen; dasselbe gilt von schuldrechtlichen Leistungen, § 18 Abs 3 aaO.

V 187 2. Dieser Grundsatz wird ergänzt durch eine Anzahl von Einzelvorschriften, nämlich §§ 19ff. KostO (*Anh*), die eine **nähere Regelung** enthalten.

a) **Grundstücke und grundstücksgleiche Rechte** — §§ 19 bis 21 KostO

§ 19 KostO (*Anh*) bezieht sich auf **Sachen**, auch auf Grundbesitz.

Bei **Grst** ist im Regelfall vom festgesetzten oder geschätzten Einheitswert, andernfalls vom festgestellten höheren Wert auszugehen; dazu *Lauterbach* Gerichtskosten KostO § 19 Bem 1, *Rohs-Wedewer* KostO § 19 Bem II, III. Für grstgleiche Rechte (dazu *§ 3 Bem 12ff.*) gilt dasselbe, soweit nicht Sondervorschriften bestehen; dazu für Erbrecht **OLG Hamm** Rpfleger 1960, 131. Für dingliche Rechte dagegen ist die Vorschrift nicht anwendbar; dazu *Rohs-Wedewer* aaO Bem II b, V. Soweit nicht eine spezielle Regelung vorliegt, ist der Wert nach § 30 KostO (*Anh*) festzustellen; dazu *Vorbem 191.* Zur Problematik des § 19 KostO (*Anh*) und der Rspr dazu *Ackermann* Einige neuere kostenrechtliche Probleme DNotZ 1965, 537 (V. Kostenrechtliches Unbehagen 542).

Bei Grundbesitz hat die Rspr in sehr großem Umfange sich immer wieder mit den Fragen um die Bewertung befaßt, obwohl die Grundsätze, die maßgebend sind, durch Rspr und Literatur bereits klar herausgearbeitet sind und es daher nur jeweils auf die Anwendung im Einzelfall ankommt. Grundsätzlich ist vom Einheitserwt auszugehen. Allgemeine Wertveränderungen bilden keinen Anlaß zu abweichender Wertermittlung; dazu **BayObLG** BayObLGZ 1953, 18 = Rpfleger 1953, 632 = DRspr IV (475) 73a, **OLG Bremen** NJW 1960, 247 = DRspr IV (476) 32b, **OLG Frankfurt aM** DNotZ 1960, 608 = DRspr IV (476) 39b, **OLG Hamm** Rpfleger 1959, 388/1960, 133. Abweichungen sind nur ausnahmsweise zulässig, und zwar wenn ganz besondere Gründe vorliegen; dazu **BayObLG** BayObLGZ 1959, 209 = DNotZ 1959, 668 = Rpfleger 1959, 322 (*Rohs*) = DRspr IV (476) 31ab, BayObLGZ 1961, 507 = MDR

1961, 425 = DNotZ 1961, 430 = Rpfleger 1961, 407, **OLG Celle** NdsRpfl 1966, 17, **OLG Frankfurt aM** Rpfleger 1959, 361 (*Rohs*), NJW 1960, 1676 = DRspr IV (476) 66bc, **OLG Hamm** Rpfleger 1959, 388 (*Rohs*) = JurBüro 1959, 424, **OLG Nürnberg** DNotZ 1960, 53. Solche Abweichungen können sich ergeben aus dem Zusammenhang mit anderen Geschäften, insbes wenn sie gleichzeitig beurkundet werden, und deren Bewertung; dazu **BayObLG** BayObLGZ 1959, 209, und 1961, 507 (wV aaO), **OLG Celle** NdsRpfl 1963, 279 = Rpfleger 1964, 151 (*Rohs*) = JVBl 1964, 18 = DRspr IV (476) 66a, **OLG Hamm** JMBl NRW 1963, 256 = Rpfleger 1963, 388 = JVBl 1963, 201 = JurBüro 1964, 67, Rpfleger 1964, 152 (*Rohs*) = JVBl 1964, 20 = DNotZ 1965, 54, Rpfleger 1965, 59 (*Rohs*). Solche Gründe können sich ergeben bei einem Gutsüberlassungsvertrag oder einem ähnlichen Vertrag, **OLG Frankfurt aM** DNotZ 1955, 499, **OLG Zweibrücken** DNotZ 1966, 123, **LG Marburg** Rpfleger 1958, 384 (*Rohs*), bei einem Tauschvertrag, **OLG Frankfurt aM** DNotZ 1963, 120 = DRspr IV (476) 56a, uU bei einem Nachlaßgrst, besonders bei einer Nachlaßauseinandersetzung, **BayObLG** BayObLGZ 1962, 124 = DNotZ 196, 349 = Rpfleger 1962, 282 = DRspr IV (476) 53c, BayObLGZ 1963, 319 = Rpfleger 1964, 154 = JVBl 1964, 62 = JurBüro 1964, 503 = DRspr IV (476) 64a, **OLG Hamm** Rpfleger 1965, 311. Nicht dagegen reicht es aus, den Wert anders festzusetzen, wenn ein GrstTeil abgetrennt wird und für das Teilgrst noch kein Einheitswert festgesetzt ist; dazu **BayObLG** BayObLGZ 1963, 305 = BB 1964, 532. Zu OLG Frankfurt aM Rpfleger 1965, 338 *Stöber* Der „letzte" zZ der Gebührenfälligkeit festgestellte Einheitswert (§ 19 Abs 1, § 26 Abs 2 KostO) Rpfleger 1965, 325.

§ 20 KostO (*Anh*) trifft keine besondere Regelung für den Kauf sowie das Vor- und Wiederkaufsrecht.

Beim **Kauf** ist der Kaufpreis maßgebend, wobei der Wert der vorbehaltenen Nutzungen und der vom Käufer übernommenen und ihm infolge der obliegenden Leistungen hinzugerechnet wird, § 20 Abs 1 S 1 KostO (*Anh*). Ist der Kaufpreis niedriger als der Wert der Sache, wie er sich nach § 19 aaO berechnet, so ist von diesem Wert auszugehen; bei Kauf eines Grst bleibt eine für Rechnung des Erwerbers vorgenommene Bebauung bei der Wertermittlung außer Betracht, § 20 Abs 1 S 2 aaO. Diese Regelung gilt nicht nur für die Beurkundung von Kaufverträgen, sondern auch für die Übereignung, insbes die Auflassung; dazu **BayObLG** BayObLGZ 1955, 79 = Rpfleger 1955, 279 (*Rohs*) = MittBayNotV 1955, 267, **KG** JW 1937, 474, *Lauterbach* Kostengesetze KostO § 20 Bem 1, *Rohs-Wedewer* KostO § 20 Bem I. Die Vorschrift erwähnt nur den Kaufvertrag. Ob man eine erweiterte Auslegung für ähnlich gelagerte Fälle unmittelbar — so *Lauterbach* Kostengesetze KostO § 20 Bem 1 — oder in Verbindung mit § 39 Abs 2 KostO — so **OLG Frankfurt aM** MDR 1960, 510 = Rpfleger 1960, 181 (*Rohs*) = DNotZ 1960, 408, *Rohs-Wedewer* KostO § 20 Bem I, § 39 Bem II, vornimmt, ist im Ergebnis gleich. Jedenfalls kann man von einem Kaufpreis in analogen Fällen ausgehen, wenn derselbe feststellbar ist. Bei der Ermittlung des Kaufpreises sind dem eigentlichen Kaufpreis nur solche Leistungen hinzuzurechnen, die ein Entgelt darstellen; dazu **OLG Düsseldorf** JMBl NRW 1962, 148 = JurBüro 1962, 522, *Lauterbach* aaO Bem 2, *Rohs-Wedewer* aaO Bem II, III. Es ist vom tatsächlichen Kaufpreis auszugehen; wird derselbe erst nach Vermessung endgültig festgesetzt, so ist dies zu berücksichtigen, **OLG Hamm** JMBl NRW 1965, 11 = DRspr IV (476) 73 ab. Dies ist im einzelnen festzustellen bzw aufzuklären; dazu bez Übernahme von Grundpfandrechten **OLG Frankfurt aM** Rpfleger 1962, 65 (*Rohs*) = DRspr IV (476) 49a, bez Übernahme von Anliegerbeiträgen **OLG Hamm** Rpfleger 1958, 321 (*Rohs*) = DRspr aaO 22a, **SchlHOLG** Rpfleger 1962, 395 Ls (bez Erbbaurecht), **LG Düsseldorf** NJW 1960, 2299 = DRspr aaO 39c, *Rohs-Wedewer* aaO Bem III 4, bez Übernahme von Lastenausgleichsabgaben, **SchlHOLG** aaO, *Rohs-Wedewer* aaO Bem III 11, bez Übernahme der Grunderwerbsteuer **KG** JFG ErgBd 23, 16 = DNotZ 1942, 109 = JVBl

1942, 44 = DFG 1942, 33, *Rohs-Wedewer* aaO Bem III 5. Wird der Kaufpreis in Rentenform bezahlt, so ist dies zu berücksichtigen; dazu *Heubeck* Verrentung von Kaufpreisen-Kapitalisierung von Renten DNotZ 1965, 452, 516, auch *Vorbem 188*. Bei Bebauung für Rechnung des Erwerbs ist zwar grundsätzlich nach § 20 Abs 1 S 2 KostO (*Anh*) der Wert der Bebauung außer Betracht zu lassen. Die Praxis zeigt jedoch, daß auch hier geprüft werden muß, ob nicht doch ein Verkauf eines Grundstücks mit Haus vorliegt und daher eine zusätzliche Berechnung des Wertes des Bauwerks zu erfolgen hat; dazu **OLG Hamm** Rpfleger 1964, 86, **OLG Karlsruhe** DNotZ 1964, 353, **OLG Neustadt** NdsRpfl 1962, 149 = DRspr IV (476) 51d, Rpfleger 1962, 286 (*Ackermann*), **SchlH-OLG** SchlHA 1963, 248 = DRspr IV (476) 60a, *Lauterbach* aaO Bem 2C, *Rohs-Wedewer* aaO Bem IV.

Bei einem Vorkaufsrecht und Rück- bzw Wiederkaufsrecht (dazu *Vorbem 72*) ist der Wert regelmäßig mit $^1/_2$ des Sachwertes zu bemessen, § 20 Abs 2 KostO (*Anh*); dazu zum Rückkaufsrecht **OLG Karlsruhe** Justiz 1965, 310. Für das Ankaufsrecht (dazu *Vorbem 72*) gilt dasselbe; dazu **KG** JFG ErgBd 18, 60 = DNotZ 1938, 322 = JVBl 1938, 155 = HRR 1938 Nr 622, **SchlHOLG** SchlHA 1961, 329 = Rpfleger 1962, 395 Ls, *Rohs-Wedewer* aaO Bem VI, **aA** *Lauterbach* aaO Bem 3, der § 30 Abs 1 KostO (*Anh*) anwendet. Zum Vorkaufsrecht auch **BayObLG** Rpfleger 1965, 23, **OLH Hamm** Rpfleger 1959, 289 (*Rohs*), **OLG Oldenburg** NJW 1966, 164 = DNotZ 1966, 124 Ls, zum Vorkaufsrecht an einem Erbbaurecht **OLG Hamm** JMBl NRW 1965, 223 = DNotZ 1966, 121 zum Wiederkaufsrecht **OLG Frankfurt aM** Rpfleger 1959, 286 (*Rohs*) = JurBüro 1959, 289, **SchlHOLG** Rpfleger 1962, 395 Ls.

§ 20 KostO (*Anh*) ist auch für **grstgleiche Rechte** (dazu *§ 3 Bem 12ff.*) anzuwenden; dazu *Rohs-Wedewer* KostO § 20 Bem V. Für die Bewertung von Erbbaurecht, Wohnungseigentum und Wohnungserbbaurecht kommt noch ergänzend **§ 21 KostO** (*Anh*) zur Anwendung. Beim Erbbaurecht (dazu auch *§ 8 Bem 58ff.*) wird der Wert nach § 21 Abs 1 aaO mit 80/100 des Wertes des belasteten Grst angenommen, wobei die zugunsten des Erbbauberechtigten erfolgte Bebauung außer Betracht bleibt und sich das Entgelt nach dem Erbbauzins oder vereinbarten Kapitalbetrag bemißt; dazu *Lauterbach* Kostengesetze KostO § 21 Bem 1ff., *Rohs-Wedewer* KostO § 21 Bem A, B, zu dem Wert bei Übertragung eines zu Bebauungszwecken bestellten und dann aufgeteilten Erbbaurechts **OLG Frankfurt aM** DNotZ 1961, 213 = DRspr IV (476) 42a, **OLG Neustadt** JurBüro 1963, 105. Die Bewertung des Vorkaufsrechts zugunsten des GrstEigentümers, insbes auch die Frage, ob es zusätzlich zu bewerten ist, läßt sich nur nach den Einzelumständen entscheiden; dazu **OLG Braunschweig** NdsRpfl 1962, 151 = DRspr IV (476) 52a, **OLG Celle** DNotZ 1960, 51 = JurBüro 1960, 123, DNotZ 1962, 45 = Rpfleger 1961, 320 (*Rohs*), DNotZ 1963, 354, **OLG Frankfurt aM** DNotZ 1965, 181 = JurBüro 1964, 133 = DRspr aaO 76c, **OLG Hamburg** DNotZ 1963, 119 = Rpfleger 1963, 308 (*Rohs*), **OLG Hamm** DNotZ 1965, 182 = Rpfleger 1965, 118 = JVBl 1964, 239 = JurBüro 1964, 821 = DRspr IV (476) 76b, **OLG Karlsruhe** DNotZ 1963, 569 (*Hodes*), **OLG Neustadt** DNotZ 1964, 242 = JurBüro 1963, 105, **OLG Oldenburg** Rpfleger 1951, 44 (*Rohs*) = DRspr IV (475) 28c, NdsRpfl 1965, 229. Zum Wohnungseigentum *Ackermann* Gebührenfragen zu Wohnungseigentumsgeschäften Rpfleger 1965, 298, im übrigen *§ 3 Bem 529*.

V 188 b) **Dingliche Rechte** außer Grundpfandrechte — §§ 22, 24 KostO

Der Wert einer **Grunddienstbarkeit** (dazu *Vorbem 41ff.*) bestimmt sich nach dem Wert, den sie für das herrschende Grst hat; wenn jedoch der Betrag, um den sich der Wert des dienenden Grst durch die Dienstbarkeit mindert, größer, so ist dieser höhere Betrag maßgebend, **§ 22 KostO** (*Anh*). Diese Regelung entspricht dem § 7 ZPO. Es ist also ein Vergleich zwischen dem Wert der Grunddienstbarkeit für das herrschende Grst und der Wertminderung für das dienende Grst zu vergleichen. Diese Werte sind nach § 30 KostO (*Anh*) zu schätzen; dazu *Vorbem 190*. Für die Wertbemessung ist der höhere Betrag zugrunde zu legen; dazu *Lauterbach* Kostengesetze KostO § 22 Bem 1, *Rohs-Wedewer* KostO § 22 Bem I. Wenn eine Tankstelle Grunddienstbarkeit ist (dazu *Vorbem 46*), dann erfolgt auch die Wertberechnung hiernach. § 22 KostO (*Anh*) ist nicht auf weitere Rechte anwendbar, insbes nicht auf persönliche Dienstbarkeiten; dazu *Lauterbach* aaO, *Rohs-Wedewer* aaO Bem II.

§ 24 KostO (*Anh*), der sich auf **wiederkehrende Nutzungen** und **Leistungen** bezieht, hat dagegen einen sehr weit gespannten Anwendungsbereich. Es muß sich um Rechte handeln, die wiederkehrende oder dauernde Nutzungen oder Leistungen gewähren. Die Vorschrift hat § 9 ZPO zum Vorbild. In Betracht kommen hier **Nießbrauch** (dazu *Vorbem 73ff.*), **beschränkte persönliche Dienstbarkeiten** (dazu *Vorbem 54ff.*), soweit sie ein Recht auf Benutzung gewähren, insbes auch ein Wohnungsrecht, während im übrigen auf die beschränkten persönlichen Dienstbarkeiten § 30 KostO (*Anh*) anzuwenden ist, **LG Essen** Rpfleger 1955, 196 = DNotZ 1955, 661 = DRspr IV (475) 115e, **Reallasten** (dazu *Vorbem 66ff.*), **Rentenansprüche**, wie Leibrente, vertragliche und gesetzliche Unterhaltsansprüche, Renten gemäß Nachbarrecht, nämlich Überbau- und Notwegrenten (dazu *Vorbem 20a*), **Leibgedings-** und **Altenteilsleistungen**, die reallastähnlich sind (dazu *§ 49 Bem 2ff.*), **BayObLG** MittBayNotV 1965, 103 = DNotZ 1965, 765 Ls, **OLG Celle** RdL 1965, 122 = DNotZ aaO Ls, **OLG Hamm** Rpfleger 1965, 119 = RdL 1965, 122 = DNotZ aaO Ls = DRspr IV (476) 83c, das **Dauerwohnrecht** nach § 31 WEG (*Anh*), da es Nutzungscharakter hat (dazu *§ 3 Bem 454ff., 462*), **OLG Frankfurt aM** NJW 1954, 1613 = Rpfleger 1955, 243 (*Ackermann*) = DRspr IV (475) 97c; dazu *Lauterbach* Kostengesetze KostO § 24 Bem 1, *Rohs-Wedewer* KostO § 24 Bem I.

Es muß der Jahreswert des Bezugsrechts ermittelt werden, da von ihm aus die Kapitalisierung vorgenommen wird, auch wenn die Jahreswerte wechseln, **BayObLG** NJW 1960, 247 = Rpfleger 1960, 182 (*Rohs*), Rpfleger 1962, 194 Ls; dazu *Rohs-Wedewer* KostO § 24 Bem II. Wenn der Jahreswert nicht feststellbar ist, ist er nach § 24 Abs 5 KostO (*Anh*) zu berechnen. Für den Beginn des Bezugsrechts ist § 24 Abs 6 aaO zu beachten; dazu **AG Hamburg** MDR 1961, 324.

Der Gesamtwert des Bezugsrechts berechnet sich verschieden, je nachdem es sich um ein Recht von bestimmter Dauer, § 24 Abs 1 unter a KostO (*Anh*), von unbestimmter Dauer, § 24 Abs 1 unter b KostO (*Anh*) oder auf Lebenszeit, § 24 Abs 2 aaO, handelt. Bei Ansprüchen von Verwandten kommen die Ermäßigung des § 24 Abs 3, 4 aaO in Betracht; dazu **OLG Neustadt** Rpfleger 1964, 348 = JurBüro 1964, 135.

Zu Nießbrauch **OLG Celle** NdsRpfl 1964, 248, bez eines Hofes.

Zu beschränkter persönlicher Dienstbarkeit **SchlHOLG** SchlHA 1959, 125 = JurBüro 1959, 371, Rpfleger 1962, 395 Ls, bez elektrischer Leitungen, **BayObLG** DNotZ 1957, 207 (*Ackermann*) = Rpfleger 1957, 89, **OLG Bremen** Rpfleger 1959, 287 (*Ackermann*), **OLG Celle** Rpfleger 1958, 21 (*Ackermann*), NJW 1964, 1531 = JVBl 1964, 125 = BWNotZ 1964, 253 Ls, **OLG Frankfurt aM** DNotZ 1958, 436 = Rpfleger 1959, 159 (*Ackermann*), **OLG Hamburg** Rpfleger 1958, 32 (*Ackermann*), DNotZ 1958, 209 (*Hornig*), **OLG Hamm** Rpfleger 1956, 317 = DRspr IV (475) 128c, **OLG Köln** Rpfleger 1959, 133 (*Rohs*) = JVBl 1959, 59, **SchlHOLG** Rpfleger 1962, 395 Ls, **OLG Stuttgart** DNotZ 1958, 211 (*Hornig*), DNotZ 1959, 157, *Lappe* Die Bewertung von Tankstellendienstbarkeiten BB 1965, 1054, *Mümmler* Geschäftswert der Tankstellendienstbarkeit JVBl 1964, 111. Über Tankstellendienstbarkeit von unbestimmter Dauer oder vertraglicher Verlängerungsdauer **OLG Köln** JVBl 1965, 159 = DNotZ 1965, 764 Ls; hier findet nicht § 24 KostO (*Anh*), sondern § 30 Abs 1 aaO Anwendung. Eine Tankstellendienstbarkeit ist beschränkte persönliche Dienstbarkeit, soweit sie nicht Grunddienstbarkeit ist; dazu *Vorbem 56, 62.*

Zu Reallast und Leibgeding **BayObLG** DNotZ 1956, 325 = Rpfleger 1956, 136 (*Ackermann*), **OLG Celle** NdsRpfl 1962, 149 im Rahmen eines GrstVeräußerungsvertrags (dazu auch *Vorbem 187*), **BayObLG** NJW 1960, 247 = Rpfleger 1960, 182 (*Rohs*), auch zur Frage des Wechsels des Rentenberechtigten, sowie **OLG Frankfurt aM** Rpfleger 1955, 195 (*Ackermann*) = DRspr IV (475) 115d. § 24 Abs 3 KostO (*Anh*) findet keine Anwendung, wenn eine KG an ihrem Grundbesitz eine Reallast zur Sicherung einer Leibrente für ihre ausscheidenden Kommanditisten bestellt, **BayObLG** JurBüro 1965, 490 = DNotZ 1965, 765 Ls.

V 189 c) **Pfandrechte und sonstige Sicherheiten sowie Rangänderungen** — § 23 KostO

§ 23 KostO (*Anh*) ist in mehrfacher Richtung für das GrstRecht einschlägig. Abs 1 aaO bezieht sich auf die Bewertung von **Pfandrechten** an Rechten, also auch an GrstRechten, und auf **sonstige Sicherheiten**; dazu *Lauterbach* Kostengesetze KostO § 23 Bem 1, *Rohs-Wedewer* KostO § 23 Bem II, III. Hierher gehören auch Sicherstellungen von Forderungen durch dingliche Rechte, die keine Grundpfandrechte sind, da für letztere § 23 Abs 2 KostO (*Anh*) einschlägig ist, also insbes durch Dienstbarkeiten, Reallasten. Vormerkungen und Widersprüche (dazu *Vorbem 116*) sind ebenfalls hierher zu rechnen; für die Löschungsvormerkung nach § 1179 BGB enthält allerdings § 23 Abs 3 aaO eine Sonderregelung. Auch für grstgleiche Rechte ist die Vorschrift einschlägig. Maßgebend für die Bewertung ist der Betrag der gesicherten Forderung bzw, wenn der Gegenstandswert niedriger ist, letzterer; die Regelung entspricht dem § 6 ZPO.

Der Wert der **Grundpfandrechte**, nämlich der Hypotheken, Grundschulden einschl Rentenschulden, bestimmt sich nach § 34 Abs 2 KostO (*Anh*); dazu *Lauterbach* aaO Bem 2, *Rohs-Wedewer* aaO Bem IV. Maßgebend ist der Nennbetrag der Schuld, bei Rentenschulden der Betrag der Ablösungssumme, auch wenn der GrstWert niedriger ist. Diese Regelung gilt auch für gsrtgleiche Rechte; dazu **LG Arnsberg** JurBüro 1960, 447. Wenn mehrere Grundpfandrechte auf ein weiteres Grst erstreckt werden, so ist für jede einzelne Hypothek usw zu prüfen, ob der Nennbetrag höher als der GrstWert ist; dazu **BayObLG** BayObLGZ 1960, 507 = DNotZ 1961, 430 = Rpfleger 1961, 407. Eine Besonderheit gilt hier nur bei Einbeziehung in die Mithaft und bei Entlassung aus derselben; hier ist der Wert des Grst maßgebend, wenn er niedriger als der Nennwert der Forderung bzw der Ablösungssumme ist.

Für **Rangänderungen** ist § 23 Abs 3 KostO (*Anh*) maßgebend, dazu *Lauterbach* aaO Bem 3, *Rohs-Wedewer* aaO Bem V. Die Löschungsvormerkung nach § 1179 BGB steht hierbei einer Rangänderung gleich dh sie wird ebenso bewertet. Es ist der Wert des vor- oder zurücktretenden Rechts maßgebend, und zwar der kleinere. Zum Rangvorbehalt **LG Oldenburg** JurBüro 1963, 350.

V 190 d) **Angelegenheiten ohne bestimmten Geschäftswert** — § 30 KostO

§ 30 KostO (*Anh*) bezieht sich auf Angelegenheiten ohne bestimmten Geschäftswert, Abs 1, 2 aaO, sowie — und soweit ist er im GrstRecht nicht einschlägig — auf nichtvermögensrechtliche Angelegenheiten, Abs 3 aaO.

Soweit der Geschäftswert nicht nach §§ 19ff. KostO (*Anh*) berechnet werden kann (dazu *Vorbem 187ff.*), ist er **nach freiem Ermessen** zu bestimmen bzw im Rahmen des Abs 2 aaO auf einen geschätzten Wert innerhalb des gesetzlich festgelegten Rahmen; dazu *Lauterbach* Kostengesetze KostO § 30 Bem 1, *Rohs-Wedewer* KostO § 30 Bem I ff.

Es kommen hier insbes in Betracht

Änderungen bestehender Rechte, sofern die Änderung nicht einen bestimmten Wert hat, § 30 Abs 1 HalbS 2 KostO (*Anh*), wie Umwandlung von dinglichen Rechten; dazu *§ 3 Bem 349d*, auch *Lauterbach* aaO Bem 1B, *Rohs-Wedewer* aaO Bem II,

Verfügungsbeschränkungen, § 30 Abs 1 HalbS 2 KostO (*Anh*); dazu *Vorbem 118ff.*,

persönliche beschränkte Dienstbarkeiten, soweit § 24 KostO (*Anh*) nicht einschlägig ist; dazu *Vorbem 188*,

Vereinigungen und Zuschreibungen sowie Teilungen von Grst; dazu *§ 5 Bem 72*, *§ 6 Bem 34*, *§ 7 Bem 80*. Dagegen gehört die Abschreibung nicht hierher, da sie gebührenfreies Nebengeschäft ist; dazu *§ 7 Bem 79*,

Besitz bei Übertragung zu vorübergehendem Zwecke, **OLG München** JFG ErgBd 17, 64 = DNotZ 1938, 186 = DFG 1937, 255, *Rohs-Wedewer* aaO Bem II,

Anerbenrecht, **OLG München** JFG ErgBd 20, 61 = JVBl 1939, 247 = DNotZ 1939, 682 = HRR 1939 Nr 1085, *Rohs-Wedewer* aaO Bem II,

Bauverpflichtung, die bei Veräußerung von Grundbesitz vereinbart ist; dazu *Rohs-Wedewer* aaO Bem II,

Zustimmung des GrstEigentümers bei Erbbauvertrag; dazu *Rohs-Wedewer* aaO Bem II,

Änderung von Fälligkeitsbestimmungen von Forderungen und Grundpfandrechten, wie Zahlungsbedingungen, Kündigungsvereinbarungen; dazu **KG** JW 1936, 2353 = DNotZ 1936, 638, *Lauterbach* aaO Bem 1 B, *Rohs-Wedewer* aaO Bem II,

Fälle, in denen die KostO ausdrücklich auf die Anwendung des § 30 aaO verweist, wie Eintragungen iSd § 67 KostO (*Anh*),
Beschwerdeverfahren, § 131 KostO (*Anh*).

Der Wert ist nach billigem Ermessen, also nicht nach Willkür, auf Grund tatsächlicher Feststellungen oder Anhaltspunkte, festzusetzen, § 30 Abs 1 KostO (*Anh*); dazu **OLG München** HRR 1939 Nr 1958, *Lauterbach* aaO Bem 1C, *Rohs-Wedewer* aaO Bem II. Nur wenn dies nicht möglich ist, ist § 30 Abs 2 KostO (*Anh*) einschlägig; dazu *Lauterbach* aaO Bem 1C, *Rohs-Wedewer* aaO Bem III. Es handelt sich um eine **Rahmengebühr**; dazu *Vorbem 184*. Regelwert ist der Betrag von 3000 DM, unterste Grenze 200 DM, oberste Grenze 1000000 DM. Nach Lage des Falles kann von dem Regelwert abgewichen werden, wobei alle Umstände des Einzelfalles berücksichtigt werden können, auch die wirtschaftliche Lage der Beteiligten. Es ist das Abweichen keine eigentliche Ausnahme, doch müssen sachliche Erwägungen zugrundeliegen. Eine Schematisierung ist daher zu vermeiden.

3. Die **Festsetzung des Geschäftswerts** erfolgt nach **§ 31 KostO** (*Anh*). **V 191**
Die Regelung ist dem § 23 GKG nachgebildet.

Die Bewertung nimmt der **Kostenbeamte** vor. Die Wertfestsetzung durch das **Gericht** bzw den **Notar**, soweit dieser zuständig ist, § 142 KostO (*Anh*) erfolgt, wenn ein Zahlungspflichtiger oder die Staatskasse es beantragt, im übrigen nur, wenn es angemessen erscheint; dazu *Lauterbach* Kostengesetze KostO § 31 Bem 1, *Rohs-Wedewer* KostO § 31 Bem Iff. Zum Antrag der Staatskasse ist auf § 45 Abs 1 KostVfg hinzuweisen. Eine Entscheidung von Amts wegen kann auf Anregung des Kostenbeamten erfolgen. In schwierigen Fällen ist eine Wertfestsetzung angezeigt. Soweit der **RPfleger** zur Sachentscheidung zuständig ist, obliegt ihm auch die Kostenentscheidung, § 4 Abs 1 RPflegerG (*Anh*); dazu **KG** JW 1926, 2473, *Arndt* RPflegerG § 4 Bem 8, *Lauterbach* Kostengesetze KostO § 31 Bem 1, *Rohs-Wedewer* KostO § 31 Bem IV. Bez Notare *Vorbem 235*.

Die Entscheidung über die Wertfestsetzung ist **abänderbar**, § 31 Abs 1 S 2 mit § 14 Abs 2 S 3, 4 KostO (*Anh*), und zwar von Amts wegen, also auch etwa auf Anregung oder Gegenvorstellung; dazu auch *§ 1 Bem 22*. Wenn ein Rechtsmittel eingelegt wird, ist zu prüfen, ob abgeholfen wird oder nicht.

Soweit vor der Entscheidung über die Festsetzung des Geschäftswerts eine Aufklärung nötig ist, kann eine **Beweisaufnahme** durchgeführt werden, § 31 Abs 2 KostO (*Anh*); dazu *§ 1 Bem 19*. Dies kann auf Antrag oder von Amts wegen geschehen; über Ermittlungspflicht **BayObLG** Rpfleger 1957, 89 (*Ackermann*). Art und Umfang der Beweisaufnahme steht im Ermessen des Gerichts bzw Notars. Es können Anfragen an Beteiligte ergehen, auch mit der Aufforderung, Urkunden, Verträge, Belege usw vorzulegen. Es können auch Zeugen und Sachverständige gehört werden. Das rechtliche Gehör der Beteiligten ist zu wahren, bevor die Entscheidung ergeht; sonst liegt Verstoß gegen Art 103 Abs 1 GG vor. Eine Verpflichtung der Beteiligten zur Äußerung oder Vorlage von Belegen usw besteht nicht; bei Schweigen oder Verweigerung der Vorlage von Urkunden usw kann sich dies aber auf die Kostenentscheidung auswirken.

Die Wertfestsetzung ergeht durch **Beschluß**, der der Staatskasse und dem Kostenschuldner formlos bekanntzugeben ist; über Form der Mitteilung *§ 1 Bem 20*. Das Verfahren ist gebührenfrei. Die Auslagen hat die Staatskasse zu tragen, falls nicht Kosten der Beweisaufnahmeverfahrens nach § 31 Abs 2 S 2 KostO (*Anh*) einem oder mehreren Beteiligten ganz oder teilweise aus den gesetzlich angeführten Gründen auferlegt werden; dazu zur Frage der Notwendigkeit einer Kostenentscheidung im Bereiche der freiwilligen Gerichtsbarkeit **BayObLG** BayObLGZ 1963, 80 = MDR 1963, 690 = Rpfleger 1963, 310 = DRspr IV (476) 61a, auch *Vorbem 195*. Der Wertfestsetzungsbeschluß ist auch der Gebührenberechnung von Rechtsanwälten, die Beteiligte vertreten, zugrunde zu legen, §§ 8, 9 BRAGebO; dazu *Vorbem 181, 236*.

Rechtsmitteleinlegung sind in gleichem Umfange wie bei Kostenansatz zulässig, § 31 Abs 3 mit § 14 Abs 3, 4 KostO (*Anh*); dazu *Vorbem 215, 216*. Über Wertfestsetzung durch **Beschwerdegericht** *§ 77 Bem 15*.

V 192 5. Kostenschuldner

Die gesetzliche Regelung enthalten die §§ 2ff. KostO (*Anh*). Es ist zu unterscheiden zwischen den Fällen, in denen ein Geschäft auf Antrag vorgenommen wird (dazu *Vorbem 193*), und solchen, in denen Tätigkeit von Amts wegen vorliegt (dazu *Vorbem 194*). Dazu kommen die Fälle, in denen eine Haftung nach § 3 KostO (*Anh*) in Frage kommt (dazu *Vorbem 195ff.*). Über gesamtschuldnerische Haftung *Vorbem 199*.

V 193 a) Geschäfte auf Antrag

Bei **Verrichtungen**, insbes Eintragungen, die **nur auf Antrag** vorgenommen werden, ist Schuldner der Kosten der Antragsteller, **§ 2 Z 1 KostO** (*Anh*). Mehrere Antragsteller haften uU als Gesamtschuldner, § 5 KostO (*Anh*); dazu *Vorbem 199*. Eine Kostenentscheidung ist im Regelfall entbehrlich; dazu *Vorbem 195*.

Antragsteller iSd Kostenrechts ist derjenige, der die Tätigkeit des Gerichts oder Notars veranlaßt hat; dazu *Lauterbach* Kostengesetze KostO § 2 Bem 2, *Rohs-Wedewer* KostO § 2 Bem II. In GBSachen kommt beim Eintragungsantrag immer nur ein Beteiligter nach § 13 Abs 2 GBO in Frage; dazu *§ 13 Bem 40ff.*, *Rohs-Wedewer* KostO § 2 Bem IV 2. Eine Dritter, der den Antrag eines Beteiligten lediglich als Bote beim GBA einreicht, ist nicht Antragsteller und daher nicht kostenpflichtig, mag er bei der Einreichung auch erklären, den in der Urkunde gestellten Anträgen wolle stattgegeben werden. Dies gilt insbes auch für den Notar. Dieser ist auch dann nicht Antragsteller iSd KostO, wenn er nach § 15 GBO für einen Beteiligten den Eintragungsantrag stellt, **KG** JFG 37 *B* 59, **OLG Hamm** DNotZ 1952, 86 (*Luther*) = DRspr IV (475) 49a,

Güthe GBO 1683 (1898/9), *Horber* GBO § 15 Bem 7, *Lauterbach* Kostengesetze KostO § 3 Bem 2B, *Rohs-Wedewer* aaO § 3 Bem III 2; dazu *§ 15 Bem 10.* Über Haftung des Notars, für Kosten, wenn er erklärt, er komme für die Kosten auf, *Vorbem 196.*

In der bloßen Einreichung des von einem Beteiligten in einer Urkunde gestellten Antrags durch einen anderen Antragsberechtigten ist noch kein eigener Antrag des Einreichenden zu erblicken. Er haftet nur dann für die Eintragungskosten mit, wenn er den Antrag ausdrücklich für sich wiederholt; dazu *Rohs-Wedewer* aaO. Die Stellung des Antrags in einer Urkunde braucht nicht immer ausdrücklich durch das Wort „Antrag" oder „beantragen" zu geschehen. Die bloße Unterzeichnung der Urkunde, in der ein anderer einen Eintragungsantrag gestellt hat, macht den Unterzeichner noch nicht zum Kostenschuldner. Wenn aber ersichtlich ist, daß er sich den Antrag des eigentlichen Antragstellers zu eigen macht, zB durch Genehmigung oder Zustimmung zu den gb rechtlichen Erklärungen, so haftet auch er als Antragsteller. Jedoch stellt eine nach materiellem Recht erforderliche Zustimmungserklärung, zB nach § 880 Abs 2 S 2 BGB oder § 27 S 1 GBO, keinen eigenen Eintragungsantrag dar, ebensowenig eine bloße Mitwirkung an der materiell-rechtlichen Einigung; dazu *Rohs-Wedewer* aaO.

Geht beim GBA eine Urkunde zum Vollzug ein, ohne daß ersichtlich ist, welcher Beteiligte sie eingereicht hat, so hat als Antragsteller derjenige zu gelten, der in der Urkunde den Antrag gestellt hat. Hat der Notar nach § 15 GBO den Eintragungsantrag gestellt, ohne den Antragsteller, für den er handelt, zu benennen, so haften alle Antragsberechtigten als Kostenschuldner; dazu auch *Vorbem 196, 199, § 15 Bem 10, 21.*

Wer erkennbar als Vertreter einen Antrag stellt, ist nicht Kostenschuldner. Dies gilt auch für den gesetzlichen Vertreter.

Nur der Antragsteller haftet für die Kosten, nicht auch derjenige, der die Eintragung nach § 19 GBO bewilligt, wenn er nicht gleichzeitig auch den Eintragungsantrag stellt. Es kann daher, wenn auch nur einer der Beteiligten **persönliche Gebührenfreiheit** genießt (dazu *Vorbem 229ff.*) und dieser allein den Antrag stellt, die völlige Gebührenfreiheit des Geschäfts erreicht werden. Gleichgültig ist, ob der Antragsteller als Begünstiger oder Betroffener beteiligt ist; dazu *Rohs-Wedewer* aaO. Dies gilt auch, wenn beide den Antrag stellen; dazu **BayObLG** BayObLGZ 1960, 211 = Rpfleger 1961, 406; auch *Vorbem 199, 205, 234.* Die Kosten eines für die Löschung einer Hypothek erforderlichen Erbscheins sind keine Kosten der Quittung oder der Berichtigung des GB, sondern Kosten der Legitimation des Berechtigten; in der Regel hat der Berechtigte diese Kosten selbst zu tragen, außer wenn die Löschung der Hypothek oder die GBBerichtigung zu Lebzeiten des Gläubigers aus Gründen unterblieb, die ausschließlich der Eigentümer zu vertreten hat, **RhNotK** (Gutachten) MittRhNotK 1962, 215 = DNotZ 1963, 668 Ls.

b) Geschäfte von Amts wegen — V 194

Bei den **von Amts wegen vorzunehmenden Geschäften** ist derjenige Kostenschuldner, dessen Interesse wahrgenommen wird, **§ 2 Z 2 KostO** (*Anh*). Tätigkeit von Amts wegen kommt im Rahmen des GBRechts nur ausnahmsweise vor; dazu *§ 1 Bem 19, § 13 Bem 6ff., Güthe* GBO 1683 (1898/9), *Lauterbach* Kostengesetze KostO § 2 Bem 3, *Rohs-Wedewer* KostO § 2 Bem III. Den von Amts wegen vorzunehmenden Eintragungen sind diejenigen gleichzustellen, die auf Ersuchen des Prozeßgerichts, des Vollstreckungsgerichts ua erfolgen. Wer eine Tätigkeit, die von Amts wegen vorzunehmen ist, nur anregt, ist nicht Antragsteller und daher nicht Kostenschuldner, es sei denn, daß er gleichzeitig Interessent iSd § 2 Z 2 KostO (*Anh*) ist. Wird ein auf Vornahme einer Amtstätigkeit gerichteter Antrag zurückgewiesen, so ist für eine Gebühr, auch für eine solche nach § 130 KostO (*Anh*), kein Raum; dazu *Rohs-Wedewer* KostO § 130 Bem I, auch *Vorbem 195.*

Als kostenpflichtiger Interessent kommt zB in Betracht, bei der Anlegung eines GBBlattes für ein versehentlich nicht eingetragenes, vom Buchungszwang nicht befreites Grst und dem vorhergehenden Verfahren (dazu *§ 3 Bem 356ff.*) der Eigentümer des Grst, bei der Eintragung eines Widerspruchs nach § 23 Abs 1, § 24 GBO der Rechtsnachfolger des Berechtigten. Bei Eintragungen auf Ersuchen des Prozeß- und des Vollstreckungsgerichts ist der Gläubiger als Interessent kostenpflichtig. Neben ihm haftet der Vollstreckungsschuldner nach § 3 Z 4 KostO (*Anh*); dazu *Vorbem 198.* Dies gilt auch dann, wenn dem Gläubiger die persönliche Gebührenfreiheit, **OLG München** GVBl 1938, 142, oder das Armenrecht zusteht, *Rohs-Wedewer* KostO § 3 Bem V. Er haftet jedoch nur für die notwendigen Kosten der ZwV, also nicht auch für die Kosten der Zurückweisung unbegründeter Anträge oder Beschwerden des Gläubigers. Über Gebührenfreiheit bei Eintragungsersuchen *Vorbem 223 (k).*

V 195 **c) Kostenhaftung in sonstigen Fällen**

Nach § 3 KostO (*Anh*), der § 99 GKG zum Vorbild hat, haften als Kostenschuldner weitere Personen, und zwar meist samtverbindlich; dazu *Vorbem 199.*

Es kommen folgende Fälle in Frage:

1. Kostenentscheidung

Als Kostenschuldner haftet nach **§ 3 Z 1 KostO** (*Anh*) derjenige, dem durch eine **gerichtliche Entscheidung** die Kosten auferlegt sind. Dies gilt entsprechend für Notare, §§ 142, 143 KostO (*Anh*).

Im Bereich der freiwilligen Gerichtsbarkeit sind **Kostenentscheidungen nur ausnahmsweise** veranlaßt und daher selten; dazu **BayObLG** BayObLGZ 1963, 80 = MDR 1963, 690 = Rpfleger 1963, 310 = DRspr IV (476) 61a, *Güthe* GBO 1683 (1699), *Jansen* FGG § 13a Vorbem, *Keidel* FGG § 13a Bem 2, *Lauterbach* KostO § 3 Bem 1, *Rohs-Wedewer* KostO § 3 Bem II.

Im Bereiche der freiwilligen Gerichtsbarkeit, und vor allem der GBO, ergibt sich für den Regelfall die **Verpflichtung** zur Kostentragung aus **§ 2 KostO** (*Anh*) mit §§ 60ff. aaO. Dies gilt auch bei der Zurückweisung von Anträgen, es folgt aus § 2 Z 1 KostO (*Anh*) und bedarf daher keines besonderen Ausspruches. Erfolgt deshalb die Zurückweisung kostenpflichtig, so ist dies an sich entbehrlich, jedoch unschädlich und hat nur feststellende Bedeutung; dazu *Lauterbach* aaO. Wird in einem Amtsverfahren ein Antrag, der hier nur die Bedeutung einer Anregung hat, zurückgewiesen, so wird keine Kostenpflicht begründet, auch wenn in der Verfügung „kostenpflichtige" Zurückweisung erfolgt; dazu *Vorbem 194.* Man betrachtet eine solche Kostenentscheidung als gegenstandslos und es bedarf keiner Niederschlagung nach § 16 KostO (*Anh*); dazu *Vorbem 217,* auch *Lauterbach* aaO.

Für eine Kostenentscheidung muß ein **besonderer Grund** vorliegen, § 3 Z 1 KostO (*Anh*) ist daher nicht sehr häufig einschlägig. Es ist insbes auf folgende Fälle hinzuweisen:

a) In Angelegenheiten, an denen mehrere Personen beteiligt sind, kann das Gericht nach **§ 13a FGG** (*Anh*; dazu auch *§ 1 Bem 23a*) anordnen, daß die Kosten, die zur zweckentsprechenden Erledigung notwendig waren, von einem der Beteiligten ganz oder teilweise zu erstatten sind, wenn dies der Billigkeit entspricht, § 13a Abs 1 S 1 FGG (*Anh*). Hat einer der Beteiligten Kosten durch ein unbegründetes Rechtsmittel oder durch grobes Verschulden veranlaßt, so sind ihm die Kosten aufzuerlegen, § 13a Abs 1 S 2 FGG (*Anh*). Diese Vorschrift gilt nicht, soweit eine Sonderregelung besteht oder landesrechtliche Angelegenheiten in Frage kommen, auch nicht in den Wertfestsetzungsverfahren nach §§ 14, 31 KostO (*Anh*) oder § 10 BRAGebO; dazu *Jansen* FGG § 13a

Bem 1, *Keidel* FGG § 13a Bem 2ff. Voraussetzung ist, daß an dem Verfahren mehrere Personen, also mindestens 2, beteiligt sind, im Regelfall in entgegengesetzten Interesse.

Es kann sich jedoch um Antrags- oder um Amtsverfahren handeln. Da § 102 ZPO entsprechend gilt, können bei Anlaß auch gesetzliche Vertreter, Rechtsanwälte und andere Bevollmächtigte sowie Urkundsbeamte der Geschäftsstelle zur Tragung von Kosten verurteilt werden, nicht aber Richter und RPfleger; dazu *Keidel* FGG § 13a Bem 14. Im Antragsverfahren ist die Zurückweisung desselben für sich allein kein Grund zur Verfügung einer Kostenerstattung; dazu *Keidel* aaO Bem 22. Soweit eine Kostenerstattung angeordnet wird, kann sich dies auch auf einen Teil der Kosten beziehen. Die Kostenerstattung beim Vorliegen der Voraussetzungen des § 13a Abs 1 S 2 FGG ist zwingend; dazu *Keidel* FGG § 13a Bem 25. Stets aber handelt es sich hier um Kostenerstattung unter Beteiligten, nicht um gerichtliche Kosten; dazu *Jansen* FGG § 13a Bem 3ff., *Keidel* FGG § 13a Bem 18ff. Im Rahmen des GBRechts hat diese Vorschrift nur geringe Bedeutung. Dazu auch *Lauterbach* Kostengesetze KostO § 3 Bem 1, *Rohs-Wedewer* KostO § 3 Bem II, bez der Staatskasse als Beteiligter *Vorbem 213*,

b) Auferlegung von Kosten im Verfahren der Festsetzung des Geschäftswerts nach **§ 31 Abs 2 S 2 KostO** (*Anh*); dazu *Vorbem 191*,

c) Verurteilung zur Kostentragung bei Ordnungsstrafe zur Erzwingung einer gerichtlich angeordneten Verpflichtung, **§ 33 Abs 1 S 2 FGG** (*Anh*); dazu *§ 1 Bem 25*, auch *Lauterbach* aaO,

d) Auferlegung der Gebühr für Löschung im Verfahren gegenstandsloser Eintragungen nach § 84 GBO gemäß **§ 70 Abs 1 S 2 KostO** (*Anh*); dazu *§ 84 Bem 9*, auch *Lauterbach* aaO.

e) Auch **Landesrecht** kommt in Betracht, soweit dieses neben der KostO (*Anh*) noch Bedeutung hat. Die KostO gilt zwar auch für landesrechtliche Angelegenheiten; dazu *Vorbem 181*. Jedoch sind in § 158 KostO (*Anh*) ausdrücklich die landesrechtlichen Kostenvorschriften im **Bereich der landesrechtlichen Vorbehalte** unberührt gelassen; dazu *Lauterbach* Kostengesetze KostO § 158 Bem 1, 2, *Rohs-Wedewer* KostO § 158 Bem I, II, auch § 1 Bem 23c.

Für **Bayern** ist auf Art 131 Abs 1 S 2 AGBGB hinzuweisen. Darnach sind einem anderen Beteiligten entstandene Kosten diesem zu erstatten, soweit die gemachten Aufwendungen zur zweckentsprechenden Erledigung der Angelegenheit notwendig waren, und zwar von dem Kostenpflichtigen, wie sich aus dem Zusammenhang mit Art 131 Abs 1 S 1 AGBGB ergibt; dazu **BayObLG** 28, 343. Die Entscheidung ist von keiner Antragstellung abhängig.

Zu erwähnen ist für das Gebiet des früheren Landes **Preußen** Art 9 prFGG, wonach ein Beteiligter in einer Angelegenheit, an der mehrere beteiligt sind, auf Antrag zur Tragung der Kosten, die er allein verschuldet hat, verurteilt werden kann. Nach Erledigung der Hauptsache kann dieser Antrag nicht mehr gestellt werden, **KG** JFG 14, 217, KGJ 41, 7/43, 243, **OLG München** DNotZ 1937, 159. Das Verfahren ist in Art 9 bis 14 prFGG geregelt; die Beschwerde gegen die Auferlegung der Kosten ist in diesem Falle unbeschränkt zulässig. Über die Fortgeltung der genannten Vorschriften **KG** JFG 14, 217, *Güthe* aaO, *Seifert* DFG 1938, 51.

An weiteren Vorschriften über die Erstattung außergerichtlicher Kosten sind zu erwähnen für das Land **Hessen** Art 22 AGFGG, für das frühere Land **Württemberg** Art 6 AGBGB; auch hier wird jeweils ein Antrag vorausgesetzt.

2. Kostenübernahme **V 196**

Kostenschuldner ist auch, wer durch eine **vor Gericht abgegebene oder ihm mitgeteilte Erklärung Kosten übernommen** hat, **§ 3 Z 2 KostO** (*Anh*); dazu *Güthe* GBO 1683 (1699), *Lauterbach* Kostengesetze KostO § 3 Bem 2, *Rohs-Wedewer*

KostO § 3 Bem III. Es handelt sich um eine Erklärung der Staatskasse gegenüber, wonach Kosten neben einem anderen, nämlich dem eigentlich Kostenpflichtigen, übernommen werden, **KG** DR 1939, 1829. Gericht bedeutet GBA oder Gerichtskasse bzw Notar; dazu *Güthe* aaO, Wo ein staatliches GBA vorhanden ist, wie in den früheren Ländern Baden und Württemberg (dazu *§ 1 Bem 3*), kommt dieses in Betracht. Eine bestimmte Form ist für diese Erklärung nicht vorgeschrieben. Ob Einzahlung von Gebührenvorschüssen und Inaussichtstellung weiterer Zahlungen als Kostenübernahme zu deuten ist, ist eine Auslegungsfrage. Dies gilt auch von Erklärung des Notars bei Einreichung von Anträgen; dazu *Vorbem 193*. Wird die Annahme eines Vertragsangebots über ein Grst, nach dem der Käufer die Kosten tragen soll, vor einem anderen Notar beurkundet als das Vertragsangebot, so ist in der Annahme jedenfalls dann eine Übernahme der Kosten nach § 3 Z 2 KostO (*Anh*) gegenüber dem 1. Notar zu sehen, wenn diesem eine Ausfertigung der Annahmeurkunde mit Wissen und Wollen des Käufers übersandt wird, **OLG Celle** NdsRpfl 1964, 246. Vertragliche Abmachung unter den Beteiligten über die Kostentragung haben nur Bedeutung über deren Innenverhältnis; dazu **OLG Frankfurt aM** JurBüro 1964, 354, *Güthe* und *Rohs-Wedewer* aaO.

V 197 3. **Haftung nach bürgerlichem Recht**

Nach **§ 3 Z 3 KostO** (*Anh*) ist auch derjenige Kostenschuldner, der nach den **Vorschriften des bürgerlichen Rechts** für die Kosten eines anderen kraft Gesetzes haftet. Es kommen also Haftungen **nach materiell-rechtlichen Vorschriften** in Betracht; dazu *Güthe* GBO 1683 (1699), *Lauterbach* Kostengesetze KostO § 3 Bem 3, *Rohs-Wedewer* KostO § 3 Bem IV.

Es gibt zahlreiche Fälle gesetzlicher Haftung. Hinzuweisen ist insbes auf folgende Vorschriften:

im Schuldrecht und im Sachenrecht §§ 261, 369, 403, 419, 897, 1034, 1035, 1067, 1086 BGB,

im Handelsrecht §§ 25, 128, 171 HGB, §§ 122ff., 141 GenG,

beim ehelichen Güterrecht bei Gütergemeinschaft und fortgesetzter Gütergemeinschaft §§ 1437ff., 1459ff., 1475, 1480, 1488, 1489, 1498ff. BGB,

beim Erben §§ 1967, 2058 und §§ 1970ff., 1975ff., 2382, 2383 BGB wobei für Schulden infolge des Erbfalls **§ 6 KostO** einschlägig ist; dazu *Lauterbach* Kostengesetze KostO § 6 Bem 1, *Rohs-Wedewer* KostO § 6 Bem I, II. Nach dieser Vorschrift haften nur die Erben, und zwar unbeschränkt, falls sie die Haftung nicht nach §§ 1975ff. BGB wirksam beschränken. § 6 KostO (*Anh*) zählt die Fälle, auf die sich die Erbenhaftung bezieht, abschließend auf, so daß andere Fälle hier nicht einzureihen sind; insbes zählt die Erteilung des Erbscheins nicht dazu. Anwendbar ist § 6 aaO bei Eröffnung letztwilliger Verfügungen, §§ 2260ff., 2273 BGB, Sicherung des Nachlasses, § 1960 BGB, Inventarerrichtung, §§ 1993, 2004ff. BGB, Nachlaßpflegschaft, § 1960 BGB, Nachlaßverwaltung, § 1975 BGB, Pflegschaft für Nacherben, § 1913 BGB, Testamentsvollstrecker, §§ 2202, 2226 BGB.

V 198 4. **Haftung als Vollstreckungsschuldner**

Nach **§ 3 Z 4 KostO** (*Anh*) haftet der **Vollstreckungsschuldner** für die notwendigen Kosten der ZwV; dazu *Güthe* GBO 1683 (1700), *Lauterbach* Kostengesetze KostO § 3 Bem 4, *Rohs-Wedewer* KostO § 3 Bem V. Nach § 788 ZPO fallen die Kosten der ZwV, soweit sie nach § 91 ZPO notwendig sind, dem Schuldner zur Last. § 3 Z 4 KostO (*Anh*) erweitert diesen Grundsatz. Wird eine Sicherungshypothek auf Ersuchen des FA in das GB eingetragen, so haftet der Steuerschuldner unmittelbar für die Kosten, **KG** JFG ErgBd 12, 173. Im übrigen *Vorbem 194, 223 (k)*.

Eine besondere Regelung besteht nach **§ 4 KostO** (*Anh*) im ZwVerstVerfahren, da bez der gerichtlichen Kosten in §§ 60ff. GKG geregelt ist. Die Gebühr für die Eintragung des **Erstehers** als Eigentümer wird nur von ihm erhoben; für die Gebühren, die durch die Eintragung der Sicherungshypothek für Forderungen gegen den Ersteher erwachsen, haftet neben den Gläubigern auch der Ersteher. Diese Eintragungen erfolgen auf Ersuchen des VollstrGer; dazu *§ 38 Bem 23ff.* Die Gebührenpflicht ergibt sich aus § 69 Abs 2 KostO (*Anh*). Im Fall der Eintragung als Ersteher haftet dieser allein. Bei der Eintragung einer Sicherungshypothek besteht Gesamthaftung von Ersteher und Gläubiger, §§ 4, 5 KostO (*Anh*); dazu auch *Vorbem 199.* Im übrigen *Lauterbach* Kostengesetze KostO § 4 Bem 1, 2, *Rohs-Wedewer* KostO § 4 Bem I, II.

d) Mehrere Kostenschuldner **V 199**

Die Haftung mehrerer Kostenschuldner ist in **§ 5 KostO** (*Anh*) geregelt, und zwar entsprechend § 103 Abs 1 GKG.

1. Mehrere Kostenschuldner haften als **Gesamtschuldner**, § 5 Abs 1 S 1 KostO (*Anh*); dazu *Lauterbach* Kostengesetze KostO § 4 Bem 1A, *Rohs-Wedewer* KostO § 4 Bem I.

Dies kommt immer in Frage, wenn mehrere für Kosten haften, ob die Haftung auf §§ 2, 3 oder 4 KostO (*Anh*) beruht. Bei der Haftung nach bürgerlich-rechtlichen Vorschriften (dazu *Vorbem 197*) kommt es darauf an, ob Haftung oder nur Duldung der ZwV in Frage kommt, da nur in ersterem Fall gesamtverbindliche Haftung nach § 5 KostO (*Anh*) in Frage kommt; dazu *Lauterbach* und *Rohs-Wedewer* aaO. Mehrere Kostenschuldner sind daher zB vorhanden, wenn mehrere eine Eintragung beantragen, wenn ein Antragsteller (dazu *Vorbem 193*) und ein Kostenübernehmer (dazu *Vorbem 196*) nebeneinander haften, wenn ein Antrag von den Gesellschaftern einer OHG gestellt wird (dazu *Vorbem 197*), wenn eine Sicherungshypothek gegen den Ersteher eingetragen wird (dazu *Vorbem 198*), wenn mehrere einen Notar gemeinsam beauftragen, für sie eine Urkunde zu entwerfen, **OLG Frankfurt aM** DNotZ 1961, 402, wenn mehrere gemeinsam Beschwerde einlegen, **BayObLG** BayObLGZ 1958, 214 = Rpfleger 1962, 193 Ls.

Über das Wesen des Gesamtschuldverhältnisses §§ 421ff. BGB. Es haften mehrere für die Schuld in der Weise, daß jeder die ganze Leistung zu bewirken verpflichtet, der Gläubiger aber die Leistung nur einmal zu fordern berechtigt ist; dazu *Rohs-Wedewer* KostO § 5 Bem IV. Über Gebührenbefreiung zugunsten eines von mehreren Beteiligten *Vorbem 193, 205, 234.*

Das GKG sieht bei gesamtschuldnerischer Haftung gemäß §§ 103 Abs 2, § 115 GKG eine **Reihenfolge**, nämlich eine Haftung als Erst- bzw Zweitschuldner vor. In der KostO fehlt eine entsprechende Vorschrift; dazu *Lauterbach* Kostengesetze KostO § 5 Bem 1A, *Rohs-Wedewer* KostO § 5 Bem IV. Es ist jedoch nach § 8 Abs 2 KostVfg eine Reihenfolge bei Haftung vorgesehen; bei Nichteinhaltung besteht Dienstaufsichtsbeschwerde, da es sich um eine Verwaltungsvorschrift handelt. Hiernach bestimmt der Kostenbeamte nach pflichtgemäßem Ermessen, ob der geschuldete Betrag von einem Kostenschuldner ganz oder von mehreren nach Kopfteilen angefordert werden soll. Soweit die Sicherheit der Staatskasse keine andere Art der Inanspruchnahme geboten erscheinen läßt, sollen die Kosten regelmäßig zunächst angefordert werden

a) von dem Schuldner, dem sie durch gerichtliche Entscheidung auferlegt oder der sie durch Erklärung gegenüber dem Gericht übernommen hat,
b) bei Fehlen einer solchen Entscheidung oder Übernahmeerklärung von dem Schuldner, der sie im Verhältnis zu den übrigen endgültig zu tragen hat,
c) wenn dieses Innenverhältnis dem Kostenbeamten nicht bekannt ist oder wenn mehrere Schuldner auch im Verhältnis zueinander gleichmäßig haften, von allen Kostenschuldnern nach Kopfteilen.

Ist anzunehmen, daß einer der Gesamtschuldner zur Zahlung überhaupt nicht oder nur in Teilbeträgen in der Lage wäre, so sind die gesamten Kosten zunächst nur von den übrigen anzufordern. Hierzu ist darauf hinzuweisen, daß Aussichtslosigkeit der ZwV regelmäßig dann angenommen werden kann, wenn bisher Vollstreckungen erfolglos waren, wenn dem Erstschuldner das Armenrecht bewilligt war und ein Nachzahlungsbeschluß nicht ergangen ist oder wenn im Ausland gegen ihn vollstreckt werden müßte.

2. Es bestehen jedoch **Ausnahmen** von dem Grundsatz der Gesamthaftung, wie er in § 5 Abs 1 S 1 KostO (*Anh*) aufgestellt ist, und zwar in 2 Richtungen nach § 5 Abs 1 S 2, Abs 2 aaO, nämlich

a) bei **Beurkundungen**, § 5 Abs 1 S 2 aaO. Sind an einer Beurkundung mehrere beteiligt und betreffen ihre Erklärungen **verschiedene Gegenstände**, so beschränkt sich die Haftung des einzelnen auf den Betrag, der entstanden wäre, wenn die übrigen Erklärungen nicht beurkundet worden wären dazu; *Lauterbach* aaO Bem 1B, *Rohs-Wedewer* aaO Bem II. Im Regelfall besteht Gesamthaftung. Es muß für die Ausnahme eine klare Abgrenzung der verschiedenen Gegenstände möglich sein; dazu § 44 Abs 2 KostO (*Anh*) und *Lauterbach* Kostengesetze KostO § 44 Bem 2, *Rohs-Wedewer* KostO § 44 Bem III. Gedacht ist etwa an den Fall, daß mehrere Kaufverträge über verschiedene Grst in einer notariellen Urkunde enthalten sind. Dazu auch **OLG Frankfurt aM** DNotZ 1961, 402,

b) bei **Mehrkosten**, die **durch besondere Anträge** eines Beteiligten entstanden sind, § 5 Abs 2 KostO (*Anh*). Diese Kosten hat er allein zu tragen. Es kann sich diese Ausnahme auch auf mehrere beziehen, und zwar so, daß jeden von ihnen besondere Mehrkosten treffen oder daß mehrere als Gesamtschuldner für Mehrkosten haften; dazu *Lauterbach* Kostengesetze KostO § 5 Bem 2, *Rohs-Wedewer* KostO § 5 Bem III. Diese Vorschrift hat nur geringe praktische Bedeutung. Ein Anwendungsfall ist die Zusatzgebühr nach § 58 KostO (*Anh*), wenn ein Notar außerhalb seines Dienstsitzes Geschäfte vornimmt, oder nach § 59 Abs 2 aaO bei Dolmetscher; dazu **OLG Oldenburg** NdsRpfl 1963, 33 = DNotZ 1963, 618 (*Ackermann*) = Rpfleger 1963, 55 (*Rohs*) = DRspr IV (476) 54a. Ferner kommt die Tragung von veranlaßten Auslagen in Betracht, wie bei einer Beweisaufnahme über den Geschäftswert; dazu *Vorbem 191, 195*.

V 200

6. Fälligkeit, Vorauszahlung und Sicherstellung der Kosten

a) Fälligkeit

Gebühren (dazu *Vorbem 182*) werden mit der Beendigung des gebührenpflichtigen Geschäfts, Auslagen sofort nach ihrer Entstehung fällig, **§ 7 KostO** (*Anh*). Der Fälligkeitszeitpunkt hat Bedeutung, weil erst darnach von dem Kostenschuldner die Gebühren nach Ansatz gemäß § 14 KostO (*Anh*) angefordert werden können; dazu *Lauterbach* Kostengesetze KostO § 7 Bem 1, *Rohs-Wedewer* KostO § 7 Bem I, II. **Auslagen** (dazu *Vorbem 183*) können also sofort nach ihrer Entstehung in Rechnung gestellt werden, auch wenn das in Frage stehende Geschäft noch nicht beendet ist; dazu *Lauterbach* aaO Bem 2, *Rohs-Wedewer* aaO Bem III. Vorschuß kann aber zuvor erhoben werden, § 8 KostO (*Anh*). Bei Verrichtungen von Amts wegen beschränkt sich die Vorschußpflicht auf Auslagen, bei Antragsgeschäften aber kann schon vor Fälligkeit der Gebühr auch ein Gebührenvorschuß angefordert werden, § 8 KostO (*Anh*). Dazu *Vorbem 201ff*, über Zeitpunkt des Kostenansatzes *Vorbem 213*.

Beendigung eines gebührenpflichtigen Geschäfts liegt vor, wenn die Tätigkeit vollendet ist; dazu *Lauterbach* aaO Bem 1, *Rohs Wedewer* aaO Bem II. Ein gebührenfreies Nebengeschäft (dazu *Vorbem 185*) bleibt hierbei außer Betracht, **KG** prJMBl

1928, 228, ebenso Benachrichtigungen von Beteiligten nach erfolgter Eintragung im GB. Bei Geschäften, die sich aus mehreren Einzelgeschäften zusammensetzen, wie zB bei Eintragung einer Gesamthypothek, ist die abschließende Tätigkeit maßgebend. Die Gebühr für die Eintragung einer Hypothek und die Gebühr für die Erteilung eines Hypothekenbriefes werden getrennt fällig. Die Vollzugsgebühr des Notars nach § 146 KostO (*Anh*) entsteht und ist auch bereits fällig mit dem Genehmigungsantrag zur gblichen Eigentumseintragung nach BBauG, **LG Hildesheim** NdsRpfl 1964, 270 = DRspr IV (476) 74de.

b) Vorschuß

V 201

Vorauszahlung und Sicherstellung der Kosten ist in **§ 8 KostO** (*Anh*) geregelt.

1. Bei **Geschäften**, die **auf Antrag** vorzunehmen sind, hat der zur Zahlung Verpflichtete einen zur Deckung der Kosten hinreichenden Vorschuß zu zahlen; bei Verrichtungen **von Amts wegen** kann ein Vorschuß nur zur Deckung der Auslagen erhoben werden, § 8 Abs 1 S 1, 2 KostO (*Anh*); dazu *Lauterbach* Kostengesetze KostO § 8 Bem 2, *Rohs-Wedewer* KostO § 8 Bem I, II. Das GBA soll die Vornahme eines Geschäftes, das auf Antrag vorzunehmen ist, davon **abhängig machen**, daß der Vorschuß gezahlt oder sichergestellt wird, § 8 Abs 2 S a KostO (*Anh*). Wird im Einzelfalle ausnahmsweise von der Abhängigkeit abgesehen (dazu *Vorbem 205, 206*), so sind die Gründe hierfür aktenkundig zu machen; dazu *Gülland* DFG 1937, 69 (70).

2. Die **Erhebung** der Kostenvorschüsse, von dessen Zahlung die Vornahme der Amtshandlung nicht abhängt, wie bei § 8 Abs 1 S 2 KostO (*Anh*), obliegt dem Kostenbeamten selbständig, § 22 Abs 2 KostVfg; über Entrichtung der Kosten *Vorbem 220*. Eine Erhebung kann nicht nur am Beginn, sondern auch während des laufenden Verfahrens in Betracht kommen. Wenn jedoch, wie nach § 8 Abs 1 S 1, Abs 2 KostO (*Anh*), die Vornahme des Geschäfts von der Vorauszahlung von Kosten abhängig gemacht werden soll, so hat der Kostenbeamte vorher die Entscheidung des Richters bzw RPflegers herbeizuführen, § 22 Abs 3 KostVfg. Die Zuständigkeit in JVerwaltungsangelegenheiten ergibt sich aus § 22 Abs 4, § 53 KostVfg. Ist die Vornahme einer Amtshandlung nicht von der Zahlung eines Auslagenvorschusses abhängig, so soll dieser regelmäßig nur angefordert werden, wenn die Auslagen höher als 20 DM betragen oder ein Verlust für die Staatskasse zu befürchten ist, § 22 Abs 5 KostVfg. Nach Abs 6 aaO ist ein Vorschuß bei Gemeinden, Gemeindeverbänden und sonstigen öffentlichen Körperschaften des öffentlichen Rechts, die Kostenschuldner sind, regelmäßig nicht zu erheben, wenn Geschäfte von Amts wegen vorliegen. Will der Richter oder RPfleger die Vornahme eines Geschäfts von einer Vorschußzahlung abhängig machen, so genügt es anzuordnen, daß ein Vorschuß anzufordern ist, wozu ein Aktenvermerk genügt. Die Bestimmung der Höhe des Vorschusses kann er dem Kostenbeamten überlassen, der dem Kostenschuldner eine formelle Kostenrechnung zu erteilen hat; dazu **KG** JFG ErgBd 15, 5 = DFG 1936, 243 = DNotZ 1936, 905 = HRR 1936 Nr 1587. Die Entscheidung über den Antrag auf Zulassung der **Sicherstellung** anstatt der Zahlung (dazu *Vorbem 210*) trifft der Richter bzw RPfleger. Über die entsprechende Zuständigkeit in Baden-Württemberg *§ 1 Bem 54*. Nähere Einzelheiten der Kostenrechnung sind in §§ 27ff. KostVfg geregelt. **V 202**

3. Die **Nichtzahlung des Kostenvorschusses** bildet ein **nach § 18 GBO** zu behandelndes **Eintragungshindernis**, **KG** JFG 15, 314 (315), HRR 1928 Nr 2007, JW 1937, 2121 = HRR 1937 Nr 1192, **OLG München** JFG ErgBd 15,74 = HRR 1937 Nr 819, *Lauterbach* Kostengesetze KostO § 8 Bem 3 A, *Rohs-Wedewer* KostO § 8 Bem II (a), auch *§ 18 Bem 6, 25*. Sie wird ein solches nicht etwa erst, wenn die Zahlungsfrist ergebnislos abgelaufen ist, sondern bereits mit der Zahlungsaufforderung. Deshalb sind **V 203**

die Verfügung, durch die gemäß § 8 KostO (*Anh*) die Erledigung des Antrag von der Vorschußzahlung abhängig gemacht wird, und die Zwischenverfügung nach § 18 GBO, in der die Abhängigmachung der Eintragung von der Kostenzahlung als Eintragungshindernis behandelt wird, regelmäßig miteinander zu verbinden und es ist eine einheitliche Frist zu setzen. Wenn keine getrennten Verfügungen ergehen, so vereinfacht dies das Verfahren. Wenn für die Verfügung nach § 18 GBO und die Vorschußverfügung verschiedene Beamte zuständig sind, sollte bei der Zustellung beider Verfügungen einheitliche Versendung erfolgen. Dazu auch **KG** JFG 15, 314 (315), **OLG München** JFG 15, 74, *Gülland* DFG 1937, 69 (75), *Güthe* GBO 1683 (1706), *Recke* DFG 1937, 93, *Ruppert* DFG 1937, 113. Die Zwischenverfügung muß die Höhe des zu zahlenden Kostenvorschusses angeben, **OLG München** JFG 18, 20. Ist der Antrag aus sachlichen Gründen abweisungsreif, so ist kein Kostenvorschuß anzufordern, sondern der Antrag ohne weiteres zurückzuweisen; dazu *Gülland* und *Ruppert* aaO. Die Kostennachricht, die sich auf § 18 GBO bezieht, ist von Amts wegen zuzustellen, § 32 Abs 4 KostVfg. Stellt der Notar Antrag nach § 15, so ist der Vorschuß bei ihm anzufordern; dazu *§ 15 Bem 21.*

V 204 4. **Vorschußpflichtig** ist der **Kostenschuldner**, also regelmäßig der Antragsteller; dazu *Vorbem 193.* Mehrere Vorschußpflichtige haften als Gesamtschuldner; dazu *Vorbem 199.* Über Ausnahmen *Vorbem 205.* Vorschußpflicht des Notars im Falle des § 15; dazu *§ 15 Bem 21.* Nach § 8 Abs 1 S 3 KostO (*Anh*) finden auf die Verpflichtung zur Vorschußzahlung die allgemeinen Vorschriften über die Zahlungspflicht Anwendung, also §§ 2ff. KostO (*Anh*); dazu *Kuhn* DFG 1936, 101, *Lauterbach* aaO Bem 2, im übrigen *Vorbem 192ff.*

V 205 5. **Kein Vorschuß** ist nach **§ 7 Abs 2 S 2** KostO (*Anh*) unter bestimmten Voraussetzungen anzufordern; dazu *Lauterbach* aaO Bem 3B, *Rohs-Wedewer* KostO § 8 Bem II (b). Es handelt sich um folgende Fälle:

a) wenn dem Antragsteller das Armenrecht bewilligt ist; dazu *§ 1 Bem 18.* Bei mehreren Kostenschuldnern entfällt die Vorschußpflicht nur bei demjenigen, dem das Armenrecht bewilligt wurde. Die übrigen sind vorschußpflichtig,

b) wenn dem Antragsteller persönliche Gebührenfreiheit zusteht; dazu *Vorbem 229ff.* Diese Befreiung kommt dem Betreffenden selbst, nicht anderen zugute; dazu *Lauterbach* und *Rohs-Wedewer* aaO, auch *Vorbem 193, 199, 234,*

c) wenn glaubhaft gemacht ist, daß eine etwaige Verzögerung einem Beteiligten einen nicht oder nur schwer zu ersetzenden Schaden bringen würde; der Beteiligte braucht nicht der Antragsteller oder einer der Vorschußpflichtigen zu sein. Über Glaubhaftmachung *§ 1 Bem 19b,*

d) wenn aus einem sonstigen Grunde das Verlangen der vorherigen Zahlung oder Sicherstellung der Kosten nicht angebracht ist, insbes wenn die Berichtigung des GB oder die Eintragung eines Widerspruchs beantragt wird; dazu *Vorbem 206.*

V 206 6. **Regelmäßig** ist ein **Vorschuß zu erheben**, wenn kein Ausnahmefall (dazu *Vorbem 205*) vorliegt. Es ist daher die Anforderung eines Vorschusses Pflicht. Über Zeitpunkt des Kostenansatzes *Vorbem 200, 213.*

Wenn in § 8 Abs 2 S 1 KostO das Wort *soll* gebraucht ist, so nur deshalb, weil das Geschäft als solches durch die Nichtbeachtung der Kostenvorschrift nicht berührt wird; dazu *Lauterbach* Kostengesetze KostO § 8 Bem 3, *Rohs-Wedewer* KostO § 8 Bem II. Diese Pflicht zur Anforderung eines Vorschusses wird aber durch den Fall des § 8 Abs 2 S 2 letzter HalbS KostO (*Anh*) eingeschränkt, da letzterer Voschrift (dazu *Vorbem 205*) dem Ermessen einen weiten Spielraum läßt; doch wird man diese generalklauselhafte Ausnahme nicht zu weitherzig handhaben dürfen, da es sich um eine Ausnahmebestimmung handelt.

7. Die **Höhe des Vorschusses** richtet sich darnach, was zur Deckung der Kosten, die erhoben werden können, notwendig ist, § 8 Abs 1 KostO (*Anh*); dazu *Vorbem 202*. **V 207**

8. **Zurückzahlung** von Vorschüssen erfolgt nur insofern, als sie den Gesamtbetrag der für das Geschäft bis zu dessen Beendigung entstandenen Kosten übersteigen, **§ 9 KostO** (*Anh*); über Beendigung des Geschäfts *Vorbem 200*. Zur Rückerstattung bei gebührenfreien Geschäften *Vorbem 226* (2). **V 208**

9. Der **Sicherung des Kosteneingangs** dienen daher **V 209**

die Erhebung der Kostenvorschüsse, von denen die Vornahme einer Amtshandlung nicht abhängt, wie bei § 8 Abs 1 KostO (*Anh*); dazu *Vorbem 201 ff.*,

die Zurückstellung von Amtshandlungen bis zur Entrichtung bestimmter Gebühren oder Kostenvorschüsse, § 8 Abs 2 KostO (*Anh*),

Sicherstellung; dazu *Vorbem 210*.

c) Sicherstellung **V 210**

Bei Antragsgeschäften (dazu *Vorbem 193*), bei denen die Erledigung nach § 8 Abs 2 KostO (*Anh*) von der Vorschußleistung abhängig gemacht wird (dazu *Vorbem 201, 202*), kann ausnahmsweise Sicherstellung erfolgen.

Sicherstellung ist nur dann zuzulassen, wenn ein dahingehender begründeter Antrag vorliegt. Wird Sicherstellung zugelassen, so wird der Vorschuß zwar errechnet, aber nicht angefordert, § 23 S 1 KostVfg. Die **Sicherheit** kann vorbehaltlich anderer Anordnung seitens des Richters oder Rpflegers bzw Notars in der in den §§ 232 bis 240 BGB vorgesehenen Weise geleistet werden, § 23 S 2 KostVfg. Die **Verwertung** ist Sache der Gerichtskasse, § 23 S 3 KostVfg.

d) Zurückbehaltungsrecht **V 211**

Ausfertigungen, Abschriften sowie **zurückzugebende Urkunden**, die aus Anlaß eines gebührenpflichtigen Geschäfts eingereicht worden sind, können **zurückbehalten** werden, bis die in der Angelegenheit erwachsenden Kosten bezahlt sind, **§ 10 KostO** (*Anh*), §§ 25, 27 Abs. 6 KostVfg; dazu *Güthe* GBO 1683 (1706), *Lauterbach* Kostengesetze KostO § 10 Bem 1, 2, *Rohs-Wedewer* KostO § 10 Bem I ff. Über das Zurückbehaltungsrecht eingereichter Urkunden *§ 10 Bem 15*. Benachrichtigungen nach § 55 GBO können nicht nach § 10 KostO (*Anh*) zurückbehalten werden; dazu *§ 55 Bem 18*.

e) Rechtsmittel **V 212**

1. Wenn die Vornahme einer **Amtshandlung von einer Zahlung eines Kostenvorschusses abhängig gemacht** wird, so hat der Zahlungspflichtige das Rechtsmittel der **einfachen Beschwerde**, wie **§ 8 Abs 3 KostO** (*Anh*) anordnet, und zwar auch wegen der Höhe des Betrags, also nicht nur wegen der Zulässigkeit der Vorschußanforderung. Es handelt sich um eine Sachbeschwerde, nicht mehr wie früher um eine Aufsichtsbeschwerde, die mit rechtsstaatlichen Gesichtspunkten nicht vereinbar erscheint; dazu *Lauterbach* Kostengesetze KostO § 8 Bem 3C. Wenn das Gericht den Antrag auf Nichtzahlung des Vorschusses zurückweist, so wird die Anordnung der Abhängigmachung von Maßnahmen von der Vorschußzahlung gegenstandslos; dazu *Rohs-Wedewer* KostO § 8 Bem III. Wenn endgültige Kostenrechnung erteilt wird, ist die Anordnung über die Vorschußleistung erledigt, **KG** JW 1937, 266 = JFG ErgB 16, 1; dazu *Lauterbach* aaO.

Das **Beschwerdeverfahren** richtet sich nach §§ 71 ff., 81 GBO. Hat ein RPfleger entschieden, so ist auch § 10 RPflegerG (*Anh*) anzuwenden; dazu *§ 71 Vorbem 7*. Von einer Beschwerdesumme ist die Beschwerdeeinlegung nicht abhängig; dazu *Rohs-*

Wedewer aaO. Anwaltszwang besteht nicht; dazu *Lauterbach* aaO. Weitere Beschwerde ist nicht zulässig; dazu *Rohs-Wedewer* aaO. Zu § 20a FGG (*Anh*) ist auf *§ 1 Bem 23c* hinzuweisen.

Gegen die Ablehnung der **Zurückzahlung** (dazu *Vorbem 208*) nach § 9 KostO (*Anh*) kann nach Maßgabe des § 14 KostO (*Anh*) ein Rechtsmittel eingelegt werden, *Lauterbach* Kostengesetze KostO § 9 Bem 1, *Rohs-Wedewer* KostO § 9 Bem II; dazu *Vorbem 214ff*. Es ist daher auch Änderung im Verwaltungsweg zulässig.

2. Beim **Zurückbehaltungsrecht** nach § 10 KostO (*Anh*) finden die Rechtsmittel nach § 14 Abs 2ff. KostO (*Anh*) Anwendung. **§ 10 Abs 2 KostO** (*Anh*); dazu *Lauterbach* Kostengesetze KostO § 10 Bem 3, *Rohs-Wedewer* KostO § 10 Bem V, VI. Wenn eine Anordnung über die Zurückbehaltung vorliegt, so sind Erinnerungen, sodann Beschwerde zulässig. Solange keine gerichtliche Entscheidung vorliegt, ist Abänderung im Verwaltungsweg zulässig; dazu *Rohs-Wedewer* KostO § 10 Bem V.

V 213 **7. Kostenansatz und -einziehung**

a) Kostenansatz

Kostenansatz einschl Rechtsmittel ist in **§ 14 KostO** (*Anh*) geregelt, der teilweise dem § 11 GKG entspricht.

1. Die Kosten werden beim GBA **angesetzt**, und zwar durch den **Kostenbeamten, § 14 Abs 1 S 1 KostO** (*Anh*), §§ 4ff. insbes § 15 KostVfg, vom **Gericht** nur im Verfahren auf Erinnerungen und auf Beschwerde, § 13 Abs 2ff. KostO (*Anh*); dazu **BayObLG** BayObLGZ 1959, 139, *Güthe* 1683 (1707), *Lauterbach* Kostengesetze KostO § 14 Bem 1ff., *Rohs-Wedewer* KostO § 14 Bem II ff. Der Kostenansatz für die **Beschwerdeinstanzen** erfolgt durch den Kostenbeamten bei diesen, § 14 Abs 1 S 2 KostO (*Anh*). Für **Notare** ist auf §§ 142, 143, 154, 156 KostO (*Anh*) zu verweisen; dazu *Lauterbach* aaO Bem 1, *Rohs-Wedewer* KostO § 14 Bem VIII, auch *Vorbem 235*. Der Kostenbeamte kann, solange eine gerichtliche Entscheidung oder eine Anordnung im Dienstaufsichtswege nicht ergangen ist, unrichtige Kostenansätze richtigstellen. Berichtigung im Verwaltungswege ist zulässig, solange keine gerichtliche Entscheidung vorliegt, § 14 Abs 5 KostO (*Anh*). Über die Zahlungspflicht und das Zurückbehaltungsrecht kann nicht im Aufsichtswege entschieden werden, **KG** JFG ErgBd 15, 5 = DNotZ 1936, 905 = DFG 1936, 243; dazu auch *Vorbem 212*. Bei Ablehnung der Zurückzahlung finden Rechtsmittel nach Maßgabe des § 14 KostO (*Anh*) Anwendung; dazu *Vorbem 212 (2)*. Bei der Wertfestsetzung ist für das Rechtsmittelverfahren § 14 Abs 3, 4 KostO (*Anh*) anwendbar; dazu *Vorbem 191*.

Der **Zeitpunkt** des Kostenansatzes ergibt sich aus § 13 KostVfg. Soweit nichts Abweichendes bestimmt ist, werden Kosten alsbald nach Fälligkeit angesetzt und Auslagenvorschüsse berechnet, sobald sie zu leisten sind, §§ 7, 8 KostO (*Anh*); dazu auch Vorbem 200ff. Auslagen, die an sich sofort erhoben werden könnten, sind in der Regel erst bei Beendigung des Verfahrens anzusetzen, wenn kein Verlust für die Staatskasse zu befürchten ist. Dasselbe gilt für die Abrechnung der zu ihrer Deckung erhobenen Vorschüsse. Werden aber im Laufe des Verfahrens Gebühren fällig, so sind mit ihnen auch die durch Vorschüsse nicht gedeckten Auslagen anzusetzen. Auslagen sind sofort bei Bedarf zu erheben, wenn sie im Verfahren vor einer ausländischen Behörde entstehen oder wenn sie einer nicht am Verfahren beteiligten Person zur Last fallen. Steht für Gebühren der Geschäftswert noch nicht fest, so sind die Gebühren nach einem vorläufigen Gebührenwert zu berechnen und später bei endgültiger Festsetzung ev Nacherhebungen vorzunehmen, § 15 KostO (*Anh*); dazu *Vorbem 218*. Über Entrichtung der Kosten *Vorbem 220*.

Für die Behandlung von **Kleinbeträgen** dh von kleinen Kostenbeträgen gelten die hierfür erlassenen besonderen Vorschriften, § 4 Abs 5 KostVfg; dazu *Lauterbach*

Kostengesetze KostVfg, für Baden-Württemberg AVJM vom 28. September 1965 Justiz 297 Behandlung von Kleinbeträgen.

2. Die Kostenschuldner und die Staatskasse können gegen den Kostenansatz **V 214** des Kostenbeamten **Erinnerungen** erheben, **§ 14 Abs 2 S 1 KostO** (*Anh*). Die Staatskasse wird beim AG und LG durch Bezirksrevisoren, bei dem OLG durch den Leiter des Rechnungsamtes bzw einen Bezirksrevisor oder einen Geschäftsleiter vertreten; dazu *Rohs-Wedewer* KostO § 14 Bem III (b 2). Die Staatskasse, vertreten durch einen Bezirksrevisor, kann Beteiligter iSd § 13a FGG (*Anh*) sein, **BayObLG** BayObLGZ 1959, 209 = Rpfleger 1959, 322 (*Rohs*); dazu *Vorbem 195*. Dritte sind nicht rechtsmittelbefugt; dazu *Lauterbach* aaO Bem 2A.

Einwendungen können gegen den Kostenansatz in jeder Richtung erhoben werden; dazu *Lauterbach* aaO, *Rohs-Wedewer* aaO Bem III (c). Sie können sich gegen den Kostenansatz, seine Zulässigkeit, seine Höhe richten. Es kann Verjährung geltend gemacht werden. Nach Zurückweisung eines schon vor Kostenansatz gestellten Antrags auf Nichterhebung von Kosten durch das LG ist Erinnerung gegen den nachfolgenden Kostenansatz nur der Höhe, nicht dem Grund nach zulässig, **OLG Düsseldorf** JMBl NRW 1965, 95 = DRspr IV (476) 78abc; dazu *Vorbem* 217 (*1*).

Wenn den Erinnerungen nicht vom Kostenbeamten abgeholfen wird, entscheidet das **Gericht**, bei dem die Kosten angesetzt werden, durch Beschluß. Ob ein UrkBdGeschSt oder ein RPfleger entschieden hat, ist unerheblich. In beiden Fällen entscheidet, wenn beim Amtsgericht Kostenansatz erfolgte, der GBRichter über die Erinnerungen; dazu *§ 71 Vorbem 6, 7*. Über die Gerichte höherer Instanzen *Vorbem 215, 216*. Das Gericht hat sachlich zu entscheiden, also die Kostenentscheidung zu berichtigen, falls keine Aufklärung mehr erforderlich ist; dazu **BayObLG** BayObLGZ 1961, 54 = NJW 1961, 676 = MDR 1961, 425 = Rpfleger 1961, 365 = JVBl 1961, 135 = MittBayNotV 1961, 116 = DRspr IV (476) 45bc. Das Gericht ist an Anträge nicht gebunden und kann auch zugunsten von Beteiligten abändern, da der Grundsatz der Schlechterstellung, der sog reformatio in peljus, hier nicht gilt; dazu **BayObLG** BayObLGZ 1958, 293, **OLG Hamm** Rpfleger 1963, 57, *Jansen* FGG § 19 Bem 6, *Keidel* FGG § 19 Bem 90ff., *Rohs-Wedewer* KostO § 14 Bem III (o).

Die Erinnerungen sind an keine Frist gebunden und können auch noch nach Zahlung der Kosten eingelegt werden. Die Erinnerungen können zu Protokoll der Geschäftsstelle oder schriftlich ohne Anwaltszwang eingeengt werden, § 14 Abs 4 KostO (*Anh*). Die Entscheidung ergeht gebührenfrei, § 14 Abs 2 S 2 aaO. Die Entscheidung ist abänderbar, auch von Amts wegen, uU also auch auf Anregung, § 14 Abs 2 S 3 aaO. Es kann auch, wenn der Geschäftswert (dazu *Vorbem 186ff.*) angegriffen ist, auch darüber mitentscheiden, § 14 Abs 2 S 4 aaO; dazu **BayObLG** BayObLGZ 1963, 84 = DRspr IV (476) 57a.

3. Gegen die Entscheidung des GBRichters bzw des LG als erstinstanzielles **V 215** Gericht in der Kostenentscheidung (dazu *Vorbem 214*) findet die einfache **Beschwerde** statt, § 14 Abs 3 S 1 KostO (*Anh*). Zur Form der Einlegung der Beschwerde § 14 Abs 3 S 1 KostO (*Anh*) mit § 569 ZPO, im übrigen § 14 Abs 4 KostO (*Anh*); dazu *Vorbem 214*. **Beschwerdegericht** ist das LG, wenn das AG entschieden hat, das OLG bzw in Bayern das BayObLG, in Rheinland-Pfalz das OLG Zweibrücken wenn ein LG entschieden hat, § 14 Abs 3 S 1 KostO (*Anh*) mit § 568 Abs 1 ZPO. Wenn das OLG über den Kostenansatz entscheidet, ist kein Rechtsmittel zulässig, § 14 Abs 3 S 1 KostO (*Anh*) mit § 567 Abs 3 ZPO. Die Beschwerdesumme beträgt 50 DM, § 14 Abs 3 S 1 KostO (*Anh*) mit § 567 Abs 2 ZPO; dazu *Rohse-Wedewer* KostO § 14 Bem IV (b). Bei offensichtlich gesetzwidrigen Beschlüssen ist die Beschwerde auch zulässig, auch wenn die Beschwerdesumme nicht erreicht ist, **LG Hildesheim** NdsRpfl 1964, 271 = DRspr IV (476) 76a.

Beschwerdebefugt sind die Kostenschuldner und die Staatskasse; dazu *Vorbem 214*, auch *Rohs-Wedewer* aaO Bem IV (c). Wie die Erinnerung, so kann sich die Beschwerde auf sehr verschiedene Gründe stützen; auch kann gleichzeitig der Geschäftswert angefochten sein (dazu *Vorbem 214*).

Das Verfahren richtet sich nach der ZPO, nämlich §§ 570 bis 575 ZPO, auch im Bereich der GBO, wie aus § 14 Abs 3 S 1 KostO (*Anh*) hervorgeht; dazu *Rohs-Wedewer* aaO Bem IV (c). Das Gericht, dessen Entscheidung angefochten ist, kann der Beschwerde ganz oder teilweise abhelfen; Vorlage hat nur zu erfolgen, wenn der Beschwerde nicht in vollem Umfange abgeholfen wurde, § 571 ZPO. Das Beschwerdegericht kann die Vollziehung aussetzen oder eine einstweilige Anordnung erlassen, § 572 ZPO. Da das Beschwerdegericht Tatsacheninstanz ist, können neue Tatsachen eingeführt werden, § 570 ZPO. Es kann daher bei der Entscheidung über die Anträge der Beteiligten hinausgegangen werden, **OLG Frankfurt aM** Rpfleger 1963, 355. Auch das Verbot der Schlechterstellung gilt nicht in der Beschwerdeinstanz; dazu *Vorbem 214*. Da die einfache Beschwerde an keine Frist gebunden ist, kann das Rechtsmittel auch nach langer Zeit eingelegt werden; eine Verwirkung ist nur ausnahmsweise anzunehmen, **OLG Hamburg** MDR 1964, 931.

Auch die Beschwerdeinstanz kann seine Entscheidung ändern; dazu *Vorbem 214*. Die Kosten des Beschwerdeverfahrens bestimmen sich nach § 131, 136 ff. KostO (*Anh*), wie aus § 14 Abs 4 S 2 KostO (*Anh*) hervorgeht; dazu *Rohs-Wedewer* KostO § 14 Bem VI (a). Der Kostenbeamte kann nicht mehr von Amts wegen den Kostenansatz ändern wenn das Gericht entschieden hat; dazu *Rohs-Wedewer* KostO § 14 Bem VII.

V 216 4. **Weitere Beschwerde** als einfache weitere Beschwerde ist nur zulässig, wenn das LG in 2. Instanz entschieden hat, § 14 Abs 3 S 1 KostO (*Anh*) mit § 567 Abs 3 ZPO; dazu *Rohs-Wedewer* KostO § 14 Bem V (a). Eine Beschwerdesumme braucht nicht erreicht zu sein, § 567 Abs 2 ZPO gilt nicht für die weitere Beschwerde, § 14 Abs 3 S 4 KostO (*Anh*). Die weitere Beschwerde ist aber nur zulässig, wenn das LG wegen der grundsätzlichen Bedeutung der zur Entscheidung stehenden Frage zuläßt, § 14 Abs 3 S 2 KostO (*Anh*). Die Entscheidung über die Zulassung liegt beim LG; dazu *Rohs-Wedewer* KostO § 14 Bem V. Die Zulassung kann nur in dem in der Sache selbst ergehenden Gerichtsbeschluß ausgesprochen werden; eine Nachholung der Zulassungserklärung in einem gesonderten Beschluß ist — abgesehen von dem Fall der Berichtigung nach § 319 ZPO — unzulässig, **KG** JFG ErgBd 15, 48 = JW 1936, 3337 = DNotZ 1936, 972, **OLG Celle** Rpfleger 1960, 192, **OLH Hamburg** JurBüro 1962, 164, **OLG München** JFG ErgBd 15, 50 = DNotZ 1937, 82 = DFG 1937, 23. Die Beschränkung der Zulassung auf einen der Beteiligten ist unwirksam; die weitere Beschwerde ist in solchem Falle für alle Beteiligten zulässig, **KG** JFG ErgBd 16, 67 = DFG 1937, 44 = HRR 1937 Nr 673. Die 3. Instanz entscheidet als Rechtsbeschwerdeinstanz kann daher nur auf Verletzung der in §§ 550, 551 ZPO bezeichneten Gründe gestützt werden, § 14 Abs 3 S 3 KostO (*Anh*); dazu *§ 78 Bem 3ff*. Da kein Begründungszwang besteht, kann sich auch ohne Angabe von Gründen die Nachprüfung der vorinstanziellen Entscheidung nur hierauf beschränken; dazu *Rohs-Wedewer* KostO § 14 Bem V. Die tatsächlichen Feststellungen des LG sind bindend. Rechtsbeschwerdeinstanz ist das OLG, für Bayern das BayObLG, für Rheinland-Pfalz das OLG Zweibrücken.

V 217 **b) Unrichtige Sachbehandlung**

Mit Kosten unrichtiger Sachbehandlung werden Beteiligte nicht belastet; die Vorschrift ist dem § 7 GKG nachgebildet, **§ 16 KostO** (*Anh*). Im Bereiche der freiwilligen Gerichtsbarkeit wird von solchen Möglichkeiten der Nichterhebung von Kosten seit jeher weitgehend Gebrauch gemacht, man möchte fast sagen, fast zu weit und oft weitgehender als es die oberste Rspr verlangt. In heutiger Zeit, in der die Sach- und Rechtslage häufig schwierig und verwickelt sind, läßt sich oft schwer von einer „unrichtigen" Sachbehandlung sprechen, auch wenn verschiedene Instanzen einen „Fall" verschieden beurteilen. Auch sind die Beteiligten mehr als früher durch Rechtsanwälte vertreten oder beraten, so daß auch sie entsprechend das Verfahren beeinflussen können; „unverschuldete Unkenntnis" auf der Seite der Beteiligten ist daher nicht mehr in dem Maße wie früher vorhanden. Da die Verwaltungsentscheidung in Händen der Behördenvorstände liegt, besteht die Gefahr, daß sich die Dienstaufsicht auf die dienstlichen Beurteilungen auswirkt. Die Grenze zwischen Dienstaufsicht und richterlicher Unabhängigkeit ist daher oft flüssig; dazu *§ 1 Bem 7c*. Man sollte daher bei einer Reform die Verwaltungsentscheidung fallen lassen und auch die Vorschriften, die sich auf die unrichtige Sachbehandlung beziehen, in ihrem Inhalt wesentlich einengen.

1. **Kosten**, also Gebühren und Auslagen (dazu *Vorbem 181ff.*), die **bei richtiger Sachbehandlung nicht entstanden** wären, werden nicht erhoben, § 16 Abs 1 S 1 KostO (*Anh*); dazu unter *Z 2 dieser Bem*.

Dasselbe gilt von **Auslagen**, die durch eine **von Amts wegen veranlaßte Verlegung eines Termins** oder **Vertagung einer Verhandlung** entstanden sind, § 16 Abs 1 S 2 KostO (*Anh*); dazu *Lauterbach* Kostengesetze KostO § 16 Bem 2B, *Rohs-Wedewer* KostO § 16 Bem III. Im Bereiche des GBVerfahrens sind solche Fälle im Rahmen einer Beweisaufnahme (dazu *§ 1 Bem 19*) denkbar, etwa wenn ein Termin wegen Erkrankung eines Richters oder Zeugen nicht durchgeführt werden kann.

In den beiden Fällen entscheidet das Gericht, § 16 Abs 2 S 1 KostO (*Anh*), also der Richter bzw, soweit der RPfleger zuständig ist, dieser, § 4 RPflegerG (*Anh*); dazu *Lauterbach* Kostengesetze KostO § 16 Bem 3, *Rohs-Wedewer* KostO § 16 Bem V. Niemals ist der Kostenbeamte, insbes der UrkBdGeschSt, befugt, eine solche Anordnung zu erlassen. Die Entscheidung ergeht von Amts wegen, und zwar, wenn die Voraussetzungen des § 16 Abs 1 KostO (*Anh*) vorliegen. Anträge von Beteiligten sind als Erinnerungen gegen den Kostenansatz iSd § 14 KostO (*Anh*) zu behandeln, **KG** JFG ErgBd 20, 18 = JVBl 1939, 309, Rpfleger 1962, 124 Ls; dazu *Vorbem 214ff*. Ist bereits bezahlt, so hat Rückerstattung der gezahlten Beträge zu erfolgen, **KG** HRR 1935 Nr 1565. Die Entscheidung kann vor ziffernmäßigem Kostenansatz ergehen, **OLG Düsseldorf** JMBl NRW 1965, 95 = DRspr IV (476) 78a; dazu auch *Vorbem 214*. Die Verjährungsfrist des § 17 KostO (*Anh*) beginnt mit der Anordnung, **KG** JW 1935, 304; dazu *Rohs-Wedewer* aaO, auch *Vorbem 219*. Die Entscheidung des Gerichts ist nach § 14 Abs 3, 4 KostO (*Anh*) anfechtbar; dazu *Vorbem* 215, *216*.

Solange das Gericht noch nicht entschieden hat, können Anordnungen im Verwaltungsweg erlassen werden, die nur im Verwaltungsweg geändert werden können, § 16 Abs 2 S 2, 3 KostO (*Anh*). Zuständig sind die Behördenvorstände, §§ 41, 42 KostVfg. Die Entscheidung des Gerichts steht der der Kassenbehörde entgegen, nicht aber umgekehrt; dazu *Lauterbach* aaO.

Die Entscheidung nach § 16 Abs 2 aaO wirkt für und gegen alle Beteiligten. Sie kann auf einen oder mehrere Gesamtschuldner beschränkt werden und kommt dann nur ihnen zugute, **KG** JW 1935, 304, *Lauterbach* und *Rohs-Wedewer* aaO.

Daneben bestehen noch die Möglichkeiten der Niederschlagung von Gerichtskosten aus Billigkeitsgründen nach der VO vom 20. März 1935 RGBl I 406 und der Löschung des Kostensolls wegen Uneinziehbarkeit nach § 10 KostVfg; dazu *Rohs-Wedewer* aaO. Bei schuldhaftem Verhalten eines Beamten haftet er und der Staat kann ev gegen ihn Regreß nehmen, ErlRMJ vom 16. Juni 1939; dazu *Rohs-Wedewer* aaO, auch *§ 11 Bem 20ff*.

Für Notare ist auf §§ 142, 143 KostO (*Anh*) zu verweisen; dazu *Rohs-Wedewer* KostO § 16 Bem VI, auch *Vorbem 235*.

Für **Zurücknahme oder Zurückweisung von Anträgen** sowie für das **Beschwerdeverfahren** ist auf § 130 Abs 5, § 131 Abs 5 KostO (*Anh*) zu verweisen. Bei Zurücknahme oder Zurückweisung eines Antrags kann von der Erhebung von Kosten, also von Gebühren und Auslagen, abgesehen werden, wenn der Antrag auf unverschuldete Unkenntnis der tatsächlichen oder rechtlichen Verhältnisse beruht, wobei § 16 Abs 2 aaO entsprechend anzuwenden ist; dazu *§ 18 Bem 30*. Im Beschwerdeverfahren werden Auslagen, die durch eine für begründet befundene Beschwerde entstanden sind, nicht erhoben, soweit das Beschwerdeverfahren gebührenfrei ist; dazu *§ 77 Bem 17*.

2. Nur Kosten, die **bei richtiger Behandlung der Sache nicht entstanden** wären, werden nach § 16 Abs 1 S 1 KostO (*Anh*) nicht erhoben, während die Kosten, die auch bei richtiger Sachbehandlung entstanden wären, zu erheben sind; dazu *Lauterbach* Kostengesetze KostO § 16 Bem 2A, *Rohs-Wedewer* KostO § 16 Bem II. Die Beteiligten sollen durch die unrichtige Sachbehandlung keinen Vorteil haben, **OLG Celle** NdsRpfl 1959, 228 = JR 1959, 304 = DNotZ 1959, 673 (*Hieber*) = Rpfleger 1959, 228 (*Rohs*) = JVBl 1959, 215 = JurBüro 1959, 466 = DRspr IV (476) 29a. Ist die richtige Sachbehandlung nicht kausal, so entfällt auch der Anspruch auf Nichtverrechnung von Gebühren und Auslagen, also wenn der Kostenansatz richtig, nur unzutreffend begründet ist. Unerhoben bleiben alle Kosten, die in der fraglichen Angelegenheit nicht entstanden wären; es wird also nicht allein auf das unrichtige Geschäft selbst abgestellt. Deshalb bleiben zB bei einer unrichtigen Beurkundung nicht nur die Beurkundungs-, sondern auch die Eintragungsgebühren außer Ansatz, da sich die Unrichtigkeit auch hierauf erstreckt. Maßnahmen zur Beseitigung der Unrichtigkeit werden durch die Vorschrift auch miterfaßt und sind dann kostenfrei, etwa die Kosten der Löschung einer mangelhaften GBEintragung und der Aufnahme der dazu erforderlichen Urkunden.

Es muß sich durch eine unrichtige Sachbehandlung des Gerichts bzw Notars handeln. Dazu rechnet auch das Personal der Behörde bzw des Notars, auch Fehler bei Erledigung von Rechtshilfeersuchen durch auswärtige Behörden, **KG** JVBl 1937, 359, *Rohs-Wedewer* aaO. Die unrichtige Sachbehandlung muß klar und unzweifelhaft vorliegen, **KG** JW 1935, 550, **OLG München** JFG ErgBd 18, 95, 102, *Rohs-Wedewer* aaO Bem II (1). Bei der Verletzung von Rechtsvorschriften kann es sich auch um Geschäftsanweisungen handeln, **KG** JFG ErgBd 15, 36. Eine Rechtsfrage muß offensichtlich falsch entschieden sein, **KG** JW 1935, 550, *Rohs-Wedewer* aaO. Dies trifft insbes nicht zu, wenn die Rspr erst nachträglich ihren Standpunkt gewechselt hat, wenn eine Rechtsfrage noch ungeklärt ist und keine hM besteht; dazu *§ 11 Bem 29*. Wie **BGH** NJW 1962, 2107 = MDR 1963, 45 = BB 1962, 1179 = Rpfleger 1963, 152 = LM § 7 GKG Nr 2 ausgesprochen hat, ist unrichtige Sachbehandlung nur anzunehmen, wenn gegen eindeutige gesetzliche Normen verstoßen wird und dieser Verstoß offen zutage tritt oder wenn ein offensichtliches Versehen vorliegt. Es ist daher eine **einengende Auslegung** vorzunehmen. Auch wenn daher Fehler vorliegen (dazu *§ 11 Bem 30, 31*), führt dies nicht notwendig zur Anwendung des § 16 Abs 1 S 1 KostO (*Anh*). Es bedarf vielmehr sorgfältiger Prüfung und Berücksichtigung der Umstände des Einzelfalls. Dies gilt auch bei der Tätigkeit des Notars, die gerade in GrstSachen keineswegs einfach ist; dazu **OLG Bremen** DNotZ 1965, 566, **OLG Celle** NdsRpfl 1959, 228 (wV aaO), NdsRpfl 1962, 181 = DRspr IV (476) 51a, NdsRpfl 1965, 15 = DNotZ 1965, 246, **OLG Frankfurt aM** DNotZ 1961, 159 = Rpfleger 1961, 319, DNotZ 1965, 309, **OLG Hamm** Rpfleger 1962, 351 = JurBüro 1962, 579, DNotZ 1964, 188, **OLG Karlsruhe** DNotZ 1961, 156 = Rpfleger 1960, 310 (*Rohs*) = DRspr IV (476) 43a, **LG Berlin** Rpfleger 1960, 414.

c) Nachforderung von Kosten V 218

Nachforderung von Kosten ist nach **§ 15 KostO** (*Anh*) möglich. Vorausgesetzt wird bei Anwendung dieser Vorschrift, daß ein Kostenansatz iSd § 14 KostO (*Anh*) vorliegt; dazu *Vorbem 213ff.* Es braucht sich nicht um die Schlußkostenrechnung zu handeln, es genügt auch eine Vorschußkostenrechnung, **OLG Hamm** Rpfleger 1960, 308 = DRspr IV (476) 36a, oder wenn nach Zahlung von Kosten ohne Rechnungstellung mitgeteilt wird, es seien keine Kosten mehr zu zahlen, **KG** Rpfleger 1962, 125 Ls. Wegen unrichtigen Ansatzes können Kosten nur nachgefordert werden, wenn der berichtigte Ansatz vor Ablauf des nächsten Kalenderjahres nach endgültiger Erledigung der Angelegenheit dem Zahlungspflichtigen mitgeteilt ist. Bei Einleitung eines Wertermittlungsverfahrens genügt Mitteilung an den Zahlungspflichtigen innerhalb dieser Frist; dies liegt zB vor, wenn vom Zahlungspflichtigen die Vorlage des Einheitswertsbescheids verlangt wird, **OLG Köln** Rpfleger 1962, 350. Der Grund der Unrichtigkeit des Kostenansatzes ist gleichgültig. Es kann sich um ein Versehen handeln, es können aber auch andere Gründe in Frage kommen, wie Wechsel der Rspr, **KG** KGJ 53 B 280; dazu *Lauterbach* Kostengesetze KostO § 15 Bem 1ff., *Rohs-Wedewer* KostO § 15 Bem Iff.

Bei Gesamtschuldnern kann, wenn bisher nur einer oder einem Teil derselben, ev in Vertretung für Mitschuldner, ein Kostenansatz zuging, den anderen gegenüber eine Kostenrechnung zugesandt werden, ohne daß diese sich auf einen Fristablauf berufen können, da der Kostenansatz nur bei dem wirkt, dem er zuging; dazu *Lauterbach* aaO Bem 1, *Rohs-Wedewer* aaO Bem V. Die Rechtsmitteleinlegung bei Nachforderung richtet sich nach § 14 KostO (*Anh*); dazu *Vorbem 214ff.*

Für Notare ist auf § 143 KostO (*Anh*) hinzuweisen; dazu *Lauterbach* aaO Bem 1, *Rohs-Wedewer* aaO Bem VI, auch *Vorbem 235.*

d) Verjährung ua V 219

1. **Verjährung** der Ansprüche auf **Zahlung** der Kosten, also der Gebühren und Auslagen (dazu *Vorbem 182, 183*), tritt nach **§ 17 KostO** (*Anh*) 4 Jahre nach Ablauf des Kalenderjahres, in dem der Anspruch fällig geworden ist, ein über Fälligkeit *Vorbem 200.* Ansprüche auf **Rückerstattung** von Kosten verjähren in 4 Jahren nach Ablauf des Kalenderjahres, in dem der Anspruch entstanden ist; über Rückforderung *Vorbem 208, 217 (1).* Die Verjährung, die nicht von Amts wegen beachtet wird, richtet sich gemäß § 17 Abs 3 KostO (*Anh*) nach §§ 194ff. BGB, wobei die KostO in verschiedener Richtung abweicht; dazu *Lauterbach* Kostengesetze KostO § 17 Bem 4, 5, *Rohs-Wedewer* KostO § 17 Bem III, IV. Unterbrechung und Hemmung der Verjährung tritt also auch hier ein. Unterbrechung kommt jedoch bei Beträgen unter 20 DM nicht in Betracht. Unterbrechung liegt auch vor bei Aufforderung zur Zahlung und bei Mitteilung einer Stundung, wobei bei unbekanntem Aufenthalt des Schuldners die Zustellung an die letzte bekannte Anschrift genügt.

Neben der Verjährung steht die **Verwirkung**. Eine zunächst abgeschlossene Kostensache kann nicht nach unbillig langer Zeit und nach willkürlichem Belieben gegen den Kostenschuldner wieder aufgenommen werden, **BayObLG** DNotZ 1965, 557, **OLG Köln** Rpfleger 1963, 58.

Bez Notare ist auf § 143 KostO (*Anh*) zu verweisen; dazu *Rohs-Wedewer* aaO Bem V, auch *Vorbem 235.* Zur Unterbrechung der Verjährung **KG** DNotZ 1962, 428 (*Eppig*) = Rpfleger 1962, 456 (*Rohs*) = DRspr IV (476) 51b.

2. **Entrichtung** der Kosten, nämlich der Gebühren und Auslagen (dazu *Vorbem 182, 183*), erfolgt im Regelfall nach Bekanntgabe der angeordneten Vorschußzahlungen oder der Kostenrechnung (dazu *Vorbem 200ff., 213ff.*). Es kann aber auch Zahlung **V 220**

ohne solche Aufforderung vorgenommen werden; dazu **KG** Rpfleger 1962, 124 Ls. Die **Zahlungen** hatten nach § 28 KostO aF in Kostenmarken zu erfolgen; diese Regelung wurde bei Neufassung der KostO nicht übernommen, so daß die Zahlungen in bar, in Kostenmarken oder durch Überweisung vorgenommen werden können. Soweit keine Barzahlung erfolgt, ist Zeitpunkt der Entrichtung die Gutschrifterteilung bei dem Konto. Wechsel oder Schecks hereinzunehmen, ist nicht untersagt; Zahlung ist erst mit der Einlösung anzunehmen. Es ist hierzu darauf hinzuweisen, daß zur Entgegennahme von Zahlungen in bar oder in sonstiger Weise nur die hierzu befugten Beamten zuständig sind; dasselbe gilt vom Verkauf von Kostenmarken. Die Sachbearbeiter haben solche Zuständigkeit regelmäßig nicht; doch können sie gekaufte Kostenmarken zu den Akten nehmen, wenn nicht anderes angeordnet ist.

Vorweg zu erhebende Gebühren und Kostenvorschüsse, von deren Entrichtung die Vornahmen einer Amtshandlung oder die Einleitung oder der Fortgang eines Verfahrens abhängig ist, fordert die **Geschäftsstelle** ohne vorherige Überweisung an die Gerichtskasse unmittelbar von dem Zahlungspflichtigen mit Kostennachricht an; dasselbe gilt im Fall der Nichtausübung des Zurückbehaltungsrechts, wenn die Kosten nicht durch Postnachnahme erhoben werden, § 31 Abs 1 KostVfg. Hat der Zahlungspflichtige auf die Gebühren oder Vorschüsse Beträge bezahlt, die zur Deckung nicht völlig ausreichen, so ist er auf den Mindestbetrag hinzuweisen, § 31 Abs 4 S 1 HalbS 1 aaO. Hat er noch keine Kostennachricht erhalten, so ist mit der Kostennachricht der Minderbetrag anzufordern, § 31 Abs 4 S 1 HalbS 2 aaO, wobei zu vermerken ist, was in Gerichtskostenmarken oder an die Gerichtskasse bezahlt wurde, § 27 Abs 5 aaO. Ist der Minderbetrag gering, so wendet sich der Kostenbeamte an den Richter bzw RPfleger, der entscheidet, ob das Verfahren seinen Fortgang nehmen kann, § 31 Abs 4 S 2 aaO.

Kosteneinziehung durch Postnachnahme kann der **Kostenbeamte** in geeigneten Fällen vornehmen, § 30a KostVfg. Bei Beträgen über 20 DM ist dies nur mit Einverständnis oder auf Antrag des Kostenschuldners zulässig. Nicht nachzunehmen sind ua Kostenschuldner mit Wohnsitz außerhalb der BRD oder solche, bei denen bekannt ist, daß sie Inhaber eines Postscheck- oder Bankkontos sind. Diese Art der Erhebung kommt vor allem in Betracht bei Zusendung beantragter Ausfertigungen oder Abschriften sowie bei Auskünften.

Im übrigen werden die Kostenrechnungen (dazu auch *Vorbem 202, 213*) an die **Gerichtskasse** übersandt, § 30 KostVfg. Wird der in der Kostennachricht enthaltenen Zahlungsaufforderung keine Folge geleistet, so hat der Kostenbeamte die in der Sache entstandenen und noch entstehenden Kosten zu berechnen und an die Gerichtskasse zur Einziehung zu überweisen, § 32 Abs 5 S 1 KostVfg.

Für Notare ist auf § 154 KostO (*Anh*) hinzuweisen; dazu auch *Vorbem 235.*

V 221 3. Die **Beitreibung** der Kosten, nämlich der Gebühren und Auslagen (dazu *Vorbem 182, 183*), die trotz Bekanntgabe und Aufforderung zur Zahlung nicht entrichtet werden (dazu *Vorbem 220*), erfolgt nach der JBeitrO; dazu *Lauterbach* Kostengesetze Z IX. Nach §§ 1, 2 JBeitrO werden ua Gerichtskosten und JVerwaltungsabgaben, die bei JBehörden zu entrichten sind, durch die **Gerichtskasse**, falls nicht eine andere Behörde für zuständig erklärt wird, als Vollstreckungsbehörde beigetrieben. Nach § 4 aaO kann die Vollstreckung gegen jeden durchgeführt werden, der Vollstreckungsschuldner ist, dh nach den einschlägigen Vorschriften oder nach bürgerlichem Recht zur Leistung oder zur Duldung der Vollstreckung verpflichtet ist; dazu *Vorbem 192ff*. Aus einer Zwangshypothek, die auf Grundbesitz eines Kostenschuldners eingetragen ist, kann auch gegen den Rechtsnachfolger in das belastete Grst vollstreckt werden. Vollstreckungsbeginn kommt erst nach Fälligkeit des Anspruchs in

Betracht, § 5 aaO; zur Fälligkeit *Vorbem 200*. In der Regel soll der Vollstreckungs. schuldner vor Beginn der Vollstreckung zur Leistung innerhalb 1 Woche schriftlich aufgefordert und nach vergeblichem Ablauf der Frist besonders gemahnt werden. Die Durchführung der Vollstreckung richtet sich nach der ZPO mit den sich aus §§ 6ff. JBeitrO ergebenden Abweichungen. Wenn Einwendungen gegen die Vollstreckung erhoben werden, so kann die Vollstreckungsbehörde die Vollstreckungsmaßnahmen einstweilen einstellen, aufheben oder von weiteren Vollstreckungsmaßnahmen absehen, bis über die Einwendungen endgültig entschieden ist, § 9 KostVfg. Einwendungen, die den beizutreibenden Anspruch selbst, die Haftung für den Anspruch oder die Verpflichtung zur Duldung der Vollstreckung betreffen, sind vom Schuldner gerichtlich geltend zu machen, § 8 aaO.

Bez des Notars ist auf § 155 KostO (*Anh*) zu verweisen; dazu *Vorbem 235*.

8. Gebührenfreiheit V 222

a) Allgemeines

Die Gebührenfreiheit kann auf **Bundes-** bzw früherem Reichsrecht oder auf Landesrecht beruhen.

Man unterscheidet **sachliche und persönliche Gebührenfreiheit**; bei ersterer ist das ganze Verfahren gebührenfrei, bei letzterer wird nur ein einzelner Beteiligter von Gebühren freigestellt. Eine gesetzliche Regelung findet sich in der KostO nur in geringem Umfange, insbes sind §§ 11 bis 13 KostO (*Anh*) zu erwähnen; im übrigen ist auf *Vorbem 223* zu verweisen. Die Vorschriften über Kostenfreiheit sind als Ausnahmebestimmungen eng auszulegen; dazu *Rohs-Wedewer* KostO § 11 Bem I. § 11 aaO hat § 2 GKG zum Vorbild.

Die Gebührenfreiheit entbindet grundsätzlich nicht von der Verpflichtung zur Zahlung von **Auslagen**, gleichgültig, ob die Gebührenfreiheit auf der KostO oder einer sonstigen Vorschrift beruht, **KG** KGJ ErgBd 15, 55 = JW 1936, 3336 = DFG 1936, 268; dazu *Rohs-Wedewer* KostO § 12 Bem II. § 13 KostO (*Anh*) bezieht sich nur auf persönliche Gebührenfreiheit. Dazu *Vorbem 234*.

Für Notare ist auf § 144 KostO (*Anh*) zu verweisen; dazu *Vorbem 235*.

b) Sachliche Gebührenfreiheit V 223

Dazu *Güthe* GBO 1683 (1700), *Lauterbach* Kostengesetze KostO § 11 Bem 2 (B), 3ff., *Rohs-Wedewer* KostO § 11 Bem I.

Sachliche Gebührenfreiheit (dazu *Vorbem 222*) bedeutet, daß aus sachlichen Gründen keine Gebühr zu zahlen ist; die Person des Kostenschuldners ist hierbei unerheblich. Im Zweifel besteht eine Aufklärungspflicht; dazu **BayObLG** BayObLGZ 1960, 514 = MDR 1961, 421. Bei der Belehrungspflicht des Notars (dazu § *1 Bem 761*) kommt es jedoch auf den Einzelfall an, besonders wenn die Beteiligten rechtskundig sind oder durch Rechtsanwälte vertreten oder beraten sind. Deshalb besteht nicht in jeden Falle der Nichtbelehrung ein Schadensersatzanspruch gegen den Notar; dazu **OLG Köln** Rpfleger 1963, 363, **OLG Düsseldorf** DNotZ 1963, 240, **OLG Oldenburg** DNotZ 1965, 744, auch *Vorbem 226, 228*. Die sachliche Gebührenbefreiung bezieht sich grundsätzlich dh, falls keine andere Regelung getroffen ist, auf den 1. Rechtszug, **OLG Celle** NdsRpfl 1960, 229 = Rpfleger 1961, 328.

Vorschriften über sachliche Gebührenfreiheit können dem früheren Reichsrecht, dem nunmehrigen Bundesrecht oder dem Landesrecht angehören, § 11 Abs 2, 3 KostO (*Anh*). Auslagenfreiheit besteht daneben nur, soweit es besonders angeordnet ist, § 12 Abs 2 KostO (*Anh*); dazu *Vorbem 234*. Im einzelnen ist insbes auf folgende Gebührenfreiheit hinzuweisen:

1. **KostO**

In der KostO selbst ist eine sachliche Gebührenfreiheit ausgesprochen

a) für die Aufnahme und Entgegennahme von Anträgen, sofern sie nicht in der Form des § 29 GBO gestellt werden, §§ 75, 129 KostO (*Anh*),

b) für die Einsicht des GBuchs, § 74 KostO (*Anh*),

c) für die Nebengeschäfte, § 35 KostO (*Anh*); dazu *Vorbem 185*,

d) für die Umschreibung unübersichtlicher GBBlätter und für die Neufassung einzelner Teile eines GBBlattes, § 69 Abs 1 Z 1 KostO (*Anh*); dazu *§ 3 Bem 369ff.*,

e) für Eintragungen und Löschungen, die nach § 18 Abs 2, § 53 GBO von Amts wegen erfolgen, sowie für Zwischenverfügungen, die nach § 18 GBO ergehen, § 69 Abs 1 Z 2, Abs 3 KostO (*Anh*),

f) für Eintragungen und Löschungen, die vorgenommen werden, um die Übereinstimmung zwischen dem GB und den nach § 2 Abs 2 GBO maßgebenden amtlichen Verzeichnissen zu erhalten, § 69 Abs 1 Z 3 KostO (*Anh*); dazu *§ 2 Bem 152ff.*,

g) für die Eintragung der Vereinigung mehrerer Grst zu einem Grst nach § 5 GBO einschl der Aufnahme des erforderlichen Antrags durch das GBA, sofern die das amtliche GrstVerzeichnis führende Behörde bescheinigt, daß die Grst örtlich und wirtschaftlich ein einheitliches Grst darstellen, § 69 Abs 1 Z 4 KostO (*Anh*); dazu auch bez Auslagenfreiheit *§ 5 Bem 72ff.*,

h) für die Zusammenschreibung mehrerer Grst auf einem GBBlatt nach § 4 GBO gemäß § 69 Abs 1 Z 5 KostO (*Anh*); dazu *§ 4 Bem 45*,

i) für die Beseitigung von Doppelbuchungen (dazu *§ 3 Bem 39ff.*). einschl des vorausgegangenen Verfahrens vor dem GBA, § 69 Abs 1 Z 6 KostO (*Anh*); dazu *§ 3 Bem 51*,

k) für Eintragungen und Löschungen, die auf Ersuchen oder Anordnung eines Gerichts, insbes des Vergleichs-, Konkurs- oder Vollstreckungsgerichts erfolgen; ausgenommen sind die Eintragung des Erstehers als Eigentümer und die Eintragung der Sicherungshypothek für die Forderung gegen den Ersteher (§§ 118, 128 ZVG) sowie die Eintragung auf Grund einer einstweiligen Verfügung, § 69 Abs 2 KostO (*Anh*). Bei der Eintragung auf Ersuchen einer anderen Behörde als eines Gerichts ist der Interessent kostenpflichtig, § 3 Z 2 KostO (*Anh*); dazu *Vorbem 194, 198*,

l) für die Löschung gegenstandloser Eintragungen, § 84 GBO, sowie für das vorausgegangene Verfahren vor dem GBA einschl der Beurkundung der Erklärungen der Beteiligten, § 70 Abs 1 S 1 KostO (*Anh*), wobei jedoch auf die Ausnahme des § 64 Abs 1 S 2 KostO (*Anh*) hinzuweisen ist,

m) für Eintragungen und Löschungen zur Beseitigung unklarer oder unübersichtlicher Rangverhältnisse, § 102 Abs 2, § 111 GBO, einschl des vorausgegangenen Verfahrens vor dem GBA und der Beurkundung von Erklärungen der Beteiligten, § 70 Abs 2 S 1 KostO (*Anh*), wobei bez Auslagen auf § 70 Abs 2 S 2 KostO (*Anh*) zu verweisen ist,

n) bei Eintragung von Erben des eingetragenen Eigentümers, wenn der Eintragungsantrag binnen 2 Jahren seit dem Erbfall bei dem GBA eingereicht wird, § 60 Abs 4 KostO idF des Ges vom 20. Dezember 1963 GBl I 986 = SaBl 1964, 135 (*Anh*); dazu *Rohs-Wedewer* KostO § 60 Bem IV. Diese Neuregelung steht in Zusammenhang mit §§ 82, 83 GBO nF über die Verpflichtung zur Antragstellung bei Unrichtigkeit des GB. Für die Gebührenbefreiung ist maßgebend die Antragstellung zum GBA, nicht die Eintragung im GB. Auslagenfreiheit besteht nicht. Nach § 83 S 2 GBO nF soll das Nachlaßgericht die Beteiligten auf die Gebührenvergünstigung hinweisen. § 60 Abs 4 KostO (*Anh*) ist nur anwendbar bei Berichtigung des GB durch Eintragung von Erben als Eigentümer, eine erweiternde Auslegung ist abzulehnen und würde dem Gesetzeswortlaut widersprechen. Dies ist hM; so insbes **OLG Braunschweig** KostRspr KostO § 60 Nr 12, **OLG Bremen** aaO Nr 10, **OLG Köln** Rpfleger 1966, 90, *Göttlich* JurBüro 1985, 976, *Stöber* Rpfleger 1966, 91 (Anm), **aA** (zu Unrecht) **KG** Rpfleger 1966, 91 (*Stöber*). Es ist deshalb eine Gebührenfreiheit abzulehnen, wenn nach Auseinandersetzung der im GB eingetragenen Erbengemeinschaft ein Miterbe als Eigentümer eingetragen wird; so auch **OLG Köln** aaO, **aA** (unzutreffend) **KG** aaO. § 60 Abs 4 KostO (*Anh*) ist auch nicht entsprechend anwendbar, wenn nach Eintragung der allgemeinen Gütergemeinschaft und dem Tode eines Ehegatten nunmehr die von dem überlebenden Ehegatten mit den Kindern fortgesetzte Gütergemeinschaft als Eigentümerin im GB eingetragen wird, **aA** (zu Unrecht) **LG Berlin** Rpfleger 1966, 26 = BWNotZ 1966, 125 Ls. Dagegen bestehen keine Bedenken gegen die Anwendbarkeit, wenn der als Eigentümer einzutragende Erbe Nacherbe ist, mag auch zuvor der Vorerbe als Eigentümer im GB eingetragen gewesen sein, **OLG Karlsruhe** BWNotZ 1966, 124 Ls.

2. Siedlungsverfahren **V 224**

Gebührenfrei sind nach § 29 SiedlG (*Anh*) **alle Geschäfte und Verhandlungen**, die **zur Durchführung von Siedlungsverfahren** dienen. Die Befreiung tritt ein, wenn das gemeinnützige Siedlungsunternehmen erklärt, daß ein Geschäft der Durchführung eines Siedlungsverfahrens dient; eine Nachprüfung, insbes durch das GBA oder die Finanzbehörden, ist ausgeschlossen; dazu **RG** RGZ 128, 160, **BayObLG** MittBayNV 1965, 115, **KG** KGJ 53, 272, JVBl 1934, 65, *Gaedecke* JW 1937, 1565. Die Gebührenfreiheit gilt auch für die Fälle, in denen ein Grst im Wege der ZwVerst für Siedlungszwecke erworben wird, § 8 SiedlEG vom 4. Januar 1935 RGBl I 1. Auch § 11 Abs 1 BeamtensiedlungsVO vom 11. Februar 1924 RGBl I 53 enthält eine Befreiungsvorschrift; dazu auch §§ 14, 16 aaO. § 29 SiedlG (*Anh*) ist mit dem GG, insbes mit dem Art 19 Abs 4 GG vereinbar, **BayObLG** RdL 1965, 144 = DRspr II (295) 69 c.

In diesem Zusammenhang sind zu erwähnen

für **Bayern** Gesetz über die Bayerische Landesbodenkreditanstalt vom 19. April 1949 GVBl 85, BekJM über den Erlaß von Auslagen in Siedlungsverfahren nach dem SiedlG und dem BVertriebenenGes sowie in Landabgabeverfahren nach dem Ges zur Beschaffung von Siedlungsland und zur Bodenreform vom 28. Juli 1957 JMBl 339,

für **Hamburg** AV LJVerwaltung vom 30. April 1954 betr die Auslagenfreiheit in GBSachen bei landwirtschaftlichen Siedlungsverfahren JVBl 1954, 7,

für **Hessen** RdErlJM betr Gerichtskosten bei der Durchführung von landwirtschaftlichen Siedlungsverfahren vom 5. Dezember 1953 JMBl 97,

für **Rheinland-Pfalz** LVJM vom 18. März 1954 betr Niederschlagung von Auslagen in landwirtschaftlichen Siedlungsverfahren JBl 33.

3. Heimstätte **V 225**

Gebührenfrei sind **alle zur Begründung und Vergrößerung von Heimstätten erforderlichen Geschäfte und Verhandlungen**, § 34 Abs 1 HG (*Anh*). Die Gebührenfreiheit ist ohne weitere Nachprüfung zuzugestehen, wenn der Heimstättenausgeber versichert, daß es sich um die Durchführung eines solchen Verfahrens handelt, § 34 Abs 2 HG (*Anh*). Zu prüfen ist jedoch die Frage, ob das betreffende Geschäft überhaupt unter die Befreiungsvorschrift fällt; dazu **KG** JFG ErgBd 4, 247/14, 19; dazu *§ 4 Bem 88*. Steht der Erwerb eines Grst in erkennbarem Zusammenhang mit der nachfolgenden Umwandlung des Grst in eine Heimstätte, § 25 HG (*Anh*; dazu *§ 4 Bem 53, 59*), so kann auch schon die Eintragung des Eigentümers in das GB als Geschäft angesehen werden, das der Begründung einer Heimstätte dient; dazu JFG ErgBd 13, 68. § 34 HG (*Anh*) ist auch anwendbar, wenn der Ausgeber die Heimstätte im ZwVerstVerfahren mit der Absicht erwirbt sie wieder auszugeben, **KG** JW 1935, 2845, dazu auch JFG

ErgBd 14, 18. Erwirbt der Inhaber einer Erbbau-Heimstätte, das mit dem Erbbaurecht belastete Grst (dazu *Vorbem 161*), so ist die Eintragung des Eigentumsübergangs gebührenfrei; dies gilt jedoch nicht für die gleichzeitig vorgenommene Löschung des Erbbauzinses und des Vorkaufsrechts des jeweiligen GrstEigentümers, **OLG Hamm** JMBl NRW 1966, 71 = Rpfleger 1966, 86.

Dazu kommt die **Gebühren- und Steuerermäßigung** nach § 35 HG (*Anh*). Wird die Heimstätte auf einen Ehegatten, einen Verwandten gerader Linie oder bis zum 3. Grade der Seitenlinie oder einem Verschwägerten bis zum 2. Grade unter Lebenden oder von Todes wegen übertragen, so dürfen von den hierzu erforderlichen Geschäften und Verhandlungen alle Gebühren und Steuern des Bundes zur Hälfte, solche der Länder und sonstiger öffentlicher Körperschaften höchstens zur Hälfte erhoben werden; dies gilt aber nicht für die Errichtung letzwilliger Verfügungen. Dazu *§ 4 Bem 88*.

V 226 4. **Wohnungsbau**

a) Nicht erhoben werden Gebühren und Gerichtskosten, die aus **Anlaß der Schaffung und Errichtung von Landarbeiterwohnungen** entstehen, § 14 Abs 2 LAVO vom 10. März 1937 RGBl I 292 (*Anh*). Die Gebührenbefreiung wird gewährt auf Grund einer von der Durchführungsbehörde (§ 4 aaO) oder der Deutschen Landesrentenbank ausgestellten Bescheinigung, daß der Rechtsvorgang zur Schaffung und Errichtung von Heuerlingsstellen, Werkwohnungen und Eigenheimen für ländliche Arbeiter und Handwerker erforderlich ist. Die Bescheinigung unterliegt regelmäßig nicht der Nachprüfung durch die Gebühren erhebende Behörde, § 14 Abs 3 aaO.

b) Zur Förderung des Wohnungsbaues bestehen nach dem Ges über Gebührenbefreiungen beim **Wohnungsbau** vom 30. Mai 1953 BGBl I 273 = SaBl 553 /24. August 1965 BGBl I 954 = SaBl 1420, weitgehend Gebührenbefreiungen. Die Gebührenbefreiung ist ohne weiteres zu gewähren, wenn nach § 3 aaO der Nachweis geführt wird.

Dieses Gesetz über die Gebührenbefreiungen beim Wohnungsbau hat sehr an Bedeutung gewonnen und ist daher auch für die Praxis sehr wichtig.

Dazu *Rohs-Wedewer* Kommentierung in KostO, auch als Sonderdruck erschienen, *Buschmann* Nacherhebung von GBGebühren im sozialen Wohnungsbau BlGBW 1962, 188, *Höver* Zum Gesetz über Gebührenbefreiungen beim Wohnungsbau Rpfleger 1953, 335, *Krause-Dünow* Befreiung von Eintragungsgebühren bei Schaffung von Wohnungen DNotZ 1959, 467, *Rohs* Änderung des WohnBefrGebG Rpfleger 1965, 323, *Saage* Das Gesetz über Gebührenbefreiungen beim Wohnungsbau, DNotZ 1953, 284, Justiz 1953, 198, *Schneider* Die Gebührenbefreiung beim Wohnungsbau, BlGBW 1962, 263, *Wessel* Zum Gesetz über Gebührenbefreiungen beim Wohnungsbau BlGBW 1953, 221.

Nach § 1 WohnBefrGebG sind **Geschäfte**, die **überwiegend der Schaffung von öffentlich geförderten oder steuerbegünstigten Wohnungen oder Wohnräumen** iSd jeweils anzuwendenden WBG dienen, von den in der KostO (*Anh*) bestimmten **Gerichtsgebühren** mit Ausnahme der Beurkundungs- und Beglaubigungsgebühren befreit. Betrifft das Geschäft auch anderen Zwecken dienende Wohnräume und Räume, so ist der überwiegende Zweck maßgebend, der nach der Wohnfläche berechnet wird, wobei die Wohnflächenberechnung nach den zum 2. WBG erlassenen Vorschriften erfolgt, nämlich nach der 2. BerechnungsVO idF vom 1. August 1963 BGBl I 594 = SaBl 1032. Die Gebührenbefreiung gilt auch für Geschäfte, die den Erwerb eines unbebauten Grst betreffen, wenn das Grst zum Zwecke der gewinnfreien Weiterveräußerung an einen Dritten erworben wird, der auf dem Grst Gebäude errichtet, die überwiegend Wohnungen oder Wohnräume iSd WBG enthalten. Die Gebühren sind nachzuerheben, wenn nicht binnen 5 Jahren eine Weiterveräußerung zu diesem Zweck erfolgt, wobei auch die Bestellung eines Erbbaurechts möglich ist. Dient die 1. Weiterveräußerung eines bebauten Grst dem begünstigten Zwecke, so sind auch alle damit zusammenhängenden Geschäfte gebührenfrei, wenn binnen 5 Jahren nach der von der Beaufsichtsbehörde erteilten Erlaubnis zur Ingebrauchnahme das Bewohnen zu dem begünstigten Zwecke erfolgt; die Weiterveräußerung selbst braucht hier nicht gewinnfrei zu sein. Die Frist von 5 Jahren ist auch eingehalten, wenn der gerichtlich oder notariell beurkundete Vertrag, durch den die Verpflichtung zur Wetterveräußerung begründet wird, innerhalb dieser Frist abgeschlossen wird.

Der Notar hat eine Aufklärungspflicht, indem er die Beteiligten auf die Gebührenbefreiung und ihre Voraussetzungen hinweist, **OLG Stuttgart** BWNotZ 1964, 334 Ls; dazu jedoch *Vorbem 223*. Erfüllt ein Geschäft die gesetzlichen Voraussetzungen. so sind bereits gezahlte Gebühren zurückzuerstatten (dazu *Vorbem 208*), sofern sie nicht verwirkt oder verjährt sind (dazu *Vorbem 219*), **BayObLG** DNotZ 1965, 557.

Ein Gesamtprojekt wird wirtschaftlich als Einheit betrachtet, so daß auch die Errichtung von Garagen mit einzubeziehen ist, **BayObLG** JVBl 1965, 208 = DNotZ 1965, 766 Ls, auch nachträglich errichtete, **LG Essen** Rpfleger 1965, 91 = BWNotZ 1965, 132 Ls, ebenso die Löschung von dem öffentlichen Darlehen vorgehenden Rechten im GB, **KG** DNotZ 1956, 621, bei einem Wohnungseigentumsgrundstück Pfandfreigabe im Zuge der Baufinanzierung bei Schaffung von Wohneinheiten, **BayObLG** JurBüro 1965, 745 = DNotZ 1965, 766 Ls. Die Vergünstigung des Gesetzes tritt auch ein, wenn zur Sicherung eines Darlehens nicht das Grst des Bauherrn, sondern das eines Dritten belastet wird, **BayObLG** MDR 1965, 216 = DNotZ 1965, 559 = Rpfleger 1965, 83 = BWNotZ 1965, 132 Ls. Ein Grst ist zum Zwecke der Weiterveräußerung bebaut, wenn der Bauherr diese Zweckbestimmung zu irgendeinem Zeitpunkt vor Fertigstellung des Gebäudes getroffen hat, **AG Bensheim** DNotZ 1965, 561. Die Streitfrage, ob innerhalb der Frist von 5 Jahren auch die gerichtliche oder notarielle Beurkundung des Veräußerungsvertrags vorgenommen werden muß, ist durch die gesetzliche Änderung von 1965 für bebaute Grundstücke dahingehend entschieden, daß es genügt, wenn innerhalb der Frist der schuldrechtliche Verpflichtingsvertrag geschlossen ist; der dingliche Vertrag dh die Auflassung kann später erfolgen, *Rohs* aaO Rpfleger 1965, 323. Überholt sind also die gerichtlichen Entscheidungen mit gegenteiligem Standpunkt, wonach es sich bei der Frist um eine Ausschlußfrist gehandelt haben soll, gegen deren Versäumung auch keine Wiedereinsetzung zulässig ist und verlangt wurde, daß auch die Auflassung innerhalb der Frist vorgenommen werden müsse, insbes **BayObLG** DNotZ 1965, 558 = Rpfleger 1965, 86 = MittBayNotV 1965, 127 = BWNotZ 1965, 132 Ls, **OLG Hamm** JMBl NRW 1965, 107 = Rpfleger 1965, 341 (*Rohs*) = JVBl 1965, 89 = DNotZ 1965, 447 Ls. Ein vollzugsreifer Eintragungsantrag beim GBA genügt, *Rohs* aaO, **aA** (überholt) **OLG Bremen** Rpfleger 1965, 340 (*Rohs*). Für unbebaute Grundstücke gilt dies nicht, da lediglich bei § 1 Abs 3 aaO, nicht bei Abs 2 aaO die gesetzliche Ergänzung vorgenommen wurde; dazu *Rohs* aaO Rpfleger 1965, 323. Hier muß also die gewinnbringende Weiterveräußerung, auch die Eintragung im GB bzw die Vorlage eines vollzugsreifen Antrags innerhalb der Frist von 5 Jahren erfolgt sein.

Nach § 2 WohnBefrGebG sind auch die als **gemeinnützig anerkannten Wohnungsunternehmen** und die **Organe der staatlichen Wohnungspolitik** von der Zahlung der in der KostO (*Anh*) bestimmten **Gerichtsgebühren** befreit. Die Anerkennung der Gemeinnützigkeit eines Wohnungsunternehmens kann mit Rückwirkung bis auf den Tag der mündlichen Antragstellung ausgesprochen werden, **BayObLG** bayJMBl 1963, 348 = BWNotZ 1963, 305 Ls. Die Voraussetzungen für solche Wohnungsunternehmen und Organe der Wohnungspolitik ergeben sich aus §§ 1 ff. WGG.

Die Vergünstigungen werden nur gewährt bei **Nachweis** der gesetzlichen Voraussetzungen. § 3 WohnBefrGebG bringt **Erleichterungen** für den Nachweis. Die Gebührenbefreiung entfällt, wenn innerhalb von 5 Jahren der Bewilligungsbescheid oder eine Bescheinigung der zuständigen Stelle nicht vorgelegt werden kann; stehen während dieses Zeitraumes baurechtliche Hinderungsgründe entgegen, so entfällt die Gebührenbefreiung, wenn die Bescheinigung nicht innerhalb von 5 Jahren nach Wegfall des Hinderungsgrundes, spätestens innerhalb von 10 Jahren nach Abgabe der Versicherung des Bauherrn über die Voraussetzungen des § 3 Abs 1 aaO vorgelegt werden kann. Die Behörde kann sich in der Bescheinigung nach § 3 Abs 1 Z 1 Buchst c aaO den Widerruf für den Fall vorbehalten, daß die Wohnung endgültig nicht als steuerbegüngstigt anerkannt wird, **OVG Münster** DNotZ 1965, 560. Die Frist des § 3 Abs 2 aaO nach hM ist eine Ausschlußfrist und daher entfällt nach deren Ablauf die Gebührenbefreiung endgültig, **BayObLG** BayObLGZ 1964, 145 = BB 1964, 562 = Rpfleger 1964, 222 = JVBl 1964, 187 = JurBüro 1964, 514, **OLG Stuttgart** BWNotZ 1964, 334 Ls; **OLG Karlsruhe** Justiz 1966, 14, **LG Aachen** JVBl 1960, 284, **aA** (überholt) **OLG Celle** NdsRpfl 1964, 172 = Rpfleger 1964, 223 (*Rohs*), **OLG Düsseldorf** JMBl NRW 1964, 94 = Rpfleger 1964, 124 = JurBüro 1964, 301, **OLG Hamm** JVBl 1965, 209 = Rpfleger 1965, 342 (*Rohs*), JMBl NRW 1966, 70, **OLG Köln** DNotZ 1963, 356 = Rpfleger 1963, 58 = JVBl 1963, 41 = JurBüro 1962, 632 = MittRhRhNotZ 1962, 723 = BWNotZ 1963, 356 Ls, wonach in der Frist nur eine vorläufige Gebührenbefreiung erblickt wird; dazu auch *Rohs* Welche Rechtsfolgen hat die Versäumung der 5 Jahresfrist des § 3 Abs 2 S 2 WohnBefrGebG? Rpfleger 1964, 104, *Rohs-Wedewer* KostO WohnBefr GebG § 3 Bem V (d), *Wenz* Zur Auslegung des § 3 Abs 2 WohnBefrGebG JVBl 1963, 109. Da die Gesetzesänderung die Frist des § 3 Abs 2 aaO unberührt ließ, kann die angeführte hM als maßgebend bezeichnet werden; denn andernfalls hätte man ähnlich wie bei § 1 aaO auch hier eine Ergänzung vorgenommen, wie mit Recht *Rohs* aaO Rpfleger 1965, 323 betont.

V 227 5. **Flurbereinigung**

Bei der Durchführung der Flurbereinigung (dazu *§ 38 Bem 69ff.*) sind Geschäfte und Verhandlungen gebührenfrei, § 108 Abs 1 FlGB (*Anh*). Dies gilt insbes auch für Eintragungen in das GBuch.

Es handelt sich um eine sehr weitgehende Gebührenbefreiung, da sie für alle Geschäfte und Verhandlungen gilt, die der Durchführung der Flurbereinigung dienen — ein Ausdruck, der weiter zu fassen ist, als das Wort *erforderlich*; dazu *Seehusen* FlBG § 108 Bem 1 S 142. Die Gebührenfreiheit ist von der zuständigen Behörde nach § 108 Abs 2 FlBG (*Anh*) ohne Nachprüfung anzuerkennen, wenn die Flurbereinigungsbehörde versichert, daß ein Geschäft oder eine Verhandlung der Durchführung der Flurbereinigung dient. Dazu *Seehusen* FlBG § 108 Bem 4 S 145.

Für Nordrhein-Westfalen ist hinzuweisen auf AVJM vom 17. Dezember 1965 JMBl NRW 1966, 7 Erlaß von Gerichtsgebühren bei Maßnahmen zur Verbesserung der Agrarstruktur in einem Verfahren außerhalb der Flurbereinigung.

V 228 6. **Weitere Fälle**

Es sind ferner noch folgende Fälle zu erwähnen:

a) Zur Durchführung der **Bodenreform** sind landesrechtliche Vorschriften erlassen, die Gebühren- und Steuerfreiheit gewähren:

Baden-Württemberg Landesteil Baden Ges vom 27. Februar 1948 § 38 Gebühren- und Steuerfreiheit,

Nordrhein-Westfalen Ges vom 16. Mai 1949 § 31 Steuer- und Gebührenfreiheit,

Schleswig-Holstein Ges vom 8. Februar 1949 § 23 Steuerbefreiung.

b) Bei **landwirtschaftlicher Entschuldung** (dazu *Vorbem 130, § 38 Bem 46ff.*) besteht nach § 57 SchRG Gebührenfreiheit, und zwar einschl des Opferausgleichsverfahrens; dazu *Haegele* Beschränkungen Bem 170. Löschung des Entschuldungsvermerks erfolgt gemäß VO über die Löschung der Entschuldungsvermerke (LöschungsVO) vom

31. Januar 1962 BGBl I 67 = SaBl 229 (*Anh*). Nach Art 10 aaO ist das Verfahren vor dem Entschuldungsamt und die Löschung des Entschuldungsvermerks kostenfrei, also gebühren- und auslagenfrei (bez Gebühren und Auslagen *Vorbem 182, 183*), während für das Beschwerdeverfahren die KostO (*Anh*), und damit § 131 Abs 5 KostO (*Anh*) gilt (dazu *Vorbem 217/1*), wonach bei gebührenfreien Beschwerdeverfahren bei Erfolg der Beschwerde auch keine Auslagen erhoben werden; dazu *Haegele* aaO Bem 172. Diese Regelung gilt auch, wie aus Art 11 Abs 1 LöschungsVO hervorgeht, für die in Bayern nach dem Ges zur Abwicklung der landwirtschaftlichen Entschuldung vom 28. November 1949 BayBS III 133 und die in der brit Zone nach der VO zur Abwicklung der landwirtschaftlichen Schuldenregelung vom 5. Juli 1948 VOBlbritZ 199 durchzuführenden Verfahren. Es ist jedoch darauf hinzuweisen, daß nach § 7 Abs 2 EAbwG (*Anh*) die in Art 4 Abs 2 Z 5 der 9. DVOSchlRG bestimmte Gebührenfreiheit für Löschungen aufgehoben ist.

c) Im Bereich der **Sozialhilfe** gilt Kostenfreiheit nach § 118 SozialhilfeG (BSHG), der an die Stelle des § 28 FürsorgepflichtVO getreten ist. Es wird hiernach angeordnet, daß Geschäfte und Verhandlungen, die aus Anlaß der Beantragung, Gewährung oder des Ersatzes einer nach dem BSHG vorgesehenen Leistungen nötig werden, kostenfrei sind und daß dies auch für die in der KostO (*Anh*) bestimmten Gerichtskosten einschl der Beurkundungsbefreiungs- und Beglaubigungskosten gilt. Diese Regelung gilt auch für gerichtliche Verfahren nach dem FGG (*Anh*). Die Kostenbefreiungsvorschrift ist auch gegenüber Notaren anwendbar, § 144 Abs 2 KostO (*Anh*); dazu *Vorbem 235*.

Über persönliche Kostenbefreiung der Träger der Sozialhilfe über diese Regelung hinaus *Vorbem 230*.

d) Für **Sozialversicherung** sind §§ 115 bis 117 RVO einschlägig, die sich auf Rechtshilfe unter Regelung der Auslagenerstattung beziehen; dazu *Spohr* DFG, 1937 139.

Die Erteilung von GBAbschriften ist nicht gebührenfrei, JFG ErgBd 5, 102. Dagegen erstreckt sich die Gebührenfreiheit auf die Eintragung einer Sicherungshypothek für rückständige Beiträge, KGJ 39 (B), 3, vorbehaltlich der Zahlungspflicht des Vollstreckungsschuldners nach § 3 Z 4 KostO (*Anh*). Zu den von den Versicherungsträgern zu ersetzenden baren Auslagen gehören auch Schreibgebühren und Portoauslagen, JFG ErgBd 5, 102.

Über persönliche Kostenbefreiung der Versicherungsträger der Sozialversicherung darüber hinaus *Vorbem 230*.

e) Amtshandlungen bei Durchführung der Umwandlung oder Ablösung von **Holznutzungsrechten** nach § 24 Abs 1 VO zur Förderung der Nutzholzgewinnung vom 30. Juli 1937 RGBl I 876; über teilweise Verfassungswidrigkeit dieser VO **BayVerfGH** bayGVBl 1951, 155.

f) In einem Verfahren zur Gründung eines **Wasser- und Bodenverbandes** vorkommende Geschäfte nach § 172 Abs 1 der 1. WasserverbandsVO vom 3. September 1937 RGBl I 933. Über Aufklärungspflicht **OLG Oldenburg** DNotZ 1965, 744, im übrigen *Vorbem 223*.

Die Gebührenfreiheit bezieht sich insbes auf die Erteilung von GBuch- und Katasterauszügen und ähnlichen Urkunden. Die Befreiung ist ohne Nachprüfung zuzugestehen, wenn die Gründungsbehörde bescheinigt, daß das Geschäft für die Gründung des Verbandes erforderlich ist, §§ 112, 152, 172 Abs 2 aaO.

g) Bei **Änderung des Gemeindegebiets** sind nach den GemOrdnungen Rechtshandlungen aus Anlaß einer solchen Änderung regelmäßig befreit von Gebühren; dies gilt insbes für notwendige Berichtigungen, Eintragungen und Löschungen im GBuch. Über die einschlägigen Vorschriften *§ 2 Bem 64ff*.

h) Für die Gebiete des ehemaligen Landes **Preußen sind Ersuchen der Verwaltungsbehörden**, die **in einem öffentlichen Interesse** erfolgen, nach § 7 prGKG gebührenfrei; dazu *Güthe* GBO 1701.

V 229 **c) Persönliche Gebührenfreiheit**

Dazu *Güthe* GBO 1683 (1703ff.), *Lauterbach* Kostengesetze KostO § 11 Bem 2A, 3ff., *Rohs-Wedewer* KostO § 11 Bem IIff.

Die persönliche Gebührenfreiheit (dazu *Vorbem 222*) kommt nur jeweils den natürlichen und juristischen Personen zugute, für die die Vergünstigung vorgesehen ist.

Die gesetzliche Regelung ist in §§ 11 bis 13 KostO (*Anh*) erfolgt; ergänzend kommt auch hier wie bei der sachlichen Gebührenbefreiung früheres Reichsrecht, nunmehriges Bundesrecht und Landesrecht in Betracht, dazu auch *Vorbem 230ff.*, *234*.

1. Fälle von Gebührenbefreiung

Es ist auf folgende Fälle hinzuweisen:

a) Der **Bund** und die **Länder** nach § 11 Abs 1 KostO (*Anh*).

Die Befreiung bezieht sich auf die BRD und die ihr zugehörigen Länder dazu (*E 2 ff*), also auch auf Berlin und neuerdings auch auf das Saarland; dazu *Lauterbach* GKG § 2 Bem 2 (a), Kostengesetze KostO § 11 Bem 2(A), *Rohs-Wedewer* KostO § 11 Bem II (a), zum Land Berlin auch **OLG Braunschweig** Rpfleger 1951, 524 = DRspr IV (475) 38d.

Hierbei ist Voraussetzung, daß der Bund oder das Land an dem Geschäft unmittelbar beteiligt ist. Über Auslagenfreiheit *Vorbem 234*.

V 230 b) Die nach den Haushaltsplänen des Bundes oder eines Landes (dazu *Vorbem 229*) für dessen Rechnung **verwalteten öffentlichen Anstalten** nach § 11 Abs 1 KostO (*Anh*); über Auslagenfreiheit *Vorbem 234*.

Es ist erforderlich, daß die Kasse mit ihren gesamten Einnahmen und Ausgaben, nicht nur mit einem Nettoüberschuß, in den Haushaltsplan aufgenommen ist; dazu **RG** JW 1936, 2142, JVBl 1936, 272, *Lauterbach* Kostengesetze GKG § 2 Bem 2 (b), *Rohs-Wedewer* KostO § 11 Bem II.

Die bundesrechtliche Regelung läßt frühere landesrechtliche Vorschriften nicht mehr daneben bestehen; dazu *Güthe* GBO 1703, *Rohs-Wedewer* aaO, **aA** (überholt) **KG** JFG ErgBd 17, 6 = DFG 1937, 231, JVBl 1939, 10.

Gebührenfreiheit besteht deshalb für

die Deutsche Bundesbahn, die Deutsche Bundespost, die Bundesautobahnen, die Bundeswasserstraßen, die Bundesforstverwaltung, die beauftragten Stellen bei Verwaltung der HGA; dazu *§ 3 Bem 290*, *Höver* Rpfleger 1951, 486 = DRspr IV 475, 38e, *Lauterbach* Kostengesetze GKG § 2 Bem 2 (b), KostO § 11 Bem 2 (A). *Rohs-Wedewer* KostO § 11 Bem II (b). Die Träger der Sozialhilfe (dazu *Vorbem 228/c*) sind in Verfahren nach der ZPO ua von Gerichtskosten befreit, § 118 Abs 2 BSHG.

Dagegen gehören, sofern nicht eine nach § 11 Abs 2 KostO (*Anh*) aufrechterhaltene landesrechtliche Befreiungsvorschrift Platz greift, nicht hierher Gemeinden und sonstige Kommunalverbände, Universitäten, Akademien, Stiftungen, Versorgungsanstalten, Versicherungsträger der Sozialversicherung, soweit nicht Amts- oder Rechtshilfe in Betracht kommt (KGJ 43 B 320/45 B 338; dazu *Vorbem 228/d*), Landeszentralbanken, ferner private Unternehmungen, an denen der Staat beteiligt ist, wie zB eine Aktiengesellschaft, an der der Bund oder ein Land ganz oder überwiegend beteiligt ist.

Bei den Gemeinden und Gemeindeverbänden ist auf eine Besonderheit hinzuweisen. Grundsätzlich genießen sie die Kostenfreiheit nicht, wie bereits erwähnt wurde; dazu **BGH** BGHZ 13, 207 = Rpfleger 1955, 156, Rpfleger 1955, 157, *Lauterbach* aaO GKG § 2 Bem 2 (b), *Rohs-Wedewer* aaO Bem II (a). Dies gilt auch für Bremen, das selbständige Gemeinden hat; dazu *Lauterbach* und *Rohs-Wedewer* aaO. Anders ist es jedoch in Berlin und Hamburg, da bei diesen Staatstaaten zwischen Landes- und Gemeindeangelegenheiten nicht unterschieden wird und daher die Vergünstigung des Landes auch den Gemeinden zugute kommt; dazu *Lauterbach* und *Rohs-Wedewer* aaO.

c) Das **Rote Kreuz** nach Maßgabe der erlassenen landesrechtlichen Vorschriften (dazu *§ 32 Bem 45*), **OLG Köln** Rpfleger 1957, 91 (*Höver*), wozu auf folgendes LRecht hinzuweisen ist: **V 231**

Bayern BekJM betr Gebührenfreiheit für das Rote Kreuz vom 31. Mai 1948 JMBl 1948, 42 (Niederschlagung auf Antrag)

Hessen RdErlJM betr Gebührenfreiheit des Roten Kreuzes vom 26. Juli 1956 JMinBl 73

Niedersachsen RdErlJM betr Gebührenfreiheit des RotenKreuzes vom 18. Februar 1955 NdsRpfl 16

Rheinland-Pfalz LVJM betr Gebührenfreiheit für das Rote Kreuz vom 17. Januar 1955 rhpf JBl 11

d) **Blinden-Vereine** **V 232**

zB in Niedersachsen

RdErlJM betr Gebührenfreiheit der Deutschen Blindenbücherei, Gemeinnützige GmbH in Marburg, vom 2. März 1955 NdsRpfl 23

RdErlJM betr Gebührenfreiheit des Vereins der blinden Geistesarbeiter Deutschlands eV in Marburg vom 31. März 1955 NdsRpfl 42

e) Im Gebiet des früheren Landes **Preußen** nach § 8 prGKG **V 233**

die **öffentlichen Armen-, Kranken-, Arbeits- und Besserungsanstalten** sowie **milde Stiftungen** und **Gemeinden in Armenangelegenheiten**,

die **öffentlichen Volksschulen** sowie fie **gelehrten Anstalten** und **Schulen, Kirchen, Pfarreien** usw bei Vorlage eines Zeugnisses der zuständigen Staatsbehörde,

Dazu *Güthe* GBO (1703ff.

Zu den Kirchen iSd genannten Vorschrift zählen die öffentlich-rechtlichen Kirchen (dazu *§ 32 Bem 62ff.*), also auch die Neuapostolische Kirche; dazu **BVerfG** NJW 1965, 1427 = DNotz 1966, 52 = Rpfleger 1965, 268.

Niedersachsen

AVJM betr Kostenbefreiung bei der Umschreibung jüdischer Friedhöfe im GB vom 10. Mai 1960 NdsRpfl 125.

2. **Auslagenfreiheit ua** **V 234**

a) Die Gebührenfreiheit umfaßt nicht die **Auslagenfreiheit**; diese muß vielmehr zusätzlich angeordnet sein, **§ 12 Abs 2 KostO** (*Anh*), und zwar ob es sich um sachliche (dazu *Vorbem 223*) oder um persönliche Gebührenbefreiung (dazu *Vorbem 229*) handelt; dazu *Vorbem 222*.

Eine solche Anordnung enthält **§ 11 Abs 1 KostO** (*Anh*), so daß hier auch Auslagenfreiheit in Frage kommt; dazu *Vorbem 229, 230*.

Es kann aber nach **§ 11 Abs 2, 3 KostO** (*Anh*) darüber hinaus von Bundes- oder Landesrecht Auslagenfreiheit gewährt werden.

b) Die **persönliche Gebührenfreiheit** (dazu *Vorbem 229ff.*) erfährt eine **Einschränkung** durch **§ 12 Abs 1 KostO** (*Anh*). Die persönliche Gebührenbefreiung steht einer Inanspruchnahme als Kostenschuldner nicht entgegen, wenn einer der folgenden Fälle vorliegt:

Haftung nach bürgerlichem Recht, § 3 Z 3 KostO (*Anh*); dazu *Vorbem 197*,

Haftung als Erbe, § 6 KostO (*Anh*); dazu *Vorbem 197*,

Haftung als Anteilsberechtigter bei gerichtlicher Vermittlung der Auseinandersetzung eines Nachlasses oder eines Gesamtguts einer Gütergemeinschaft, § 116 Abs 6 KostO.

c) Wenn **mehrere Kostenschuldner als Gesamtschuldner** haften, § 5 KostO (*Anh*), so haften sie gemeinsam; dazu *Vorbem 199*. Genießt nun einer oder ein Teil von ihnen **persönliche Gebührenfreiheit** (dazu *Vorbem 229ff.*), so mindert sich nach **§ 13 KostO** (*Anh*) der Gesamtbetrag der Gebühren um den Betrag, den die befreiten Beteiligten an die Nichtbefreiten auf Grund gesetzlicher Vorschrift zu erstatten hätten. Hier sind insbes §§ 426, 449 BGB einschlägig, **OLG Hamburg** DNotZ 1956, 622, **OLG Köln** JMBl NRW 1964, 144, *Lauterbach* Kostengesetze KostO § 13 Bem 1, *Rohs-Wedewer* KostO § 13 Bem II. Nicht anwendbar ist § 13 KostO (*Anh*) im Falle des § 12 aaO; dazu *Rohs-Wedewer* KostO § 13 Bem III. Eine vertragliche Übernahme von Kosten durch den befreiten Beteiligten, die an sich der Nichtbefreite zu tragen hätte, beeinflußt die Zahlungspflicht des letzteren nicht; dazu **OLG Frankfurt aM** Rpfleger 1964, 187 (*Rohs*) = JurBüro 1964, 506, *Rohs-Wedewer* KostO § 13 Bem IV. Die Kosten der nach dem Kaufvertrag zu bestellenden Auflassungsvormerkung gehören nach § 449 BGB zu den vom Käufer zu tragenden und dem Verkäufer zu erstattenden Kosten, ebenso die Löschung der Auflassungsvormerkung; die Gebührenbefreiung des Käufers kommt dem Verkäufer zustatten, **OLG Neustadt** NJW 1964, 2117 = JurBüro 1964, 743. Dazu auch *Vorbem 193, 199, 205, § 25 Bem 47.*

V 235 **9. Kosten der Notare**

a) In der KostO (*Anh*) ist eine Regelung der Kosten der Notare in §§ 140ff. aaO erfolgt. Dem 1. Teil der KostO, der sich auf die Gerichtskosten bezieht und die §§ 1ff. umfaßt, ist der 2. Teil angegliedert, der die Notare betrifft. Die §§ 140 bis 157 enthalten nur die Abweichungen gegenüber dem Recht der Gerichtskosten. **§ 140 KostO** (*Anh*) stellt klar, daß die Kosten der Notare in der KostO geregelt sind, soweit nicht rechtlich etwas anderes bestimmt ist. Vereinbarungen über die Höhe der Gebühren sind unzulässig. Armenrechtsbewilligung gibt es auch im Bereiche des Notars; dazu *Rohs-Wedewer* KostO § 140 Bem III.

Nach **§ 141 KostO** (*Anh*) sind auf die Kosten der Notare die §§ 1ff. aaO anwendbar, soweit nicht §§ 142ff. aaO eine andere Regelung treffen. Zum Recht der Notariatskosten *Haegele* Merkbuch 325ff., Unterrichtsbriefe (Notariastskostenrecht, bearbeitet von *Grauel*).

Soweit in **Baden-Württemberg** die Gebühren für die Tätigkeit des Notars der Staatskasse zufließen, ist bei Festsetzung des Geschäftswerts (dazu *Vorbem 191*) und bei Kostenansatz (dazu *Vorbem 213ff.*) zur Entscheidung über Erinnerungen das Amtsgericht zuständig, **§ 142 KostO** (*Anh*); dazu *Rohs-Weaewer* KostO § 142 Bem a ff. Wenn dem Notar die **Gebühren** für seine Tätigkeit **ihm selbst zufließen**, so finden die in **§ 143 KostO** (*Anh*) aufgeführten Vorschriften keine Anwendung; dazu *Lauterbach* Kostengesetze KostO § 143 Bem 1, 2, *Rohs-Wedewer* KostO § 143 Bem a ff. Dies trifft für alle Länder (dazu *E 2ff.*) außer Baden-Württemberg zu, so daß dieser Vorschrift große Bedeutung zukommt. Nicht anwendbar sind §§ 14, 15, 16 Abs 2, § 17 Abs 1, 2, 3 S 1, § 31, § 137 Z 7, § 139 KostO (*Anh*); dazu *Vorbem 183, 213ff.*

b) Die **Kostenbefreiungsvorschriften** (dazu *Vorbem 222ff.*) finden auf Notare, denen die Gebühren selbst zufließen, nur im Umfange des **§ 144 KostO** (*Anh*) Anwendung. § 144 Abs 3 bis 5 aaO gilt nur für Befreiungsvorschriften, nicht für Ermäßigungen; dazu *Rohs-Wedewer* KostO § 144 Bem III e. Die in § 118 Abs 1 BSHG bestimmte Gebührenfreiheit (dazu *Vorbem 228/c*) gilt auch für Notare, § 144 Abs 2 KostO (*Anh*). Wo sachliche Gebührenfreiheit besteht (dazu *Vorbem 223ff.*), tritt hier eine Ermäßigung um 80% ein, § 144 Abs 3 S 1 aaO; dazu *Lauterbach* aaO KostO § 144 Bem 2, *Rohs-Wedewer* KostO § 144 Bem III g bis n. Bei persönlicher Gebührenfreiheit (dazu *Vorbem 229ff.*) gilt dasselbe gegenüber dem befreiten Kostenschuldner, § 144 Abs 3 S 2 aaO; dazu *Lauterbach* aaO Bem 3, *Rohs-Wedewer* aaO Bem III o ff. Stellt der persönliche befreite

Gebührenschuldner vor der Beurkundung eines Vertragsangebots bei dem Notar den Antrag auf Ermäßigung der Gebühr nach § 144 Abs 3 KostO (*Anh*), so haftet der Käufer, der die Kosten in der Annahmeurkunde gegenüber dem Notar übernommen hat, diesem nur für die ermäßigte Gebühr, weil § 144 Abs 3 S 2 HalbS 2 KostO aaO nicht anwendbar ist, **OLG Celle** NdsRpfl 1964, 246. Ob der Notar schadenersatzpflichtig ist, wenn er bei Beurkundung eines Vertrags die Beteiligten nicht auf Geführenermäßigungen hinweist, richtet sich nach den Einzelumständen; dazu **OLG Oldenburg** Rpfleger 1965, 339.

c) Auf die **Gebühren** selbst beziehen sich die §§ 145 bis 151 KostO, die nur teilweise für das GrstRecht einschlägig sind, §§ 152, 153 KostO betreffen die **Auslagen**; dazu *Vorbem 182, 183*.

§ 145 KostO (*Anh*) bezieht sich bei Entwürfen von Urkunden darauf, ob eine volle oder eine ermäßigte Gebühr erhoben werden kann; dazu *Bühling* Das Entwerfen von Urkunden ein Nebengeschäft des Notars? DNotZ 1966, 86, unter Ablehnung der Auffassung von **OLG Frankfurt aM** JurBüro 1962, 475 = KostRespr KostO § 145 Nr. 2 bez Vollmachtsentwürfen. Bei Änderung von Entwürfen eines GrstKaufvertrags kann der Notar eine Änderungsgebühr nach § 42 KostO (*Anh*) so lange nicht beanspruchen, als er ursprüngliche Entwurfsauftrag noch nicht abgeschlossen ist, es sei denn, daß durch die vorgenommenen Änderungen und Ergänzungen das Rechtsgeschäft auf eine neue Grundlage gestellt wird, **OLG Oldenburg** NJW 1966, 164 = BWNotZ 1966, 124 Ls.

Bei GrstVeräußerungen kann neben der Beurkundungs- oder Entwurfsgebühr und bei sonstiger Tätigkeit auch eine Gebühr für den Vollzug nach Maßgabe des **§ 146 KostO** (*Anh*) verlangt werden. § 146 Abs 1 aaO gilt auch für die badischen Notare, **OLG Karlsruhe** DNotZ 1961, 156 = Rpfleger 1960, 310. Strittig ist, ob § 146 Abs 1 KostO (*Anh*), der sich auf GrstVeräußerungsverträge bezieht, erweiternd ausgelegt werden kann. Man wird die Anwendung auf die Bestellung eines Erbbaurechts (dazu *§ 8 Bem 6*) verneinen; dazu *§ 8 Bem 58*. Die Begründung von Wohnungseigentum durch vertragliche Einräumung nach § 3 WEG (*Anh*) steht einer Veräußerung gleich (dazu *§ 3 Bem 476*) und läßt daher die Gebühr nach § 146 Abs 1 KostO (*Anh*) entstehen; dazu *Rohs-Wedewer* KostO § 146 Bem II (a). Dagegen liegt kein GrstVeräußerungsvertrag vor, wenn nach § 8 WEG (*Anh*) Wohnungseigentum durch Teilung begründet wird, wohl aber, wenn später geteiltes Wohnungseigentum verkauft wird; dazu *Rohs-Wedewer* aaO. Die Begründung von Wohnungserbbaurecht nach § 30 WEG (*Anh*) ist dem Erbbaurecht verwandt (dazu *§ 8 Bem 52ff.*) und wird daher im Rahmen des § 146 Abs 1 KostO (*Anh*) wie das Erbbaurecht, nicht wie das Wohnungseigentum behandelt werden müssen, so daß eine Vollzugsgebühr zu verneinen wäre; dazu *Rohs-Wedewer* aaO. Hat ein Notar, der zugleich Rechtsanwalt ist, einen GrstVerkauf beurkundet und zum Vollzug des Geschäfts die Erteilung einer Genehmigung oder eines Negativzeugnisses nach §§ 19, 23 BBauG (*Anh*) beantragt, so ist auch sein Widerspruch gegen den ablehnenden Bescheid der Verwaltungsbehörde der notariellen, nicht der Anwaltstätigkeit zuzurechnen und durch die in § 146 Abs. 1 KostO (*Anh*) vorgesehene Gebühr abgegolten, **BGH** NJW 1965, 1805 = JVBl 1965, 202 = DNotZ 1965, 562, 767 Ls.

§ 147 KostO (*Anh*) betrifft sonstige gebührenpflichtige Geschäfte und Nebentätigkeit; zum Nebengeschäft *Vorbem 185*. Der Notar erhält die volle Gebühr für eine mit seinem Dienstsiegel versehene Rangbestätigung, in der er tatsächliche Feststellungen über den Inhalt von GB und Grundakten bescheinigt, **OLG Braunschweig** DNotZ 1965, 700; dazu auch bez Gebühr für eine nicht gesiegelte Rangbestätigung und zum Geschäftswert der Rangbestätigung **OLG Düsseldorf** DNotZ 1965, 108, **OLG Hamburg** DNotZ 1957, 46 (DNotZ 1965, 700 Fußn 1). Die Einholung der Löschungsbewilligungen in Zusammenhang mit einem Kaufvertrag ist durch die

Beurkundungsgebühr des Notars für den Löschungsantrag mit abgeholten, **OLG Hamm** Rpfleger 1965, 185 = JVBl 1965, 139 = DNotZ 1965, 766 Ls.

Durch die Hebegebühr des **§ 149 KostO** (*Anh*) wird die gesamte mit der Verwahrung und Auszahlung des Geldes verbundene Tätigkeit des Notars abgegolten, also auch die durch den Notar vor der Auszahlung des Kaufpreises vorgenommene Prüfung der für die Auszahlung in dem Kaufvertrag bestimmten Voraussetzungen, **OLG Hamm** aaO.

Über Zuziehung eines 2. Notars nach **§ 151 KostO** (*Anh*) bei Beurkundung eines Kaufvertrags, weil einer der Vertragsbeteiligten blind ist, **SchlHOLG** JurBüro 1965, 731 = DNotZ 1965, 766 Ls.

d) Auf die **Kostenberechnung** usw beziehen sich §§ 154ff. KostO (*Anh*); dazu *Vorbem 200ff.*

Das Einfordern von Kosten erfolgt gemäß **§ 154 KostO** (*Anh*) bei Notaren, denen die Gebühren selbst zufließen; dazu unter *a dieser Vorbem.* Wenn Kosten angefordert werden, ist eine Kostenrechnung zu erstellen; dazu **BayObLG** BayObLGZ 1963, 141, *Lauterbach* Kostengesetze KostO § 154 Bem 2ff., *Rohs-Wedewer* KostO § 154 Bem 1ff, auch *Vorbem 213, 220.* Eine Kostenberechnung, die nicht unterschrieben ist, ist unwirksam. **BayObLG** DNotZ 1964, 562 = Rpfleger 1965, 186 = JVBl 1964, 149, **OLG Hamm** Rpfleger 1965, 311 (*Rohs*) = JVBl 1965, 207 = DNotZ 1965, 764 Ls.

Die Beitreibung der Kosten erfolgt nach **§ 155 KostO** (*Anh*) nach den Vorschriften der ZPO; dazu *Lauterbach* Kostengesetze KostO § 155 Bem 3, *Rohs-Wedewer* KostO § 155 Bem III, IV, auch *Vorbem 221.* Vollstreckungstitel ist eine vom Notar mit der Vollstreckungsklausel versehene Ausfertigung der Kostenrechnung; dazu *Rohs-Wedewer* aaO Bem II.

Einwendungen gegen die Kostenrechnung, die nach § 154 KostO (*Anh*) erstellt ist, und gegen die Erteilung der Vollstreckungsklausel können nach § 156 aaO erhoben werden. Zuständig ist das LG, wobei es auf einen Beschwerdewert nicht ankommt. Das Verfahren richtet sich nach dem FGG, soweit nicht Vorschriften der ZPO für anwendbar erklärt sind; dazu *Lauterbach* aaO KostO § 156 Bem 2, *Rohs-Wedewer* KostO § 156 Bem IIff., auch *Vorbem 215.* Weitere Beschwerde ist nur zulässig, wenn sie das LG wegen der grundsätzlichen Bedeutung zulässig und sie kann nur zu einer Überprüfung von Gesetzesverletzungen führen; dazu *Lauterbach* aaO Bem 3, *Rohs-Wedewer* aaO Bem VIff., auch *Vorbem 216.* Das Anweisungsverfahren der vorgesetzten Dienstbehörde des Notars nach § 156 Abs 5 KostO (*Anh*) setzt eine Beschwer voraus, während für das mit der Anweisung verfolgte Ziel keine Beschränkung besteht, **OLG Frankfurt aM** Rpfleger 1965, 377 = MittBayNotV 1966, 51 = DRspr IV (476) 83d.

Rückzahlung zuviel erhobener und angeforderter Kosten hat zu erfolgen, **§ 157 KostO** (*Anh*); dazu *Vorbem 208.* Wurde vollstreckt, so hat der Notar den dem Kostenschuldner entstandenen Schaden zu ersetzen.

V 236

10. Kosten der Rechtsanwälte

Die Kosten der Rechtsanwälte in GBSachen richten sich nach der **BRAGebO**; dazu *Vorbem 181.* Einschlägig sind für die Gebühren die §§ 118ff. BRAGebO, die für Verfahren der freiwilligen Gerichtsbarkeit gelten. Für die Wertfestsetzung gilt, wenn einschlägig, die KostO; dazu *Vorbem 191.*

Anwendbar sind auch die allgemeinen Vorschriften der BRAGebO über Gebühren und Auslagen, nämlich §§ 20ff. aaO, die sich teils auf Gebühren beziehen, nämlich bei Rat und Auskunft, Gutachten, Hebegebühren, im übrigen Auslagen betreffen, wie §§ 25ff. aaO. Über die Berechnung der Kosten bei Verlegung der Kanzlei nach Erteilung eines Auftrags § 30 aaO.

In gerichtlichen Verfahren bestimmt sich der Gegenstandswert nach § 8 Abs 1 BRAGebO, also nicht nach der KostO; dazu **BGH** BGHZ 3, 360 = JurBüro 1952, 230 § 546 ZPO Nr 5 (*Paulsen*), *Schumann* BRAGebO § 8 Bem A I 3e. In anderen Fällen sind nach § 8 Abs 2 BRAGebO für die Wertberechnung §§ 18ff. KostO (*Anh*) einschlägig; im einzelnen *Schumann* aaO Bem B. Zur Geschäftsgebühr für den Antrag des Rechtsanwalts auf Eintragung einer dinglichen GrstBelastung im GB auf Grund einer vom Gegner im Prozeßvergleich abgegebenen Eintragungsbewilligung nach § 118 BRAGebO **OLG Düsseldorf** JMBl NRW 1960, 259 = DRspr IV (477) 45c. Durch das Gesetz vom 30. Juni 1965 BGBl I 577 = SaBl 883 wurde auch § 118 BRAGebO abgeändert; dazu *Schumann* Probleme des neuen Gebührenrechts NJW 1966, 97.

§ 13

(Antrag)

(1) Eine Eintragung soll, soweit nicht das Gesetz ein anderes vorschreibt, nur auf Antrag erfolgen. Der Zeitpunkt, in welchem ein Antrag bei dem Grundbuchamt eingeht, soll auf dem Antrage genau vermerkt werden. Der Antrag ist bei dem Grundbuchamt eingegangen, wenn er einem zur Entgegennahme zuständigen Beamten vorgelegt ist. Wird er zur Niederschrift eines solchen Beamten gestellt, so ist er mit Abschluß der Nieder schrift eingegangen.

(2) Antragsberechtigt ist jeder, dessen Recht von der Eintragung betroffen wird oder zu dessen Gunsten die Eintragung erfolgen soll.

Übersicht:

1 I. Entstehung der Vorschrift und allgemeine Bedeutung

Dazu *Güthe* GBO § 13 Bem 1, 2

§ 13 Abs 1 S 3, 4 wurden durch die GBOÄndVO eingefügt.

§ 13 Abs 1 S 1 stellt den Antragsgrundsatz auf, indem bestimmt wird, daß Eintragungen in das GB grundsätzlich nicht von Amts wegen, sondern nur auf Antrag vorzunehmen sind. § 13 Abs 1 S 2 bis 4 geben die zur Durchführung des Grundsatzes erforderlichen Verfahrensvorschriften.

§ 13 Abs 2 behandelt die Antragsberechtigung.

2 II. Antragsgrundsatz

Dazu *Bauer* GBEintragungen Z 25, 26, *Brand-Schnitzler* GBSachen § 127, *Güthe* GBO § 13 Bem 2, *Hesse-Saage-Fischer* GBO § 13 Bem I 1, *Horber* GBO § 13 Bem 1, 2, *Krämer-Illner* GBPraxis § 127, *Meyer-Zöller* Unterweisungen Bem 165, *Ripfel* GBRecht 82ff., *Thieme* GBO § 13 Bem 1

1. Das **GBVerfahren** wird **von dem Antragsgrundsatz beherrscht**; dazu *E 14.* Der Grundsatz der Amtstätigkeit, das sog Offizialprinzip gilt in weitem Umfange für die Angelegenheiten der freiwilligen Gerichtsbarkeit, § 12 FGG (*Anh*). Im Eintragungsverfahren ist für die Anwendung kein Raum; dazu **KG** OLG 1, 382, Recht 1904, 339 Nr 1577, **OLG Stuttgart** JFG 9, 188 (190), ferner *§ 1 Bem 16.* Die Mot begründen dies damit, daß bei Eintragungen in das GB das Privatinteresse der Beteiligten, nämlich ihr Interesse an der Vollendung oder Sicherung eines dinglichen Rechtserwerbs, im Vordergrund steht und deshalb die Eintragung ihnen nicht aufgedrängt werden darf, sondern von ihnen begehrt werden muß.

Wird beim GBA eine **Urkunde eingereicht, ohne** daß in dem Begleitschreiben **besondere Anträge** gestellt sind, so hat der GBBeamte die gesamte Urkunde daraufhin zu **prüfen,** ob und welche gbamtliche Maßnahmen veranlaßt sind; uU hat er durch sachgemäße Belehrung oder Rückfragen dahin zu wirken, Zweifel aufzuklären und ergänzende Erklärungen zu veranlassen, **RG** RGZ 85, 409, DR 1942, 1413 = DNotZ 1942, 425.

3 2. Die Vorschrift des § 13 stellt den Antragsgrundsatz nur für Eintragungen auf; über Ausnahmen *Bem 7, 8.* Aber auch snost hat der **GBBeamte** regelmäßig nur dann **von Amts wegen** tätig zu werden, wenn das **Gesetz dies besonders vorschreibt,** wie zB bei der Erteilung des Hypotheken-, Grund oder Rentenschuldbriefes, § 56 (dazu jedoch § 57 Abs 3, §§ 63, 65, 66, 67 70 Abs 1), bei Bekanntmachungen der Eintragung, § 55 S 1, im Berichtigungszwangsverfahren, §§ 82, 83, im Verfahren zur Löschung gegenstandsloser Eintragungen, §§ 84ff., oder wenn seine Tätigkeit durch die dem GBA obliegende Pflicht, für die Erhaltung der Übereinstimmung des GB mit dem amtlichen GrstVerzeichnis und mit der wirklichen Rechtslage zu sorgen, geboten ist; dazu *Bem 6.* Ferner ist nicht ausgeschlossen, daß der GBBeamte uU auch sogar Ermittlungen von Amts wegen vornimmt, und, soweit Aufklärung geboten ist, von den Beteiligten Auskünfte verlangt oder solche an zuständiger Stelle erholt, **KG** OLG 5, 5, zB wenn es sich darum handelt, Bedenken gegen die Berechtigung zur Führung des Adelstitels zu beseitigen, **KG** OLG 9, 323, oder Zweifel darüber aufzuklären, ob über eine Briefhypothek der Brief bereits erteilt ist oder nicht, **KG** RJA 14, 64; dazu *§ 1 Bem 16.* Die Ermittlungspflicht des GBBeamten findet aber in § 29 ihre Grenze; die Beibringung der dort vorgeschriebenen Nachweise hat das GBA ausschließlich den Beteiligten zu überlassen; dazu **KG** OLG 6, 103/8, 321 sowie *§ 29 Bem 4ff.*

4 3. Die Regel des § 13 gilt insbes auch dann, wenn die Eintragung auf **Ersuchen einer Behörde** erfolgt, § 38; dazu *Bem 24.* Ist daher zB der GBBeamte gleichzeitig

Konkurs- oder Vollstreckungsrichter, so darf er die Eintragung des Konkurs- oder Beschlagnahmevermerks nicht ohne weiteres vornehmen, sondern er hat in seiner Eigenschaft als Konkurs- oder Vollstreckungsrichter das GBA um die Eintragung zu ersuchen und erst auf Grund dieses Ersuchens die Eintragung vorzunehmen; dazu *Güthe* GBO § 13 Bem 9, *Steiner-Riedel* ZVG § 19 Bem 2.

4. Im übrigen bezieht sich § 13 auf **Eintragungen jeder Art** einschl Löschun **5**
gen, und zwar gleichgüktig, ob sie der Rechtsänderung oder der GBBerichtigung dienen, ob sie auf Grund einer Eintragungsbewilligung oder im Wege der ZwV oder des Arrestes erfolgen, endlich auch auf Vormerkungen und Widersprüche; dazu *Vorbem 7.* Unter die Vorschrift fallen aber nur diejenigen Eintragungen, welche die Rechtsverhältnisse am Grst betreffen. Rein tatsächliche Angaben können von Amts wegen eingetragen und insbes berichtigt werden; dazu **KG** JFG 8, 241 und *§ 3 Bem 291.*

III. Tätigkeit von Amts wegen **6**

1. Eine Tätigkeit von Amts wegen ist abgesehen von den im Gesetz ausdrücklich vorgeschriebenen Fällen (dazu *Bem 3*) insbes veranlaßt (dazu für Bayern §§ 130 bis 132 bay DA, Vorschriften belehrenden Inhalts, *§ 2 Bem 4*),

a) zum Zwecke der Erhaltung voller **Übereinstimmung** der auf die Bezeichnung und Beschreibung der Grst im **Bestandsverzeichnis** der GBBlätter bezüglichen Eintragungen mit den Eintragungen im **amtlichen GrstVerzeichnis** nach § 2 Abs 2 (Liegenschaftskataster, Steuerbücher, Sachregister ua); dazu *§ 2 Bem 97ff.*,

b) wenn Anhaltspunkte dafür vorliegen, daß bez eines eingetragenen Rechtes die **Eintragung im GB nicht oder nicht mehr richtig** ist, ausgenommen die Fälle, in denen die Abtretung einer Briefhypothek, -grund oder -rentenschuld nicht in das GB eingetragen ist. In diesen Fällen darf jedoch die Berichtigung nicht ohne weiteres vorgenommen werden, sondern die Tätigkeit, die der GBBeamte von Amts wegen zu entwickeln hat, besteht hauptsächlich darin, daß er, soweit die Vornahme der die Berichtigung enthaltenden Eintragung von der Antragstellung abhängt, darauf hinwirkt, daß der Antrag gestellt wird. Zu diesem Zwecke soll er die Beteiligten darüber aufklären, welche Folgen für sie entstehen können, wenn sie die Berichtigung nicht herbeiführen. Eine Ladung vor das GBA wird nur dann zu erfolgen haben, wenn dies zur Erreichung des beabsichtigten Zweckes dringend geboten ist. Ein Zwang zum Erscheinen darf nicht ausgeübt werden; dazu *§ 1 Bem 25.* Von einem Vorgehen von Amts wegen darf abgesehen werden, wenn sichere Aussicht dafür besteht, daß die Beteiligten selbst demnächst die zur Berichtigung erforderlichen Anträge stellen werden. Besonderes gilt für das Berichtigungszwangsverfahren nach § 82. Dazu *Schmitt* GB und Wirklichkeit RPfliB 1912, 371. Über die Frage, ob das GBA die Erben durch Ordnungsstrafen dazu anhalten kann, Antrag auf GBBerichtigung zu stellen, *Saage* JW 1935, 996.

2. **Eintragungen von Amts wegen** dürfen nur vorgenommen werden, wenn **7**
dies **gesetzlich ausdrücklich vorgeschrieben** ist; dazu *§ 1 Bem 16*, auch *Brand-Schnitzler* GBSachen § 27, *Bruck* Offizialeintragungen in das GB in Preußen ZBlFG 1, 751, *Güthe* GBO § 13 Bem 3ff., *Horber* GBO § 13 Bem 1, 2, *Thieme* GBO § 13 Bem 3. § 17 findet bei solchen Eintragungen keine Anwendung; dazu *§ 17 Bem 3.*

Es kann sich um Vorschriften der GBO oder anderer Gesetze des Bundes- und Landesrechts handeln.

a) Es ist hinzuweisen auf **folgende Bestimmungen:**

nach der GBO

die Eintragung eines Widerspruchs oder einer Vormerkung nach § 18 Abs 2 S 1 und deren Löschung nach § 18 Abs 2 S 2, die Eintragung eines Widerspruchs gegen eine unter Verletzung einer gesetzlichen Vorschrift vorgenommenen Eintragung und die Löschung einer inhaltlich unzulässigen Eintragung, § 53,

die Löschung einer auf Anordnung des Beschwerdegerichts eingetragenen Vormerkung oder eines Widerspruchs im Falle der Zurücknahme oder der Zurückweisung der Beschwerde, § 76 Abs 2,

die Eintragung eines Widerspruchs gegen die Löschung eines zeitlich beschränkten Rechts, § 23 Abs 1, § 24,

die Führung eines gemeinschaftlichen GBBlattes und seine Aufhebung; dazu *§ 4 Bem 31ff.*,

die Mitübertragung der eingetragenen Rechte bei Übertragung eines Grst auf ein anderes Blatt, § 46 Abs 2.

die Anlegung von GBBlättern für nicht eingetragene buchungspflichtige Grst, § 7 Abs 1 GBOAVO (*GT 3*); dazu *§ 3 Bem 354ff.*,

die Löschung einer gegenstandslosen Eintragung, §§ 84ff.,

die Eintragungen im Verfahren zur Klarstellung der Rangverhältnisse, § 91 Abs 3, § 102 Abs 2, §§ 111, 113.

die Umschreibung eines unübersichtlich gewordenen GBBlattes, §§ 23, 28 GBVfg (*GT 4*; dazu *§ 3 Bem 369ff.*,

nach anderen Vorschriften, und zwar

nach **Bundesrecht** oder früherem **Reichsrecht**

die Anlegung eines besonderen Blattes für ein neurechtliches Erbbaurecht, § 14 ErbbauVO (*Anh*); dazu *§ 8 Bem 17ff.*,

die Anlegung besonderer Blätter für sonstige grstgleiche Rechte, *§ 3 Bem 12ff.*, bei Wohnungseigentum, *§ 3 Bem 466ff.*,

die Eintragung von Bauhypotheken unter Löschung des Bauvermerks nach § 27 Abs 2 BaufSG (*Anh*); dazu *Vorbem 112*.

Eintragung und Löschung des Umstellungsschutzvermerks nach § 4 Abs 1, § 5 Abs 1, 2, § 36 GBMG (*GT 2*); dazu *§ 3 Bem 233a, 234a*,

aus früherer Zeit

die Eintragung des Treuhändervermerks bei der Eintragung der Eigentümergrundschuld nach Art 7 des Zusatzabkommens vom 25. März 1923 über schweizerische Goldhypotheken, Art II § 1 Abs 2 des Ges vom 23. Juni 1923 RGBl II 284, die Löschung des Vermerks bei Erlöschen des Rechts des Treuhänders, § 5 der 3. AusfVO vom 9. Februar 1924 RGBl II 40 idF der 4. DurchfVO vom 30. Juni 1924 RGBl II 145, und die Wiedereintragung des Vermerks, wenn ein der ehemaligen Goldhypothek nachgehendes, der Eigentümergrundschuld vorgehendes Recht auf Grund des Aufwertungsgesetzes wieder eingetragen wurde, 6. AusfVO vom 6. Februar 1926 RGBl II 128.

oder nach **Landesrecht**,

zB für die Gebiete des ehemaligen Landes Preußen

der Vermerk über die Zugehörigkeit eines Grst zu einer Bahneinheit und die Löschung des Vermerks, § 15 Ges über die Bahneinheiten vom 8. Juli 1902 prGS 237,

die Eintragung des Enteignungsvermerks und dessen Löschung, § 24 Abs 4, § 33 Ges vom 11. Juni 1874 prGS 221;

über weitere Vermerke *§ 3 Bem 159, 160, 213*.

8 b) **In anderen Fällen** schreibt das Gesetz vor, daß **in Zusammenhang mit einer auf Antrag vorzunehmenden Eintragung** bestimmte Vermerke von Amts wegen einzutragen oder neue Blätter anzulegen sind.

Fälle dieser Art sind

nach der GBO

die Abschreibung eines GrstTeils, der mit einem Recht belastet werden soll, § 7 Abs 1,

die Berichtigung des nach § 9 Abs 1 S 1 eingetragenen Vermerks über ein subjektiv dingliches Recht im Falle einer Änderung oder Aufhebung des vermerkten Rechts, § 9 Abs 2, sowie der Hinweis auf diesen Vermerk auf dem Blatte des belasteten Grst, § 9 Abs 3,

die Vermerke über den Rang nach § 45,

die Vermerke über die Mitbelastung und deren ev fortgesetzte Berichtigungen, die notwendig werden, sowie über das Erlöschen der Mitbelastung, § 48,

die Eintragung des Rechts des Nacherben und seiner Befreiungen bei der Eintragung eines Vorerben, § 51,

die Eintragung der Testamentsvollstreckung bei der Eintragung eines Erben, § 52,

der Vermerk über die Erteilung eines neuen Briefes, § 68 Abs 3

nach anderen Vorschriften, und zwar

nach bundes- und früheren reichsrechtlichen sowie nach landesrechtlichen, zu letzteren zB

für die Gebiete des ehemaligen Landes

Preußen

die Löschung der auf einem Bergwerksblatt nach preußischem Recht eingetragenen Belastungen und die Übertragung der dem Bergwerk als Bestandteil zugeschriebenen Grst mit ihren Belastungen auf ein GrstBlatt im Falle der Schließung des Bergwerksblattes wegen Aufhebung des Bergwerkseigentums oder der Verleihungsurkunde, Art 25 Abs 2, 3 prAGGBO,

die Löschung der Vormerkung über die eingeleitete Begründung eines Rentenguts des Rentengutssperrvermerks, bei Umschreibung des Eigentums an einem Rentengut, § 12 Abs 3 letzter Satz Ges vom 7. Juli 1891 prGS 279 — im Gegensatz zu der Löschung des Vermerks nach dem preuß LandesrentenbankGes vom 29. Dezember 1927 prGS 283/1. August 1931 prGS 134, die nur auf Ersuchen erfolgen darf—,

die Anlegung eines besonderen Blatts für eine selbständige Kohlengerechtigkeit, Art 27 Abs 1 prAGGBO,

für Bayern

die Anlegung eines besonderen Blattes für ein Fischereirecht, eine Realgewerbeberechtigung oder ein einem Grst gleichstehendes Nutzungsrecht, wenn dasselbe veräußert oder belastet werden soll (anders in sonstigen Fällen, da im übrigen ein Antrag erforderlich ist), Art 17 Abs 2 AGGBO.

IV. Eintragungsantrag — § 13 Abs 1 S 1 9

Dazu *Bauer* GBEintragungen Z 25, *Brand-Schnitzler* GBSachen §§ 28, 29, *Güthe* GBO § 13 Bem 11 ff., *Haegele* GBRecht Bem 56 ff., *Hesse-Saage-Fischer* GBO § 13 Bem I, *Horber* GBO § 13 Bem 3 ff., *Krämer-Illner* GBPraxis §§ 125 ff., *Meyer-Zöller* Unterweisungen Bem 165, *Ripfel* GBRecht 82 ff., *Thieme* GBO § 13 Bem 1, 2, 4 ff.

1. Rechtsnatur des Antrags

Unter einem Antrag auf Eintragung in das GB versteht man das an das GBA gerichtete Begehren, eine Eintragung vorzunehmen, **KG** OLG 3, 227/4, 494, **OLG Jena** OLG 1, 6; über den Begriff der Eintragung *Bem 5, Vorbem 2 ff.* Darin allein, daß der durch die Eintragungsbewilligung Begünstigte die Eintragungsbewilligung zugleich mit dem Eintragungsantrag des Bewilligenden überreicht, ist eine selbständige Antragstellung des Begünstigten nicht zu erblicken, **RG** Recht 1911 Nr 2461.

Der Antrag ist im Gegensatz zur Eintragungsbewilligung nach § 19 keine rechtsgeschäftliche Willenserklärung, **KG** JFG 7, 335; dazu Mot 52, sowie *BGB-RGRK* BGB § 873 Vorbem 21 ff., Bem 23, *Brand-Schnitzler* GBSachen § 28, *Güthe* GBO § 13 Bem 11, *Hesse-Saage-Fischer* GBO § 13 Bem I 1a, *Horber* GBO § 13 Bem 3A, *Staudinger-Seufert* BGB § 873 Vorbem 14 (c), Bem 77 (d), *Thieme* GBO § 13 Bem 4. Enthält der Antrag zugleich eine materielle Eintragungsvoraussetzung, so unterliegt er den Vorschriften der Eintragungsbewilligung, § 30, **RG** RGZ 54, 384; dazu *Bem 12, 18.* Der Antrag bildet ebenso wie die Eintragungsbewilligung kein materiell-rechtliches Erfordernis der Rechtsänderung, sondern bezweckt lediglich, dem GBA den Anstoß zu geben, eine Eintragung vorzunehmen. Er ist daher eine reine **Verfahrenshandlung** dh eine prozessuale Handlung. Mit dem eigentlichen Eintragungsantrag werden nur solche Eintragungen begehrt, die nur auf Antrag vorgenommen werden können. Kein Antrag im eigentlichen Sinne ist daher die Anregung einer Eintragung, die von Amts wegen vorzunehmen ist oder vorgenommen werden kann; dazu *Bem 6 ff.*

Der **Antrag** ist erst **wirksam** gestellt, wenn er beim GBA eingeht, § 130 Abs 1, 3 BGB, deshalb genügt der Zugang an den Begünstigten nicht; dazu *Bem 10, 30.* Auch § 130 Abs 1 BGB ist auf ihn anzuwenden, so daß es unschädlich ist, wenn der Antragsteller nach Absendung des Antrags stirbt oder geschäftsunfähig wird; dazu **KG** KGJ 44, 174, HRR 1938 Nr 1124 = JW 1938, 2227, auch *Güthe* GBO § 13 Bem 11, *Hesse-Saage-Fischer* GBO § 13 Bem I 1a, *Horber* GBO § 13 Bem 3A, *Thieme* GBO § 13 Bem 4. Über Prüfung *Bem 21.*

Der Antrag ist **keine Verfügung** iSd BGB; dazu *Bem 21,* auch *Güthe* GBO § 13 Bem 19. Ein Minderjähriger kann, wenn er Begünstigter ist, den Antrag selbst stellen, da dieser ihm lediglich rechtlichen Vorteil bringt, § 107 BGB.

§ 181 BGB über das Selbstkontrahieren findet auf Eintragungsanträge keine Anwendung; denn unter das Verbot dieser Vorschrift fallen nur zweiseitige Rechtsgeschäfte sowie solche einseitige Erklärungen, die nicht empfangsbedürftig sind, **KG** SeuffA 56, 79; dazu *Palandt* BGB § 181 Bem 1, *Staudinger-Coing* BGB § 181 Bem 7, 22 ff. Da der Antrag nur ein einseitiges Begehren ist, so ist der Widerspruch des Gegners ohne Bedeutung.

Über **materiell-rechtliche Wirkungen** des Antrags § 878 mit § 873 Abs 2, §§ 875, 877 BGB und § 892 Abs 2 BGB. Zu **§ 878 BGB** *Vorbem 125.* Nach **§ 892 Abs 2 BGB** ist für den **öffentlichen Glauben** des GB maßgebender Zeitpunkt für die Kenntnis des Erwerbers eines Rechts, wenn die Eintragung in das GB erforderlich ist, die Zeit der Stellung des Antrags auf Eintragung oder, wenn die nach § 873 BGB erforderliche Einigung später zustande kommt, ist die Zeit der Einigung maßgebend. Es ist also, wenn die Einigung vorausgegangen ist, maßgebender Zeitpunkt der Eingang beim GBA, **BGH** NJW 1958, 2013/1959, 97 (*Rahn*) = DNotZ 1959, 36 bez einer Vormerkung; dazu *BGB-RGRK* BGB § 892 Bem 113 ff., *Güthe* GBO § 13 Bem 13, *Horber* GBO § 13 Bem 3C, *Palandt* BGB § 892 Bem 7, *Staudinger-Seufert* BGB § 892 Bem 48 ff. Über den mittelbaren Einfluß des Zeitpunkts des Antrags auf den Rang der beantragten Eintragung **§ 879 BGB** und §§ 17, 45 GBO; dazu *§ 17 Bem 23.*

10 2. Erklärung an das Grundbuchamt

Der Antrag richtet sich in allen Fällen an das GBA; dazu *Bem 9.* Dies gilt insbes auch von dem nach § 867 ZPO erforderlichen Antrag auf Eintragung einer Zwangshypothek, **RG** RGZ 48, 243, **KG** RJA 6, 57, OLG 1, 206, **OLG Jena** OLG 1, 6; dazu *du Chesne* ZBlFG 11, 1, *Stein-Jonas* ZPO § 867 Bem 1. Der Antrag muß dem GBA iSd § 130 Abs 1 BGB zugehen, falls er nicht zu Protokoll erklärt wird, **RG** GruchBeitr 61, 473, **KG** JFG 3, 388 (390), **OLG Hamburg** OLG 45, 86. Dazu *Güthe* GBO § 13 Bem 15. *Thieme* GBO § 13 Bem 7.

Es handelt sich also bei dem Antrag um eine empfangsbedürftige Erklärung, die beim GBA eingehen muß. Der Eingang beim GBA ist notwendig, wenn der Antrag wirksam werden soll; dazu *Brand-Schnitzler* GBSachen § 28, *Güthe* GBO § 13 Bem 15.

3. Form des Antrags 11

Der Antrag ist an keine Form gebunden, **RG** RGZ 54, 394, **KG** OLG 7, 193, **BayObLG** DNotZ 1956, 209; dazu *Brand-Schnitzler* GBSachen § 28, *Güthe* GBO § 30 Bem 11, *Haegele* GBRecht Bem 56ff., *Hesse-Saage-Fischer* GBO § 30 Bem III, *Horber* GBO § 30 Bem 3, *Thieme* GBO § 13 Bem 5. Für **Bayern** ist auf § 125 bayDA (belehrender Inhalt, *§ 2 Bem 4*) zu verweisen.

Der Antrag kann schriftlich oder mündlich gestellt werden. Wird er mündlich gestellt, so muß das GBA eine Niederschrift darüber aufnehmen, **RG** Recht 1911 Nr 2460, 2461. Ein Aktenvermerk genügt nicht; dazu *Güthe* aaO. Der schriftliche Antrag bedarf der Unterschrift nicht, wenn aus ihm selbst hervorgeht, von wem er herrührt, **KG** OLG 7, 193. Dies ist hM, insbes auch *Achilles-Strecker* GBO § 30 Bem 1 (b), *Güthe* aaO, *Horber* GBO § 30 Bem 3 (a), *Josef* ZBlFG 5, 817, **aA** (überholt) *Predari* GBO § 13 Bem 1. Deshalb genügt auch ein Faksimilestempel als Unterschrift, ebenso telegraphische Stellung des Antrags; dazu *Güthe* aaO, *Predari* GBO § 30 Bem 1. § 126 BGB gilt hier nicht. Durch das Fehlen einer Orts- oder Zeitangabe wird die Gültigkeit des Antrags nicht beeinträchtigt, **KG** Recht 1908 Nr 1648. Ein Eintragungsantrag kann auch in einem Testament enthalten sein, **aA** (überholt) **KG** KGJ 44, 174.

Nur dann, wenn durch den Antrag die Eintragungsbewilligung ersetzt werden soll, bedarf er nach **§ 30** der in § 29 vorgeschriebenen Form; dazu *Bem 18*, *§ 30 Bem 2ff.*

4. Inhalt des Antrags 12

Dazu *Brand-Schnitzler* GBSachen § 29, *Güthe* GBO § 13 Bem 22ff., *Haegele* GBRecht Bem 56ff., *Hesse-Saage-Fischer* GBO § 13 Bem *I 1c*, *Horber* GBO § 13 Bem 4, *Krämer-Illner* GBPraxis § 126, *Meyer-Zöller* Unterweisungen Bem 165, *Ripfel* GBRecht 82, *Thieme* GBO § 13 Bem 6

a) Allgemeines

1. **Besondere Vorschriften** über den Inhalt des Antrags bestehen **nicht.** Insbes ist ein besonderer Wortlaut nicht vorgeschrieben; es genügen Ausdrücke wie „ersuchen", „bitten" ua. Ob in der Eintragungsbewilligung nach § 19 ein Antrag zu erblicken ist, ist eine Auslegungsfrage; dazu *Bem 9, 13, 18*. Bejahung kann vor allem in Frage kommen, wenn die Bewilligung von dem Bewilligenden selbst beim GBA eingereicht wird; dazu *Güthe* GBO § 13 Bem 22.

Dazu für **Bayern** § 126 bis 128 bayDA (Vorschriften belehrenden Inhalts, *§ 2 Bem 4*).

2. Für die **Auslegung** des Eintragungsantrags gelten die allgemeinen Grundsätze; dazu **BayObLG** 13, 727/19, 239, auch *Haegele* GBRecht Bem 62 sowie *Vorbem 12*, *§ 19 Bem 22*. 13

Es gilt die Auslegungsregel des § 133 BGB; es ist nach dem wirklichen Willen zu forschen und nicht an dem buchstäblichen Sinn des Ausdrucks zu haften, **BayObLG** BayObLGZ 1952, 24 = DRspr I (113) 61c, **OLG Frankfurt aM** Rpfleger 1956, 193 = DRspr IV (473) 37b, **OLG Hamm** JMBl NRW 1959, 66, Rpfleger 1957, 117, **OLG Karlsruhe** DNotZ 1958, 257 (*Westermann*); dazu *§ 3 Bem 251*, *§ 18 Bem 144*. Umdeutung iSd § 140 BGB ist nur in beschränktem Umfange möglich, **BayObLG** BayObLGZ 1953, 333 = NJW 1953, 1914 = DNotZ 1954, 31 = DRspr I (113) 73b, **OLG Hamm** JMBl NRW 1957, 92 = Rpfleger 1957. 19 (*Haegele*) = DRspr IV (473) 40c; dazu *Hieber* DNotZ 1954, 303 = DRspr I (113) 78f., im übrigen *§ 18 Bem 144*.

So ist ein Antrag auf Vollzug einer Eintragung, deren unerläßliche Voraussetzung eine andere Eintragung bildet, dahin auszulegen, daß alle Eintragungen beantragt werden sollen, die zur Erreichung des Endzwecks erforderlich sind, zB Eintragung der Pfändung vor Löschung der zur Einziehung überwiesenen Hypothek auf Antrag des Pfandgläubigers, **BayObLG** 19, 22. In dem Antrag auf nachträgliche Bildung eines Hypothekenbriefes ist der Antrag auf Eintragung der Aufhebung der Bestimmung enthalten, daß die Erteilung des Briefs ausgeschlossen ist, **KG** KGJ 28, 151. Im Zweifel ist die zulässige Eintragung als gewollt anzusehen, **KG** JW 1924, 2047. Geht ein Antrag ein, dessen **Tragweite zweifelhaft** ist, so hat das GBA vor Verbescheidung des Antrags den Versuch zu machen durch Rückfrage bei dem Antragsteller den Zweck des Antrags zu klären.

Ein Eintragungsantrag muß, wie sich aus § 13 ergibt, nicht nur klar ergeben, daß eine Eintragung in das GB begehrt wird, sondern auch, daß diese Eintragung alsbald erfolgen soll. Ein **Antrag unbestimmter Art**, etwa auf Eintragung einer demnächstigen Löschung für eine entstehende bzw entstandene etwaige Eigentümergrundschuld, wenn gänzlich ungewiß ist, ob und wann die Voraussetzungen eintreten, ist unzulässig. Wenn der Antrag in einer Urkunde enthalten ist, etwa in einem notariellen Vertrag, so muß der Wille der Vertragsbeteiligten in der Urkunde einen angemessenen Ausdruck gefunden haben, **BayObLG** BayOBLGZ 1966, 155, **OLG Neustadt** DNotZ 1965, 613. Ist dies nicht der Fall und ergibt sich der Wille des Beantragenden nicht aus den zusätzlichen Erklärungen, so ist der Antrag zurückzuweisen, **OLG Neustadt** aaO. Im übrigen dazu *Bem 14ff*. Dazu **OLG Hamm** JMBl NRW 1956, 80 = DRspr IV (473) 36c, auch *Bem 14, 18*.

Bei der **Eintragung** in das **GBA** an die **Textierung** des Eintragungsantrags nicht gebunden; dazu *§ 3 Bem 251*. Über Auslegung von Eintragungen im GB *§ 13 Vorbem 12*.

14 **b) Notwendiger Inhalt des Antrags**

Der Antrag muß mindestens enthalten
die Person des Antragstellers und
den Inhalt der begehrten Eintragung.

1. Wer **Antragsteller** ist, muß ersichtlich sein; dazu *Güthe* GBO § 13 Bem 23, *Horber* GBO § 13 Bem 4 Ab. Von wem der Antrag eingereicht wird, ist gleichgültig. Wenn ein **Unbeteiligter** formell und materiell genügende Anträge der Beteiligten dem GBA zur Erledigung **vorlegt**, darf die Verbescheidung der Anträge nur dann abgelehnt werden, wenn aus den Umständen erhellt, daß die Vorlegung gegen den Willen der Beteiligten oder zB versehentlich erfolgt ist, **KG** OLG 7, 189, KGJ 28, 265. Nötigenfalls muß sich das GBA mit dem Antragsteller zwecks **Aufklärung** in Verbindung setzen; dazu *Bem 13, 18*. Über Unterschrift und Form *Bem 11*, über Haftung *Bem 22*.

15 2. Der **Inhalt** der begehrten Eintragung muß aus dem Antrag hervorgehen; dazu *Brand-Schnitzler* GBSachen § 29, *Güthe* GBO § 13 Bem 24, *Hesse-Saage-Fischer* GBO § 13 Bem I 1c, *Horber* GBO § 13 Bem 4 Ac, *Thieme* BGO § 13 Bem 6. Über Auslegung *Bem 13*.

Insbesondere ist das einzutragende Recht unzweideutig zu bezeichnen, zB bei einer Hypothek auch die durch die Hypothek zu sichernde Forderung. Auch die Person des Berechtigten (dazu *Bem 14*) muß ersichtlich sein. Bei mehreren muß auch das Anteilsverhältnis wegen § 47 ersichtlich sein, da der Fall des § 47 nicht zu dem nur zulässigen Inhalt des Antrags (dazu *Bem 17*) gehört; so auch **OLG Neustadt** DNotZ 1965, 613, *Güthe* GEO § 13 Bem 25, **aA** (überholt) **OLG Colmar** OLG 8, 155. Auch das Grst, bei dem die Eintragung erfolgen soll, muß aus dem Antrag hervorgehen. Diese

Angaben müssen aus einer etwaigen Eintragungsbewilligung ersichtlich sein; wo eine solche fehlt, muß der Antrag diese Angaben enthalten; dazu *Güthe* aaO. Dem § 28 braucht der Antrag nur zu entsprechen, wenn er zugleich die Eintragungsbewilligung ersetzen soll oder eine solche nicht erforderlich ist, dazu **KG** JFG 15, 362; dazu *Brand-Schnitzler* aaO.

Bedingte Anträge, auch Eventualanträge, sind unzulässig; dazu *§ 16 Bem 4.*

3. **Antrag und Eintragungsbewilligung** müssen sich **inhaltlich decken**, **16**
KG RJA 10, 60, **BayObLG** BayObLGZ 1948/51, 508 = MittBayNotV 1952 Nr 3 = RhNotKMitt 1952 Nr 13 S 177 (Z 17), **OLG Jena** RJA 11, 144, **LG Köln** DNotZ 1955, 398 = DRspr IV (473) 32b; dazu auch *Brand-Schnitzler* GBSachen § 29, *du Chesne* BayNotV 1908, 33, *Güthe* GBO § 13 Bem 24, *Hesse-Saage-Fischer* GBO § 13 Bem I 1c, *Horber* GBO § 13 Bem 4 Ac, *Predari* GBO § 13 Bem 7, *Thieme* GBO § 13 Bem 6. Der Antrag darf insbes nicht auf mehr oder auf weniger, vor allem nicht auf einen größeren oder kleineren Betrag, lauten als die Eintragungsbewilligung, auch nicht in der Rangbestimmung der Eintragungsbewilligung widersprechen, **KG** OLG 1, 456; dazu *Güthe* aaO, *Thurnau-Förster* GBO § 13 Bem A I 6. Ist die Eintragung einer verzinslichen Hypothek bewilligt, so darf nicht die Eintragung einer unverzinslichen Hypothek beantragt werden, **KG** OLG 5, 292; dazu *Güthe* aaO. Ist die Eintragung einer Gesamthypothek bewilligt, so kann nicht die Eintragung an nur einem einzelnen Grst beantragt werden. Lautet die Bewilligung auf eine Vormerkung, so kann nicht die Eintragung des Rechts beantragt werden; dazu **RG** RGZ 60, 392. Nur dann darf der Eintragungsantrag gegenüber der Eintragungsbewilligung eingeschränkt werden, wenn letztere dies ausdrücklich gestattet oder wenigstens in diesem Sinne ausgelegt werden kann, **KG** OLG 5, 292 (293), **BayObLG** BayObLGZ 1950/51, 508 (515); dazu *Hesse-Saage-Fischer* GBO § 13 Bem I 1c. Ferner kann, wenn die Bewilligung mehrere nach dem Willen der Beteiligten voneinander unabhängige Eintragungen betrifft, der Antrag auf eine dieser Eintragungen beschränkt werden; dies gilt nicht, wenn die verschiedenen Anträge in innerem Zusammenhang stehen, **KG** OLG 7, 189; dazu *Güthe* aaO.

Eine Ausnahme von dem Grundsatz, daß Eintragungsantrag und Eintragungsbewilligung inhaltlich übereinstimmen müssen, gilt in dem Falle, daß der einzutragende Berechtigte vor der Eintragung stirbt. Hier bedarf es zur Eintragung des oder der Erben des Berechtigten keiner neuen Eintragungsbewilligung; erforderlich ist nur neben dem Nachweis der Erbfolge ein Antrag auf Eintragung des oder der Erben, **KG** JFG 7, 325, **BayObLG** 33, 301; dazu *Güthe* GBO § 19 Bem 50.

Tritt **an die Stelle der Eintragungsbewilligung eine andere Urkunde**, insbes im Falle der GBBerichtigung oder einer Eintragung im Wege der ZwV, zB ein Urteil, ein Schuldtitel oder ein Erbschein, so muß der Antrag die in § 28 vorgeschriebene Angaben enthalten und mit der Urkunde inhaltlich übereinstimmen, **KG** OLG 6, 407. Doch kann der Antrag auf Eintragung einer Zwangshypothek auf Grund eines vollstreckbaren Schuldtitels auch auf eine geringere Summe lauten als der Titel, **RG** RGZ 71, 315, **KG** RJA 10, 60, KGJ 50, 154; dazu *Güthe* GBO § 13 Bem 24.

In dem Antrag kann **auf die Eintragungsbewilligung** nach § 19 **Bezug genommen** werden; der Antrag kann sich also darauf beschränken, die bewilligte Eintragung zu begehren, **KG** OLG 4, 82; dazu *Güthe* GBO § 13 Bem 24. Dagegen darf die Eintragungsbewilligung nicht lediglich auf den Antrag Bezug nehmen, **KG** HRR 1929 Nr 1943.

c) Sonstiger Inhalt des Antrags **17**

Der Eintragungsantrag kann neben diesem notwendigen Inhalt (dazu *Bem 14ff.*) noch zusätzlich weiteren erlaubten Inhalt haben; dazu *Güthe* GBO § 13 Bem 25, *Horber* GBO § 13 Bem 4B. Es kommen insbes in Betracht:

die Bestimmung, daß von mehreren Eintragungen die eine nicht ohne die andere vorgenommen werden soll, § 16 Abs 2,

Bestimmungen über das Rangverhältnis, § 45 Abs 3,

eine von der Regel des § 60 Abs 1 abweichende Bestimmung über die Person des Briefempfängers, § 60 Abs 2,

Anträge auf Erteilung von Briefen nach §§ 63, 65, 67.

Die Eintragungsbewilligung nach § 19 braucht nichts über diesen zulässigen Inhalt zu enthalten; dazu *Güthe* GBO § 13 Bem 25.

Termine zur Entgegennahme von Anträgen und Erklärungen beraumt das GBA an, und zwar nach seinem Ermessen; dazu *§ 1 Bem 29.b* Beteiligte können während der Geschäftszeit erscheinen; dazu *§ 1 Bem 29.* Man wird derartige Anregungen von Terminsanberaumungen seitens eines Beteiligten nicht unter das Antragsrecht einreihen; dazu *Güthe* GBO § 13 Bem 8.

18 **d) Eintragungsbewilligung und Antrag**

Stellt sich der Antrag als eine in Antragsform gekleidete Eintragungsbewilligung nach **§ 19** dar, soll er also zugleich eine materielle Eintragungsvoraussetzung ersetzen, so gelten für den Inhalt des Antrags die für die Eintragungsbewilligung maßgebenden Vorschriften, **RG** RGZ 54, 385, **KG** RJA 8, 61; dazu *§ 19 Bem 2ff.* Für seine Form gilt dann **§ 30**; dazu *Bem 11.*

Darüber, ob in der Eintragungsbewilligung ein Antrag zu erblicken ist, *Bem 9, 12.* Enthält die Eintragungsbewilligung auch den Antrag, so bedarf es eines weiteren Antrags nur, wenn die Urkunde erkennbar ohne den Willen der Beteiligten eingereicht wurde, **KG** KGJ 28, 88; dazu *Bem 14.*

19 **5. Zurücknahme und Änderung des Antrags**

a) Der Eintragungsantrag ist bis zur Vollendung der Eintragung **zurücknehmbar, OLG Düsseldorf** NJW 1956, 876; dazu *Hesse-Saage-Fischer* GBO § 13 Bem I 1d, *Horber* GBO § 13 Bem 8a, im übrigen *§ 31 Bem 2ff.*

Eine von dem eingetragenen Eigentümer bewilligte und beim GBA beantragte Hypothekeneintragung kann nicht deshalb versagt werden, weil seine Erben durch Antragszurücknahme zu erkennen gegeben haben, daß sie die Bewilligung verweigern wollen, **KG** JR 1951, 761. Über unwiderrufliche Eintragungsanträge *Haegele* Gibt es unwiderrufliche Eintragungsanträge? Rpfleger 1957, 293, *Köhler* Unwiderrufliche Anträge an das GBA ZfgesKrW 1951, 594, *Wirth* WürttNV 1951, 191. Zur Frage, wie der Gläubiger eines neu einzutragenden Grundpfandrechts wirksam davor geschützt werden kann, daß der GrstEigentümer den Antrag auf Eintragung des Grundpfandrechts nachträglich zurücknimmt oder sonst die Eintragung des Grundpfandrechts vereitelt, MittRhNotR 1952 Anl II zu Nr 15 S 217.

Ist von mehreren Miterben die Umschreibung einer ihnen gemeinschaftlich zustehenden Hypothek beantragt und nimmt einer derselben später seinen Antrag zurück, so behalten die übrigen Anträge ihre Wirkung; es ist nur auf den zurückgenommenen Antrag nicht mehr einzugehen, **KG** HansRGZ 1939 B 19 = Recht 1939 Nr 4645.

20 b) Eine **Abänderung** des Eintragungsantrags ist, solange die beantragte Eintragung nicht vollzogen ist, zulässig, und zwar ohne Rücksicht auf den Inhalt der zugrunde liegenden Eintragung, **KG** OLG 43, 176. Von mehreren (dazu *Bem 47*) gestellte Anträge können nur gemeinschaftlich abgeändert werden, insbes wenn eine Verbindung von Anträgen nach § 16 Abs 2 vorliegt, **KG** OLG 43, 176; dazu *§ 16 Bem 13.* Ein **Verwirken** des Antrags tritt nicht ein, **OLG Frankfurt aM** DNotZ 1954, 194. Ein zurückgenommener Antrag kann neu gestellt werden, ein wiederholter Antrag ist als Neuantrag aufzufassen, **KG** HRR 1928 Nr 587, *Horber* GBO § 13 Bem 8 (f).

6. Prüfung des Antrags 21

Das **GBA hat stets zu prüfen**, ob ein wirksamer Antrag vorliegt (dazu *Bem 9ff.*) und ob der Antrag von einer hierzu berechtigten Person (dazu *Bem 40ff.*) ausgeht. Dies gilt insbes dann, wenn eine Urkunde vorgelegt wird, die mehrere Erklärungen enthält, welche sich als Eintragungsgrundlagen eignen. Auch die Rechtsfähigkeit, die Geschäftsfähigkeit und gegebenenfalls die Vertretungsmacht des Antragstellers unterliegen der Prüfung des GBA; dazu *Bem 49, § 18 Bem 98ff., § 19 Bem 76, 77.* Der Antragsteller muß im Zeitpunkt des Eingangs des Antrags beim GBA rechts- und geschäftsfähig sein; ist er vorher gestorben oder geschäftsunfähig geworden, so genügt es, senn er im Zeitpunkt der Absendung des Antrags rechts- und geschäftsfähig war, § 130 Abs 2 BGB, **KG** KGJ 44, 174. Eine Prüfung der Verfügungsbefugnis kommt nicht in Betracht, da der Antrag keine Verfügung darstellt; dazu *Bem 9.* Über **Aufklärungspflicht** *Bem 13, 14,* über Bearbeitung von GBAnträgen DNotZ 1941, 147.

Dazu für Bayern § 53 bayDA, für Württemberg § 68 GBVO (*GT 24*).

7. Verletzung des Antragsgrundsatzes 22

Die Vorschrift des § 13 Abs 1 S 1 ist nur eine **Ordnungsvorschrift, RG** JR 1926 Nr 938, **LG Lübeck** SchlHA 1965, 213; dazu *Horber* GBO § 13 Bem 3B. Deshalb bildet ihre Beachtung keine Voraussetzung für die materielle Wirksamkeit der Eintragung. Ein Verstoß des GBBeamten gegen die Bestimmung steht dem sonst materiell gerechtfertigten Eintritt der Rechtsänderung nicht entgegen. Durch eine Verletzung des § 13 wird auch das GB nicht unrichtig; es besteht weder ein Anspruch auf Berichtigung iSd § 894 BGB, noch ist Raum für ein Verfahren nach § 53. Wohl aber begründet eine Nichtbeachtung der Vorschrift eine Amtshaftung (dazu *§ 11 Bem 20ff.*) für den aus der ordnungswidrigen Eintragung entstehenden Schaden.

Dies gilt sowohl dann, wenn eine Eintragung überhaupt ohne Antrag vorgenommen wird, als auch dann, wenn der Antrag von einem nicht hierzu Berechtigten gestellt war, **RG** RGZ 54, 384; dazu *Achilles-Strecker* GBO § 13 Bem 3, *Güthe* GBO § 13 Bem 3, im übrigen *Bem 14, 18.*

8. Zwang zur Antragstellung 23

Grundsätzlich besteht **kein Zwang** zur Antragstellung. Eine Ausnahme enthält § 82. Als eine Ausnahme kann auch § 14 angesehen werden. Dazu *Güthe* GBO § 13 Bem 14.

Durch verspätete Beantragung der GBEintragung tritt **keine Verwirkung** von Rechten aus einem GrstVertrag ein. Die Grundsätze über die Verwirkung sind auf einen solchen Eintragungsantrag nicht anwendbar. Dazu **OLG Frankfurt aM** DNotZ 1954, 194 = DRspr I (120) 42d.

V. Entgegennahme des Antrags und Eingangsvermerk 24
§ 13 Abs 1 S 2, 3, 4

1. Allgemeines

Der **Zeitpunkt,** in dem ein Antrag beim GBA eingeht, ist wegen der Bestimmungen der §§ 17, 45 GBO und des § 892 BGB von erheblicher rechtlicher Bedeutung. Deshalb bestimmt § 13 Abs 1 S 2, daß dieser Zeitpunkt auf dem Antrag genau zu vermerken ist, und regelt § 13 Abs 1 S 3, 4, wann der Antrag als beim GBA eingegangen gilt.

§ 13 Abs 1 S 2 bezieht sich nur auf **Eintragungsanträge**. Gleichgültig ist, ob der Antrag schriftlich eingereicht oder zur Niederschrift eines GBBeamten erklärt wird. Den Anträgen stehen **Ersuchen** um Eintragung in das GB iSd § 38 gleich; dazu *Bem 4.* Unerheblich ist der Zeitpunkt des Eingangs der dem Antrag zugrunde liegenden Urkunden, insbes der Eintragungsbewilligung.

Für **sonstige beim GBA eingehende Schriftstücke und Sendungen** gelten die für das AG allgemein bestehenden Vorschriften über die Annahme und Behandlung solcher Eingänge, § 18 GBOGeschO (*GT 15*). **Beschwerden** sind regelmäßig nicht als Eintragungsanträge zu behandeln, auch wenn sie auf neue Tatsachen oder neue Beweismittel gestützt werden, da über Eintragungsanträge zuerst das GBA zu entscheiden hat; dazu *§ 71 Bem 54, § 74 Bem 3, 4.*

Für **Baden-Württemberg** sind die Zuständigkeitsbestimmungen (*§ 1 Bem 54ff.*) zu beachten; dazu und zum Verfahren bez Württemberg *Baur* (in Thieme 3. Aufl Sonderanhang Württemberg S *6/7* sowie *17* und *38/39*), *Planck-Kettnaker* Führung des GBuchs 578, *Schmid* WürttNV 1950, 65 (67, 76), *Vogt* WürttNV 1958, 247, auch *bawüJM* GBPrErl vom 22. September 1964 (LG Ravensburg) BWNotZ 1964, 332, auch *Bem 29, 30.*

25 **2. Entgegennahme des Antrags**

a) Zuständigkeit

1. Die Einhaltung der Vorschriften der §§ 17, 45 würde gefährdet werden, wenn jeder beim GBA tätige Beamte zur Entgegennahme von Eintragungsanträgen befugt wäre. Es bestünde die Gefahr, daß ein Antrag ohne Berücksichtigung eines anderen, früher eingegangenen Antrags erledigt wird, weil dieser dem verfügenden Beamten nicht bekannt war. Deshalb ist die Zahl der zur Entgegennahme von Anträgen zuständigen Beamten möglichst eingeschränkt.

Die gesetzliche Regelung findet sich in §§ 1, 4 GBOAVO (*GT 3*), §§ 4, 19 GBOGeschO (*GT 15*). Für Baden-Württemberg bestehen Besonderheiten; dazu *Bem 29.*

26 2. Es gilt — abgesehen von Baden-Württemberg; dazu *Bem 29* — folgendes; dazu *Güthe* GBO § 13 Bem 29, GBOAVO § 1 Bem 1ff., *Hesse-Saage-Fischer* GBO § 13 Bem I 1f., GBOAVO § 1 Bem II, *Horber* GBO § 13 Bem 6B:

a) Für die Entgegennahme eines Eintragungsantrags oder -ersuchens und die Beurkundung des Zeitpunkts des Eingangs, das sog Präsentat, sind nach § 1 Abs 1 GBOAVO (*GT 3*) ausschließlich zuständig der RPfleger oder GBRichter, soweit der RPfleger nicht zuständig ist, bzw der vom Behördenvorstand bestellte Beamte der GeschSt; dazu *§ 1 Bem 39ff.*

Der mit der Führung des GB über das betreffende Grst beauftragte **RPfleger** oder **GBRichter** ist derjenige RPfleger oder Richter, der nach der Geschäftsverteilung die Aufgabe hat, die Eintragungen auf dem Blatte für das betroffene Grst zu vollziehen, gleichgültig, ob der Richter diese Tätigkeit selbst wahrnimmt oder ob sie ganz oder teilweise im Wege der Entlastung auf einen RPfleger übertragen ist; dazu *Hesse-Saage-Fischer* GBO § 13 Bem I 1f. Diesem RPfleger oder GBRichter steht sein durch die Geschäftsverteilung bestimmter Vertreter gleich, wobei die Frage, ob im einzelnen Falle ein Vertretungsfall tatsächlich gegeben ist oder nicht, in der Regel keiner Nachprüfung unterliegt.

Ferner ist der **vom Behördenvorstand** für das ganze GBA oder einzelne Abteilungen zur Entgegennahme von Anträgen **bestellte Beamte der GeschSt**, der sog **Einlaufbeamte** oder **Registrator**, zuständig. Es können auch mehrere solche Beamte bestellt werden. Bez des geschäftsplanmäßigen Vertreters gilt dasselbe wie beim RPfleger und GBRichter. Dazu *Hesse-Saage-Fischer* GBO § 13 Bem I 1f., GBOAVO § 1 Bem II 2.

Die AVRJM vom 17. März 1942 DJ 198 Nr 117 über Entgegennahme von GBAnträgen ist überholt, sie hatte nur während des Krieges Bedeutung; dazu *Hesse-Saage-Fischer* GBOAVO § 1 Bem II 2c. Ob ein solcher Einlaufsbeamter für das ganze GBA bestellt wird oder mehrere Einlaufsbeamte für die einzelnen Abteilungen oder ob beide Möglichkeiten nebeneinander verwendet werden, richtet sich nach den örtlichen Verhältnissen. Doch soll bei jedem GBA mindestens ein Beamter für das Präsentat bestellt werden; andererseits soll der Kreis dieser Beamten möglichst eng gezogen werden. Auf bestimmte Gruppen von Beamten der GeschSt ist die Auswahl nicht beschränkt. Insbes ist es nicht erforderlich, einen UrkBdGeschSt (dazu *§ 1 Bem 47*) iSd § 4 GBOAVO (*GT 3*) als Einlaufsbeamten zu bestellen, §§ 4, 19 Abs 1 GBOGeschO (*GT 15*). Dieser braucht mit der Führung des GB dh der Vornahme der Eintragung und deren Unterzeichnung nichts zu tun haben. Dazu **OLG Königsberg** HRR 1940 Nr 310.

Die genannten Beamten sind **nebeneinander zur Entgegennahme von Eintragungsanträgen zuständig**. Insbesondere schließt die Aufstellung eines Einlaufsbeamten nicht die Zuständigkeit des RPflegers oder Richters aus.

Über Anträge, die sich auf die Geschäftsbereiche verschiedener RPfleger oder GBRichter beziehen, *Bem 28*.

b) **Sonstige GBBeamte** sind zur Entgegennahme von Eintragungsanträgen **nicht zuständig**. Hier gilt insbes nicht die sonstige Regel, daß die Geschäftsverteilung eine innerdienstliche Maßnahme ist, welche die Gültigkeit einer richterlichen Handlung nicht berührt; dazu *§ 1 Bem 37ff*. Ein anderer als der mit der Führung des GB über das betroffene Grst beauftragte RPfleger oder Richter, auch wenn er selbst GBRPfleger oder GBRichter ist, ist zur Entgegennahme des Antrags nicht befugt. Ebensowenig sind UrkBdGeschSt, die nicht mit der Entgegennahme des Einlaufs durch den Gerichtsvorstand ausdrücklich betraut sind, zuständig. Dazu *Hesse-Saage-Fischer* GBO § 13 Bem I 1f. **27**

Gelangen nach den für das AG bestehenden allgemeinen Bestimmungen Eintragungsanträge oder -ersuchen nicht unmittelbar an einen zur Entgegennahme zuständigen Beamten, so sind sie von dem annehmenden Beamten unverzüglich an den zuständigen Beamten abzugeben. Dasselbe gilt, wenn in einer gerichtlichen Verhandlung, vor allem der freiwilligen Gerichtsbarkeit, Eintragungsanträge gestellt werden oder wenn solche Anträge mit einem, in anderer Angelegenheiten an das AG gerichteten Gesuch verbunden sind, § 19 Abs 6 GBOGeschO (*GT 15*).

Über Entgegennahme eines Antrags durch einen kraft Gesetzes ausgeschlossenen GBBeamten *§ 11 Bem 10*.

Ist ein GBBeamter, der nicht nur im GBA tätig ist, zur Entgegennahme eines Antrags befugt, *Bem 26*, so ist, wenn ein Eintragungsantrag beurkundet wird, der Wille des Antragstellers maßgebend, **KG** JFG 1, 240; dazu *Hesse-Saage-Fischer* GBO § 13 Bem 6 Bd.

c) Bezieht sich ein Eintragungsantrag oder -ersuchen auf **mehrere Grst, die zu verschiedenen Geschäftsbereichen** bzw **Abteilungen desselben GBA gehören**, so daß die betroffenen Grst in die Zuständigkeit mehrerer GBBeamter (dazu *Bem 26*) fallen, so ist jeder nach § 1 Abs 1 GBOAVO (*GT 3*) in Frage kommende Beamte zur Entgegennahme zuständig, § 1 Abs 2 aaO. Jeder der in *Bem 26* genannten Beamten ist also bez der Entgegennahme des Antrags für alle Grst zuständig, auf die sich der Antrag bezieht, gleichgültig, zu welcher Abteilung des GBA sie gehören. Über die geschäftliche Behandlung solcher Anträge § 20 Abs 2 GBOGeschO (*GT 15*). Dazu *§ 2 Bem 10*, *§ 10 Bem 13*, ferner *Hesse-Saage-Fischer* GBO § 13 Bem I 1f, GBOAVO § 1 Bem II, III, IV. **28**

3. In **Baden-Württemberg** bestehen staatliche GB-Ämter, daher sind die besonderen Zuständigkeitsvorschriften zu beachten; dazu *§ 1 Bem 54ff*. Für Württemberg ist auch Art 26 wüAGBGB (*GT 22*) und § 64 GBVO (*GT 24*) hinzuweisen; dazu *Bem 24, 25*, auch *Vogt* Eingang der Anträge beim wüGBA WürttNV 1953, 247. **29**

In **Baden** ist der Notar, bei dessen Abwesenheit vom GBA der Ratschreiber als Hilfsbeamter zur Entgegennahme der Anträge zuständig, § 6 Abs 2 badAGGBO (*GT 19*).

In **Württemberg** besteht Zuständigkeit für den Bezirksnotar bzw, wenn dieser sich nicht am Sitz des GBA befindet, für den Ratschreiber, Art 18, 26 wüAGBGB

(*GT 22*). Art 26 wüAGBGB (*GT 22*) und § 64 GBVO (*GT 24*) sind rechtsgültig und daher weiterhin anwendbar; dazu *bawüJM* GBPrErl vom 22. September 1964 (LG Ravensburg) BWNotZ 1964, 332, auch *Bem 24, 30*.

30 **b) Ort und Zeit der Entgegennahme**

1. Eintragungsanträge und -ersuchen sind **nur in den Diensträumen des GBA** entgegenzunehmen. **Außerhalb des Dienstes**, zB in der Wohnung, kann und soll der GBBeamte die Entgegennahme von Anträgen ablehnen, § 19 Abs 2b S 4 GBOGeschO (*GT 16*). Geschieht dies dennoch, so ist die Entgegennahme zwar ordnungswidrig, aber nicht unwirksam; dies gilt insbes auch für die Beurkundung des Eingangsvermerks. Zeitpunkt des Eingangs ist in diesem Falle der Zeitpunkt der tatsächlichen Entgegennahme in der Wohnung, im Gasthaus usw, vorausgesetzt, daß der Beamte zur Entgegennahme zuständig (dazu *Bem 26*) und bereit ist; letzteres soll er nicht, weil vermieden werden soll, daß außerhalb der Amtsräume Anträge entgegengenommen werden. Denn dies ist der Zeitpunkt, in dem der Beamte in den Besitz des Antrags kommt. Daß der Antrag in den Besitz des GBA als solchen gelangt, ist nicht vorgeschrieben; dazu *Bem 9*, auch *Güthe* GBO § 13 Bem 29. Selbstverständlich ist auch die Entgegennahme von Anträgen in den Diensträumen, aber **außerhalb der Geschäftsstunden** nicht unwirksam.

Nach Entgegennahme des Antrags und Anbringung des Eingangsvermerks (dazu *Bem 33ff.*) ist er unverzüglich vor Eintritt in die sachliche Bearbeitung **an den Einlaufsbeamten**, den Registrator (dazu *Bem 26*), der zuständigen GBAbteilung zwecks Feststellung, ob noch weitere das gleiche Grst betreffende Anträge vorliegen, **abzugeben**, § 20 Abs 1 GBOGeschO (*GT 15*).

Für das frühere Land **Württemberg** gilt nach Art 26 wüAGBGB (*GT 22*), § 64 Abs 3 GBVO (*GT 24*) eine Besonderheit; dazu *Bem 24, 29*. Nach diesen Vorschriften besteht eine Abweichung von der Regelung des § 19 Abs 2b S 1 GBOGeschO (*GT 15*). Werden Anträge und sonstige Erklärungen außerhalb der Diensträume des GBA bei dem GBBeamten oder dem ihn vertretenden Ratschreiber angebracht, so sind sie beim GBA erst in dem Zeitpunkt eingegangen, in dem sie in die Diensträume des GBA verbracht werden. Es **entscheidet** also hier nicht der Zeitpunkt der Entgegennahme, sondern des **Eingangs in den Diensträumen des GBA**. Diese Regelung ist mit Rücksicht auf die besonderen Zuständigkeitsverhältnisse in Württemberg getroffen. Diensträume des GBA iS dieser Vorschrift ist nicht nur das GBAZimmer, sondern dazu gehören auch die Räume des Gebäudes, in denen regelmäßig oder gelegentlich Geschäfte des GBA besorgt werden; dazu *wüJM* GBPrErl WürttZ 1935, 315.

Es wird bemerkt, daß zwar grundsätzlich außerhalb des GBA Anträge entgegengenommen werden können, daß dies aber, da es nicht geschehen soll, **dienstaufsichtlich** (dazu *§ 1 Bem 7*) **beanstandet** werden kann.

31 2. Enthält ein beim GBA eingegangenes Schriftstück nur Anträge oder Ersuchen, für die **ein anderes GBA zuständig** ist, so soll nach § 8 Abs 2 AktO (*Anh*) unter Benachrichtigung der Beteiligten das Schriftstück unmittelbar an das zuständige GBA weitergeleitet werden. Unberührt bleibt die Befugnis des zuständigen Beamten, Anträge oder Ersuchen mangels örtlicher Zuständigkeit zurückzuweisen, § 21 Abs 1 GBOGeschO (*GT 15*). Eine etwaige Antragszurücknahme bedarf in diesem Falle nicht der Form des § 31. Unzulässig ist es, zur Zurücknahme des Antrags eine Frist nach § 18 zu setzen.

Enthält ein beim GBA eingegangenes Schriftstück Anträge oder Ersuchen, für deren Erledigung **neben dem angegangenen GBA auch noch ein anderes GBA** oder mehrere andere GBÄmter **zuständig** sind, so erledigt zunächst das angegangene

GBA die in seine Zuständigkeit fallenden Anträge und Ersuchen. Sodann übersendet es das Schriftstück, gegebenenfalls eine Ausfertigung oder beglaubigte Abschrift davon, dem anderen oder einem der anderen beteiligten GBÄmter; es wird ihm zweckmäßig hierbei auch eine Abschrift seiner Verfügung mitteilen. Die anderen GBÄmter verfahren entsprechend. Sofern das Schriftstück nicht ergibt oder nicht sonst bekannt ist, daß die Anträge oder Ersuchen bereits bei jedem beteiligten GBA gesondert gestellt sind oder werden, ist der Antragsteller darauf hinzuweisen, daß das GBA in der bezeichneten Weise verfahren werde. Dazu § 21 Abs 2 GBOGeschO (*GT 15*).

Über die Behandlung von Eintragungsanträgen und -ersuchen, die **mehrere im Bezirk desselben GBA gelegene Grst** betreffen, § 20 Abs 2 GBOGeschO (*GT 15*); dazu *Bem 28.*

Über die Behandlung von Eintragungsanträgen und -ersuchen, die **in den G-Büchern einer Zweigstelle des AG gebuchte Grst** betreffen oder mitbetreffen, § 22 Abs 2 GBOGeschO (*GT 15*).

3. Eingangsvermerk **32**

a) Bedeutung

Der Zeitpunkt, in dem ein Antrag bei dem GBA eingeht, soll auf dem Antrag genau vermerkt werden, § 13 Abs 1 S 2. Dieser Vermerk wird als Eingangsvermerk bezeichnet.

Der ordnungsmäßig vollzogene Eingangsvermerk ist eine **öffentliche Urkunde** iSd § 418 ZPO, welche die Zeit des Eingangs eines Eintragungsantrags beim GBA bezeugt. Der Gegenbeweis ist zulässig und im Prozeßwege zu erbringen. Dazu *Güthe* GBO § 13 Bem 26, *Hesse-Saage-Fischer* GBO § 13 Bem I 1e, *Horber* GBO § 13 Bem 7.

Über Berichtigung des Eingangsvermerks *Bem 39.*

b) Zuständigkeit **33**

Der Eingangsvermerk ist durch denjenigen GBBeamten auf dem Antrag anzubringen, der diesen entgegennimmt und zur Entgegennahme zuständig ist (dazu *Bem 26ff.*), und zwar hat der erste der für die Entgegennahme zuständigen Beamten, dem der Antrag vorgelegt wird, ihn mit dem Eingangsvermerk zu versehen, § 19 Abs 2a S 1 GBOGeschO (*GT 15*); dazu *Bem 36*. Es ist daher nicht zulässig, daß einer der zuständigen Beamten den Antrag entgegennimmt und der andere den Eingangsvermerk beurkundet; dazu *Güthe* GBO § 13 Bem 33. Es darf zB nicht, wenn bei einem GBA alle Eingänge üblicherweise dem Einlaufsbeamten vorgelegt werden, RPfleger oder GBRichter, der ausnahmsweise auch einmal selbst einen Antrag entgegennimmt, diesen an den Einlaufsbeamten zur Vornahme des Präsentats übergeben, sondern er muß selbst den Eingangsvermerk anbringen.

Hierauf ist nach § 20 Abs 1 GBOGeschO (*GT 15*) zu verfahren; dazu *Bem 30.*

Über die Zuständigkeit verschiedener GBÄmter *Bem 31.*

Bez **Baden-Württemberg** *Bem 30.* Da § 64 Abs 1 S 1 GBVO (*GT 24*) darauf hinweist, daß der GBBeamte, in seiner Vertretung der Ratschreiber, für den Vermerk zuständig ist, hat diese Vorschrift Geltung; sie ist daher nicht durch § 19 Abs 2a GBOGeschO (*GT 15*) ersetzt. Dies ist hM; so insbes *Haegele* Merkbuch 175, 184, 186, *Schmid* WürttNV 1950, 65 (76), *Vogt* WürttNV 1963, 247, **aA** *Baur* (in Thieme 3. Aufl Sonderanhang Württemberg S *38*).

Nähere Einzelheiten dazu bei *Goller* Eingang der Anträge beim wüGBA BWNotZ 1962, 47, *Grözinger* Eingang von Anträgen bei den GBÄmtern in Baden-Württemberg BWNotZ 1959, 226, Eingang der Anträge beim wüGBA BWNotZ 1962, 209, *Linde* Zum Eingang von Anträgen bei den badGBÄmtern BWNotZ 1959, 12, *Wörz* Eingang von Anträgen bei den GBÄmtern in Baden-Württemberg BWNotZ 1959, 97.

34 **c) Ort des Eingangsvermerks**

Der Eingangsvermerk ist auf den Antrag selbst dh auf das Schriftstück, das den Antrag (das Ersuchen) enthält, zu setzen, und zwar möglichst in die rechte obere Ecke der ersten Seite, wobei die Zahl etwaiger Beilagen des Antrags anzugeben ist, § 19 Abs 2c GBOGeschO (*GT 15*). Die Beilagen des Antrags, zB die Eintragungsbewilligung und sonstige Urkunden, erhalten keinen Eingangsvermerk. Bei Vorlage von Urkunden durch einen Notar nach § 15 wird zweckmäßigerweise auch dessen Begleitschreiben mit dem Eingangsvermerk versehen. Dazu *Güthe* GBO § 13 Bem 32, *Haegele* Merkbuch 175, 184, 186, *Horber* GBO § 13 Bem 7c.

35 **d) Inhalt des Eingangsvermerks**

1. Der **Eingangsvermerk** hat nach § 19 Abs 2a S 2, 3, Abs 3 GBOGeschO (*GT 15*) zweierlei zu enthalten (dazu *Güthe* GBO § 13 Bem 30, 31, *Haegele* Merkbuch 175, 184, 186), nämlich:

a) die Bezeugung des Eingangs beim GBA, zB „*Amtsgericht ..... Eingegangen am .....*", und zwar

unter genauer Angabe der Zeit des Eingangs, wobei Tag, Stunde und Minute zu nennen sind; wenn ein Datumsstempel verwendet wird, ist gegebenenfalls die Angabe von Stunde und Minute handschriftlich einzusetzen,

b) die Unterschrift des GBBeamten, und zwar mit seinem ausgeschriebenen Namen.

Der Vorname ist nur da erforderlich, wo er zur Identifizierung nötig ist, nämlich bei Beamten mit gleichen Familiennamen oder bei Namen, die häufig vorkommen, wie Meier. Die Feststellung des zuständigen Beamten kann im übrigen nach der Geschäftsverteilung erfolgen; dazu *Bem 26*.

Für **Württemberg** ist in § 64 Abs 2 GBVO (*GT 24*) eine entsprechende Regelung vorhanden. Man wird nur aaO S 1 als Vorschrift belehrenden Inhalts noch anwenden können, während der sich auf die Bezeugung der Tageszeit beziehende S 2 aaO geringere Anforderungen stellt als die Vorschrift der GBOGeschO (dazu im allgemeinen *§ 2 Bem* 5). Die Auffassungen hierzu sind verschieden. *Baur* (in *Thieme* 3. Aufl Sonderanhang Württemberg S *38*) und *Vogt* WürttNV 1953, 247 betrachten Abs 2 als überholt während *Schmid* WürttNV 1950, 65 (76) ihn weiterhin anwenden will.

36 2. **Maßgebender Zeitpunkt** ist der des **Eingangs beim GBA**, nicht bei dem AG als solchen, bei dem sich ein GBA befindet. Nach § 13 Abs 1 S 3 ist entscheidend die Zeit der **Vorlegung an einen** zur Entgegennahme und Beurkundung des Eingangsvermerks **zuständigen Beamten**. Wie sich aus § 19 Abs 2b S 1, 2 GBOGeschO (*GT 15*) ergibt, ist darunter der Zeitpunkt zu verstehen, in dem der Antrag in den Besitz des betreffenden Beamten kommt. Nicht maßgebend ist darnach zB der Zeitpunkt, in dem der Beamte eine ihm verschlossen vorgelegte Sendung öffnet oder von dem Inhalt der Urkunde Kenntnis nimmt oder den Eingangsvermerk anbringt. Ebensowenig ist maßgebend der Zeitpunkt, in dem der Antrag von der Post oder einem Boten an einen anderen, zur Entgegennahme nicht zuständigen Beamten des AG ausgehändigt oder in den Briefkasten eingeworfen wird.

Der Antrag ist beim GBA eingegangen, wenn er bei mehreren Beamten einem zur Entgegennahme zuständigen, nämlich präsentatberechtigten, Beamten vorgelegt ist. Die zum Präsentat befugten Beamten (dazu *Bem 26, 33*) stehen gleichberechtigt nebeneinander. Der Antrag ist eingegangen, wenn er in den Besitz des ersten dieser zuständigen Beamten gelangt. Dieser ist daher auch zur Anbringung des Eingangsvermerks verpflichtet; dazu *Bem 33*.

Entscheidend ist der Zeitpunkt der Vorlegung auch dann, wenn der Antrag unvollständig oder mangelhaft ist. Wann die Beilagen oder Ergänzungen eingehen, ist belanglos.

Ist der Antrag **von mehreren GBÄmtern zu erledigen** (dazu *Bem 31*), so ist der Zeitpunkt des Eingangs nicht ein einheitlicher; insbes ist nicht der Eingang beim ersten GBA für alle maßgebend. Jedes GBA hat vielmehr den Antrag mit dem Eingangsvermerk zu versehen, der dann für die Eintragung bei diesem GBA, und zwar nur bei diesem, zugrunde zu legen ist; dazu *Henle-Schmitt* GBWesen GBO § 13 Bem 7d.

Wird ein **Eintragungsantrag** nicht schriftlich eingereicht, sondern **zur Niederschrift eines GBBeamten mündlich gestellt**, so gilt, wenn der die Niederschrift aufnehmende Beamte nicht zur Entgegennahme des Antrags, nämlich zum Präsentat, befugt ist, der Antrag als eingegangen, sobald er dem ersten zur Entgegennahme zuständigen Beamten vorgelegt wird. Wird der Antrag dagegen zur Niederschrift eines gleichzeitig zu seiner Entgegennahme zuständigen, nämlich präsentatberechtigten, Beamten gestellt, so gilt nach § 13 Abs 1 S 4 er mit dem Abschluß der Niederschrift als beim GBA eingegangen. Auch in diesem Falle muß der Eingangsvermerk auf dem Antrag angebracht werden. Maßgebender Zeitpunkt ist derjenige des völligen Abschlusses der Niederschrift; zu dieser gehört auch die Unterschrift des aufnehmenden Beamten, § 19 Abs 3 GBOGeschO (*GT 15*). In der Regel schließt diese Unterschrift die Niederschrift ab, so daß der Zeitpunkt der Unterzeichnung durch den Beamten sich in solchem Falle mit dem Eingangszeitpunkt deckt. Auf den Zeitpunkt der Unterzeichnung der Niederschrift durch den Antragsteller kommt es nicht an. Diese Grundsätze gelten auch für die Fälle, in denen der Antrag eine Eintragungsgrundlage ersetzt oder mit ihr verbunden ist und deshalb die Niederschrift in der Form der gerichtlichen Beurkundung eines Rechtsgeschäftes aufgenommen werden muß, § 29 Abs 2. Dazu *Güthe* GBO § 13 Bem 28.

3. **Mehrere gleichzeitig vorgelegte Anträge** sind als gleichzeitig eingegangen zu behandeln und erhalten den gleichen Eingangsvermerk, § 19 Abs 2 S 3 GBOGeschO (*GT 15*). Die gleichzeitige Vorlage von Anträgen kommt insbes in Frage, wenn mehrere Anträge mit der gleichen Post eingehen oder durch denselben Boten überbracht werden. Gleichgültig ist, in welcher Reihenfolge die Sendungen geöffnet oder gelesen werden. Ein gleichzeitiger Eingang ist aber nicht mehr gegeben, wenn von 2 mit derselben Post eingegangenen Anträgen der eine infolge eines Versehens dem zuständigen Beamten später als der andere vorgelegt wird. Dazu *Güthe* GBO § 13 Bem 28. **37**

4. Nachdem das den Antrag oder das Ersuchen enthaltende Schriftstück mit dem Eingangsvermerk versehen ist, ist es unverzüglich **an den Registrator** der zuständigen GBAbteilung **abzugeben**. Über das weitere Verfahren § 20 GBOGeschO (*GT 15*); dazu *Bem 30*. **38**

e) Berichtigung des Eingangsvermerks **39**

Ein Versehen des GBBeamten bei Anbringung des Eingangsvermerks, insbes eine unrichtige Zeitangabe, kann berichtigt werden, und zwar auch dann, wenn dadurch die Reihenfolge mehrerer Anträge (§ 17) eine Änderung erleiden. In diesem Falle ist die Berichtigung jedoch nur solange möglich, als die beantragten Eintragungen noch nicht vollzogen sind, während sonst der Eingangsvermerk auch noch nach Vollzug der Eintragung richtiggestellt werden darf; dazu *Güthe* GBO § 13 Bem 26.

Über die Änderung der Reihenfolge bereits vorgenommener Eintragungen und die Unzulässigkeit eines Amtswiderspruchs nach § 53 in dieser Richtung *§ 17 Bem 23*.

VI. Antragsberechtigung — § 13 Abs 2 **40**

1. Allgemeines

Dazu *Bauer* GBEintragungen Z 26, *Brand-Schnitzler* GBSachen §§ 30, 31, *Güthe* GBO § 13 Bem 40ff., *Haegele* GBRecht Bem 56ff., *Hesse-Saage-Fischer* GBO § 13 Bem II, *Horber* GBO § 13 Bem 9, *Krämer-Illner* GBPraxis § 128, *Thieme* GBO § 13 Bem 9

Dem Eintragungsantrag darf nur stattgegeben werden, wenn er von einem Antragsberechtigten gestellt ist. § 13 Abs 2 regelt die Antragsberechtiggung im allgemeinen. § 14 erweitert den Kreis der für die Berichtigung des GB Antragsberechtigten. § 15 behandelt das Antragsrecht des Notars.

Für **Bayern** ist auf § 124 bay DA hinzuweisen (es handelt sich um eine Vorschrift belehrenden Inhalts, *§ 2 Bem 4*).

Erhebt der Käufer eines Grst gegenüber der teilweise anerkannten Kaufpreisforderung des Verkäufers die **Einrede des nicht erfüllten Vertrags,** weil dieser die für den GBVollzug erforderlichen Anträge nicht stellt, so kann in einem Teilurteil der Käufer zur anerkannten Teilleistung Zug um Zug gegen Bewirkung der vollen Gegenleistung des Käufers verurteilt werden. **BGH** NJW 1962, 628 = MDR 1962, 387 = BB 1962, 234 = BlGBW 1962, 110 = JR 1963, 17 = BWNotZ 1962, 109 = Ls LM § 322 BGB Nr 1.

41 **2. Begriff der Antragsberechtigung**

Die Antragsberechtigung setzt voraus, daß der Antragsteller an der Eintragung beteiligt ist. Ein bloßes rechtliches Interesse daran genügt nicht, **OLG Dresden** OLG 4, 78. Als Beteiligter sind daher nach § 13 Abs 2 anzusehen

diejenigen, deren Rechte von der Eintragung betroffen werden, sog Passivbeteiligte; dazu *Bem 42*, und

diejenigen, zu deren Gunsten die Eintragung erfolgen soll, sog Aktivbeteiligte; dazu *Bem 43*.

Die Beteiligung ist in beiden Fällen nicht im wirtschaftlichem Sinne zu verstehen, sondern rein vom Standpunkt des abstrakten Rechtsbegriffes aus. Bloß wirtschaftliche Vor- und Nachteile begründen niemals ein Antragsrecht.

Die früher sehr bestrittene Frage, ob auch mittelbare Beteiligung zur Antragsberechtigung genügt oder ob nur die unmittelbar Beteiligten antragsberechtigt sind, kann heute als erledigt gelten, da der bisher herrschenden Meinung, wonach unmittelbare Beteiligung erforderlich ist, in neuerer Zeit nicht mehr widersprochen wird. Die Meinungsverschiedenheit ging hauptsächlich auf den scheinbaren Widerspruch zwischen den Mot zur GBO und der Denkschr zum 2. Entwurf zurück; dazu *Bem 42*.

Es kommen also nur die unmittelbar Beteiligten hier in Frage. Dies gilt von den Passiv- wie von den Aktivbeteiligten. Dazu *Bem 44ff*.

42 **a) Passivbeteiligte**

Passivbeteiligte sind die von der Eintragung unmittelbar Betroffenen. Da die Bedeutung des Ausdrucks **Betroffener** im BGB und in der GBO kein einheitlicher ist, wie auch zB die §§ 17, 19, 39, 55 ergeben (dazu *§ 17 Bem 5, § 19 Bem 56ff., § 39 Bem 10, § 55 Bem 7*), muß bei seiner Auslegung auf die Absichten des Gesetzgebers zurückgegangen werden. Der 1. Entwurf und die Mot zur GBO wollten aber nur die unmittelbar Betroffenen in den Kreis der Antragsberechtigten einbezogen wissen; die spätere Änderung der Fassung des 2. Entwurfs wollte, wie sich aus der Denkschr ergibt (dazu **OLG Rostock** OLG 9, 329), nur redaktionelle, aber keine sachliche Bedeutung haben. Ein innerer Widerspruch zwischen Mot und Denkschr besteht also nicht; dazu auch *Bem 41*. Außerdem wäre die Erstreckung der Antragsbefugnis auch nur auf mittelbar Betroffene nach dem materiellen Recht nicht gerechtfertigt, so daß kein Grund besteht, die Antragsberechtigung der Passivbeteiligten weiter auszudehnen als die der Aktivbeteiligten. Dies ist hM, insbes auch **KG** KGJ 47, 207, OLG 4, 187, **BayObLG** BayNotV 1933, 174, **OLG Colmar** OLG 10, 102, **OLG Oldenburg** NdsRpfl 1965, 206 = NJW 1965, 1768 = MDR 1965, 1002 = DNotZ 1966, 42 = DRspr IV (473) 89a, *Brand-Schnitzler* GBSachen § 30, *Güthe* GBO § 13 Bem 40ff., *Haegele* GBRecht Bem 56, *Henle*

DNotZ 1897, 180, *Hesse-Saage-Fischer* GBO § 13 Bem II 1, *Horber* GBO § 13 Bem 9, *Predari* GBO § 13 Bem 12, *von Rozycki-von Hoewel* GBRecht § 26, *Thieme* GBO § 13 Bem 9, **aA** (überholt) **KG** RJA 4, 114, *Achilles-Strecker* GBO § 13 Bem 5, *Henle-Schmitt* GBWesen GBO § 13 Bem 12, *Turnau-Förster* GBO § 13 Bem 2.

b) Aktivbeteiligte **43**

Auch von denjenigen, zu deren Gunsten eine Eintragung erfolgt, kommen als Antragsberechtigte nur die unmittelbar Begünstigten in Betracht; dazu **LG Dortmund** MDR 1960, 320. Denn andernfalls wäre die Vorschrift des § 14, die einen Fall der Antragsberechtigung nur mittelbar Beteiligter besonders hervorhebt, überflüssig. Der Hinweis auf § 9 Abs 1 S 2 kann nicht als ein Beleg für die weitere Auffassung angeführt werden, da es sich in diesem Falle nicht um das Recht handelt, Eintragungen im technischen Sinne zu beantragen, sondern um das Recht, die Eintragung eines Vermerks zu beantragen. Auch würde die Ausdehnung über die unmittelbar Beteiligten hinaus jede Grenze für die Antragsberechtigung verwischen. Wortlaut des Gesetzes und Entstehungsgeschichte der GBO geben keinen Anlaß zu einer anderen Auslegung. Dies ist hM, insbes auch *Brand-Schnitzler* GBSachen §§ 30, 31, *Güthe* GBO § 13 Bem 40ff., *Haegele* GBRecht Bem 56, *Hesse-Saage-Fischer* GBO § 13 Bem II 1, *Horber* GBO § 13 Bem 9, *von Rozycki-von Hoewel* GBRecht § 26, *Thieme* GBO § 13 Bem 9, **aA** (überholt) **KG** RJA 4, 114/6, 73, *Achilles-Strecker* GBO § 13 Bem 5, *Henle-Schmitt* GBWesen GBO § 13 Bem 13, *Predari* GBO § 13 Bem 12, *Turnau-Förster* GBO § 13 Bem 2.

Nur bei Eintragungen, die der GBBerichtigung dienen, steht das Antragsrecht auf Grund der besonderen gesetzlichen Regelung des § 894 BGB auch mittelbar Begünstigten zu, nämlich denjenigen, denen der Berichtigungsanspruch zukommt, **KG** KGJ 31, 346/34, 316; dazu *Güthe* GBO § 13 Bem 43, *Horber* GBO § 13 Bem 9, *Staudinger-Seufert* BGB § 873 Vorbem 14 (d), auch *Bem 45*.

3. Antragsberechtigte **44**

Antragsberechtigung besteht daher in folgenden Fällen:

a) Jeder, **dessen Recht von der Eintragung unmittelbar betroffen** wird, ist ein Berechtigter iSd § 873 Abs 1, § 875 BGB.

Es kommen in Betracht beim Eigentumswechsel der bisherige Eigentümer, bei Belastung eines Grst und bei Änderung einer solchen Belastung der Eigentümer, bei Abtretung eines Rechts der Zedent, nicht aber der Eigentümer, **OLG Rostock** OLG 9, 329, bei Löschung eines Rechts der unmittelbar aus dem Recht Berechtigte. Den Treuhänder-Sperrvermerk nach §§ 70ff. VersAufsG kann auch der Eigentümer beantragen. **BayObLG** BayObLGZ 1964, 394 = NJW 1965, 538 = DNotZ 1965, 684 = OLGZ 1965, 69 Ls = BWNotZ 1965, 133 Ls = DRspr IV (473) 88a; dazu *Vorbem 150*. Bei einer Rangänderung (dazu *§ 8 Bem 9, § 45 Bem 73ff.*) ist auch der Eigentümer antragsberechtigt; dies ist hM, insbes **BayObLG** 13, 440, **OLG Dresden** JW 1935, 3577 = HRR 1935, Nr 1678 **KG** NJW 1964, 1479 = DNotZ 1965, 293 = Rpfleger 1965, 14 (*Haegele*) = BWNotZ 1964, 247, 1965, 187 Ls = DRspr IV (473) 86b, **OLG München** JFG 15, 362 = HRR 1934 Nr 1225, **OLG Oldenburg** NdsRpfl 1965, 206 (wV *Bem 42*), **SchlHOLG** SchlHA 1963, 147 (*Scheyhing*) = DNotZ 1963, 754 Ls = DRspr aaO 78a, **LG Dortmund** NJW 1960, 678 = MDR 1960, 320 = MittBayNotV 1960, 134 = DNotZ 1960, 94 Ls = BWNotZ 1960, 107 Ls = DRspr aaO 59bc, *Brand-Schnitzler* GBSachen § 31, *Hesse-Saage-Fischer* GBO § 13 Bem II 1, *Horber* GBO § 13 Bem 9B, **aA** *Güthe* GBO § 13 Bem 40, 49, *Staudinger-Seufert* BGB § 880 Bem 19.

Nicht antragsberechtigt sind dagegen als nur mittelbar Betroffene diejenigen, zu deren Gunsten das von der Eintragung unmittelbar berührte Recht belastet ist,

§§ 876, 880 BGB, also vor allem Pfandgläubiger und Nießbraucher. Bei der Verteilung einer Gesamthypothek hat der Eigentümer kein Antragsrecht; dazu *Tropf* Kein Antragsrecht des Eigentümers bei der Verteilung einer Gesamthypothek BWNotZ 1965, 116. Bei einer Wiederaufbau-Hypothek hat der Eigentümer kein Antragsrecht bez Eintragung des Befriedigungsvorrechts vor der HGA, **LG Bochum** DNotZ 1953, 314 = DRspr IV (473) 22a; dazu auch **BayObLG** BayObLGZ 1953, 246 (255), *Hesse-Saage-Fischer* GBO § 13 Bem II 1 (b), *Harmeming-Weber* HGA (2. Aufl 1956) LAG § 117 Bem 4, *Fritz Riedel* DNotZ 1953, 316. Bei der Pfändung einer Hypothek sind nur der Hypothekengläubiger und der Pfändungsgläubiger unmittelbar betroffen nicht auch der GrstEigentümer, **BayObLG** BayNotV 1933, 174. Läßt sich nicht entscheiden, wer betroffen oder begünstigt ist, wie zB bei Umwandlung einer Hypothek in eine Grundschuld, so sind beide Teile als betroffen anzusehen. Die Eintragung der Heimstätteneigenschaft kann auch der Eigentümer beantragen, § 25 HeimstG; dazu *§ 4 Bem 86.*

Ist das GBuch unrichtig, fallen also Buchberichtigung und wirkliche Berechtigung auseinander, so ist als Betroffener im Falle der Rechtsänderung nur der wirklich Berechtigte antragsberechtigt, **KG** OLG 34, 234/35, 8. Im Falle der GBBerichtigung nach § 22 dagegen kann sowohl der Buchberechtigte als auch der wahre Berechtigte betroffen sein; dazu *Güthe* GBO § 13 Bem 41.

Ausnahmen von diesem Grundsatz der unmittelbaren Beteiligung bestehen nur auf Grund besonderer gesetzlicher Vorschrift, wie zB bei § 14 GBO. Ein weiterer Fall bestand bei Aufwertungssachen nach dem GBBereinigungsgesetz vom 18. Juli 1930 RGBl I 305. Auch das GBMG (*GT 2*) hat in § 8 aaO eine Regelung, die bei Beantragung des Umstellungsschutzvermerks bei Hypotheken und anderen Grundpfandrechten, wie § 11 aaO ergibt, auch mittelbar Betroffene als berechtigt ansieht; dazu *§ 3 Bem 233a, 234a.*

45 b) Ferner ist antragsberechtigt jeder, **zu dessen unmittelbaren Gunsten die Eintragung erfolgen** soll,

also der „andere Teil" iSd § 873 Abs 1 BGB, zB bei Eigentumswechsel der Eigentümer, bei Neueintragung eines Rechts der Gläubiger, bei Abtretung eines Rechts der Zessionar, bei Aufhebung eines Rechts am Grst der Eigentümer usw. Im Falle der Unrichtigkeit des GB ist es derjenige, dem der Berichtigungsanspruch zusteht, § 894 BGB; dazu *Bem 43.* Antragsberechtigt ist auch derjenige, dessen Recht durch eine eingetragene, aber tatsächlich nicht bestehende Vormerkung beeinträchtigt wird, **KG** KGJ 52, 164.

Wer nur mittelbar einen Vorteil erlangt, ist nicht antragsberechtigt, zB der nachstehende Hypothekengläubiger bei Löschung einer Hypothek, **KG** OLG 16, 167, **aA** (zu Unrecht) **RG** RGZ 73, 80, **KG** KGJ 47, 208, wohl aber der nachstehende Berechtigte bei Löschung eines ihm vorgehenden, nicht bestehenden Rechts im Wege der GBBerichtigung, **KG** RJA 14, 210. Nicht antragsberechtigt ist weiter ein früherer Eigentümer, auch nicht der nicht eingetragene Zwischenverkäufer, **KG** JFG 1, 442. Ist ein Testamentsvollstrecker ernannt, so kann nur dieser die Eintragung der Erben beantragen, **KG** KGJ 51, 214.

Aus der Umwandlung oder Ablösung von Holznutzungsrechten ist zur Beantragung von Rechtsänderungen die höhere Forstaufsichtsbehörde befugt, § 23 Abs 1 VO zur Förderung der Nutzholzgewinnung vom 30. Juli 1937 RGBl I 876; dazu *Vorbem 47.*

46 c) Damit ist abgesehen von den Fällen des § 14 der **Kreis der Antragsberechtigten** erschöpft. Derjenige, dessen Recht durch eine Eintragung weder gewinnt noch verliert, ist auch nicht antragsberechtigt, **OLG Dresden** OLG 4, 78.

So wird weder der Hypothekengläubiger von dem Wechsel in der Person des Eigentümers noch der Eigentümer von dem Wechsel in der Person des Hypothekengläubigers rechtlich berührt, **KG** OLG 2, 492, **OLG Colmar** OLG 10, 102, **OLG Rostock** OLG 9, 329.

4. Mehrere Antragsberechtigte 47

Jeder unmittelbar Betroffene und jeder unmittelbar Begünstigte ist antragsberechtigt.

Sind daher auf der einen oder anderen Seite mehrere beteiligt, so ist jeder von ihnen antragsberechtigt; dazu Denkschr. Daher kann ein Miteigentümer allein die Löschung einer auf einem gemeinschaftlichen Grst eingetragenen Hypothek beantragen; gemäß § 27 S 1 hat er aber noch die Zustimmung der übrigen Miteigentümer in der Form des § 29 vorzulegen, **KG** OLG 1, 292. Ebenso kann unter der gleichen Voraussetzung jeder Miterbe vor der Auseinandersetzung die Umschreibung eines Nachlaßgrst auf die Gesamtheit der Erben beantragen, **KG** OLG 41, 154; dazu *Güthe* GBO § 13 Bem 46. Über Güterstände *Bem 50*, bez Treuhänder-Sperrvermerk *Bem 44*.

Sowohl der **gewinnende** als auch der **verlierende Teil** kann den **Antrag stellen**. Nur der gewinnende Teil ist jedoch antragsberechtigt bei Eintragungen, die im Zwangswege erfolgen, also auf Grund eines vollstreckbaren Schuldtitels, eines Arrestbefehls, einer einstweiligen Verfügung oder eines Pfändungsbeschlusses. Bewilligt hier aber der Schuldner noch die Eintragung, so hat auch er ein Antragsrecht, wie zB im Falle des Widerspruchs nach § 899 BGB (*§ 25 Bem 19*); dazu *Güthe* GBO § 13 Bem 45.

Der Widerspruch eines Antragsberechtigten kann das Antragsrecht eines anderen Berechtigten nicht beseitigen; der Widersprechende ist auf den Prozeßweg zu verweisen, **KG** OLG 43, 65. Widersprechen sich die Anträge 2 oder mehrerer Antragsberechtigter, so ist dem früher eingegangenen Antrag stattzugeben, der 2. oder die weiteren sind zurückzuweisen. Gehen beide oder mehrere gleichzeitig ein, so sind sie als einander widersprechend zurückzuweisen. Dazu *Güthe* GBO § 13 Bem 45, *Thieme* GBO § 13 Bem 9.

Nimmt der Betroffene seinen Antrag wirksam zurück, so kann, wenn die Eintragungsbewilligung bindend geworden ist (dazu *§ 19 Bem 33*), der Begünstigte den Eintragungsantrag stellen, **BayObLG** 23, 169.

5. Nachweis der Antragsberechtigung 48

Der Nachweis der Antragsberechtigung ist nötigenfalls in der Form des § 29 Abs 1 S 2 zu führen, **KG** JW 1936, 1543, *Horber* GBO § 13 Bem 9F, **aA** (zu Unrecht) *Hesse-Saage-Fischer* GBO § 13 Bem II 2.

Die Antragsberechtigung muß nicht nur zZ der Stellung des Antrags, sondern auch im Zeitpunkt der Eintragung gegeben sein; dazu *Güthe* GBO § 13 Bem 48, *Horber* GBO § 13 Bem 9E. Andernfalls ist der Antrag zurückzuweisen.

Über das im Wege der einstweiligen Verfügung ergehende Verbot an den Begünstigten, den Eintragungsantrag zu stellen; dazu *§ 18, 21 (b)*.

6. Antragsrecht des Vertreters 49

Dazu *Güthe* GBO § 13 Bem 19, *Thieme* GBO § 13 Bem 9

Der Antrag kann auch durch einen Vertreter gestellt werden. Es macht keinen Unterschied, ob die Vertretungsbefugnis auf dem Gesetz beruht oder in einer durch Rechtsgeschäft erteilten Vollmacht ihren Grund hat. § 165 BGB, wonach auch ein beschränkt Geschäftsfähiger Vertreter sein kann, findet Anwendung. Die Vollmacht zur Stellung eines Antrags bedarf der im § 29 vorgeschriebenen Form nur, wenn durch den Antrag eine zu der Eintragung erforderliche Erklärung ersetzt werden soll, § 30. Die Vollmacht zur Zurücknahme des Eintragungsantrags bedarf immer der Form des § 29, **OLG Colmar** Recht 1901, 565 Nr 2399, **KG** OLG 10, 437. Auch der gesetzliche Vertreter muß bei Stellung eines reinen Antrags seine Vertretungsbefugnis nachweisen, zB durch Bestallung, Handelsregisterauszug usw, soweit nicht seine Vertretungsmacht, wie beim Vater, unmittelbar auf dem Gesetz beruht; dazu *Güthe* GBO § 13 Bem 19. Über den Notar *§ 15 Bem 1,* über Eheleute *Bem 50.*

Über Prüfung des Antrags durch das GBA *Bem 21.*

50 **7. Eheliches Güterrecht und Antragsberechtiggung**

Über eheliches Güterrecht *Vorbem 24, 180, § 33 Bem 4ff.*

Ein Ehegatte ist nicht Vertreter des anderen, außer ihm wird eine Bevollmächtigung erteilt. Dann steht er einem anderen Vertreter gleich; hierzu ist auf *Bem 49* zu verweisen.

Im gesetzlichen Güterstand der **Zugewinngemeinschaft** nach §§ 1363ff. BGB (dazu *§ 33 Bem 14ff.*) sind die Vermögensmassen der Ehegatten selbständig, § 1364 aaO. Daher hat jeder Ehegatte bez seines Vermögens ein selbständiges Antragsrecht. Ein Ehegatte kann ohne Bevollmächtigung nicht über ein Grst das dem anderen Ehegatten gehört, verfügen und auch bez eines solchen Grundbesitzes keinen Antrag stellen. Soweit das Verfügungsrecht gesetzlich eingeschränkt ist, §§ 1364ff. BGB, insbes bei Verfügung über das ganze Vermögen oder den wesentlichen Teil des ganzen eigenen Vermögens, bedarf es der Zustimmung des anderen Ehegatten. Diese Zustimmung ist dann Voraussetzung der Eintragung im GB, gibt aber kein eigenes Antragsrecht. Es geht dies auch daraus hervor, daß im Fall des § 1365 BGB die Zustimmung durch das VormGer auf Antrag ersetzt werden kann.

Bei **Gütertrennung** nach § 1414 BGB (dazu *§ 33 Bem 24ff.*) sind die Vermögen beider Ehegatten völlig selbständig und unterliegen auch keinerlei Beschränkungen, so daß jeder Ehegatte die volle Verfügungsbefugnis hat, also auch keiner Zustimmung des anderen Ehegatten bedarf. Nur im Rahmen einer persönlichen Bevollmächtigung, die unabhängig vom Güterstand ist, kann das Antragsrecht für den anderen Ehegatten ausgeübt werden.

Bei der **Gütergemeinschaft** nach §§ 1422ff. BGB, auch der fortgesetzten Gütergemeinschaft nach §§ 1483ff. BGB (dazu *§ 33 Bem 27ff.*), ist das **Gesamtgut** Gesamthandseigentum der an der Gütergemeinschaft beteiligten Ehegatten bzw des überlebenden Ehegatten und der anderen Teilhaber der fortgesetzten Gütergemeinschaft. Bei der Gütergemeinschaft sollen die Ehegatten vereinbaren, ob die Verwaltung vom Mann oder von der Frau oder von beiden ausgeübt wird; mangels solcher Vereinbarung besteht gemeinschaftliche Verwaltung, § 1421 BGB. Bei der fortgesetzten Gütergemeinschaft hat der überlebende Ehegatte immer die Stellung eines Alleinverwalters, § 1487 Abs 1 BGB. Bei Auseinandersetzung der Gütergemeinschaft besteht nach § 1472 BGB stets gemeinsame Verwaltung.

Beschränkungen beziehen sich nur auf Verfügungen, nicht auf Erwerbungen von Vermögen. Erwirbt ein Ehegatte oder ein Teilhaber einer fortgesetzten Gütergemeinschaft Vermögen, so ist dies zulässig. Bei der Gütergemeinschaft und bei der fortgesetzten Gütergemeinschaft wird erworbenes Vermögen Gesamtgut; es besteht daher insoweit auch ein Antragsrecht zum GBA. Da das GB unrichtig wird, ist auch ein GBBerichtigungsanspruch gegeben; dazu *§ 33 Bem 28.* Was ein gemeinschaftlicher Abkömmling bei fortgesetzter Gütergemeinschaft erwirbt, wird nicht Gesamtgut, sondern bleibt eigenes Vermögen, § 1485 Abs 2 BGB; es besteht daher auch insoweit ein selbständiges Antragsrecht.

Bei gemeinsamer Verwaltung des Gesamtguts nach §§ 1450ff. BGB besteht ein gemeinsames Verfügungsrecht, wie § 1450 BGB anordnet, wobei § 1451 BGB eine Mitwirkungsverpflichtung festlegt. Anträge zum GBA sind daher regelmäßig gemeinsam zu stellen; dazu **BayObLG** 34, 122, BayObLGZ 1954, 141, *Güthe* GBO § 13 Bem 46. Wird der Antrag nur von einem der Ehegatten gestellt, so muß der andere zustimmen, § 1453 BGB. Auch ist die Zustimmung des anderen Ehegatten, wenn sie zu Unrecht verweigert wird, durch das VormG erersetzbar, § 1452 BGB. Im übrigen *§ 33 Bem 30.*

Bei Alleinverwaltung durch einen der Ehegatten nach §§ 1422ff. BGB hat der verwaltende Ehegatte normalerweise das Verfügungsrecht über das Gesamtgut. Nach § 1424 BGB ist jedoch das Verfügungsrecht bei Grstücken eingeschränkt. Es ist die Einwilligung des anderen Ehegatten erforderlich. Auf GrstRechte bezieht sich diese Beschränkung nicht; dazu *Palandt* BGB § 1424 Bem 2, *Planck-Kettnaker* Führung des GBuchs 593, auch *§ 33 Bem 30.* Der alleinverwaltende Ehegatte ist nicht gesetzlicher Vertreter des Gesamtguts. Da aber die Vorschrift des § 1424 BGB nicht zwingendes Recht enthält, **RG** RGZ 159, 363, **KG** HRR 1934 Nr 122, *Palandt* BGB § 1424 Bem 1, kann eine abweichende Vereinbarung durch die Ehegatten erfolgen, ev durch Ehevertrag. Dann wird der andere Ehegatte als Bevollmächtigter behandelt; dazu *Vorbem 180, Bem 49.* In letzterem Falle ist er zu Antragstellungen alleinbefugt, jedoch unter Nachweis der Bevollmächtigung für den anderen Ehegatten. Soweit er der Zustimmung des anderen Ehegatten bedarf, kann er zwar zum GBA Anträge stellen, hat aber die Zustimmung nachzuweisen. Wird die Zustimmung durch das VormGer ersetzt, § 1426 BGB, so ist ein Nachweis hierüber vorzulegen.

VII. Verletzung des § 13 51

Es handelt sich um eine Ordnungsvorschrift, um eine Bestimmung des formellen GBRechts; dazu *Bem 22.* Für das GBA besteht jedoch die Verpflichtung, die Vorschrift zu beachten und einzuhalten; dazu *§ 2 Bem 147.*

VIII. Kosten 52

1. Für die **Aufnahme von Anträgen** auf Eintragungen und Löschungen werden Gebühren nach Maßgabe des Beurkundungsabschnitts der KostO, nämlich der §§ 36ff. KostO (*Anh*), besonders erhoben, soweit sie in der Form des § 29 GBO gestellt werden müssen; im übrigen ist die Aufnahme und Entgegennahme von Anträgen gebührenfrei, § 75 KostO (*Anh*). Es kommen daher Gebühren in Frage im Falle des § 30 GBO, aber auch sonst, wenn ein gebührenpflichtiger Vorgang beurkundet wird, insbes nach § 38 Abs 1 Z 5, § 45 KostO (*Anh*); dazu **LG Bielefeld** Rpfleger 1950, 285 (*Rohs*), sowie *Hasl* Gerichtskosten KostO § 75 Bem, *Lauterbach* Kostengesetze KostO § 75 Bem, *Rohs-Wedewer* KostO § 75 Bem I, II, im übrigen *§ 29 Bem 44, § 30 Bem 13.*

Über **Geschäftswert** *Vorbem 186ff.* Der Geschäftswert für die auf Antrag vorgenommene Löschung einer GBEintragung iSd § 68 KostO (*Anh*) bestimmt sich nach dem Wert, den die Eintragung nach ihrem Inhalt haben würde, wenn sie in dem Zeitpunkt vorgenommen würde, zu dem die Löschung erfolgt, **BayObLG** Rpfleger 1955, 287 (*Rohs*), auch *Rohs-Wedewer* KostO § 68 Bem III.

§ 14

(Antragsrecht auf Grund eines vollstreckbaren Titels)

Die Berichtigung des Grundbuchs durch Eintragung eines Berechtigten darf auch von demjenigen beantragt werden, welcher auf Grund eines gegen

den Berechtigten vollstreckbaren Titels eine Eintragung in das Grundbuch verlangen kann, sofern die Zulässigkeit dieser Eintragung von der vorgängigen Berichtigung des Grundbuchs abhängt.

Übersicht:

1 I. Bedeutung und Zweck der Vorschrift

Dazu *Bauer* GBEintragungen Z 26, *Brand-Schnitzler* GBSachen § 31, *Bull* Der lange und schwere Weg des Gläubigers zu seinem Gelde, Rpfleger 1958, 304, *Güthe* GBO § 14 Bem 1, 2, *Haegele* GBRecht Bem 56, *Hesse-Saage-Fischer* GBO § 14 Bem I, *Horber* GBO § 14 Bem 1, *Krämer-Illner* GBPraxis § 128, *Thieme* GBO § 14 Bem 1

§ 14 erweitert zum Zwecke der Erleichterung der ZwV den Kreis der Antragsberechtigten, indem er ausnahmsweise auch nur mittelbar Berechtigten ein Antragsrecht gewährt; dazu *§ 13 Bem 43*. Die Vorschrift steht in engem Zusammenhang mit § 39 Abs 1, wonach eine Eintragung regelmäßig nur erfolgen darf, wenn derjenige, dessen Recht von ihr betroffen wird, als der Berechtigte eingetragen ist. Soweit daher die Regel des § 39 reicht, bildet die mangelnde Eintragung des Berechtigten ein äußeres Hindernis für jede sein Recht betreffende Eintragung. Zur Beseitigung dieses Hindernisses gewährt § 14 demjenigen, der auf Grund eines gegen den Berechtigten vollstreckbaren Titels eine Eintragung verlangen kann, deren Zulässigkeit von der vorherigen Eintragung des Berechtigten abhängt, die Befugnis, seinerseits zu beantragen, daß das GBuch durch Eintragung des Berechtigten berichtigt wird. Die Vorschrift des § 14 verbessert so die Stellung des Vollstreckungsgläubigers, der sonst einem böswilligen Schuldner gegenüber gezwungen wäre, dessen Eintragung im Prozeßwege herbeizuführen, wie aus der Denkschr hervorgeht; dazu auch **KG** RJA 1, 162, auch *Bem 7, 11, 19, 32*.

Demgemäß gewährt auch § 14 kein volles, sondern nur ein inhaltlich beschränktes Antragsrecht. Der nach § 14 Antragsberechtigte kann lediglich die Berichtigung des GB durch Eintragung des Berechtigten verlangen.

Über die entsprechende Anwendung des § 14 auf das Eintragungsersuchen einer Behörde *Bem 33*.

Für **Bayern** ist auf § 124 Abs 4 bayDA hinzuweisen. Es handelt sich um eine Vorschrift belehrenden Inhalts (dazu *§ 2 Bem 4*).

II. Voraussetzungen des Antragsrechts 2

Dazu *Güthe* GBO § 14 Bem 3ff., *Hesse-Saage-Fischer* GBO § 14 Bem II, *Horber* GBO § 14 Bem 2ff., *Thieme* GBO § 14 Bem 3, 4

Das Antragsrecht nach § 14 setzt voraus:

1. einen vollstreckbaren Titel; dazu *Bem 3ff.*,
2. der gegen den Berechtigten vollstreckbar ist; dazu *Bem 6, 7*,
3. ein Recht des Antragstellers auf eine Eintragung in das GB; dazu *Bem 8ff.*,
4. eine Unrichtigkeit des GB; dazu *Bem 12ff.*,
5. die Abhängigkeit der Zulässigkeit der Eintragung von der vorherigen GB-Berichtigung; dazu *Bem 18*.

1. Vollstreckbarer Titel 3

a) Allgemeines

Dazu *Furtner* Vorläufige Vollstreckbarkeit von Urteilen, auf Grund deren eine Eintragung im GB vorgenommen wercen soll, JZ 1964, 19, *Güthe* GBO § 14 Bem 11ff., *Hesse-Saage-Fischer* GBO § 14 Bem II 2, *Horber* GBO § 14 Bem 3, *Mohrbutter* Handbuch des gesamten Vollstreckungs- und Insolvenzrechts (Köln-Berlin 1965) 26ff., *Thieme* GBO § 14 Bem 3

1. Es muß ein also **vollstreckbarer Titel** vorliegen. Ob dieser nach früherem Reichsrecht, jetzt Bundesrecht oder nach Landesrecht vollstreckbar ist, ist gleichgültig, da letztere nach § 800 ZPO mit VO über die Vollstreckung landesrechtlicher Schuldtitel vom 15. April 1937 RGBl I 466 im ganzen Bundesgebiet vollstreckt werden können.

Der Titel kann endgültig oder vorläufig vollstreckbar sein.

Wenn kein vollstreckbarer Titel vorliegt, sondern nur der nicht eingetragene Berechtigte dem Antragsteller freiwillig eine Eintragungsbewilligung erteilt hat, so ist ein Antragsrecht nach § 14 nicht gegeben; dazu *Güthe* GBO § 14 Bem 11, *Turnau-Förster* GBO § 14 Bem A II 4.

Hat zB *A* auf einem von ihm ererbten Grst dem *B* eine Hypothek bestellt und ihm auch die Eintragungsbewilligung erteilt, so kann die Hypothek solange nicht eingetragen werden, als das Grst nicht auf *A* umgeschrieben ist, §§ 39, 40. Läßt *A* das Grst nicht umschreiben, so bleibt *B* nichts übrig, als sich den vollstreckbaren Titel dadurch zu verschaffen, daß der gegen *A* entweder auf Zahlung oder auf Erteilung der Eintragungsbewilligung Klage erhebt. *B* kann auch gegen *A* dahingehend klagen, daß dieser sich als Berechtigter eintragen läßt, § 895 BGB. Auch ein solches Urteil ist nach §§ 894, 896 ZPO vollstreckbar; dazu *§ 19 Bem 46*. Erst wenn *B* einen vollstreckbaren Titel hat, kann er auf Grund des § 14 die Eintragung des *A* als Eigentümer beantragen. Über weitere Fälle *Bem 17, 19*.

2. Der Vollstreckungstitel muß **zugunsten des Antragstellers** lauten. § 792 ZPO gewährt einem Gläubiger das Recht, anstelle des Schuldners die **Erteilung von Urkunden** zu verlangen, die er zum Zwecke der ZwV benötigt, wie Erbschein und andere Urkunden; dazu *Bem 23*. Die Kosten der Urkundenerteilung sind Kosten der ZwV iSd § 788 ZPO. Der Gläubiger muß sich als Vollstreckungsgläubiger legitimieren; dazu *Stein-Jonas* ZPO § 792 Bem II. Die Behörde, an die das Ersuchen gestellt wird, prüft die Voraussetzungen nach freiem Ermessen. Nicht zu prüfen ist die Zulässigkeit der ZwV. Da der Zweck dieses Ersuchens ist, eine vollstreckbare Ausfertigung zu erhalten, kann deren Vorlegung von der angegangenen Behörde nicht verlangt werden. Hauptanwendungsfälle sind bei ZwV in das unbewegliche Vermögen nach §§ 864ff. ZPO §§ 14, 39 GBO, wenn gegen einen nicht als Eigentümer im GB eingetragenen Schuldner vorgegangen werden will, ferner auch §§ 726, 727, 830, 837 ZPO; dazu *Stein-Jonas* aaO Bem I. Bei §§ 727ff. ZPO ist Schuldner iSd § 729 ZPO auch der Rechtsnachfolger. Der Begriff der ZwV ist weit zu fassen; dazu *Stein-Jonas* aaO. Neben diesem Recht zur

Urkundenbeschaffung steht das Recht auf Abschriften oder Ausfertigungen von Urkunden als Beteiligter; dazu *Stein-Jonas* ZPO § 432 Bem III, § 792 Bem I.

Ist der Antragsteller der **Rechtsnachfolger** des in dem Titel bezeichneten Gläubigers, so genügt es, daß bei der Antragstellung die Voraussetzungen für die Umschreibung der Vollstreckungsklausel auf seinen Namen nach §§ 727 ff. ZPO vorliegen; dazu *Steiner-Riedel* ZVG Einl II 2. Die Umschreibung selbst braucht nicht zu erfolgen; dazu *Bem 7*. Bei Erteilung einer vollstreckbaren Ausfertigung gegen den Rechtsnachfolger des in einer Urkunde iSd § 794 Z 5 ZPO bezeichneten Schuldners ist lediglich die formelle Berechtigung des Antragstellers aus der Urkunde zu prüfen, **BayObLG** MittBayNotV 1965, 141 = DNotZ 1965, 767 Ls.

Über die Weigerung des Notars, einem Beteiligten eine vollstreckbare Ausfertigung einer in seiner Urkundensammlung verbliebenen Urschrift zu erteilen, hat das LG zu entscheiden, in dessen Bezirk der Notar seinen Sitz hat. Gegen die Entscheidung des LG findet in Bayern einfache Beschwerde zum BayObLG statt, wobei aber der Notar nicht beschwerdebefugt ist. Dazu **BayObLG** aaO, auch *Schneider* Die Rechtslage bei Weigerung des Notars, vollstreckbare Ausfertigung zu erteilen, DNotZ 1966, 16.

4 **b) Bundesrechtliche Vollstreckungstitel**

Dazu *Güthe* GBO § 14 Bem 12, *Mohrbutter* aaO *(Bem 3)* 26ff., *Steiner-Riedel* ZVG Einl II 1, *Stein-Jonas* ZPO vor § 704 Bem 13, § 794 Bem VIII

Es kommen hauptsächlich folgende Titel in Betracht:

1. Die rechtskräftig oder für vorläufig vollstreckbar erklärten **Endurteile deutscher ordentlicher Gerichte** im Geltungsbereich der ZPO, § 704 Abs 1 ZPO.

Es muß sich um Urteile handeln, die im Geltungsbereich des GG erlassen wurden. Das BGebiet umfaßt die BLänder, auch Berlin und das Saarland; dazu *E 2ff*. Es kann sich auch um Urteile handeln aus Gebieten, in denen früher deutsche Gerichtsbarkeit ausgeübt wurde, wenn die Urteile aus dieser Zeit stammen; dazu *Baumbach-Lauterbach* ZPO § 723 Anh Bem A 1, *Stein-Jonas* ZPO § 704 Bem I 2.

Den Endurteilen stehen die unter Vorbehalt nach Maßgabe der §§ 302, 303, 599 ZPO ergangenen **Vorbehalts-** und **Zwischenurteile** gleich; dazu auch **RG** RGZ 45, 406.

Urteile nicht-deutscher Gerichte sind nach §§ 722, 723 ZPO vollstreckbar, wenn die Zulässigkeit durch ein Vollstreckungsurteil ausgesprochen ist; hierzu ist ein förmliches Prozeßverfahren auf Feststellung vorhandener Vollstreckbarkeit erforderlich, dazu *Stein-Jonas* ZPO § 722 Bem I, *Wilhelmi-Vogel-Zeller* ZVG § 1 Bem 22. Es bestehen zahlreiche Staatsverträge bzw Sondervereinbarungen mit ausländischen Staaten, die Verfahrenserleichterungen bez der Anerkennung und Vollstreckung gerichtlicher Entscheidungen in Zivilsachen enthalten; dazu *Baumbach-Lauterbach* ZPO Einl Bem IV 2, ZPO § 723 Anh Bem A 2, 3, B. Insbes sind folgende Staatsverträge und AusfG dazu von Bedeutung: Belgien Abkommen vom 30. Juni 1958 BGBl II 1959, 766, AG vom 26. Juni 1959 BGBl I 425, Großbritannien Abkommen vom 14. Juli 1960 BGBl II 1961, 302, Gesetz dazu vom 28. März 1961 BGB I 301, Italien Abkommen vom 9. März 1936 RGBl II 1937, 145, Österreich Abkommen vom 6. Juni 1959 BGBl II 1960, 1246, AG vom 8. März 1960 BGBl I 169, Schweiz Abkommen vom 28. Juli 1930 BGBl II 1066, AVO vom 23. August 1930 RGBl II 1209.

Auch Urteile, durch die der Beklagte zur Bewilligung einer Eintragung verurteilt ist, § 894 ZPO, sind vollstreckbare Titel iSd § 14 GBO; dazu *Güthe* GBO § 14 Bem 17, *Turnau-Förster* GBO § 14 Bem 17.

2. **Prozeßvergleiche** dh Vergleiche, die nach Erhebung der Klage zwischen den Parteien oder zwischen einer Partei und einem Dritten zur Beilegung eines Rechtsstreites vor einem deutschen Gericht geschlossen sind, oder **Sühnevergleiche** dh Ver-

gleiche, die vor einer durch die Landesjustizverwaltung eingerichteten oder anerkannten Gütestelle zustandegekommen sind, und Vergleiche im Rahmen eines **armenrechtlichen Verfahrens** iSd § 118a Abs 3 ZPO, wie sich aus § 794 Abs 1 Z 1 ZPO ergibt.

Ein gerichtlicher Vergleich muß vor rechtsgeschäftigem Abschluß des Verfahrens bei der Istanz, bei der das Verfahren anhängig ist, geschlossen werden. Nach rechtskräftigem Abschluß des Verfahrens kann ein Prozeßvergleich nicht mehr geschlossen werden; dazu **BGH** BGHZ 15, 190 = NJW 1955, 182 = JZ 1955, 166 = LM § 794 Abs 1 Ziff 1 ZPO Nr 5 (*Johannsen*) bez eines Vergleichs in einem Ehescheidungsprozeß. Dazu auch *§ 20 Bem 37, § 29 Bem 53*. Ein gerichtlicher Vergleich kann auch dadurch zustandekommen, daß ein schriftlicher Vergleichsvorschlag des Gerichts von den Parteien angenommen wird; dazu **OLG Celle** NJW 1965, 1970.

Der Vergleich kann auch vor einem Richter im Rahmen eines Straf-, insbes Privatklageverfahrens, oder in einem Verfahren der freiwilligen Gerichtsbarkeit geschlossen werden; dazu **RG** RGZ 21, 345, **LG Aachen** JMBl NRW 1948, 144/1949, 274, **LG Göttingen** DRspr IV (421) ÜBl 10 RückS, *Stein-Jonas* ZPO § 794 Bem II 2a.

Ein gerichtlicher Vergleich ist neben der Prozeßhandlung auch ein bürgerlichrechtlicher Vertrag; dazu **BAG** BAGE 4, 84 = NJW 1957, 1127 = JZ 1957, 478 = DRspr IV 421, 23f. Ein formell unwirksamer gerichtlicher Vergleich oder ein Vergleich vor einer unzuständigen Behörde kann daher materiell wirksam sein. Soweit allerdings Formvorschriften erfüllt sein müssen, weil es sich um ein GrstGeschäft handelt, wie §§ 313, 925, 925a BGB, ist erforderlich, daß die gesetzliche Form eingehalten wird, da andernfalls Unwirksamkeit nach §§ 125ff. BGB des Vergleichs in Betracht kommen kann.

Vollstreckbarkeit gerichtlicher Vergleiche setzt einen entsprechenden Inhalt voraus, der vollstreckungsfähig ist; dazu *Stein-Jonas* ZPO § 794 Bem II 1. So ist zB keine ZwV möglich, wenn der Vergleich ein Vertragsstrafversprechen iSd § 339 BGB beinhaltet; dazu **OLG Hamm** MDR 1965, 584 = DRspr IV (421) 69e.

3. **Kostenfestsetzungsbeschlüsse**, § 794 Abs 1 Z 2 ZPO.

Die Umschreibung des im Namen der armen Partei erwirkten Kostenfestsetzungsbeschlusses auf den Namen des beigeordneten Rechtsanwalts oder Gerichtsvollziehers ist der Sache nach ein neuer Kostenfestsetzungsbeschluß und im Verfahren als solcher zu behandeln. Eine solche sog Umschreibung berührt daher nicht die Rechte der armen Partei. Dazu **BGH** BGHZ 5, 251 = NJW 1952, 786 = MDR 1952, 416 = LM § 124 Nr 1 (*Johannsen*), § 794 Abs 1 Ziff 2 ZPO Nr 2 Ls.

4. Entscheidungen deutscher Gerichte, gegen die das Rechtsmittel der **Beschwerde** stattfindet, § 794 Abs 1 Z 3 ZPO.

Hierfür genügt es, daß Anfechtbarkeit bestünde, wenn die Entscheidung nach der ZPO mit Beschwerde angreifbar wäre, falls ein Gericht 1. Instanz entscheiden würde. Es kommen also auch Entscheidungen des BGH, des BayObLG, der OLG in Frage, die nicht mehr angefochten werden können. Dazu *Stein-Jonas* ZPO § 794 Bem V.

5. **Vollstreckungsbefehle**, § 794 Abs 1 Z 4 ZPO.

6. Für vollstreckbar erklärte **Schiedssprüche** und **schiedsgerichtliche Vergleiche**, wenn die Entscheidung über die Vollstreckbarkeit rechtskräftig oder für vorläufig vollstreckbar erklärt ist, § 794 Abs 1 Z 4a ZPO.

7. **Vollstreckbare Urkunden** dh Urkunden, die von einem deutschen Gericht oder von einem deutschen Notar innerhalb der Grenzen seiner Amtsbefugnisse in der vorgeschriebenen Form aufgenommen sind, wenn die Urkunde über einen Anspruch errichtet ist, der die Zahlung einer bestimmten Geldsumme zum Gegenstand hat, und der Schuldner sich in der Urkunde der sofortigen ZwV unterworfen hat, wobei als ein Anspruch auf Zahlung einer Geldsumme auch ein Anspruch aus einer Hypothek, Grund- oder Rentenschuld anzusehen ist, § 794 Abs 1 Z 5 ZPO.

Für § 14 GBO kommen nur die auf Geld gerichteten Vollstreckungstitel in Frage, nicht auch solche, welche die Leistung einer bestimmten Menge anderer vertretbarer Sachen oder Wertpapiere betreffen; dazu *Güthe* GBO § 14 Bem 12.

Für die Form sind §§ 167ff. FGG (*Anh*) maßgebend, uU in Verbindung mit ergänzemdem Landesrecht; dazu *§ 29 Bem 27ff.*

Im Gebiet des ehemaligen Landes Preußen sind zur Aufnahme solcher Urkunden die Gerichte und Notare nebeneinander zuständig, Art 31 Abs 1 S 1 prFGG. In Bayern haben die Notare ausschließliche Zuständigkeit; die Amtsgerichte sind nur dann zuständig, wenn es sich um ein Unterhaltsabkommen handelt Art 15 Abs 2 bayAGGVG.

8. **Arrestbefehle** und **einstweilige Verfügungen**, §§ 916ff., 935, 940 ZPO.

Über die Bedeutung der Angabe der Lösungssumme im Arrestbefehl *§ 3 Bem 345b.*

9. Im Konkursverfahren **Eintragung in die Konkurstabelle**, §§ 145, 164 KO, und der rechtskräftig bestätigte Zwangsvergleich, § 194 KO; dazu *Mohrbutter* aaO (*Bem 3*) 646,665.

10. Im **Vergleichsverfahren** der bestätigte **Vergleich**, § 85 VerglO; dazu *Mohrbutter* aaO (*Bem 3*) 751,785ff.

11. Im **Zwangsversteigerungsverfahren** der **Zuschlagsbeschluß**, der nach Maßgabe des § 132 ZVG gegen den Ersteher, dem mithaftenden Meistbietenden ua vollstreckbar erklärt werden kann und auch zur ZwV in das versteigerte Grst nach § 133 ZVG berechtigt. Soweit das Bargebot bei der Ausführung des Teilungsplans nicht befriedigt wird, erfolgt nach § 118 ZVG Übertragung der Forderungen gegen den Ersteher auf den oder die Berechtigten. Dazu bez der angeführten Vorschriften *Steiner-Riedel* ZVG und *Wilhelmi-Vogel-Zeller* ZVG sowie *Mohrbutter* aaO (*Bem 3*) 370ff.

12. Die durch rechtskräftigen Beschluß des Nachlaßgerichts bestätigte vorgängige **Vereinbarung oder Auseinandersetzung über einen Nachlaß oder das Gesamtgut** der ehelichen oder fortgesetzten Gütergemeinschaft, §§ 98, 99 FGG.

Landesrechtlich kann auch eine notarielle Zuständigkeit begründet sein. So ist zB in Bayern das AG oder der Notar zuständig, Art 6, 8 bayNachlaßG.

13. Die rechtskräftigen **Entscheidungen der Strafgerichte**, in denen der Angeklagte zur Zahlung einer Vermögensstrafe, einer Buße oder der Kosten verurteilt ist, §§ 464ff. StPO, ferner die den Verfall einer zwecks Abwendung der Untersuchungshaft geleisteten Sicherheit aussprechende Entscheidung, § 124 Abs 3 StPO, dazu *Stein-Jonas* ZPO § 794 Bem VIII (14).

14. Die **arbeitsgerichtlichen Urteile**, § 62 ArbeitsgerichtsG, und im Rahmen solcher Verfahren ergehende **Beschlüsse** oder abgeschlossene **Vergleiche**, § 794 Abs 1 Z 1 bis 4 ZPO, § 85 ArbeitsgerichtsG; dazu *Stein-Jonas* ZPO § 794 Bem VIII (8).

15. Bei **landwirtschaftlicher Entschuldung** der Auszug aus dem bestätigten Entschuldungsplan oder Zwangsvergleich, Art 34 der 7. DVO SchRG vom 30. April 1935 RGBl I 572; dazu *Stein-Jonas* ZPO § 794 Bem VIII (13).

16. In **Verfahren in Landwirtschaftssachen** gerichtliche Beschlüsse und Vergleiche, § 31 LwVG.

17. Vergleiche in **Mieterschutzsachen**, § 45 MieterschutzG; dazu *Stein-Jonas* aaO (11).

18. Beschlüsse der **Fideikommißsenate** der OLG und die Entscheidung des Obersten Fideikommißgerichts und die vor ihnen oder einem ihre Mitglieder geschlossenen Vergleiche, § 19 Ges zur Vereinheitlichung der Fideikommißauflösung vom 26. Juni 1935 RGBl I 785, §§ 21, 28 DVO dazu vom 24. August 1935 RGBl I 1103. Über Fideikommisse *§ 4 Bem 28*, *§ 117 Bem 3ff.*

19. Kostenfestsetzungsbeschlüsse in **Patentsachen, RG** RGZ 33, 423.

20. Die rechtskräftig bestätigte **Dispache**, § 158 Abs 2 FGG.

21. Die **Steuerbescheide** und die sonstigen eine Verpflichtung zur Entrichtung einer Steuer begründenden Entscheidungen der Finanzämter nach §§ 325ff., insbes §§ 372, 373 AO. Dazu **BGH** BGHZ 3, 141 = NJW 1951, 763 = Rpfleger 1951, 611 = DRspr IV (473) 18f, *Mattern* NJW 1951, 544.

22. Die vom Konkursgericht für vollstreckbar erklärte Berechnung über die von den Mitgliedern einer **eingetragenen Genossenschaft** im Konkurs derselben zur Deckung von Fehlbeträgen zu leistenden Beiträge, §§ 105ff. GenG, und die gerichtliche Festsetzung der Vergütung des Revisors, § 62 GenG.

23. Die Entscheidungen der **Innungen** und der Innungsschiedsgerichte sowie die vor diesen nach Erhebung der Klage geschlossenen Vergleiche, § 91b GewO.

24. Die Heberollenauszüge der **Berufsgenossenschaften** und die vollstreckbaren Ausfertigungen der Einforderungen von Beitragsvorschüssen, §§ 28, 754, 754a, 812, 1176 RVO; dazu **RG** RGZ 84, 272, **KG** JFG 9, 292, OLG 16, 318/33, 156, *Schleich* RPfliB 1933, 357.

25. Vollstreckungsanordnungen der **Justizverwaltungsbehörden**, insbes der Gerichtskasse, nach der JBeitrO. Dazu **BayObLG** Rpfleger 1952, 133 (*Bruhn*).

26. Die eine Geldstrafe aussprechenden Entscheidungen der Ehrengerichte bei den **Rechtsanwaltskammern**, §§ 204, 205 BRAO; dazu *Stein-Jonas* ZPO § 794 Bem VIII (15).

c) Landesrechtliche Vollstreckungstitel 5

Dazu *Güthe* GBO § 14 Bem 13, *Steiner-Riedel* ZVG Einl II 1d, *Stein-Jonas* ZPO § 801 Bem I, II

1. Es ist hinzuweisen auf

die Vollstreckung im **Verwaltungszwangsverfahren**; dazu *Steiner-Riedel* ZVG Einl II 1d,

die vollstreckbaren Urkunden der **Jugendämter** über die Verpflichtung zur Zahlung von Unterhaltsrenten; dazu *Riedel* JWG (4. Aufl 1965) § 49 Bem 2ff., *Riedel* Jugendwohlfahrtsrecht (6. Aufl 1965) Nr 2 JWG § 49 Bem.

die Vollstreckung im Bereiche der **Sozialhilfe** bei Heranziehung zur Kostenerstattung nach dem BSozialhilfeG (BSHG). Inwieweit eigenes Einkommen und Vermögen einzusetzen ist, bevor Sozialhilfe in Anspruch genommen wird, ergibt sich aus §§ 88ff. BSHG. Der Kostenersatz richtet sich nach § 92 BSHG, also nach öffentlichrechtlichen Vorschriften, nämlich dem Verwaltungs- und Verwaltungsgerichtsverfahren; dazu *Oestreicher* BSHG § 92 Bem 5ff. Das Vorgehen gegen Dritte, die zu Leistungen verpflichtet sind und herangezogen werden können, ist in § 90 BSHG geregelt; dazu *Oestreicher* aaO § 90 Bem 1ff.

2. Weiter sind für das Gebiet des ehemaligen Landes **Preußen** (dazu *Güthe* GBO § 14 Bem 13) noch zu erwähnen

die Vergleiche vor dem Schiedsmann, §§ 32, 34 SchiedsmannsO vom 11. Juli 1891 idF vom 3. Dezember 1924 GS 751,

die Kostenfestsetzungsbeschlüsse in Sachen der freiwilligen Gerichtsbarkeit und die Entscheidungen, durch die ein Beteiligter zur Erstattung der ihm zuviel gezahlten Kosten verurteilt wird, Art 14 prFGG,

vollstreckbare Urkunden nach §§ 1, 10 Ges betr die ZwV aus Forderungen landwirtschaftlicher Kreditanstalten vom 3. August 1897 GS 388.

2. Vollstreckbarkeit gegen den Berechtigten 6

a) Berechtigter

Dazu *Güthe* GBO § 14 Bem 15, 24, *Hesse-Saage-Fischer* GBO § 14 Bem II 2, *Horber* GBO § 14 Bem 3a

Unter dem Berechtigten ist der **wahre, im GB eingetragene Berechtigte** zu verstehen, also derjenige, durch dessen Nichteintragung das GB unrichtig ist; dazu

Bem 12ff. Daß der Berechtigte sein Recht schon vor dem Zeitpunkt erworben hat, in dem das GB als angelegt anzusehen ist (dazu *§ 3 Bem 355*), steht der Anwendung des § 14 nicht im Wege, **BayObLG** 7, 407.

Der **Vollstreckungsschuldner** und der **als Berechtigter Einzutragende** müssen **identisch** sein; dazu *Güthe* GBO § 14 Bem 15. Kommen mehrere Berechtigte in Frage, so muß der Titel gegen sämtliche Berechtigte vollstreckbar sein. Liegt nur gegen einen der Berechtigten ein vollstreckbarer Titel vor, so ist das Antragsrecht nach § 14 nicht gegeben, wenn nicht die übrigen Berechtigten ihre Zustimmung erteilt haben, **KG** RJA 10, 69, **BayObLG** 10, 103. Aus diesem Grund kann der Gläubiger eines Miterben auf Grund eines gegen diesen gerichteten vollstreckbaren Titels weder eine Eintragung an den Gegenständen des ungeteilten Nachlasses noch an dem Anteil des Erben verlangen. Vielmehr muß er, wenn er zwecks Eintragung einer Verfügungsbeschränkung, wie Pfändung des Erbanteils ua (dazu *§ 13 Vorbem 118ff.*), die Berichtigung des GB durch Eintragung des Erben beantragen will, die Zustimmung der übrigen Erben nach § 22 Abs 2 in der Form des § 29 beibringen, **KG** RJA 10, 69; dazu *Bem 21.*

7 **b) Sonstige Vollstreckungsvoraussetzungen**

Dazu *Güthe* GBO § 14 Bem 15, 24, *Hesse-Saage-Fischer* GBO § 14 Bem II 2, *Steiner-Riedel* ZVG Einl II, *Stein-Jonas* ZPO § 704 Vorbem II ff.

Da es sich aber bei der GBBerichtigung **nicht** um eine **ZwV** handelt, **sondern** nur um eine **gbrechtliche Angelegenheit,** ist nicht erforderlich, daß alle Voraussetzungen einer ZwV vorliegen, sondern nur die einer konkreten Vollstreckbarkeit, *Güthe* GBO § 14 Bem 24, *Hesse-Saage-Fischer* GBO § 14 Bem II 2, **aA** *du Chesne* ZBlFG 13, 392, *Predari* GBO § 14 Bem 3, wonach bei § 14 GBO ein ZwVAkt angenommen wird; dazu *Bem 3* (2), *32.*

Der Vollstreckungsschuldner muß in dem Urteil oder dem sonstigen Vollstreckungstitel (dazu *Bem 3ff.*) bezeichnet sein, *Horber* GBO § 14 Bem 3a. Eine Vollstreckungsklausel (§§ 724ff. ZPO) braucht aber nicht vorzuliegen, da es sich ja um keine Vollstreckungsmaßnahme handelt, *Güthe* GBO § 14 Bem 24, *Hesse-Saage-Fischer* GBO § 14 Bem II 2, **aA** *du Chesne* ZBlFG 13, 392, *Predari* GBO § 14 Bem 3. Richtet sich der Antrag gegen den Rechtsnachfolger des auf dem Titel Vermerkten, so muß nicht die Umschreibung der Vollstreckungsklausel nach §§ 727ff. ZPO erfolgen. Es genügt vielmehr, daß die Voraussetzungen der Umschreibung gegeben sind, *Hesse-Saage-Fischer* GBO § 14 Bem II 2, **aA** *Güthe* GBO § 14 Bem 15, *Horber* GBO § 14 Bem 3a; dazu *Bem 3.* Wenn man jedoch die Notwendigkeit einer Vollstreckungsklausel verneint, kann man notwendigerweise auch die Umschreibung einer solchen nicht fordern. Nicht notwendig ist deshalb auch die Zustellung des Vollstreckungstitels, § 750 ZPO, *Güthe* Bem 24, *Hesse-Saage-Fischer* GBO § 14 Ben II 2, **aA** *du Chesne* und *Predari* aaO.

Da die Voraussetzungen für eine Vollstreckbarkeit nachzuweisen sind, müssen der Eintritt der Fälligkeit, nach § 751 Abs 1 ZPO, Sicherheitsleistung nach § 751 Abs 2 ZPO usw vorliegen; dazu *Güthe* GBO § 14 Bem 24, *Hesse-Saage-Fischer* GBO § 14 Bem II 2.

Der **Nachweis** dieser Voraussetzungen ist in der Form des § 29 Abs 1 S 2 GBO zu führen, da von ihnen die Antragsberechtigung abhängt und deren Nachweis der genannten Formvorschrift unterliegt, *Horber* GBO § 14 Bem 3b, **aA** *Hesse-Saage-Fischer* GBO § 14 Bem II 2, dazu auch *§ 13 Bem 48.*

Wo es allerdings nicht nur zum GBEintrag, sondern auch zur **Vollstreckung** kommen soll und kommt, ist es darüber hinaus notwendig, daß die Vollstreckungsvoraussetzungen iSd §§ 864ff. ZPO nicht nur vorliegen, sondern auch nachgewiesen sind; dazu auch *Bem 1, 3, 11, 19, 32.*

8 **3. Recht auf eine Eintragung in das Grundbuch**

Dazu *Güthe* GBO § 14 Bem 16ff., *Hesse-Saage-Fischer* GBO § 14 Bem II 3, *Horber* GBO § 14 Bem 3c

a) Zulässigkeit der Eintragung

Der Antragsteller muß auf Grund des vollstreckbaren Titels (dazu *Bem 3ff.*) eine Eintragung in das GB verlangen können. Es genügt, daß die Eintragung verlangt werden **kann**. Daß sie auch wirklich verlangt wird, ist nicht erforderlich; dazu *Güthe* GBO § 14 Bem 21.

Gibt der Antragsteller keine Erklärung ab, so kann eine solche nicht verlangt werden; dazu *Güthe* aaO.

b) Eintragung 9

Es muß sich um eine Eintragung in das GB handeln, die verlangt werden kann; dazu *Güthe* GBO § 14 Bem 16, *Horber* GBO § 14 Bem 3c.

Welcher **Art** die Eintragung ist, ist gleichgültig; über Einschränkungen *Bem 13ff.*, *18*. Sie kann sich auf Rechte an einem Grst oder an einem Grstrecht beziehen. Sie kann weiter die Begründung, Änderung oder Aufhebung bzw Löschung, insbes auch die Pfändung eines Rechts zum Gegenstand haben. Ebenso ist belanglos, ob eine endgültige Eintragung oder nur eine Vormerkung, ein Widerspruch oder eine Verfügungsbeschränkung in Frage kommt, ferner ob die Eintragung der GBBerichtigung dienen oder rechtserzeugend wirken soll; denn es wird nicht vorausgesetzt, daß das Recht des Antragstellers bereits besteht. Es darf nur die **Eintragung**, die verlangt werden kann, **nicht mit der Eintragung des Berechtigten identisch** sein. Deshalb kann auf Grund eines Titels, durch den der Schuldner nach § 895 BGB verurteilt ist, sich als Berechtigter eintragen zu lassen, nicht vom Gläubiger nach § 14 GBO den Antrag auf Eintragung des Schuldners als des Berechtigten gestellt werden. Überdies wird der Eintragungsantrag des Schuldners durch seine Verurteilung ersetzt, § 894 ZPO; dazu *Güthe* GBO § 14 Bem 16.

c) Vollstreckungstitel 10

Die Eintragung muß auf einem vollstreckbaren Titel beruhen, der
entweder auf Bewilligung der Eintragung lautet
oder eine Geldforderung zum Gegenstand hat; dazu *Güthe* GBO § 14 Bem 17, *Horber* GBO § 14 Bem 3c.

1. Bewilligung der Eintragung

Der **Titel** kann auf einem **persönlichen** dh schuldrechtlichen Recht oder auf einem **dinglichen Recht** beruhen; dazu *Güthe* GBO § 14 Bem 18, 19.

Eine **Eintragung** in das GB kann auf Grund des vollstreckbaren Titels vor allem dann verlangt werden, wenn der Schuldner zur Erteilung der Eintragungsbewilligung, auch einer Löschungsbewilligung, oder zur Bewilligung der GBBerichtigung verurteilt ist, §§ 894, 895 ZPO. Die Unrichtigkeit des GB kann dabei sowohl darin bestehen, daß ein Recht nicht oder nicht richtig eingetragen ist, als auch darin, daß eine Verfügungsbeschränkung (dazu *§ 13 Vorbem 118ff.*), zB das Nacherbenrecht, nicht eingetragen ist. Ferner gehören die Fälle hierher, in denen durch eine einstweilige Verfügung nach §§ 935ff. ZPO die Eintragung einer Vormerkung, eines Widerspruchs oder einer Verfügungsbeschränkung angeordnet ist; dazu *§ 13 Vorbem 166*. Eine Eintragung erfolgt auch dann auf Grund eines vollstreckbaren Titels, wenn diese nur mittelbare Grundlage der Eintragung, unmittelbare Grundlage aber ein Pfändungs- und Überweisungsbeschluß ist, **KG** JFG 14, 324 (329); dazu *Güthe* GBO § 14 Bem 20, *Hesse-Saage-Fischer* GBO § 14 Bem II 3.

2. Titel, auf eine Geldforderung lautend 11

Eine Eintragung auf Grund eines Vollstreckungstitels kann auch dann verlangt werden, wenn der Titel eine **Geldforderung** zum Gegenstand hat; denn es kann hier, soweit Schuldner der GrstEigentümer ist, nach §§ 866 ZPO die Eintragung einer Zwangshypothek oder nach § 932 ZPO die Eintragung einer Arresthypothek verlangt werden; dazu *Güthe* GBO § 14 Bem 20, *Horber* GBO § 14 Bem 3c, im übrigen *§ 3 Bem 344, 345, § 19 Bem 50, 51.*

Gegen einen Hypothekengläubiger kann auf Grund einer vollstreckbaren Geldforderung die **Pfändung der Hypothek** bewirkt und deren Eintragung verlangt werden; dazu *§ 19 Bem 52.* Wenn eine gegen den GrstEigentümer gerichtete vollstreckbare Forderung den Betrag von 500 DM nicht übersteigt, § 866 Abs 3 ZPO, so wird dadurch die Anwendung des § 14 GBO nicht ausgeschlossen, da der Gläubiger zwar nicht zur **Eintragung einer Zwangs- oder Arresthypothek**, aber doch zur ZwVerst oder ZwVerw berechtigt ist, § 866 Abs 1 ZPO, auf Grund deren die Eintragung des Beschlagnahmevermerks nach § 19 Abs 1, § 146 ZVG als Verfügungsbeschränkung erfolgt; dazu *§ 13 Vorbem 137.* Daß diese Eintragung der Gläubiger nicht unmittelbar beantragen kann, sondern daß sie auf Grund Ersuchens des Vollstreckungsgerichts erfolgt, schließt das Antragsrecht nach § 14 GBO nicht aus, **KG** OLG 8, 152, RJA 10, 69, **BayObLG** 7, 407; dazu *Achilles-Strecker* GBO § 14 Bem 3a, *Güthe* GBO § 14 Bem 20, *Henle-Schmitt* GBWesen GBO § 14 Bem 8, *Predari* GBO § 14 Bem 5b, *von Rozycki-von Hoewel* GBRecht § 27, *Steiner-Riedel* ZVG § 17 Bem 3 (b.) Eine Ausnahme wird nur zu machen sein, wenn der Antragsteller ausdrücklich erklärt, er wolle auf Grund seines Titels eine Zwangs- oder Arresthypothek eintragen lassen, so daß hier der Antrag zurückzuweisen ist; dazu auch *Bem 1, 7, 19, 32.* Wenn Vollstreckungsbeschränkungen, zB nach § 20 Abs 2 HG (*Anh*; dazu *§ 13 Vorbem 159*), weder die Eintragung einer Zwangshypothek noch die ZwVerst und ZwVerw zulassen, ist der Antrag aus § 14 GBO ebenfalls zurückzuweisen.

Die Anwendung des § 14 wird auch nicht dadurch ausgeschlossen, daß für die Geldforderung, die Gegenstand des Vollstreckungstitels ist, bereits auf demselben Grst eine Hypothek eingetragen ist, **RG** RGZ 70, 246, **KG** OLG 45, 230; denn auch hier ist der Gläubiger zur ZwVerst oder ZwVerw berechtigt. Dazu *Güthe* GBO § 14 Bem 20.

Wenn vor der Eintragung über das Vermögen des Vollstreckungsschuldners der **Konkurs** eröffnet wird, so ist der Antrag zurückzuweisen, da hierdurch nach § 14 KO eine Eintragung in das GB im Wege der ZwV oder des Arrestverfahrens unzulässig wird; dazu *§ 13 Vorbem 133ff., 167.* Dies gilt auch dann, wenn der Eintragungsantrag vor Konkurseröffnung beim GBA eingegangen ist. Dazu *Güthe* GBO § 14 Bem 21.

Wird dem GBA eine gerichtliche Entscheidung vorgelegt, nach der die **ZwV einstweilen eingestellt** ist, § 775 Z 2 ZPO, so darf es dem Antrag nach § 14 GBO nicht mehr stattgeben.

12 **4. Unrichtigkeit des Grundbuch**

Dazu *Güthe* GBO § 14 Bem 3ff., *Hesse-Saage-Fischer* GBO § 14 Bem II 1, *Horber* GBO § 14 Bem 2, *Thieme* GBO § 14 Bem 2

a) Unrichtigkeit des GB iSd § 894 BGB

Es wird weiter eine Unrichtigkeit des GB iSd § 894 BGB vorausgesetzt. Diese liegt vor, wenn der Inhalt des GB bez eines Rechts an einem Grst oder eines Rechts an einem solchen Recht mit der wirklichen Rechtslage nicht in Einklang steht. Gleichgültig ist also, ob die Unrichtigkeit sich auf das Eigentum, auf ein Recht an einem Grst (Hypothek usw), auf ein Recht an einem GrstRecht (Pfandrecht, Nießbrauch an einer Hypothek usw) bezieht; dazu *§ 13 Vorbem 39ff.* Der Berichtigungsanspruch reicht, soweit der öffentliche Glaube reicht; dazu *Staudinger-Seufert* BGB § 894 Bem 6. Er bezieht sich daher nicht auf rein tatsächliche Angaben, offenbare Schreibfehler und betrifft nur eintragungsfähige Rechte, Über Verfügungsbeschränkungen *Bem 13, 14.*

Nur die GBBerichtigung selbst, nicht auch die Eintragung eines Widerspruchs kommt in Frage.

b) Nichteintragung des Berechtigten 13

Allein von § 14 GBO wird nicht jede Unrichtigkeit des GB betroffen. Es kommen **nur solche Unrichtigkeiten** in Betracht, die in der **Nichteintragung des Berechtigten** ihren Grund haben, wie sich aus § 14 GBO ergibt; dazu *Güthe* GBO § 14 Bem 7. § 14 GBO findet daher keine Anwendung, wenn das GB deshalb unrichtig ist, weil der Inhalt oder der Rang eines Rechts nicht richtig eingetragen ist, oder wenn die Berichtigung nicht durch Eintragung des Berechtigten, sondern durch Löschung eines nicht oder nicht mehr bestehenden Rechts erfolgen soll oder eine Verfügungsbeschränkung (dazu *§ 13 Vorbem 118ff.*) betrifft, *Güthe* GBO § 14 Bem 10.

Hierzu ist im einzelnen zu bemerken: 14

1. **Berechtigter** iSd § 14 GBO ist **nur** derjenige, dem das **Eigentum** oder ein **sonstiges Recht an einem Grst** oder ein **Recht an einem GrstRecht** zusteht (dazu *§ 13 Vorbem 39ff.*), aber nicht auch derjenige, der nur einen schuldrechtlichen Anspruch auf Einräumung eines Rechts hat, wie zB der Käufer eines Grst, der aus einem keiner Form bedürftigen schuldrechtlichen Vertrag über die Bestellung eines dinglichen Rechts Berechtigte oder der Bauunternehmer, der nach § 648 BGB einen Anspruch auf Einräumung einer Sicherungshypothek hat; dazu *Achilles-Strecker* GBO § 14 Bem 5, *Güthe* GBO § 14 Bem 4, *Turnau-Förster* GBO § 14 Bem II 1. Einzelne Verfügungsbeschränkungen betreffen die Eintragung eines Berechtigten, wie der Nacherbenvermerk (§ 51) und der Testamentsvollstreckervermerk (§ 52); bei ihnen ist aber § 14 GBO nicht anzuwenden, weil in diesen Fällen die Zulässigkeit der Eintragung von der vorgängigen Berichtigung des GB nicht abhängt, *Güthe* GBO § 14 Bem 10; dazu auch *Bem 18.*

2. Aus welchem **Grunde** der Berechtigte nicht eingetragen ist, ist **gleichgültig**. 15

a) Es kann ein dingliches Recht **außerhalb des GB** entstanden sein. Dies ist der Fall bei Bestellung eines Nießbrauchs oder eines Pfandrechts an einer Briefhypothek usw durch schriftliche Erklärung und Briefübergabe, §§ 1069, 1080, 1274, 1291 mit 1154 BGB, ferner wenn für eine Forderung, an der ein Nießbrauch besteht, eine Hypothek bestellt wird und hierdurch kraft Gesetzes der Nießbrauch sich mit Entstehung der Hypothek auf diese erstreckt, § 1069 Abs 1, § 1153 Abs 2 BGB; in gleicher Weise ergreift das an einer Forderung bestehende Pfändungspfandrecht ohne weiteres die nach der Pfändung für die Forderung eingetragene Hypothek, **KG** JFG 4, 413. Weiter gehört hierher die Entstehung einer Sicherungshypothek in den Fällen des § 1287 S 2 BGB und des § 848 Abs 2 ZPO sowie die Entstehung eines Nießbrauchs am Grst im Falle des § 1075 Abs 1 BGB.

b) Es kann ferner ein bestehendes **Recht zu Unrecht gelöscht** worden sein. 16

c) Schließlich kann auch der wirklich Berechtigte deshalb nicht eingetragen 17
sein, weil an seiner Stelle ein nicht oder nicht mehr materiell Berechtigter, also ein **nur Buchberechtigter eingetragen** ist, auch *Bem 3.*

Hierher gehören insbes die Fälle, in denen der Erwerb sich **außerhalb des GB** vollzieht, wie bei der Erbfolge, dem Zuschlag in der ZwVerst, dem Eintritt der Gütergemeinschaft, dem Erwerb einer Briefhypothek außerhalb des GB (§§ 1154 BGB), dem auf Gesetz beruhenden Erwerb einer Hypothek durch den Eigentümer (§§ 1143, 1163, 1168, 1171, 1173, 1175, 1177, 1182 BGB, §§ 868, 932 Abs 2 ZPO), den persönlichen Schuldner (§§ 1164, 1174, 426 Abs 2 BGB) oder einen Dritten (§ 268 Abs 1 S 1, § 774 Abs 1 S 1, § 1150 BGB) usw; über die sich außerhalb des GB vollziehenden Fälle des Eigentumswechsels *§ 20 Bem 7ff.* Weiter gehören diejenigen Fälle hierher, in denen der als Berechtigter **Eingetragene das Recht nicht erworben** hat, sei es, daß die zum Erwerbe erforderliche Einigung nicht erfolgt oder wegen Geschäftsunfähigkeit, Scheingeschäfts ua nichtig ist. Dasselbe gilt, wenn das GBA eine **falsche Person als Erwerber eingetragen** hat; dazu *Bem 19*. Endlich zählen auch die Fälle hierher, in denen der **Erwerb** durch den als berechtigt Eingetragenen **nachträglich wieder hinfällig** geworden ist, weil zB die auflösende Bedingung oder der auflösende Endtermin eingetragen ist oder weil der Erwerb wegen Irrtums, Zwangs oder arglistiger Täuschung anfechtbar war und angefochten wurde. Auch der Fall, daß der Berechtigte zwar eingetragen ist, seine Eintragung aber nicht dem **§ 47 GBO** entspricht, fällt unter die Unrichtigkeit iSd § 14 GBO; dazu **RG** RGZ 54, 86.

Dagegen wird das GB **nicht** unrichtig, wenn der Erwerb wegen **Gläubigerbenachteiligung** nach §§ 29ff. KO oder nach dem AnfG angefochten wurde, **RG** RGZ 58, 107/91, 369; dazu *BGB-RGRK* BGB § 894 Bem 13, *Meikel* SeuffBl 70, 369 (372). In diesem Falle ist eine Wiedereintragung des persönlichen Schuldners weder möglich noch zulässig; die ZwV erfolgt gegen den eingetragenen Erwerber auf Grund des Anfechtungsurteils, **RG** RGZ 50, 524/56, 142/71, 176, **BayObLG** 24, 124; dazu auch *Steiner-Riedel* ZVG § 17 Bem 3 (d).

18

5. Abhängigkeit der Zulässigkeit der Eintragung von der vorherigen Grundbuchberichtigung

Dazu *Güthe* GBO § 14 Bem 22, 23, *Hesse-Saage-Fischer* GBO § 14 Bem II 4, *Horber* GBO § 14 Bem 4, *Thieme* GBO § 14 Bem 3 (d)

Endlich wird vorausgesetzt, daß die Zulässigkeit der Eintragung, die auf Grund des vollstreckbaren Titels verlangt werden kann, von der vorgängigen Berichtigung des GB abhängt, wie sich aus dem Gesetzeswortlaut des § 14 ergibt.

Dies ist nach **§ 39 Abs 1** in der Regel der Fall; dazu *Güthe* GBO § 14 Bem 22. Das Antragsrecht ist dagegen in allen Fällen ausgeschlossen, in denen diese Eintragung ausnahmsweise auch ohne vorgängige Berichtigung des GB durch Eintragung des Berechtigten erfolgen kann. Diese **Ausnahmen** sind in den **§ 39 Abs 2, § 40** niedergelegt; dazu *Güthe* GBO Bem 23, auch *§ 39 Bem 34ff.*, *§ 40 Bem 2ff.* Eine weitere Ausnahme ergibt sich aus **§§ 17, 146 ZVG**; die Eintragung des ZwVerst und des ZwVerwVermerks kann ohne vorherige Eintragung des Berechtigten herbeigeführt werden, wenn dieser Erbe des eingetragenen Eigentümers ist; dazu *Güthe* GBO § 14 Bem 23, *Horber* GBO § 14 Bem 4, *Steiner-Riedel* ZVG § 17 Bem 4, *Thieme* GBO § 14 Bem 3 (d), *Wilhelmi-Vogel-Zeller* ZVG § 17 Bem 6. **§ 147 ZVG**, der von der ZwVerw gegen den Eigenbesitzer handelt, ist dagegen nicht dazu zu rechnen; dazu *Güthe* aaO.

Auch beim Vorliegen dieser Voraussetzung besteht jedoch kein Antragsrecht im Falle der Löschung des ZwVerstVermerks nach **§ 130 ZVG**; dazu *§ 38 Bem 25*. In der ZwVerst erwirbt der Ersteher das Eigentum zwar durch den Zuschlag, also ohne Eintragung; doch ist nach § 130 ZVG das Vollstreckungsgericht allein berechtigt, das GBA um die Eintragung des Erstehers als Eigentümer zu ersuchen, und schließt dadurch das Antragsrecht jedes anderen aus, **OLG Colmar** Recht 1901, 495 Nr 2050, **LG Hamburg** ZBlFG 2, 723, *Steiner-Riedel* ZVG § 90 Bem 2, § 130 Bem 1. Ebenso ist § 14 GBO nicht anwendbar, wenn bei einer nach **§§ 126, 128 ZVG** für einen unbekannten Berechtigten eingetragenen Sicherungshypothek der Berechtigte eingetragen werden soll. Auch diese Eintragung erfolgt nur auf Grund des Ersuchens des Vollstreckungsgerichts, §§ 135ff. ZVG, **KG** RJA 15, 83; dazu *Güthe* GBO § 14 Bem 2, *Horber* GBO § 14 Bem 1, *Thieme* GBO § 14 Bem 1, auch *§ 38 Bem 29*.

19

III. Antragsrecht

Dazu *Brand-Schnitzler* GBSachen § 31, *Güthe* GBO § 14 Bem 24ff., *Haegele* GBRecht Bem 56, *Hesse-Saage-Fischer* GBO § 14 Bem I, *Horber* GBO § 14 Bem 4, 5, *Krämer-Illner* GBPraxis § 128, *Ripfel* GBRecht 83, *Thieme* GBO § 14 Bem 4

1. Inhalt des Antragsrechts

Der nach § 14 Antragsberechtigte kann die Berichtigung des GB durch Eintragung des Berechtigten beantragen. **Nur die Eintragung des Berechtigten** kann beantragt werden; mehr kann auf Grund des § 14 nicht verlangt werden; dazu *Bem 7, 11*. Es kann jedoch uU zwecks Eintragung des Berechtigten die Anlegung eines GBBlattes erforderlich werden.

Hat daher zB ein Grst dem *B* aufgelassen, wurde aber aus Versehen des GBA *C* als Erwerber eingetragen, so kann lediglich Wiedereintragung des *A*, nicht aber nach §§ 14, 22 Eintragung des richtigen Erwerbers *B* verlangt werden; ebenso **OLG Frankfurt aM** JurBüro 1963, 239 = Rpfleger 1964, 116 (*Haegele*). Dazu auch *Bem 3, 17*.

Der Antrag nach § 14 hat **nur die GBBerichtigung** zum Gegenstand. Von ihm ist zu unterscheiden der Antrag, durch den der Gläubiger auf Grund seines vollstreckbaren Titels eine Eintragung beantragt; die Berechtigung hierzu ergibt sich aus § 13 Abs 2; dazu *§ 13 Bem 40ff*. Beide Anträge können, aber müssen nicht miteinander verbunden sein. Der Antrag aus § 14 ist keine Vollstreckungsmaßnahme; dazu *Bem 1, 7, 11, 32*.

Auch eine **Behörde** kann Antragstellerin nach § 14 sein. Von diesem Fall ist das Eintragungsersuchen nach § 38 zu unterscheiden, bei dem im Gegensatz zum Antrag nach § 14 die ersuchende Behörde keinen Vollstreckungstitel vorzulegen braucht; dazu *Bem 1, 33*.

2. Beibringung der zur GBBerichtigung erforderlichen Erklärungen und Nachweise 20

Der Antragsteller muß dem GBA die Eintragungsunterlagen, insbes die Unrichtigkeit des GB und das Recht des Berechtigten, in gleicher Weise nachweisen, wie wenn der Berechtigte selbst seine Eintragung beantragen würde; denn § 14 ermächtigt den GBBeamten nicht, neue Einschreibungen im GB ohne Einwilligung der davon Betroffenen dann vorzunehmen, wenn ihm die dazu notwendigen Belege zum Beweis fehlen, **RG** RGZ 54, 85. Eine gesetzliche Vermutung, wie sie zB § 742 BGB aufstellt, vermag diesen Nachweis nicht zu ersetzen.

Im einzelnen gilt folgendes:

a) Im Falle der Berichtigung des GB durch Eintragung des Eigentümers oder 21
eines Erbbauberechtigten bedarf es der sonst nach **§ 22 Abs 2** notwendigen Zustimmung des einzutragenden Berechtigten nicht, da der Fall des § 14 in § 22 Abs 2 ausdrücklich ausgenommen ist, **KG** OLG 1, 479 (480)/5, 298; dazu *§ 22 Bem 35*. Sollen mehrere als Eigentümer eingetragen werden, zB Miterben, so muß sich der vollstreckbare Titel gegen sämtliche richten; richtet er sich nur gegen einen derselben, zB bei Pfändung eines Erbanteils, so ersetzt der Antrag nach § 14 nur die Zustimmung dieses einen und die Zustimmung der übrigen Miterben muß freiwillig erteilt werden, andernfalls ist die Eintragung der Pfändung nicht möglich, da nur alle Miterben gleichzeitig eingetragen werden können, *Güthe* GBO § 14 Bem 15; dazu auch *Bem 6*.

b) Dagegen hat der Antragsteller nach **§ 22 Abs 1** beizubringen 22

entweder die **Berichtigungsbewilligung** des Betroffenen, gegebenenfalls auch die Zustimmung Dritter, die vormundschaftsgerichtliche Genehmigung usw; dazu *Horber* GBO § 14 Bem 5A, *Thieme* GBO § 14 Bem 4, auch *§ 22 Bem 16ff.*,

oder die den **Nachweis der Unrichtigkeit des GB** erbringenden Urkunden, zB Erbschein, Ehevertrag, Urteil, Quittung ua, in der Form des § 29; dazu *Güthe* GBO § 14 Bem 25, *Henke-Mönch* und *Thieme* aaO, auch *§ 22 Bem 22ff*.

23 c) Kann der Antragsteller die erforderlichen Urkunden (dazu *Bem 22*) **nicht freiwillig** erhalten, so stehen ihm zu ihrer Beschaffung **folgende Mittel** zu Gebote; dazu *Güthe* GBO § 14 Bem 25ff., *Horber* GBO § 14 Bem 5B, C, *Thieme* GBO § 14 Bem 4.

1. Gegenüber **Behörden, Beamten** und **Notaren** besteht der Herausgabeanspruch insbes nach §§ 792, 896 ZPO, §§ 34, 85 FGG, uU nach bestehenden Landesrecht, wie nach Art 3 bayAGZPO. Wenn auch die Berichtigung des GB kein Akt der ZwV ist (dazu *Bem 7*), so erfolgt sie doch zwecks Ermöglichung derselben; deshalb findet § 792 ZPO auch bei § 14 GBO Anwendung. Dazu *Güthe* GBO § 14 Bem 26, *Horber* GBO § 14 Bem 5 Ba, *Thieme* GBO § 14 Bem 4, auch *Bem 3 (2)*.

24 2. Ob auch **Privatpersonen** zur Herausgabe der Urkunden verpflichtet sind, ist nach den Vorschriften des bürgerlichen Rechts zu beurteilen, §§ 810, 811 BGB. Steht dem Antragsteller selbst ein solcher Anspruch zu, so kann er ihn gerichtlich geltend machen und im Wege der ZwV die Herausgabe der Urkunde erwirken. Steht der Anspruch dem Schuldner zu, so kann ihn der Gläubiger pfänden und sich zur Einziehung überweisen lassen. Der Schuldner ist stets zur Herausgabe verpflichtet. Dazu *Güthe* GBO § 14 Bem 27, 28, *Horber* GBO § 14 Bem 5 Bb, *Thieme* GBO § 14 Bem 4.

25 3. Soweit der Antragsteller die erforderlichen Urkunden auf die bezeichnete Weise nicht beschaffen kann, zB weil solche Urkunden nicht vorhanden sind oder der Drittschuldner die erforderliche Mitwirkung bei der GBBerichtigung verweigert, kann **Feststellungsklage** nach § 256 ZPO erhoben werden, die ein rechtliches Interesse voraussetzt; dazu *Bem 31*. Es kann dann gegen den eingetragenen Berechtigten Klage auf Feststellung dahin erhoben werden, daß nicht dieser, sondern der Schuldner der wirklich Berechtigte ist. Ein solches Feststellungsurteil liefert den Nachweis der Unrichtigkeit des GB iSd § 22 Abs 1. Soll die Größe des Anteils eines Miteigentümers festgestellt werden, so ist die Klage gegen sämtliche Miteigentümer geboten und zulässig, **RG** RGZ 54, 85. Dazu *Güthe* GBO § 14 Bem 31, *Horber* GBO § 14 Bem 5 Bc, *Predari* GBO § 14 Bem 5c, *Stein-Jonas* ZPO § 867 Bem III 3.

26 4. Endlich kann der Gläubiger, wenn der vollstreckbare Titel auf eine Geldforderung lautet, die Eintragung des Schuldners als Berechtigten dadurch erreichen, daß er den **Anspruch des Schuldners** gegen den Buchberechtigten **auf Berichtigung des GB pfänden** und sich zur Einziehung überweisen läßt, § 857 ZPO. Möglich ist auch, daß der Schuldner den Berichtigungsanspruch an den Gläubiger **abtritt**. Auf Grund des überwiesenen oder abgetretenen Berichtigungsanspruchs kann der Gläubiger den **Drittschuldner** bzw Buchberechtigten auf Einwilligung in die GBBerichtigung **verklagen**. Ein solches rechtskräftiges Urteil ersetzt nach § 894 ZPO die Berichtigungsbewilligung des Buchberechtigten In den Fällen, in denen der vollstreckbare Titel des Gläubigers nicht auf eine Geldforderung lautet, sondern auf Abgabe einer Willenserklärung, wie Eintragungsbewilligung usw, ist § 886 ZPO entsprechend anzuwenden; dazu *Achilles-Strecker* GBO § 14 Bem 4, *Güthe* GBO § 14 Bem 30, *Horber* GBO § 14 Bem 5 Bc, *Predari* GBO § 14 Bem 5c, *von Rocycki-von Hoewel* GBRecht § 27. Auch hier muß der Gläubiger den ihm überwiesenen Berichtigungsanspruch gegen den Drittschuldner einklagen; dazu *Güthe* GBO § 14 Bem 29, 30, *Horber* GBO § 14 Bem 5 Bc, *Thieme* GBO § 14 Bem 4. Im übrigen *§ 13 Vorbem 22, § 20 Bem 27, § 22 Bem 42.*

27 5. Bedarf der Antragsteller des **Hypothekenbriefs** bzw des Grund- oder Rentenschuldbriefs, um ihn gemäß § 41 Abs 1 S 2, § 42 S 1 GBO dem GBA zwecks Eintragung des Berechtigten vorzulegen, so kann er, wenn der Brief sich im Besitze des Schuldners befindet, entweder auf Grund Pfändung der Hypothek gemäß § 830 Abs 1 S 1, 2 ZPO oder gemäß § 897 Abs 2 ZPO den Brief durch den Gerichtsvollzieher dem Schuldner **wegnehmen** lassen. Befindet sich der Hypothekenbrief im Besitze eines Dritten, so muß der Gläubiger den Vorlegungsanspruch des Schuldners aus § 896 BGB pfänden und

sich zur Einziehung überweisen lassen und sodann in der gleichen Weise vorgehen wie gegen den im Besitze des Briefs befindlichen Schuldner. Dazu *BGB-RGRK* BGB § 896 Bem 9, *Güthe* GBO § 14 Bem 34, *Horber* GBO § 14 Bem 5 C, *Staudinger-Seufert* BGB § 896 Bem 5, *Thieme* GBO § 14 Bem 4.

Ist der **Hypothekenbrief verlorengegangen**, so ist anstelle seiner Vorlage das **Ausschlußurteil** vorzulegen und die Erteilung eines neuen Briefs zu beantragen, § 41 Abs 2 S 1 und § 42 S 1. Eine Ausfertigung des Ausschlußurteils kann der Antragsteller auf Grund §§ 792, 896 ZPO verlangen. Zur Stellung des Antrags nach § 41 Abs 2 S 1 ist er auf Grund des § 14 berechtigt. Ist das Ausschlußurteil noch nicht ergangen, so ist der Gläubiger berechtigt gemäß §§ 792, 896, 1004 Abs 2 ZPO anstelle des Schuldners den Aufgebotsantrag zu stellen und Ausschlußurteil zu erwirken. Dazu *Güthe* GBO § 14 Bem 37, *Horber* GBO § 14 Bem 5C, *Thieme* GBO § 14 Bem 4.

6. Für die in § 43 bezeichneten Urkunden, nämlich **Inhaberschuldverschreibung, Wechsel, indossables Papier**, gilt das in *Bem 27* über den Hypothekenbrief Gesagte entsprechend. Dazu *Güthe* GBO § 14 Bem 32ff., *Thieme* GBO § 14 Bem 4. 28

3. Form des Antrags 29

Dazu *Güthe* GBO § 14 Bem 39

Da der Antrag nach § 14 niemals zur Eintragung erforderliche Erklärungen ersetzen kann (dazu *Bem 20*), also stets ein reiner Antrag ist, bedarf er in keinem Falle einer besonderen Form, § 30.

Dagegen müssen die Voraussetzungen des Antragsrechts in der Form des § 29 nachgewiesen werden; dazu *Bem 6, 7, 22*.

4. Antragstellung durch Vertreter 30

Der Antrag kann wie jeder andere Antrag auch durch einen **Vertreter** gestellt werden.

Der **Prozeßbevollmächtigte** ist auf Grund der Prozeßvollmacht zum Antrag auf GBBerichtigung selbst dann nicht ohne weiteres legitimiert, wenn von ihm gleichzeitig die Eintragung einer Zwangshypothek auf Grund des Vollstreckungstitels beantragt wird; dazu **KG** OLG 8, 211. Denn die GBBerichtigung ist keine durch die ZwV veranlaßte Prozeßhandlung, § 81 ZPO. Er bedarf daher einer besonderen Vollmacht, die allerdings an keine Form gebunden ist, § 30. Es kann daher im Einzelfall aus den Umständen entnommen werden, daß eine Bevollmächtigung zur Antragstellung vorliegt, auch gegenüber dem Rechtsanwalt, der Prozeßvollmacht hat.

5. Antragsrecht, keine Antragspflicht 31

Dazu *Güthe* GBO § 14 Bem 38

§ 14 stellt nur ein Antragsrecht, nicht eine Antragspflicht auf, wie der Wortlaut des § 14 ergibt, wie sich aus dem Ausdruck *darf* ergibt. Dies hat aber uU Bedeutung bei Erhebung einer Feststellungsklage; dazu *Bem 25*.

Der Gläubiger kann auch im Wege der Klage und der ZwV die Eintragung des Berechtigten durchsetzen, und zwar auch dann, wenn ihm ein Berichtigungsanspruch nach §§ 894ff. BGB nicht zusteht, **OLG Düsseldorf** JW 1933, 2779; dazu *Güthe* GBO § 14 Bem 38. Der Beklagte kann insbes nicht einwenden, daß der Gläubiger nach § 14 in der Lage sei, seine Eintragung zu bewirken. Dies gilt auch dann, wenn der Gläubiger im Wege der ZwV zur Sicherung einer Geldforderung eine Eintragung vornehmen lassen will; dazu *Güthe* aaO.

32 **6. Rechtscharakter des Antragsrechts**

Die Berichtigung des GB durch Eintragung des Berechtigten ist kein Akt der Zwangsvollstreckung, sondern eine gbrechtliche Angelegenheit; dazu *Stein-Jonas* ZPO § 867 Bem I, auch *Bem 7*. Erfolgt im Anschluß an die Eintragung des Berechtigten die Eintragung, die der Antragsteller auf Grund des vollstreckbaren Titels verlangen kann, zB die Eintragung einer Zwangshypothek, so hat dieser Akt einen doppelten Charakter, nämlich den einer Vollstreckungshandlung und den einer Handlung der freiwilligen Gerichtsbarkeit; dazu *Bem 19*. Der GBBeamte wird auch hier nur als solcher, nicht als Vollstreckungsrichter tätig, weshalb sich von der Einbringung des Eintragungsantrags an das Verfahren, insbes die Zulässigkeit der Beschwerde, bez dieses Antrags nach der GBO, nicht nach der ZPO bestimmt, **RG** RGZ 48, 243, **KG** RJA 6, 57; dazu *du Chesne* ZBlFG 13, 392, *Stein-Jonas* aaO.

33 **IV. Ersuchen einer Behörde**

Dazu *Hesse-Saage-Fischer* GBO § 14 Bem III, *Horber* GBO § 14 Bem 6, *Thieme* GBO § 14 Bem 5

Hängt die Erledigung des Ersuchens einer Behörde nach § 38 von der vorherigen Berichtigung des GB durch Eintragung des Berechtigten ab, so ist § 14 entsprechend anzuwenden, **KG** JFG 16, 44 = HRR 1937 Nr 1236 = DFG 1937, 186 = JW 1937, 2603 = DNotZ 1938, 118. Die Vorlage eines vollstreckbaren Titels entfällt hier. Die Behörde kann das GBA um die Eintragung des Berechtigten ersuchen, wenn die dem Ersuchen zugrunde liegende Verfügung gegen den Berechtigten wirksam geworden ist.

Über eine Behörde als Antragstellerin nach § 14 *Bem 19*.

34 **V. Verletzung des § 14**

Der Berechtigte kann die Beachtung des § 14 durch das GBA im Wege der Beschwerde erzwingen; dazu auch *Bem 32*.

Erfolgt die Berichtigung des GB auf Antrag eines nach § 14 angeblich Antragsberechtigten, obwohl die Voraussetzungen hierfür nicht vorlagen, so ist dies ohne materielle Bedeutung; dazu *§ 13 Bem 22*. Der GBBeamte hat die Pflicht zur Beachtung der Vorschrift, da aus deren Verletzung uU Schaden entstehen kann; dazu *§ 2 Bem 147*, *§ 13 Bem 22*.

§ 15

(Antragsrecht des Notars)

Ist die zu einer Eintragung erforderliche Erklärung von einem Notar beurkundet oder beglaubigt, so gilt dieser als ermächtigt, im Namen eines Antragsberechtigten die Eintragung zu beantragen.

Übersicht:

I. Bedeutung und Zweck der Vorschrift 1

Dazu *Bauer* GBEintragungen Z 26, *Brand-Schnitzler* GBSachen § 32, *Güthe* GBO § 15 Bem 1, 2, *Haegele* GBRecht Bem 63ff., Zum Antragsrecht des Notars in GBSachen Justiz 1955, 355, *Hesse-Saage-Fischer* GBO § 15 Bem I, *Hieber* Fragen zur Antragsbefugnis des Notars nach § 15 GBO DNotZ 1956, 172, *Horber* GBO § 15 Bem 1, *Jansen* Zur Postulationsfähigkeit der Notare im Verfahren der freiwilligen Gerichtsbarkeit DNotZ 1964, 707, *Krämer-Illner* GBPraxis § 128, *Recke* Antragsrecht, Beschwerderecht und Vollzugspflicht der Notare in GBSachen JW 1938, 3137, *Ripfel* GBRecht 83/84, *Thieme* GBO § 15 Bem 1

§ 15 ersetzt den für die rechtsgeschäftliche Antragsvollmacht sonst erforderlichen Nachweis ihres Bestehens (*§ 13 Bem 49*) durch eine gesetzliche Ermächtigung; dazu *Bem 9, 17, § 30 Bem 9*. Unter gewissen Voraussetzungen gilt der Notar als zur Stellung des Eintragungsantrags bevollmächtigt. Die Bestimmung dient der Erleichterung des GBVerkehrs und findet ihre Begründung darin, daß der Notar zu den Beteiligten durch die Beurkundung ihrer Erklärungen in ein näheres Verhältnis tritt und daß von ihm angenommen werden darf, er werde sich nicht ohne Antrag in die Verhältnisse anderer einmischen, **KG** KGJ 44, 170, OLG 3, 302 (304). Eine Erweiterung des Kreises der Antragsberechtigten, wie § 14, stellt § 15 nicht dar.

Hieber DNotZ 1956, 172 nimmt in beachtlichen Ausführungen die Entscheidungen des **BayObLG** BayObLGZ 1955, 48 = DNotZ 1956, 206, sowie BayObLGZ 1955, 153 = DNotZ 1956, 209 = DRspr IV (473) 38b, zum Anlaß, zu der Auslegung und Praxis des § 15 allgemein Stellung zu nehmen. Mit Recht weist er darauf hin, daß die kasuistische Anwendung des Rechts gerade bei dieser Vorschrift eine besondere Rolle spielt und eine **großzügigere Auslegung** erfolgen sollte. Wenn das BayObLGZ 1955, 153 (wV aaO) selbst ausführt, daß **keine Überspannung der Formstrenge**, keine unnötige Erschwerung des GBVerkehrs, kein sachlich nicht gerechtfertigter Formalismus, kein Nichtverstehen der Beteiligten Platz greifen dürfe (dazu *Bem 18*) und *Hieber* aaO dazu bemerkt: „*Oh, würden doch alle GBÄmter und Beschwerdegerichte diese Begriffe in ihr tägliches Vokabular aufnehmen!*", so kann dies nur unterstrichen werden. Wenn auch die einengende Auslegung die Beteiligten schützen will, da § 15 eine Fiktion enthält, so ist doch zu berücksichtigen, daß der Notar für die Beteiligten handelt und ihre Belange vertritt. Man darf daher seine Befugnisse nicht übermäßig einschränken, ist er doch als Amtsperson im Dienste der Rechtsordnung tätig. *Hieber* bedauert daher mit Recht, daß das BayObLGZ 1955, 48 (wV aaO) bei der Frage der nachträglichen Einschränkung eines Antrags die in der anderen Entscheidung gezeigte Großzügigkeit vermissen läßt, so daß die Praxis in einem solchen Falle einen umständlichen und mit erheblichen Kosten verbundenen Weg gehen muß. Es erscheint daher geboten, diese Gedanken der erleichterten Anwendung des § 15 einheitlich durchzuführen. Dies kann geschehen, ohne daß die Rechte der vertretenen Antragsteller gefährdet werden. Es ist nur nötig, daß man entsprechend der modernen aufgelockerten Art der Formstrenge auch auf dem Gebiet des GBRechts etwas nachgibt, wo es veranlaßt ist, wie insbes bei § 15.

II. Voraussetzungen der Antragsrechts des Notars 2

Dazu *Brand-Schnitzler* GBSachen § 32, *Güthe* GBO § 15 Bem 3ff., *Haegele* GBRecht Bem 63ff., *Hesse-Saage-Fischer* GBO § 15 Bem II, *Horber* GBO § 15 Bem 2ff., *Thieme* GBO § 15 Bem 2

Es wird vorausgesetzt:

Tätigkeit eines Notars; dazu *Bem 3,*

Beurkundung oder Beglaubigung einer zu einer Eintragung erforderlichen Erklärung; dazu *Bem 4ff.,*

Antragstellung für einen Antragsberechtigten; dazu *Bem 8.*

3

1. Notar

Die Anwendung des § 15 ist auf **Notare** beschränkt. Die Vorschrift gilt daher nicht für sonstige Personen, etwa für Rechtsanwälte, Gerichtspersonen ua. Wenn ein Rechtsanwalt gleichzeitig Notartätigkeit ausübt (dazu *§ 1 Bem 75b*), so ist nach § 24 Abs 2 BNotO (*Anh*) bei den in § 24 Abs 1 aaO bezeichneten Geschäften anzunehmen, daß er als Notar tätig geworden ist; nur im übrigen wird angenommen, daß er als Rechtsanwalt tätig geworden ist. Dies gilt auch für die Anwendung des § 15 GBO, der in § 24 Abs 3 BNotO (*Anh*) erwähnt wird. Es muß sich um einen **deutschen Notar** handeln; dazu *Güthe* GBO § 15 Bem 4. Für die Notare des BGebiets gilt die BNotO (*Anh*); dazu *§ 1 Bem 75a.* Da die SBZ zu Deutschland gehört (dazu *§ 1 Bem 69a*), sind auch die staatlichen Notariate der SBZ (dazu *§ 1 Bem 69b*) iSd § 15 GBO antragsbefugt; dazu *Thieme* GBO § 15 Bem 2. Ausländische Notare haben das Recht aus § 15 nicht, auch wenn die von ihnen aufgenommenen Urkunden dem § 29 genügen; dies ist hM, insbes *du Chesne* JW 1912, 998, *Güthe* GBO § 15 Bem 3, *Horber* GBO § 15 Bem 2, *Predari* GBO § 15 Bem 1, während die früher vertretene abweichende Meinung von *Henle* Recht 1909, 385, *Henle-Schmitt* GBWesen GBO § 15 Bem 3, *Turnau-Förster* GBO § 15 Bem 1 als überholt angesehen werden kann. Über die Notare in Baden-Württemberg *§ 1 Bem 75a, 76m.*

Dem Notar steht der **Notarverweser oder -vertreter** (dazu *§ 1 Bem 75b*) iSd §§ 38ff., 47ff. BNotO (*Anh*) gleich, solange ein solcher das Amt führt; dazu **OLG München** DJ 1941, 315 (*Eise*) sowie *Güthe* GBO § 15 Bem 4.

Das Recht aus § 15 hat ein Notar solange, als die **Amtstätigkeit dauert**; es endet mit Erlöschen des Amtes, **RG** RGZ 93, 71. In diesem Falle erlischt die Antragsbefugnis auch hinsichtlich der von dem Notar noch während seiner Amtsdauer aufgenommenen Urkunden, **OLG Köln** OLG 2, 244; es ist insoweit nunmehr der **Amtsnachfolger** antragsberechtigt, **BayObLG** BayObLGZ 1961, 23 = DNotZ 1961, 317, *Güthe* GBO § 15 Bem 4. Dagegen berührt die vorläufige Amtsenthebung das Antragsrecht des Notars nicht. Wenn auch ein vorläufig seines Amts enthobener Notar den Antrag nicht stellen soll, so ist dieser trotzdem wirksam, da nach § 55 Abs 2 BNotO (*Anh*) Amtshandlungen während dieser Zeit ihre Gültigkeit behalten.

4

2. Beurkundung oder Beglaubigung einer zu einer Eintragung erforderlichen Erklärung

Der Notar muß eine zu einer Eintragung erforderliche Erklärung beurkundet oder beglaubigt haben.

a) Unter **den zu einer Eintragung erforderlichen Erklärungen** sind sämtliche Erklärungen zu verstehen, die unter § 29 fallen (dazu *§ 29 Bem 3ff.*), wie allgemein anerkannt ist; dazu *Güthe* GBO Bem 6ff., *Hesse-Saage-Fischer* GBO § 15 Bem II, *Horber* GBO § 15 Bem 3 (b), *Thieme* GBO § 15 Bem 2 (b). Über mittelbare Erklärungen *Bem 6.*

Es gehören daher ua hierzu die Eintragungsbewilligung iSd § 19, die Berichtigungsbewilligung iSd § 22 Abs 1, die Auflassungserklärung iSd § 20, die nach § 876 BGB erforderlichen Zustimmungserklärungen, die nach § 22 Abs 2, § 27 notwendige Zustimmung des Eigentümers, eine Abtretungs- oder Verpfändungserklärung iSd § 26, die Erklärung der Unterwerfung unter die sofortige ZwV nach § 794 Abs 1 Z 5, § 800 ZPO.

b) Nicht dagegen sind zu den erwähnten Erklärungen iSd § 15 zu rechnen der Eintragungsantrag, das schuldrechtliche Grundgeschäft, die Abschriften-Bestätigung. Dasselbe gilt von mittelbaren Erklärungen; dazu *Bem 6*. **5**

1. Die **Beurkundung** oder Beglaubigung des reinen **Eintragungsantrags** allein rechtfertigt nicht die Anwendung des § 15; dazu **KG** OLG 14, 136; dazu *Güthe* GBO § 15 Bem 8, *Hesse-Saage-Fischer* GBO § 15 Bem II 2 (a), *Horber* GBO § 15 Bem 3 (b), *Thieme* GBO § 15 Bem 2 (b). Hier ist der Notar bei der Vorlegung des Antrags an das GB nur als **Bote** tätig; dazu *Bem 9*.

2. Ferner findet § 15 keine Anwendung, wenn der Notar nicht eine zur Eintragung erforderliche Erklärung, sondern lediglich das ihr zugrunde liegende **schuldrechtliche Rechtsgeschäft** beurkundet hat; dazu *Achilles-Strecker* GBO § 15 Bem 2a, *Güthe* GBO § 15 Bem 47, *Henle-Schmitt* GBWesen GBO § 15 Bem 2, *Hesse-Saage-Fischer* GBO § 15 Bem II (b), *Horber* GBO § 15 Bem 3 (b), *Thieme* GBO § 15 Bem 2 (b).

Es kommt dies insbes in Frage bei dem Kaufvertrag, und zwar trotz des § 925a BGB; dazu *Hesse-Saage-Fischer* GBO § 15 *Bem* II 2 (b). Ist jedoch in der Urkunde zugleich eine Eintragung, zB bez des gestundeten Kaufpreises, bewilligt, so kann der Notar diese beantragen.

In den Fällen der §§ 36, 37 bildet das Zeugnis des Nachlaßgerichts die Grundlage der Eintragung. Daher ist der Notar, welcher die Erklärungen beurkundet hat, auf Grund deren vom Nachlaßgericht das Zeugnis erteilt wurde, nicht nach § 15 antragsberechtigt.

3. Wenn ein Notar nur die Übereinstimmung einer **Abschrift** eines Eintragungsantrags oder einer Eintragungsbewilligung mit der Urschrift **bestätigt**, so hat er nicht die Ermächtigung aus § 15; dazu **OLG München** JFG 20, 128 = DFG 1939, 179.

c) **Erklärungen**, die sich nur **mittelbar** auf eine Eintragung beziehen, sind ebenfalls nicht zu den Erklärungen nach § 15 zu rechnen. Dies ist hM, die sich nunmehr auch in der Praxis durchgesetzt hat, so insbes *Güthe* GBO § 15 Bem 9, *Hesse-Saage-Fischer* GBO § 15 Bem II 2 (c), *Horber* GBO § 15 Bem 3 (b), *Thieme* GBO § 15 Bem 2. Es handelt sich hierbei um Vollmachten, Genehmigungen, Testamente, Handelsregisterauszüge ua. Bei derartigen Erklärungen wird das Bedürfnis für eine Anwendung des § 15 deshalb verneint, weil sonst die gesetzliche Vollmacht zu wenig abgrenzbar wäre. Es läßt sich auch damit rechtfertigen, daß ein Interesse der Beteiligten daran besteht, es zu wissen, wenn solche Urkunden usw benötigt werden, die mit dem Geschäft, das der Notar beurkundete, nur in entfernterer Beziehung stehen. Dazu auch *Bem 10, 12, 13, 19*. **6**

d) Wenn **mehrere Erklärungen** zu einer Eintragung erforderlich sind und vorliegen, so wird nicht vorausgesetzt, daß der Notar alle diese Erklärungen beurkundet oder beglaubigt hat. Es genügt, wenn er eine einzelne oder mehrere von ihnen beurkundet bzw beglaubigt hat. Infolgedessen besteht, wenn mehrere Notare je eine der für dieselbe Eintragung erforderliche Erklärungen beurkundet bzw beglaubigt haben, ein selbständiges Antragsrecht eines jeden der mehreren Notare für dieselbe Eintragung. Dazu *Güthe* GBO § 15 Bem 10, *Horber* GBO § 15 Bem 3, (a) *Thieme* GBO § 15 Bem 2, *Turnau-Förster* GBO § 15 Bem II 1, auch *Bem 9, 11, 16*. Über Beschwerde *Bem 23*. **7**

3. Antragstellung für einen Antragsberechtigten **8**

Der Notar muß für einen Antragsberechtigten einen Antrag stellen; dazu *Güthe* GBO § 15 Bem 11 ff., *Horber* GBO § 15 Bem 4. Er hat dieses Recht also nicht eigenen Namens und kann nicht für jemand, der kein Antragsrecht hat, auf Grund des § 15 tätig werden. Dazu auch *Bem 11*.

III. Antragsrecht des Notars **9**

Dazu *Brand-Schnitzler* GBSachen § 32, *Güthe* GBO § 15 Bem 14 ff., *Haegele* GBRecht Bem 63ff., *Hesse-Saage-Fischer* GBO § 15 Bem III ff., *Horber* GBO § 15 Bem 4, 5, *Thieme* GBO § 15 Bem 3

1. Ermächtigung zur Antragstellung

a) Vermutung

Wenn die Voraussetzungen des § 15 vorliegen (dazu *Bem 2ff.*), gilt der Notar als ermächtigt, im Namen eines Antragsberechtigten die Eintragung zu beantragen.

Der Notar **gilt** als ermächtigt. § 15 enthält also eine **gesetzliche Vermutung**, **KG** KGJ 22, 295/44, 170, jedoch eine solche, die **widerlegbar** ist. Für diese Vermutung ist also kein Raum, wenn die Beteiligten dem Notar die Ermächtigung nicht geben oder entziehen. Es kann das Antragsrecht von Anfang an ausgeschlossen sein oder es kann eine Ermächtigung nachträglich widerrufen werden. Die Vermutung greift auch dann nicht Platz, wenn der durch den Notar Vertretene vor Stellung des Antrags stirbt oder geschäftsunfähig wird. Dasselbe gilt, wenn der Notar die Unterschrift eines Vertreters beglaubigt hat, dessen Vertretungsbefugnis zwar zZ der Abgabe der Erklärung, aber nicht mehr zZ der Beglaubigung bestand, **KG** OLG 2, 390. Dazu *Güthe* GBO § 15 Bem 14, *Horber* GBO § 15 Bem 4a.

Das GBA hat die ausdrückliche oder stillschweigende Ausschließung oder den Widerruf des Antragsrechts des Notars zu beachten, nämlich dann, wenn die gesetzliche Vermutung widerlegt ist; dazu *Güthe* aaO. Es besteht also **nicht eine Prüfungspflicht ohne Anlaß**, da sonst die gesetzliche Vermutung keinen Sinn hätte.

Wenn der Notar auch die Bevollmächtigung zur Antragstellung nicht nachzuweisen braucht, sondern sich auf die Vermutung des § 15 berufen kann, so muß er doch den Nachweis führen, daß die Voraussetzungen des § 15 vorliegen (dazu *Bem 2ff.*), und zwar durch Vorlage der von ihm berurkundeten oder beglaubigten Erklärungen; dagegen genügt seine amtliche Versicherung, daß er die Erklärungen aufgenommen oder beglaubigt habe, nicht, **KG** RJA 1, 199 (201), **LG Colmar** Recht 1901 Nr 73.

Sind in den vom Notar beurkundeten oder beglaubigten Erklärungen die erforderlichen Anträge von den Beteiligten bereits gestellt, so bedarf es einer nochmaligen Antragstellung durch den Notar nicht. Wenn der Notar solche Urkunden dem GBA „**zur weiteren Veranlassung**" oder „**zum Vollzug**" vorlegt, so ist dies genügend, um das GBA zur weiteren Tätigkeit zu veranlassen. Der Notar ist in diesem Falle bloßer **Bote**; dazu *Bem 5*. Dies ist hM, insbes **KG** OLG 1, 226/2, 153/5, 198/10, 92/14, 136, HRR 1937 Nr 111, **BayObLG** 5, 136/7, 185/9, 209/11, 335/12, 339, BayObLGZ 1952, 271, **OLG München** JFG 22, 33, HRR 1940 Nr 1395, DNotZ 1943, 261, *Brand-Schnitzler* GBSachen § 32, *Güthe* GBO § 15 Bem 14, *Haegele* GBRecht *Bem 63* ff., *Hesse-Saage-Fischer* GBO § 15 Bem V, *Horber* GBO § 15 Bem 4c, *Turnau-Förster* GBO § 15 Bem II 1, **aA** (wohl veraltet und überholt) *Ricks* DNltZ 1914, 218/1929, 397 (404). Dagegen liegt in dem Ausdruck **mit dem Ersuchen um Eintragung** ein selbständiger Antrag des Notars, ebenso in der Überreichung der Urkunden, **mit der Bitte, den in ihnen gestellten Anträgen stattzugeben**; dazu **KG** DNotV 1933, 272, **OLG Hamburg** MDR 1954, 492 = DRspr IV (473) 28a. Der Notar ist aber nicht gehindert, auch seinerseits entweder im Namen desjenigen, der den Antrag gestellt hat, den Antrag zu wiederholen oder im Namen eines anderen Antragsberechtigten ebenfalls die Eintragung zu beantragen, **KG** OLG 14, 136, KGJ 44, 170, RJA 10, 226 (228), **BayObLG** 31, 442, **OLG Braunschweig** NdsRpfl 1961, 173 = NJW 1961, 1362 = DNotZ 1961, 413 (*Hieber*) = Rpfleger 1961, 173 = DRspr IV (473) 70ab, *Brand-Schnitzler* aaO, *Güthe* GBO § 15 Bem 8, *Haegele* aaO, *Horber* GBO § 15 Bem 4c, *Predari* GBO § 15 Bem 11, **aA** (überholt) **KG** OLG 10, 92, *Henle-Schmitt* GBWesen GBO § 15 Bem 8. Daß der Notar eine solche Wiederholung des Antrags beabsichtigt hat, ist insbes dann anzunehmen, wenn er auf Beanstandungen des GBA Ausführungen macht und hierbei den Antrag unmittelbar oder mittelbar stellt oder wiederholt, **BayObLG** 31, 442. Anstelle der erwähnten, nicht eindeutigen Ausdrücke wird der Notar bei Vorlage seiner Urkunden an das GBA besser einen Wortlaut wählen, der klar erkennen läßt, ob er einen eigenen Antrag stellt und in wessen Namen dies geschieht; dazu *Bem 11.* Das GBA muß jedenfalls bei Anlaß sorgfältig prüfen, ob der Notar einen Eintragungsantrag stellt oder ob er nur eine botenmäßige Handlung vornimmt, **RG** JW 1929, 741 = DNotV 1929, 365.

Legt der Notar eine Urkunde nicht lediglich zum Vollzug vor, sondern stellt er einen **Antrag aus § 15**, so ist der GBBeamte nicht verpflichtet, die Urkunde daraufhin zu prüfen, ob in ihr noch weitere, vom Notar nicht wiederholte Anträge der Beteiligten enthalten sind, **RG** DNotV 1929, 424 = JW 1929, 740. Dazu auch *Bem 7, 11, 16.*

b) Ermächtigung 10

Der Notar gilt als ermächtigt, die Eintragung zu beantragen.

Eine Verpflichtung des Notars zur Antragstellung besteht an sich nicht, **KG** OLG 25, 371. Insbes besteht keine Amtspflicht, von der Ermächtigung des § 15 Gebrauch zu machen, **RG** JW 1937, 2121 = DNotZ 1937, 757.

Wohl aber kann sich aus der Verpflichtung des Notars, die von ihm aufgenommenen oder beglaubigten Urkunden vorbehaltlich eines anderweitigen Verlangens der Beteiligten dem GBA vorzulegen, auch die Pflicht ergeben, etwa noch notwendige Eintragungsanträge zu stellen; dazu **RG** RGZ 93, 68, *Grunau* DNotZ 1937, 464. Der Notar, der Erklärungen beurkundet hat, die zur Einreichung bei dem GBA bestimmt sind, soll, wenn die Beteiligten nicht anderes verlangen, die Urkunde bzw Ausfertigung, beglaubigte Abschrift, sobald ihre Einreichung erfolgen kann, unverzüglich bei dem GBA einreichen. Wünschen die Beteiligten eine spätere Einreichung, so soll er sie erforderlichenfalls auf die damit verbundenen Gefahren hinweisen. Dazu auch **RG** JW 1934, 2402 (*Plaßmann*) / 1937, 2121 = DNotZ 1937, 757.

Eine andere Frage ist die, ob die Beteiligten den Notar ausdrücklich oder aus den Umständen **über den Inhalt der gesetzlichen Ermächtigung des § 15 hinaus** (dazu *Bem 4ff.*) **bevollmächtigen**, Anträge zu stellen, Erklärungen entgegenzunehmen, Genehmigungen bei Behörden zu beantragen usw; dazu *Bem 13.* Hierdurch ist dann der Ausgleich nötig, den die Praxis braucht, und es wird dann auch die erforderliche Klarheit vorhanden sein. Bei einer notariell beurkundeten Willenserklärung ist nicht in erster Linie die Auffassung des Notars, der die Beurkundung vornahm, entscheidend, sondern maßgebend sind der Wille und die Vorstellungen der die Erklärung abgebenden Beteiligten; dazu **BGH** BB 1961, 428 = WM 1961, 407 = DRspr I (113) 147c. So kann die Auftragsermächtigung des eine Auflassung beurkundenden Notars diesen berechtigen, auch zum Vollzug der Eintragung etwa erforderlichen Genehmigungserklärungen entgegenzunehmen; dazu **BGH** BGHZ 29, 366 = NJW 1959, 883 = MDR 1959, 477, 745 (*Thieme*) = DNotZ 1959, 312 = Rpfleger 1959, 219 (*Haegele*) = BWNotZ 1959, 208 Ls = BB 1959, 462 = WM 1959, 480 = LM § 29 GBO Nr 2 (*Piepenbrock*) = DRspr IV (473) 54bc. Übernimmt es der Notar, auf Wunsch eines Beteiligten die Abgabe von Willenserklärungen von sich aus herbeizuführen, so kann sich der Auftraggeber darauf verlassen, daß der Notar die Angelegenheit erledigt und braucht nicht neben ihm noch selbständig tätig zu werden; dazu **BGH** 1961, 331 = BB 1961, 494 = BWNotZ 1961, 175 Ls. Dies gilt auch von der Ermächtigung bzw Bevollmächtigung des Notars, eine Genehmigung bei einer Behörde zu beantragen, **OLG Frankfurt aM** RdL 1961, 18 = DNotZ 1961, 329 = BWNotZ 1961, 185 Ls.

Eine **Kostentragungspflicht** ergibt sich aus der Antragstellung nach § 15 für den Notar nicht; dazu *§ 13 Vorbem 193.* Wenn daher durch einen Notar für ein gebührenfreies Geschäft ein Antrag zum GBA eingereicht wird, so begründet die Einreichung nach § 15 keine Gebührenpflicht; dazu MittRhNotK 1953, 298. Dazu auch *Bem 21.*

11 **c) Im Namen eines Antragsberechtigten**

Im Namen eines Antragsberechtigten muß der Notar den Antrag stellen; dazu *Bem 8*. § 15 gibt dem Notar kein eigenes Antragsrecht, **KG** OLG 10, 444. Doch ist nicht erforderlich, daß der Notar ausdrücklich bemerkt, er stelle den Antrag nicht in eigenem Namen, **KG** OLG 6, 207. Immerhin ist notwendig, daß Klarheit herrscht und daß der Notar bei der Einreichung von Urkunden dies beachtet; dazu *Bem 9*. Bei der Handhabung darf die Praxis der GBÄmter und Gerichte nicht zu kleinlich verfahren (dazu *Bem 1*). Die hiervon abweichende Auffassung bei **OLG München** DNotZ 1943, 261, erscheint, wie im folgenden noch näher ausgeführt wird, bedenklich und zu engherzig, die Praxis sollte dieser Entscheidung nicht folgen; so auch *Hesse-Saage-Fischer* GBO § 15 Bem V, *Horber* GBO § 15 Bem 4c.

Der Notar darf nur für diejenigen Personen tätig werden, denen in § 13 Abs 2 ein Antragsrecht eingeräumt ist; für andere Personen, insbes für nur mittelbar Beteiligte, kann er den Eintragungsantrag nicht stellen; dazu *§ 13 Bem 40ff*.

Der Notar ist nicht nur berechtigt, im Namen des Antragsberechtigten, dessen Erklärung er beurkundet oder beglaubigt hat, sondern im Namen jedes Antragsberechtigten die Eintragung zu beantragen, da es im Gesetz heißt *im Namen eines Antragsberechtigten*. Es ist daher unerheblich, ob eine Erklärung eines Antragsberechtigten von einem anderen Notar beurkundet worden ist oder ob der betreffende Antragsberechtigte überhaupt keine Erklärung abgegeben hat. Dies ist allgemein anerkannt, insbes **RG** HRR 1929 Nr 760, **KG** OLG 2, 224/5, 199, **BayObLG** RPfliB 1934, 334, *Brand-Schnitzler* GBSachen § 32, *Güthe* GBO § 15 Bem 12, *Haegele* GBRecht Bem 63ff., *Henle-Schmitt* GBWesen GBO § 15 Bem 6, *Hesse-Saage-Fischer* GBO § 15 Bem V, *Horber* GBO § 15 Bem 4b, *Turnau-Förster* GBO § 15 Bem II 1. So kann zB der Notar, der die Eintragungsbewilligung des Eigentümers bez einer Hypothek beurkundet hat, den Eintragungsantrag auch namens des Hypothekengläubigers stellen. Ist bei der Erklärung für einen Antragsberechtigten ein Bevollmächtigter oder ein gesetzlicher Vertreter aufgetreten, so gilt der Notar als vom Antragsberechtigten selbst und nicht nur von seinem Vertreter ermächtigt; dazu *Schiedermair* LZ 1919, 142.

Nicht erforderlich, aber zweckmäßig ist es, daß der Notar ausdrücklich erklärt, in wessen Namen er den Antrag stellt, **KG** OLG 2, 224/6, 196, RJA 10, 228; dazu auch *Güthe* GBO § 15 Bem 17, *Schiffer* GruchBeitr 46, 359, *Turnau-Förster* GBO § 15 Bem II 2. Fehlt im Antrag diese Angabe, so muß, da der Notar als ermächtigt gilt, für jeden Antragsberechtigten den Antrag zu stellen, grundsätzlich davon ausgegangen werden, daß der Antrag im Namen aller Antragsberechtigten gestellt ist (dazu *Bem 7, 9, 16, 17, 23*), sofern nicht zB daraus, daß ein einzelner Beteiligter seinen Beitritt ausdrücklich sich vorbehalten hat, sich ein anderes ergibt, **RG** DNotZ 1932, 408, RGZ 110, 361, **KG** KGJ 25, 278, DNotZ 1929, 365, OLG 7, 49 (52), RJA 10, 228, **OLH Hamburg** MDR 1954, 492 = DRspr IV (473) 28a, **BayObLG** JFG 9, 199 = HRR 1932 Nr 756, *Güthe* GBO § 15 Bem 17, *Hesse-Saage-Fischer* GBO § 15 Bem III 1, *Horber* GBO § 15 Bem 4c, *Martinius* GruchBeitr 44, 391.

Einen Antrag nach § 15 kann ein Notar auch dann stellen, wenn die Vertragschließenden bereits selbst in der Urkunde die Eintragung beantragt haben, **BayObLG** 31, 443. Notwendig ist aber dann, daß der Notar zum Ausdruck bringt, daß er auch seinerseits den Eintragungsantrag stellen will. Wird die Urkunde lediglich formblattmäßig, ohne eigene Erklärung, dem GBA zum Vollzug vorgelegt, so liegt ein selbständiger Antrag nicht vor; dazu **BayObLG** BayObLGZ 1952, 271 (272). Bedenklich ist wie bereits in dieser Bem erwähnt ist, die Entscheidung des **OLG München** DNotZ 1943, 261 (*Luther*), wonach die Erklärung des Notars, er **lege eine Urkunde gemäß § 15 GBO zum Vollzug vor**, nicht als ausreichend angesehen wird. Da gleichzeitig in der Urkunde ein Eintragungsantrag enthalten war, wird hiernach nur in Verbindung mit einer ergänzenden Erklärung des Notars angenommen, daß der Notar selbst auch den GBAntrag für einen Antragsberechtigten stellen wollte. Einer solchen Rückfrage hätte es nicht bedurft. Es muß eine zweckmäßige und weitere Auslegung zugunsten des Notars Platz greifen (dazu *Bem 1, 9*), da er ja als Amtsperson tätig ist und daher angenommen werden kann, daß er nur bei Anlaß einen Antrag aus § 15 GBO stellen wird, **KG** JW 1936, 3262 = DRpfl 1936 Nr 566.

In diesem Zusammenhang ist der **Bescheid RJM** vom 7. September 1938 DNotZ 1939, 2 von Interesse; dazu *Brand-Schnitzler* GBSachen § 32. Es wird hier (dazu auch *Bem 21*) ausgeführt:

Wenn der Notar einen Eintragungsantrag gemäß § 15 GBO stellt und sich nicht darauf beschränkt, einen Antrag an das GBA nur weiterzugeben, so ist nach geltendem Recht die Eintragung dem Notar und nur dem Notar, nicht auch dem von ihm vertretenen Antragsberechtigten bekanntzumachen.

Die in der Praxis beobachteten Schwierigkeiten haben vornehmlich darin ihren Grund, daß die Notare es häufig verabsäumen, mit hinreichender Deutlichkeit zum Ausdruck zu bringen, ob sie den Antrag gemäß § 15 GBO stellen oder ihn nur dem GBA weiterreichen wollen. Die in der Praxis vielfach gebräuchlichen Wendungen zur weiteren Veranlassung *oder* mit der Bitte, den gestellten Anträgen stattzugeben, *lassen die nötige Klarheit vermissen. In solchen unklaren Fällen müssen die GBÄmter davon ausgehen, daß der Notar nicht selbst den Antrag stellen, sondern den gestellten Antrag nur weitergeben will, und werden demgemäß mit Recht davon absehen, ihm die Eintragung bekannt zu machen. Ich darf insoweit auch auf die . . . Entscheidungen des* **KG** *und des* **OLG München** *HRR 1937 Nr 111 und JFG 15, 123 hinweisen. Somit dürfte es in der Hand der Notare selbst liegen, sich und sich allein den Empfang der Eintragungsnachricht dadurch zu sichern, daß sie mit einer alle Zweifel ausschließenden Deutlichkeit von ihrer Ermächtigung nach § 15 GBO Gebrauch machen.*

Im Anschluß daran empfahl der Präsident des RNotarkammer (DNotZ aaO) den Notaren, im Antrag stets deutlich zum Ausdruck zu bringen, daß sie den Antrag gemäß § 15 GBO stellen.

Und trotzdem sind auch heute noch in der Praxis dieselben Schwierigkeiten gegeben; dazu *Bem 1*. Es besteht ein dringendes Bedürfnis dafür, daß die Frage endlich als gelöst angesehen werden kann. Wenn ein Notar eine Urkunde vorlegt und hierbei auf § 15 GBO Bezug nimmt, so muß dies als ausreichend angesehen werden.

Neuerdings werden mahnende Worte von der *Allianz Versicherungs-AG* an die Notare gerichtet; dazu DNotZ 1964, 719 Gefahren bei der Einreichungstätigkeit des Notars in GBSachen-Antrag nach § 15 GBO oder nur Weitergabe der Anträge der Beteiligten? Auch hieraus erhellt, wie wichtig es ist, daß Klarheit herrscht, in welchem Umfange Antragstellung erfolgt sowie ob dies nach § 15 geschieht. Die Gefahr einer Amtshaftung kann andernfalls leicht entstehen; zur Haftung des Notars *§ 1 Bem 75f*, ferner *Weber* Die Verantwortung des Notars für die Überwachung der richtigen Erledigung der GBAnträge DNotZ 1964, 393, **OLG Celle** NJW 1961, 463 = BWNotZ 1961, 90 Ls.

2. Inhalt des Antragsrechts 12

a) Antragstellung

§ 15 ermächtigt den Notar lediglich zur Antragstellung dh eine Eintragung zu beantragen; dazu *Brand-Schnitzler* GBSachen § 32, *Güthe* GBO § 15 Bem 15, *Haegele* GBRecht Bem 63ff., *Hesse-Saage-Fischer* GBO § 15 Bem III 2, *Horber* GBO § 15 Bem 5a, *Thieme* GBO § 15 Bem 3.

Zur Eintragung erforderliche Erklärungen selbst, zB eine Eintragungs- oder Löschungsbewilligung, eine Zustimmungserklärung, darf er nicht abgeben, wenn sie nicht gleichzeitig einen Antrag enthalten; dazu *Bem 13, 19.* Er kann also stets nur reine Anträge (dazu *§ 30 Bem 3, 4*) stellen, **KG** OLG 2, 224. § 15 bezieht sich auch nicht auf die Entgegennahme einer behördlichen, etwa vormundschaftsgerichtlichen, Genehmigung; dazu *Bem 6.*

Der Notar muß bei der Antragstellung zum GBA darauf bedacht sein, daß der **Antrag inhaltlich klar** und vollzugsfähig ist. Stimmt die Ausfertigung einer notariellen Urkunde wegen eines Versehens eines Notariatsangestellten mit der Urschrift nicht überein, so kann sich der Notar nicht nach § 831 Abs 1 S 1 BGB entlasten; dazu **BGH** DNotZ 1964, 434 (*Weber*). Der Notar haftet, wenn das GBA auf Grund eines von einem Notar formulierten Antrags eine unrichtige Verfügung erläßt, auch bei einem Fehler des GBA, falls dieses durch den vorgelegten Wortlaut der Urkunde darauf hingelenkt wurde; dazu **BGH** aaO. Ist ein Beteiligter durch einen Rechtsanwalt vertreten, so kann der Geschädigte, wenn eine Beurkundung unrichtig ist, die dem GBA zugeleitet wurde, den Notar nicht schadeneratzpflichtig machen, wenn ihm gleichzeitig Ansprüche gegen seinen Anwalt wegen Pflichtverletzung zustehen; dazu **OLG Bremen** DNotZ 1965, 566. Im übrigen zur Haftung des Notars *§ 1 Bem 75f.*

13 **b) Eintragung**

Der Notar kann auf Grund des § 15 nur die Eintragung beantragen dh diejenige Eintragung, zu der die von ihm beurkundete oder beglaubigte Erklärung erforderlich ist, wobei bei mehreren Beteiligten zu beachten ist, daß sich der Antrag auch auf einen anderen Beteiligten beziehen kann; dazu *Güthe* GBO § 15 Bem 16, auch *Bem 9, 11.*

Die Ermächtigung kann keinen anderen Umfang haben als das Antragsrecht des nach § 13 Abs 2 Antragsberechtigten (dazu *§ 13 Bem 12ff.*), **BayObLG** 13, 440. Deshalb kann der Notar nicht einen Antrag namens eines Unbeteiligten oder eines nur mittelbar Begünstigten oder Betroffenen stellen; dazu *Bem 10, 11.*

Über diese formale Grenze darf sich der GBBeamte nicht hinwegsetzen, **OLG Hamm** DNotZ 1950, 40 = DRspr I (473) 13a. Der Notar kann daher nicht auf Grund des § 15 die Rangfolge mehrerer Anträge (dazu *§ 45 Bem 22ff.*) bestimmen, wenn nach der Urkunde lediglich Eintragung in das GB beantragt ist oder nicht darüber enthalten ist, **OLG Hamm** aaO, **SchlHOLG** SchlHA 1960, 208 = DRspr IV (473) 61a, *Hesse-Saage-Fischer* GBO § 15 Bem III 2. Er ist auch nicht zur Stellung des Antrags auf Aushändigung des Hypothekenbriefs (§ 60 Abs 2) ermächtigt, **KG** KGJ 30, 272. Er ist auch nicht berechtigt, Eintragungen zur Vorbereitung der eigentlichen Eintragungen zu beantragen, zB die Berichtigung des GB zur Beseitigung einer anderen Eintragung, die der beantragten Eintragung entgegensteht, zu betreiben, **KG** OLG 8, 211 = KGJ 26, 245, *Güthe* aaO Bem 16, **aA** *Predari* GBO § 15 Bem 5; dazu *Bem 6, 10, 12, 19.* Da der Notar für jeden Antragsberechtigten tätig werden kann (dazu *Bem 11*), so kann er, wenn zB der Eigentümer, nach dem seine auf Eintragung einer Hypothek gerichtete Eintragungsbewilligung bereits wirksam geworden ist (dazu *§ 19 Bem 31ff.*), seinen Antrag zurücknimmt (dazu *Bem 12*), nunmehr den Antrag namens des Gläubigers stellen.

Terminsanberaumung ensteht im Ermessen des GBAmts; sie kann daher ein Notar anregen. Ein Zusammenhang mit dem Antragsrecht besteht nicht; dazu *§ 13 Bem 17*, auch *Güthe* aaO. Bem 16

Über Eintragung § 44. Die zur Entstehung eines Grundpfandrechts (dazu *§ 13 Vorbem 80ff.*) erforderliche Eintragung des Gläubigers ist erfolgt, wenn der Gläubiger in der Eintragung derart bestimmt bezeichnet ist, daß über seine Identität keine begründeten Zweifel aufkommen können; dazu **OLG Bremen** DNotZ 1965, 566, auch *§ 13 Vorbem 88ff.*

c) Übereinstimmung von Antrag und Eintragungsbewilligung 14

Auch der Antrag des Notars muß mit der Eintragungsbewilligung (§ 19) übereinstimmen; dazu *§ 13 Bem 16*, auch **KG** OLG 2, 153 (154)/5, 199, *Güthe* GBO § 15 Bem 15, *Hesse-Saage-Fischer* GBO § 15 Bem III 2, *Horber* GBO § 15 Bem 5b, *Thieme* GBO § 15 Bem 3.

Der Notar kann daher **nichts beantragen, was mit der Eintragungsbewilligung** oder den ihr gleichstehenden Erklärungen **sachlich in Widerspruch** steht.

Weicht der Notar in seinem Antrag aus § 15 von einem bereits von den Beteiligten gestellten Antrag ab, so ist der Antrag des Notars zurückzuweisen und der der Beteiligten zu erledigen, **RG** RGZ 60, 395; dazu *Güthe* aaO.

Im einzelnen ist dazu folgendes zu bemerken: 15

1. Grundsätzlich darf der Notar durch seinen Antrag die **Erklärungen** der Beteiligten **nicht erweitern** oder **einschränken** oder **abändern** dh ihnen einen anderen Inhalt geben. Daß er **nicht etwas gänzlich anderes** beantragen kann, ist selbstverständlich.

So kann er nicht die Eintragung einer unverzinslichen Hypothek anstelle der bewilligten verzinslichen oder die Eintragung der Berechtigten nach Bruchteilen anstatt des bewilligten Gesamteigentums oder die Eintragung einer Brief- anstatt einer Buchhypothek beantragen; dazu **KG** KGJ 22, 294, OLG 5, 292/7, 189/9, 455/24, 388, **BayObLG** RPfliB 1910, 20, **OLG Hamm** JR 1949, 226 = DRspr IV (473) 11a, *Güthe* aaO Bem 15, *Henle-Schmitt* GBWesen GBO § 15 Bem 8, *Horber* aaO. Hat der Notar die Auflassungserklärung beurkundet, so ist er nicht berechtigt, die Eintragung einer Vormerkung zur Sicherung des Eigentumsübertragungsanspruchs des Käufers zu beantragen, **BayObLG** 31, 243.

2. Etwas besonderes gilt jedoch, wenn die Vornahme **mehrerer einzelner Eintragungen** zu beantragen ist. Der Notar ist berechtigt, wenn mehrere Bewilligungen in einer Urkunde vorliegen, bloß Anträge bez einzelner Eintragungen zu stellen; dazu *Bem 7, 9, 11*. So kann er zB, wenn er die Auflassung und die Bestellung einer Kaufpreishypothek beurkundet hat, beantragen, daß nur der Eigentumsübergang eingetragen wird. Dazu **KG** OLG 8, 302, JW 1937, 477 = DNotZ 1937, 52, **OLG Hamm** JR 1949, 226 = DRspr IV (473) 11a, *Güthe* GBO § 15 Bem 15, *Hesse-Saage-Fischer* GBO § 15 Bem III 2, *Ricks* GBPraxis 318. 16

Häufig werden solche Eintragungen in einem Abhängigkeitsverhältnis des § 16 Abs 2 stehen; dazu *§ 16 Bem 8ff*. Es muß angenommen werden, daß ein Notar nicht ohne Grund und nicht gegen den Willen der Beteiligten einen abweichenden Antrag stellt. Die Stellung eines einzelnen Antrags in solchem Falle ist auch zulässig, wenn die Beteiligten selbst schon die Anträge gestellt haben. Dies gilt nur dann nicht, wenn die Anträge in solchem Zusammenhang stehen, daß eine getrennte Antragstellung nicht möglich oder zulässig ist, oder der Notar den Beteiligten gegenüber auf Grund des Auftragsverhältnisses verpflichtet ist, solche gesonderte Antragstellung zu unterlassen. Insofern kommt es auf den Einzelfall an. Dazu **RG** GruchBeitr 61, 473 = WarnRspr 1916, 279, **KG** JW 1937, 477 = DNotZ 1937, 52, **OLG Colmar** OLG 18, 199, **OLG Hamm** JR 1949, 226 = DRspr IV (473) 11a, auch *Güthe* GBO § 15 Bem 15.

Der Notar kann eine solche Erklärung auch nachträglich abgeben, **KG** KGJ 35, 197.

3. Eine weitere Besonderheit gilt für die **Zurücknahme und Einschränkung von Anträgen**. 17

Die Ermächtigung des Notars zur Antragstellung enthält auch die Ermächtigung, den von ihm gestellten Antrag zurückzunehmen, wie allgemein anerkannt ist. Dies war früher schon in Rspr und Schrifttum anerkannt, **KG** OLG 10, 92; dazu auch *Güthe*

GBO § 13 Bem 36, *Dennler* BayNotZ 1906, 164, *Predari* GBO § 15 Bem 6. In § 24 Abs 3 BNotO (*Anh*), der dem früheren § 26 Abs 3 RNotO entspricht, hat dieser Gedanke einen gesetzlichen Ausdruck gefunden.

Unter Amtssiegel ist nach dem Zweck dieser Vorschrift nicht nur das Prägesiegel, sondern auch der Stempel (dazu *§ 1 Bem 5*) zu verstehen. Diese gegenüber §§ 31, 29 Abs 1 S 1 GBO erleichterte Form des § 24 Abs 3 BNotO (*Anh*) gilt auch für die teilweise Zurücknahme dh die Einschränkung eines Antrags, **OLG München** JFG 22, 30 = DNotZ 1941, 31, **BayObLG** DNotZ 1956, 206. Dazu auch *§ 16 Bem 13, § 31 Bem 7.* Über die Geltung der BNotO in **Baden-Württemberg** *§ 1 Bem 75a.* Für das frühere Land Baden gilt § 24 Abs 3 BNotO (*Anh*) nicht. Man wird aber diese Grundsätze entsprechend anwenden; dazu *Thieme* GBO § 15 Bem 1. Für das ehemalige Land Württemberg muß bez der Bezirksnotare dasselbe gelten, während bei den übrigen Notaren die BNotO (*Anh*) anzuwenden ist.

Es handelt sich um eine gesetzliche Ermächtigung; eine Bevollmächtigung durch die Beteiligten ist also nicht notwendig. Die Auslegung der hM geht nun dahin, daß dieses Rücknahme- und Einschränkungsrecht des Notars sich nur auf den von ihm selbst nach § 15 gestellten Antrag bezieht, nicht aber auch auf einen von den Beteiligten unmittelbar gestellten Antrag; für diesen wird die strenge Form der §§ 31, 29 Abs 1 S 1 GBO gefordert, **BayObLG** BayObLGZ 1955, 48 = DNotZ 1956, 206, **OLG Frankfurt aM** Rpfleger 1956, 221 (*Haegele*), **OLG Hamm** JMBl NRW 1961, 273, **OLG München** DNotZ 1941, 31 = HRR 1940, Nr 1395 = JFG 22 30, **SchlHOLG** SchlHA 1959, 197 = JurBüro 1960, 31, **LG Münster** JMBl NRW 1958, 60, *Bourier* BayNotZ 1913, 239, *Güthe* GBO § 15 Bem 20, *Horber* GBO § 15 Bem 5c, *Karger* DNotZ 1929, 218, *Meikel* BayNotZ 1912, 291 (292/293), *Ricks* GBPraxis 318. Dagegen nahm früher **LG Straßburg** ZBlFG 7, 838 Stellung. Neuerdings erhob *Hieber* DNotZ 1956, 172 (174) beachtliche Einwendungen. Er weist mit Recht darauf hin, daß es sich bei dem Antrag des Notars nach § 15 und dem von Beteiligten an das GBA gerichteten Antrag doch immer nur um einen Antrag handelt und handeln kann. Eine unterschiedliche Behandlung ist hiernach nicht möglich. § 24 Abs 3 BNotO (*Anh*) nötigt nicht zu der einschränkenden Auslegung der hM. Wenn ein Notar schon für befugt gehalten wird, bei mehreren Anträgen selbst zu entscheiden, ob er bez aller oder eines einzelnen bzw mehrerer einen Antrag nach § 15 GBO stellen will (dazu *Bem 11*), warum soll er nicht auch dann, wenn er und die Beteiligten in gleicher Angelegenheit einen oder mehrere Anträge an das GBA stellen, ebenfalls die einschränkende Befugnis haben? Nur ein Gesichtspunkt gewinnt hier Bedeutung. Bei § 15 handelt es sich um eine gesetzliche, widerlegbare Vermutung; dazu *Bem 9.* Die Abweichung, die man darin erblicken kann, daß Anträge der Beteiligten und der nunmehr eingeschränkte oder zurückgenommene Antrag des Notars, nebeneinanderbestehen kann, muß aber nicht zu der Auslegung führen, daß die gesetzliche Vermutung des § 15 widerlegt ist. Die allgemeine Praxis zur Auslegung des § 24 Abs 3 BNotO (*Anh*) steht mit den Grundsätzen, die im übrigen zur Auslegung der gestzlichen Vermutung bestehen, in Widerspruch, weil man grundsätzlich in jedem Falle die Fiktion als widerlegt ansieht, während man sonst fordert, daß sie wiederlegt ist. *Hieber* weist auch noch darauf hin, zu welchen Erschwerungen die hM führt, wenn man an Auseinandersetzungsverhandlungen denkt, bei denen in solchem Falle die Zurücknahme von Anträgen mit erheblichen Kosten verbunden ist, während in der vereinfachten Form derartige Schwierigkeiten vermieden werden. Noch ein Gesichtspunkt ist bedeutsam. Man hat das Vertrauen, daß der Notar als Amtsperson von der fiktiven Ermächtigung des § 15 pflichtgemäß Gebrauch macht; dazu *Bem 1.* Ein Gleiches muß für die Frage der Zurücknahme oder Einschränkung eines Antrags gelten. Es besteht daher Veranlassung, daß man die hM überprüft. Zusammenfassend ergibt sich, daß man auf den **Willen der Beteiligten** abstellen muß und das fiktive

Auftragsverhältnis in Zusammenhang mit dem konkreten Auftragsverhältnis des Einzelfalls betrachten muß, da sich von hier aus dann ergibt, ob und welche Befugnisse der Notar hat. Es ist dann durchaus denkbar, daß trotz getrennter Antragstellung der Notar bez aller Anträge das Zurücknahmerecht eingeräumt erhalten hat, sei es ausdrücklich, sei es stillschweigend; es kann aber ebenso nach dem klaren Inhalt des Auftrags oder nach den Umständen anders sein. So betrachtet erscheint die hM mehr theoretisch als praktisch und bedarf deshalb bei der Anwendung einer Korrektur; dann lassen sich Meinung und Gegenmeinung durchaus vereinbaren und die scheinbaren Widersprüche in Literatur und Praxis lösen sich. Dazu auch *Bem 18, § 31 Bem 7.*

Umgekehrt kann der **Vertretene selbst** den von dem Notar nach § 15 gestellten **Antrag** formgerecht (§ 31) **zurücknehmen**. Dieser umgekehrte allgemein anerkannte Grundsatz zeigt, daß die vorstehende Auslegung des Rücknahmerechts von Anträgen durch den Notar im Interesse der Gleichbehandlung notwendig erscheint. Hat der Notar in seinem Antrag eine bestimmte Person als Vertretenen nicht bezeichnet, so kann der Antrag nur von allen Antragsberechtigten zusammen zurückgenommen werden, falls nicht durch Auslegung sich etwas anderes ergibt.

4. Der Notar ist an sich nicht befugt, eine **Ergänzung einer unvollständigen** **18**
Erklärung der Beteiligten vorzunehmen, zB die Zustimmung des Eigentümers nach § 22 Abs 2 oder eine sonstige Zustimmung zu erklären, die Angabe des Anteilsverhältnisses (§ 47) oder die erforderliche Bezeichnung des Grst (§ 28) nachzuholen, **KG** OLG 2, 224 (225), oder die Bestimmung des Rangs (§ 45 Abs 3) selbständig vorzunehmen, **KG** RJA 3, 246, OLG 7, 334, **OLG Colmar** OLG 25, 372. Auch ist es nicht statthaft, daß der Notar eine abweichende Bestimmung über die Aushändigung des Hypothekenbriefs (§ 60 Abs 2) trifft, auch dann nicht, wenn die Beteiligten selbst nichts bestimmt haben, **RG** HRR 1932 Nr 267, KGJ 30, 272. Dazu auch **OLG Hamburg** DNotZ 1951, 422 (*Bäumler*) = DRspr IV (473) 18cd, auch *Güthe* GBO § 15 Bem 15.

Dies gilt jedoch nicht ausnahmslos. Es sind in verschiedener Richtung **Ergänzungen durch den Notar**, der auf Grund des § 15 Antrag stellte, **zuzulassen**, und zwar in folgenden Richtungen:

a) Der Notar ist befugt, den gestellten Antrag zu erläutern, also einen sog **Klarstellungsantrag** einzureichen, **KG** HRR 1930 Nr 737, **BayObLG** DNotZ 1956, 209; dazu *Güthe* GBO § 15 Bem 15, auch *§ 13 Vorbem 30, § 22 Bem 12, § 53 Bem 11.* Es kann zB zur Klarstellung, daß eine für eine Firma bewilligte Eintragung für deren Alleininhaber erfolgen soll, beim GBA ein entsprechender Antrag gestellt werden, und zwar unter gleichzeitiger Vorlage eines Handelsregisterauszugs zum Nachweis der Identität **KG** aaO.

b) Der Notar kann auch einen **unvollständigen Antrag** durch einen ordnungsmäßigen **ersetzen, LG Köln** ZBlFG 6, 771; dazu *Güthe* GBO § 15 Bem 15.

c) Ferner ist dem Notar die Beifügung einer Erklärung gestattet, die lediglich eine **Ergänzung des Antrags als solchen** darstellt, insbes Klarstellungen bringt, **BayObLG** BayObLGZ 1955, 153 = DNotZ 1956, 209 = DRspr IV (473) 38b, **AG Naila** Rpfleger 1962, 17; dazu *Güthe* GBO § 15 Abs 2 Bem 15. So kann der Notar zB die Vornahme einer Eintragung nach § 16 Abs 2 von dem Vollzug einer anderen abhängig machen, **BayObLG** 10, 329; dazu *Bourier* BayNotZ 1912, 233, auch *§ 16 Bem 13.* Er ist auch dann und insoweit zur Antragstellung und -ergänzung als ermächtigt anzusehen, als die Erledigung eines einheitlichen Geschäfts in Frage steht, da § 15 nicht eng auszulegen ist, **KG** JW 1936, 3262 = DNotZ 1936, 976; dazu auch *Güthe* GBO § 15 Bem 15.

d) Strittig ist jedoch, inwieweit darüber hinaus ein Notar zu Antragsergänzungen befugt ist, und zwar auf Grund des § 24 BNotO (*Anh*).

Der Notar kann **im Namen der Beteiligten einen gestellten Antrag ergänzen**, wenn er dazu **bevollmöchtigt** ist; dies ist selbstverständlich, **BayObLG** DNotZ 1956,

209. Es wird jedoch, wie BayObLG aaO ausführt, dann, wenn es sich um einen eine Eintragungsbewilligung ersetzenden sog gemischten Eintragungsantrag (§ 30) handelt, gefordert, daß die Form des § 29 Abs 1 S 1 gewahrt ist; in solchen Falle wird dann die Form des § 24 Abs 3 BNotO (*Anh*; dazu *Bem 17*) nicht als genügend angesehen, sondern vielmehr nach Maßgabe der §§ 168ff. FGG (*Anh*) die Zuziehung eines 2. Notars gefordert, wenn der Notar den Antrag in Vertretung der Beteiligten stellt. Es ist von Interesse, daß das BayObLG aaO (214/215) bemerkt, der ergänzende Eintragungsantrag müsse gar nicht als gemischter Antrag angesehen werden, sondern könne auch als ein reiner Eintragungsantrag betrachtet werden und sei daher nach § 30 formfrei, da er die Eintragungsbewilligungen der Beteiligten nur nachträglich eindeutig klarstelle. Bedeutsam ist dann der Satz der erwähnten Entscheidung: *Es wäre eine Überspannung der Formstrenge des GBRechts und würde den GB Verkehr unnötig erschweren und zu einem sachlich nicht gerechtfertigten Formalismus führen, der von den Beteiligten nicht verstanden würde, wenn bei dieser Sach- und Rechtslage noch eine von der GrstÜbernehmerin selbst in der Form des § 29 Abs 1 S 1 GBO vervollständigte Eintragungsbewilligung nachgefordert würde.*" Demgegenüber weist *Hieber* DNotZ 1956, 172 (174) darauf hin, daß ja auch die Eintragungsbewilligung wie der Antrag eine prozessuale Rechtshandlung ist; dazu *Bem 12, § 19 Bem 13ff.* Dazu kommt, was *Hieber* aaO (173) ebenfalls hervorhebt, daß die von einem Notar aufgenommene Urkunde, auch wenn sie nicht in der Form des § 175 FGG (*Anh*) abgefaßt ist (dazu auch *Hieber* DNotZ 1954, 461ff.), als eine öffentliche Urkunde iSd § 29 Abs 1 S 1 GBO anzusehen ist (dazu *§ 29 Bem 45ff.*), da solche Beurkundung nach § 24 Abs 1 BNotO (*Anh*) als Amtstätigkeit des Notars zu betrachten, der Notar hiernach zur Vertretung Beteiligter befugt ist. Dieses Ergebnis ist auch deshalb der Billigkeit und dem praktischen Bedürfnis entsprechend.

19 5. Zur **Beseitigung von Eintragungshindernissen** ist der Notar nur insoweit berechtigt, als dazu nicht eine Erklärung der Beteiligten oder ein Antrag auf Eintragung oder Löschung eines anderen Rechts erforderlich ist, wenn also zB eine amtliche Feststellung des Notars oder die Einreichung einer Urkunde (Handelsregisterauszug, Erbschein usw) genügt, **KG** OLG 8, 211; dazu *Güthe* GBO § 15 Bem 15, 16, auch *Bem 15ff.* Andernfalls bedarf er hierzu einer besonderen Vollmacht. Die Löschung einer inhaltlich unzulässigen Eintragung kann der Notar ohne weiteres beantragen, da die Löschung ohnedies von Amts wegen (§ 53) erfolgen mußte, es sich also um eine Anregung handelt, **BayObLG** 21, 296.

20 3. Benachrichtigung des Notars, Rückgabe der eingereichten Urkunden

Daraus, daß die vermutete Vollmacht des Notars sich nicht auf die reine Antragsstellung beschränkt, sondern sich auf den ganzen durch die Erledigung des Antrags veranlaßten Verkehr mit dem GBA erstreckt, ergeben sich noch folgende Rechte des Notars:

das Recht auf Bekanntmachung der Eintragung; dazu *Bem 21*, und
das Recht auf Rückgabe der eingereichten Urkunden an ihn; dazu *Bem 22.*

Über das Beschwerderecht bei Zurückweisung des Antrags *Bem 23.*

21 a) Benachrichtigung des Notars

Die **erfolgte Eintragung** ist nach § 55 dem Notar als Antragsteller bekanntzumachen. Ebenso hat die durch **Zwischenverfügung** erfolgende Fristsetzung nach § 18 Abs 1 dem Norar gegenüber zu geschehen,**KG** OLG 21, 1, *Achilles-Strecker* GBO § 55 Bem 1 a. *Güthe* GBO § 15 5em 21, *Horber* GBO § 15 Bem 6 a, **aA** *Josef* BayNotZ 1915, 246. Dies gilt auch für die Einforderung eines **Kostenvorschusses** nach § 8

KostO (*Anh*); dazu *§ 13 Vorbem 201ff.*, auch *Recke* DFG 1937, 94. Als Kostenschuldner ist der Notar allerdings nicht anzusehen; dazu *Bem 10, § 13 Vorbem 193.*

Der Notar, der einen Antrag nach § 14 gestellt hat, ist auch dann von der Eintragung zu benachrichtigen, wenn der Antragsberechtigte selbst gleichfalls den Antrag gestellt hat, **KG** KGJ 38, 200, nicht aber, wenn der Notar nur als Bote den Antrag eines Beteiligten dem GBA vorgelegt hat (dazu *Bem 9*), **KG** OLG 14, 136, *Güthe* Bem 21. Doch genügt auch in diesem Falle die Benachrichtigung des Notars, da anzunehmen ist, daß die Beteiligten, wenn sie ihm die Erledigung des ganzen Geschäfts und namentlich die Vorlage der Urkunde an das GBA überlassen, ihn auch zur Entgegennahme der Bekanntmachungen des GBA ermächtigen wollen. Dazu für Bayern § 565 Abs 2 bayDA (Vorschrift belehrenden Inhalts, *§ 2 Bem 4*). Soweit der Notar Antragsteller iSd § 15 ist, ist eine Benachrichtigung der Beteiligten selbst unwirksam, **KG** OLG 21, 1; dazu *Güthe* GBO § 15 Bem 21, *Horber* GBO § 15 Bem 6a.

Es ist auch hinzuweisen auf den **Bescheid RJM** vom 7. September 1938 DNotZ 1939, 2 (dazu *Bem 11*), in dem es ua heißt:

Wenn der Notar einen Eintragungsantrag gemäß § 15 GBO stellt und sich nicht darauf beschränkt, einen Antrag an das GBA nur weiterzugeben, so ist nach geltendem Recht die Eintragung dem Notar und nur dem Notar, nicht auch dem von ihm vertretenen Antragsberechtigten, bekanntzumachen.

. . . .

Hat der Notar den Antrag lediglich an das GBA weitergegeben, so besteht eine rechtliche Verpflichtung der GBÄmter, auch dem Notar die Eintragung bekanntzumachen, selbst dann nicht, wenn er ausdrücklich um Benachrichtigung von der Eintragung gebeten hat. Dem dortigen Wunsche, die GBÄmter allgemein anzuweisen, auch in derartigen Fällen den Notar zu benachrichtigen, bedaure ich nicht entsprechen zu können. Hieran hindert mich einerseits die angespannte Geschäftslage der GBÄmter, die jede weitere Benachrichtigungspflicht unerwünscht erscheinen läßt, andererseits die Gefahr einer Schadensersatzpflicht des Reiches[1]) *bei Nichtbeachtung einer solchen Anweisung.*

Die gleichen Gründe stehen auch der gewünschten Anweisung entgegen, wonach die GBÄmter die Notare verständigen sollen, ob die Beteiligten selbst Nachricht erhalten haben. Hat der Notar deutlich und zweifelsfrei den Antrag gemäß § 15 GBO gestellt, so erhält er, und er allein, die Nachricht. In diesen Fällen kann er also davon ausgehen, daß die von ihm vertretenen Beteiligten keine Nachricht erhalten haben. In den anderen Fällen können allerdings Zweifel in dieser Hinsicht bestehen, doch hat es der Notar in der Hand, durch deutliche Bezugnahme auf § 15 GBO diese Fälle stark einzuschränken.

Hierzu bemerkte der Präsident der RNotarkammer (DNotZ aaO), die Notare, die Nachrichten von der erfolgten Eintragung wünschen, sollten stets deutlich zum Ausdruck bringen, daß sie den Antrag gemäß § 15 GBO stellen.

b) Rückgabe der eingereichten Urkunden 22

Die vom Notar dem GBA eingereichten Hypothekenbriefe und sonstigen Urkunden sind jedenfalls dann, wenn er selbst den Antrag gestellt hat, an ihn zurückzugeben, **KG** KGJ 38, 196/44, 170; dazu *Brand-Schnitzler* GBSachen § 32, *Ricks* GBPraxis 318. Aber auch dann, wenn der Notar den Antrag der Beteiligten ohne eigene Antragstellung dem GBA lediglich vorgelegt hat (dazu *Bem 9*), hat die Rückgabe an ihn zu erfolgen. Es ist auch hier der Grundsatz anzuwenden, daß die eingereichten Hypothekenbriefe und Urkunden mangels anderweitiger Bestimmung demjenigen wieder auszuhändigen sind, der sie vorgelegt hat, **RG** RPfliB 1931, 107, **KG** HRR 1937 Nr 111 = JW 1937, 114. Etwas anderes gilt für die neu erteilten Hypothekenbriefe usw; für deren Aushändi-

[1]) Über die Haftung des Bundes- bzw eines Landesfiskus *§ 11 Bem 40*

gung ist § 60 maßgebend. Werden die vom Notar eingereichten Urkunden von einer anderen Person zurückgefordert, so muß sich das GBA bei nicht ganz zweifelsfreier Sachlage mit dem Notar darüber ins Benehmen setzen, für wen die Urkunden eingereicht sind, **RG** DNotV 1932, 408.

Über die Frage, wer Eigentümer an den Urkunden ist und die Verfügungsgewalt hat, und Bedeutung dieses Problems *Hieber* DNotZ 1956, 172 (177); dazu auch *§ 10 Bem 15.*

23 IV. Beschwerderecht des Notars

Dazu *Güthe* GBO § 15 Bem 22, *Horber* GBO § 15 Bem 6b

Gegen die Zurückweisung seines Antrags steht dem Notar das **Beschwerderecht** zu; auch dieses Recht kann er nicht im eigenen Namen, sondern nur im Namen eines Antragsberechtigten ausüben, **KG** OLG 10, 444, **BayObLG** 13, 444/21, 296/31, 442; dazu *Güthe* GBO § 15 Bem 22, *Horber* GBO § 15 Bem 6b. Voraussetzung ist stets, daß der Notar einen eigenen Antrag auf Grund des § 15 gestellt hat. Eine Vollmacht braucht er nicht vorzulegen. Der Antragsberechtigte, für den Beschwerde eingelegt ist, braucht nicht derjenige zu sein, für den der Notar den Antrag gestellt hat, **BayObLG** 34, 121.

Der Notar wird den Antragsberechtigten, für den er Beschwerde einlegt, im Regelfall benennen; dazu *Horber* GBO § 15 Bem 6b. Eine Verpflichtung dazu besteht nach hM nicht; so insbes **KG** OLG 10, 444, **BayObLG** RPfliB 1921, 245, **OLG Dresden** OLG 5, 239, *Güthe* GBO § 15 Bem 22, *Henle-Schmitt* GBWesen GBO § 71 Bem 4d. Oft wird es sich aus den Umständen ergeben, für wen Beschwerde eingelegt ist; dazu **OLG Hamm** DNotZ 9154, 203 (*Grussendorf*) = DRspr IV (473) 25a. Wird nicht ausdrücklich für einen bestimmten Beteiligten Beschwerde eingelegt und ergibt sich dies auch nicht aus den Umständen, so gilt sie im Namen aller Antragsberechtigten als erhoben; dazu *Güthe* GBO § 15 Bem 22 unter Hinweis auf die nicht veröffentlichte Entscheidung des **KG** vom 16. Dezember 1920 (1 X 357/20 — 1 X 349/388/20, *Horber* GBO § 15 **Bem** 6b. auch *Bem 11.* Letztere Auffassung, die als anerkannt angesehen werden kann, wird, wie *Güthe* aaO bemerkt, aus praktischen Gründen eingenommen.

Das Beschwerderecht steht dem Notar auch zu, wenn er lediglich die Anträge der Beteiligten wiederholt hat, nicht aber dann, wenn er ohne einen eigenen Antrag zu stellen, die die Anträge der Beteiligten enthaltenden Erklärungen dem GBA nur als Bote vorgelegt hat (dazu *Bem 9*), **KG** OLG 14, 136, **BayObLG** JFG 9, 199, **OLG Colmar** OLG 7, 332, *Güthe* GBO § 15 Bem 22. In diesem Fall kann er nur auf Grund besonderer Vollmacht Beschwerde einlegen. Der Vorlage einer Vollmachtsurkunde bedarf es regelmäßig nicht, weil bei der Antragstellung des Notars anzunehmen ist, daß er nicht unbefugt Beschwerde einlegt, **KG** KGJ 33, 65. Doch ist das GBA nicht gehindert, eine Vollmachtsurkunde zu verlangen, **KG** RJA 7, 138; dazu *Güthe* aaO. Legt ein Notar für einen Beteiligten GBBeschwerde ein, ohne dazu gesetzlich ermächtigt zu sein oder Vollmacht vorzulegen, so ist vor Zurückweisung der Beschwerde aus diesem Grunde zu prüfen, ob der Notar etwa auf Grund rechtsgeschäftlicher Vollmacht gehandelt hat, **KG** DFG 1938, 98 = JW 1938, 1834 = DNotZ 1938, 679.

Zur **weiteren Beschwerde** namens eines Antragsberechtigten ist der Notar auf Grund des § 15 gleichfalls berechtigt, ohne daß er einer Vollmacht bedarf, **RG** RGZ 125, 349. Auch hier ist Voraussetzung, daß er einen eigenen Antrag gestellt hat. Wird die Beschwerde durch Einreichung einer Beschwerdeschrift eingelegt, so bedarf es der Zuziehung eines Rechtsanwalts nicht, § 80 Abs 1 S 3; dazu *§ 80 Bem 8.*

Im eigenen Namen ist der **Notar** nur dann **beschwerdeberechtigt**, wenn ein ihm selbst zustehendes Recht verletzt ist, zB das ihm nach § 43 Abs 2 GBVfg (*GT 4*) zukommende Recht auf Einsicht in das GB; dazu *§ 12 Bem 30, 47.*

§ 16

(Antrag unter Vorbehalt)

(1) Einem Eintragungsantrage, dessen Erledigung an einen Vorbehalt geknüpft wird, soll nicht stattgegeben werden.

(2) Werden mehrere Eintragungen beantragt, so kann von dem Antragsteller bestimmt werden, daß die eine Eintragung nicht ohne die andere erfolgen soll.

Übersicht:

I. Zweck und Bedeutung der Vorschrift 1

Dazu *Brand-Schnitzler* GBSachen §§ 34, 35, *Güthe* GBO § 16 Bem 1, 2, *Haegele* GBRecht Bem 57, *Hesse-Saage-Fischer* GBO § 16 Bem I, II, *Horber* GBO § 16 Bem 1, *Krämer-Illner* GBPraxis § 129, *Planck-Kettnaker* Führung des GBuchs 305 Fußn 3, *Ripfel* GBRecht 84/85, *Thieme* GBO § 16, Bem 1

§ 16 Abs 1 erklärt Eintragungsanträge, die an einen Vorbehalt geknüpft sind, für unstatthaft und nicht vollziehbar und verfolgt damit den Zweck, dem GBA die Prüfung der Eintragungsgrundlagen zu erleichtern. Das GBA soll nicht mit der Prüfung belastet sein, ob die Umstände eingetreten sind, von denen der Antragsteller die Erledigung seines Antrag abhängig gemacht hat; dazu *Güthe* GBO § 16 Bem 2.

Diese Gründe treffen auf den durch **§ 16 Abs 2** für zulässig erklärten Vorbehalt des gleichzeitigen Vollzugs einer anderen Eintragung nicht zu, da diese Voraussetzung vom GBA ohne weiteres und innerhalb des Rahmens seiner Amtstätigkeit festgestellt werden kann. Die Zulässigkeit der Zusammenfassung mehrer Anträge entspricht auch den Bedürfnissen des Verkehrs; sie erleichtert namentlich die Erfüllung Zug um Zug; dazu *Güthe* GBO § 16 Bem 2.

Auch auf **Ersuchen von Behörden** iSd § 38 findet § 16 Anwendung; dazu *Hesse-Saage-Fischer* GBO § 16 Bem I 1, *Thieme* GBO § 16 Bem 6, auch *§ 38 Bem 9, 10.*

II. Regelvorschrift des § 16 Abs 1 2

1. Voraussetzungen

Dazu *Brand-Schnitzler* GBSachen § 34, *Güthe* GBO § 16 Bem 3ff., *Haegele* GBRecht Bem 57, *Hesse-Saage-Fischer* GBO § 16 Bem I 2, *Horber* GBO § 16 Bem 2ff., *Thieme* GBO § 16 Bem 2, weitere LitHinweise *Bem 1*

Es muß sich um einen Eintragungsantrag handeln (dazu *Bem 3*), der an einen Vorbehalt geknüpft ist (dazu *Bem 4*).

a) Eintragungsantrag 3

§ 16 Abs 1 bezieht sich auf Eintragungsanträge iSd § 13; dazu *§ 13 Bem 1, 2, 9,* auch *Güthe* GBO § 16 Bem 4, 6, *Predari* GBO § 16 Bem. 3.

Es muß sich also um einen Eintragungsantrag handeln. Aber auch die Eintragungsbewilligung muß vorbehaltlos sein; dazu *Güthe* GBO § 16 Bem 6, *Horber* GBO § 16 Bem 6, auch *Bem 4, 6, 13, 15, § 19 Bem 11, 23.* Über Beschränkungen des Rechts selbst *Bem 6.*

Zur Erledigung eines Eintragungsantrags iSd § 16 Abs 1 gehören auch diejenigen Rechtsakte, die mit der Eintragung notwendigerweise verbunden sind, zB Erteilung und Aushändigung des Hypothekenbriefs, Mitteilungen der vollzogenen Eintragung; dazu *Güthe* GBO § 16 Bem 4, *Predari* GBO § 16 Bem 1. Auch sie dürfen bei Meidung der Zurückweisung des Antrags (dazu *Bem 5*) nicht von einem Vorbehalt abhängig gemacht werden.

4 **b) Vorbehalt**

Ein Vorbehalt bei einem Antrag ist grundsätzlich unstatthaft.

Die Erledigung ist an einen **Vorbehalt** geknüpft, wenn der Antrag nicht schlechthin, sondern nur unter gewissen Voraussetzungen wirksam sein soll. Hierher sind Bedingungen, auch Befristungen zu rechnen; dazu **KG** OLG 12, 189, JW 1938, 2227 = HRR 1938 Nr 1124, *Güthe* GBO § 16 Bem 3, *Hesse-Saage-Fischer* GBO § 16 Bem I 2, *Horber* GBO § 16 Bem 3, auch *Bem 6.* Unzulässig sind ferner alle Zusätrz, die es zweifelhaft machen, ob die beantragte Eintragung überhaupt gewollt ist; dazu *du Chesne* ZBlFG 3, 568, *Güthe* GBO § 16 Bem 3. *Du Chesne* aaO versteht unter einem unzulässigen Vorbehalt die einem Eintragungsbegehren hinzugefügte einschränkende Erklärung, daß die Wirkung des Antrags abhängig sein soll von einem Umstand, der erst künftig eintreten soll oder zu dessen Feststellung das GBA eine prüfende Tätigkeit, die über die persönliche Kenntnis des GBBeamten von gerichtskundigen Umständen hinausgeht, entfalten soll. Man wird jedoch diese Definition als zu eng ansehen und im Anschluß an **KG** JW 1938, 2227 = HRR 1938 Nr 1124, *Güthe* und *Horber* aaO als einen Vorbehalt, einen Zusatz zum Antrag ansehen, durch den die Erledigung des Antrags von einem Umstand, der nicht zu den gesetzlichen Voraussetzungen gehört, abhängig gemacht wird; dazu auch *Bem 15.* Es wird vielfach auf den Einzelfall ankommen; eine klare Abgrenzung des Begriffes läßt sich nicht geben. Über die Handhabung in der Praxis *Bem 5.*

Einige **Beispiele** für unzulässige Vorbehalte bei Anträgen:

Ein unzulässiger Vorbehalt ist zB in einem Antrag zu erblicken, eine Hypothek erst nach Auszahlung des Kapitals einzutragen, oder in dem Antrag, eine Hypothek nur unter der Bedingung zu löschen, daß das Grst binnen einer bestimmten Frist nicht neu belastet wird. Hat ein Hypothekengläubiger die Löschung der Hypothek nur unter Vorbehalt bewilligt und bezieht sich dieser Vorbehalt möglicherweise auch auf das dingliche Recht, so kann dem Antrag des GrstEigentümers auf Löschung der Hypothek nicht entsprochen werden, **OLG Oldenburg** JBlOldenburg 1947, 52 = MDR 1947, 23 = NJW 1947/48, 116 = SJZ 1947, 436 (*Hieber* und *Jordan*) = HEZ 1, 109; dazu auch *Bem 6.* Bedingt und daher unzulässig ist der Antrag, ein Recht an einer bestimmten, zZ nicht offenen Stelle (dazu *Bem 5*) oder nach einem bestimmten Betrag einzutragen; zulässig ist aber der Antrag auf Eintragung **an nächstfolgender** oder nächstoffener, bereitester **Rangstelle, KG** OLG 8, 200, **BayObLG** 9, 164/12, 372. Unstatthaft ist es auch, daß der Eigentümer beim Antrag auf Löschung einer Hypothek sich vorbehält, anstatt der Löschung die Abtretung oder die Umschreibung der Hypothek auf sich selbst zu beantragen; dazu *Güthe* GBO § 16 Bem 3. Einen unzulässigen Vorbehalt enthält weiter der Antrag, den Hypothekenbrief dem Gläubiger erst nach Löschung aller vorgehenden Posten auszuhändigen, **LG Tilsit** ZBJFG 1, 221; dazu *Güthe* GBO § 16 Bem 4. Dasselbe gilt von einem Antrag, daß die Eintragung einer Auflassung nur erfolgen soll, wenn die zugleich beantragte lastenfreie Abschreibung eines Grst erfolgen kann, **OLG Dresden** Recht 1903, 361 Nr 1982. Unzulässig ist auch ein sog **Eventualantrag** dh ein Antrag, der nur dann als gestellt gelten soll, wenn einem anderen dh primär gestellten Antrag nicht stattgegeben wird. Wird unzulässigerweise ein Eventualantrag durch Eintragung vollzogen, so ist hierdurch auch der in erster Linie gestellte Antrag erledigt; auf ihn kann nicht mehr zurückgegriffen werden, **BayObLG** 11, 399/15, 371, 377.

Nicht unzulässig ist es, den Eintragungsantrag von **Rechtsbedingungen** abhängig zu machen dh von solchen Voraussetzungen, deren Vorhandensein vom GBA ohnedies von Amts wegen zu prüfen ist, **KG** OLG 26, 185; dazu *Güthe* GBO § 16 Bem 3, auch *Bem 5, 6*. Zulässig sind also Bedingungen des Inhalts, daß der betroffene Berechtigte eingetragen ist, wie es nach § 39 ohnedies nötig ist, oder daß eine zur Eintragung erforderliche Erklärung, wie Zustimmung, Genehmigung ua, eines Dritten oder einer Behörde vorliegt oder daß das, was zur Eintragung beantragt ist, eintragungsfähig ist. Deshalb muß auch die Klausel **soweit eintragungsfähig** oder **soweit angängig** für zulässig betrachtet werden. Eine solche Klausel macht regelmäßig den Antrag noch nicht zu einem unbestimmten, **KG** JFG 1, 434 = OLG 43, 11, JFG 1, 461; dazu *Güthe* GBO § 16 Bem 3, auch *Bem 11*. Unschädlich ist der Vorbehalt, den Antrag jederzeit zurückzunehmen; dazu *Güthe* GBO § 16 Bem 3. Dasselbe gilt von allen Zusätzen, die **etwas Selbstverständliches** aussprechen, zB Bestellung einer Hypothek mit dem Vorbehalt, daß sie jederzeit abgetreten werden darf, oder unter der Bedingung, daß ein Hypothekenbrief ausgestellt wird. Kein Eintragungshindernis bildet es auch, wenn eine Belastung derart bedingt bestellt ist, daß sie nur für den Fall des Erwerbs des zu belastenden Gegenstandes durch den Bestellenden erfolgt, **BayObLG** 30, 343. Dazu *Bem 5, 6, § 19 Bem 11, 23*.

2. Entscheidung des Grundbuchamts, Vollzug 5

Dazu *Güthe* GBO § 16 Bem 8, *Hesse-Saage-Fischer* GBO § 16 Bem I 3, *Horber* GBO § 16 Bem 4, *Thieme* GBO § 16 Bem 3

a) Mit einem Vorbehalt verknüpfte **Anträge** soll das GBA **nicht vollziehen**; sie sind **abzulehnen**.

Eine **Zwischenverfügung** nach § 18 ist zulässig, **KG** JFG 19, 135 = JW 1939, 765 = HRR 1939 Nr 459, *Güthe* GBO § 16 Bem 8, *Horber* GBO § 16 Bem 4, **aA** (zu Unrecht) **KG** KGJ 37, 212, JW 1931, 1100, *Hesse-Saage-Fischer* GBO § 16 Bem I 3; dazu auch *§ 18 Bem 25 (4)*.

In eine **sachliche Prüfung** des Antrags selbst braucht das GBA **nicht** einzutreten, da der Antrag unstatthaft ist; doch ist es zweckmäßig, sowohl bei Ablehnung als auch insbes bei Erlassung einer Zwischenverfügung sämtliche Hinderungsgründe bekanntzugeben.

Die **Anwendung** des § 16 Abs 1 darf jedoch **nicht übertrieben** werden. Seine strenge Anwendung wird oft, insbes gegenüber rechtsunkundigen und ungeschickten Antragstellern, nach freiem Ermessen des GBBeamten zu mildern sein; dazu *Güthe* GBO § 16 Bem 3, *Hesse-Saage-Fischer* GBO § 16 Bem I 2, *Predari* GBO § 16 Bem 1, *Turnau-Förster* GBO § 16 Bem I 2. Dies gilt namentlich dann, wenn der GBBeamte ohne besondere Schwierigkeit feststellen kann, daß der gemachte **Vorbehalt** sich **erledigt** hat. Wenn daher zB die Eintragung einer Hypothek an einer bestimmten Rangstelle beantragt ist oder wenn der Eigentümer für die Schuld eines Dritten die Eintragung einer Hypothek unter der Bedingung beantragt, daß der Dritte als Eigentümer eines bestimmten, im gleichen GBABezirk gelegenen Grst eingetragen ist, so kann der GBBeamte durch Einsicht des GB von dem Vorhandensein der Voraussetzung sich überzeugen und wird, wenn die Voraussetzung gegeben ist, dem Antrag stattgeben, der dann als vorbehaltslos zu betrachten ist, **BayObLG** 12, 372. Ist der Antrag auf

Eintragung einer Hypothek davon abhängig gemacht, daß der Gläubiger im Handelsregister eingetragen ist, so kann die Gegenstandslosigkeit des Vorbehalts gleichfalls vom GBBeamten mit Sicherheit festgestellt und dann der Antrag als unbedingt behandelt werden. Auch die sonstige Beifügung eines Anfangszeitpunktes, der bei Erledigung des Antrags bereits der Vergangenheit angehört, ist unschädlich. Dagegen ist es nicht zulässig, die Entscheidung über einen Antrag, der nach dem Willen des Antragstellers erst nach Ablauf einer bestimmten Frist verbeschieden werden soll, bis zum Ablauf der Frist auszusetzen; dazu *§ 18 Bem 12*. Es kann also nicht durch eine solche Verzögerung der Eintragung ein etwaiger Rang gemäß dem Zeitpunkt des Eingangs beim GBA gesichert werden. Wenn die sofortige Erledigung eines Antrags nicht gewünscht wird, so muß der Antrag zurückgenommen und später neu gestellt werden. Bei einem unzulässigen gestellt Antrag ist, wenn nicht sofort Verbescheidung erfolgt, durch eine Zwischenverfügung Klarheit zu schaffen. Die Regelung des § 13 (dazu *§ 13 Bem 24ff.*) und des § 17 (dazu *§ 17 Bem 1*) will sichern, daß die Beteiligten durch eine etwa verzögerte Erledigung der Anträge durch das GBA, etwa bei Geschäftsüberlastung, keine Nachteile erleiden.

6 b) Selbstverständlich ist die Ablehnung eines Antrags unzulässig, wenn das **Gesetz den Vorbehalt zuläßt**; dazu *Güthe* GBO § 16 Bem 5, *Turnau-Förster* GBO § 16 Bem I 2. Dies kommt zB in Betracht bei einem Rangvorbehalt iSd § 881 BGB oder, wenn es sich um die Eintragung bedingter Rechte oder einer Hypothek für eine bedingte oder betagte Forderung handelt (dazu *§ 13 Vorbem 83, 177*). Hier bezieht sich der Vorbehalt nicht auf die Vornahme der Eintragung, sondern auf das einzutragende Recht, also den Inhalt der Eintragung dazu *Bem 3, 4, § 19 Bem 11, 23*. Es bestehen keine Bedenken gegen die Eintragung der Klausel *Aufrechnung ist ausgeschlossen, soweit nicht zwingende Gesetzesvorschriften entgegenstehen* bei einer Hypothek, wenn damit dem § 1142 BGB Rechnung getragen werden soll, **LG Köln** DNotZ 1956, 601; dazu *§ 13 Vorbem 95*. Allgemein ist es aber nicht zulässig, eine Klausel als eintragungsfähig zu bezeichnen, in der ausgesprochen wird, daß der Inhalt der Eintragung nur soweit Geltung habe, als nicht zwingende Gesetzesvorschriften entgegenstehen würden; denn dies muß ja das GBA bei der Frage der Eintragungsfähigkeit gerade prüfen, da es keine unzulässige Eintragung vornehmen darf. Unschädlich ist ein Vorbehalt, der die weitergehenden Rechte aus einer späteren Gesetzgebung oder Änderung der Rechtsprechung wahren soll, wenn der Eintragungsantrag unabhängig davon gestellt wird. Auch hier ist erforderlich, daß genügende Klarheit besteht; es kommt daher auf den Einzelfall an. Dazu **KG** JW 1926, 2385, *Horber* GBO § 16 Bem 3. Über die Frage des Vorbehalts der Rechte aus künftiger Gesetzgebung oder Rspr bei Löschungsbewilligung, wenn sich der Vorbehalt auf das dingliche Recht bezieht; dazu **OLG Oldenburg** JBlOldenburg 1947, 52 (wV *Bem 4*).

7

3. Ordnungsvorschrift

Dazu *Güthe* GBO § 16 Bem 8, *Horber* GBO § 16 Bem 4

Die Vorschrift des § 16 Abs 1 ist lediglich eine **Ordnungsvorschrift**. Eine auf Grund eines mit einem Vorbehalt verknüpften Antrags erfolgende Eintragung ist daher zwar ordnungswidrig, aber wirksam. Aus der Verletzung des § 16 Abs 1 kann sich aber eine Schadensersatzpflicht wegen Amtspflichtsverletzung ergeben; dazu *§ 2 Bem 147*.

Die Frage der **materiellen Wirkung** ist selbständig zu beurteilen; dazu *Güthe* GBO § 16 Bem 8. Dies gilt insbes, wenn eine Auflassung unter Bedingung oder Befristung erfolgt. § 925 Abs 2 BGB (dazu *§ 13 Vorbem 177, § 20 Bem 65*) oder wenn ein Erbbaurecht mit Beschränkung auf einen Teil eines Gebäudes begründet oder bedingt bzw befristet übertragen werden soll, § 1 Abs 4, § 11 Abs 1 S 2 ErbbauVO (*Anh*; dazu *§ 8 Bem 7, § 20 Bem 28*).

III. Ausnahmevorschrift des § 16 Abs 2 8

1. Allgemeines

Eine Ausnahme von § 16 Abs 1 enthält die Vorschrift des § 16 Abs 2. Über ihren Zweck *Bem 1*. Über Stellung mehrerer Anträge durch einen Notar *Bem 10, 12, 13, § 15 Bem 16, 18*. Zum Verhältnis zu § 17 ist auf *§ 17 Bem 3, 6, 9, 11, 21* zu verweisen.

2. Voraussetzungen 9

Dazu *Brand-Schnitzler* GBSachen § 35, *Güthe* GBO § 16 Bem 9ff., *Haegele* GBRecht Bem 57 und S 26 Fußn 2 *Hesse-Saage-Fischer* GBO § 16 Bem II, *Horber* GBO § 16 Bem 5, *Thieme* GBO § 16 Bem 4, 5, weitere LitHinweise *Bem 1*

Voraussetzung ist,

daß es sich um mehrere Eintragungen handelt; dazu *Bem 10ff.*,

daß eine Bestimmung des Antragstellers erfolgt ist, wonach die eine Eintragung nicht ohne die andere erfolgen soll; dazu *Bem 13, 14*.

a) Mehrere Eintragungen 10

Es ist erforderlich, daß mehrere Eintragungen beantragt werden; dazu *§ 45 Bem 12ff.*

Gleichgültig ist, ob die mehreren Eintragungen von derselben oder von verschiedenen Personen beantragt werden, auch wenn die Antragstellung durch einen Notar erfolgt (dazu *Bem 8*), ob die Eintragungen ein oder mehrere GBBlätter betreffen, wenn nur die verschiedenen Blätter bei demselben GBA geführt werden (dazu *Bem 12*), ob sie in einem oder in mehreren Anträgen beantragt werden und ob die Anträge gleichzeitig oder nacheinander gestellt sind; dazu *Güthe* GBO § 16 Bem 11ff., *Turnau-Förster* GBO § 16 Bem II 1. Selbstverständlich darf in letzterem Fall der früher gestellte Antrag noch nicht erledigt sein. Ferner müssen, wenn der Vorbehalt nach § 16 Abs 2 erklärt wird, bereits die beiden oder mehreren Anträge dem GBA vorliegen. Unzulässig ist es also, die Erledigung eines Antrags von dem gleichzeitigen Vollzug eines erst später einzureichenden Antrags abhängig zu machen; dazu *Predari* GBO § 16 Bem 5. Gleichgültig ist auch, ob die Eintragung der Rechtsänderung oder der GBBerichtigung dient.

Ein innerer Zusammenhang zwischen den einzelnen Eintragungen wird nicht gefordert, **BayObLG** SeuffA 57, 379; dazu *Güthe* GBO § 16 Bem 10.

Im einzelnen ist noch auf folgendes hinzuweisen: 11

1. Von **mehreren Eintragungen** kann nicht gesprochen werden, wenn die einzelnen Bestimmungen der Eintragungsbewilligung lediglich die nähere Ausgestaltung des einzutragenden Rechts bezwecken, so zB bei einer Hypothek die Bestimmungen über Nebenleistungen, Verzinsung und Rückzahlung; dazu *§ 3 Bem 325ff.*, *§ 13 Vorbem 92ff.* Hier liegt nur ein einziger Antrag vor, der nur einheitlich erledigt werden kann, **KG** OLG 5, 292/10, 418, KGJ 39, 257, JW 1938, 2227, **OLG Colmar** OLG 10, 435, **OLG Hamm** Rpfleger 1956, 343 (*Bruhn*), auch *Güthe* GBO § 16 Bem 10, *Hesse-Saage-Fischer* GBO § 16 Bem II 1, *Horber* GBO § 16 Bem 5a, b, *Thieme* GBO § 16 Bem 4, **aA** (ühberolt) *Ricks* GBPraxis 106. Bestritten ist, ob ein solcher untrennbarer Zusammenhang auch für die Erklärung des Eigentümers gilt, daß die ZwV aus der Urkunde gegen den jeweiligen Eigentümer des Gsst zulässig sein soll, § 800 ZPO. Die dingliche Unterwerfungsklausel (dazu *§ 3 Bem 334*) ist als selbständige Eintragung zu betrachten, so daß die Hypothek auch ohne sie eingetragen werden kann und § 16 Abs 2 anwendbar ist, **KG** OLG 10, 86. **BayObLG** 2, 576, OLG 8, 149, **OLG Colmar** OLG 13, 197, **LG Mainz** ZBlFG 7, 396, **aA** *Güthe* GBO § 16 Bem 10, *Predari* GBO § 16 Bem 4, *von Rozycki-von Hoewel* GBRecht § 33. Die Eintragung der Hypothek ohne Klausel als unzulässig zu betrachten, widerspricht einem praktischen Bedürfnis und erscheint

zudem rechtlich nicht haltbar, da ja die Klausel auch nachträglich allein ergänzend eingetragen werden kann, also eine gewisse Selbständigkeit hat.

Ein Antrag, der auf die Eintragung der eintragungsfähigen Bestimmungen beschränkt ist, ist zulässig, dazu *Bem 5*. In dem Zusatz **soweit eintragungsfähig** oder **soweit zulässig** liegt regelmäßig das Einverständnis des Antragstellers mit einer solchen teilweisen Erledigung, **KG** JFG 1, 461 (463); dazu *Horber* GBO § 16 Bem 5a. Ist allerdings die Urkunde sehr unklar gehalten, so wird dieser Mangel durch den Zusatz „soweit eintragungsfähig" nicht behoben, **LG Kassel** NJW 1953, 189 (*Lindheimer*).

12 2. Vorausgesetzt wird in § 16 Abs 2, daß die Anträge **bei demselben GBA** gestellt werden, **KG** KGJ 44, 201, **BayObLG** 10, 329, *Güthe* GBO § 16 Bem 13, *Horber* GBO § 16 Bem 5a, *Thieme* GBO § 16 Bem 4, *Turnau-Förster* GBO § 16 Bem II 1, **aA** (überholt) *Predari* GBO § 16 Bem 7. Der Vorbehalt des § 16 Abs 2 ist also unwirksam, soweit er Grundstücke betrifft, für die der Eintragungsantrag von verschiedenen GBÄmtern zu erledigen ist. Es darf auch, wenn die Anträge bei verschiedenen GBÄmtern zu stellen sind, aus dem Zusammenhang, in dem sie vermöge des zugrunde liegenden Rechtsverhältnisses stehen, nicht die Bestimmung entnommen werden, daß die eine Eintragung nicht ohne die andere erfolgen soll. Das Verfahren richtet sich nach § 48; dazu *Güthe* und *Thieme* aaO, zum Verfahren im einzelnen *§ 48 Bem 2ff*.

Die Bestimmung über die **Reihenfolge**, in der die Eintragungen bei den verschiedenen GBÄmtern vorgenommen werden sollen, kann auch nachträglich erfolgen; sie bedarf nicht der in § 29 bestimmten Form und kann von dem Notar getroffen werden, der die Eintragungsbewilligung beurkundet hat; dazu *Bem 8, 10, 13, § 15 Bem 18*.

13 **b) Bestimmung gemeinsamer Eintragung durch den Antragsteller**

1. Antragsteller

Es muß die Bestimmung des Antragstellers vorliegen, daß die eine Eintragung nicht ohne die andere bzw die anderen erfolgen soll.

Der Vorbehalt muß von dem Antragsteller erklärt werden; von Amts wegen darf das GBA 2 oder mehrere voneinander unabhängige Anträge nicht miteinander in Verbindung bringen.

Sind die mehreren Anträge von verschiedenen Personen gestellt, so ist jede bez ihres Antrags zu der Bestimmung berechtigt. Der eine Antragsteller kann die Bestimmung des anderen nicht durch eine gegenteilige Erklärung beseitigen, auch wenn er bez der mehreren Anträge antragsberechtigt ist; dazu **KG** HRR 1937 Nr 1405 = DFG 1937, 151 = DNotZ 1937, 834 = JW 1937, 2121, *Güthe* GBO § 16 Bem 15, *Hesse-Saage-Fischer* GBO § 16 Bem II 2, *Horber* GBO § 16 Bem 5b.

Der die Eintragung **Bewilligende** ist nur dann zur Bestimmung nach § 16 Abs 2 befugt, wenn er den Antrag selbst gestellt hat; die Antragsberechtigung allein genügt nicht, *Güthe* und *Hesse-Saage-Fischer* aaO. Hiervon zu unterscheiden ist die Hinzufügung des Vorbehalts zur Eintragsbewilligung selbst. Über deren Zulässigkeit auf Grund entsprechender Anwendung des § 16 Abs 2 ist auf *§ 19 Bem 11, 23* zu verweisen; dazu auch *Horber* GBO § 16 Bem 6.

Die Bestimmung kann auch **nachträglich** erfolgen, jedoch nur solange, als der eine Antrag nicht erledigt ist, und zwar gemäß § 15 auch durch den Notar, der die Eintragungsbewilligung beurkundet hat, **BayObLG** 10, 329; dazu *Bem 12, § 15 Bem 18 (c)*. Die Bestimmung kann auch noch in der Beschwerdeinstanz getroffen werden.

Der **Widerruf** der Bestimmung ist zulässig, solange die Anträge nicht erledigt sind. Er bedarf, wenn mehrere Antragsteller vorhanden sind, der Zustimmung sämtlicher; über das Widerrufsrecht des Notars *Bem 12, § 15 Bem 17*. Die Zurücknahme der Bestimmung bedarf, soweit nicht zugleich einer der Eintragungsanträge selbst zurückgenommen wird, keiner besonderen Form, § 31; dazu *Bem 14, § 31 Bem 7*.

2. Form

14

Eine bestimmte **Form** ist für den Vorbehalt **nicht** vorgeschrieben. Dies gilt auch, wenn er nachträglich getroffen wird; dazu *Bem 13*. Er braucht nicht einmal ausdrücklich ausgesprochen zu werden; es genügt, daß er sich aus den Umständen ergibt, also stillschweigend gewollt ist. Es braucht auch keine ausdrückliche Parteiabrede über die einheitliche Erledigung vorzuliegen. Dazu **KG** KGJ 35, 195, **BayObLG** 18, 286/24, 160, **OLG München** JFG 21, 102, *Dennler* BayNotZ 1906, 93, *Güthe* GBO § 16 Bem 16, *Henle-Schmitt* GBWesen GBO § 16 Bem 7, *Hesse-Saage-Fischer* GBO § 16 Bem II 2, *Hörber* GBO § 16 Bem 5b, *Thieme* GBO § 16 Bem 5.

Wann der Vorbehalt sich **aus den Umständen** ergibt, ist Sache der Auslegung, **KG** OLG 1, 203/2, 226, 489 (490), **OLG Colmar** OLG 8, 100; dazu *Güthe* GBO § 16 Bem 16. Allein aus der Gleichzeitigkeit der Anträge oder aus der Zusammenfassung der Anträge oder der Eintragungsbewilligungen in einer Urkunde darf die Bestimmung nicht gefolgert werden, **KG** KGJ 35, 196; dazu *Güthe* aaO. Doch muß, wenn die Erledigung nur eines von mehreren in einer einheitlichen Urkunde gestellten Eintragungsanträgen beantragt wird, das GBA prüfen, ob nicht ein anderer Antragsteller die gleichzeitige Erledigung der Anträge sich vorbehalten hat, **KG** HRR 1937 Nr 1405 = DFG 1937, 151 = DNotZ 1937, 834 = JW 1937, 2121. Die Anträge müssen vielmehr in so **engem wirtschaftlichem Zusammenhang** stehen, daß ihr gemeinsamer Vollzug als von den Parteien gewollt angesehen werden muß, **BayObLG** 24, 160.

Ein **stillschweigender Vorbehalt** ist insbes anzunehmen, wenn mit der Eintragung des Eigentumswechsels gleichzeitig Eintragungen zugunsten des Veräußerers, zB einer Kaufpreishypothek, **KG** OLG 2, 489 (490)/8, 302, **BayObLG** 24, 160, *Ricks* GBPraxis 330, oder eines Nießbrauchs, **KG** JFG 1, 335, beantragt werden, wenn die Eintragung der Auflassung 2 Grst auf Grund eines Tauschvertrags beantragt wird. Es ist hierzu zu bemerken, daß die Abhängigmachung des Vollzugs der Auflassung (dazu *§ 20 Bem 65*) von einer anderen Eintragung nicht dem § 925 Abs 2 BGB widerspricht, **KG** KGJ 44, 401, JFG 1, 335 *BGB-RGRK* BGB §§ 925, 925a Bem 53ff., *Staudinger-Seufert* BGB §§ 925, 925a Bem 81. Auch die Eintragung der Auflassung bez eines Teils des verkauften Grundbesitzes ist unzulässig, wenn für den ganzen Grundbesitz ein einheitlicher Kaufpreis festgesetzt und hierfür eine Hypothek am Gesamtgrst bestellt ist, **BayObLG** 18, 286; dazu auch **KG** JFG 1, 442, wonach in diesem Fall die Kaufpreishypothek an dem aufgelassenen Teil einzutragen ist, wenn der Verkäufer den Käufer zur Auflassung des Grundbesitzes auch in Teilen an sich selbst oder Dritte bevollmächtigt hat. Wenn freilich die Eintragung des Eigentumsübergangs und einer Kaufpreishypothek bewilligt, aber lediglich die Eintragung des Eigentumsübergangs beantragt wird, so wird hierdurch die Annahme eines stillschweigenden Vorbehalts ausgeschlossen, **KG** OLG 8, 302 und 7, 189. Ebenso ist der Antrag auf Eintragung einer Gesamthypothek nicht als unteilbar aufzufassen; wenn daher der Eintragung der Hypothek an einem der Grst ein Hindernis im Wege steht, so kann das GBA diese Eintragung ablehnen, die Hypothek an den übrigen Grst aber eintragen. Dagegen stehen wieder in innerem Zusammenhang die Eintragung der Auflassung und die Löschung von Hypotheken, zu deren Wegfertigung der Verkäufer im Kaufvertrag sich verpflichtet hat; dies gilt auch dann, wenn der Löschungsantrag später als die Auflassung vorgelegt wird. Der Antrag auf lastenfreie Umschreibung eines Teilgrst auf einen anderen Eigentümer enthält neben dem Antrag auf Eintragung des Eigentumswechsels auch den Antrag auf teilweise Löschung der Lasten durch Nichtübertragung, § 46 Abs 2; beide Anträge müssen also voneinander abhängig iSd § 1 Abs 2 betrachtet werden, weshalb das GBA den Umschreibungsantrag nur gleichzeitig mit dem Löschungsantrag erledigen kann, **KG** JFG 3, 417 (418). Auch wenn auf Grund eines einheitlichen Teilungsvertrags mehrere Auflassungen in das GB eingetragen werden, liegt ein Zusammenhang vor, **OLG München** JFG 21, 102; dazu *Hesse-Saage-Fischer* GBO § 16 Bem II 2, *Thieme* GBO § 16 Bem 5. Nur einheitlich erledigt werden können die Anträge des Eigentümers auf Abtretung und Umwandlung einer ihm als Eigentümergrundschuld zugefallenen Hypothek in eine neue Hypothek, **KG** KGJ 39, 246/41, 239. Kein Abhängigkeitsverhältnis liegt jedoch vor, wenn die Umwandlung vom Gläubiger beantragt wird, **KG** KGJ 41, 239. Wenn bei Rückerstattung eines Grst in einem Rückerstattungsverfahren durch rechtskräftigen Teilbeschluß die Rückerstattung des Grst und zugleich die Eintragung einer Höchstbetragshypothek zugunsten des Rückerstattungspflichtigen angeordnet ist, so dürfen beide Rechte nur gleichzeitig eingetragen werden, **LG Berlin** JR 1959, 147.

15 **3. Entscheidung des Grundbuchamts, Vollzug**

a) Wenn mehrere Eintragungen mit der Bestimmung iSd des § 16 Abs 2 beantragt sind, so muß das **GBA** sie gleichzeitig **prüfen** und beanstanden, **RG** WarnRspr 1913 Nr 14. Sind mehrere Rechtsänderungen zur Eintragung bewilligt, so hat das GBA bei der Eintragungsbewilligung (dazu *Bem 3*) zunächst zu prüfen, ob die mehreren bewilligten Eintragungen in einem inneren Zusammenhang stehen oder ob sie nach dem Willen der Beteiligten voneinander unabhängig sind, **BayObLG** 1948/51, 508; dazu *Horber* GBO § 16 Bem 6. Die iSd § 16 Abs 2 verbundenen Anträge bzw Eintragungsbewilligungen sind als eine **verfahrensrechtliche Einheit** zu betrachten. Deshalb dürfen, wenn einer Eintragung bzw mehreren Eintragungen ein Hindernis entgegensteht, auch die übrigen Eintragungen solange nicht vorgenommen werden, bis das Hindernis beseitigt ist. Deshalb sind weiter, wenn nur ein einzelner Antrag unbegründet ist, sämtliche Anträge zurückzuweisen, und zwar die an sich begründeten unter Bezugnahme auf § 16 Abs 2; dazu *Güthe* GBO § 16 Bem 8. Die Zurückweisung des ganzen Antrags hat also zu erfolgen, wenn ein unlösbarer Zusammenhang zwischen den Eintragungen gegeben ist und eine Bestimmung sich als nicht eintragungsfähig erweist oder wenn der Antrag auf die Eintragung bloß einzelner Bestimmungen beschränkt ist, **KG** OLG 5, 292/10, 418; dazu *Bem 11*.

Bestimmt das GBA dem Antragsteller zur Hebung des Hindernisses eine Frist nach § 18 Abs 1, so findet § 18 Abs 2 nicht nur auf die Eintragungen Anwendung, bez deren das Hindernis vorliegt, sondern auch auf die übrigen mit der Bestimmung nach § 16 Abs 2 beantragten Eintragungen; dazu *Henle-Schmitt* GBWesen GBO § 16 Bem 8, zu § 18 Abs 1 bzw 2 *§ 18 Bem 2ff., 52ff.* Es ist zulässig, dem Antragsteller bzw den Antragstellern durch Zwischenverfügung Gelegenheit zur Einschränkung des Antrags bzw der Anträge zu geben; dazu *Güthe* GBO § 16 Bem 10. Mit Rücksicht auf die verfahrensrechtliche Verbindung der Anträge ist es statthaft, daß das GBA die nach § 16 Abs 2 zu behandelnden Anträge, wenn einer von ihnen vollziehbar ist, durch **Zwischenverfügung** dahin verbescheidet, daß den übrigen Anträgen bei Rücknahme oder Abänderung des unzulässigen Antrags stattgegeben würde, **KG** JFG 1, 439, dazu *Güthe* GBO § 16 Bem 10, *Horber* GBO § 16 Bem 5c, auch *Bem 17*. In dieser Weise müssen sämtliche verbundenen Anträge behandelt werden, nicht nur der eine mangelhafte, da sonst der durch den Vorbehalt des § 16 Abs 2 begründete Zusammenhang unzulässigerweise gelöst wird. Deshalb ist eine solche Zwischenverfügung nicht mehr zulässig, wenn unrichtigerweise den vollziehbaren Anträgen stattgegeben worden ist, **KG** JFG 13, 111. Ein Eintragungsantrag, der beim GBA mit der Bestimmung gestellt wird, daß er zugleich mit einem in Aussicht stehenden anderen Eintragungsantrag erledigt werden soll, ist ohne Zwischenentscheidung zurückzuweisen, wenn der 1. Antragsteller durch Vollziehung des späteren Antrags erst das für sein Antragsrecht maßgebende Verfügungsrecht erlangen soll, **KG** JW 1938, 2227 = HRR 1938 Nr 1124; dazu auch *Bem 4*. Es liegt dann kein Fall des § 16 Abs 2, sondern des § 16 Abs 1 vor; dazu *Horber* GBO § 16 Bem 5.

Ist ein Vorbehalt nach § 16 Abs 2 weder ausdrücklich noch stillschweigend getroffen, so ist bei Unzulässigkeit der einen Eintragung die andere vorzunehmen, auch wenn die beiden Anträge in einer Urkunde enthalten sind, **KG** KGJ 35, 195.

Über die verschiedenen Arten der Abhängigkeit von Eintragungen *Bem 16*.

b) **Mehrere Eintragungen** können in verschiedener Weise **voneinander abhängen**. Je nachdem gestaltet sich dann der Vollzug. **16**

Es können entweder 2 bzw mehrere Eintragungen gegenseitig voneinander abhängig gemacht sein oder es kann dies nur teilweise der Fall sein; dazu **KG** JW 1937, 2121 = DNotZ 1937, 834 = HRR 1937 Nr 1405 = DFG 1937, 171, *Brand-Schnitzler* GBSachen § 35, *Güthe* GBO § 16 Bem 18, *Horber* GBO § 16 Bem 5.

Das GBA darf den Vollzug eines Übergabevertrags nicht aus dem Grunde ablehnen, weil auf dem übergebenen Anwesen Grundpfandrechte aus früherer Zeit eingetragen sind, deren Schicksal im Vertrag nicht näher geregelt worden ist, **LG Nürnberg-Fürth** Rpfleger 1959, 55 (*Haegele*); denn hier fehlt das Abhängigkeitsverhältnis.

In dem Fall, daß die **sämtlichen Eintragungen voneinander abhängig** gemacht sind, kann nur gleichzeitige Eintragung erfolgen, *Bem 15*.

Daneben besteht der andere Fall, daß nur eine **teilweise Abhängigkeit** besteht. Der Normalfall ist der, daß die Eintragung *a*) von der Eintragung *b*) abhängt. Dann kann die Eintragung *b*) vorgenommen werden, auch wenn der Antrag *a*) noch nicht oder nicht durch Eintragung erledigt ist, nicht aber umgekehrt. Handelt es sich um mehr als 2 Eintragungen, so können diese in den verschiedensten Variationen in einem derartigen Verhältnis stehen. Dazu auch *§ 17 Bem 15, 21*.

Sind mehrere Anträge zu verschiedenen Zeiten gestellt, so dürfen sie bei gegenseitiger Abhängigkeit gleichfalls nur zusammen vollzogen werden, jedoch müssen die §§ 17, 45 beachtet werden; dazu *§ 17 Bem 11*. Dasselbe gilt mit Rücksicht auf § 17, wenn die früher beantragte Eintragung von der später beantragten abhängig gemacht ist. Ist das Abhängigkeitsverhältnis jedoch umgekehrt, so braucht der 2. Antrag nicht gleichzeitig mit dem 1. vollzogen zu werden; dazu *Güthe* GBO § 17 Bem 25. § 17 ist daher nicht anzuwenden, wenn der früher gestellte Antrag erst durch die später beantragte Eintragung seine Begründung erhält, **LG Bamberg** MittBayNotV 1964, 383 = DNotZ 1965, 427 Ls. Dem Antrag, die Auflassungsvormerkung nach erfolgter Eigentumsumschreibung zu löschen, vorausgesetzt, daß keine Zwischenanträge oder -eintragungen vorliegen oder nur solche, die für das durch die Vormerkung geschützte Recht ohne Bedeutung sind, hat das GBA stattzugeben, wenn keine Zwischeneintragungen vorgenommen wurden und keine Zwischenanträge vorliegen; wenn zwischenzeitlich eine Eintragung in das GB erfolgte oder ein Antrag gestellt wurde, so ist der Antrag zurückzuweisen oder es hat eine Zwischenverfügung nach § 18 zu ergehen mit Hinweis hierauf, da dem GBA nicht die Prüfung der materiellen Rechtslage obliegt, **OLG Düsseldorf** MittRhNotZ 1965, 16 = DNotZ 1965, 751 Ls.

4. Ordnungsvorschrift, Rechtsmittel **17**

Dazu *Güthe* GBO § 16 Bem 18, *Horber* GBO § 16 Bem 5c, *Thieme* GBO § 16 Bem 7

Die Vorschrift des § 16 Abs 2 ist ebenso wie § 16 Abs 1 (dazu *Bem 7*) eine **Ordnungsvorschrift**. Wird entgegen der getroffenen Bestimmung ein Antrag unter Zurückweisung des anderen vollzogen, so ist die Eintragung trotzdem wirksam und macht das GBA nicht unrichtig, **KG** KGJ **44**, 202; dazu *Güthe* GBO § 16 Bem 18. Im übrigen *§ 2 Bem 147*.

Die Eintragung kann auch nicht mit **Beschwerde** angefochten werden, § 71 Abs 2 **KG** OLG 2, 490; dazu *§ 71 Bem 18ff*. Dagegen ist Beschwerde zulässig, wenn der GB-Beamte die Anträge zurückweist; dazu *§ 15 Bem 23*. Ein Mangel, der einem von mehreren iSd § 16 Abs 2 verbundenen Anträgen anhaftet, hindert grundsätzlich die Vollziehung der sämtlichen Anträge; ist gleichwohl die irrige Eintragung vorgenommen, so kann über den zu beanstandenden Einzelantrag beschwerdefähig nicht mehr durch eine auf Rücknahme oder Änderung dieses Antrags gerichtete Zwischenverfügung (dazu *Bem 15*), sondern nur noch durch dessen Abweisung (dazu *§ 18 Bem 29ff.*) entschieden werden, **KG** JW 1935, 3560.

§ 17

(Erledigung bei mehreren Anträgen)

Werden mehrere Eintragungen beantragt, durch die dasselbe Recht betroffen wird, so darf die später beantragte Eintragung nicht vor der Erledigung des früher gestellten Antrags erfolgen.

Übersicht:

1 I. Bedeutung und Zweck der Vorschrift

Dazu *Brand-Schnitzler* GBSachen § 36, *Güthe* GBO § 17 Bem 1 bis 3, *Hesse-Saage-Fischer* GBO § 17 Bem I, *Horber* GBO § 17 Bem 1, *Krämer-Illner* GBPraxis § 130, *Ripfel* GBRecht 97ff., *Thieme* GBO § 17 Bem 1

§ 17 bestimmt die Reihenfolge der Erledigung mehrerer Anträge, die sich auf dasselbe Recht beziehen.

Die Vorschrift ist vor allem von Bedeutung für das **Rangverhältnis** der im GB eingetragenen Rechte. Dieses bestimmt sich regelmäßig nach der **Eintragung** dh nach der räumlichen oder zeitlichen Aufeinanderfolge im GB, § 879 Abs 1, 3 BGB; dazu *§ 45 Bem 18ff.* Nicht maßgebend ist die zeitliche Reihenfolge der Eintragungsanträge. Letztere muß aber nach dem Grundsatz *prior tempore jure* für die materiell richtige Rangordnung maßgebend sein. Um diese mit der schließlich maßgebenden gbmäßigen Rangfolge in Einklang zu bringen, stellt die GBO in **§ 45** den allgemeinen Grundsatz auf, daß für die Rangbestimmung, die der GBBeamte durch die Vornahme der Eintragung trifft, die zeitliche Aufeinanderfolge der Anträge, also jeweils der Zeitpunkt des Eingangs beim GBA, entscheidend sein soll. **Für den Fall, daß die mehreren Anträge dasselbe Recht betreffen**, ergänzt nun **§ 17** diese Regel dahin, daß in diesem Fall der GBBeamte sich nur nach ihrer zeitlichen Reihenfolge richten darf; dies ist besonders dann von Bedeutung, wenn dem Vollzug des früher gestellten Antrags ein Hindernis entgegensteht. § 17 verfolgt also in erster Linie den Zweck, die richtige Eintragung des Rangverhältnisses durch das GBA zu sichern.

Ferner ist die Vorschrift des § 17 deshalb erforderlich, weil die Zulässigkeit oder Wirksamkeit der später beantragten Eintragung und damit die Entscheidung über den sie betreffenden Antrag von der Entscheidung über den früheren Antrag abhängen soll; dazu Denkschr. Letztere Entscheidung kann uU die Begründung des späteren Antrags aufheben oder zu seiner Begründung beitragen; dazu *Bem 12ff.*

Auch für Ersuchen von Behörden (§ 38) gilt § 17; dazu *Bem 3*.

Über das Verhältnis von § 17 zu **§ 16 Abs 2** *Bem 3, 6, 9, 11, § 16 Bem 8ff.* Über den Zusammenhang mit **§ 13** *Bem 6, 7*.

II. Voraussetzungen des § 17 2

Dazu *Güthe* GBO § 17 Bem 4ff., *Hesse-Saage-Fischer* GBO § 17 Bem I, II, *Horber* GBO § 17 Bem 2, *Thieme* GBO § 17 Bem 2, 3,
weitere LitHinweise *Bem 1*

Die Anwendung des § 17 setzt, wie HalbS 1 der Vorschrift ergibt, voraus,
daß mehrere Eintragungen beantragt werden; dazu *Bem 3*,
daß sie dasselbe Recht betreffen; dazu *Bem 4, 5*,
daß die Anträge nicht gleichzeitig gestellt werden; dazu *Bem 6*.

1. Beantragung mehrerer Eintragungen 3

Dazu *Güthe* GBO § 17 Bem 4, 5, *Horber* GBO § 17 Bem 2A, *Thieme* GBO § 17 Bem 1, 2

Es müssen mehrere Eintragungen beantragt werden.

Es kommen nur **Anträge** in Betracht, nicht die Eintragungsbewilligungen oder die sie ersetzenden Urkunden, wie Vollstreckungstitel usw. Der Zeitpunkt der Ausstellung derselben und ihres Einganges beim GBA ist gleichgültig, **KG** RJA 4, 259. Auch für Ersuchen von Behörden iSd § 38 gilt § 17, **RG** HRR 1940 Nr 516, nicht aber für Eintragungen von Amts wegen; dazu *§ 13 Bem 6ff.* Unerheblich ist, ob die Anträge von demselben oder von verschiedenen Antragstellern herrühren; dazu *§ 16 Bem 10*.

Mehrere Anträge müssen vorliegen. Dies ist nicht der Fall, wenn durch einen einzigen Antrag mehrere Eintragungen begehrt werden. Diese sind gleichzeitig zu erledigen, wobei uU § 16 Abs 2 (dazu *§ 16 Bem 8ff.*) Platz greift; dazu *Güthe* GBO § 17 Bem 5, auch *Bem 6*.

Es ist unerheblich, ob dem ersten von 2 oder mehreren Anträgen ein Hindernis entgegensteht und daher Fristsetzung nach § 18 veranlaßt ist, **RG** HRR 1940 Nr 516; dazu *Güthe* GBO § 17 Bem 7.

Es muß sich um mehrere dh 2 oder mehr Anträge handeln. Bei einer solchen Mehrheit von Anträgen ist dann zu prüfen, ob und inwieweit bei den einzelnen Anträgen die Voraussetzungen des § 17 vorliegen. Ein solches Abhängigkeitsverhältnis kann in verschiedener Richtung vorhanden sein. Wenn zB die Anträge *A, B, C, D, E, F* vorliegen, so sind die verschiedensten Varianten denkbar. Es können etwa alle Anträge in Reihenfolge gestellt sein. Es können 2 (etwa *C, D*) oder mehr (etwa *B, C, D*) Anträge gleichzeitig eingelaufen sein. Dazu *Bem 12ff.*

2. Dasselbe betroffene Recht 4

Dazu *Güthe* GBO § 17 Bem 8ff., *Hesse-Saage-Fischer* GBO § 17 Bem II 1, *Horber* GBO § 17 Bem 2B, *Thieme* GBO § 17 Bem 3

Es muß dasselbe Recht durch mehrere Eintragungen betroffen sein.

a) Es genügt also nicht, daß mehrere Anträge vorliegen; dazu *Bem 3*. Es ist notwendig, daß es sich auch um **mehrere Eintragungen** handelt, wobei gleichgültig ist, welcher Art die einzelnen Eintragungen sind; dazu *Güthe* GBO § 17 Bem 8, 9. Über den Begriff der mehreren Eintragungen *§ 16 Bem 11*.

b) Durch die beantragten Eintragungen muß **dasselbe Recht betroffen** 5
werden.

Unter **Recht** wird hier Eigentum, Recht an einem Grst und Recht an einem GrstRecht verstanden; dazu *Güthe* GBO § 17 Bem 10, *Thieme* GBO § 17 Bem 3, auch *§ 13 Vorbem 16ff.*

Es kommen Rechte, die außerhalb des GB entstehen, für die Anwendung des § 17 ebenso wie bei § 45 Abs 1 nicht in Betracht, **OLG Bremen** NJW 1954, 1689, da sich der Rang solcher Rechte nach der Zeit der Entstehung richtet, **KG** KGJ 35, 300, wie zB bei der Sicherungshypothek nach § 848 ZPO; dazu *Bem 21*.

Dasselbe Recht muß betroffen werden. Dies ist zB der Fall, wenn die Anträge auf Eintragung verschiedener Hypotheken an demselben Grst gerichtet sind oder wenn der zuerst gestellte Antrag den Eigentumswechsel zum Gegenstand hat und der spätere die Eintragung einer Zwangshypothek auf Grund eines Vollstreckungstitels gegen den bisherigen Eigentümer betrifft. Ein Antrag auf Umschreibung des Eigentums an einem Grst und ein Ersuchen um Eintragung des ZwVerstVermerks beziehen sich auf dasselbe Recht, **RG** HRR 1940 Nr 516.

§ 17 findet dagegen keine Anwendung, wenn sich die mehreren Eintragungen auf verschiedene Rechte beziehen oder wenn sie verschiedene Teile eines Rechts betreffen; dazu *Güthe* GBO § 17 Bem 11, *Turnau-Förster* GBO § 17 Bem 4. Werden von den mehreren Eintragungen verschiedene Rechte betroffen, so können die Anträge in beliebiger Reihenfolge erledigt werden; dazu *Henle-Schmitt* GBWesen GBO § 17 Bem 2, *Turnau-Förster* GBO § 17 Bem 4. Sind zB die Löschung einer Hypothek und die Eintragung einer Hypothek an demselben Grst beantragt, so kann ohne Rücksicht auf die Reihenfolge, in der die Anträge gestellt werden, entweder zuerst die Löschung oder zuerst die Hypothek eingetragen werden.

Über die Frage, wann ein Recht **betroffen** ist, *§ 13 Bem 40ff.*, insbes *Bem 42, § 19 Bem 56ff., § 39 Bem 10, § 55 Bem 7*. Doch ist für manche Fälle der Begriff des Betroffenseins hier enger als in § 13; bei § 17 scheiden nämlich diejenigen Fälle aus, in denen zwar durch die mehreren Eintragungen dasselbe Recht betroffen wird, aber weder eine Rangbeziehung zwischen beiden besteht, noch die Zulässigkeit der einen durch die andere bedingt ist. So wird zB sowohl von der Inhaltsänderung einer bereits bestehenden Hypothek als auch von der Eintragung einer neuen Hypothek das Eigentum iSd § 13 betroffen; § 17 ist aber auf diesen Fall nicht anwendbar. Dazu *Güthe* GBO § 17 Bem 12, 13, *Henle-Schmitt* GBWesen GBO § 17 Bem 2, *Horber* GBO § 17 Bem 2Bb.

Gleichgültig ist, ob die Eintragungen auf demselben GBBlatt oder, wie zB bei den eine Gesamthypothek betreffenden Eintragungen, auf verschiedenen GBBlättern erfolgen sollen.

6 **3. Anträge zu verschiedenen Zeiten**

Dazu *Güthe* GBO § 17 Bem 6, 14, 15, *Horber* GBO § 17 Bem 2Ab, *Thieme* GBO § 17 Bem 2

Die mehreren Anträge dürfen **nicht gleichzeitig gestellt** werden. Und zwar handelt es sich um die Stellung von verschiedenen Anträgen **an das GBA**. Deshalb ist § 17 nicht anwendbar, wenn an demselben Tag beim AG ein Antrag auf Eintragung einer Zwangshypothek und ein Antrag auf Anordnung des Konkurs- oder Vergleichsverfahrens eingegangen sind, **BayObLG** 25, 204.

Über den Zeitpunkt der Stellung eines Antrags entscheidet der **Eingangsvermerk**; dazu *§ 13 Bem 32ff.* Selbstverständlich darf der Antrag in dem Zeitpunkt, in dem der andere Antrag gestellt wird, noch nicht erledigt sein; dazu *Bem 10*. Ist ein unbegründeter Antrag, dessen Mängel nicht mit rückwirkender Kraft geheilt werden kann — ist zB der die Eintragung der Pfändung einer Briefhypothek beantragende Gläubiger noch nicht im Besitz des Briefes —, fälschlich sofort zurückgewiesen worden und wird der Mangel nachträglich behoben, so ist die Eintragung erst im Zeitpunkt der Beseitigung des Abweisungsgrundes als beantragt iSd § 17 anzusehen, **KG** JFG 14, 444.

Sind die **Anträge gleichzeitig gestellt**, so ist zu unterscheiden (dazu *Güthe* GBO § 17 Bem 6, 25),

ob bestimmt ist, daß die eine Eintragung nicht ohne die andere erfolgen soll, **§ 16 Abs 2** (dazu *§ 16 Bem 8ff.*) oder
ob eine solche Bestimmung nicht getroffen ist.

Besteht keine Bestimmung und widersprechen die Eintragungen einander nicht, zB wenn der Eigentümer eines Grst die Eintragung 2 neu bestellter Hypotheken beantragt, so ist es gleichgültig, welche Eintragung zuerst erfolgt. In der Regel wird zu vermerken sein, daß die Eintragungen gleichen Rang haben; dazu *§ 45 Bem 2ff.* Sind beide Anträge unbegründet oder ist dies bei einem derselben der Fall, so hat Abweisung des unbegründeten Antrags bzw der unbegründeten Anträge zu erfolgen oder es ist nach § 18 zu verfahren, während der etwaige begründete Antrag durch Eintragung zu erledigen ist. Sind aber die Anträge an sich begründet, schließen jedoch die auf Grund der Anträge vorzunehmenden Eintragungen einander gegenseitig aus, so zB wenn in dem einen Antrag die Löschung einer Hypothek und in dem zweiten Antrag deren Umschreibung begehrt wird, so sind beide Anträge abzuweisen; dazu *Achilles-Strecker* GBO § **17** Bem 2b *Güthe* GBO § 13 Vorbem 103, *Horber* GBO § 17 Bem 2Ab, *Predari* GBO § 13 Bem 8, *Staudinger-Seufert* BGB § 879 Bem 7. Jedoch wird der entscheidende GBBeamte zweckmäßigerweise vor Abweisung dem Antragsteller eine Frist zur Aufklärung des Widerspruchs setzen; dazu *Fränkel* BayNotV 1913, 283. Gehen gleichzeitig mit dem Antrag auf Eintragung der Auflassung und einer Kaufpreishypothek andere Eintragungsanträge des Erwerbers ein, so ist mangels besonderer Bestimmung des § 16 Abs 2 die Kaufpreishypothek im Rang vor den anderen Rechten einzutragen. Dazu **BayObLG** BayNotV 1932, 158, **KG** JFG 4, 339, *Ricks* GBPraxis 330.

Im übrigen *Bem 12ff.*

III. Erledigung der Eintragungen 7

Dazu *Güthe* GBO § 17 Bem 16ff., *Hesse-Saage-Fischer* GBO § 17 Bem II 2, *Horber* GBO § 17 Bem 3, *Thieme* GBO § 17 Bem 5

1. Allgemeines

Es gilt nach § 17 HalbS 2 der Grundsatz, daß die später beantragte Eintragung nicht vor der Erledigung des früher gestellten Antrags erfolgen darf. Über Annahmen *Bem 20ff.*

Damit ist gewährleistet, daß die Eintragung, der materiell das bessere, wegen dessen Alter Recht zukommt, auch in der formellen Rangfolge des GB den besseren Rang erhält; dazu *Bem 1.* Um die Beachtung der Vorschrift sicherzustellen, bestimmt § 20 Abs 1 GBOGeschO (*GT 15*), daß jeder Eintragungsantrag bzw jedes Eintragungsersuchen nach Erhalt des Eingangsvermerks unverzüglich vor Eintritt in die sachliche Bearbeitung an den Registrator der zuständigen GBAbteilung abzugeben ist, der sodann feststellt, ob noch andere dasselbe Grst betreffende Anträge oder Ersuchen eingegangen sind, und hierauf alle Anträge und Ersuchen mit den Grundakten dem für die Erledigung zuständigen Beamten vorlegt; dazu *§ 13* Bem *30, 33, 38.* Zur Behandlung von Eintragungsanträgen und -ersuchen, die sich auf mehrere im Bezirk des GBA gelegene Grst beziehen, § 20 Abs 2 GBOGeschO (*GT 15*), ist auf *§ 2 Bem 10, § 10 Bem 13, § 13 Bem 18, 31, 33* zu verweisen.

2. Einzelheiten 8

I einzelnen ist dazu auf folgendes hinzuweisen:

a) Maßgebend ist bei den mehreren Anträgen (dazu *Bem 3, 4*) der Zeitpunkt des **Antrags.** Dagegen ist gleichgültig, wann die Eintragung bewilligt oder der vollstreckbare Titel, auf Grund dessen die Eintragung begehrt wird, ergangen ist; dazu *Bem 3.*

b) Die Vorschrift des § 17 kommt nur dann zur Anwendung, wenn der später 9
gestellte Antrag durch **Eintragung** erledigt werden will.

Keine Erledigung des später gestellten Antrags durch Eintragung ist die Eintragung einer Vormerkung oder eines Widerspruchs nach **§ 18 Abs 2** zur Sicherung des späteren Antrags (dazu *§ 18 Bem 52ff.*), wenn eine 3. auf dasselbe Recht bezügliche Eintragung beantragt wird und sowohl bez des 1. als auch bez des 2. Antrags Zwischenverfügung ergangen ist; dazu *Güthe* GBO § 17 Bem 20.

Ist der Antrag dagegen unbegründet, so kann er sofort zurückgewiesen werden, falls nicht eine Bestimmung nach § 16 Abs 2 (dazu *§ 16 Bem 8ff.*) vorliegt. Ebenso können Zwischenverfügungen nach § 18 sofort erlassen werden. Dies gilt aber nur dann, wenn der spätere Antrag ohne Rücksicht auf den früheren Antrag an sich unbegründet ist oder wenn seiner Erledigung Hindernisse im Wege stehen, zB wenn er von einem nicht Antragsberechtigten gestellt ist oder wenn noch Urkunden beizubringen sind. Wenn er aber durch die Erledigung des früheren Antrags erst seine Begründung erhält oder wenn er an sich begründet ist, seine Begründetheit ihm jedoch durch die Erledigumg des früheren Antrags entzogen wird, so findet § 17 Anwendung. Es muß also mit der Erledigung des 2. Antrags bis zur Erledigung des 1. Antrags zugewartet werden, **KG** JFG 2, 448 (450); dazu *Güthe* GBO § 17 Bem 22, 23, *Turnau-Förster* GBO § 17 Bem 5. Der Antrag auf Eintragung der Pfändung eines Briefpfandrechts ist ohne Zwischenverfügung zurückzuweisen, solange der Brief nicht in Besitz des Pfändungsgläubigers gelangt ist; geschieht dies nicht und wird die Pfändung später durch Wegnahme des Briefes wirksam, so gilt der Antrag erst im Augenblick dieses Wirksamwerdens als eingegangen iSd § 17, **KG** JFG 14, 444 = JW 1937, 892.

Über den Fall, daß der frühere Antrag erst durch die später beantragte Eintragung seine Begründung erhält, *Bem 21*. Über weitere besondere Fälle *Bem 12ff.*

10 c) Vor Vollzug der später beantragten Eintragung muß der frühere Antrag seine **Erledigung** gefunden haben. Auf welche Weise der Antrag erledigt wurde, ist gleichgültig, **KG** OLG 43, 177. Ein Antrag gilt iSd § 17 als erledigt, wenn auf Grund desselben die **Eintragung erfolgt**, also nicht bloß die Eintragungsbewilligung (dazu *§ 3 Bem 248ff.*) erlassen ist (dazu *Güthe* GBO § 17 Bem 16) oder wenn der Antrag zurückgenommen oder zurückgewiesen wird oder endlich, wenn dem Antragsteller eine Frist gesetzt und gemäß § 18 Abs 2 zugunsten des Antrags eine Vormerkung oder ein Widerspruch eingetragen ist, § 18 Abs 2 S 1 HalbS 2 (dazu **RG** HRR 1940 Nr 516, **OLG München** DNotZ 1941, 174), wobei der ergebnislose Ablauf der Frist allein jedoch nicht genügt, **RG** RGZ 60, 396; dazu *Güthe* GBO § 17 Bem 17, 18, *Henle-Schmitt* GBWesen GBO § 17 Bem 5, *Hesse-Saage-Fischer* GBO § 17 Bem II 2. Wird gegen die Zurückweisung des früher gestellten Antrags Beschwerde eingelegt, so ist er für das GBA gleichwohl erledigt; es darf und muß daher die später beantragte Eintragung vollziehen, ohne erst die Entscheidung des Beschwerdegerichts abwarten zu müssen, **OLG Colmar** OLG 4, 496; es steht aber nichts im Wege, daß der GBBeamte nach § 75 der Beschwerde abhilft, solange nicht die später beantragte Eintragung vollzogen ist. Ebenso ist § 17 wieder anzuwenden, wenn das Beschwerdegericht das GBA anweist, dem 1. Antrag stattzugeben, § 76, oder wenn die zurückweisende Verfügung des GBA aufgehoben wird, solange die später beantragte Eintragung nicht vollzogen ist. Eine Ausnahme bildet aber stets der Fall, daß die Beschwerde auf neue Tatsachen und Beweismittel gestützt wird, § 74; dazu *§ 74 Bem 2ff.* Dann gilt die Beschwerde als neuer Antrag. Der ursprüngliche Antrag ist endgültig erledigt; dazu *Güthe* GBO § 17 Bem 17. Eine unzweckmäßige Sachbehandlung kann aber uU Staatshaftung (dazu *§ 11 Bem 20ff.*) begründen.

11 d) § 17 schreibt vor, daß dem späteren Antrag **nicht vor** Erledigung des früheren Antrags durch Eintragung stattgegeben werden darf.

Ist der 1. Antrag vollzugsfrei, so kann die durch den 2. Antrag begehrte Eintragung gleichzeitig mit der zuerst beantragten, dh in unmittelbarem Anschluß an diese vorgenommen werden. Nur müssen die Eintragungen die der Zeitfolge der Anträge entsprechende Reihenfolge erhalten § 45 Abs 1, 2. Dies gilt auch dann, wenn der frühere Antrag durch Eintragung einer Vormerkung oder eines Widerspruchs nach § 18 Abs 2 seine Erledigung findet. Nur wenn der spätere Antrag auf Löschung desjenigen Rechts gerichtet ist, zu dessen Schutz die Vormerkung bzw der Widerspruch dient, muß die Löschung unterbleiben, bis der frühere Antrag endgültig erledigt ist; dazu *Güthe* GBO § 17 Bem 24, *Hesse-Saage-Fischer* GBO § 17 Bem II 2 unter d.

Über den Einfluß des Vorbehalts nach § 16 Abs 2 auf die Erledigung von nicht gleichzeitigen Anträgen *§ 16 Bem 16*.

3. Möglichkeiten der Erledigung eines späteren Antrags **12**

Dazu *Güthe* GBO § 17 Bem 14ff., *Hesse-Saage-Fischer* GBO § 17 Bem II 2, *Horber* GBO § 17 Bem 3, *Thieme* GBO § 17 Bem 4, 5

Für die Erledigung eines bzw mehrerer späterer Anträge (dazu *Bem 3*) ergeben sich verschiedene Möglichkeiten, je nachdem ob die Anträge in innerem Zusammenhang stehen oder nicht. Über abweichende Bestimmung *Bem 19*.

a) Kein Zusammenhang der Anträge **13**

Die Reihenfolge der Eintragungen hat lediglich einen Einfluß auf das Rangverhältnis; dazu *Güthe* GBO § 17 Bem 15.

Beantragt zB der Eigentümer *A* die Eintragung einer Hypothek für *B* und später die Eintragung einer Hypothek für *C*, so hat, wenn beiden Anträgen stattgegeben wird, die Vorschrift des § 17 im Hinblick auf § 45 zur Folge, daß die Hypothek des *C* Rang nach der des *B* erhält.

b) Abhängigkeit der Anträge **14**

Wenn die Anträge in einem Abhängigkeitsverhältnis zueinander stehen, dann kann je nach der Art der Erledigung des früheren Antrags der spätere Antrag seine Begründung erhalten oder verlieren.

Es sind insbes folgende Fälle von Bedeutung:

1. **Eintragung auf Grund des früheren Antrags** **15**

Wird dem **früheren Antrag stattgegeben,** so kann dadurch der spätere Antrag begründet sein oder es kann ihm die Begründung entzogen werden.

a) Wird durch die Stattgabe des früheren Antrags **der spätere Antrag begründet,** so kann nach **§ 39** Eintragung erfolgen. Dazu *Bem 17, § 16 Bem 16, § 39 Bem 1, 2.*

Überträgt zB *A* seine Hypothek auf *B* und dieser auf *C* und wird *B* eingetragen, so kann nach § 39 auch *C* eingetragen werden.

b) Wird dem früheren Antrag stattgegeben und dadurch **dem späteren Antrag die Begründung entzogen,** so ist letzterer abzuweisen.

Tritt zB *A* seine Hypothek an *B* und auch an *C* ab und beantragen sowohl *B* als auch *C* die Umschreibung, wird sodann dem Antrag des *B* als dem früheren stattgegeben, so wird der an sich begründete Antrag des *C* unbegründet und ist abzuweisen.

2. **Abweisung bzw Zurücknahme des früheren Antrags** **16**

Wenn der frühere Antrag zurückgewiesen oder zurückgenommen wird, so kann der spätere Antrag begründet bleiben oder es kann ihm die Begründung entzogen werden.

a) Wenn trotz Ablehnung oder Zurücknahme des früheren Antrags der **spätere begründet** bleibt, so kann Eintragung auf Grund des letzteren erfolgen.

Tritt zB *A* seine Hypothek an *B* und auch an *C* ab und beantragen sowohl *B* und *C* die Umschreibung, wird jedoch der Antrag des *B* aus irgendwelchen Gründen abgelehnt bzw zurückgenommen, so kann die Umschreibung auf *C* erfolgen.

17 b) Wenn der frühere Antrag zurückgewiesen und dadurch auch **dem späteren Antrag die Begründung entzogen** wird, so muß auch der spätere Antrag abgelehnt werden.

Hat zB *A* seine Hypothek auf *B* und dieser auf *C* übertragen und wird nun der Antrag des *B* aus irgendwelchen Gründen abgelehnt bzw zurückgenommen, so muß im Hinblick auf § 39 auch die Eintragung des *C* abgelehnt werden. Dazu auch *Bem 15.*

18 **3. Verfahren nach § 18**

Es wird gemäß § 18 Abs 2 eine Vormerkung oder ein Widerspruch zugunsten des früheren Antrags eingetragen.

Dazu *Bem 9.*

19 **c) Abweichende Bestimmungen**

Dazu *Güthe* GBO § 17 Bem 26, *Horber* GBO § 17 Bem 4a

Fraglich ist, ob bei Einreichung des späteren Antrags bestimmt werden kann, daß dieser vor dem früher gestellten Antrag durch Eintragung erledigt werden soll. Die Frage dürfte nur dann zu bejahen sein, wenn der 2. Antrag von dem früheren Antragsteller unter Beobachtung der Formvorschriften des § 29 gestellt wird, da es dann so anzusehen ist, als bo der frühere Antrag zurückgenommen und nach Eingang des 2. Antrags neu gestellt wäre.

20 IV. Ausnahmen aus § 17

1. Allgemeines

Dazu *Güthe* GBO § 17 Bem 25ff., *Hesse-Saage-Fischer* GBO § 17 Bem II 3, *Horber* GBO § 17 Bem 4, *Thieme* GBO § 17 Bem 5

Über die Voraussetzungen des § 17 *Bem 2ff.*

Es ergeben sich folgende Ausnahmetatbestände, auf die hinzuweisen ist:

a) Es werden mehrere Anträge gleichzeitig gestellt; dazu *Bem 6.*

b) Es erfolgt eine nachträgliche abweichende Bestimmung über die Erledigung; dazu *Bem 19.*

c) Der spätere Antrag bildet die Grundlage für den früher gestellten Antrag; dazu *Bem 21.*

d) Fall des § 130 Abs 3 ZVG; dazu *Bem 22.*

21 **2. Einzelfälle**

a) Begründetheit des früheren Antrags durch Erledigung des späteren

Die Vorschrift des § 17 kann nicht angewendet werden, wenn der früher gestellte Antrag erst durch die später beantragte Eintragung seine Begründetheit erhält. Hier treffen die Zwecke des § 17 (dazu *Bem 1*) nicht zu; deshalb darf und muß der spätere Antrag vor dem früheren erledigt werden. Dazu **KG** JFG 7, 335 = HRR 1930 Nr 2024, *Güthe* GBO § 17 Bem 26, *Henle-Schmitt* GBWesen GBO § 17 Bem 2, *Horber* GBO § 17 Bem 4b, *Turnau-Förster* GBO § 17 Bem 2.

Ein solcher Fall ist zB gegeben, wenn der 1. Antrag auf Eintragung einer Hypothek an einem auf *X* übergegangenen, aber noch auf den Namen des *Y* eingetragenen Grst zum Gegenstand hat, während der spätere Antrag die Umschreibung des Grst von *Y* auf *X* betrifft. Entsprechend ist ein Antrag auf Eintragung einer Zwangshypothek (dazu *§ 3 Bem 344, § 13 Vorbem 109*) gegen den noch nicht eingetragenen Erwerber des Grst zu behandeln, **KG** JFG 2, 448; dazu *Thieme* GBO § 17 Bem 5. Steht in einem solchen Fall die später beantragte Eintragung mit anderen Anträgen in einem Abhängigkeitsverhältnis nach § 16 Abs 2 (dazu *§ 16 Bem 8ff.*), so sind sämtliche später beantragten Eintragungen vor der früher beantragten vorzunehmen.

So ist zB der Antrag des Sequesters auf Eintragung des Schuldners als Eigentümer zusammen mit dem Antrag auf Eintragung der Sicherungshypothek nach § 848 ZPO vor dem früher gestellten Antrag auf Eintragung des 3. Erwerbers, an den der Schuldner das Grst weiter aufgelassen hat, zu erledigen, **KG** JFG 7, 335 = HRR 1930 Nr 2024; dazu *Güthe* GBO § 17 Bem 26, *Stein-Jonas* ZPO § 848 Bem III, auch *Bem 5*. Haben Verkäufer und Käufer eines Grst die Kaufurkunde dem GBA zur Eintragung der Auflassung vorgelegt und macht der Vorkaufsberechtigte von seinem Vorkaufsrecht Gebrauch, so kann die Eintragung des Vorkaufsberechtigten ins GB erst erfolgen, wenn der Antrag auf Eintragung des Käufers als Eigentümer zurückgenommen ist, **OLG München** DRM 1941 Nr 34 = Recht 1941 Nr 896.

b) Fall des § 130 Abs 3 ZVG 22

Wenn der Ersteher, bevor er als Eigentümer in das GB eingetragen worden ist, die Eintragung eines Rechts an dem ersteigerten Grst bewilligt, darf die Eintragung dieses Rechts nach § 130 Abs 3 ZVG nicht vor Erledigung des Ersuchens des Vollstreckungsgerichts um Berichtigung des GB nach § 130 Abs 1 ZVG erfolgen. Die Eintragungen erhalten daher den Rang hinter den nach §§ 128, 130 Abs 1 ZVG einzutragenden Sicherungshypotheken, wogegen es im übrigen für die Reihenfolge der vom Ersteher beantragten Eintragungen bei den Vorschriften der §§ 17, 18 GBO verbleibt. Dazu **BayObLG** 4, 608, *Güthe* GBO § 17 Bem 27, § 38 Bem 15, *Hesse-Saage-Fischer* GBO § 17 Bem II 3, § 45 Bem II 2bγ, *Horber* GBO § 17 Bem 4c, § 38 Bem 3 Ba, *Mohrbutter* Handbuch des gesamten Insolvenzrechts (Köln-Berlin 1965) 405, *Steiner-Riedel* ZVG § 130 Bem 8, *Wilhelmi-Vogel-Zeller* ZVG § 130 Bem 9. Da die Aufgabe eines mit dem Eigentum am ersteigerten Grst verbundenen subjektiv-dinglichen Rechts eine Verfügung über das Grst darstellt, darf in entsprechender Anwendung des § 130 Abs 3 ZVG die Löschung eines solchen Rechts auf Grund Bewilligung des Erstehers gleichfalls erst nach Erledigung des Ersuchens nach § 130 Abs 1 ZVG erfolgen. Die Gläubiger von Sicherungshypotheken nach § 128 ZVG müssen der Löschung zustimmen, **KG** HRR 1933 Nr 192.

Derartige vor dem Ersuchen des Vollstreckungsgerichts beim GBA eingehende Eintragungsanträge des Erstehers dürfen aber nicht zurückgewiesen werden, sondern müssen, mit dem Eingangsvermerk versehen, zurückbehalten und im unmittelbaren Anschluß an die GBBerichtigung erledigt werden, **RG** RGZ 62, 144, RJA 6, 268, **BayObLG** 18, 260 (früher abweichend BayObLG 4, 608), **KG** JFG 10, 199; dazu *Eickhoff* DJZ 1904, 984 = Recht 1905, 66. Dasselbe gilt von Anträgen Dritter, die auf zwangsweise Eintragungen, wie Zwangs- und Arresthypotheken, Verfügungsbeschränkungen (dazu *§ 13 Vorbem 109, 118ff.*) gegen den Ersteher gerichtet sind, **BayObLG** 18, 260; dazu *Kretschmar* ZBlFG 7, 648. Auch Zwischenverfügung darf im Fall des § 130 Abs 3 ZVG nicht erlassen werden; dazu *§ 18 Bem 28*.

Die Nichtbeachtung des § 130 Abs 3 ZVG hat weder die Unwirksamkeit der Eintragungen noch die Unrichtigkeit des GB zur Folge; die Herstellung des richtigen Rangverhältnisses ist Sache der Beteiligten, **KG** JFG 10, 199, **OLG Karlsruhe** OLG 27, 220; dazu *Güthe* GBO § 38 Bem 15, *Predari* GBO § 17 Bem 3b, *Steiner-Riedel* ZVG § 130 Bem 8, auch *Bem 23*.

V. Verletzung des § 17 23

Dazu *Güthe* GBO § 17 Bem 28, *Hesse-Saage-Fischer* GBO § 17 Bem II 2 (f), *Horber* GBO § 17 Bem 5, *Thieme* GBO § 17 Bem 6

§ 17 enthält lediglich eine **Ordnungsvorschrift, RG** RGZ 123, 19. Werden deshalb Eintragungen nicht nach der zeitlichen Reihenfolge der Anträge bewirkt, so ist die Eintragung gleichwohl gültig; insbes bestimmt sich der Rang der einzelnen Rechte nach der Reihenfolge, in der sie tatsächlich eingetragen sind, § 879 BGB, nicht nach den Zeitpunkten, in denen die Anträge beim GBA eingegangen sind. Dies gilt selbst dann, wenn derjenige, dessen Recht zu Unrecht an früherer Stelle eingetragen wurde, davon Kenntnis hatte, daß vor seinem Antrag ein anderer Antrag eingelaufen war. Das **GB** wird also durch die **Verletzung des § 17 nicht unrichtig**; dazu **BGH** JZ 1956 655 (*Westermann*), **RG** RGZ 57, 277/60, 392/113, 407, JW 1928, 498, **BayObLG** 16, 126/32, 385, **KG** OLG 36, 148, **OLG Hamburg** OLG 45, 86, *BGB-RGRK* BGB § 879 Bem 26, *Güthe* GBO § 13 Bem 13, § 17 Bem 28, *Horber* GBO § 17 Bem 5, *Planck* BGB § 879 Bem 5, *Staudinger-Seufert* BGB § 879 Bem 8, *Thieme* GBO § 17 Bem 6. Eine Abänderung der unrichtigen Rangfolge durch das GBA ist nur solange zulässig, als die falschen Eintragungen noch nicht nach außen kundgegeben sind, **RG** RGZ 57, 284. Nach diesem Zeitpunkt ist auch für das Verfahren nach § 53 kein Raum mehr, **KG** KGJ 34, 291, OLG 38, 8 (9), **BayObLG** 16, 126. Ebensowenig kann im Wege der Beschwerde Abhilfe geschaffen werden, § 71 Abs 2. Die Herstellung des richtigen Rangverhältnisses kann nur durch die Beteiligten im Wege der vertraglichen Rangänderung nach § 880 BGB erfolgen. Der durch die ordnungswidrige Eintragung Benachteiligte hat gegen den Begünstigten keinen Berichtigungsanspruch nach § 894 BGB, regelmäßig auch keinen Schadenersatz- oder Bereicherungsanspruch, **RG** RGZ 57, 277/69, 245/73, 173, dazu *BGB-RGRK* aaO, *Güthe* GBO § 13 Bem 13, *Henle-Schmitt* GBWesen GBO § 17 Bem 5, *Staudinger-Seufert* aaO. Es bleibt ihm nur der Schadenersatzanspruch gegen den Fiskus wegen Amtspflichtverletzung des GBBeamten (dazu *§ 11 Bem 20ff.*), **RG** RGZ 57, 277, HRR 1936 Nr 257, **KG** OLG 6, 261, **BayObLG** 32, 385; dazu *Achilles-Strecker* GBO § 17 Bem 5, *Güthe* GBO § 17 Bem 28, *Henle-Schmitt* GBWesen Bem 3, *Staudinger-Seufert* aaO.

Dies gilt jedoch nicht, soweit es sich um ein **außerhalb des GB entstandenes Recht** handelt; wird dieses nicht mit dem ihm gebührenden Rang eingetragen, so ist das **GB unrichtig**; dazu **KG** OLG 15, 11, *Güthe* GBO § 45 Bem 4, *Horber* GBO § 17 Bem 5, *Planck* BGB § 879 Bem 7e, *Predari* GBO § 46 Bem 4, *Staudinger-Seufert* BGB § 879 Bem 16. Für den Rang eines solchen Rechts ist der Zeitpunkt seiner Entstehung maßgebend, und zwar auch im Verhältnis zu eingetragenen Rechten. Es verliert seinen materiell richtigen Rang nicht schon durch die unrichtige Eintragung, sondern erst durch den öffentlichen Glauben des GB bei gutgläubigem Erwerb.

Wird infolge einer vorschriftswidrigen früheren Vornahme der später beantragten Eintragung die früher beantragte **Eintragung unzulässig**, so macht deren dennoch erfolgende Vornahme das **GB unrichtig**, jedoch nicht wegen Verletzung des § 17, sondern **aus allgemeinen Gründen**, meist wegen fehlender Verfügungsbefugnis, zB wenn der 1. Antrag eine Hypothekbewilligung des Eigentümers, der 2. eine Auflassung von diesem an einen Dritten betrifft. In diesen Fällen ist gegen die 2. Eintragung ein Amtswiderspruch nach § 53 einzutragen. Dazu *Güthe* GBO § 17 Bem 28, *Horber* GBO § 17 Bem 5.

MIX

Papier | Fördert gute Waldnutzung

FSC® C083411

Kolibri 360 GmbH
Ferdinand-Jühlke-Straße 7
99095 Erfurt, Deutschland
produktsicherheit@kolibri360.de